BEST SELLER

최신
개정판

비즈니스에 필요한 보고서 스킬 완전 정복!

엑셀의신
회사에서
쓰는
실무엑셀

모든 버전의 엑셀 가능　심지은 지음

EXCEL 2007　EXCEL 2010　EXCEL 2013　EXCEL 2016　EXCEL 2019

실무진 출신 저자의 대용량 데이터 노하우 공개

KB033871

회사에서 진짜로 사용하는 예제 300개가 포함된
예제 파일 다운로드하는 방법

1 책을 구입하고 황금부엉이 그룹사 홈페이지(www.cyber.co.kr → '도서몰' 선택)에 접속한 후 회원 가입을 한다.

2 로그인을 한 후 화면 왼쪽에 있는 '부록CD'를 클릭한다.

3 '부록CD' 화면이 나타나면 목록에서 '엑셀의 신 회사에서 쓰는 실무엑셀'을 클릭한다.

4 페이지가 열리면 '자료 다운로드 바로가기'를 클릭한다.

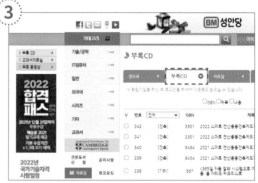

Q&A 궁금해요! 질문하기

책을 보다가 궁금한 점이 생겼다면 저자의 블로그에 질문을 올리세요. 책의 내용만큼이나 친절하고 자세한 답변을 얻을 수 있습니다.

블로그 http://blog.naver.com/hisookorea

 유튜브

책+동영상 '2중 학습시스템'을 만나보세요. 실무에서 많이 쓰이는 기능과 업데이트된 엑셀 팁이 담긴 무료 동영상 강의를 유튜브에서 만나볼 수 있습니다.

유튜브 '엑셀의 신' 또는 '심컴퍼니' 검색

좌충우돌, 우여곡절로 완성된 실무 경험을 여러분과 나누고자 합니다

재능 기부로 시작했던 소규모 강의를 통해 엑셀을 다루는 실무진들을 가까이에서 볼 수 있었습니다. 일일이 수동으로 입력했던 작업을 엑셀로 자동화해서 보여드리면 탄성과 탄식이 들려왔습니다.

'이렇게 쉬운 방법이 있는데 그동안 X고생했구나!'

더 이상 삽질로 시간을 낭비하지 않도록, 더 많은 사람들과 엑셀의 신세계를 나누기 위해 이 책을 집필했습니다. 독자가 실제 업무에 엑셀을 응용할 수 있도록 기초 원리부터 설명하고, 예제의 실용성을 높이는 데 주력했습니다.

《엑셀의 신, 회사에서 쓰는 실무 엑셀》이 출간되기까지 3년이 걸렸습니다. 편집부와 수차례 이견이 오갔고, 출판이 무산될 위기도 있었습니다. 더 거슬러 올라가보면, 엑셀과 인연이 시작된 회사 생활 역시 우여곡절이 많았습니다. '매출이 인격'이라는 말처럼 몸과 마음을 다칠 정도로 힘든 시기였지만, 그 치열한 경험들이 이 책의 풍부한 재료가 되었습니다.

마케팅/영업/회계/무역 등 다양한 부서에서 문서를 다뤄왔습니다. 업무 시스템을 정형화하기 위해 자동화 서식을 만들기 시작했고, 그 현장감을 토대로 이 책의 예제 파일을 완성했습니다. 실무에서 겪었던 시행착오 또한 독자의 궁금증이나 실수를 설명하는 좋은 예시가 되었습니다.

엑셀은 수학에 약한 저를 대신해 계산 등의 지루한 반복 작업을 빠르게 처리해줬습니다. 퇴사 후 수입이 없을 때는 엑셀로 통장 거래내역을 분석해서 수시로 재무 상태를 확인했고, 그 서식은 저의 첫 수업 주제가 되었습니다.

무엇보다도 엑셀은 독자 여러분을 만날 수 있게 해준 고마운 도구입니다. 이 책을 통해 여러분이 하는 일에도 엑셀이 훌륭한 도구가 되었으면 합니다. 업무시간을 효율적으로 줄여서 남은 시간은 더 소중한 사람들과 함께 보내시길 기도하겠습니다.

끝으로 저에게 힘이 되어준 소중한 사람들과 황금부엉이 편집부에 감사의 마음을 전합니다. 사랑하는 할머니, 엄마, 아빠, 동수 삼촌, 오랜 시간 희로애락을 함께 한 김투덜, Her윤정, 그 외에도 이 책을 만드는 데 다양한 영감을 준 '엑기스' 수강생 모두에게 진심으로 감사드립니다.

심지은 드림

이 책 미리보기

엑셀 버전
해당 기능을 사용할 수 있는 엑셀 버전입니다.

예제 파일/완성 파일
실무에 적용할 수 있게 제작된 실습용 파일을 제공합니다.

단축키
엑셀 기능을 빠르게 실행할 수 있는 바로가기 키입니다.

Tip
해당 메뉴를 실행하는 다른 방법 및 주의할 점을 설명합니다.

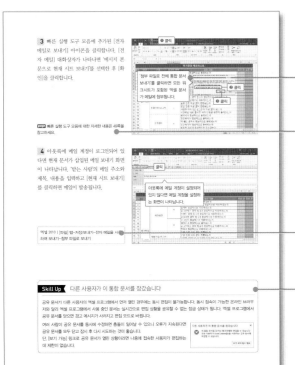

풍선
실행 중인 작업 화면에 대한 부가 설명입니다.

Page
참조할 페이지를 안내합니다.

하위 버전용 호환 설명
예제 그림은 엑셀 2016/2019 화면이지만, 다른 버전에서도 따라할 수 있도록 설명과 그림을 추가했습니다.

Skill Up
엑셀 수준을 고급으로 끌어올리는 심화과정입니다. 작업 환경에 따른 사용자 설정, 오류나 예외적인 상황에 대한 해결법 등을 자세히 소개합니다.

Step 1 엑셀과 친해지기 - 엑셀의 구성 및 데이터 입력

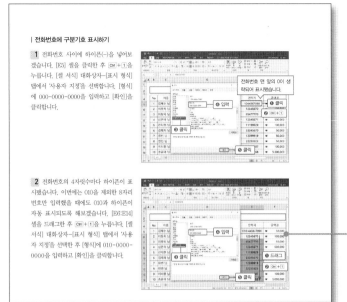

아직은 낯선 엑셀, 왜 오류가 나지? 왜 입력한 것과 다르게 표시되지?

그 원인을 알기 위해 엑셀의 구조와 원리부터 살펴봅니다. 대용량 데이터를 관리하려면 문자와 숫자를 구분하는 것부터 시작해야 합니다. 엑셀과 조금 친해졌다면 단축키와 채우기 핸들로 업무의 속도를 높여보세요.

전화번호를 입력할 때마다 숫자(010)와 기호(-)를 입력한다면, '표시 형식'을 설정해 보세요. 이 외에도 입력 작업을 최소화하는 필수 기능이 정리되어 있으니 꾸준히 따라해 보세요.

▲ 표시 형식 : 전화번호의 010과 하이픈(-) 반복 표시하기

Step 2. 폼 나는 서식 만들기 - 표 서식과 인쇄

모니터 화면과 인쇄물이 달라서 당황한 적이 있나요? Step 2에서는 시간과 용지를 절약하는 법을 알아봅니다. 페이지 번호 자동 표시, 데이터 디자인부터 계산까지 뚝딱 해내는 엑셀 표 삽입, 특정 값만 서식을 강조하는 규칙을 설정하여 근사한 보고서를 완성해 보세요.

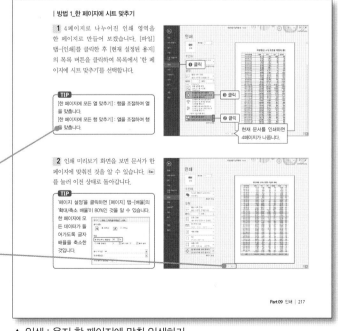

따라하기 설명 외에도 다양한 실행 방법과 옵션 설정을 소개합니다.

문서를 용지 한 장에 출력하기 위해 여백을 조정하거나 배율을 축소합니다.

▲ 인쇄 : 용지 한 페이지에 맞춰 인쇄하기

이 책 미리보기

Step 3. 계산기보다 엑셀 – 수식과 함수

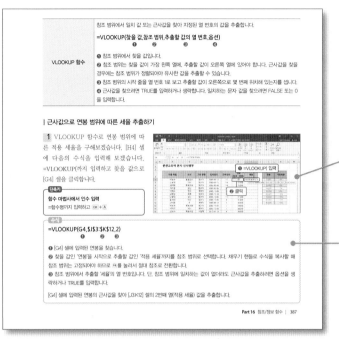

연산자를 이용한 기본 수식부터 업무를 자동화하는 고급 함수까지, 실무에서 자주 쓰는 핵심 기능을 정리합니다. 함수의 어원과 개념을 정리함으로써 목적에 맞게 인수를 입력할 수 있게 됩니다.

> 전 직원의 실 수령 급여를 계산하기 위해 'VLOOKUP 함수'로 적용 세율을 구합니다. 연봉 구간이나 세율이 변경될 경우, 참조 표만 수정해도 실 수령 급여가 자동 계산됩니다.

> 초보자가 쉽게 수식을 입력할 수 있도록 쉼표를 입력하는 위치부터 참조할 셀을 클릭하는 방법까지 상세히 설명했습니다. 중급자는 수식란에 정리된 함수를 해당 셀에 입력하면 됩니다. 인수를 해석하여 다른 서식에도 응용해 보세요.

▲ VLOOKUP 함수 : 연봉 범위에 따른 세율 추출하기

Step 4. 친절한 엑셀의 숨겨진 기능 – 문서 보호 및 공유

보안 문서나 공유 문서에서 유용한 기능을 소개합니다. 메모를 삽입해서 친절한 설명을 더하고, 암호를 설정해서 편집 권한을 제한합니다. 하나의 문서를 여러 명이 동시에 편집하고 싶다면 원드라이브의 웹브라우저를 활용해 보세요.

> 원드라이브에 저장된 문서는 엑셀이 설치되지 않은 PC에서도, 다른 사용자와 동시에 온라인으로 편집할 수 있습니다.

> 원드라이브의 '공유' 기능은 최신 기능입니다. 여러 번의 테스트를 거친 각종 오류와 자세한 활용법은 이 책에서만 볼 수 있습니다.

▲ 원드라이브/공유 : 다른 사용자와 온라인에서 문서 같이 편집하기

Step 5. 비주얼 끝판왕 – 차트와 개체

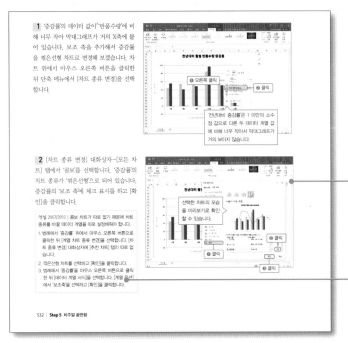

숫자로 가득 찬 보고서의 피로감을 덜어주기 위해 차트나 스파크라인을 활용합니다. 도형이나 스마트아트, 워드아트는 문자를 시각화하기에 좋습니다. 부연 설명을 위해 캡처와 하이퍼링크까지 추가하면 깔끔하게 정리된 보고서를 완성할 수 있습니다.

> 숫자 단위가 다른 데이터 계열을 하나의 차트에 나타낼 수 있도록 이중 축 그래프를 만듭니다. 이 외에도 보고서 목적에 따라 다양한 차트를 만들어 보세요.

> 일부 기능은 버전에 따라 사용법이 다를 수 있어서 모든 버전에서 따라할 수 있는 설명을 제공합니다. 엑셀 2013 이상은 그림 예제를 따라하고, 하위 버전에서는 호환용 표기를 참조합니다.

▲ 콤보 차트 : 단위가 다른 데이터를 이중 축 그래프로 나타내기

Step 6. 데이터 관리의 고수 – DB 분석 및 예측

대용량 데이터를 관리하고 분석하는 방법을 소개합니다. 정렬, 부분합, 필터는 데이터를 정리하고 구분하는 데 기본이 됩니다. 공유 서식을 만들 때 유효성 검사로 입력 값을 제한하면 데이터를 취합하기가 수월해집니다. 예측/분석이 주 업무라면 해찾기, 시나리오, 예측 시트 기능은 반드시 배워두세요.

> 목표 순이익에 도달하기 위해 예산안을 조정하려고 합니다. '해찾기'를 활용하면 분기별 매입/매출 비중을 고려하여 예상 매출과 비용을 자동 조정할 수 있습니다. 다양한 변수를 비교해서 보고 싶다면 '시나리오'를 활용합니다.

▲ 해찾기 : 목표 순이익에 도달하기 위해 예산안 자동 조절하기

이 책 미리보기

Step 7. 보고서 요약의 기술 – 피벗 테이블

무겁고 복잡한 데이터를 빠르게 요약하는 피벗 테이블. 보고서 업무가 많은 사용자라면 반드시 마스터해야 할 스텝입니다. 피벗 테이블의 개념부터 정리하고, 레이아웃을 구성하는 법을 연습합니다. 피벗 차트나 검색 창까지 삽입하면 요약과 검산 기능을 갖춘 자동화 서식을 금세 완성할 수 있습니다.

홈택스에서 다운로드한 자료를 요약해서 매출 및 부가세를 집계합니다. 엑셀 버전에 따라 기간별로 필터할 수 있는 메뉴를 삽입하거나 거래처별로 시트를 분리해서 볼 수도 있습니다.

▲ 피벗 테이블 : 필터 항목별로 워크시트 분리하기

Step 8. 칼퇴근의 비결 – 매크로

컴퓨터가 혼자서 일을 한다? 엑셀로 코딩을 설계한다?

VBA를 모르더라도 매크로 기록기를 활용하면 반복 작업을 자동으로 실행할 수 있습니다. 코딩을 깊게 공부할 시간이 없는 분들을 위해 실무에 바로 적용할 수 있는 대표 예제만 엄선하였습니다.

초보자가 쉽게 따라할 수 있게 VBA 코드를 영어 문장에 비유하여 독해하듯 설명합니다. 표시된 글자만 변경하면 다른 서식에도 적용할 수 있습니다.

각각의 워크시트로 나누어진 통합 문서에 매크로를 실행하여 하나의 표로 취합합니다.

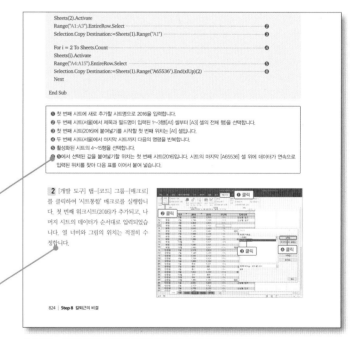

▲ VBA : 여러 워크시트의 표를 하나의 표로 이어 붙이기

CONTENTS

CONTENTS

CONTENTS

CONTENTS

CONTENTS

CONTENTS

CONTENTS

CONTENTS

CONTENTS

CONTENTS

CONTENTS

CONTENTS

CONTENTS

CONTENTS

Intro

마이크로소프트 오피스
설치 가이드

엑셀 2007/2010/2013/2016/2019, 무엇이 다르지?

엑셀 2007부터 리본 메뉴가 도입되고 확장자명이 .xlsx로 변경되었습니다. 이후 버전에서 주요 기능을 실행하는 방법에는 큰 변화가 없습니다. 엑셀 2013부터는 마이크로소프트 계정을 연결해서 OneDrive(원드라이브)나 Bing 검색 같은 온라인 기능이 결합됐습니다. 최근에는 '마이크로소프트 365'라는 구독 서비스가 도입되어 새 기능을 자동으로 업그레이드할 수 있습니다.

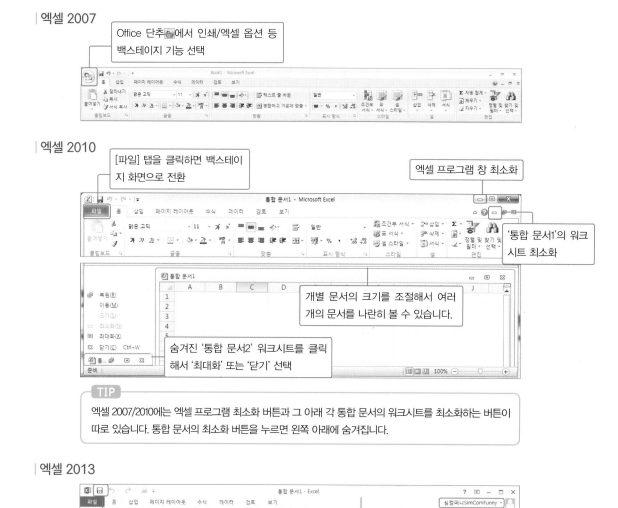

| 엑셀 2007

Office 단추에서 인쇄/엑셀 옵션 등 백스테이지 기능 선택

| 엑셀 2010

[파일] 탭을 클릭하면 백스테이지 화면으로 전환

엑셀 프로그램 창 최소화

'통합 문서1'의 워크시트 최소화

개별 문서의 크기를 조절해서 여러 개의 문서를 나란히 볼 수 있습니다.

숨겨진 '통합 문서2' 워크시트를 클릭해서 '최대화' 또는 '닫기' 선택

TIP
엑셀 2007/2010에는 엑셀 프로그램 최소화 버튼과 그 아래 각 통합 문서의 워크시트를 최소화하는 버튼이 따로 있습니다. 통합 문서의 최소화 버튼을 누르면 왼쪽 아래에 숨겨집니다.

| 엑셀 2013

저장 위치에 OneDrive가 추가됨

오피스 테마 변경 가능

MS 계정으로 로그인

| 엑셀 2016/2019

기능 검색

다른 사용자와 동시에 문서를 편집할 수 있는 [공유] 기능

버전	변경/추가된 주요 기능
2007	리본 메뉴 도입, 수식 입력줄 확장/마우스 단축 메뉴에 미니 도구 모음 추가 확장자명 .xlsx로 변경(엑셀 2003 이전 프로그램과 호환하려면 .xls로 저장) 차트와 피벗 테이블에서 상황 메뉴 [디자인], [레이아웃], [옵션], [서식] 탭 활성화 추가 기능 설치 시 PDF/XPS 문서로 변환 가능
	[스마트 아트], [중복된 항목 제거] 추가 [조건부 서식]의 [데이터 막대], [아이콘], [색조] 규칙 추가 [정렬] 및 [필터] 기준에 색/날짜 기준 등 추가 [피벗 테이블] 필드 추가 방법 변경
	IFERROR/COUNTIFS/SUMIFS/AVERAGEIF/AVERAGEIFS 함수 추가
2010	설치 옵션에 64비트 추가/Office 단추가 [파일] 탭으로 대체 추가 설치 없이 [다른 이름으로 저장]에서 PDF/XPS 문서 변환 리본 메뉴 편집을 위한 [리본 사용자 지정] 옵션 추가
	[스크린샷], [스파크라인], [슬라이서] 추가 [파워 피벗], [파워 쿼리] 추가
	RANK.EQ/RANK.AVG/AGGREGATE/NETWORKDAYS.INTL / WORKDAY.INTL 함수 추가
2013	MS 계정으로 로그인/저장 위치에 OneDrive 추가 오피스 배경 및 테마 설정 가능 통합 문서의 최소화 버튼 생략, 각각의 문서는 새 창에서 열림 [피벗 테이블] 상황 메뉴인 [옵션] 탭이 [분석] 탭으로 이름 변경
	[차트] 편집 단추 추가/[차트] 서식은 오른쪽 작업 창에서 설정 [빠른 분석], [자동 채우기] 옵션에 [빠른 채우기] 추가 [스토어]에서 추가 기능 설치, [온라인 그림] 삽입 기능 추가 [콤보 차트], [추천 차트], [추천 피벗 테이블] 추가 [피벗 테이블]에 [시간 표시 막대] 기능 추가
	IFNA/DAYS/ISFORMULA/FORMULATEXT/NUMBERVALUE 함수 추가
2016	[파워 쿼리]가 추가 설치 없이 [데이터] 탭에 내장됨
	[설명] 검색창/[공유] 기능(OneDrive 문서를 온라인에서 동시 작업) [3D 맵 투어], [예측 시트], [잉크 수식] 추가 [트리맵], [선버스트], [상자 수염 그림], [히스토그램], [파레토], [폭포] 차트 추가
2019	[그리기] 탭 / [아이콘] 추가, [깔때기] / [지도] 차트 추가 등
	IFS / MAXIFS / MINIFS / TEXTJOIN / CONCAT / SWITCH

* 구독 서비스인 마이크로소프트 365에서 업데이트되는 새 기능은 영구 설치 버전에서는 사용할 수 없습니다.

오피스 2019와 마이크로소프트 365, 어떤 걸 설치하지?

엑셀/파워포인트/워드 2019 등은 윈도우 10이상의 운영체제에서 구동이 가능하며 오피스 2019나 마이크로소프트 365를 설치해서 사용할 수 있습니다. 오피스 2019의 라이선스를 구매한 경우, 프로그램을 설치한 PC에서 영구적으로 사용이 가능하지만 오류나 보안상의 업데이트를 제외한 새 기능은 추가되지 않습니다. 반면 마이크로소프트 365는 월/연단위로 사용료를 지불하는 구독서비스로, 최신 기능이 지속적으로 업데이트됩니다.

오피스 2019_영구 라이선스 구매

· PKC(Product Key Card) : 제품 키 카드를 동봉한 패키지 박스로 수령
· ESD(Electronic Software Distribution) : 이메일로 제품 키 수령

※ 오피스 2013부터는 다른 PC에도 설치 가능한 FPP(Full Package Product)는 판매하지 않습니다. PKC와 ESD는 오피스가 설치된 컴퓨터를 교체할 경우, 최초 인증 후 90일 뒤 재인증을 받을 수 있으며 설치 조건은 다음과 같습니다.

Retail(컴퓨터 1대만 인증)			Volume License(컴퓨터 5대 이상)
Home&Student	Home&Business	Professional Pro	기업/교육기관용으로 인증된 판매처에서만 구매 가능
엑셀/워드/파워포인트	기본+원노트+아웃룩	기본+아웃룩+액세스 등	

· 구매처에 따라 가격은 다소 차이가 있을 수 있습니다.

page 오피스 2019 설치 방법은 32쪽을 참고하세요.

마이크로소프트 365_월/연 단위 구독

마이크로소프트 계정에 등록된 카드로 매월 자동 청구되고, 갱신을 취소하면 다음 달부터 구독이 취소됩니다. 마이크로소프트 365는 구독 기간 동안 수시로 최신 기능이 업데이트됩니다. 온라인에 연결된 상태에서는 자동으로 업데이트되며 [파일] 탭-[계정]-[Office 업데이트]에서 수동으로 설정할 수도 있습니다.

마이크로소프트 365(월/연 단위 구독 서비스)						
요금제 (OneDrive 포함)	가정용(VAT 포함)		비즈니스용(VAT 제외)			
	Personal	Family	Basic	App	Standard	Premium
1년(일시불/약정*)	89,000*원	119,000*원	연간 약정			
1개월	8,900원	11,900원	5,600원	9,100원	14,100원	22,500원
PC/MAC, 태블릿/휴대폰	1명	최대 6명	각 1대	각 5대		

· 요금제별 사용 조건에 대한 자세한 설명과 구입 문의는 마이크로소프트 공식 홈페이지를 참고하세요. (2022/1/1 기준)

page 마이크로소프트 365 무료 체험 및 구독 신청과 해지 방법은 28쪽을 참고하세요.

32비트와 64비트, 운영체제는 어떻게 확인하지?

엑셀 2010부터는 데이터양이 많은 사용자를 위해 설치 옵션에 64비트를 추가했습니다. 32비트는 최대 4GB의 문서를 다룰 수 있는 반면 64비트는 최대 1,024GB의 문서까지 작업할 수 있습니다. 비트(Bit)는 '내 Office 계정' 의 [언어 및 설치 옵션]에서 선택할 수 있습니다. 64비트는 윈도우 7 이상의 64비트 운영체제가 설치된 PC에서 설치할 수 있습니다. 매킨토시(Mac)는 office Insider 옵션을 통해 32비트에서 64비트로 전환할 수 있습니다.

운영체제를 확인하는 방법

· Window 운영체제 : [제어판]–[시스템]에서 'Windows 버전'과 '시스템 종류'를 확인할 수 있습니다.

· Excel 운영체제 : [파일] 탭–[계정]에서 [Excel 정보]를 클릭하면 설치 버전과 비트, 제품 ID 등을 알 수 있습니다.

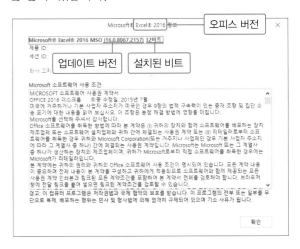

32비트(x86)/64비트(x64) 어떤 게 적합할까?

처리할 데이터 용량이 많지 않다면 32비트를 사용하는 것이 무난합니다. 64비트는 대용량 문서도 빠르게 실행할 수 있는 대신 일부 추가 기능은 호환되지 않을 수 있습니다.

컴퓨터 1대에 다른 버전의 오피스를 같이 설치할 경우, 동일한 비트를 선택해야 합니다. 예를 들어, 64비트의 엑셀 2010이 설치된 PC에 엑셀 2013(또는 엑셀 2016 등)도 설치하려면 64비트로 설치해야 합니다. 그러나 엑셀 2007은 32비트만 있기 때문에 64비트의 다른 버전과 같이 설치할 수 없습니다.

32비트	64비트
Add-in 프로그램, 외부 개체 삽입 등 모든 기능을 호환해서 사용할 수 있음	고용량 데이터나 고화질 이미지 문서를 좀 더 빠르게 실행할 수 있음

무료 체험 및 구독/해지하기

마이크로소프트 365는 월/연 단위 구독 서비스로, 신용카드 정보를 계정에 등록하면 매월 자동으로 요금이 결제됩니다. 업데이트 된 최신 기능이 필요하거나 일정기간만 사용할 계획이라면 필요한 기간만 구독하는 것도 좋습니다. 마이크로소프트 계정만 등록하면 누구나 1개월 무료 평가판을 설치해서 사용해볼 수 있으며 서비스 갱신 및 구독 취소를 하면 요금이 청구되지 않습니다.

무료 체험판 설치 및 구독 해지 과정

| 1. MS 계정 등록 및 로그인 | 2. 결제 정보 등록 | 3. 프로그램 설치 | 4. 요금제 전환 및 구독 취소 |

1. 마이크로소프트 계정 등록 및 로그인

1. 마이크로소프트 공식홈페이지의 Office 365 무료 체험 페이지(https://microsoft.com/ko-kr/microsoft-365/try)에 접속합니다. [1개월 무료 체험]을 클릭합니다.

> 접속 시기에 따라 배경 화면은 다를 수 있습니다.

2. MS 계정에 로그인합니다. 계정이 없을 경우, '계정을 만드세요!'를 클릭해서 회원 가입을 합니다.

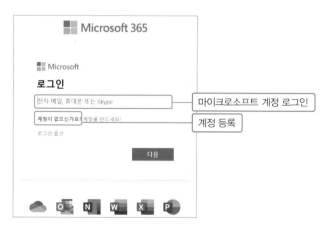

계정 등록 시 주의사항
- 이메일 주소/휴대폰 번호 : 계정 등록을 위한 인증번호가 발송되며 로그인할 때 아이디로 사용됩니다.
- 암호 : 대문자, 소문자, 숫자 및 기호를 조합한 8자 이상으로 등록해야 합니다.
- 생년월일 : 실명 확인을 요구하진 않지만 출생연도를 기준으로 성인이 아닐 경우, 계정에 등록된 부모님의 인증이 필요합니다.

2. 결제 정보 등록(해지 가능)

1. '① 결제 방법 선택' 단계에서 [다음] 을 클릭합니다. 1개월 무료 평가판은 최 대 6명이 사용 가능한 'Microsoft 365 Family' 요금제가 선택됩니다. 무료 체 험 종료 후 1인용 Personal 요금제로 전 환할 수 있습니다.

page 자동 갱신 끄기 및 구독 취소는 31쪽을 참고하세요.

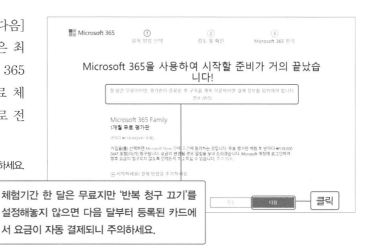

> 체험기간 한 달은 무료지만 '반복 청구 끄기'를 설정해놓지 않으면 다음 달부터 등록된 카드에 서 요금이 자동 결제되니 주의하세요.

2. 해외 결제가 가능한 제휴사의 카드 정 보를 입력합니다.

3. 카드 정보를 확인하고 [가입]을 클릭합 니다.

3. 프로그램 설치

프로그램 설치 및 계정 인증 단계에서는 인터넷에 접속되어야 하며 설치된 프로그램은 오프라인
에서도 사용 가능합니다. 마이크로소프트 365는 39일 이상 오프라인 상태가 지속되면 제한 모드
로 전환되므로 온라인 계정에 다시 로그인해야 합니다.

1. 마이크로소프트 홈페이지의 '내 office 계정' 화면으로 이동하면 인증된 오피스의 설치 및 계정 관리
페이지가 나타납니다. [앱 설치]를 클릭하고 Office 다운로드 및 설치 화면에서 [설치]를 클릭합니다.

page 설치 옵션(32비트/64비트)의 차이점은 27쪽을 참고하세요.

2. 화면 아래 다운로드 창에 [실행]을 눌러서 엑셀 파일을 저장합니다. 설치 안내 창이 나타나 [예]를 클
릭하면 설치가 시작됩니다.

4. 요금제 전환 및 구독 취소

1. 마이크로소프트 계정에 로그인한 후 오른쪽 상단의 로그인 로고를 클릭합니다. '내 Microsoft 계정'을 클릭하고 스크롤을 내린 뒤 [반복 청구 중지 또는 구독 취소]를 클릭합니다.

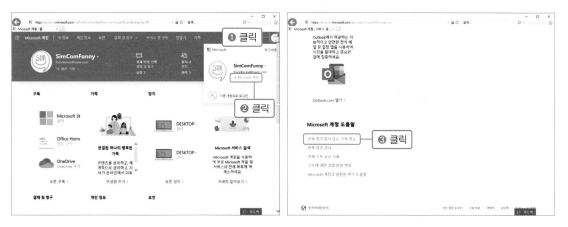

2. [관리] 탭의 결제 설정에서 '구독 취소'를 클릭합니다. 다음 화면으로 넘어가면 스크롤을 내려 화면 하단으로 이동한 뒤 [반복 청구 끄기]를 클릭합니다.

* 위의 방법은 시기에 따라 변경될 수 있으니 프로그램 설치 오류 및 구독 결제에 관한 자세한 문의는 마이크로소프트 사의 고객센터로 연락하면 됩니다.

오피스 2019 영구 설치 및 정품 인증하기

엑셀을 장기적으로 사용할 계획이라면 영구 라이선스를 구매하는 것도 좋습니다. 일반적으로 개인이 구매할 수 있는 Retail 버전은 컴퓨터 1대에서만 사용할 수 있는 제품 키가 제공됩니다. 반면 여럿이 사용하는 Volume License는 기업 담당자를 통해서 구매 및 인증, 업데이트가 관리됩니다. 제품군이나 구매 경로에 따라 마이크로소프트 계정과 연동되지 않을 경우, 설치 및 인증 방식에 다소 차이가 있습니다.

1. 제품 키를 패키지(PKC)나 이메일(ESD)로 수령했다면 설치 페이지(https://setup.office.com)에서 마이크로소프트 계정으로 로그인한 후 1단계에서 [다음]을 클릭합니다.

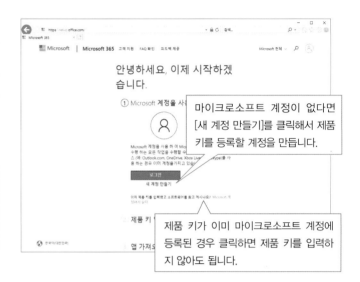

> 마이크로소프트 계정이 없다면 [새 계정 만들기]를 클릭해서 제품 키를 등록할 계정을 만듭니다.

> 제품 키가 이미 마이크로소프트 계정에 등록된 경우 클릭하면 제품 키를 입력하지 않아도 됩니다.

TIP

'Office 다운로드' 설치 단계

Retail 버전을 구매한 경우, 해당 제품 키가 MS 계정에 연동되어서 '내 Office 계정'에서 제품 설치 및 설치 옵션을 선택할 수 있습니다.

2. 2단계에서 제품 키를 입력하면 국가를 선택할 수 있습니다. [다음]을 클릭한 뒤 제품 키가 인증되면 3단계에서 [다음]을 클릭합니다.

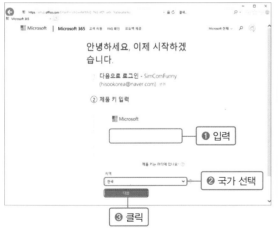

3. 마이크로소프트 계정으로 이동하면 '설치'를 클릭합니다. 만약 설치 비트를 변경하고 싶다면 버전 선택에서 목록 버튼을 누릅니다.

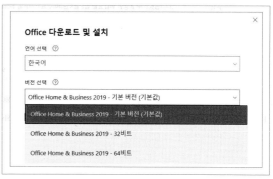

4. 화면 아래 다운로드 창에 [실행]을 눌러서 엑셀 파일을 저장합니다. 설치 안내 창이 나타나 [예]를 클릭하면 설치가 시작됩니다.

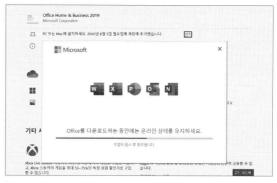

5. 설치된 제품의 인증 여부는 [파일] 탭-[계정]에서 확인할 수 있습니다.

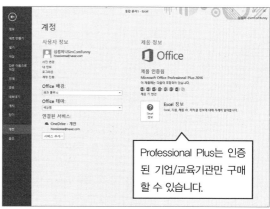

▲ Home and Business 2019 (Retail)

▲ Professional Plus 2016 (Volume License)

> **TIP**
>
> **Retail과 Volume License의 차이점-Office 업데이트**
>
> Retail 제품은 PC 1대에서만 인증이 가능하기 때문에 계정 소유자가 보안 및 오류에 관한 업데이트를 직접 할 수 있습니다. 반면, Volume License는 여러 컴퓨터에서 인증 가능한 기업/교육기관용 제품입니다. 통합 관리자에 의해 인증 및 업데이트가 일괄 처리되기 때문에 개별적으로 'office 업데이트' 기능을 사용할 수 없습니다.

칼퇴근을 위한 필수 기능, 이것만은 꼭 알아두기!

엑셀의 수많은 기능을 모두 외워서 활용하기는 힘듭니다. 아무리 바쁘고 어려워도 꼭 익혀야 하는 기능에는 어떤 것이 있을까요? 효율적인 데이터 업무를 위해 포털 사이트에서 분석한 엑셀(Excel) 연관 키워드 중 검색 순위가 높은 기능을 뽑았습니다. 이를 바탕으로 실무에 유용한 핵심 기능을 우선순위로 참고하여 업무 속도를 높여 보세요.

'엑셀(Excel)' 연관 키워드에서 가장 많이 검색된 기능

우선순위 핵심 기능	채우기 핸들	연속된 셀의 데이터 값/수식/서식 복사	86쪽
	엑셀 표	서식과 수식을 한 번에 정리	194쪽
	중복 값 제거	고유 값 하나만 남기고 중복된 값 삭제	683쪽
	매크로	반복된 작업을 규칙에 따라 자동 실행	768쪽
출력/시각화	조건부 서식	특정 값을 강조하는 규칙 예) 매출 증감률을 다른 색으로 표시	178쪽
	인쇄	한 페이지에 맞춰 인쇄하기	217쪽
		바닥 글에 현재 페이지 수 자동 표시	227쪽
	차트/스파크라인	이중 축 그래프를 쉽게 변환하는 콤보 차트	532쪽
		원형 차트로 비중 표시하기	557쪽
		데이터 흐름을 요약하는 미니 차트 삽입	594쪽
예측/분석	피벗 테이블	빅 데이터를 압축 요약하고 레이아웃을 자유자재로 변경	712쪽
	해 찾기	매출과 고정비용 추이를 반영한 예산안 자동 조정	698쪽
	함수	매출 취합을 위한 통계 함수 : SUM/AVERAGE/RANK	312쪽
		조건에 맞는 값만 계산하는 IF 함수 : SUMIFS/IFERROR	338쪽
		보고서에서 많이 쓰는 참조 함수 : VLOOKUP	384쪽

Step 1

엑셀과
친해지기
– 엑셀의 구성 및 데이터 입력

#리본 메뉴 #빠른 실행 도구 모음
#자동 채우기

Part 01 엑셀 시작하기

Part 1에서는 워크시트와 리본 메뉴의 구성부터 살펴봅니다. 엑셀의 구조를 익힌 후 문서를 열고 저장하는 법을 따라하다 보면 엑셀에 대한 두려움이 약간은 사라질 것입니다. 사용자의 편의에 따라 리본 메뉴와 빠른 단축 메뉴 모음을 설정하고, 단축키를 응용하는 법을 익혀 업무 속도를 높여보세요.

시작 화면에서 '최근 항목' 불러오기   추천 서식 선택하기

리본 메뉴 이해하기

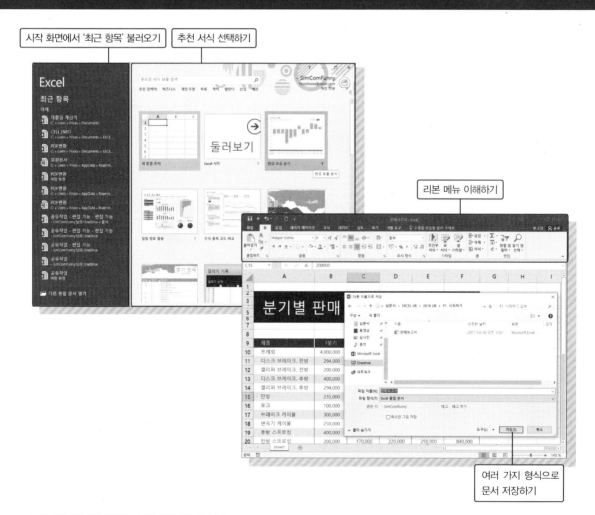

여러 가지 형식으로 문서 저장하기

001 엑셀 시작하기

엑셀 2010 이하에서는 첫 화면에 빈 워크시트가 나타났던 것과 달리 엑셀 2013부터는 시작 화면에서 '최근 항목', '새 통합 문서', '온라인 서식 파일 검색'을 선택할 수 있습니다. 기존 문서나 새 문서 서식을 선택하면 문서 작업을 시작할 수 있습니다.

1 [엑셀] 프로그램을 실행합니다. 시작 화면에 최근에 사용한 문서와 추천 서식 목록이 나타납니다. 새 문서를 작성하려면 '새 통합 문서'를 클릭하거나 [Esc]를 누릅니다.

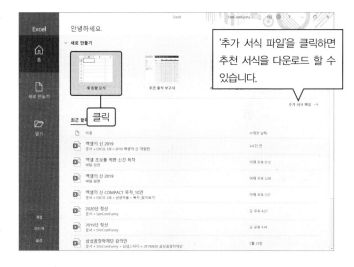

'추가 서식 파일'을 클릭하면 추천 서식을 다운로드 할 수 있습니다.

page 엑셀 2013 이상에서 시작 화면을 없애려면 63쪽을 참고하세요.

2 'Sheet1'에 빈 워크시트가 나타납니다. 이제 문서를 작성할 수 있습니다.

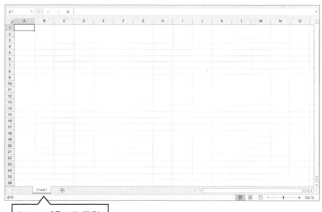

'Sheet1'은 새 통합 문서의 기본 워크시트 이름입니다.

page 워크시트 이름의 수정 및 추가에 대한 자세한 내용은 137쪽을 참고하세요.

엑셀 2007/2010 | 'Sheet1' 탭 옆의 '새 시트' 아이콘 ⊕은 엑셀 2013부터 추가된 것으로 엑셀 2007, 엑셀 2010의 워크시트 삽입 탭 ⬚을 대신합니다.

002 엑셀 화면 살펴보기

엑셀 2013부터는 시작 화면이 추가되어 '새 통합 문서'를 선택해야 빈 워크시트가 나타납니다. 엑셀 2007부터 리본 메뉴가 사용된 이후 전체적인 화면 구성은 크게 변하지 않아서 이전 버전의 사용자도 쉽게 이해할 수 있습니다. 문서를 작성하기 전에 엑셀 화면부터 살펴보겠습니다.

| 전체 화면 살펴보기

❶ 빠른 실행 도구 모음 : 자주 사용하는 명령 아이콘을 추가하여 빠르게 실행합니다.

❷ 제목 표시줄 : 현재 문서의 파일명이 나타납니다.

❸ 리본 메뉴 표시 옵션 : 리본 메뉴를 숨기거나 최소화할 수 있게 표시 형식을 조절합니다.

❹ 최소화/최대화/닫기 버튼 : 창의 크기를 조절하고 엑셀을 종료할 때 사용합니다.

❺ 리본 메뉴 : 엑셀의 모든 명령이 [홈], [삽입] 등의 탭으로 나누어져 있습니다.

❾ 워크시트 : 문서를 작성하는 공간으로, 통합 문서를 구성하는 단위입니다. 워크시트에 입력된 데이터는 표시 형식에 따라 화면에 나타납니다.

❻ 설명 검색창 : 엑셀 2016에 추가된 기능. 명령 아이콘의 위치를 모를 때 수행할 작업을 검색하면 바로가기 버튼과 도움말이 나타납니다. 단축키는 Alt + Q 입니다.

❼ 로그인 : 엑셀 2013부터 추가된 기능. MS 계정으로 로그인하면 원드라이브 기능을 사용할 수 있습니다.

❽ 공유 : 엑셀 2016에 추가된 기능. MS 계정 사용자에게 초대장을 보내 원드라이브에 저장된 문서를 빠르게 공유할 수 있습니다.

❿ 상태표시줄 : 작업 중인 문서의 매크로 기록 여부, 선택된 셀들의 개수, 평균, 합계 등 기본 정보가 나타납니다.

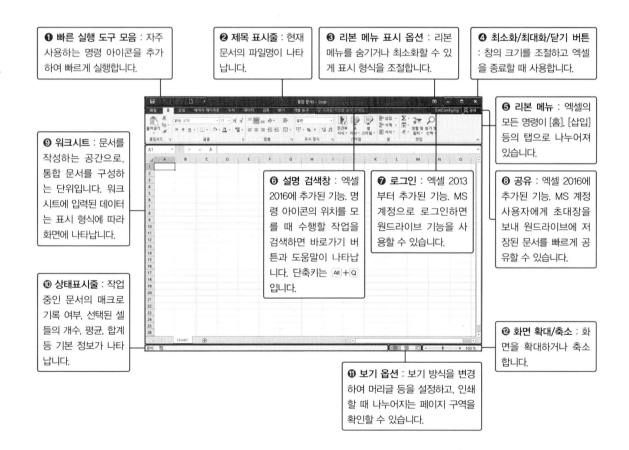

⓬ 화면 확대/축소 : 화면을 확대하거나 축소합니다.

⓫ 보기 옵션 : 보기 방식을 변경하여 머리글 등을 설정하고, 인쇄할 때 나누어지는 페이지 구역을 확인할 수 있습니다.

워크시트 살펴보기

워크시트의 최소 단위는 셀(Cell)입니다. 셀들이 모여 행(Row)과 열(Column)을 이루고, 이들은 알파벳 열과 숫자 행으로 구성된 셀 주소를 갖습니다. 각각의 워크시트는 하나의 통합 문서로 저장됩니다.

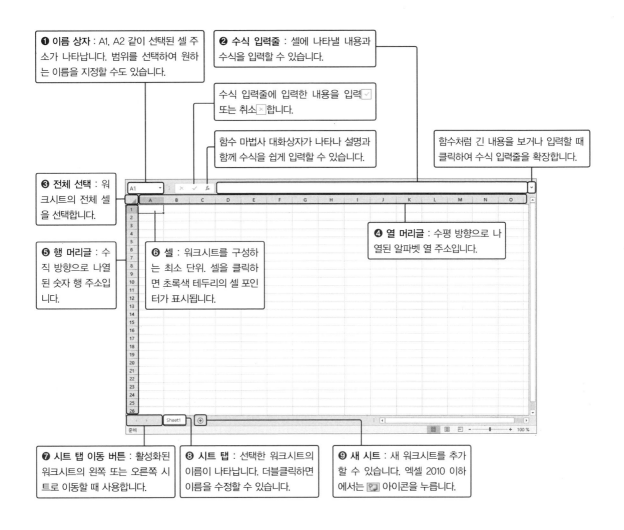

❶ **이름 상자** : A1, A2 같이 선택된 셀 주소가 나타납니다. 범위를 선택하여 원하는 이름을 지정할 수도 있습니다.

❷ **수식 입력줄** : 셀에 나타낼 내용과 수식을 입력할 수 있습니다.

수식 입력줄에 입력한 내용을 입력☑ 또는 취소☒ 합니다.

함수 마법사 대화상자가 나타나 설명과 함께 수식을 쉽게 입력할 수 있습니다.

함수처럼 긴 내용을 보거나 입력할 때 클릭하여 수식 입력줄을 확장합니다.

❸ **전체 선택** : 워크시트의 전체 셀을 선택합니다.

❹ **열 머리글** : 수평 방향으로 나열된 알파벳 열 주소입니다.

❺ **행 머리글** : 수직 방향으로 나열된 숫자 행 주소입니다.

❻ **셀** : 워크시트를 구성하는 최소 단위. 셀을 클릭하면 초록색 테두리의 셀 포인터가 표시됩니다.

❼ **시트 탭 이동 버튼** : 활성화된 워크시트의 왼쪽 또는 오른쪽 시트로 이동할 때 사용합니다.

❽ **시트 탭** : 선택한 워크시트의 이름이 나타납니다. 더블클릭하면 이름을 수정할 수 있습니다.

❾ **새 시트** : 새 워크시트를 추가할 수 있습니다. 엑셀 2010 이하에서는 🔲 아이콘을 누릅니다.

Skill Up 워크시트의 개수 변경하기

새 통합 문서에 기본으로 나타나는 워크시트의 개수는 [파일] 탭–[옵션]에서 설정할 수 있습니다. [Excel 옵션] 대화상자–[일반] 화면에서 [새 통합 문서 만들기] 항목의 '포함할 시트 수'를 변경합니다.

003 리본 메뉴 살펴보기

엑셀 2007부터 추가된 리본 메뉴는 탭〉그룹〉명령 아이콘 순으로 그룹화되어 있습니다. 아래 삽입된 그림은 엑셀 2016 화면입니다. 버전에 따라 일부 기능이 추가되고 화면의 배색이 변하긴 했지만 기본적인 메뉴의 위치와 명칭은 크게 다르지 않습니다.

| [홈] 탭–[클립보드/글꼴/맞춤/표시 형식/스타일/셀/편집] 그룹

문서 편집에 필요한 색상과 글꼴 정렬, 붙여넣기 옵션 및 행열 삽입에 관한 명령 등으로 구성되었습니다.

| [삽입] 탭–[표/일러스트레이션/추가 기능/차트/투어/스파크라인/필터/링크/텍스트/기호] 그룹

도형, 그림, 차트 등의 개체를 추가하여 데이터를 시각화합니다. 하이퍼링크로 외부 자료를 연결하고 텍스트나 특수기호로 다양한 형태의 데이터를 입력할 수 있습니다.

> **TIP**
> 엑셀 화면에 최적화된 해상도는 1024×768입니다. 탭과 그룹의 위치는 고정되어 있지만 엑셀 창의 크기에 따라 일부 아이콘의 이름이 생략되거나 숨겨지기도 합니다. 그룹명 옆의 확장 버튼을 클릭하면 관련 대화상자가 나타나 세부 메뉴를 설정할 수 있습니다.

> 화면 크기에 따라 [기호], [텍스트] 등의 그룹 및 명령 아이콘이 축소될 수 있습니다.

| [페이지 레이아웃] 탭–[테마/페이지 설정/크기 조정/시트 옵션/정렬] 그룹

인쇄 설정 및 문서의 테마 등을 지정할 수 있습니다.

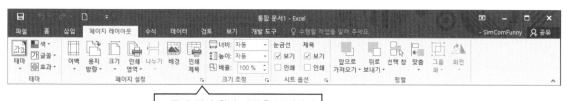

> 그룹명 옆의 확장 버튼을 클릭하면 [페이지 설정] 대화상자가 나타납니다.

| [수식] 탭-[함수 라이브러리/정의된 이름/수식 분석/계산] 그룹

수식 입력에 사용될 함수를 특성에 따라 분류해 놓았습니다. 또한 셀 주소를 이름으로 정의하면 참조 영역을 설정할 때 범위를 쉽게 지정할 수 있습니다.

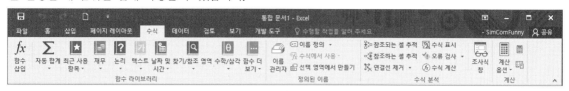

| [데이터] 탭-[가져오기 및 변환/연결/정렬 및 필터/데이터 도구/예측/윤곽선] 그룹

대용량 문서를 관리하거나 데이터를 예측, 분석할 때 주로 사용됩니다.

| [검토] 탭-[언어 교정/정보 활용/언어/메모/변경 내용] 그룹

여러 사람이 사용하는 공유 문서에 메모를 추가하고, 시트를 보호하는 명령 등을 적용할 수 있습니다.

| [보기] 탭-[통합 문서 보기/표시/확대/축소/창/매크로] 그룹

화면을 보는 방식과 화면 크기를 조절합니다. 창을 여러 개로 나누거나 특정 행과 열을 고정해서 볼 수 있습니다.

| [개발 도구] 탭-[코드/추가 기능/컨트롤/XML] 그룹

매크로를 기록하고 편집할 수 있는 비주얼 베이직(Visual Basic) 등 고급 기능을 포함합니다. [개발 도구] 탭은 리본 메뉴에 기본으로 나타나지 않으므로 추가 기능을 설치해야 합니다.

page 리본 메뉴에 [개발 도구] 탭을 추가하는 방법은 769쪽을 참고하세요.

004 리본 메뉴 단축키로 실행하기

리본 메뉴에 접근할 수 있는 단축키의 구성 원리를 잘 활용하면 단축키를 외우지 않고도 마우스 사용을 최소화할 수 있습니다.

| 리본 메뉴 단축키 Alt

1 Alt를 누르면 리본 메뉴의 탭과 빠른 실행 도구 모음의 단축키 이니셜이 표시됩니다. [삽입] 탭을 선택하고 싶다면 N을 누릅니다.

Alt 누른 후 N 누르기

> **TIP**
> 업데이트 버전에 따라 단축키의 알파벳 이니셜 일부는 상이할 수 있습니다.

2 [삽입] 탭이 열리고 메뉴마다 알파벳이 표시되어 나타납니다. 해당 알파벳 또는 숫자를 순서대로 누르면 명령이 실행됩니다.

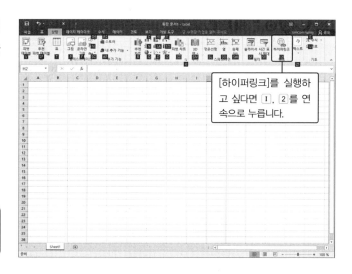

[하이퍼링크]를 실행하고 싶다면 I, 2를 연속으로 누릅니다.

> **TIP**
> 단축키가 두 자릿수일 경우 순서대로 하나씩 누릅니다.

단축키로 리본 메뉴 실행하기

1 숫자에 천 단위 구분기호를 적용할 셀 범위를 드래그한 후 Alt를 누르면 탭별로 알파벳이 나타납니다. [홈] 탭의 단축키인 H를 누릅니다.

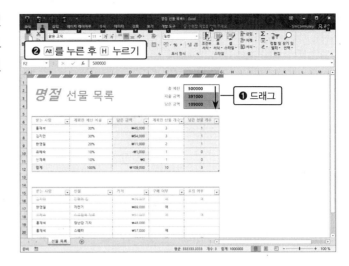

2 [홈] 탭이 선택되고 그룹별로 단축키로 사용할 수 있는 알파벳이 나타납니다. [쉼 표]를 실행하기 위해 K를 누르면 선택한 셀들에 천 단위 구분기호가 적용됩니다.

단축키

리본 메뉴 실행 예시
- [홈] 탭-[병합하고 가운데 맞춤]
  Alt - H - M - C
- [데이터] 탭-[필터] Alt - A - T
- [삽입] 탭-[피벗테이블] Alt - N - V
- [데이터] 탭-[필터] Alt - A - T
  또는 Alt - A - 2 - T

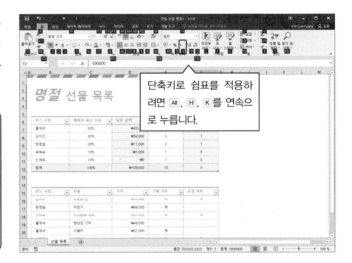

단축키로 쉼표를 적용하려면 Alt, H, K를 연속으로 누릅니다.

Skill Up 2021년 11월에 업데이트 된 Alt 단축키

마이크로소프트 365를 포함한 일부 상위 버전의 엑셀 프로그램에서는 Alt 키의 알파벳 이니셜이 다음과 같이 일부 변경되었습니다.

❶ 빠른 도구 모음 상자에 있던 저장 아이콘의 단축키가 A1로 설정됐습니다.

❷ 데이터 탭의 단축키가 A에서 A2로 바뀌었습니다. 그로 인해 기존 필터 단축키인 Alt - A - T 는 Alt - A - 2 - T 와 같이 숫자가 추가되었습니다.

005 리본 메뉴 표시 및 숨기기

리본 메뉴 표시 옵션 버튼을 클릭하면 리본 메뉴 또는 탭의 표시 여부를 선택할 수 있습니다. 리본 메뉴를 숨기거나 최소화하면 위쪽 공간을 줄여서 워크시트 영역을 확대할 수 있습니다.

리본 메뉴 표시 옵션 버튼을 클릭하면 기본으로 '탭 및 명령 표시'가 선택되어 있습니다.

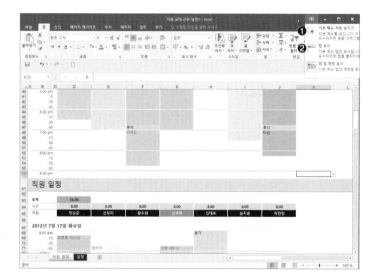

❶ 리본 메뉴 자동 숨기기

리본 메뉴가 숨겨져 워크시트 화면을 넓게 볼 수 있습니다. 화면 맨 위쪽에 마우스 포인터를 위치시키면 리본 메뉴가 나타나고, 셀을 클릭하면 다시 사라집니다.

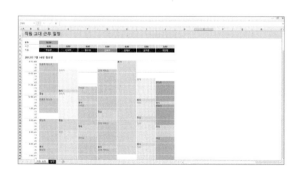

❷ 탭 표시

리본 메뉴의 탭만 표시됩니다. 탭을 클릭하면 나머지 메뉴들이 나타납니다.

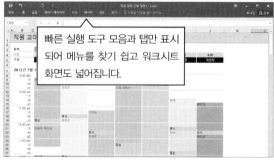

> 빠른 실행 도구 모음과 탭만 표시되어 메뉴를 찾기 쉽고 워크시트 화면도 넓어집니다.

단축키
탭만 표시/리본 메뉴 전체 펼치기 `Ctrl` + `F1`

006 리본 메뉴에 새 탭 추가하기

리본 메뉴를 사용자의 편의에 따라 편집할 수 있습니다. 리본 메뉴에 없거나 자주 쓰는 명령 아이콘은 새 탭과 새 그룹으로 추가합니다. 기존 탭의 위치와 이름 변경은 물론 필요 없는 탭을 삭제할 수도 있습니다.

| 새 탭에 계산기 메뉴 추가하기

1 리본 메뉴에서 마우스 오른쪽 버튼을 클릭합니다. 단축 메뉴에서 [리본 메뉴 사용자 지정]을 클릭합니다.

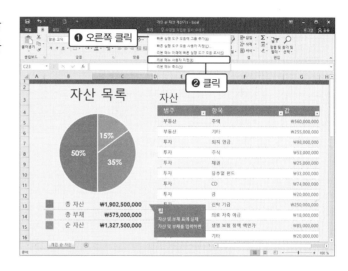

2 [Excel 옵션] 대화상자-[리본 사용자 지정] 화면이 나타납니다. 리본 메뉴의 [보기] 탭 옆에 새 탭을 추가하기 위해 [리본 메뉴 사용자 지정] 목록에서 '보기'를 선택한 후 [새 탭]을 클릭합니다.

TIP
선택한 탭의 오른쪽에 새 탭이 생성됩니다.

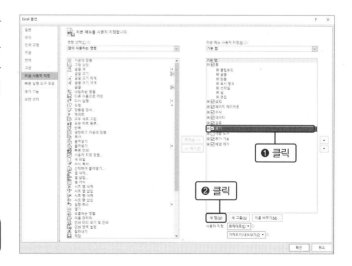

3 '보기' 아래에 추가된 '새 탭'을 선택하고 [이름 바꾸기]를 클릭하여 새로운 탭 이름을 입력합니다.

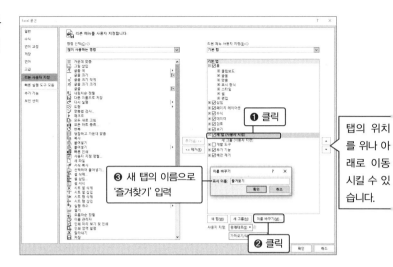

❸ 새 탭의 이름으로 '즐겨찾기' 입력

❶ 클릭

❷ 클릭

탭의 위치를 위나 아래로 이동시킬 수 있습니다.

4 새 탭의 이름이 바뀌었습니다. 이번에는 '새 그룹'을 선택한 후 [이름 바꾸기]를 클릭합니다. [이름 바꾸기] 대화상자가 나타나면 기호를 선택하고 그룹 이름을 수정합니다.

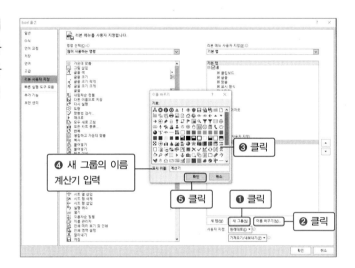

❸ 클릭

❹ 새 그룹의 이름 계산기 입력

❺ 클릭

❶ 클릭

❷ 클릭

5 새 그룹의 이름이 바뀌어 나타나면 '명령 선택'의 목록 버튼을 클릭하여 '리본 메뉴에 없는 명령'을 선택합니다. 목록에서 '계산기'를 선택하고 [추가]를 클릭한 후 [확인]을 클릭합니다.

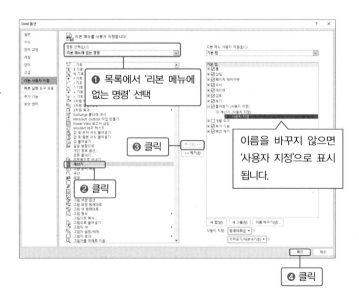

❶ 목록에서 '리본 메뉴에 없는 명령' 선택

❸ 클릭

❷ 클릭

이름을 바꾸지 않으면 '사용자 지정'으로 표시됩니다.

❹ 클릭

6 새로 추가된 [즐겨찾기] 탭에 '계산기' 메뉴가 나타나는 것을 확인할 수 있습니다.

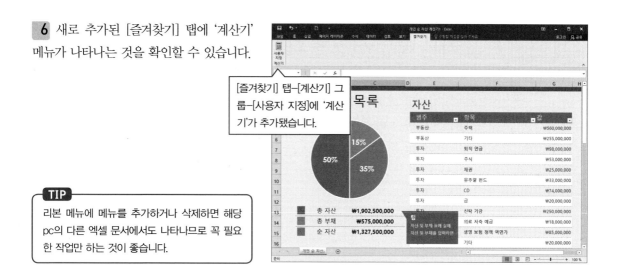

[즐겨찾기] 탭-[계산기] 그룹-[사용자 지정]에 '계산기'가 추가됐습니다.

TIP

리본 메뉴에 메뉴를 추가하거나 삭제하면 해당 pc의 다른 엑셀 문서에서도 나타나므로 꼭 필요한 작업만 하는 것이 좋습니다.

Skill Up 리본 메뉴에서 탭 제거하기

[파일] 탭-[옵션]을 클릭한 후 [Excel 옵션] 대화상자-[리본 사용자 지정]을 선택합니다. [리본 메뉴 사용자 지정] 목록에서 삭제하고 싶은 탭이나 그룹, 명령을 선택한 후 [제거]를 클릭하고 [확인]을 클릭합니다.

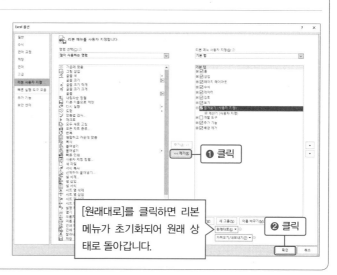

① 클릭

[원래대로]를 클릭하면 리본 메뉴가 초기화되어 원래 상태로 돌아갑니다.

② 클릭

007 리본 메뉴 설정을 다른 PC에 적용하기

사용자의 용도에 맞게 설정한 리본 메뉴는 해당 PC에서 사용하는 모든 통합 문서에 적용됩니다. 리본 메뉴를 서식 파일로 저장하면 다른 컴퓨터에서도 해당 설정을 그대로 불러와서 사용할 수 있습니다.

┃ 리본 메뉴 설정 내보내기

[파일] 탭-[옵션]을 클릭한 후 [Excel 옵션] 대화상자-[리본 사용자 지정]을 선택합니다. [사용자 지정]에서 [가져오기/내보내기]를 클릭한 후 '모든 사용자 지정 항목 내보내기'를 선택합니다. [파일 저장] 대화상자가 나타나면 'OneDrive'나 USB 등에 저장합니다.

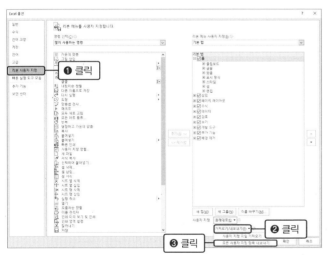
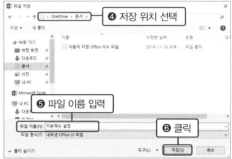

┃ 다른 PC에서 리본 메뉴 설정 가져오기

[Excel 옵션] 대화상자-[리본 사용자 지정]에서 [가져오기/내보내기]를 클릭한 후 '사용자 지정 파일 가져오기'를 선택합니다. [파일 열기] 대화상자가 나타나면 저장한 서식 파일을 선택하여 불러올 수 있습니다.

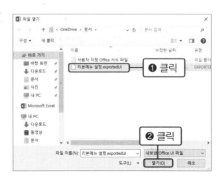

008 빠른 실행 도구 모음에 아이콘 추가하기

자주 사용하는 메뉴가 있다면 빠른 실행 도구 모음에 추가하는 것이 좋습니다. 일일이 리본 메뉴에서 찾을 필요 없이 빠르게 아이콘을 클릭하여 실행할 수 있습니다.

방법 1_빠른 실행 도구 모음에서 체크 표시하기

1 빠른 실행 도구 모음 사용자 지정 버튼██을 클릭합니다. 메뉴에서 체크 표시가 되어 있지 않은 명령을 선택합니다.

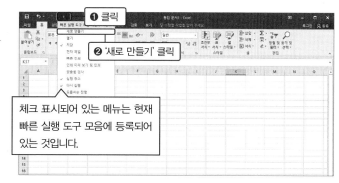

체크 표시되어 있는 메뉴는 현재 빠른 실행 도구 모음에 등록되어 있는 것입니다.

2 빠른 실행 도구 모음에 선택한 명령이 추가되어 나타납니다.

방법 2_리본 메뉴에서 직접 추가하기

리본 메뉴에서 추가할 아이콘을 마우스 오른쪽 버튼으로 클릭합니다. 단축 메뉴에서 [빠른 실행 도구 모음에 추가]를 선택하면 빠른 실행 도구 모음에 해당 아이콘이 추가됩니다.

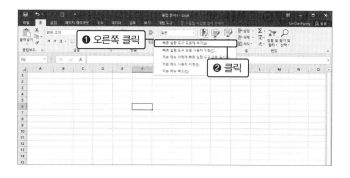

| 방법 3_[Excel 옵션] 대화상자에서 추가하기

1 빠른 실행 도구 모음 사용자 지정 버튼■을 클릭한 후 메뉴에서 [기타 명령]을 클릭합니다.

2 [Excel 옵션] 대화상자-[빠른 실행 도구 모음] 화면의 [모든 명령]에서 '끝내기'를 선택합니다. [추가]를 클릭하고 [확인]을 누르면 선택한 명령이 빠른 실행 도구 모음에 추가됩니다.

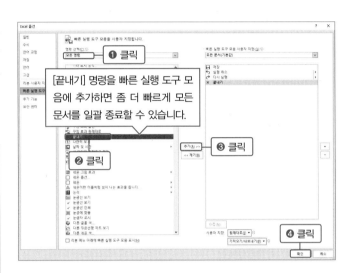

> **TIP**
>
> **[끝내기] 명령과 [닫기] 버튼의 차이점**
> 엑셀 2007~2010에서는 엑셀 창 하나에 여러 개의 문서가 최소화되어 표시되었지만, 엑셀 2013부터는 각 문서마다 별도의 창으로 열립니다. 그래서 [닫기] 버튼을 누르면 여러 개의 문서 중 해당 문서만 닫힙니다. 반면 [끝내기] 명령은 엑셀 프로그램 자체를 끝내기 때문에 열려 있는 모든 엑셀 문서가 닫힙니다.

Skill Up 빠른 실행 도구 모음의 순서 단축키로 변경하기

빠른 실행 도구 모음의 순서를 단축키로 변경할 수 있습니다. Alt 를 누른 상태에서 실행할 명령의 배열 순서에 맞춰 숫자 키를 누릅니다. 예를 들어 [Excel 옵션] 대화상자에서 [저장]이 첫 번째 명령일 경우, 단축키는 Alt + 1 이 됩니다. 단, 10번째 명령의 경우 1 이 먼저 눌러져 첫 번째 명령이 실행되므로 10번째부터는 09, 08 순으로 내려갑니다.

| 빠른 실행 도구 모음에서 아이콘 삭제하기

빠른 실행 도구 모음에 있는 아이콘을 마우스 오른쪽 버튼으로 클릭한 후 [빠른 실행 도구 모음에서 제거]를 선택하면 아이콘이 삭제됩니다.

009 빠른 실행 도구 모음의 위치 이동시키기

빠른 실행 도구 모음은 기본적으로 리본 메뉴 위쪽에 있지만 필요하다면 위치를 조정할 수 있습니다.
빠른 실행 도구 모음을 리본 메뉴 아래쪽으로 이동시켜 보겠습니다.

1 빠른 실행 도구 모음 사용자 지정 버튼 █️을 클릭한 후 메뉴에서 [리본 메뉴 아래에 표시]를 선택합니다.

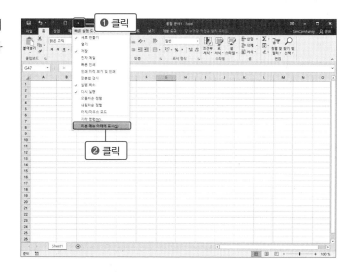

2 빠른 실행 도구 모음이 리본 메뉴 아래쪽에 나타납니다. 원래 위치로 돌려놓고 싶다면 빠른 실행 도구 모음 사용자 지정 버튼 █️을 클릭한 후 메뉴에서 [리본 메뉴 위에 표시]를 선택합니다.

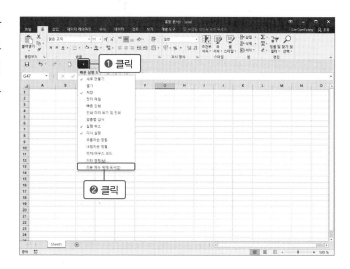

010 문서 불러오기

엑셀 2013부터는 시작 화면에 '최근 항목'이 나타나 최근에 작업한 문서를 쉽게 불러올 수 있습니다. 문서가 저장된 폴더에서 해당 파일을 더블클릭해도 되지만 저장 경로가 복잡하다면 엑셀 프로그램을 실행해서 '최근 항목'을 이용하는 것이 편리합니다.

1 엑셀을 실행하면 첫 화면에 '최근 항목'이 나타납니다. 목록에서 원하는 문서를 클릭하면 해당 문서가 바로 실행됩니다. 목록에 원하는 문서가 없다면 화면 왼쪽에서 [열기]를 클릭합니다.

> 해당 화면은 엑셀 2019 버전이며 엑셀 2013/2016에서는 최근 항목이 화면 왼쪽에 나타납니다.

엑셀 2007/2010 | 엑셀 2007에서는 오피스 단추를, 엑셀 2010에서는 [파일] 탭-[열기]-[최근 항목]을 클릭합니다.

단축키

열기 Ctrl + O

2 [열기] 화면이 나타납니다. '최근 항목'에서 열어볼 문서를 클릭합니다. 목록에 원하는 파일이 없다면 '찾아보기'를 클릭합니다.

엑셀 2013/2016 | '최근 항목'은 최근에 사용한 항목으로 표시됩니다.

TIP

엑셀 2010부터 제공된 백스테이지 화면은 엑셀 화면에서 [파일] 탭을 클릭하면 나타납니다. 데이터나 차트 등을 보여주는 워크시트가 무대라면, 문서의 [열기], [저장], [옵션] 등을 관리하는 백스테이지는 무대를 위해 일하는 스텝과 같은 역할을 한다고 볼 수 있습니다.

3 [열기] 대화상자가 나타나면 원하는 파일을 찾아 더블클릭합니다.

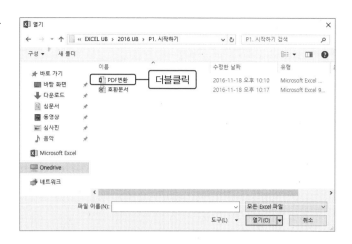

Skill Up ‘제한된 보기’ 파일 열기

인터넷에서 다운로드한 문서를 열면 경고 메시지가 나타납니다. 온라인에서 배포된 파일은 바이러스 등의 위험이 내포되어 있을 우려가 있기 때문에 보안 차원에서 확인하는 것입니다. 경고 메시지가 나올 때는 읽기 모드이므로 문서를 수정하려면 [편집 사용]을 클릭해야 합니다.

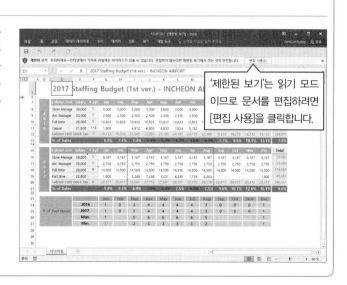

'제한된 보기'는 읽기 모드이므로 문서를 편집하려면 [편집 사용]을 클릭합니다.

011 자주 사용하는 문서를 찾기 쉽게 고정하기

시작 화면이나 [열기] 백스테이지의 '최근 항목'에는 최근에 실행한 문서들이 순서대로 정렬되어 있습니다. 기본적으로 최근에 열람했던 순서로 정렬되지만 자주 보는 문서라면 맨 위에 고정시킬 수 있습니다.

1 [파일] 탭–[열기] 화면의 '최근 항목'을 클릭합니다. 맨 위쪽에 고정시킬 문서 이름에 마우스 포인터를 위치시키면 초록색 고정 핀이 나타납니다. 고정 핀을 클릭합니다.

❶ 문서 이름에 마우스 포인터 올리기

❷ 클릭

엑셀 2013/2016 | 고정 핀은 수정된 날짜 오른쪽에 나타납니다.

2 선택한 문서가 목록의 맨 위쪽에 나타나는 것을 볼 수 있습니다. 고정된 문서의 위치를 해제하려면 해당 문서에 표시된 고정 핀을 클릭하면 됩니다.

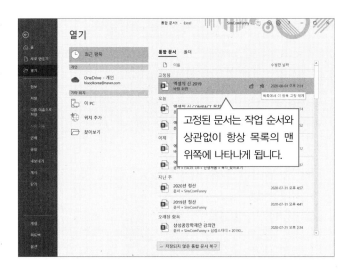

고정된 문서는 작업 순서와 상관없이 항상 목록의 맨 위쪽에 나타나게 됩니다.

012 최근에 사용한 문서 목록 숨기기

[열기] 백스테이지의 '최근에 사용한 항목'에서 필요 없는 항목을 제거할 수 있습니다. 만약 최근 항목이
나타나는 것이 싫다면 표시할 문서 수를 조절해 모든 항목을 숨깁니다.

| 최근에 사용한 항목 목록에서 제거하기

[파일] 탭-[열기] 화면의 '최근 항목'에서 제
거하고 싶은 문서 이름을 마우스 오른쪽
버튼으로 클릭합니다. 단축 메뉴에서 [목록
에서 제거]를 클릭하면 해당 문서가 목록에
서 제거됩니다.

엑셀 2007 | 오피스 단추를 누르면 최근 문서를 볼
수 있습니다.

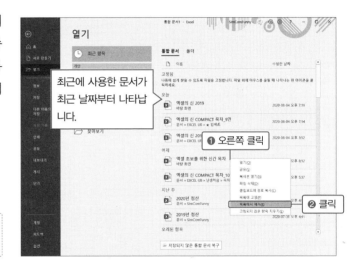

| 최근에 사용한 항목 모두 숨기기

[파일] 탭-[옵션]을 클릭합니다. [Excel 옵션] 대화상자-[고급] 화면에서 스크롤을 내려 [표시] 항목의 '표시
할 최근 통합 문서 수'를 0으로 수정하고 [확인]을 클릭합니다. [파일] 탭-[열기] 화면에 최근에 사용한 항목
이 나타나지 않는 것을 알 수 있습니다.

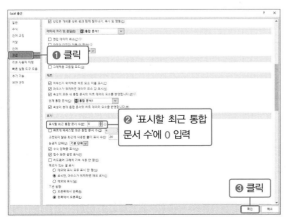

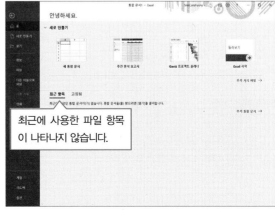

013 문서 저장하기

새 통합 문서에 작성한 문서는 저장 위치부터 지정해야 합니다. 엑셀 2013부터는 저장 위치에 원드라이브가 추가되었습니다. 저장 항목이 더 다양해졌기 때문에 [다른 이름으로 저장] 백스테이지에서 자주 쓰는 폴더도 추가할 수 있습니다.

| 새 통합 문서 저장하기

1 작성한 문서를 저장하기 위해 빠른 실행 도구 모음에서 [저장] 🖫을 클릭합니다.

단축키

저장 Ctrl + S
다른 이름으로 저장 F12

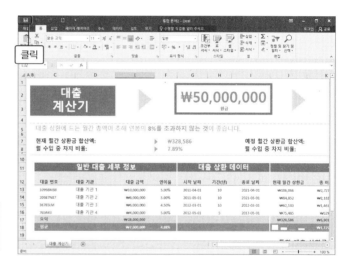

2 [다른 이름으로 저장] 화면이 나타나면 저장할 폴더를 지정하기 위해 '찾아보기'를 클릭합니다.

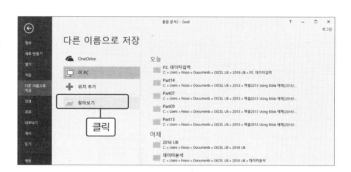

Skill Up '저장'과 '다른 이름으로 저장'

'저장'은 문서를 처음으로 저장하거나 이미 저장된 문서에서 수정된 내용을 저장할 때 사용합니다. '다른 이름으로 저장'은 작업 중인 문서를 새로운 이름으로 따로 저장할 때 사용합니다. 원래 문서는 그대로 남고, 다른 이름의 문서가 따로 저장되는 것입니다.

3 [다른 이름으로 저장] 대화상자가 나타납니다. 저장할 폴더를 선택하고 파일 이름을 입력한 후 [저장]을 클릭합니다.

TIP

온라인으로 문서를 백업하거나 다른 사용자와 문서를 공유하고 싶다면 원드라이브(OneDrive)에 저장하세요.

page 원드라이브로 문서를 공유하는 방법은 493쪽을 참고하세요.

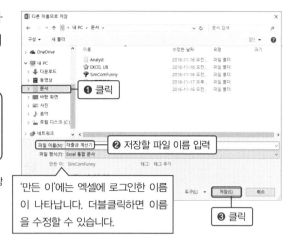

'만든 이'에는 엑셀에 로그인한 이름이 나타납니다. 더블클릭하면 이름을 수정할 수 있습니다.

4 화면 위쪽의 제목 표시줄에 파일 이름이 표시됩니다.

제목 표시줄에 저장한 파일 이름이 나타납니다.

변경된 내용 저장하기

이미 저장된 문서의 내용을 수정해서 저장하면 저장 경로를 다시 설정하지 않아도 됩니다. 그러나 수정된 내용을 저장하지 않고 [닫기] 버튼 ✕ 을 클릭하면 변경 내용의 저장 여부를 묻는 대화상자가 나타납니다. [저장]을 클릭하면 변경된 내용이 저장된 후 화면이 닫힙니다.

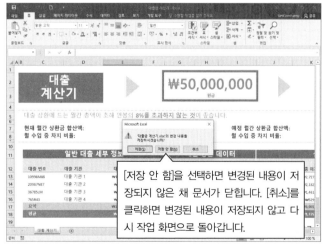

[저장 안 함]을 선택하면 변경된 내용이 저장되지 않은 채 문서가 닫힙니다. [취소]를 클릭하면 변경된 내용이 저장되지 않고 다시 작업 화면으로 돌아갑니다.

단축키

문서 닫기 Alt + F4

TIP

기본적으로 엑셀의 자동 저장 간격은 10분입니다. 자동 저장 간격을 줄이려면 [파일] 탭-[옵션]을 클릭한 후 [Excel 옵션] 대화상자-[저장] 화면의 [통합 문서 저장] 항목에서 '자동 복구 정보 저장 간격'을 수정합니다.

014 엑셀 문서를 PDF로 저장하기

엑셀 프로그램이 설치되지 않은 곳에서 문서를 열어보거나 출력하려면 문서를 PDF 파일로 변환해야 합니다. 특히 공문이나 계약서처럼 중요한 문서라면 PDF 파일로 변환해서 전달하는 것이 좋습니다.

예제 파일 Part01\판매보고서.xlsx **완성 파일** Part01\판매보고서.pdf

1 [파일] 탭-[내보내기]를 클릭합니다. 'PDF/XPS 문서 만들기'를 클릭한 후 'PDF/XPS 만들기'를 클릭합니다.

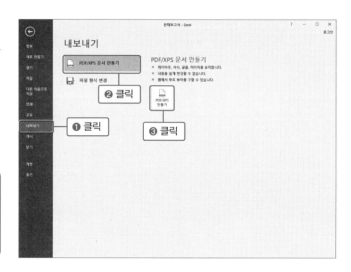

TIP

XPS(XML Paper Specification)는 PDF와 비슷한 역할을 합니다. MS가 설치되지 않은 PC나 모바일에서도 원본 문서의 서식을 그대로 볼 수 있는 반면 데이터 수정은 불가합니다.

엑셀 2007 | MS 홈페이지에서 추가 설치를 해야 사용할 수 있습니다. 온라인 상태에서 오피스 단추📁 –[다른 이름으로 저장]–[다른 파일 형식에 대한 추가 기능 찾기]를 클릭하면 Excel 도움말이 나옵니다. '1. 2007 Microsoft Office 프로그램의 Microsoft PDF 및 XPS로 게시 추가 기능'을 클릭합니다. MS 홈페이지로 이동하면 다운로드 버튼을 눌러서 설치를 마칩니다. 추가 기능이 설치되면 다시 오피스 단추📁–[다른 이름으로 저장]–[PDF 또는 XPS]를 클릭합니다.

엑셀 2010 | [파일] 탭-[저장/보내기]–[PDF/XPS 문서 만들기]에서 [PDF/XPS 만들기]를 클릭합니다.

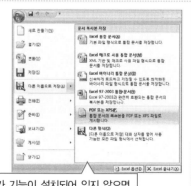

추가 기능이 설치되어 있지 않으면 [다른 파일 형식에 대한 추가 기능 찾기]가 표시됩니다.

2 [PDF 또는 XPS로 게시] 대화상자가 나타납니다. 저장할 폴더를 선택하고 파일 이름을 입력한 후 [게시]를 클릭합니다.

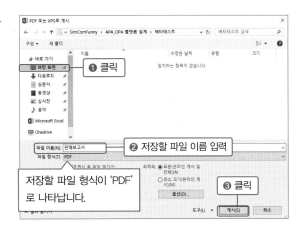

3 저장한 폴더에서 문서를 찾아 실행하면 PDF 파일 뷰어가 실행되어 선택한 PDF 파일을 확인할 수 있습니다.

TIP

윈도우 버전이나 PC에 따라 PDF 뷰어를 설치해야 PDF 문서를 볼 수 있는 경우가 있습니다. 윈도우 10에서는 어도비(Adobe) 프로그램이나 PDF 뷰어가 설치되어 있지 않아도 기본 앱으로 PDF를 볼 수 있습니다.

015 엑셀 97-2003에서 볼 수 있게 호환 문서로 저장하기

엑셀 2003까지 사용하던 파일 확장자 '.xls'는 엑셀 2007부터 '.xlsx'로 변경됐습니다. 엑셀 2007 이후 버전에서 만든 문서를 엑셀 2003 이하 버전에서 열려면 확장자명을 변경하여 저장해야 합니다.

예제 파일 Part01\판매보고서.xlsx   **완성 파일** Part01\판매보고서_호환.xls

1 F12를 눌러 [다른 이름으로 저장] 대화 상자를 불러옵니다. 파일 형식에서 'Excel 97-2003 통합 문서'를 선택하고 [저장]을 클릭합니다.

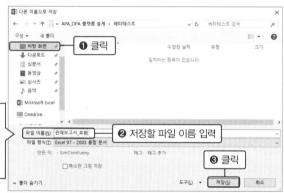

> Excel 97-2003 통합 문서(.xls)와 Excel 통합 문서(.xlsx)는 확장자 명이 다르기 때문에 파일명이 같아도 다른 문서로 구분됩니다.

TIP

엑셀 2007 이상에서 작성된 문서를 'Excel 97-2003 통합 문서'로 호환해서 저장하면 [호환성 검사] 대화상자가 나타날 수 있습니다. 하위 버전에서 사용할 수 없는 기능이 '요약'에 표시되는데 [계속]을 누르면 해당 기능이 손실되어 문서가 저장됩니다.

2 Excel 97-2003로 호환된 문서를 열면 제목 입력줄에 '호환 모드'가 표시됩니다.

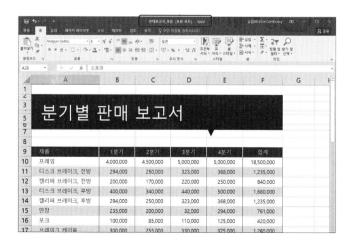

016 추천 서식 활용하기

추천 서식은 다양한 서식 파일을 온라인으로 다운로드하여 좀 더 전문적인 문서를 완성할 수 있게 해줍니다. 일부 서식은 초보자를 위해 사용 단계별로 시트를 나누고, 사용법까지 공식 홈페이지로 연동시켜 놓았습니다.

1 엑셀을 실행하면 나타나는 첫 화면에서 '추가 서식 파일'을 클릭합니다. 화면 중앙의 검색창에 '현금 흐름 분석'을 입력하고 [Enter]를 누릅니다.

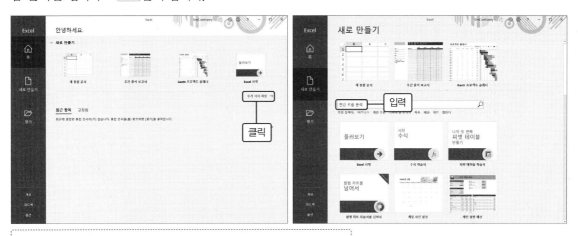

엑셀 2013/2016 | 화면 상단의 '온라인 서식 파일 검색'에 입력하고 [Enter]를 누릅니다.

2 첫 번째 그림과 같은 그래프 서식을 클릭합니다. 화면이 이동하면 '만들기'를 클릭합니다.

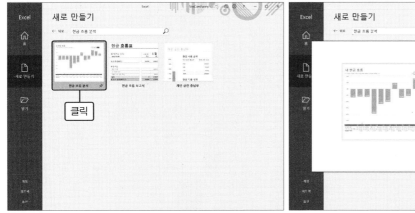

3 다음 워크시트인 '내 현금 흐름'으로 이동됩니다. 그래프와 셀 서식이 설정된 화면을 볼 수 있습니다. 샘플 데이터를 변경하기 위해 '이동'을 클릭하면 '샘플 데이터' 워크시트로 이동됩니다.

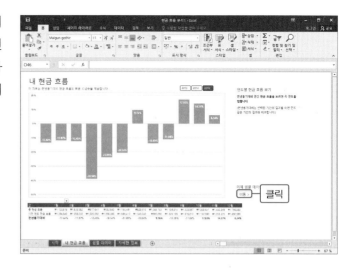

4 추천 서식에 대해 더 궁금한 내용이 있다면 마지막 워크시트인 '자세한 정보'를 클릭합니다. 궁금한 내용을 클릭하면 마이크로소프트 홈페이지로 이동합니다.

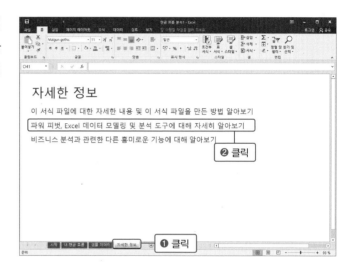

5 마이크로소프트 공식 홈페이지의 교육 지원 페이지가 나타나 자세한 설명을 볼 수 있습니다.

017 엑셀 시작 화면 생략하기

엑셀 2013부터 추천 서식이 추가되어 엑셀 프로그램을 실행하면 최근 항목이나 서식 파일을 선택하는 시작 메뉴가 나타납니다. 엑셀 2010처럼 시작 화면을 생략하고 바로 문서를 작성할 수 있는 빈 워크시트가 나타나도록 설정해 보겠습니다.

1 엑셀 화면에서 [파일] 탭-[옵션]을 클릭합니다.

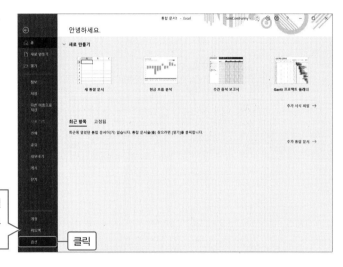

해당 화면은 엑셀 2019이며 엑셀 버전에 따라 [옵션] 메뉴는 다소 차이가 있습니다.

2 [Excel 옵션] 대화상자-[일반] 화면의 [시작 옵션]에서 '이 응용 프로그램을 시작할 때 시작 화면 표시'의 체크 표시를 없애고 [확인]을 클릭합니다. 이제 엑셀 프로그램을 실행하면 시작 메뉴가 생략되고 바로 새 워크시트가 나타납니다.

Part 02 데이터 입력

알면 쉽지만 모르면 당황스러운 데이터 입력의 공식부터 알아보겠습니다. 엑셀은 문자와 숫자의 입력 방식에 따라 최적화된 표시 형식으로 변환해서 보여줍니다. 또한 채우기 핸들 기능은 연속성을 가진 숫자는 빠르게 입력할 수 있게 합니다. 엑셀 2013부터는 빠른 채우기 옵션까지 더해져 입력 패턴을 인식하고 입력할 데이터를 자동으로 추출해줍니다.

여러 줄 입력하기 / 세로로 입력하기

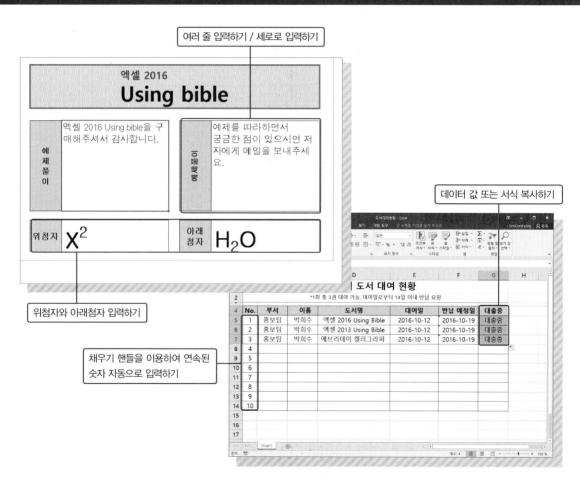

데이터 값 또는 서식 복사하기

위첨자와 아래첨자 입력하기

채우기 핸들을 이용하여 연속된 숫자 자동으로 입력하기

018 데이터 입력하기

엑셀은 입력된 데이터를 계산하고 규칙에 따라 값을 변환해서 보여줍니다. 수식 입력줄에는 데이터 입력 방식과 표시 형식에 따라 셀에 입력한 데이터가 그대로 나타나지만, 워크시트에는 다르게 표시되기도 합니다. 이를 이해하기 위해 엑셀이 인식하는 데이터의 구성부터 살펴보겠습니다.

예제 파일 Part02\비품신청서.xlsx   **완성 파일** Part02\비품신청서_완성.xlsx

| 엑셀 데이터의 종류

데이터는 크게 문자와 숫자로 나눌 수 있습니다. 문자에는 한글, 한자, 영어를 비롯한 특수문자, 기호 등이 속합니다. 숫자에는 날짜, 시간, 통화, 백분율 등이 포함됩니다. 단, 숫자에 작은따옴표(') 하나만 들어가도 문자로 인식되고, 문자가 포함된 숫자는 계산할 수 없습니다.

문자와 숫자는 정렬 위치로도 쉽게 구분할 수 있습니다. 기본적으로 문자를 입력하면 왼쪽으로, 숫자를 입력하면 오른쪽으로 정렬됩니다. 논리값 TRUE와 FALSE는 가운데 정렬됩니다.

문자는 왼쪽으로 정렬됩니다. 숫자에 문자가 포함되었다면 문자로 인식됩니다.

날짜, 시간, 분수, 소수, 퍼센트, 통화 기호 등은 숫자로 인식되어 오른쪽으로 정렬됩니다.

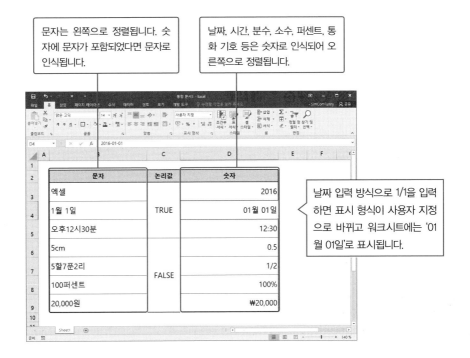

날짜 입력 방식으로 1/1을 입력하면 표시 형식이 사용자 지정으로 바뀌고 워크시트에는 '01월 01일'로 표시됩니다.

데이터 입력하기

1 [D4] 셀을 클릭하여 **기획팀**을 입력합니다. 방향키 →를 눌러 셀 포인터를 [F4] 셀로 옮기고 이름을 입력합니다.

단축키

다른 셀로 이동하기

←→↑↓ : 화살표 방향의 셀로 이동

Tab : 오른쪽 셀로 이동

Enter : 데이터 입력 후 누르면 아래쪽 셀로 이동

Ctrl + Enter : 데이터 입력 후 커서는 해당 셀에 남아 있음

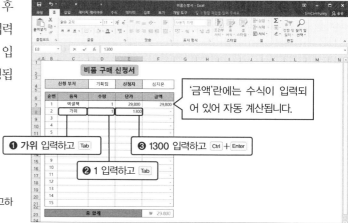

셀 서식이 '가운데 맞춤'으로 이미 지정되어 데이터를 입력하면 가운데로 정렬됩니다.

❶ 기획팀 입력 후 →   ❷ 입력

2 [C8] 셀을 클릭하여 **가위**를 입력한 후 Tab 를 눌러 [D8] 셀로 이동합니다. 1을 입력하고 Tab 를 누릅니다. [E8] 셀에 1300을 입력하고 Ctrl + Enter 를 누르면 입력이 완성됩니다.

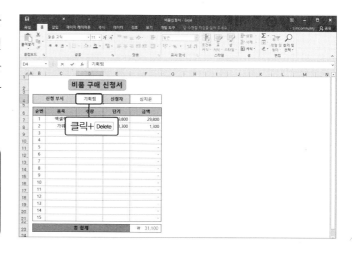

'금액'란에는 수식이 입력되어 있어 자동 계산됩니다.

❶ 가위 입력하고 Tab   ❸ 1300 입력하고 Ctrl + Enter

❷ 1 입력하고 Tab

page 수식 입력에 대한 자세한 내용은 245쪽을 참고하세요.

데이터 삭제하기

셀에 입력한 데이터를 삭제하려면 셀을 클릭한 후 ←BackSpace 나 Delete 를 누릅니다. 셀에 입력된 글자의 일부만 삭제하려면 셀을 더블클릭하고 해당 위치에 커서를 이동합니다.

TIP

셀에 입력된 내용 수정하기

방법 1. 셀 더블클릭하기

방법 2. 셀 클릭한 후 F2 누르기

방법 3. 셀 클릭한 후 수식 입력줄에서 수정하기

클릭+ Delete

019 중복되는 내용 자동 입력하기

엑셀에는 한 번 입력했던 내용을 다시 입력하면 내용이 자동으로 입력되는 자동 완성 기능이 있습니다.
자동 완성 기능을 이용하면 반복되는 내용을 빠르게 입력할 수 있습니다. 기능을 사용하고 싶지 않다면
설정을 바꿔주면 됩니다.

예제 파일 Part02\반품목록.xlsx　　**완성 파일** Part02\반품목록_완성.xlsx

1 '반품 사유'에 다음 내용을 입력합니다.

[F2] 셀 : 바느질 불량
[F3] 셀 : 단추 불량
[F4] 셀 : 탈색
[F5] 셀 : 바느질 불량('바'만 입력합니다)

2 [F5] 셀에 **바**를 입력하면 [F2] 셀에서
입력했던 '바느질 불량'이 자동으로 나타납
니다. 이대로 입력하려면 Enter 를 누릅니다.

3 '바느질 불량'이 입력됩니다. [F6] 셀에 '단순 변심'을 입력하기 위해 단을 입력하면 [F3] 셀에서 입력했던 '단추 불량'이 나타납니다. 원래 입력하려고 했던 단순 변심을 입력하고 Enter 를 누릅니다.

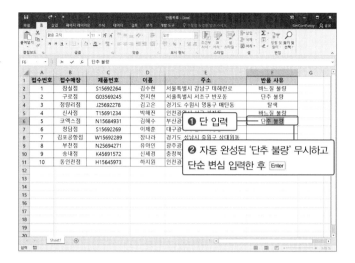

4 [F7] 셀에 다시 '단추 불량'을 입력해 보겠습니다. 단만 입력하면 자동 완성 기능이 실행되지 않습니다. 단추까지 입력하니 이전에 입력했던 '단추 불량'이 자동 입력됩니다. Enter 를 눌러 내용을 완성합니다.

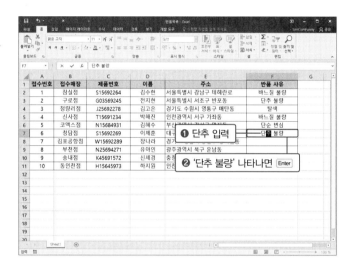

Skill Up 자동 완성 기능 끄기

이전에 입력했던 내용이 자동으로 나타나는 것이 불편하다면 자동 완성 기능을 해제합니다. [파일] 탭-[옵션]을 클릭하면 나타나는 [Excel 옵션] 대화상자-[고급] 화면의 [편집 옵션] 항목에서 '셀 내용을 자동 완성'의 체크 표시를 없앱니다.

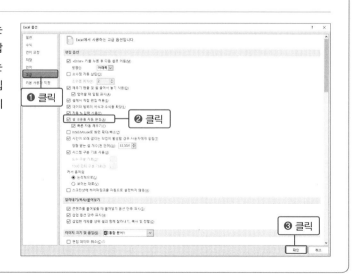

020   기호 및 특수문자 입력하기

엑셀에서 문자를 입력할 때 한자 키를 이용하면 다양한 기호를 입력할 수 있습니다. [기호] 대화상자를
이용하면 기호와 특수문자를 그룹별로 정리해서 볼 수 있습니다.

예제 파일 Part02\견적서.xlsx   **완성 파일** Part02\견적서_완성.xlsx

| 방법 1_[기호] 대화상자 이용하기

1 [F3] 셀을 더블클릭하여 '발신일자' 맨
앞에 커서를 둡니다. [삽입] 탭-[기호] 그
룹-[기호]를 클릭합니다.

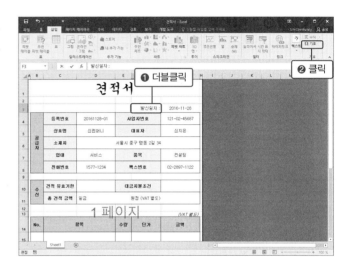

2 [기호] 대화상자가 나타나면 [하위 집
합]에서 '도형 기호'를 선택합니다. 목록에
서 원하는 기호를 더블클릭합니다.

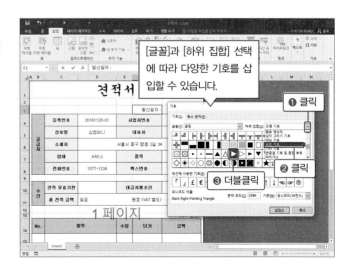

3 [F3] 셀에 기호가 삽입됩니다. [기호] 대화상자의 [닫기]를 클릭합니다.

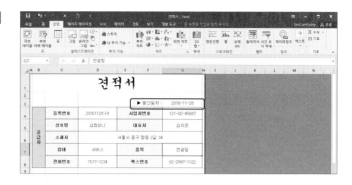

| 방법 2_한글 자음+한자 누르기

1 [B15] 셀에 원문자 ①을 입력해 보겠습니다. 한글 자음 ㅇ를 입력하고 한자를 누르면 기호 목록이 나타납니다. 목록을 확장하기 위해 Tab을 누릅니다.

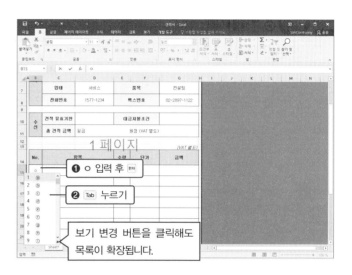

- ❶ ㅇ 입력 후 한자
- ❷ Tab 누르기
- 보기 변경 버튼을 클릭해도 목록이 확장됩니다.

2 기호 목록이 확장됩니다. 목록에서 ①을 선택하면 해당 기호가 입력되고 목록이 사라집니다.

- → 를 누르면 다음 열로 이동되고 단축키 1~9번 위치도 바뀝니다.
- ① 클릭

Skill Up 더 많은 종류의 기호 및 특수문자 목록 보기

한글 자음+한자를 누르면 다양한 종류의 기호 및 특수문자 목록을 볼 수 있습니다.
ㄱ : 문장부호 / ㄴ : 괄호 / ㄷ : 수학기호 / ㄹ : 단위 / ㅁ : 그림문자 / ㅂ : 연결선 / ㅅ : 한글 원문자, 괄호 / ㅇ : 영문·숫자 원문자, 괄호 / ㅈ : 숫자, 로마자 / ㅊ : 분수 / ㅋ : 한글 / ㅌ : 옛 한글 자모 / ㅍ : 알파벳 / ㅎ : 그리스어 / ㄲ : 라틴어 / ㄸ : 히라가나 / ㅃ : 가타카나 / ㅆ : 러시아어

021 한자 입력하기

워드나 한글 프로그램처럼 엑셀에서도 '한자' 키를 누르면 간단한 한자를 입력할 수 있습니다. 2글자 이상의 단어는 [한글/한자 변환] 대화상자를 이용하여 편리하게 입력할 수 있습니다.

예제 파일 Part02\견적서 한자.xlsx   **완성 파일** Part02\견적서 한자_완성.xlsx

1 '견적서'를 한자로 바꾸어 보겠습니다. [B1] 셀을 클릭한 후 [검토] 탭-[언어] 그룹-[한글/한자 변환]을 클릭합니다.

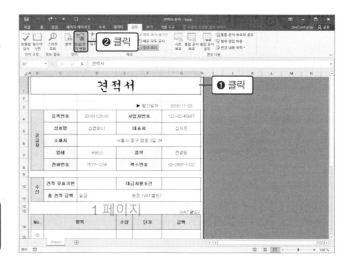

TIP

한 글자만 선택하고 [한자]를 누르면 [한글/한자 변환] 대화상자가 나타납니다.

2 [한글/한자 변환] 대화상자에 '見積書'가 나타납니다. [변환]을 클릭하면 '견적서'가 한자로 변환됩니다. [닫기]를 클릭하여 대화상자를 닫습니다.

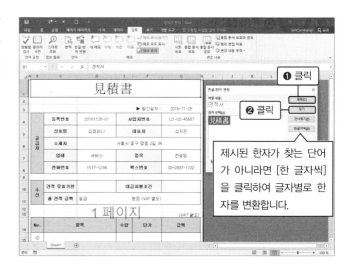

제시된 한자가 찾는 단어가 아니라면 [한 글자씩]을 클릭하여 글자별로 한자를 변환합니다.

022 일본어 입력하기

마이크로소프트 오피스 프로그램은 언어 팩을 따로 구입하여 선호하는 언어에 따라 기본 언어를 설정할 수 있습니다. 일본어를 자주 사용하는 경우가 아니라면 굳이 언어 팩을 구입하지 않아도 [기호] 대화상자나 '한자' 키를 이용하여 간단한 일본어를 입력할 수 있습니다.

| 방법 1_[기호] 대화상자 이용하기

[삽입] 탭-[기호] 그룹-[기호]를 클릭합니다. [기호] 대화상자가 나타나면 [하위 집합]에서 '히라가나'나 '가타카나'를 선택합니다. 목록에서 원하는 문자를 선택한 후 [삽입]을 클릭합니다.

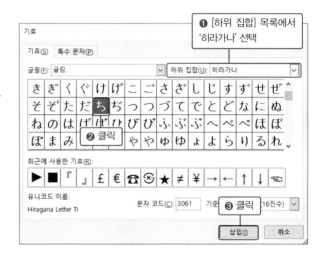

| 방법 2_한글 자음+한자 이용하기

ㄸ을 입력하고 한자를 누르면 히라가나 목록이, ㅃ을 입력하고 한자를 누르면 가타카나 목록이 나타납니다.

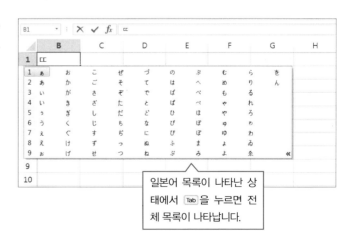

일본어 목록이 나타난 상태에서 Tab을 누르면 전체 목록이 나타납니다.

023 자동 고침에 자주 쓰는 문자 등록하기

전화번호 기호(☎)나 ㈜, 통화 기호처럼 자주 사용하는 특수문자는 자동 고침 목록에 등록되어 있습니다. 자동 고침 목록을 수정하거나 새로 추가하면 일일이 [기호] 대화상자를 이용하지 않아도 특수문자를 쉽게 입력할 수 있습니다.

1 셀에 (tel)을 입력하고 Enter 를 누르면 입력한 내용이 ☎로 바뀝니다.

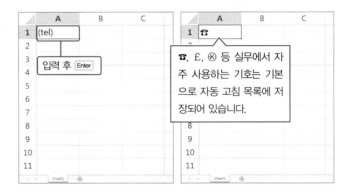

☎, £, ⓚ 등 실무에서 자주 사용하는 기호는 기본으로 자동 고침 목록에 저장되어 있습니다.

2 자동 고침 목록을 변경하기 위해 [파일] 탭-[옵션]을 클릭합니다. [Excel 옵션] 대화상자-[언어 교정] 화면에서 [자동 고침 옵션]을 클릭합니다.

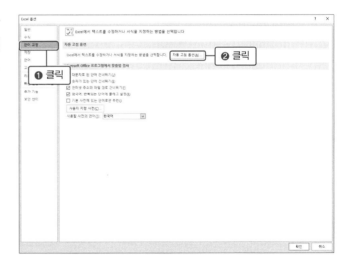

3 [자동 고침] 대화상자에 자동 고침으로 설정된 목록이 나타납니다. (tel)이 ☎으로 바뀌는 것을 원하지 않는다면 해당 목록을 선택한 후 [삭제]를 클릭합니다.

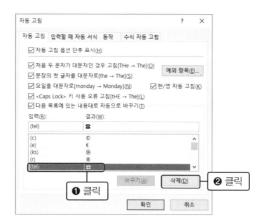

4 결과 값을 수정하고 싶다면 항목을 선택한 후 [결과] 항목에 바꿀 문자를 입력합니다. [바꾸기]를 클릭하고 [확인]을 클릭합니다.

> **TIP**
>
> 자동 고침에는 자주 사용하는 기호 외에도 실수하기 쉬운 한글 띄어쓰기와 영어 철자 오타 등을 자동 교정해주는 예시가 등록되어 있습니다.

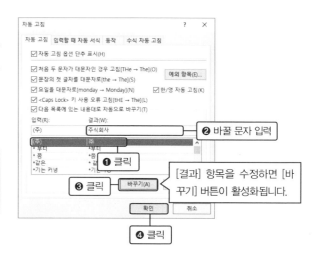

5 새로운 자동 고침 목록을 추가하려면 [입력]과 [결과] 항목에 내용을 입력하고 [추가]를 클릭한 후 [확인]을 클릭합니다.

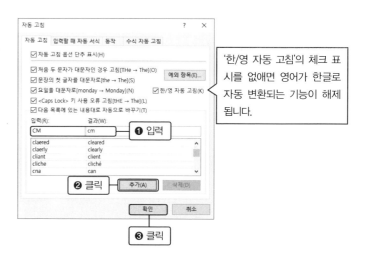

024 여러 줄 입력하기

엑셀은 셀 단위로 구성되어 있기 때문에 Enter 를 누르면 커서가 아래 셀로 이동합니다. 하나의 셀에 문장을 여러 줄로 입력하는 방법을 알아보겠습니다.

예제 파일 Part02\텍스트입력.xlsx   **완성 파일** Part02\텍스트입력_완성.xlsx

| 텍스트 줄바꿈

[C4] 셀에 긴 문장을 입력한 후 [홈] 탭-[맞춤] 그룹-[텍스트 줄 바꿈]을 클릭합니다. 셀 너비에 맞춰 자동으로 텍스트의 줄이 바뀝니다.

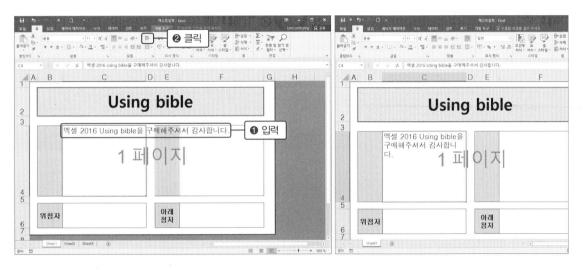

| Alt + Enter 누르기

[F4] 셀에 내용을 입력하고 줄을 바꾸고 싶은 부분에서 Alt + Enter 를 누르면 커서가 다음 줄로 내려갑니다. 셀에 [텍스트 줄 바꿈]이 적용되어 문장이 길어지면 자동으로 다음 줄에 입력됩니다.

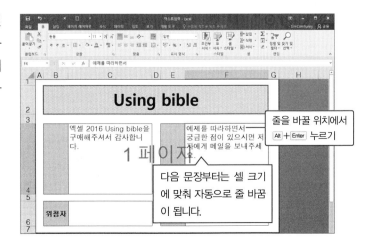

| 윗주 사용하기

1 [B2] 셀을 선택한 후 [홈] 탭–[글꼴] 그룹–[윗주 필드 표시/숨기기]의 목록 버튼 ▾을 클릭합니다. 메뉴에서 [윗주 편집]을 클릭합니다.

2 'Using bible' 글자 위에 윗주 입력란이 나타나면 엑셀 2016을 입력합니다. Enter 를 2번 눌러 편집 모드를 빠져나옵니다. [홈] 탭–[윗주 필드 표시/숨기기]의 목록 버튼 ▾을 클릭한 후 [윗주 필드 표시]를 클릭합니다. 윗주가 표시됩니다.

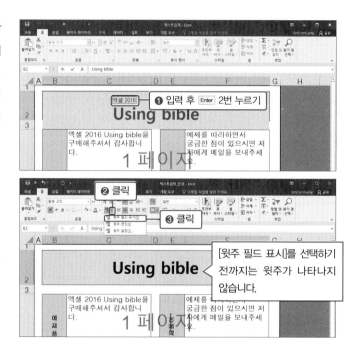

3 윗주의 서식을 변경하기 위해 [홈] 탭–[글꼴] 그룹–[윗주 필드 표시/숨기기]의 목록 버튼 ▾을 클릭한 후 [윗주 설정]을 클릭합니다. [윗주 속성] 대화상자–[글꼴] 탭에서 크기와 색상 등을 설정하고 [확인]을 클릭합니다. 윗주의 서식만 변경됐습니다.

> **TIP**
> 윗주는 본래의 셀 서식과 별개로 취급되므로 따로 설정해야 합니다.

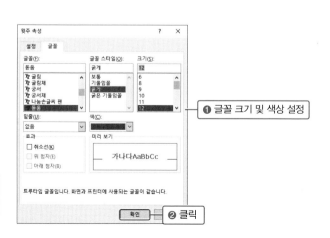

025 세로로 입력하기

셀의 너비가 좁은 경우 한 글자씩 세로 방향으로 데이터를 입력해야 할 때가 있습니다. 셀 서식을 변경하여 텍스트 방향을 바꾸어 보겠습니다.

예제 파일 Part02\텍스트입력.xlsx   **완성 파일** Part02\텍스트입력_완성.xlsx

1 [B4] 셀에 '예제풀이'를 입력합니다. [홈] 탭–[맞춤] 그룹–[방향]에서 [세로 쓰기]를 클릭합니다.

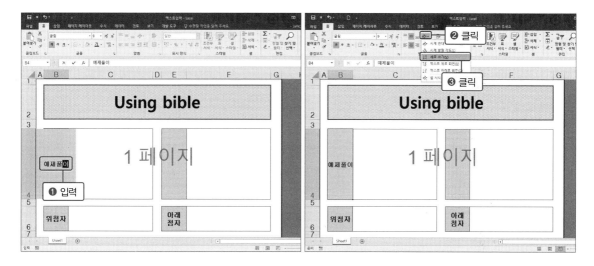

2 데이터가 세로로 정렬됩니다. [방향] 목록에서 시계 방향 각도, 텍스트 위로 회전 등을 선택하면 다양한 효과를 낼 수 있습니다.

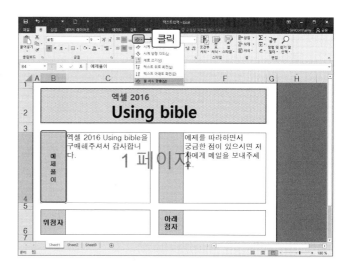

026 위첨자와 아래첨자 입력하기

숫자의 제곱근(X^2)처럼 같은 줄에 입력된 문자 위에 작은 글자가 위에 붙은 것을 위첨자라고 합니다. 물의 원소 기호(H_2O)처럼 아래에 붙은 작은 글자는 아래첨자입니다. 윗주는 입력 칸이 분리되어 있지만 첨자의 경우 일반 문자처럼 입력하고 작게 표시할 문자만 선택하여 셀 서식을 변경해주면 됩니다.

예제 파일 Part02\텍스트입력.xlsx   **완성 파일** Part02\텍스트입력_완성.xlsx

| 위첨자 입력하기

[C6] 셀에 X2를 입력하고 '2'만 드래그한 뒤 Ctrl + 1 을 누릅니다. [셀 서식] 대화상자가 나타나면 [효과] 항목에서 '위첨자'에 체크 표시하고 [확인]을 클릭합니다. 'X2'가 'X^2'로 바뀝니다.

┌ **단축키** ┐
[셀 서식] 대화상자 Ctrl + 1

| 아래첨자 입력하기

[F6] 셀에 H2O를 입력하고 '2'만 드래그한 뒤 Ctrl + 1 을 누릅니다. [셀 서식] 대화상자가 나타나면 [효과] 항목에서 '아래 첨자'를 체크 표시하고 [확인]을 클릭합니다. 'H2O'가 'H_2O'로 바뀝니다.

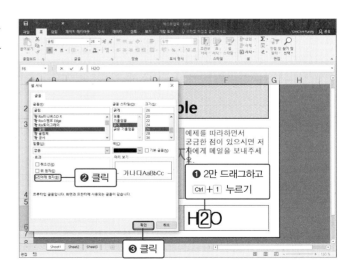

027 · 숫자 데이터 입력하기

숫자 형식에 따라 데이터를 입력하면 날짜, 시간 등 적절한 표시 형식으로 변환됩니다. 엑셀은 데이터 결과를 취합하고 계산하는 데 특화된 프로그램이므로 숫자를 입력하는 방법을 잘 알아두면 보고서나 서식을 만드는 시간을 단축할 수 있습니다.

완성 파일 Part02\숫자입력_완성.xlsx

| 숫자 데이터의 특징

65쪽에서 문자와 숫자의 특징과 차이점을 알아보았습니다. 숫자를 엑셀 형식에 맞춰 입력하면 날짜와 시간 등 용도에 따라 표시되지만, 문자나 기호와 같이 입력할 경우 문자로 인식됩니다.

숫자 종류	입력한 값	변환된 결과 값	올바른 입력법
❶ 숫자(천 단위 구분)	2,6800,00	2,6800,00	숫자만 입력 후 표시 형식에서 쉼표 클릭
소수	1.5	1.5	1.5
❷ 분수	1/2	01월 02일	0 1/2
❸ 백분율	80%	80%	80% 또는 표시 형식을 '백분율'로 변경 후 숫자만 입력
❸ 통화기호	₩26800	₩26800	₩26800 또는 표시 형식을 '통화'로 변경 후 숫자만 입력
❹ 날짜	11월10일	11월10일	11/10 또는 2018-11-10
❹ 시간	12시30분	12시30분	12:30
❺ 0으로 시작하는 숫자	0101234567	101234567	'0101234567
❻ 12자리 이상의 숫자	123456789012	1.23457E+11	표시 형식을 '숫자'로 변경

❶ **천 단위 구분기호** : 숫자만 입력한 후 [홈] 탭–[표시 형식] 그룹–[쉼표 스타일]을 클릭하면 자동으로 천 단위 구분기호가 표시됩니다. 천 단위 구분기호를 직접 입력했을 때, 자릿수를 잘못 입력하면 콤마 때문에 문자로 인식하게 됩니다.

❷ **분수** : 분수 1/2을 표현하기 위해 1/2을 그대로 입력하면 날짜 형식으로 변환됩니다. 분수를 표현하고 싶다면 0을 입력한 후 한 칸 띄고 1/2를 입력합니다.

❸ **백분율/통화기호** : 백분율과 통화기호는 숫자 데이터로 인식합니다. 표시 형식을 먼저 '백분율'로 변경하고 숫자만 입력하면 자동으로 %가 표시됩니다. 반대로 숫자부터 입력하고 %를 선택하면 100배수로 변환됩니다.

❹ **날짜/시간** : 날짜는 '월/일' 형식으로, 시간은 '시:분' 형식으로 입력하면 표시 형식이 자동으로 변환되고 오른쪽 정렬됩니다.

❺ **0으로 시작하는 숫자** : 0으로 시작하는 숫자를 입력하면 결과 값에서는 0이 생략됩니다. 작은따옴표(')를 입력하고 0으로 시작하는 숫자를 입력하면 문자로 인식되어 왼쪽 정렬됩니다.

❻ **12자리 이상의 숫자** : 표시 형식이 '일반'일 때 12자리 이상의 숫자를 입력하면 결과 값이 지수 형태로 나타납니다. 전체 숫자를 나타내려면 표시 형식을 '숫자'로 변경합니다.

`page` 표시 형식에 대한 자세한 내용은 96쪽을 참고하세요.

| 0으로 시작하는 숫자 입력하기

1 빈 셀에 001을 입력하고 Enter 를 누르면 결과 값으로 '1'이 표시됩니다.

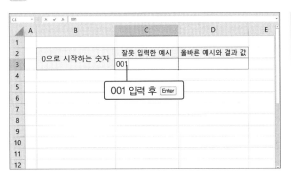 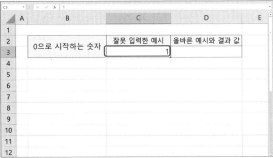

2 작은따옴표(')를 입력하고 001을 입력하면 '001'이 문자로 인식되어 왼쪽 정렬됩니다. 셀의 왼쪽 모서리에 표시된 오류 표시를 클릭하면 [텍스트 형식으로 저장된 숫자]가 선택되어 있습니다. 오류 표시를 없애고 싶다면 [오류 무시]를 선택하면 됩니다.

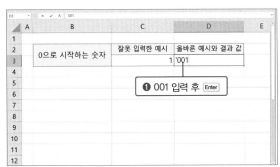 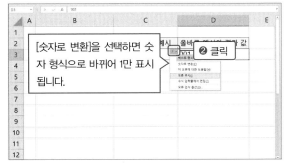

> **TIP**
>
> 오류 표시가 나타나지 않게 하려면 [파일] 탭-[옵션]을 선택합니다. [Excel 옵션] 대화상자-[수식] 화면을 클릭하고 [오류 검사] 항목에서 '다른 작업을 수행하면서 오류 검사'의 체크 표시를 해제한 뒤 [확인]을 클릭합니다.

| 12자리 이상의 숫자 입력하기

1 12자리가 넘는 숫자를 입력하고 Enter 를 누르면 지수 형태로 나타납니다. 숫자를 알아보기 쉽게 바꾸어 보겠습니다.

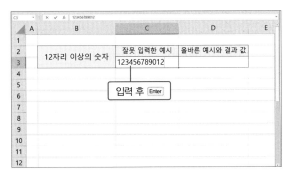 

2 셀이 선택된 상태에서 [홈] 탭–[표시 형식] 목록을 클릭한 후 '숫자'를 선택합니다. 숫자 전체가 표시되면 [홈] 탭–[쉼표 스타일]을 클릭합니다. 천 단위마다 쉼표가 표시됩니다.

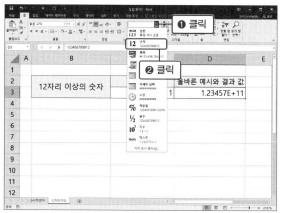
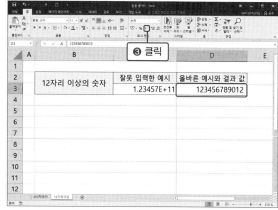

| 분수 입력하기

1 1/5을 입력하면 날짜로 자동 변환되어 '01월 05일'로 나타납니다.

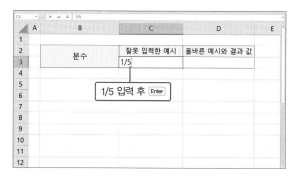

2 0을 입력한 후 한 칸 띄우고 1/5을 입력하면 분수 형태로 나타납니다.

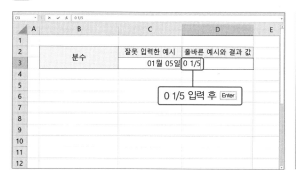

028 　날짜 입력하기

엑셀에서는 연도, 월, 일 등 날짜를 다양하게 표시할 수 있습니다. 날짜 형식에 맞게 정확하게 입력하면
기간별로 데이터를 취합할 때 단위별로 그룹화할 수 있고 수식 계산에도 활용될 수 있습니다.

예제 파일 Part02\출퇴근기록.xlsx　　　**완성 파일** Part02\출퇴근기록_완성.xlsx

1 [A5] 셀을 클릭하여 1/3을 입력하고
Enter 를 누릅니다.

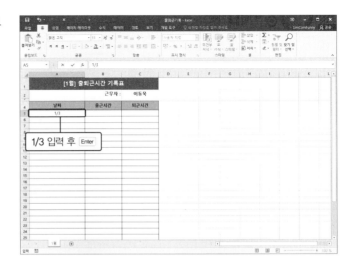

2 '01월 03일'이 표시되어 나타납니다. 셀
을 클릭하여 수식 입력줄을 보면 연도까지
입력되어 있는 날짜가 나타납니다.

> **TIP**
>
> 날짜의 표시 형식을 '숫자'로 변경하면 다섯 자
> 리 정수로 변환됩니다. 엑셀에서는 1900년 1월 1
> 일을 1로 인식하고 하루가 지날 때마다 1씩 증가
> 하는 방식으로 계산합니다. 즉, 날짜 입력 방식
> 에 따라 2/1을 입력하면 '02월 01일' 또는 '2016-
> 02-01'로 표시되지만 엑셀이 인식하고 계산하는
> 숫자는 '42401'입니다.

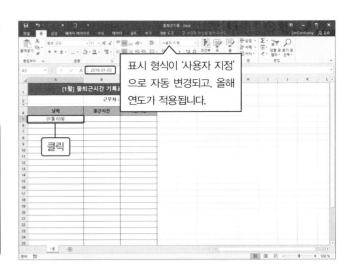

표시 형식이 '사용자 지정'
으로 자동 변경되고, 올해
연도가 적용됩니다.

3 [A6] 셀에 **1-5**를 입력하고 Enter 를 누릅니다.

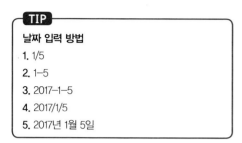

TIP

날짜 입력 방법

1. 1/5
2. 1-5
3. 2017-1-5
4. 2017/1/5
5. 2017년 1월 5일

page 날짜의 표시 형식을 바꾸는 자세한 방법은 103쪽을 참고하세요.

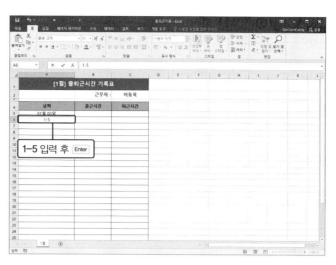

4 날짜 형식으로 자동 변환되어 '01월 05일'이 표시됩니다. 이와 같은 방식으로 나머지 셀도 채워봅니다.

TIP

날짜 형식대로 입력했어도 2월 30일, 6월 31일처럼 존재하지 않는 날짜를 입력하면 문자로 인식되어 입력한 그대로 표시됩니다.

page 채우기 핸들로 연속되는 날짜를 쉽게 입력하는 방법은 87쪽을 참고하세요.

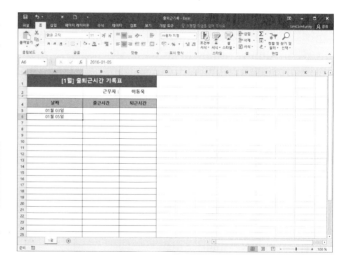

연도 입력하기

날짜를 입력하면 기본으로 올해 연도가 적용됩니다. 1930~2029년은 뒤의 두 자릿수만 입력해도 됩니다. 그러나 1929년 이전 또는 2030년 이후는 네 자릿수를 모두 입력해야 합니다. 1931년 1월 1일을 나타내고 싶다면 **31/1/1**을 입력합니다. 그러나 2031년 1월 1일을 나타내고 싶다면 **2031/1/1**을 입력하거나 1/1을 입력하고 연도만 수정합니다.

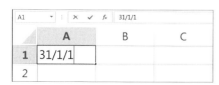

연도를 **31**로 입력하면 자동으로 '1931'로 변환됩니다.

029 시간 입력하기

시간을 입력할 때는 콜론(:)을 사용합니다. 엑셀에서는 24시간제로 시간을 인식하므로 오전이나 오후를 따로 표기하지 않아도 됩니다. 9시를 입력하면 오전으로, 13시를 입력하면 오후로 인식합니다.

예제 파일 Part02\출퇴근시간기록.xlsx   **완성 파일** Part02\출퇴근시간기록_완성.xlsx

1 [B5] 셀에 9:10을 입력하고 Enter 를 누릅니다.

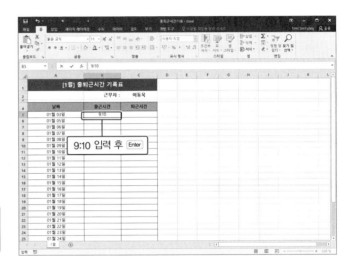

> **TIP**
> 콜론(:)을 추가해서 초 단위까지 입력할 수 있습니다. '9시 10분 30초'라면 9:10:30을 입력합니다.

2 '9:10'이 나타납니다. [B5] 셀을 클릭해서 수식 입력줄을 보면 AM이 표기되어 오전 시간으로 인식한 것을 알 수 있습니다.

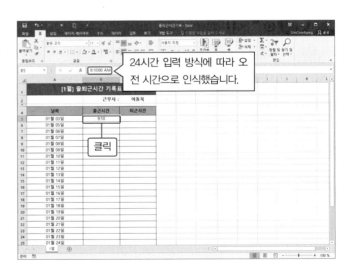

3 이번에는 오후 시간을 입력해 보겠습니다. [C5] 셀에 15:10을 입력하고 Enter 를 누릅니다. [C5] 셀을 클릭하여 수식 입력줄을 보면 워크시트에서 보이는 것과 다르게 '3:10:00 PM'으로 입력되어 있습니다.

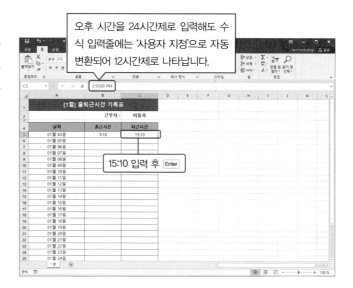

오후 시간을 24시간제로 입력해도 수식 입력줄에는 '사용자 지정'으로 자동 변환되어 12시간제로 나타납니다.

15:10 입력 후 Enter

4 시간을 12시간제로도 입력할 수 있습니다. [C6] 셀에 1 PM을 입력합니다.

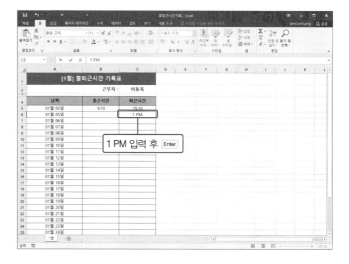

1 PM 입력 후 Enter

TIP

정시일 경우 분은 생략해도 됩니다. 단, 띄어쓰기를 하고 AM 또는 PM을 입력해야 합니다.

page 시간의 표시 형식을 바꾸는 방법은 103쪽을 참고하세요.

5 '13:00'이 나타납니다. 지금까지와 같은 방식으로 나머지 셀도 연습해봅니다.

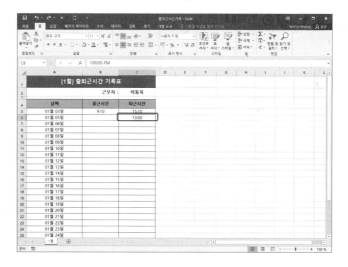

단축키

오늘 날짜 Ctrl + ;
현재 시각 Ctrl + Shift + ;

030 데이터 자동으로 채우기

엑셀은 데이터의 입력 패턴을 인식하여 중복이나 예측 가능한 데이터를 자동으로 채워주는 기능을 가지고 있습니다. 채우기 핸들을 드래그하기만 하면 셀 복사는 물론 연속된 숫자를 자동으로 채울 수 있습니다.

예제 파일 Part02\도서대여현황.xlsx **완성 파일** Part02\도서대여현황_완성.xlsx

| 연속된 숫자 데이터 자동으로 채우기

1 'No.' 항목에 2~10까지의 숫자를 자동으로 채워보겠습니다. '1'이 입력된 [A5] 셀을 클릭하고 오른쪽 아래에 마우스 포인터를 가져다대면 마우스 포인터가 채우기 핸들 대기 상태 ✚로 변합니다. 이 상태에서 클릭한 채 [A14] 셀까지 드래그합니다.

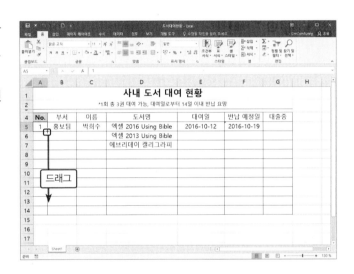

> **TIP**
>
> 셀을 클릭하면 나타나는 셀 포인터(초록색 테두리)의 오른쪽 아래에 작은 점이 있습니다. 그 점에 마우스 포인터를 위치시키면 십자 모양의 채우기 핸들 ✚로 바뀝니다. 이때 클릭하여 드래그하면 자동 채우기가 됩니다. 입력된 데이터의 종류에 따라 셀의 내용이 복사되거나 연속된 데이터가 자동으로 채워집니다.

2 마우스 버튼에서 손을 떼면 드래그한 범위에 [A5] 셀 값이 복사되어 '1'로 채워집니다. [A14] 셀의 아래쪽에 나타난 자동 채우기 옵션을 클릭한 후 [연속 데이터 채우기]를 선택하면 2~10까지의 숫자가 순서대로 채워집니다.

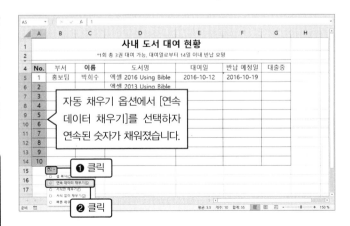

> **TIP**
>
> 문자나 숫자만 입력된 셀을 채우기 핸들로 드래그하면 기본으로 값이 복사됩니다. 연속되는 숫자로 바로 채우고 싶다면 Ctrl을 누른 채 숫자가 입력된 셀의 채우기 핸들을 드래그합니다.

| 2개 이상의 셀 한 번에 복사하기

1 [B5:C5] 셀에 입력된 '홍보팀', '박희수'를 [B6:C7] 셀까지 복사하려고 합니다. [B5:C5] 셀을 드래그한 후 채우기 핸들을 [C7] 셀까지 드래그합니다.

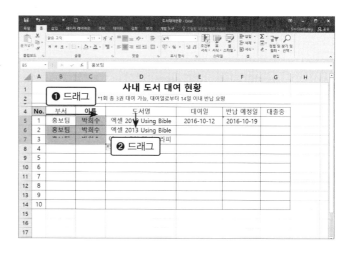

2 마우스 버튼에서 손을 떼면 [B6:B7] 셀에는 '홍보팀'이 [C6:C7] 셀에는 '박희수'가 복사되어 나타납니다.

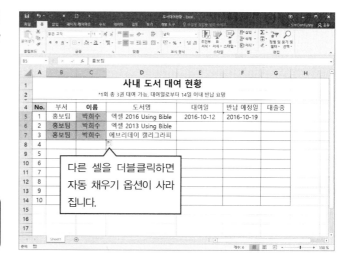

> **TIP**
> 문자만 입력된 데이터의 자동 채우기 옵션에는 '연속 데이터 채우기'가 없습니다.

| 날짜 데이터 자동으로 채우기

날짜가 입력된 [E5:F5] 셀을 선택한 후 채우기 핸들을 [E6:F7] 셀까지 채우기 핸들로 드래그하면 연속된 날짜 데이터가 채워집니다. 선택한 셀에 입력된 날짜와 똑같은 날짜로 채우려면 자동 채우기 옵션에서 [셀 복사]를 클릭합니다.

> **TIP**
> **날짜 데이터의 채우기 옵션**
> 날짜 데이터의 채우기 옵션에는 '일/평일/월/연 단위로 채우기'가 나타납니다. 기본으로 일 단위로 연속된 데이터가 채워지지만, 옵션에 따라 채우기 기준을 변경할 수 있습니다.

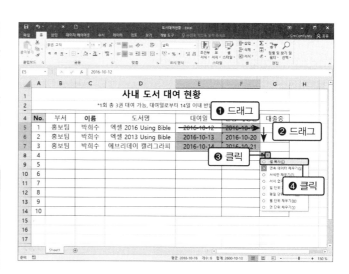

031 셀 서식 또는 값만 복사하기

셀을 선택한 후 채우기 핸들로 드래그하면 선택한 셀의 데이터 값 또는 서식이 모두 복사됩니다. 선택한 셀의 데이터 값만 복사해야 하거나 서식만 복사해야 한다면 자동 채우기 옵션에서 해당 옵션을 선택합니다.

예제 파일 Part02\도서대여현황.xlsx   **완성 파일** Part02\도서대여현황_완성.xlsx

서식만 복사하기

1 [A4] 셀의 서식을 [G4] 셀까지 적용해 보겠습니다. [A4] 셀을 클릭한 후 채우기 핸들을 [G4] 셀까지 드래그하면 [A4] 셀의 값과 서식이 모두 복사됩니다.

2 [G4] 셀 오른쪽의 자동 채우기 옵션을 클릭한 후 [서식만 채우기]를 선택하면 데이터 값은 변하지 않고 서식만 복사됩니다.

Skill Up   자동 채우기가 안 된다면?

자동 채우기가 안 될 경우, [파일] 탭-[옵션]을 클릭하면 나타나는 [Excel 옵션] 대화상자-[고급] 화면의 [편집 옵션] 항목에서 '채우기 핸들 및 셀 끌어서 놓기 사용'에 체크 표시가 되어 있는지 확인합니다.

서식 없이 값만 복사하기

1 셀에 적용된 서식은 제외하고 데이터 값만 복사해 보겠습니다. [G4] 셀의 오른쪽 모서리에 있는 채우기 핸들을 더블클릭합니다.

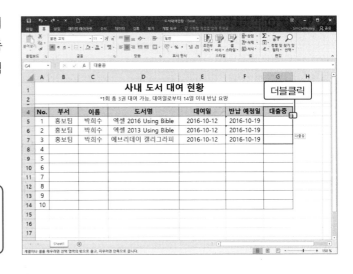

TIP

채우기 핸들을 더블클릭하면 G열의 좌우에 있는 F열과 H열에 데이터가 연속으로 입력된 만큼 데이터가 채워집니다.

2 [G5:G7] 셀에 '대출중'이라는 값과 서식이 모두 복사됐습니다. 값만 복사하기 위해 자동 채우기 옵션을 클릭한 후 [서식 없이 채우기]를 선택합니다.

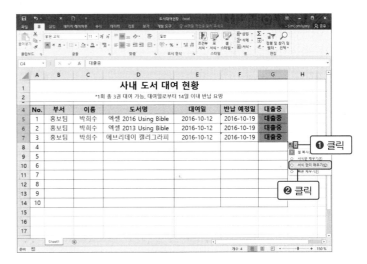

3 적용된 서식이 사라지고 데이터 값만 채워진 것을 볼 수 있습니다.

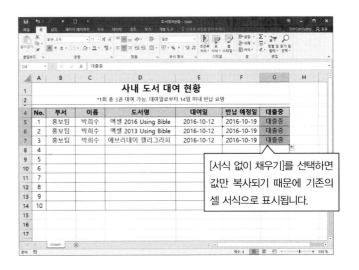

032 자동 채우기 목록 설정하기

채우기 핸들을 이용하면 숫자로 된 날짜 외에도 한글 요일, 영문 날짜, 분기 등을 쉽게 입력할 수 있습니다. 이 외에도 필요에 따라 직급이나 이름처럼 자주 쓰는 데이터와 순서를 사용자가 직접 설정하는 방법을 알아보겠습니다.

1 [파일] 탭-[옵션]을 클릭합니다. [Excel 옵션] 대화상자-[고급] 화면의 [일반] 항목에서 [사용자 지정 목록 편집]을 클릭합니다.

2 [사용자 지정 목록] 대화상자가 나타나면 [목록 항목]에 **부장, 차장, 과장, 대리, 사원**을 순서대로 입력하고 [추가]를 클릭합니다. 입력한 내용이 [사용자 지정 목록]에 추가되면 [확인]을 클릭합니다.

> **TIP**
> [가져오기]를 클릭하면 [목록 항목]을 직접 입력하지 않고 워크시트에 입력된 셀을 채우기 항목으로 참조할 수 있습니다.

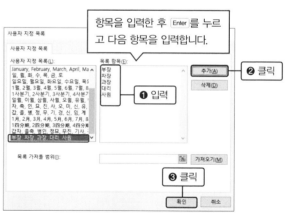

3 [Excel 옵션] 대화상자로 돌아오면 [확인]을 누릅니다. 워크시트의 빈 셀에 **부장**을 입력한 후 채우기 핸들을 드래그하면 지정한 순서대로 셀이 채워집니다.

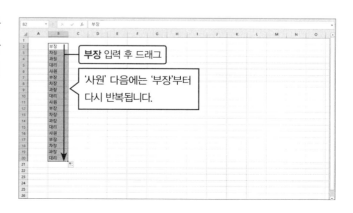

033 빠른 채우기로 규칙에 따라 자동 입력하기

엑셀 2013부터 채우기 핸들에 빠른 채우기 기능이 추가됐습니다. 빠른 채우기를 활용하려면 엑셀이 인식할 수 있는 일정한 규칙이 필요합니다. 원본 데이터가 입력된 셀에서 필요한 글자만 입력하거나 다른 셀과 합쳐서 입력하면 이 패턴에 따라 자동으로 데이터를 채울 수 있습니다.

예제 파일 Part02\기부단체목록.xlsx **완성 파일** Part02\기부단체목록_완성.xlsx

| 방법 1_채우기 핸들로 빠른 채우기 실행하기

1 '주소' 항목에서 전화번호만 추출해 보겠습니다. [C3] 셀에 입력된 전화번호(031-970-8558)를 [D3] 셀에 입력하고 Ctrl + Enter 를 누릅니다. [D3] 셀의 채우기 핸들을 더블클릭합니다.

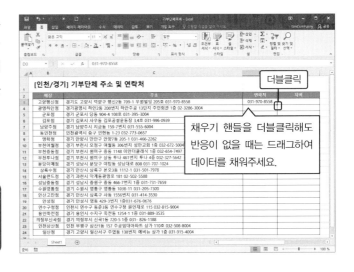

채우기 핸들을 더블클릭해도 반응이 없을 때는 드래그하여 데이터를 채워주세요.

> **TIP**
> 원본 데이터와 입력된 데이터의 패턴을 규칙화하려면 C열에 입력된 지역번호와 하이픈(-)까지 똑같이 입력해야 합니다.

2 24행까지 전화번호가 복사되어 나타납니다. 자동 채우기 옵션을 클릭한 후 [빠른 채우기]를 선택합니다.

3 C열에서 전화번호만 추출하여 [D24] 셀까지 채워졌습니다.

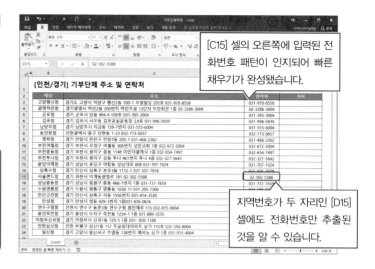

[C15] 셀의 오른쪽에 입력된 전화번호 패턴이 인지되어 빠른 채우기가 완성됐습니다.

지역번호가 두 자리인 [D15] 셀에도 전화번호만 추출된 것을 알 수 있습니다.

TIP

셀이 병합됐거나 데이터가 불규칙적이라면 데이터의 패턴을 인식하기 어려워 빠른 채우기가 엉망으로 입력됩니다. 빠른 채우기를 이용할 때는 엑셀이 인식할 수 있도록 데이터의 위치나 기호 등 일정한 규칙이 필요합니다.

방법 2_리본 메뉴에서 빠른 채우기 실행하기

1 '주소' 항목에서 시·도 정보 두 글자만 추출하고 매장명을 합쳐보겠습니다. [E3] 셀에 경기를 입력하고 Space Bar 를 눌러 띄운 후 [B3] 셀의 매장명을 똑같이 입력합니다. [E3:E24] 셀을 드래그한 후 [홈] 탭-[편집] 그룹-[채우기]에서 [빠른 채우기]를 클릭합니다.

단축키

빠른 채우기 : 셀 범위 드래그하고 Ctrl + E

2 빈 칸에 '지역명 두 글자+공백+매장명' 형식이 자동 입력됐습니다.

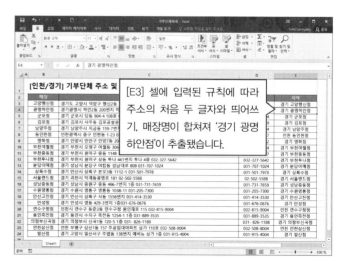

[E3] 셀에 입력된 규칙에 따라 주소의 처음 두 글자와 띄어쓰기, 매장명이 합쳐져 '경기 광명하안점'이 추출됐습니다.

엑셀 2007/2010 | 엑셀 2010 이하에서는 모든 글자 수가 동일할 경우, LEFT/RIGHT/MID 함수를 대신하여 쓸 수 있지만 빠른 채우기처럼 불규칙한 자릿수까지 인식하진 못합니다.

034　내용 및 서식 찾아 바꾸기

데이터가 많은 문서에서 특정 단어나 서식을 일괄 변경할 경우, [찾기 및 바꾸기]로 쉽게 수정할 수 있습니다. 검색 범위나 조건을 설정하면 좀 더 구체적으로 데이터를 찾아 바꿀 수 있습니다.

예제 파일 Part02\방문조사일정.xlsx　　**완성 파일** Part02\방문조사일정_완성.xlsx

| 내용 찾아 바꾸기

1 '김포군'을 '김포시'로 일괄 변경해 보겠습니다. [홈] 탭-[편집] 그룹-[찾기 및 선택]에서 [바꾸기]를 클릭합니다. [찾기 및 바꾸기] 대화상자의 [바꾸기] 탭에서 [찾을 내용]에 김포군을, [바꿀 내용]에 김포시를 입력하고 [모두 바꾸기]를 클릭합니다.

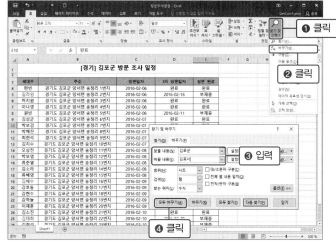

단축키

찾기　Ctrl + F
바꾸기　Ctrl + H

TIP

[찾기 및 바꾸기] 대화상자에서 [바꾸기]를 클릭하면 단어를 하나씩 확인하면서 바꾸기를 할 수 있습니다. [옵션]을 클릭하면 검색 범위(시트, 통합 문서)와 순서(행, 열), 대소문자 구분 등을 구체화할 수 있습니다.

2 '김포군'이 '김포시'로 변환되고 몇 개의 항목이 바뀌었다는 메시지가 나타나면 [확인]을 클릭합니다. [찾기 및 바꾸기] 대화상자에서 [닫기]를 클릭합니다.

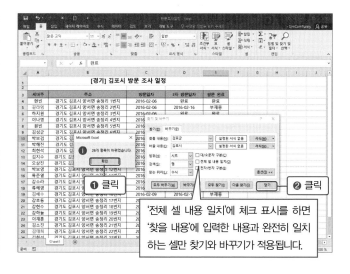

TIP

[찾기 및 바꾸기] 대화상자의 '찾을 내용'은 가급적 구체적으로 입력하는 것이 좋습니다. 예를 들어 '찾을 내용'에 군을, '바꿀 내용'에 시를 입력할 경우 [A] 셀의 세대주 이름에 들어 있는 '군'이 '시'로 바뀌게 됩니다.

'전체 셀 내용 일치'에 체크 표시를 하면 '찾을 내용'에 입력한 내용과 완전히 일치하는 셀만 찾기와 바꾸기가 적용됩니다.

❘ 서식으로 찾기

이번에는 진한 빨강으로 표시된 세대주만 찾아보겠습니다. `Ctrl`+`F`를 눌러 [찾기 및 바꾸기] 대화상자가 나타나면 [찾을 내용]에 입력된 내용을 삭제하고 [서식]을 클릭합니다. [서식 찾기] 대화상자-[글꼴] 탭의 [색]에서 '진한 빨강'을 선택한 후 [확인]을 클릭합니다. [찾기 및 바꾸기] 대화상자의 [다음 찾기]를 클릭하면 해당 셀만 찾아볼 수 있습니다.

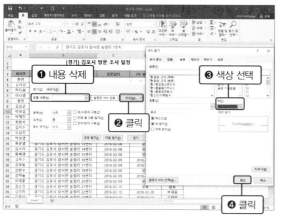
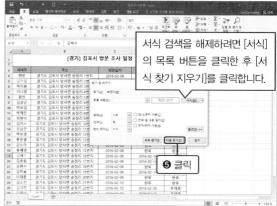

❘ 특정 범위의 데이터만 변경하기

'2차 방문일자' 항목에 입력된 '완료'를 공백으로 만들어 보겠습니다. D열을 클릭하여 선택한 후 `Ctrl`+`H`를 누릅니다. [찾기 및 바꾸기] 대화상자-[바꾸기] 탭의 [찾을 내용]에 **완료**를 입력하고 [모두 바꾸기]를 클릭하면 D열의 '완료'가 공백으로 바뀝니다.

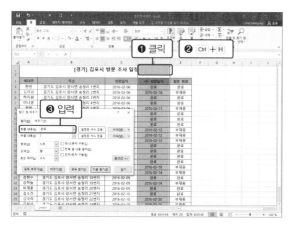
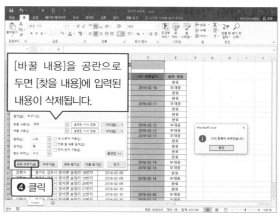

> **TIP**
> [찾기 및 바꾸기] 대화상자에 이전에 설정했던 서식이 남아 있다면 꼭 삭제하세요.

035　실행 취소하거나 다시 실행하기

엑셀에서는 이전 작업 단계로 돌아가거나 취소한 작업을 다시 실행할 수 있습니다. 엑셀 2007 이상에서는 문서를 열 때부터 저장하는 모든 과정을 포함해 100단계의 작업 내역을 기록합니다. 단, 삭제된 워크시트나 매크로로는 복구되지 않습니다.

1 워크시트에 1월을 입력한 후 채우기 핸들로 12월까지 자동 채우기를 합니다. 단축키 Ctrl+B를 눌러 글자를 굵게 만든 후 채우기 색과 글꼴 색을 수정합니다. 그런 다음 단축키 Ctrl+N을 눌러 새 창이 나타나면 글자를 입력하고 글자 모양을 바꿉니다.

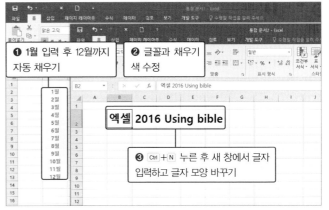

❶ 1월 입력 후 12월까지 자동 채우기

❷ 글꼴과 채우기 색 수정

엑셀 2016 Using bible

❸ Ctrl+N 누른 후 새 창에서 글자 입력하고 글자 모양 바꾸기

단축키

글자 굵게 Ctrl+B　　　새 창 Ctrl+N

2 빠른 실행 도구 모음에서 [실행 취소] ↺ 아이콘의 목록 버튼을 클릭하면 열려 있는 모든 문서의 작업 목록이 순서대로 나타납니다. 첫 번째 워크시트에서 작업했던 내역을 클릭하면 해당 단계로 돌아갑니다. [다시 실행] ↻ 의 목록 버튼을 클릭하면 취소한 작업을 되돌릴 수 있습니다.

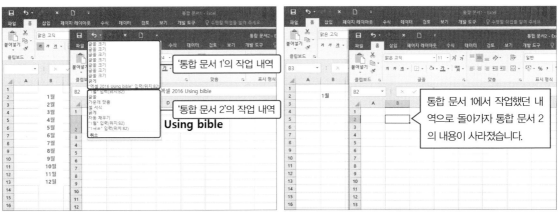

'통합 문서 1'의 작업 내역

'통합 문서 2'의 작업 내역
Using bible

통합 문서 1에서 작업했던 내역으로 돌아가자 통합 문서 2의 내용이 사라졌습니다.

단축키

실행 취소 Ctrl+Z　　　다시 실행 Ctrl+Y

Part 03

표시 형식

엑셀은 워드 프로그램들과 달리 실제 입력한 값과 다르게 형식을 표시할 수 있는 묘미가 있습니다. 숫자만 입력하면 천 단위 구분기호부터 절사까지 알아서 처리하고 마이너스 값은 빨간 색으로 바꿔서 강조되기도 합니다. 또한, 반복되는 데이터는 추가할 문자를 규칙으로 만들어서 반복 입력을 최소화합니다. 표시 형식을 응용하여 데이터를 자유자재로 바꾸어보세요.

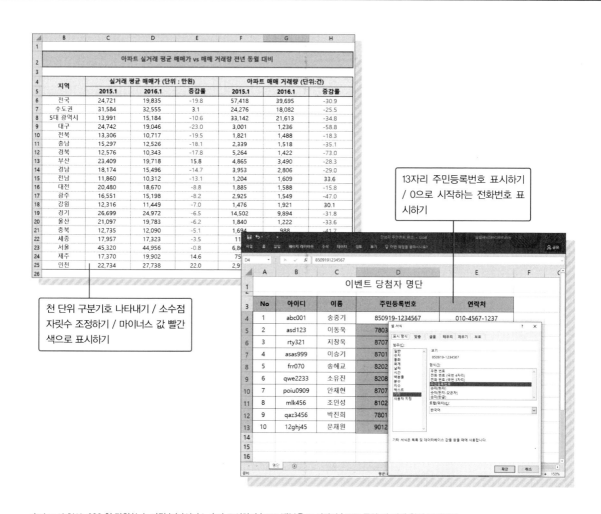

천 단위 구분기호 나타내기 / 소수점 자릿수 조정하기 / 마이너스 값 빨간 색으로 표시하기

13자리 주민등록번호 표시하기 / 0으로 시작하는 전화번호 표시하기

---

036 천 단위/소수 자릿수/마이너스 숫자 표시하기

대개 단위가 큰 숫자를 입력할 때는 천 단위마다 쉼표(,)를 표시합니다. 표시 형식을 지정하면 자동으로 천 단위 구분기호를 나타낼 수 있습니다. 입력된 숫자에 한꺼번에 쉼표를 표시하고, 마이너스 숫자를 눈에 띄는 빨간색으로 표시해 보겠습니다.

예제 파일 Part03\아파트실거래가1.xlsx　　**완성 파일** Part03\아파트실거래가1_완성.xlsx

▎천 단위 구분기호 표시하기

1 숫자에 천 단위 구분기호를 표시해 보겠습니다. [C6:D25] 셀을 드래그한 후 Ctrl 을 누른 채 [F6:G25] 셀도 선택합니다. [홈] 탭-[표시 형식] 그룹의 확장 버튼을 클릭합니다.

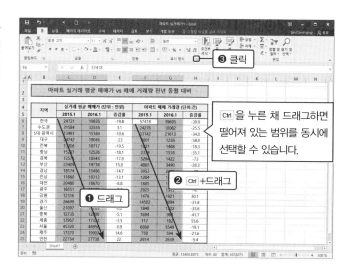

Ctrl 을 누른 채 드래그하면 떨어져 있는 범위를 동시에 선택할 수 있습니다.

2 [셀 서식] 대화상자가 나타나면 [표시 형식] 탭에서 '숫자'를 선택합니다. [1000 단위 구분기호 사용]에 체크 표시를 한 후 [확인]을 클릭하면 선택한 범위의 모든 숫자에 쉼표가 표시됩니다.

> **TIP**
> 리본 메뉴의 [홈] 탭-[표시 형식] 그룹에서 [쉼표 스타일]을 클릭해도 숫자의 천 단위마다 쉼표가 적용됩니다. 이때의 표시 형식은 '회계'로 전환되고 숫자는 오른쪽 정렬이 됩니다.

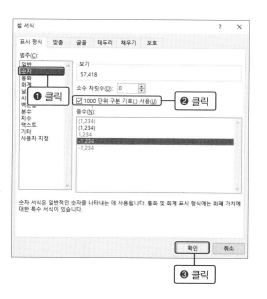

| 소수 자릿수/마이너스 숫자 표시하기

1 증감률을 소수점 첫째 자리까지 표기하고, 마이너스 숫자는 빨간색으로 강조해 보겠습니다. E열을 선택하고 Ctrl 을 누른 채 H열도 선택합니다. [셀 서식] 대화상자를 불러오기 위해 단축키 Ctrl + 1 을 누릅니다.

┌─ 단축키 ─
[셀 서식] 대화상자 Ctrl + 1

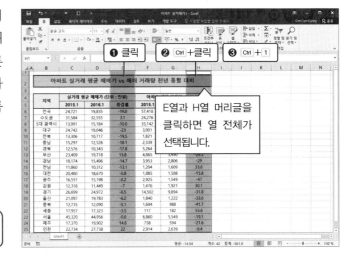

E열과 H열 머리글을 클릭하면 열 전체가 선택됩니다.

2 [셀 서식] 대화상자-[표시 형식] 탭에서 '숫자'를 선택합니다. [소수 자릿수]에 '1'을, [음수]에서 빨간색 마이너스 숫자로 표시된 다섯 번째 항목을 선택한 후 [확인]을 클릭합니다.

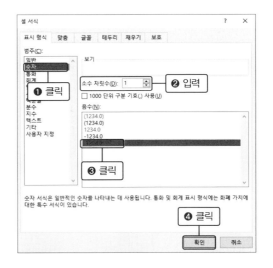

3 '증감률'의 소수점이 한 자릿수까지 나타나고 마이너스 값은 빨간색으로 표시됩니다.

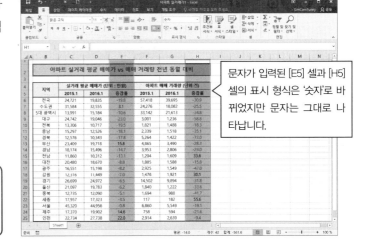

문자가 입력된 [E5] 셀과 [H5] 셀의 표시 형식은 '숫자'로 바뀌었지만 문자는 그대로 나타납니다.

┌─ TIP ─
소수점 자릿수는 직접 숫자를 입력하거나 [홈] 탭-[표시 형식] 그룹에서 [자릿수 늘림]과 [자릿수 줄임] 아이콘을 클릭하여 조절할 수도 있습니다.

037 백분율 표시하기

숫자를 입력하기 전에 표시 형식을 '백분율'로 바꾸면 입력한 숫자 뒤에 자동으로 퍼센트 기호(%)가 붙습니다. 반대로 숫자부터 입력하고 '백분율' 스타일을 적용하면 입력한 숫자에 100을 곱한 숫자가 백분율로 표시됩니다. 이미 숫자가 입력된 범위에 100을 먼저 나누고 퍼센트 기호를 표시해 보겠습니다.

예제 파일 Part03\아파트실거래가2.xlsx   **완성 파일** Part03\아파트실거래가2_완성.xlsx

1 이미 입력되어 있는 '증감률'에 백분율 기호를 붙여보겠습니다. [E6] 셀을 선택한 후 [홈] 탭-[표시 형식] 그룹-[백분율 스타일]을 클릭합니다. 퍼센트 기호가 추가되고 100이 곱해진 값으로 자동 계산됩니다. 실행을 취소하기 위해 단축키 Ctrl + Z를 누릅니다.

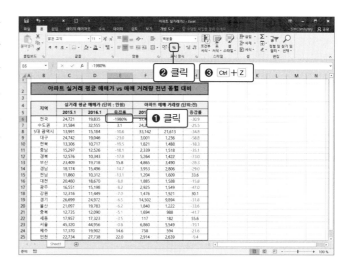

2 기존에 입력된 셀 값을 100으로 나눈 뒤 % 기호를 표시해 보겠습니다. 빈 셀에 100을 입력하고 Ctrl + C를 눌러 값을 복사합니다. [E6:E25] 셀과 [H6:H25] 셀을 선택한 후 마우스 오른쪽 버튼을 클릭합니다. 단축 메뉴에서 [선택하여 붙여넣기]를 클릭합니다.

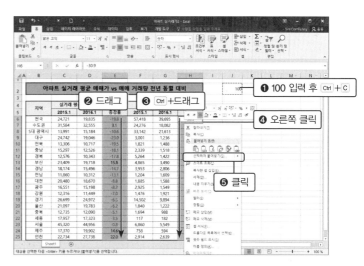

3 [선택하여 붙여넣기] 대화상자가 나타납니다. [붙여넣기]에서 '테두리만 제외'를, [연산]에서 '나누기'를 선택한 후 [확인]을 클릭합니다.

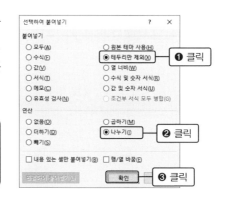

> **TIP**
> '테두리만 제외'를 선택하지 않으면 100이 입력된 셀의 서식까지 붙여넣기가 되어 기존 셀의 테두리 형식이 사라집니다.

4 '증감률'의 숫자를 100으로 나눈 값이 나타납니다. 100을 지워도 값은 변하지 않습니다. 범위가 선택된 상태에서 [홈] 탭-[표시 형식] 그룹-[백분율 스타일]을 클릭합니다.

5 '증감률'의 숫자가 백분율 형식으로 바뀝니다. [홈] 탭-[표시 형식] 그룹-[자릿수 늘림]을 클릭하면 소수점을 표시할 수 있습니다.

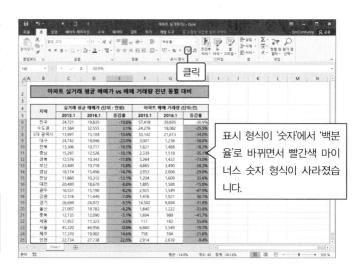

표시 형식이 '숫자'에서 '백분율'로 바뀌면서 빨간색 마이너스 숫자 형식이 사라졌습니다.

> **TIP**
> [셀 서식] 대화상자-[표시 형식] 탭에서 '백분율'을 선택한 후 소수 자릿수를 설정하면 소수점과 퍼센트 기호를 동시에 나타낼 수 있습니다.

038 통화 및 회계 형식 표시하기

입출금 내역, 회계 장부 등에서 금액을 표시할 때 통화 기호(₩)를 사용할 때가 있습니다. [표시 형식]에서 '통화'나 '회계'를 선택하면 자동으로 숫자 앞에 통화 기호가 표시됩니다. 통화 형식과 회계 형식을 적용해보고 차이점을 살펴보겠습니다.

예제 파일 Part03\급여정산.xlsx   **완성 파일** Part03\급여정산_완성.xlsx

| 통화 형식 표시하기

1 금액이 입력된 [D5:E17] 셀을 드래그한 후 마우스 오른쪽 버튼을 클릭합니다. 단축 메뉴에서 [셀 서식]을 클릭합니다.

> **단축키**
> [셀 서식] 대화상자 Ctrl + 1

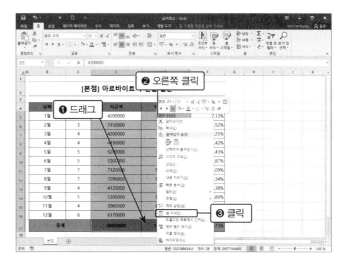

2 [셀 서식] 대화상자-[표시 형식] 탭에서 '통화'를 선택합니다. [기호]에서 원화 기호를 확인하고, [음수]에서 네 번째 형식을 선택한 후 [확인]을 클릭합니다.

3 숫자의 가운데 정렬은 유지되면서 통화 기호와 천 단위 구분 기호가 표시되었습니다.

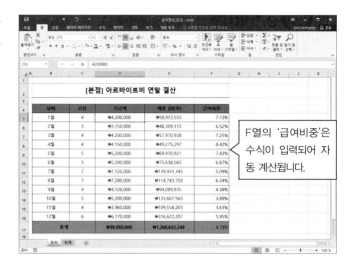

> F열의 '급여비중'은 수식이 입력되어 자동 계산됩니다.

| 회계 형식 표시하기

1 이번에는 통화 형식을 회계 형식으로 바꾸어 보겠습니다. D열과 E열을 선택하고 [홈] 탭-[표시 형식] 목록에서 '회계'를 선택합니다.

2 통화 형식이 회계 형식으로 바뀝니다. 통화 표시는 왼쪽 정렬, 숫자는 오른쪽 정렬로 나타납니다. [홈] 탭-[맞춤] 그룹에서 [가운데 맞춤]을 눌러도 문자가 입력된 [D4:E4] 셀에만 적용될 뿐 숫자의 정렬 위치는 변하지 않습니다.

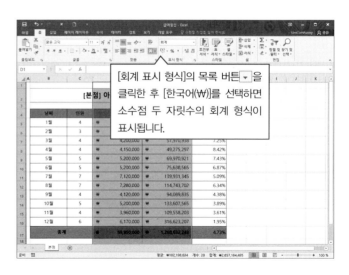

> [회계 표시 형식]의 목록 버튼 ▼을 클릭한 후 [한국어(₩)]를 선택하면 소수점 두 자릿수의 회계 형식이 표시됩니다.

039 날짜 및 시간 형식 바꾸기

엑셀은 날짜와 시간을 숫자로 인식합니다. Part 2에서는 날짜와 시간을 일정한 규칙에 따라 입력하면 자동으로 표시 형식이 변환됐습니다. 이번에는 좀 더 다양한 날짜와 시간 형식으로 표시해 보겠습니다.

예제 파일 Part03\근무일지.xlsx   **완성 파일** Part03\근무일지_완성.xlsx

1 날짜에 요일을 표시해 보겠습니다. 날짜 데이터가 입력된 A열을 선택한 후 Ctrl +1을 눌러 [셀 서식] 대화상자를 불러옵니다.

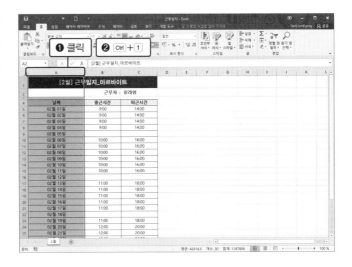

2 [셀 서식] 대화상자-[표시 형식] 탭에서 '날짜'를 선택합니다. [형식]에서 요일까지 표기된 두 번째 날짜 형식을 선택한 후 [확인]을 클릭합니다.

page 원하는 형식이 없다면 109쪽을 참고하여 [범주]에서 '사용자 지정'을 선택하여 직접 설정하세요.

3 A열에 입력된 날짜가 요일까지 표시된 형식으로 바뀌었습니다. 시간 형식을 바꾸기 위해 B열과 C열을 선택한 후 Ctrl + 1 을 누릅니다.

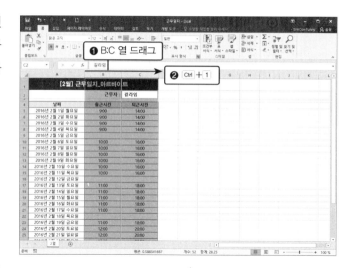

4 [셀 서식] 대화상자-[표시 형식] 탭에서 '시간'을 선택합니다. 원하는 형식을 선택하고 [확인]을 클릭합니다.

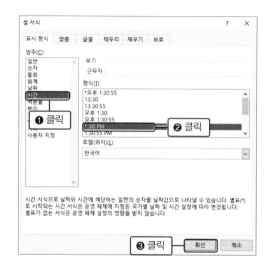

5 시간 데이터의 표시 형식이 바뀌었습니다.

[B2:C2] 셀의 표시 형식은 '시간'이지만 문자 그대로 표시됩니다.

040 주민등록번호 표시하기

주민등록번호는 앞에 생년월일 6자리와 뒤의 7자리 숫자로 조합되어 있습니다. 엑셀에서는 12자리 이상의 숫자를 입력하면 지수 형태로 나타나고, 중간에 하이픈을 입력하면 문자로 인식됩니다. 하이픈을 일일이 입력하지 않고 표시 형식을 이용해 주민등록번호를 입력해 보겠습니다.

예제 파일 Part03\당첨자 주민번호.xlsx   **완성 파일** Part03\당첨자 주민번호_완성.xlsx

1 [D13] 셀에 13자리 주민등록번호를 입력하고 Enter 를 누릅니다.

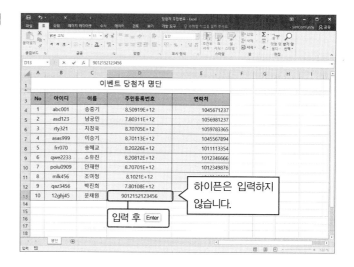

2 12자리가 넘는 숫자라 지수 형태로 나타납니다. 주민등록번호 형식에 맞게 표시해 보겠습니다.

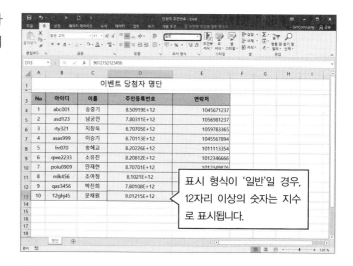

3 주민등록번호가 입력된 [D4:D13] 셀을
선택한 후 [표시 형식] 그룹의 확장 버튼을
클릭합니다.

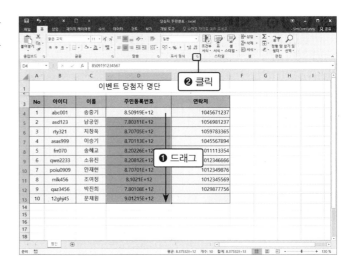

4 [셀 서식] 대화상자–[표시 형식] 탭에
서 '기타'를 선택합니다. [형식]에서 '주민등
록번호'를 선택한 후 [확인]을 클릭합니다.

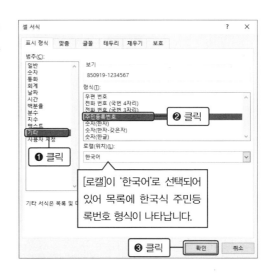

5 선택한 셀에 입력되어 있는 모든 데이
터가 주민등록번호 형식으로 바뀌었습니다.

041 전화번호 형식 자동 변환하기

엑셀에서 0으로 시작하는 숫자를 입력하면 앞의 0은 생략되어 표시됩니다. 이때 작은따옴표나 문자를 해당 데이터가 문자로 인식되어 0을 포함한 모든 숫자가 표시됩니다. 이번에는 문자를 입력하지 않고도 셀 서식을 이용하여 전화번호 형식을 쉽게 바꾸어 보겠습니다.

예제 파일 Part03\당첨자 연락처.xlsx **완성 파일** Part03\당첨자 연락처_완성.xlsx

1 [E13] 셀에 010으로 시작하는 11자리 번호를 입력한 후 Enter 를 누릅니다.

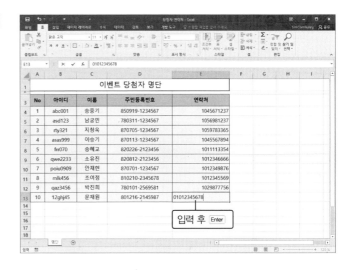

2 0이 생략된 10자리 숫자만 나타납니다. 전체 전화번호가 제대로 나타나도록 설정해 보겠습니다.

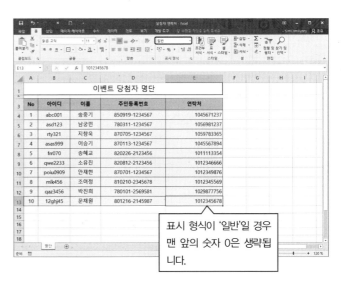

표시 형식이 '일반'일 경우 맨 앞의 숫자 0은 생략됩니다.

3 [E4:E13] 셀을 선택한 후 Ctrl + 1 을
누릅니다.

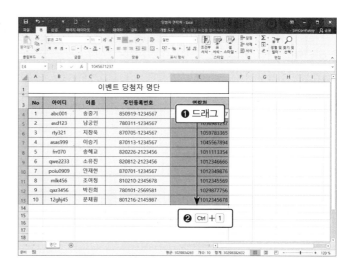

4 [셀 서식] 대화상자-[표시 형식] 탭에
서 '기타'를 선택합니다. [형식]에서 '전화번
호(국번 4자리)'를 선택한 후 [확인]을 클릭
합니다.

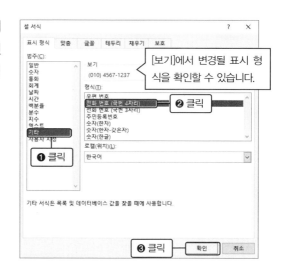

5 전화번호의 표시 형식이 바뀌었습니
다. 수식 입력줄에는 맨 앞의 0이 생략되어
나타나는 것을 알 수 있습니다.

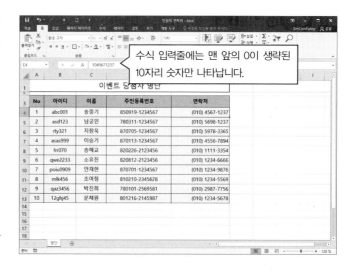

page 전화번호 중간에 하이픈이 들어간 형식(010-1234-
5678)으로 표시하고 싶다면 110쪽을 참고하세요.

042　사용자 지정 표시 형식 만들기

'표시 형식'에는 엑셀에서 자주 사용하는 형식들이 등록되어 있지만, 찾는 형식이 없다면 직접 설정할 수도 있습니다. 예를 들어, 특정 문자를 기존 데이터에 추가해서 보여줄 수 있습니다. 이번에는 사용자 지정 표시 형식으로 이름 뒤에 호칭을 붙이고, 전화번호 사이에 하이픈을 표시해 보겠습니다.

예제 파일 Part03\상품권발송.xlsx　　**완성 파일** Part03\상품권발송_완성.xlsx

| 이름 뒤에 호칭 표시하기

1 이름 뒤에 자동으로 '님'을 붙여보겠습니다. [C5:C14] 셀을 드래그한 후 Ctrl + 1을 누릅니다. [셀 서식] 대화상자-[표시 형식] 탭에서 '사용자 지정'을 선택한 후 [형식]에 @ 님을 입력하고 [확인]을 클릭합니다.

> **TIP**
>
> **사용자 지정 문자 @**
> @는 셀에 입력된 문자를 의미합니다. 띄어쓰기와 글자는 실제로 셀에 입력한 문자가 아니기 때문에 수식 입력줄에 표시되지 않고 워크시트 화면에서만 표시됩니다.

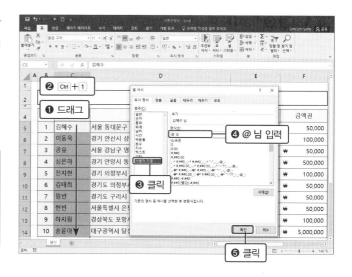

2 선택한 범위에 입력된 이름 뒤에 '님'이 추가됐습니다. [C7] 셀에 입력된 '공유'를 지창욱으로 수정해도 '지창욱 님'으로 표시됩니다.

> **TIP**
>
> 셀 서식을 해제하려면 [표시 형식] 그룹에서 '일반'을 선택합니다.

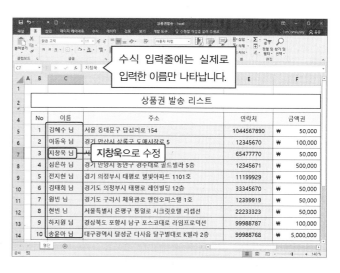

| 전화번호에 구분기호 표시하기

1 전화번호 사이에 하이픈(–)을 넣어보겠습니다. [E5] 셀을 클릭한 후 Ctrl + 1 을 누릅니다. [셀 서식] 대화상자-[표시 형식] 탭에서 '사용자 지정'을 선택합니다. [형식]에 000-0000-0000을 입력하고 [확인]을 클릭합니다.

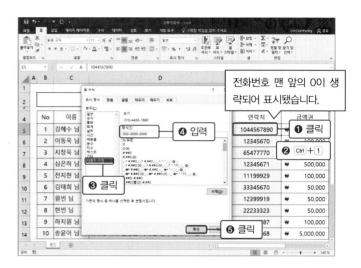

2 전화번호의 4자릿수마다 하이픈이 표시됐습니다. 이번에는 010을 제외한 8자리 번호만 입력했을 때에도 010과 하이픈이 자동 표시되도록 해보겠습니다. [E6:E14] 셀을 드래그한 후 Ctrl + 1 을 누릅니다. [셀 서식] 대화상자-[표시 형식] 탭에서 '사용자 지정'을 선택한 후 [형식]에 010-0000-0000을 입력하고 [확인]을 클릭합니다.

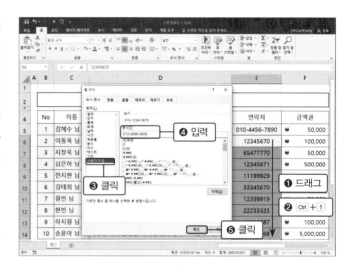

3 전화번호 8자리 앞에 '010–'이 표시되고 4자릿수 사이에 하이픈이 추가됐습니다.

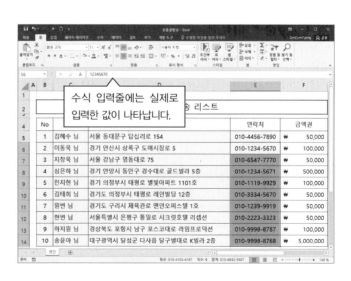

> **TIP**
>
> 사용자 지정 형식으로 입력한 010-0000-0000에서 010과 하이픈(–)은 그대로 표시되고, 0000은 입력된 숫자의 자릿수를 의미합니다. 입력된 전화번호 자릿수가 일정하지 않을 경우는 0 대신 #을 입력합니다.

043 여러 개의 표시 형식 일괄 지정하기

[셀 서식] 대화상자의 사용자 지정 서식 코드를 응용하면 숫자 형식, 색상, 추가 문자 등 여러 개의 표시 형식을 한 번에 지정할 수 있습니다. 사용자 지정 표시 형식의 종류를 알아보고 입력 순서에 따라 다양한 사용자 서식을 설정해 보겠습니다.

예제 파일 Part03\물류창고별 입고량.xlsx　　**완성 파일** Part03\물류창고별 입고량_완성.xlsx

| 사용자 지정 서식 코드의 종류

서식 코드	기능	입력	결과
00000	0의 개수는 숫자의 자릿수. 입력된 숫자가 0의 개수보다 적으면 맨 앞의 0으로 메꾼다.	123	00123
????	?의 개수는 숫자의 자릿수. 입력된 숫자가 ?의 개수보다 적으면 공백으로 메꾼다.	10	(2자리 공백)10
#	#은 숫자를 의미하며 #의 개수와 상관없이 맨 앞의 0이 생략된 나머지 숫자가 표시된다.	012345	12345
#,###,	천 단위 아래의 숫자를 절사한다.	350000	350
$#,###.00	달러 표시와 천 단위 구분기호, 소수점 두 자릿수까지 표시된다.	2999.9	$2,999.90
YYYY년 MM월 DD일	연도 네 자릿수와 두 자릿수의 월과 일이 표시된다. 월과 일만 입력할 경우 현재 연도가 입력된다.	2/6	2017년 02월 06일
DD-MMM.YYYY	두 자릿수 날짜-세 자릿수 영문 월, 4자릿수 연도가 표시된다.	2/6	06-Feb.2017
@ 대표* 귀하	@는 입력된 문자를 의미하고, *는 * 뒤에 입력된 문자나 공백을 반복하여 셀 값을 양쪽 정렬한다.	최순애	최순애 대표(공백) 귀하
[빨강]@	[ ] 안에 색상을 입력하면 문자 색상이 변한다.	판매량	판매량
[>=100] 합격	[ ] 안의 조건에 따라 서식이 적용된다.	101	합격

* '판매량' 결과의 색상은 서식코드에 따라 빨간색으로 표시되지만, 해당 페이지가 2도 컬러로 제작되어 보라색으로 보입니다.

여러 개의 표시 형식 지정하기

1 입력된 숫자에 천 단위 구분기호를, 음수는 빨간색, 0은 '폐점'으로, 문자는 삭제하려고 합니다. [C4:E13] 셀을 선택한 후 Ctrl + 1을 누릅니다.

2 [셀 서식] 대화상자-[표시 형식] 탭에서 '사용자 지정'을 선택합니다. [형식]에 #,###;[빨강]-#,###;폐점;을 입력하고 [확인]을 클릭합니다.

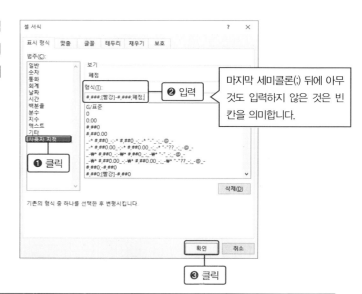

마지막 세미콜론(;) 뒤에 아무 것도 입력하지 않은 것은 빈 칸을 의미합니다.

#,###,;[빨강]-#,###;폐점;
   ❶   ❷   ❸   ❹

❶ **양수** : 숫자의 천 단위마다 쉼표를 표시하고 마지막 천 단위는 절사합니다.

❷ **음수** : 마이너스 값은 − 기호와 빨간색으로 표시합니다.

❸ **0** : 0만 입력된 값은 '폐점'으로 표시합니다.

❹ **문자** : 입력된 문자에 아무것도 입력하지 않아 공백으로 표시됩니다.
　　단, 마지막 세미콜론(;)을 생략하면 문자는 그대로 표시됩니다.

3 선택한 범위에 사용자 지정 표시 형식이 적용됐습니다.

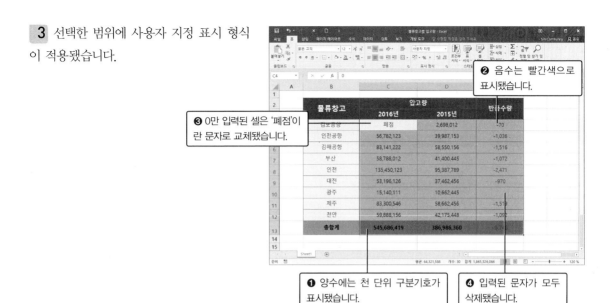

❷ 음수는 빨간색으로 표시됐습니다.

❸ 0만 입력된 셀은 '폐점'이란 문자로 교체됐습니다.

❶ 양수에는 천 단위 구분기호가 표시됐습니다.

❹ 입력된 문자가 모두 삭제됐습니다.

Part 04 행/열/워크시트

엑셀의 얼굴이라고도 할 수 있는 워크시트에는 다양한 옵션으로 데이터가 추가되고 복사될 수 있습니다. 여러 개의 워크시트를 추가한 뒤 그룹화하면 일괄적으로 서식을 수정할 수 있어 편리합니다. 행과 열, 워크시트를 숨겨놓고 필요할 때만 펼쳐볼 수도 있습니다. 워크시트를 구성하는 행과 열, 셀을 자유자재로 조절하고 순서를 바꾸면서 엑셀과 더 친해지세요.

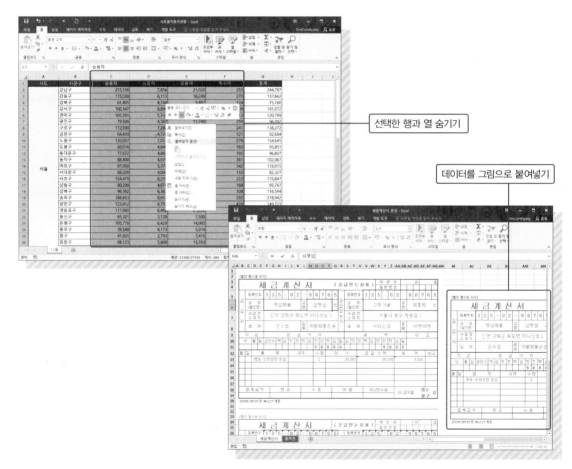

선택한 행과 열 숨기기

데이터를 그림으로 붙여넣기

044 셀 선택 및 범위 지정하기

데이터양이 많을수록 셀 범위를 지정하거나 이동할 일이 많습니다. 이때는 마우스로 드래그하기보다 단축키를 이용하면 좀 더 쉽고 빠르게 영역을 지정할 수 있습니다. 셀을 선택하는 여러 가지 방법을 알아보겠습니다.

예제 파일 Part04\소비자물가상승률.xlsx

| 셀 포인터 이동하기 Ctrl + 방향키

Ctrl과 방향키를 동시에 누르면 셀 포인터를 기준으로 가장자리에 데이터가 입력된 셀로 바로 이동됩니다. 중간에 빈 셀이 있으면 빈 셀 다음에 입력된 데이터 셀로 이동합니다. 현재 셀 포인터는 [E8] 셀에 있습니다.

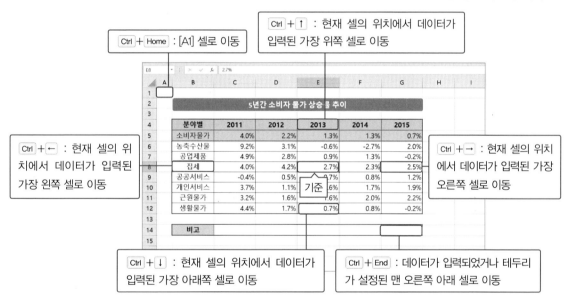

| 떨어져 있는 셀 동시에 선택하기 Ctrl + 클릭

Ctrl을 누른 채 동시에 선택할 셀이나 범위를 클릭합니다.

| 전체 데이터 범위 선택하기 Ctrl + A

데이터가 입력된 표만 선택하려면 표 안에서 임의의 셀을 클릭하고 Ctrl + A 를 누릅니다. 표 바깥의 셀을 클릭하고 Ctrl + A 를 누를 경우 워크시트 전체가 선택됩니다.

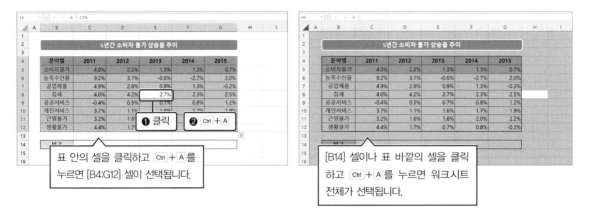

| 행이나 열 전체 선택하기

행과 열의 머리글을 클릭하면 해당 행과 열 전체가 선택됩니다.

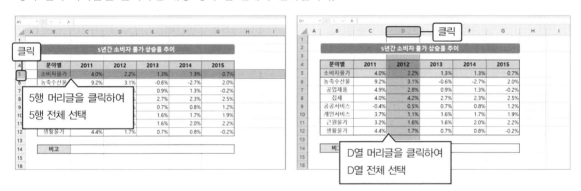

| 이름 상자 이용하여 셀 포인터 이동하기/범위 지정하기

이름 상자에 셀 주소를 입력하면 셀 포인터가 해당 셀 주소로 이동합니다. 여러 개의 셀 주소를 쉼표(,)로 구분하면 선택된 셀만 선택되고, 콜론(:)으로 구분하면 연속된 범위가 일괄 선택됩니다.

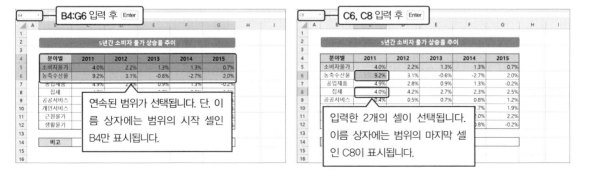

연속된 셀 범위 한 칸씩 선택하기 Shift+방향키

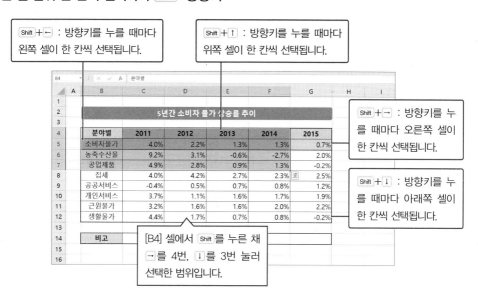

Shift+← : 방향키를 누를 때마다 왼쪽 셀이 한 칸씩 선택됩니다.

Shift+↑ : 방향키를 누를 때마다 위쪽 셀이 한 칸씩 선택됩니다.

Shift+→ : 방향키를 누를 때마다 오른쪽 셀이 한 칸씩 선택됩니다.

Shift+↓ : 방향키를 누를 때마다 아래쪽 셀이 한 칸씩 선택됩니다.

[B4] 셀에서 Shift를 누른 채 →를 4번, ↓를 3번 눌러 선택한 범위입니다.

연속된 데이터 범위를 한 번에 선택하기 Shift+Ctrl+방향키

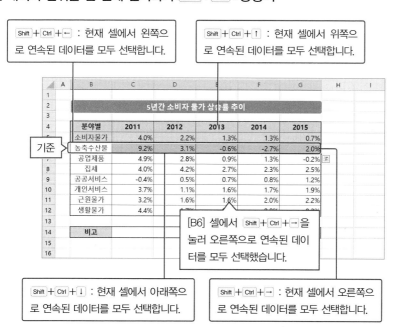

Shift+Ctrl+← : 현재 셀에서 왼쪽으로 연속된 데이터를 모두 선택합니다.

Shift+Ctrl+↑ : 현재 셀에서 위쪽으로 연속된 데이터를 모두 선택합니다.

기준

[B6] 셀에서 Shift+Ctrl+→을 눌러 오른쪽으로 연속된 데이터를 모두 선택했습니다.

Shift+Ctrl+↓ : 현재 셀에서 아래쪽으로 연속된 데이터를 모두 선택합니다.

Shift+Ctrl+→ : 현재 셀에서 오른쪽으로 연속된 데이터를 모두 선택합니다.

045 　이름 상자로 범위 지정하기

데이터양이 많은 문서에서는 원하는 항목이 입력된 셀을 바로 찾기 힘듭니다. 비슷한 항목의 데이터는 이름 상자에서 셀 이름을 등록하여 범위를 바로 찾을 수 있습니다. 특히 셀 범위를 참조하는 함수 계산에서 유용합니다.

예제 파일 Part04\소비자물가상승률.xlsx　**완성 파일** Part04\소비자물가상승률_완성.xlsx

| 방법 1_이름 상자에서 범위 등록하기

[B5:G5] 셀을 선택한 후 이름 상자에 소비자물가를 입력하고 Enter를 누릅니다. 이름 상자의 목록 버튼을 눌러 '소비자물가'를 선택하면 해당 범위가 선택됩니다.

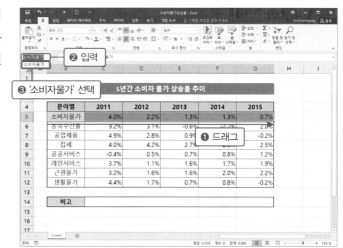

| 방법 2_[이름 정의] 메뉴로 지정하기

[G4:G12] 셀을 선택하고 [수식] 탭-[정의된 이름] 그룹에서 [이름 정의]를 클릭합니다. [새 이름] 대화상자에서 [이름]을 최근물가로 입력하고 [확인]을 클릭합니다. 이름 상자에서 '최근물가'를 선택하면 해당 범위가 선택됩니다.

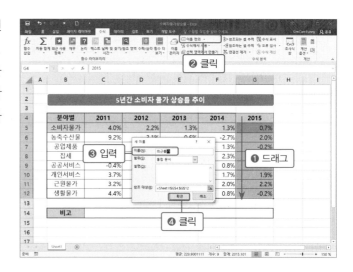

| 방법 3_첫 행/열 데이터로 이름 상자 만들기

1 [B4:G12] 셀을 선택한 후 [수식] 탭-[정의된 이름] 그룹에서 [선택 영역에서 만들기]를 클릭합니다. [선택 영역에서 이름 만들기] 대화상자에서 '왼쪽 열'에 체크 표시를 하고 [확인]을 클릭합니다.

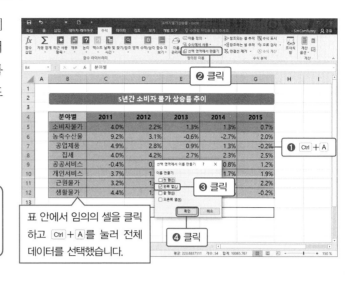

TIP

기존에 지정한 이름과 중복될 경우, '소비자물가의 기존 정의를 바꾸시겠습니까?'라는 메시지가 나옵니다. [예]를 클릭하여 이름 정의를 변경합니다.

표 안에서 임의의 셀을 클릭하고 Ctrl + A 를 눌러 전체 데이터를 선택했습니다.

2 이름 상자에서 '소비자물가'를 선택하면 [C5:G5] 셀이 선택됩니다.

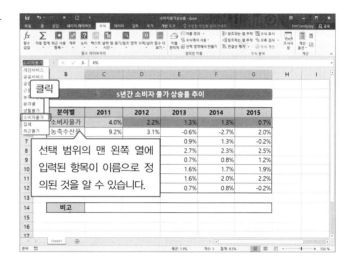

선택 범위의 맨 왼쪽 열에 입력된 항목이 이름으로 정의된 것을 알 수 있습니다.

| 지정한 이름 삭제하기

리본 메뉴의 [수식] 탭-[정의된 이름] 그룹에서 [이름 관리자]를 클릭합니다. [이름 관리자] 대화상자에서 삭제할 이름을 선택하고 [삭제]를 클릭하면 삭제 메시지가 나타납니다. [확인]을 클릭하고 [닫기]를 클릭하여 대화상자를 닫습니다.

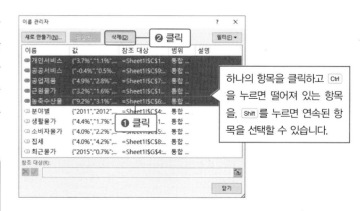

하나의 항목을 클릭하고 Ctrl 을 누르면 떨어져 있는 항목을, Shift 를 누르면 연속된 항목을 선택할 수 있습니다.

TIP

이름 상자에 등록하지 않은 이름이 쌓여 있고 삭제도 되지 않는다면, 매크로를 이용해 오류를 바로잡을 수 있습니다. 자세한 내용은 814쪽을 참고하세요.

046 행과 열 삽입 및 삭제하기

데이터 중간에 행이나 열을 추가하여 데이터를 입력하면 위의 행 또는 왼쪽 열의 서식이 적용되어 글꼴이나 색상 등을 새로 지정하지 않아도 됩니다. 반면 행이나 열을 삭제할 때는 주변의 데이터가 삭제되지 않도록 주의해야 합니다.

예제 파일 Part04\거래처명단.xlsx   **완성 파일** Part04\거래처명단_완성.xlsx

| 행/열 삽입하기

1 9행 머리글에서 마우스 오른쪽 버튼을 클릭한 뒤 단축 메뉴에서 [삽입]을 클릭합니다.

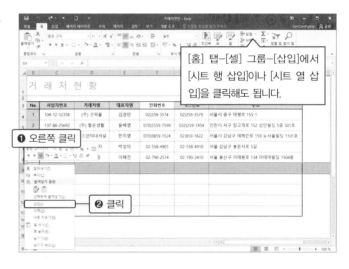

> [홈] 탭-[셀] 그룹-[삽입]에서 [시트 행 삽입]이나 [시트 열 삽입]을 클릭해도 됩니다.

단축키

행/열 삽입 Ctrl + Shift + +
행/열 삭제 Ctrl + −

* 키보드 오른쪽의 숫자 전용 키패드로 +를 누를 경우, Shift 는 생략합니다.

2 8행과 같은 서식의 빈 행이 삽입됩니다. 이번에는 F열 머리글을 클릭한 후 Ctrl + Shift + +를 누릅니다.

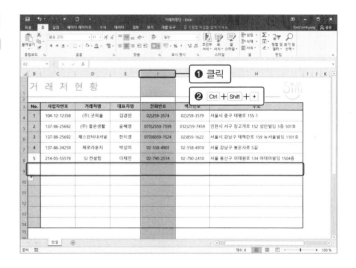

3 F열에 새로운 열이 추가되고, 나머지 데이터는 오른쪽으로 밀렸습니다.

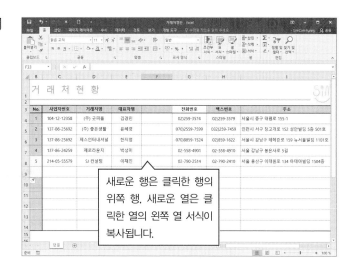

새로운 행은 클릭한 행의 위쪽 행, 새로운 열은 클릭한 열의 왼쪽 열 서식이 복사됩니다.

| 행/열 삭제하기

1 F열 데이터를 삭제해 보겠습니다. 이번에는 [F3] 셀을 클릭하고 단축키 Ctrl + −를 누릅니다. [삭제] 대화상자가 나타나면 [열 전체]를 선택하거나 단축키 C를 누르고 [확인]을 클릭합니다.

TIP

행과 열 삭제 시 주의하세요!
[셀을 왼쪽으로 밀기]나 [셀을 위로 밀기]를 선택하면 선택한 셀만 삭제되고 주변 셀들이 왼쪽이나 위로 밀려서 표가 뒤틀릴 수 있습니다.

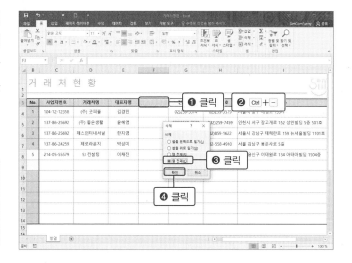

2 기존의 열이 삭제되면서 G열의 전화번호가 F열로 이동했습니다. 9행은 좀 더 쉽게 삭제해 보겠습니다. 9행 머리글을 클릭하고 단축키 Ctrl + −를 누르면 [삭제] 대화상자가 나타나지 않고 9행만 바로 삭제됩니다.

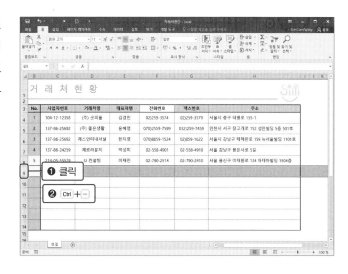

047 행과 열의 크기 조절하기

하나의 셀에 너무 많은 내용을 입력하면 내용이 잘려서 표시되거나 데이터가 #으로 표시됩니다. 이럴 때는 셀의 너비나 높이를 조절해야 합니다. 필요한 행과 열만 셀 구분선을 드래그해서 조절할 수도 있고 여러 개의 행과 열을 한꺼번에 선택하는 방법도 있습니다.

예제 파일 Part04\비상연락망.xlsx   **완성 파일** Part04\비상연락망_완성.xlsx

| 행과 열의 크기 수동 조절하기

1 D열과 E열을 드래그한 뒤 E열과 F열 머리글 사이에 마우스 포인터를 놓으면 구분선 ┿으로 바뀝니다. 구분선을 오른쪽으로 드래그해서 너비를 조절합니다.

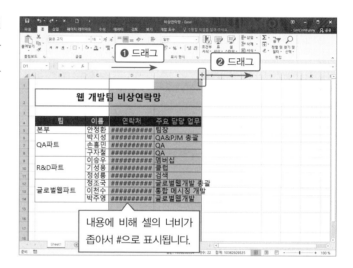

내용에 비해 셀의 너비가 좁아서 #으로 표시됩니다.

2 D열과 E열이 같은 너비로 늘어납니다.

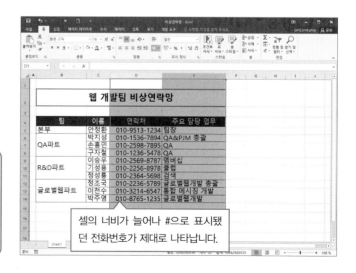

셀의 너비가 늘어나 #으로 표시됐던 전화번호가 제대로 나타납니다.

TIP

행과 열의 크기 직접 입력하기
행과 열의 머리글을 마우스 오른쪽 버튼으로 클릭한 뒤 단축 메뉴에서 [행 높이]나 [열 너비]를 선택하면 원하는 크기를 숫자로 입력할 수 있습니다.

| 행과 열의 크기 자동 조절하기

1 5~14행 머리글을 드래그한 후 5행과 6행 사이의 구분선 ╬을 더블클릭합니다.

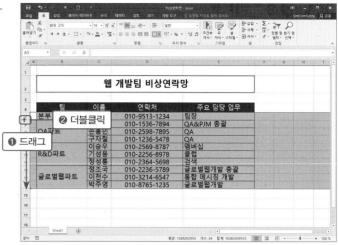

2 선택한 모든 행의 높이가 자동으로 늘어납니다.

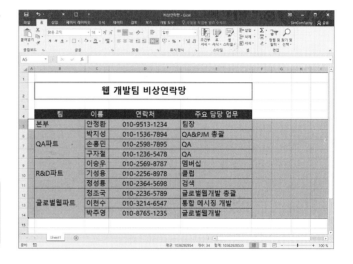

> **TIP**
>
> 열 구분선을 더블클릭하면 각 열에서 데이터를 가장 길게 입력한 셀을 기준으로 너비가 자동 조절됩니다.

048 행과 열 숨기기

데이터양이 많거나 일부 내용만 인쇄하고 싶다면 해당 행과 열을 숨길 수 있습니다. 데이터를 삭제하지 않고도 필요한 데이터만 워크시트와 인쇄 화면에 남겨서 간결한 보고서를 만들어 보겠습니다.

예제 파일 Part04\시도별자동차현황.xlsx　　**완성 파일** Part04\시도별자동차현황_완성.xlsx

| 행/열 숨기기

1 C열부터 F열까지 선택합니다. 선택한 범위에서 마우스 오른쪽 버튼을 클릭한 뒤 단축 메뉴에서 [숨기기]를 클릭합니다.

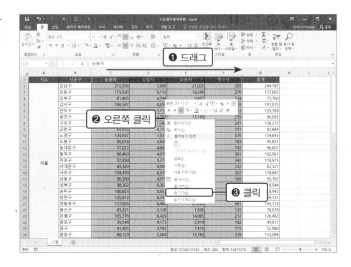

2 C열부터 F열까지 사라지고 B열과 G열 머리글 사이에 경계선이 나타납니다. 이번에는 '합계' 행만 숨겨보겠습니다. 27행 머리글을 클릭한 후 Ctrl을 누른 채 44행, 53행, 59행, 65행, 71행 머리글을 클릭하여 선택합니다. 선택된 행 머리글에서 마우스 오른쪽 버튼을 클릭한 뒤 단축 메뉴에서 [숨기기]를 클릭합니다.

> **TIP**
> 떨어져 있는 행/열을 숨길 때는 머리글에서 마우스 오른쪽 버튼을 클릭해야 메뉴에서 [숨기기]를 선택할 수 있습니다.

| 행/열 숨기기 취소하기

방법 1_원본 너비 유지하기

숨겨진 행의 위아래 또는 열의 앞뒤를 선택
한 후 마우스 오른쪽 버튼을 클릭합니다.
메뉴에서 [숨기기 취소]를 클릭합니다.

> **TIP**
>
> 연속으로 입력된 범위는 선택된 범위 어디를 눌러
> 도 단축 메뉴에서 숨기기를 설정할 수 있습니다.

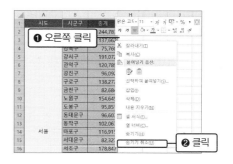

방법 2_행/열 너비 다시 조정하기

'합계' 행이 숨겨지면 행 사이에 구분선이
나타납니다. 구분선을 위로 드래그하면 행
이 숨겨지고 아래로 드래그하면 숨겨진 행
이 나타납니다.

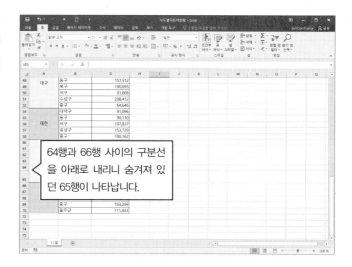

64행과 66행 사이의 구분선
을 아래로 내리니 숨겨져 있
던 65행이 나타납니다.

방법 3_텍스트 길이에 맞춰 행/열 너비 자동 맞추기

1 숨겨진 열의 경계선 앞뒤 열을 포함하
여 [B:G] 열을 선택합니다. G열과 H열 머리
글 사이에 마우스 포인터를 놓습니다. 마우
스 포인터가 구분선 ↔으로 바뀌면 더블클
릭합니다.

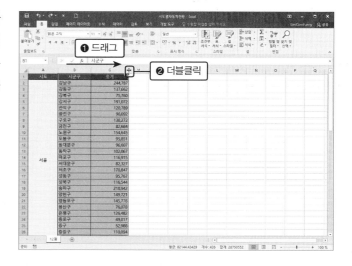

2 [B:G] 열 사이에 숨겨져 있던 열이 나
타나고 셀 너비에 맞춰 폭이 자동으로 조
절됐습니다.

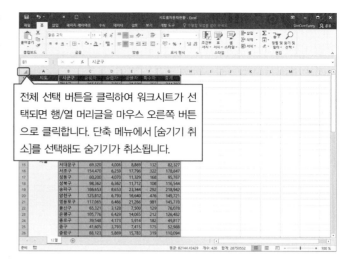

전체 선택 버튼을 클릭하여 워크시트가 선택되면 행/열 머리글을 마우스 오른쪽 버튼으로 클릭합니다. 단축 메뉴에서 [숨기기 취소]를 선택해도 숨기기가 취소됩니다.

Skill Up [숨기기 취소]한 행/열을 다시 숨기고 싶어요

[숨기기]를 적용했던 행/열을 자주 열고 펼칠 경우 그룹 설정을 활용해볼 수 있습니다.

1. 숨기기할 행/열 선택(단, 연속된 행/열만 일괄 그룹화할 수 있습니다.)
2. [데이터] 탭-[윤곽선] 그룹-[그룹] 선택
3. 1번을 누르면 [D:F] 열이 숨겨집니다. 2번을 누르면 숨겨진 열이 다시 펼쳐집니다.

page 그룹 설정 및 해제에 대한 자세한 설명은 640쪽을 참고하세요.

049　행/열 위치 이동하기

데이터가 입력된 행과 열의 위치를 이동하고 싶다면, 해당 영역을 드래그하고 Shift 를 눌러 원하는 위치로 이동시킬 수 있습니다. 잘라내기와 붙여넣기를 하지 않고 간단히 행과 열의 위치를 바꾸어 보겠습니다.

예제 파일 Part04\수입차판매비중.xlsx　**완성 파일** Part04\수입차판매비중_완성

1 4행의 '람보르기니' 판매 데이터를 15행으로 이동시키겠습니다. [A4:D4] 셀을 선택합니다. Shift 를 누른 상태에서 선택한 셀의 초록색 테두리를 클릭하면 마우스 포인터가 ✣ 모양으로 바뀝니다. 그 상태에서 15행과 16행 사이로 드래그합니다.

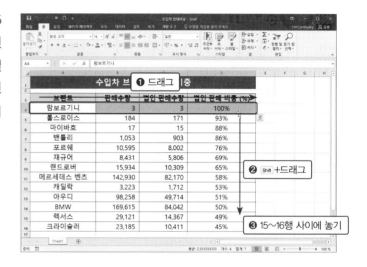

2 마우스 버튼에서 손을 떼면 '람보르기니' 데이터가 15행에 나타납니다. 나머지 데이터의 위치도 조정된 것을 알 수 있습니다.

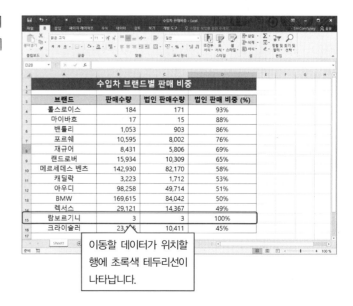

이동할 데이터가 위치할 행에 초록색 테두리선이 나타납니다.

050 데이터 이동 및 복사하기

문서를 작성하다 보면 데이터를 이동시키거나 복사할 일이 많습니다. 단순히 복사와 붙여넣기로 데이터를 복사하면 수식이 잘못 변경되거나 기존의 서식을 따로 지워야 하는 번거로움이 있습니다. 단축키와 드래그를 이용해 표의 위치를 이동하고 데이터를 복사해 보겠습니다.

예제 파일 Part04\미지급금.xlsx   **완성 파일** Part04\미지급금_완성.xlsx

| 데이터 위치 이동하기

1 2행부터 입력된 표를 3행으로 한 칸씩 이동해 보겠습니다. [B2:I8] 셀을 선택한 후 초록색 테두리에 마우스 포인터를 놓으면 ↕ 모양으로 바뀝니다. 선택된 범위를 빈 행인 [B3:I9] 셀로 드래그합니다.

2 마우스 버튼에서 손을 떼면 표가 한 칸씩 밀려서 [B3:I9] 셀에 위치합니다.

TIP

데이터가 입력된 셀 사이를 이동할 때는 Shift 를 눌러서 중간에 삽입할 틈을 만들어줘야 합니다. Shift 를 누르지 않고 기존 데이터 사이로 이동하면 경고 메시지가 나타납니다. 그러나 표 전체를 덮어 쓸 경우 [확인]을 누르면 됩니다

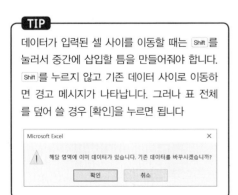

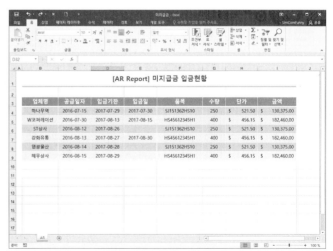

┃ 데이터 드래그해서 복사하기

방법 1_마우스 오른쪽 버튼으로 복사하기

[B4:I9] 셀을 선택한 후 초록색 테두리에 마우스 포인터를 놓으면 ⊹ 모양으로 바뀝니다. 마우스 오른쪽 버튼을 클릭한 채 표를 [B10] 셀에 드래그하면 복사 옵션 메뉴가 나타납니다. [여기에 복사]를 클릭하면 데이터 값과 서식이 모두 복사됩니다.

> • 여기로 이동 : 원래 위치는 빈 셀로 남고 해당 데이터와 서식이 모두 옮겨집니다.
> • 여기에 복사 : 데이터와 서식이 모두 복사됩니다.
> • 값으로 여기에 복사 : 값만 복사됩니다.
> • 서식으로 여기에 복사 : 서식만 복사됩니다.

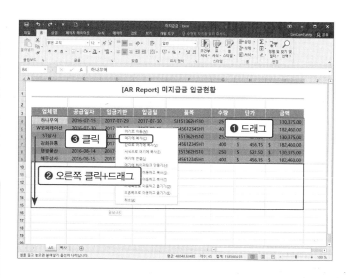

방법 2_ Ctrl 눌러서 복사하기

1 [B10:I15] 셀을 드래그해서 선택합니다. Ctrl 을 누른 채 선택한 범위의 초록색 테두리를 클릭해서 [B16] 셀로 드래그합니다.

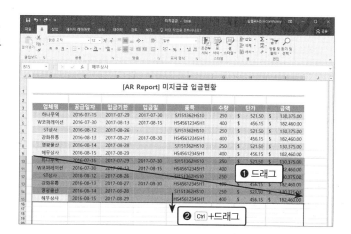

2 마우스 버튼에서 손을 떼면 [B16:I21] 셀에 복사된 표가 나타납니다.

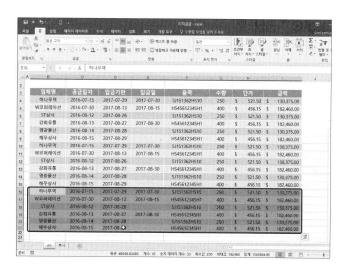

051 다양한 방법으로 데이터 붙여넣기

데이터를 붙여넣기 할 때는 여러 가지 옵션이 있습니다. 원본과 똑같은 값 또는 수식, 서식까지 복사됩니다. 반면 값/수식/서식 등만 따로 복사하려면 붙여넣기 옵션을 선택하면 됩니다. 각각의 옵션 선택에 따른 차이점을 살펴보겠습니다.

예제 파일 Part04\수입차판매순위.xlsx   **완성 파일** Part04\수입차판매순위_완성

| 붙여넣기 옵션 알아보기

데이터를 복사하면 [홈] 탭-[클립보드] 그룹-[붙여넣기] 아이콘이 활성화됩니다. [붙여넣기]를 클릭하면 여러 가지 옵션이 나타납니다. 연산 기능이 추가된 더 많은 옵션을 보려면 [선택하여 붙여넣기]를 클릭합니다.

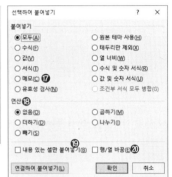

---

❶ **붙여넣기** : 연결된 데이터를 포함한 원본 값(수식)과 셀 서식을 그대로 붙여 넣습니다. 단, 상대 참조로 입력된 수식은 붙여 넣을 셀 주소의 이동 거리만큼 셀 주소가 수정됩니다.

❷ **수식** : 셀 서식은 제외하고 수식만 붙여 넣습니다.

❸ **수식 및 숫자 서식** : 셀 서식을 제외하고 수식과 숫자의 표시 형식만 붙여 넣습니다.

❹ **원본 서식 유지** : 원본 값(수식)과 서식을 모두 붙여 넣습니다.

❺ **테두리 없음** : 원본에서 테두리 서식을 제외하고 값(수식), 표시 형식을 붙여 넣습니다.

❻ **원본 열 너비 유지** : 값(수식), 열의 너비를 유지한 서식 모두를 붙여 넣습니다.

❼ **바꾸기** : 행과 열의 위치를 바꿔서 붙여 넣습니다.

❽ **조건부 서식 병합** : 복사한 데이터와 붙여 넣는 영역에 조건부 서식이 포함됐을 경우, 복사한 셀 서식을 유지하되 조건부 서식이 우선 적용됩니다.

❾ **값** : 수식 결과 값(문자/숫자)만 숫자로 붙여 넣습니다.

❿ **값 및 숫자 서식** : 셀 서식을 제외하고 결과 값과 숫자의 표시 형식만 유지합니다.

⓫ **값 및 원본 서식** : 결과 값과 표시 형식을 포함한 원본 셀의 모든 서식을 유지합니다.

⓬ **서식** : 데이터를 제외한 서식과 표시 형식만 반영합니다.

⓭ **연결하여 붙여넣기** : 복사한 원본 데이터와 붙여넣기한 데이터를 연결해서 원본을 수정하면 붙여 넣은 데이터도 수정됩니다.

⓮ **그림** : 복사한 데이터를 그림 형태로 붙여 넣습니다.

⓯ **연결된 그림** : 복사한 데이터를 그림 형태로 붙여 넣습니다. 원본을 수정하면 붙여 넣은 그림 데이터도 수정됩니다.

⓰ **선택하여 붙여넣기** : 위의 붙여넣기 옵션을 포함하여 연산, 메모, 행열 위치 붙여넣기 등을 대화상자에서 일괄 선택할 수 있습니다.

⓱ **붙여넣기-메모** : 복사한 범위의 메모를 붙여 넣습니다.

⓲ **연산(곱하기/더하기/나누기/빼기)** : 선택한 범위의 데이터를 복사한 숫자와 계산하여 붙여 넣습니다.

⓳ **내용 있는 셀만 붙여넣기** : 복사할 범위에 빈 셀이 포함됐을 경우, 붙여 넣을 범위에 있던 원래 데이터로 대체합니다.

⓴ **행/열 바꿈** : 행과 열을 바꾸어 붙여 넣습니다.

| 표의 열 너비를 유지해서 붙여넣기

1 [B2:G14] 셀을 드래그한 후 Ctrl + C 를
눌러 복사합니다. 붙여넣기를 할 [I2] 셀에
서 마우스 오른쪽 버튼을 클릭합니다. 단
축 메뉴에서 [선택하여 붙여넣기]의 ▶에
마우스 포인터를 놓고 [붙여넣기] 옵션에서
[원본 열 너비 유지]를 클릭합니다.

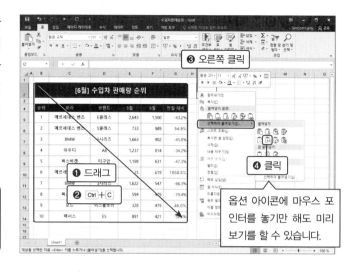

> **TIP**
>
> 붙여넣기 단축키 Ctrl + V 를 누르면 기본 옵션에
> 따라 값과 수식, 서식이 붙여넣기되지만 열 너비
> 는 유지되지 않습니다.

옵션 아이콘에 마우스 포
인터를 놓기만 해도 미리
보기를 할 수 있습니다.

2 원본과 같은 값, 수식, 서식이 복사됐
습니다. 붙여넣기 옵션 버튼을 다시 클릭하
여 옵션을 변경할 수 있습니다.

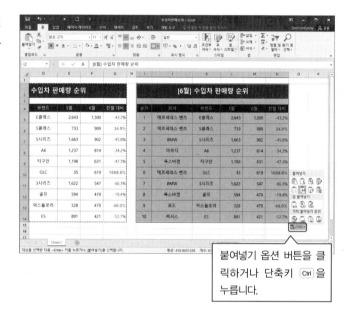

붙여넣기 옵션 버튼을 클
릭하거나 단축키 Ctrl 을
누릅니다.

052 데이터를 그림으로 붙여넣기

표를 붙여 넣을 때 셀 너비와 상관없이 표 전체의 크기를 조절하고 싶다면 그림 형태로 붙여 넣는 방법이 있습니다. [기타 붙여넣기 옵션]에서 원본 데이터와 연결하면 수정한 내용이 그림에도 업데이트됩니다.

예제 파일 Part04\세금계산서.xlsx **완성 파일** Part04\세금계산서_완성.xlsx

| 데이터 표를 그림으로 붙여넣기

1 '세금계산서' 워크시트의 [A1:AH42] 셀을 드래그합니다. [홈] 탭-[클립보드] 그룹-[복사]에서 [그림으로 복사]를 클릭합니다.

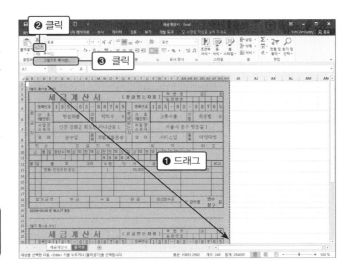

> **TIP**
> 데이터를 먼저 복사한 후 붙여넣기 옵션에서 그림으로 붙여 넣는 방법도 있습니다.

2 [그림 복사] 대화상자가 나타나면 옵션을 선택하고 [확인]을 클릭합니다.

- **화면에 표시된 대로** : 워크시트에 표시된 화면과 같이 복사
- **미리보기에 표시된 대로** : 인쇄 미리보기 화면과 같이 복사
- **그림** : 그림의 크기 조절과 무관하게 화질 유지
- **비트맵** : 선명한 이미지이지만 크기를 조절하면 화질이 떨어질 수 있음

3 '출력용' 워크시트로 이동해서 Ctrl + V 를 누르면 복사한 데이터가 그림으로 삽입됩니다. 워크시트의 셀 너비와 상관없이 그림의 크기와 위치를 조정하고, 테두리에 색을 넣을 수도 있습니다.

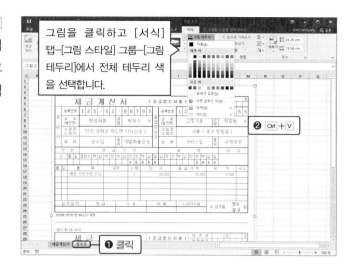

그림을 클릭하고 [서식] 탭-[그림 스타일] 그룹-[그림 테두리]에서 전체 테두리 색을 선택합니다.

② Ctrl + V

❶ 클릭

| 원본 데이터와 연결된 그림 붙여넣기

1 '세금계산서' 워크시트의 [A1:AH42] 셀을 드래그한 후 Ctrl + C 를 눌러 데이터를 복사합니다. 붙여넣기할 위치를 클릭한 후 [홈] 탭-[클립보드] 그룹-[붙여넣기]에서 [연결된 그림]을 클릭합니다.

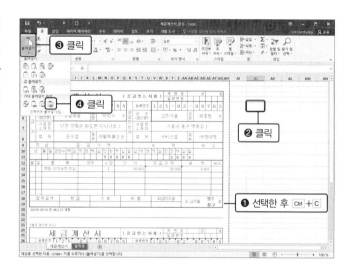

③ 클릭

④ 클릭

② 클릭

❶ 선택한 후 Ctrl + C

2 복사한 내용이 그림으로 삽입됩니다. [M6] 셀에 입력된 이름을 **심명섭**으로 수정하면 붙여 넣은 그림의 공급자 이름도 수정됩니다.

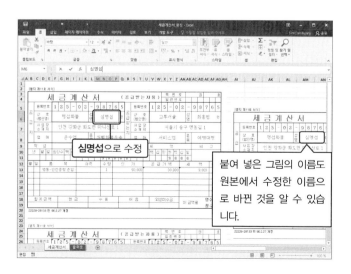

심명섭으로 수정

붙여 넣은 그림의 이름도 원본에서 수정한 이름으로 바뀐 것을 알 수 있습니다.

053 워크시트 추가하고 삭제하기

하나의 워크시트에 많은 데이터를 넣기보다 종류별로 워크시트를 나누면 데이터를 관리하기 쉽습니다.
단, 추가 또는 삭제된 워크시트는 실행 취소가 되지 않으니 주의합니다.

예제 파일 Part04\경쟁사매출.xlsx

| 워크시트 추가하기

방법 1_새 시트 버튼 ⊕ 클릭하기

'Sheet1' 옆에 있는 '새 시트' 버튼 ⊕을 클릭
하면 새 워크시트가 추가됩니다.

단축키

새 워크시트 추가 Shift + F11

TIP

엑셀 2013부터는 기본 워크시트가 1개입니다. 새
통합 문서를 열면 기본으로 나타나는 시트 개
수를 변경하려면 [파일] 탭-[옵션]을 클릭한 후
[Excel 옵션] 대화상자-[일반]의 [새 통합 문서
만들기] 항목에서 '포함할 시트 수'를 수정합니다.

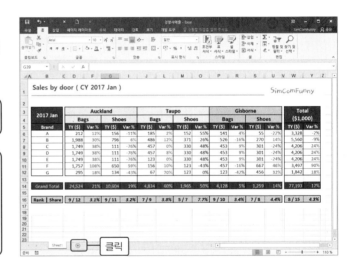

방법 2_리본 메뉴 이용하기

[홈] 탭-[셀] 그룹-[삽입]에서 [시트 삽입]
을 클릭하면 새 워크시트가 추가됩니다.

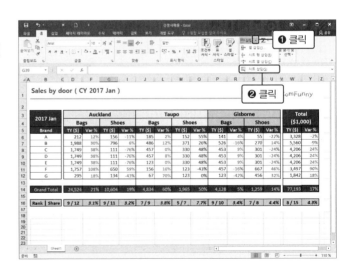

방법 3_마우스 오른쪽 버튼 클릭하기

워크시트 탭을 마우스 오른쪽 버튼으로 클릭한 뒤 단축 메뉴에서 [삽입]을 클릭합니다. [삽입] 대화상자의 [일반] 탭에서 [워크시트]를 더블클릭합니다.

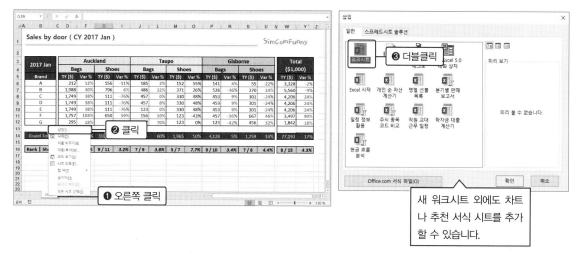

새 워크시트 외에도 차트나 추천 서식 시트를 추가할 수 있습니다.

| 워크시트 삭제하기

방법 1_마우스 오른쪽 버튼 클릭하기

삭제할 워크시트 탭을 마우스 오른쪽 버튼으로 클릭한 뒤 단축 메뉴에서 [삭제]를 클릭합니다. '이 시트가 Microsoft Excel에서 영구적으로 삭제됩니다. 계속하시겠습니까?' 메시지가 나타나면 [삭제]를 클릭합니다. 단, 데이터가 입력되지 않은 빈 워크시트는 메시지가 나타나지 않고 바로 삭제됩니다.

TIP
워크시트 추가/삭제, 이름 수정, 복사 등은 실행 취소가 되지 않습니다.

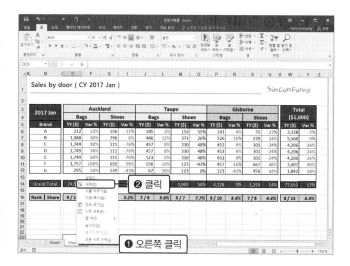

방법 2_리본 메뉴 이용하기

삭제할 워크시트에서 [홈] 탭-[셀] 그룹-[삭제]에서 [시트 삭제]를 클릭합니다.

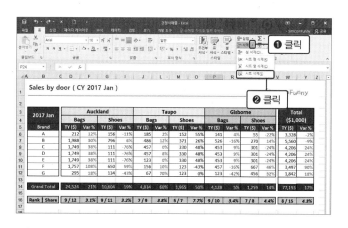

054 워크시트 숨기기

통합 문서에 워크시트가 너무 많다면 자주 사용하지 않는 워크시트는 숨겨두는 것이 좋습니다. 중요한 데이터가 입력된 워크시트는 숨겨놓았다가 필요할 때만 열어서 관리하는 방법도 있습니다. 워크시트 일부를 숨기고 다시 표시하는 방법을 알아보겠습니다.

예제 파일 Part04\직원연봉재계약.xlsx   **완성 파일** Part04\직원연봉재계약_완성.xlsx

1 '재계약명단' 워크시트 탭을 마우스 오른쪽 버튼으로 클릭한 뒤 단축 메뉴에서 [숨기기]를 선택합니다.

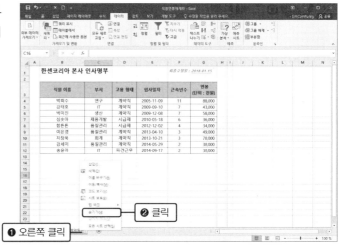

2 선택한 워크시트가 사라집니다. 숨겨진 워크시트를 다시 표시하려면 워크시트 탭을 마우스 오른쪽 버튼으로 클릭한 뒤 단축 메뉴에서 [숨기기 취소]를 선택합니다. [숨기기 취소] 대화상자에서 표시할 워크시트를 클릭하고 [확인]을 클릭하면 숨겨진 워크시트가 다시 나타납니다.

055 워크시트 이름과 색상 수정하기

워크시트를 추가하면 sheet1, sheet2, sheet3……과 같은 이름의 워크시트가 나타납니다. 워크시트의 이름을 수정하거나 워크시트 탭에 색상을 넣으면 워크시트를 좀 더 쉽게 구분할 수 있습니다.

예제 파일 Part04\경쟁사매출.xlsx   **완성 파일** Part04\경쟁사매출_완성.xlsx

| 워크시트 이름 바꾸기

'Sheet1' 탭을 더블클릭하여 이름을 수정할 수 있는 상태가 되면 **1월**을 입력합니다. 'Sheet2' 탭도 더블클릭하여 **2월**로 수정합니다.

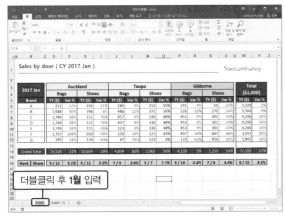

더블클릭 후 **1월** 입력

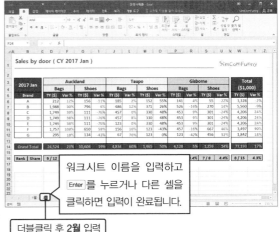

워크시트 이름을 입력하고 Enter 를 누르거나 다른 셀을 클릭하면 입력이 완료됩니다.

더블클릭 후 **2월** 입력

| 워크시트 탭 색상 바꾸기

'1월' 워크시트 탭에서 마우스 오른쪽 버튼을 클릭한 뒤 단축 메뉴에서 [탭 색]을 클릭합니다. 색상 목록에서 원하는 색상을 선택하면 워크시트 탭 색상이 바뀝니다.

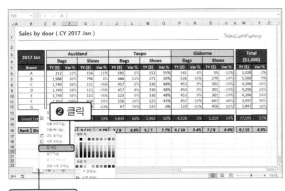

❷ 클릭

❶ 오른쪽 클릭

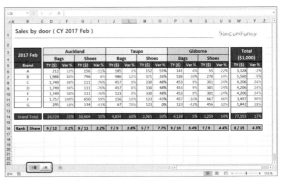

056 워크시트 복사하기

워크시트 전체의 데이터나 서식을 복사하려면 워크시트 복사 기능을 이용합니다. 반복되는 서식이라면 붙여넣기를 하는 것보다 시트 자체를 복사하는 것이 빠릅니다. 해당 문서뿐만 아니라 다른 문서나 새 문서에 시트를 이동해서 복사하는 방법도 있습니다.

예제 파일 Part04\광고비통계.xlsx **완성 파일** Part04\광고비통계_완성.xlsx

| 현재 통합 문서에 시트 복사하기_ Ctrl +드래그

1 Ctrl 을 누른 채 '1분기' 워크시트 탭을 오른쪽으로 드래그합니다.

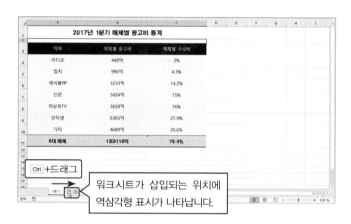

워크시트가 삽입되는 위치에 역삼각형 표시가 나타납니다.

2 마우스 버튼에서 손을 떼면 복사된 '1분기(2)' 워크시트가 나타납니다. 워크시트 이름과 [A1] 셀의 내용만 수정하면 동일한 서식으로 새 워크시트를 만들 수 있습니다.

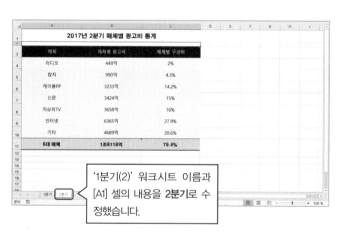

'1분기(2)' 워크시트 이름과 [A1] 셀의 내용을 **2분기**로 수정했습니다.

> **TIP**
>
> 오래된 파일이거나 이름 상자에 오류가 있다면 워크시트를 복사할 때 다음과 같은 경고 메시지가 여러 번 나올 수 있습니다. 매크로를 이용해 문제를 해결하는 방법은 814쪽을 참조하세요.

| 워크시트를 복사해서 다른 문서로 보내기

1 '1분기' 워크시트 탭을 마우스 오른쪽 버튼으로 클릭한 뒤 단축 메뉴에서 [이동/복사]를 클릭합니다.

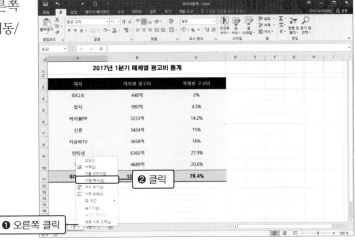

2 [이동/복사] 대화상자가 나타나면 [대상 통합 문서]의 목록 버튼을 클릭하여 '(새 통합 문서)'를 선택하고 '복사본 만들기'에 체크 표시를 한 후 [확인]을 클릭합니다.

TIP

[대상 통합 문서]에는 열려 있는 모든 문서가 나타납니다. 이동하려면 문서에 다른 시트가 있다면 [다음 시트의 앞에]의 워크시트 목록에서 붙여 넣을 위치를 선택할 수 있습니다.

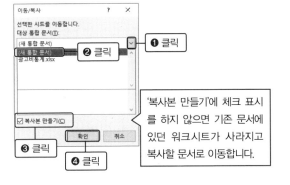

'복사본 만들기'에 체크 표시를 하지 않으면 기존 문서에 있던 워크시트가 사라지고 복사할 문서로 이동합니다.

3 새 통합 문서에 복사한 워크시트가 추가되어 나타납니다.

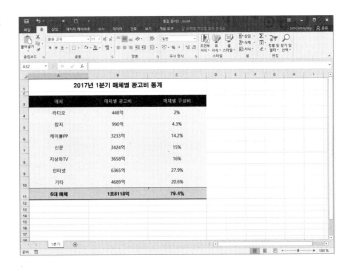

057 워크시트 순서 변경하기

워크시트가 많아지면 원하는 워크시트를 찾기가 어려울 수 있습니다. 우선순위나 사용자의 목적에 따라
워크시트의 순서를 변경해 보겠습니다.

예제 파일 Part04\월별미지급금.xlsx

┃ 방법 1_드래그하여 이동시키기

1 '2017년 6월' 워크시트 탭을 클릭하여
오른쪽 맨 끝으로 드래그합니다.

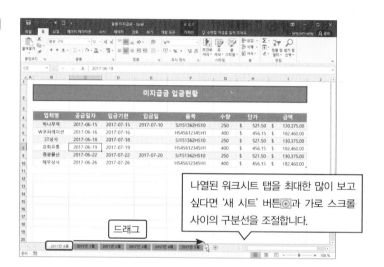

> 나열된 워크시트 탭을 최대한 많이 보고
> 싶다면 '새 시트' 버튼⊕과 가로 스크롤
> 사이의 구분선을 조절합니다.

2 '2017년 6월' 워크시트가 워크시트 탭
의 맨 끝으로 이동했습니다.

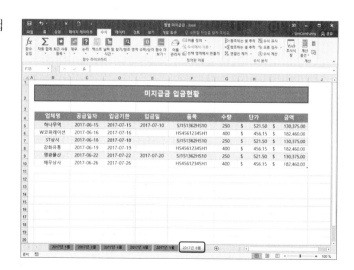

| 방법 2_[이동/복사] 메뉴로 이동시키기

1 워크시트 탭을 마우스 오른쪽 버튼으로 클릭한 뒤 단축 메뉴에서 [이동/복사]를 선택합니다.

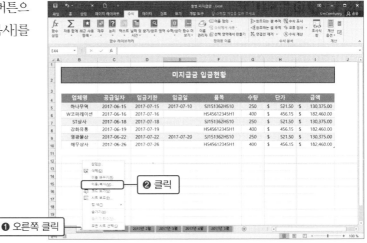

2 [이동/복사] 대화상자에서 '(끝으로 이동)'을 선택한 후 [확인]을 클릭합니다.

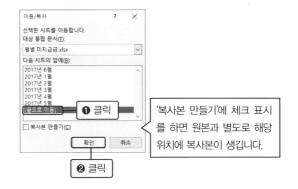

'복사본 만들기'에 체크 표시를 하면 원본과 별도로 해당 위치에 복사본이 생깁니다.

3 '2017년 6월' 워크시트가 워크시트 탭의 맨 끝으로 이동됐습니다.

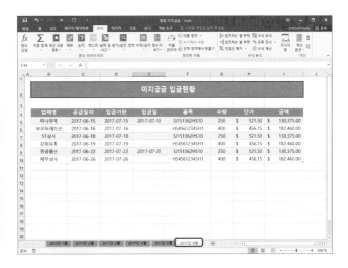

단축키

현재 워크시트에서 왼쪽으로 이동 Ctrl + Page Up
현재 워크시트에서 오른쪽으로 이동 Ctrl + Page Down

TIP

워크시트 탭 이름을 기준으로 위치를 자동 정렬하려면 VBA 코드를 이용해 매크로를 사용할 수 있습니다. 매크로를 이용하여 워크시트 탭을 자동 정렬하는 방법은 821쪽을 참고하세요.

058 워크시트 그룹으로 만들기

여러 개의 워크시트를 그룹으로 묶으면 동일한 셀 주소에 데이터를 한 번에 입력하거나 서식을 일괄 수정할 수 있습니다. 단, 워크시트를 그룹으로 묶어서 작업한 뒤 개별 워크시트를 편집할 때는 그룹이 해제됐는지 확인해야 합니다.

예제 파일 Part04\광고비연누계.xlsx   **완성 파일** Part04\광고비연누계_완성.xlsx

| 그룹 만들기

'1분기' 워크시트 탭을 클릭하고 Shift 를 누른 채 '4분기' 워크시트 탭을 클릭하면 모든 워크시트가 선택됩니다. 그룹을 해제하려면 워크시트 탭을 마우스 오른쪽 버튼으로 누른 뒤 단축 메뉴에서 [시트 그룹 해제]를 클릭합니다.

> **TIP**
>
> **모든 워크시트 그룹화하기**
> **방법 1.** 워크시트 탭을 마우스 오른쪽 버튼으로 클릭한 후 단축 메뉴에서 [모든 시트 선택] 클릭
> **방법 2.** '1분기' 워크시트 탭을 클릭하고 Shift 를 누른 채 마지막 '4분기' 워크시트 탭 클릭

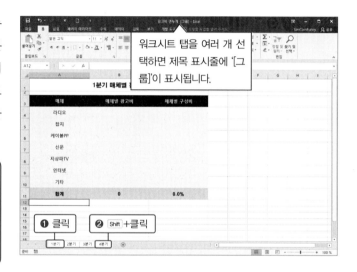

| 그룹 복사/삭제하기

1 '1분기' 워크시트 탭을 클릭하고 Ctrl 을 누른 채 '3분기' 워크시트 탭을 클릭하면 2개의 워크시트만 그룹으로 묶입니다. 그룹으로 묶인 워크시트를 Ctrl 을 누른 채 오른쪽 맨 끝으로 드래그하면 마우스 포인터가 🔖 모양으로 바뀝니다. 마우스 버튼에서 손을 뗍니다.

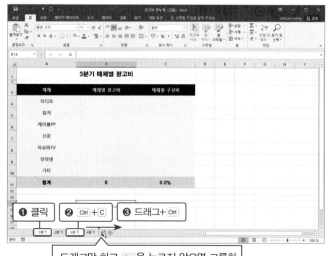

드래그만 하고 Ctrl 을 누르지 않으면 그룹화된 워크시트의 위치만 이동됩니다.

2 그룹화된 2개의 워크시트만 복사됩니다. 그룹화된 워크시트를 삭제하려면 그룹화된 워크시트 탭을 마우스 오른쪽 버튼으로 클릭합니다. 단축 메뉴에서 [삭제]를 클릭합니다. 경고 메시지가 나타나면 [삭제]를 클릭합니다.

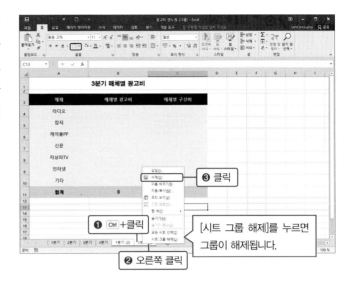

| 그룹의 데이터 및 서식 일괄 수정하기

1 서식이 동일한 4개의 워크시트에 테두리를 그려보겠습니다. '4분기' 워크시트 탭을 클릭하고 Shift 를 누른 채 '1분기' 워크시트 탭을 클릭합니다. 모든 워크시트가 그룹화되면 표 전체를 선택하고 [홈] 탭-[글꼴] 그룹-[테두리]에서 [모든 테두리]를 선택합니다.

2 표에 테두리선이 나타납니다. 그룹을 해제하기 위해 임의의 워크시트 탭 하나만 클릭합니다. 다른 워크시트에도 테두리가 적용된 것을 알 수 있습니다.

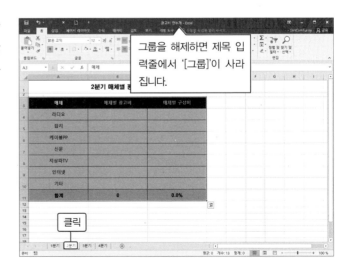

Part 05 화면 보기

한 화면에 모두 담기지 않을 만큼 데이터양이 많다면 화면 배율을 조절해서 크기를 확대하거나 축소할 수 있습니다. 여러 개의 워크시트에 나누어져 있는 데이터나 다른 엑셀 문서를 동시에 비교해보고 싶다면 화면을 분할해서 보는 방법이 있습니다. 데이터 입력뿐만 아니라 화면을 보는 방법도 사용자의 편의를 고려한 친절한 엑셀, 좀 더 친해져볼까요?

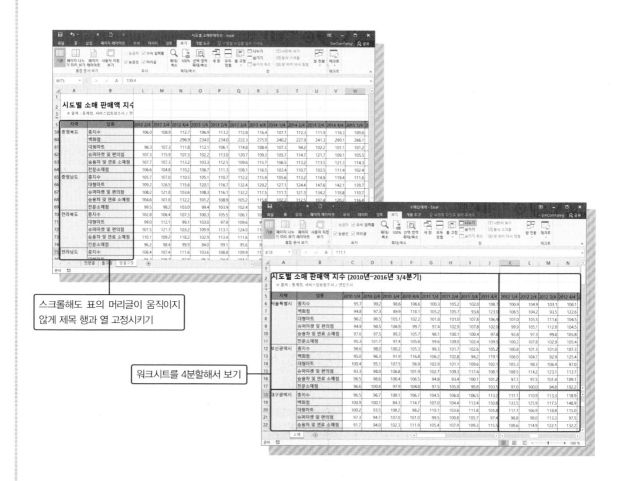

스크롤해도 표의 머리글이 움직이지 않게 제목 행과 열 고정시키기

워크시트를 4분할해서 보기

화면 확대/축소 059 화면 확대하거나 축소하기

화면 고정/나누기/전환 060 행과 열 고정하기 | 061 하나의 워크시트를 나누어 보기 | 062 여러 개의 워크시트를 나란히 보기 | 063 작업 문서 빠르게 전환하기

059 화면 확대하거나 축소하기

엑셀 문서의 글자가 너무 작다면 워크시트 화면을 확대해서 볼 수 있습니다. 반대로, 글자가 작아지더라도 한 화면에서 모두 보려면 화면을 축소하면 됩니다. 화면 확대 및 축소는 워크시트의 화면 크기를 조절하는 것이므로 인쇄에는 영향을 주지 않습니다.

예제 파일 Part05\시도별 소매판매지수.xlsx

화면 전체 확대/축소하기

1 [보기] 탭-[확대/축소] 그룹-[확대/축소]를 클릭합니다. [확대/축소] 대화상자가 나타나면 '200%'를 선택한 후 [확인]을 클릭합니다.

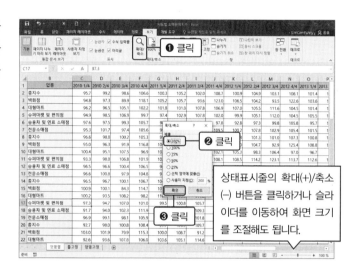

> 상태표시줄의 확대(+)/축소(-) 버튼을 클릭하거나 슬라이더를 이동하여 화면 크기를 조절해도 됩니다.

2 화면이 확대됐습니다. 화면을 축소하고 싶다면 상태표시줄의 축소(-) 버튼을 여러 번 클릭하여 100%로 만듭니다.

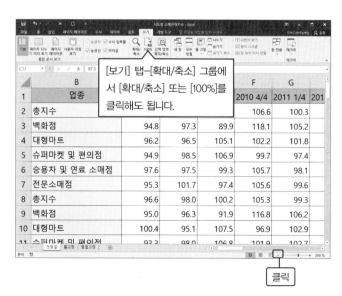

> [보기] 탭-[확대/축소] 그룹에서 [확대/축소] 또는 [100%]를 클릭해도 됩니다.

3 화면이 원래 크기로 돌아갔습니다.

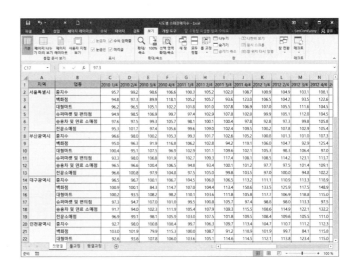

| 선택 영역 확대/축소하기

1 문서 일부만 확대해 보겠습니다. [C8:C13] 셀을 선택한 후 [보기] 탭-[확대/축소] 그룹-[선택 영역 확대/축소]를 클릭합니다.

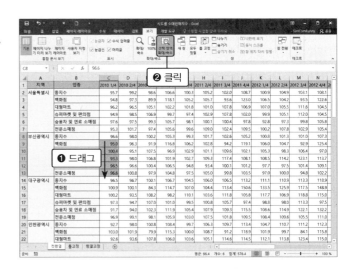

2 선택한 영역이 화면 크기에 맞춰 확대됩니다. 원래 크기로 돌아가려면 [보기] 탭-[확대/축소] 그룹-[100%]를 클릭합니다.

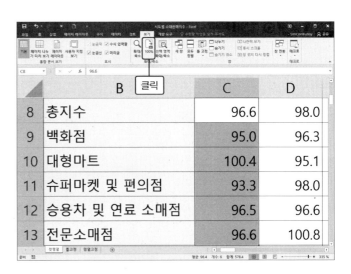

060 행과 열 고정하기

데이터양이 많은 문서를 스크롤하면 표의 머리글 역할을 하는 첫 행과 첫 열이 화면에서 밀려 어떤 항목에 관한 결과 값인지 구분하기 힘들어집니다. 제목이 입력된 행과 열을 고정하면 스크롤을 내려도 데이터의 분류 항목을 쉽게 알아볼 수 있습니다.

예제 파일 Part05\시도별 소매판매지수.xlsx   **완성 파일** Part05\시도별 소매판매지수_완성.xlsx

| 첫 행 고정하기

1 '첫행열' 워크시트에서 화면을 아래로 스크롤하면 첫 행이 사라져서 기간을 구분하기 힘듭니다. 스크롤을 맨 위로 올려서 화면 맨 위쪽에 1행이 나타나면 [보기] 탭-[창] 그룹-[틀 고정]에서 [첫 행 고정]을 클릭합니다.

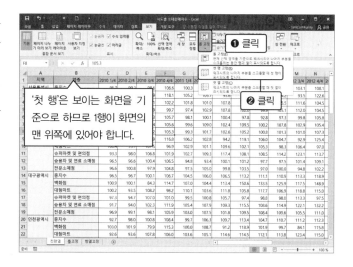

'첫 행'은 보이는 화면을 기준으로 하므로 1행이 화면의 맨 위쪽에 있어야 합니다.

2 1행이 고정되어 화면을 아래로 스크롤해도 사라지지 않습니다.

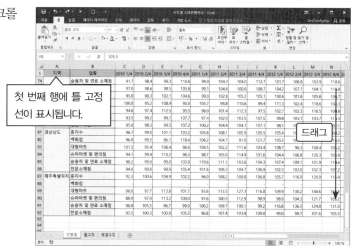

첫 번째 행에 틀 고정 선이 표시됩니다.

첫 열 고정하기

1 '첫행열' 워크시트에서 2016년 데이터를 보기 위해 화면을 오른쪽으로 스크롤합니다. A열과 B열이 사라져 지역과 업종을 구분하기 힘듭니다. 우선 A열만 고정하기 위해 [보기] 탭–[창] 그룹–[틀 고정]에서 [첫 열 고정]을 클릭합니다.

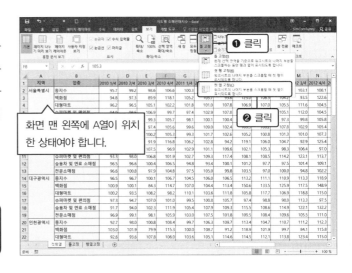

화면 맨 왼쪽에 A열이 위치한 상태여야 합니다.

TIP

틀 고정이 적용된 경우, [틀 고정 취소]를 클릭한 뒤 다시 [틀 고정]을 적용합니다.

2 →를 눌러 화면을 오른쪽으로 이동시켜도 A열은 고정되어 있습니다. 단, 첫 열만 고정한 것이므로 '업종'이 입력된 B열부터는 화면에서 사라졌습니다.

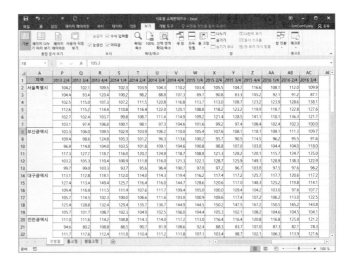

중간에 위치한 열 고정하기

1 '틀고정' 워크시트에서 화면을 오른쪽으로 스크롤해도 [A:B] 열을 볼 수 있도록 틀 고정을 해보겠습니다. C열을 선택하고 [보기] 탭–[창] 그룹–[틀 고정]에서 [틀 고정 취소]를 클릭한 뒤 다시 [틀 고정]을 클릭합니다.

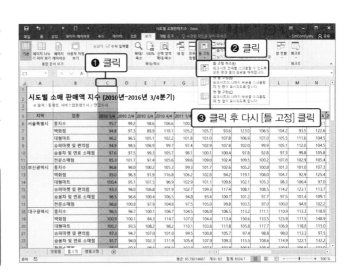

TIP

스크롤 위치에 따라 열 머리글 바로 아래 행을 '첫 행'으로 인식합니다. 만약 스크롤이 내려져서 5행이 워크시트의 제일 위에 있을 때 '첫 행 고정'을 누르면 1~4행은 숨겨지고 5행만 고정되어 6행부터 스크롤이 움직입니다.

2 →를 눌러 화면을 오른쪽으로 옮겨도 A열과 B열이 고정되어 사라지지 않는 것을 알 수 있습니다.

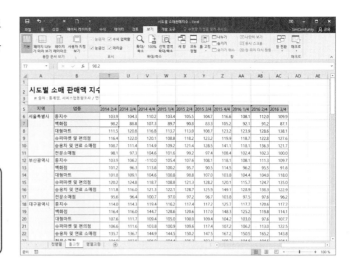

> **TIP**
>
> 첫 줄이 아닌 중간 행/열부터 틀 고정을 적용할 때 고정할 위치의 바로 다음 행/열, 즉 스크롤하면 숨겨질 첫 번째 위치를 선택하고 [틀 고정]을 누릅니다.

행과 열 동시에 고정하기

1 '행열고정' 워크시트에서 B열, 5행까지 동시에 고정해 보겠습니다. 고정하려는 위치의 다음 행/열인 [C6] 셀을 클릭하고 [보기] 탭-[창] 그룹-[틀 고정]에서 [틀 고정]을 클릭합니다.

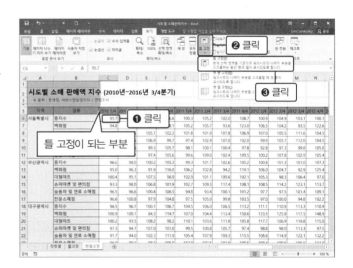

2 멀리 떨어진 셀 주소를 쉽게 찾기 위해 이름 상자에 W75를 입력하고 Enter를 누릅니다. 화면 스크롤이 오른쪽 아래로 움직여도 [1:5] 행과 [A:B] 열까지는 고정되어 기간과 지역 정보를 같이 볼 수 있습니다.

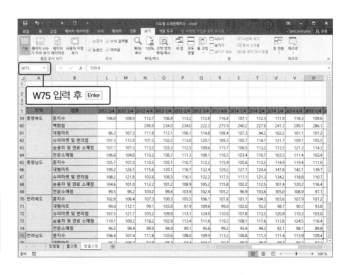

> **TIP**
>
> 'Part 8 엑셀 표' 기능을 이용하면 화면을 아래로 스크롤해도 표의 머리글이 열 머리글에 나타나므로 따로 틀 고정을 하지 않아도 됩니다.

061 하나의 워크시트를 나누어 보기

'나누기' 기능을 사용하면 워크시트 화면을 4개로 나누어서 원하는 부분을 비교해서 볼 수 있습니다. '틀 고정'과 달리 '나누기'는 화면마다 스크롤바가 나타나기 때문에 고정시킬 위치가 여러 곳일 때 유용합니다.

예제 파일 Part05\소매판매액.xlsx

| 화면을 네 개로 나누어 보기

1 [K18] 셀을 클릭한 후 [보기] 탭-[창] 그룹-[나누기]를 클릭합니다.

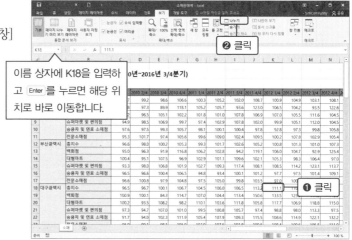

이름 상자에 K18을 입력하고 Enter 를 누르면 해당 위치로 바로 이동합니다.

2 [K18] 셀의 왼쪽과 위쪽을 기준으로 화면이 4개로 나누어지고 스크롤바도 4개가 나타납니다. [보기] 탭-[창] 그룹-[나누기]를 다시 클릭하면 원래 화면으로 돌아갑니다.

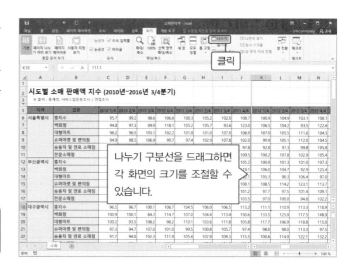

나누기 구분선을 드래그하면 각 화면의 크기를 조절할 수 있습니다.

TIP

나누어진 화면 사이의 구분선을 더블클릭하면 해당 나누기 선만 사라집니다.

| 화면 위아래로 나누기

워크시트에서 위쪽과 아래쪽의 데이터를 비교할 경우, 화면을 위아래로 나눌 수 있습니다. 18행을 선택한 후 [보기] 탭-[창] 그룹-[나누기]를 클릭하면 18행을 기준으로 화면이 위아래로 나누어집니다.

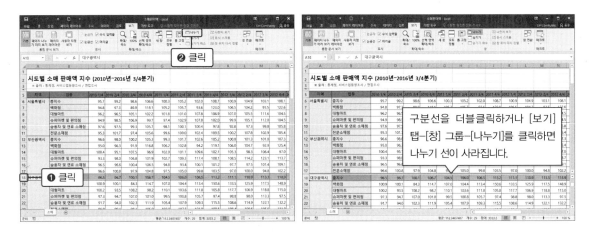

| 화면 좌우로 나누기

워크시트에서 왼쪽과 오른쪽의 데이터를 비교할 경우 화면을 좌우로 나눌 수 있습니다. K열을 선택한 후 [보기] 탭-[창] 그룹-[나누기]를 클릭하면 K열을 기준으로 화면이 좌우로 나누어집니다.

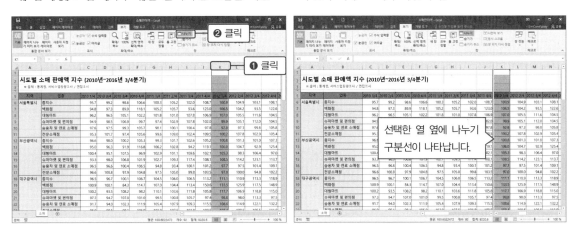

> **TIP**
>
> 한 화면에서 [틀 고정]과 [나누기]를 동시에 적용할 수 없습니다. 특정 행/열을 고정해서 보려면 [틀 고정]을, 화면을 분할해서 보고 싶다면 [나누기]를 선택합니다.

062 여러 개의 워크시트를 나란히 보기

하나의 문서에 저장된 여러 개의 워크시트를 비교하고 싶다면 워크시트별로 창을 분리할 수 있습니다. 여러 개의 창으로 나누어진 문서를 한눈에 볼 수 있게 창 크기를 조절해서 화면을 나누어보면 워크시트 탭을 왔다갔다할 필요가 없습니다.

예제 파일 Part05\커피수출입통계.xlsx, 소매판매액.xlsx

| 워크시트별로 창 나눠서 좌우로 보기

1 현재 문서에는 2개의 워크시트가 있습니다. 2개의 워크시트를 나란히 비교해보기 위해 [보기] 탭-[창] 그룹-[새 창]을 클릭합니다.

2 똑같은 문서가 새 창으로 나타납니다. [보기] 탭-[창] 그룹-[모두 정렬]을 클릭합니다. [창 정렬] 대화상자에서 '세로'를 선택한 후 [확인]을 클릭합니다.

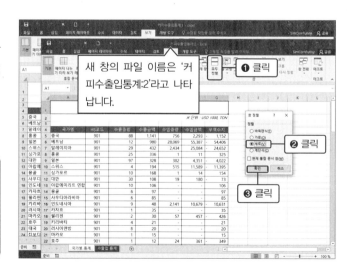

> **TIP**
>
> [보기] 탭-[창] 그룹-[새 창]을 클릭하면 나타나는 새 문서는 현재 문서의 내용이 복사된 창입니다. '커피수출입통계:2' 문서 창에서 워크시트를 수정하면 '커피수출입통계:2' 문서 창의 내용도 수정됩니다.

3 2개의 창이 나란히 정렬됩니다. 각각 다른 워크시트를 클릭해서 2개의 창을 비교해볼 수 있습니다.

TIP
2개의 창이 열린 상태로 저장하면 다음에 해당 문서를 열 때에도 창이 2개로 열립니다.

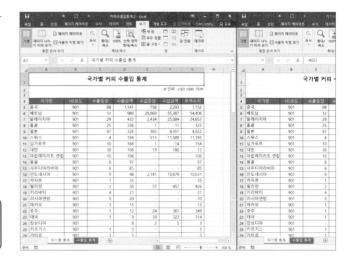

| 2개의 문서 창을 위아래로 보기

1 여러 개의 엑셀 문서가 열린 상태에서 2개의 문서를 선택하여 위아래로 정렬해 보겠습니다. 예제 파일에서 3개의 문서를 엽니다. [보기] 탭-[창] 그룹-[나란히 보기]를 클릭합니다. [나란히 비교] 대화상자가 나타나면 문서를 하나 선택합니다.

TIP
여러 개의 문서가 열렸더라도 2개의 창만 [나란히 보기]가 가능합니다.

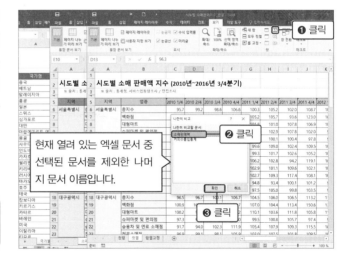

2 선택한 2개의 창이 위아래로 정렬됩니다. [보기] 탭-[창] 그룹-[동시 스크롤]이 선택되어 있습니다. 스크롤하면 2개의 창이 같이 움직이는 것을 볼 수 있습니다.

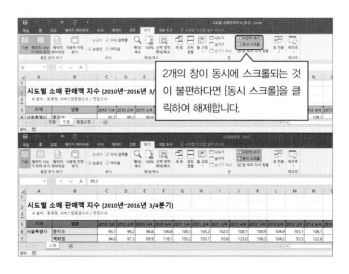

063 작업 문서 빠르게 전환하기

여러 개의 프로그램이 열려 있는 상태라면 원하는 작업 문서를 찾기 힘들 때가 있습니다. 원하는 엑셀 문서 화면으로 빠르게 전환하려면 [창 전환] 메뉴를 사용하거나 윈도우 단축키를 사용합니다.

| 엑셀에서 창 전환하기

여러 개의 엑셀 문서가 열려 있는 상태에서 원하는 문서로 이동하려면 [보기] 탭-[창] 그룹-[창 전환]을 클릭합니다. 열려 있는 문서 목록이 나타나면 전환할 문서를 클릭하여 창을 전환할 수 있습니다.

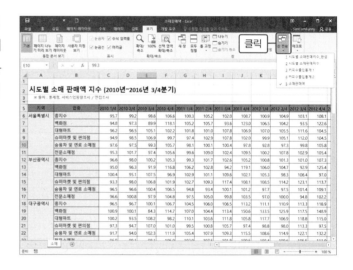

| Alt + Tab 눌러 창 전환하기

Alt + Tab 을 누르면 실행 중인 모든 프로그램과 폴더의 목록이 나타납니다. Alt 를 누른 상태에서 Tab 을 한 번씩 눌러서 원하는 창을 선택합니다. 버튼에서 손을 떼면 해당 화면이 전체에 나타납니다.

TIP
윈도우 10에서는 ■+ Tab 을 누르면 실행 중인 모든 프로그램의 미리보기 목록이 나타납니다. 전체 화면으로 볼 창을 클릭합니다.

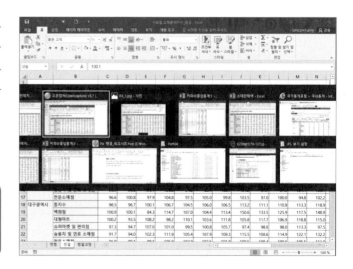

Step 2

폼 나는
서식 만들기

– 표 서식과 인쇄

#셀 서식 #조건부 서식 #엑셀 표 #인쇄

Part 06

셀 서식

워크시트에 데이터만 입력하고 그냥 인쇄하면 테두리선이 나타나지 않습니다. 빈 워크시트의 셀 테두리는 모니터 화면에서만 보이는 셀 구분 표시이기 때문입니다. 데이터를 보여주는 워크시트는 엑셀의 얼굴이랄 수 있습니다. 아직은 민낯인 워크시트에 테두리, 글꼴 색, 바탕색, 텍스트 맞춤 등을 적용하여 문서를 멋지게 만들어 보겠습니다.

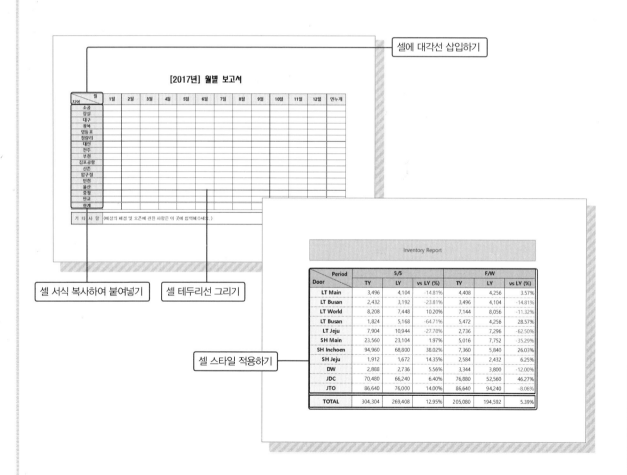

셀에 대각선 삽입하기

셀 서식 복사하여 붙여넣기

셀 테두리선 그리기

셀 스타일 적용하기

064 글꼴/글자색/글자 크기 바꾸기

엑셀 워크시트는 셀 단위로 칸이 구분되어 다른 문서 작성 프로그램보다 표를 만들기 쉽습니다. 셀에 데이터를 입력하고 테두리만 그으면 금세 표를 만들 수 있습니다. 뿐만 아니라 원하는 셀만 선택해서 색상과 크기를 설정하는 기능도 편리합니다.

예제 파일 Part06\월별매출보고서1.xlsx   **완성 파일** Part06\월별매출보고서1_완성.xlsx

┃ 방법 1_리본 메뉴에서 선택하기

1 제목이 입력된 [A1] 셀을 클릭하면 [홈] 탭-[글꼴] 그룹에서 글꼴과 글자 크기를 선택할 수 있습니다. 글꼴은 '휴먼모음T', 글자 크기는 '24'로 설정합니다.

글꼴 크기는 직접 숫자를 입력해도 됩니다.

2 제목의 글꼴과 글자 크기가 바뀌었습니다. 이번에는 [A3:M3] 셀을 선택한 후 [홈] 탭-[글꼴] 그룹에서 [굵게]를, [글꼴 색]은 '파랑'을 선택합니다.

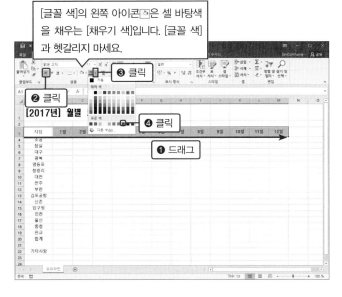

[글꼴 색]의 왼쪽 아이콘은 셀 바탕색을 채우는 [채우기 색]입니다. [글꼴 색]과 헷갈리지 마세요.

단축키

글자 굵게 설정/해제 Ctrl + B

| 방법 2_[셀 서식] 대화상자에서 서식 한꺼번에 변경하기

글꼴과 글자 크기 등을 한 번에 변경해 보겠습니다. [A3:M22] 셀을 드래그한 후 [홈] 탭-[글꼴] 그룹의 확장 버튼을 클릭합니다. [셀 서식] 대화상자-[글꼴] 탭에서 글꼴은 '돋움', 글꼴 스타일은 '굵게', 크기는 '12'를 선택하고 [확인]을 클릭합니다.

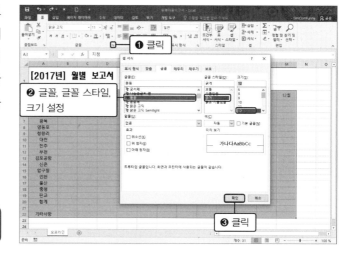

단축키

[셀 서식] 대화상자 Ctrl + 1

| 방법 3_미니 도구 모음 활용하기

셀 범위를 선택하고 마우스 오른쪽 버튼을 클릭하면 단축 메뉴와 미니 도구모음이 나타납니다. 글꼴 스타일과 표시 형식, 병합 등 필요한 작업을 동시에 선택할 수 있습니다. 임의의 셀을 클릭하면 미니 도구모음이 사라집니다.

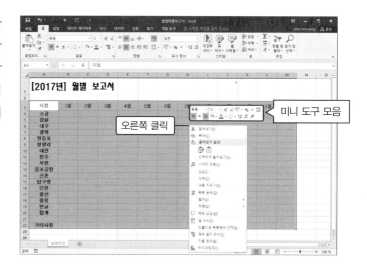

065 엑셀의 기본 글꼴 바꾸기

엑셀의 기본 글꼴은 '맑은고딕체'입니다. 이 글꼴 대신 자주 사용하는 글꼴을 기본 글꼴로 설정하고 싶
다면 [옵션]에서 변경할 수 있습니다.

1 [파일] 탭을 클릭한 후 백스테이지 화
면에서 [옵션]을 클릭합니다.

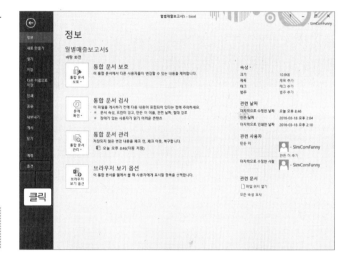

> 엑셀 2007 | 화면 왼쪽 상단의 오피스 단추 를 클릭
> 하고 [Excel 옵션]–[기본 설정]을 클릭합니다.

2 [Excel 옵션] 대화상자–[일반] 화면의
[새 통합 문서 만들기] 항목에서 '다음을
기본 글꼴로 사용'의 목록 버튼을 클릭합니
다. 기본으로 사용할 글꼴을 선택한 후 [확
인]을 클릭합니다. 엑셀을 종료한 후 다시
실행하면 [홈] 탭의 기본 글꼴이 변경된 것
을 알 수 있습니다.

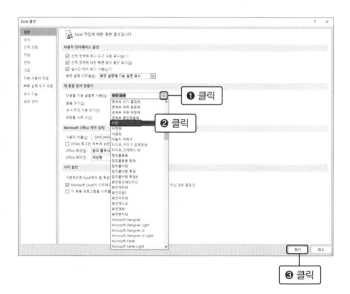

066 셀 병합하고 가운데 맞추기

제목처럼 하나의 셀에 긴 문장을 입력해야 할 경우, 주변 셀을 한 칸으로 병합하는 기능을 사용합니다.
열 너비를 늘리게 되면 아래 행의 열 너비도 필요 이상으로 넓어지기 때문입니다. 단, 앞으로 배우게 될
피벗 테이블 등을 쉽게 활용하려면 제목을 제외한 표는 가급적 병합을 피하는 것이 좋습니다.

예제 파일 Part06\월별매출보고서2.xlsx **완성 파일** Part06\월별매출보고서2_완성.xlsx

1 [A1:M1] 셀을 선택한 후 [홈] 탭-[맞춤] 그룹-[병합하고 가운데 맞춤]을 클릭합니다.

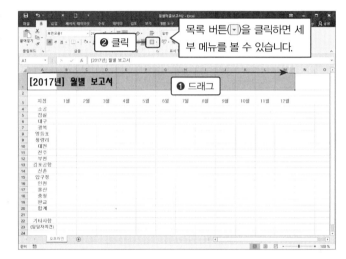

목록 버튼(▾)을 클릭하면 세부 메뉴를 볼 수 있습니다.

2 선택한 셀들이 하나로 병합되고 제목이 가운데로 정렬됩니다. 이번에는 [A22:A23] 셀을 선택한 후 마우스 오른쪽 버튼을 클릭합니다. 미니 도구 모음에서 [병합하고 가운데 맞춤]을 클릭합니다.

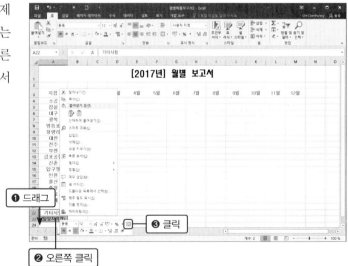

3 '셀을 병합하면 왼쪽 위의 값만 남고 나머지 값은 잃게 됩니다'라는 메시지가 나타납니다. 셀을 병합할 때는 맨 왼쪽 위의 데이터 셀 값만 적용되기 때문입니다. [확인]을 클릭합니다.

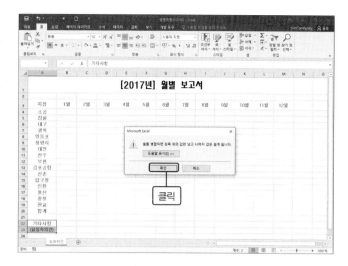

4 선택한 셀들이 병합되고 '기타사항'만 가운데 정렬됩니다. 지워진 데이터를 다시 채우기 위해 '기타사항' 뒤에 커서를 놓고 Alt + Enter 를 누르고 **(담당자 의견)**을 입력합니다.

TIP

데이터가 입력되어 있는 셀들을 병합하면 왼쪽 맨 위의 데이터만 남고 나머지 값은 지워집니다. 병합될 셀에 들어갈 내용을 미리 맨 위의 셀에 입력한 뒤 병합하는 것도 좋은 방법입니다.

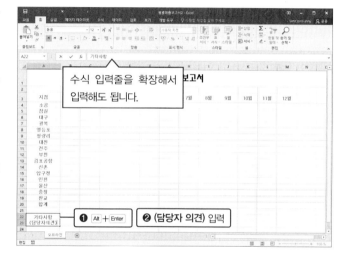

5 [B22:M23] 셀을 선택한 후 단축키 Alt , H , M , M을 순서대로 누릅니다. 선택한 셀들이 병합됩니다.

TIP

병합된 셀에 다시 병합을 적용하면 원래 상태로 셀이 분리됩니다.

page Alt 를 이용한 단축키에 대한 자세한 내용은 42쪽을 참고하세요.

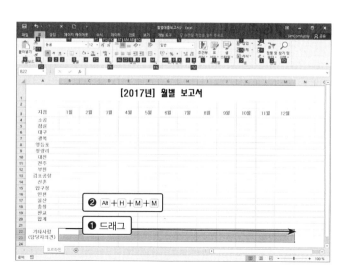

067 셀 크기에 맞춰 데이터 정렬하기

기본으로 셀에 문자 데이터를 입력하면 왼쪽 맞춤, 숫자 데이터를 입력하면 오른쪽 맞춤으로 나타나지만 사용자가 직접 정렬 위치를 바꿀 수도 있습니다. 이번에는 셀을 병합하지 않아도 범위에 맞춰 데이터를 균등하게 나누는 방법을 알아보겠습니다.

예제 파일 Part06\월별매출보고서3.xlsx　　**완성 파일** Part06\월별매출보고서3_완성.xlsx

| [홈] 탭-[맞춤] 그룹 살펴보기

셀을 선택한 후 [홈] 탭-[맞춤] 그룹에서 데이터를 위/아래/가운데/왼쪽/오른쪽/가로/세로로 정렬할 수 있습니다. [셀 서식] 대화상자-[맞춤] 탭에서도 설정이 가능합니다.

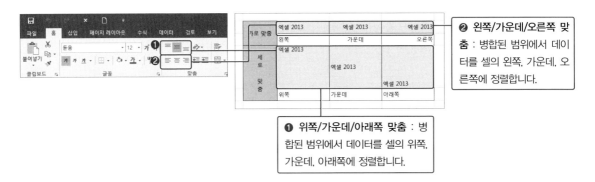

❷ **왼쪽/가운데/오른쪽 맞춤** : 병합된 범위에서 데이터를 셀의 왼쪽, 가운데, 오른쪽에 정렬합니다.

❶ **위쪽/가운데/아래쪽 맞춤** : 병합된 범위에서 데이터를 셀의 위쪽, 가운데, 아래쪽에 정렬합니다.

| 셀 병합하지 않고 가운데로 정렬하기

제목 행에 병합된 셀이 있으면 수식에서 열을 참조하거나 필터를 사용하기가 번거로울 수 있습니다. 이때는 데이터를 선택 영역 가운데에 정렬하는 것이 좋습니다.

1 [A1:M1] 셀을 선택한 후 Ctrl+1을 누릅니다. [셀 서식] 대화상자-[맞춤] 탭에서 [텍스트 맞춤]-[가로] 항목에서 '선택 영역의 가운데로'를 선택한 후 [확인]을 클릭합니다.

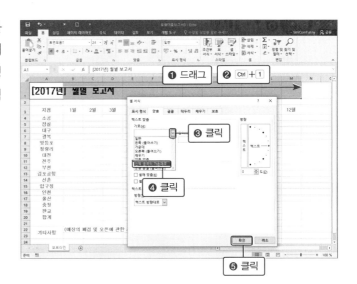

2 [A1] 셀에 입력한 제목이 선택 영역의 가운데에 정렬됩니다. 제목을 수정하려면 실제로 내용을 입력한 [A1] 셀을 클릭해야 합니다.

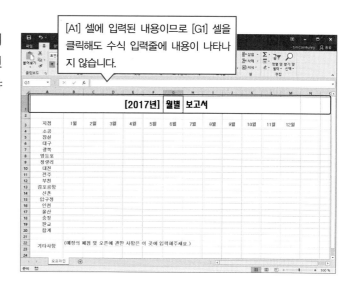

| 균등 분할 설정하기

1 [A22] 셀을 클릭한 후 Ctrl + 1 을 누릅니다. [셀 서식] 대화상자-[맞춤] 탭의 [텍스트 맞춤]-[가로] 항목에서 '균등 분할'을 선택하고 '균등 분할 맞춤'에 체크 표시를 합니다.

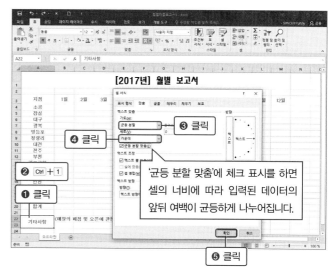

2 셀 안의 글자들이 동일한 간격으로 정렬됩니다.

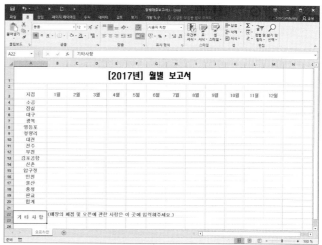

068 셀 바탕색 채우기 및 서식 복사하기

셀에 바탕색을 적용하려면 [채우기 색]을 이용합니다. 또한 테두리나 글꼴, 글꼴 색 등의 서식만 복사해서 다른 셀에 똑같이 적용하는 [서식 복사]에 대해서도 알아보겠습니다.

예제 파일 Part06\월별매출보고서4.xlsx   **완성 파일** Part06\월별매출보고서4_완성.xlsx

| 셀 바탕색 채우기

1 [A3:N3] 셀을 선택한 후 [홈] 탭-[글꼴] 그룹-[채우기 색]에서 '회색'을 선택합니다.

2 선택한 범위의 셀 바탕색이 회색으로 변경됐습니다.

｜ 서식 복사하여 색 채우기

1 [A3] 셀의 글꼴 색과 채우기 색을 변경하고 서식만 복사해서 [A4:A20] 셀에 적용해 보겠습니다. [A3] 셀을 클릭하여 글꼴은 '맑은 고딕', 글꼴 색은 '검정'으로 바꿉니다. [홈] 탭-[클립보드] 그룹-[서식 복사]를 클릭합니다.

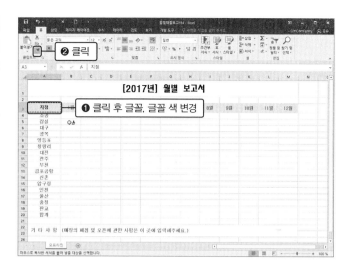

2 마우스 포인터가 ⬚⬚ 모양으로 바뀌었습니다. 복사한 서식을 적용할 범위인 [A4:A20] 셀에 페인트칠하듯 드래그합니다.

> **TIP**
> 서식을 적용할 범위 위에서 마우스 오른쪽 버튼을 클릭하고 단축 메뉴에서 [붙여넣기]-[서식]을 클릭해도 됩니다.

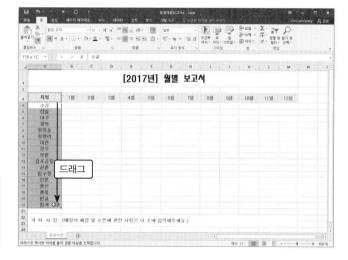

3 마우스 버튼에서 손을 떼면 복사한 [A3] 셀에 서식이 적용된 것을 알 수 있습니다.

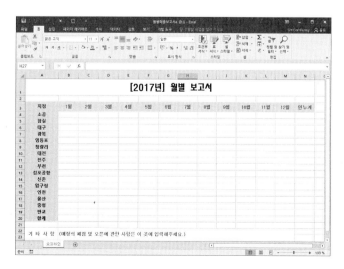

069　셀 테두리선 나타내기

워크시트의 회색 셀 테두리는 셀을 구분하기 위한 선으로, 인쇄하면 나타나지 않습니다. 표가 잘 보이도록 다양한 방법으로 셀 테두리선을 선택해 보겠습니다.

예제 파일 Part06\월별매출보고서5.xlsx　　**완성 파일** Part06\월별매출보고서5_완성.xlsx

| 방법 1_리본 메뉴에서 모든 셀에 테두리선 나타내기

1 [A3:N20] 셀을 선택한 후 [홈] 탭-[글꼴] 그룹-[테두리]의 목록 버튼을 눌러서 '모든 테두리'를 선택합니다.

TIP

데이터가 연속으로 입력된 [A3:A20] 셀 또는 [A3:N3] 셀에서 셀 하나를 클릭하고 Ctrl + A를 누르면 [A3:N20] 셀이 선택됩니다. 단, 데이터가 입력되지 않은 셀을 클릭했을 경우에는 워크시트의 셀 전체가 선택됩니다.

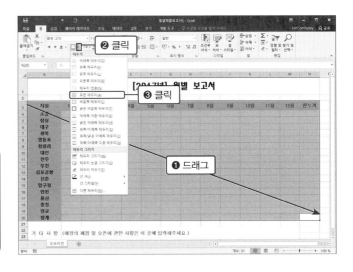

2 선택한 범위의 모든 셀에 테두리선이 나타납니다.

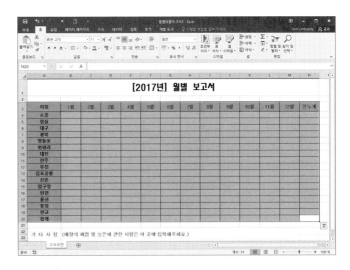

방법 2_[셀 서식] 대화상자에서 테두리선의 종류와 색 설정하기

1 제목이 입력된 [A1] 셀을 클릭한 후 Ctrl + 1 을 누릅니다. [셀 서식] 대화상자-[테두리] 탭의 [선]에서 이중선을, [색]은 '파랑'을, 미리보기 화면에서 아래쪽 테두리를 클릭한 후 [확인]을 클릭합니다.

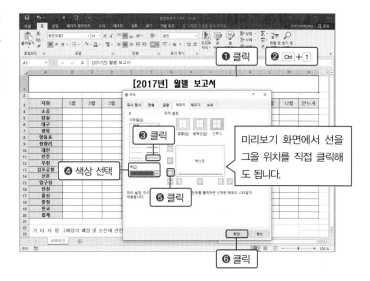

2 제목 셀의 아래쪽에 파란색 이중선이 나타납니다.

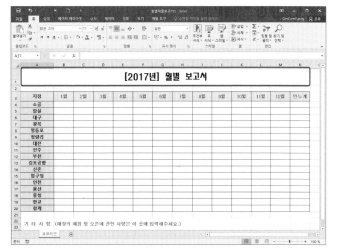

테두리선 수정하거나 없애기

테두리선을 모두 없애려면 [홈] 탭-[글꼴] 그룹-[테두리]의 목록 버튼을 눌러서 '테두리 없음'을 선택합니다. 테두리를 수정하거나 일부만 없애려면 [셀 서식] 대화상자-[테두리] 탭의 미리보기 화면에서 해당 셀 테두리를 클릭합니다.

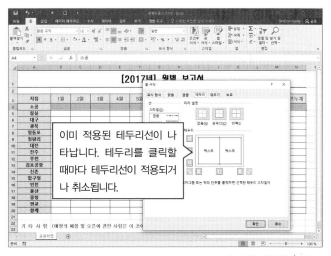

070 셀 테두리선 그리기

데이터 범위가 광범위하거나 일부 셀에만 테두리선이 필요하다면 셀에 직접 테두리선을 그려도 됩니다.
색연필로 선을 긋는 것처럼 원하는 셀 테두리를 드래그하면 테두리선이 나타납니다.

예제 파일 Part06\월별매출보고서6.xlsx   **완성 파일** Part06\월별매출보고서6_완성.xlsx

1 20행의 합계를 위의 내용과 구분하기 위해 위쪽에 이중선 테두리를 그려보겠습니다. [A20:N20] 셀을 선택한 후 [홈]탭-[글꼴] 그룹-[테두리]의 '선 스타일'에서 이중선을 선택합니다.

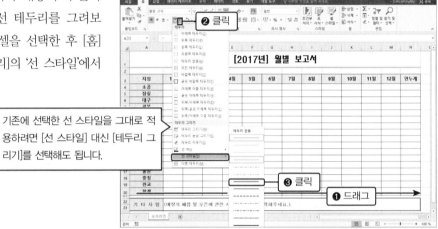

> 기존에 선택한 선 스타일을 그대로 적용하려면 [선 스타일] 대신 [테두리 그리기]를 선택해도 됩니다.

2 마우스 포인터가 ✏ 모양으로 바뀝니다. [A20] 셀의 위쪽 경계선을 클릭하여 [N20] 셀까지 드래그하면 이중선이 그려집니다.

TIP
[홈] 탭-[글꼴] 그룹-[테두리]의 [테두리 그리기] 항목에서 테두리 선의 종류나 색상 등 하나라도 선택하면 마우스 포인터는 선 그리기 상태로 전환됩니다.

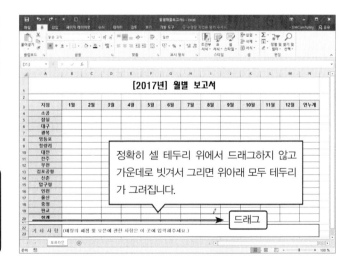

> 정확히 셀 테두리 위에서 드래그하지 않고 가운데로 빗겨서 그리면 위아래 모두 테두리가 그려집니다.

3 [N3:N20] 셀의 왼쪽 테두리를 드래그하여 이중선이 나타나면 마우스 버튼에서 손을 뗍니다. Esc를 누르거나 더블클릭하면 선 그리기 상태가 해제됩니다.

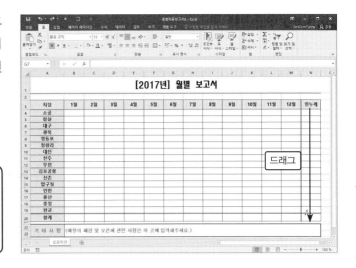

TIP

드래그하여 테두리선을 그릴 때 마우스 포인터가 셀 테두리선을 벗어나면 셀 전체에 선택한 테두리선이 적용됩니다. 드래그하여 선을 이어 그리는 것이 어렵다면 셀 테두리를 하나씩 클릭합니다.

| 지우개로 테두리선 지우기

1 [A1] 셀의 테두리선을 지워보겠습니다. [홈] 탭-[글꼴 그룹]-[테두리]의 목록 버튼을 눌러서 [테두리 지우개]를 클릭합니다.

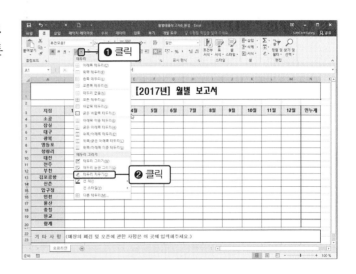

2 마우스 포인터가 ∅ 모양으로 바뀝니다. [A1] 셀의 아래쪽 테두리를 클릭하면 테두리선이 삭제됩니다. Esc를 누르면 마우스 포인터가 원래 상태로 돌아갑니다.

071 셀에 대각선 삽입하기

하나의 셀에 2개의 항목을 입력할 때는 항목을 구분하기 위해 셀 가운데에 대각선을 삽입합니다. [셀 서식] 대화상자에서 대각선을 선택하거나 직접 대각선을 그릴 수 있습니다. 또는 대각선 도형을 삽입하기도 합니다.

예제 파일 Part06\월별매출보고서7.xlsx   **완성 파일** Part06\월별매출보고서7_완성.xlsx

| [셀 서식] 대화상자에서 대각선 만들기

1 [A3] 셀에 대각선을 삽입해 보겠습니다. [A3] 셀을 클릭한 후 Ctrl + 1을 누릅니다. [셀 서식]을 선택합니다. [셀 서식] 대화상자-[테두리] 탭의 [테두리] 항목에서 대각선 버튼을 클릭한 후 [확인]을 클릭합니다.

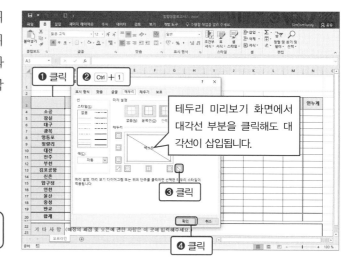

> 테두리 미리보기 화면에서 대각선 부분을 클릭해도 대각선이 삽입됩니다.

단축키

[셀 서식] 대화상자 Ctrl + 1

2 셀에 대각선이 나타납니다. 셀을 더블클릭하여 월을 입력하고 Alt + Enter를 누른 후 다음 줄에서 지역을 입력합니다. '월' 앞에 커서를 놓고 Space Bar를 여러 번 눌러서 글자 위치를 오른쪽으로 조정합니다.

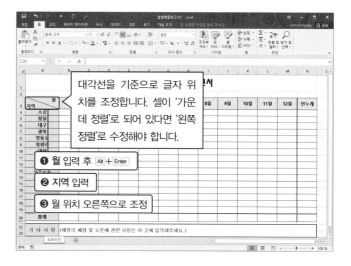

> 대각선을 기준으로 글자 위치를 조정합니다. 셀이 '가운데 정렬'로 되어 있다면 '왼쪽 정렬'로 수정해야 합니다.

① 월 입력 후 Alt + Enter

② 지역 입력

③ 월 위치 오른쪽으로 조정

| 도형 삽입하여 대각선 만들기

1 [삽입] 탭-[일러스트레이션] 그룹-[도형]에서 대각선(╲)을 선택합니다. [A3] 셀의 왼쪽 위에서 오른쪽 아래쪽으로 드래그합니다.

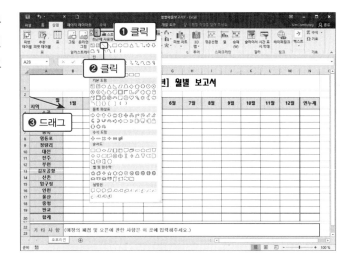

2 마우스 버튼에서 손을 떼면 대각선이 나타납니다. 삽입된 대각선은 도형이므로 선택된 상태에서 Delete 을 누르면 삭제됩니다.

> **TIP**
> 도형을 선택하면 나타나는 [서식] 탭-[도형 스타일] 그룹에서 선 스타일을 선택할 수 있습니다.

072 셀 스타일 적용하고 수정하기

자주 사용하는 셀 서식은 [셀 스타일]로 저장해두세요. 일일이 서식을 지정하지 않아도 글꼴 색과 글자 크기, 테두리를 저장한 스타일을 클릭하면 서식을 빠르게 완성할 수 있습니다.

예제 파일 Part06\재고관리.xlsx   **완성 파일** Part06\재고관리_완성.xlsx

| 셀 스타일 적용하기

1 'STOCK' 워크시트의 [B2] 셀을 클릭한 후 [홈] 탭-[스타일] 그룹-[셀 스타일]을 클릭합니다. [데이터 및 모델] 항목에서 '입력'을 선택합니다.

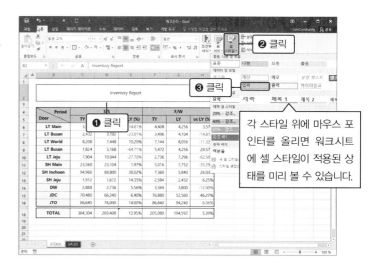

각 스타일 위에 마우스 포인터를 올리면 워크시트에 셀 스타일이 적용된 상태를 미리 볼 수 있습니다.

2 선택한 셀 스타일이 적용되어 글꼴 색과 채우기 색이 변경됩니다.

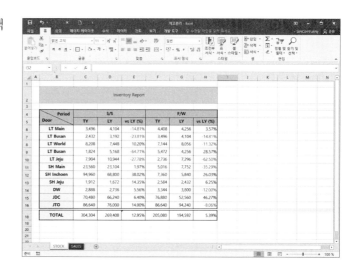

새로운 셀 스타일 설정하기

1 새로운 셀 스타일을 만들어 제목에 적용해 보겠습니다. [홈] 탭-[스타일] 그룹-[셀 스타일]에서 [새 셀 스타일]을 클릭합니다.

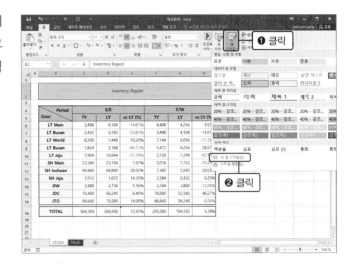

2 [스타일] 대화상자가 나타납니다. [스타일 이름]에 **제목행**을 입력하고 [서식]을 클릭하여 제목 행에 적용할 서식을 설정하고 [확인]을 클릭합니다. [스타일] 대화상자가 나타나면 [확인]을 클릭합니다.

> **TIP**
> [스타일] 대화상자의 [스타일 이름]에 기존에 등록되어 있던 스타일 이름은 중복으로 등록할 수 없습니다.

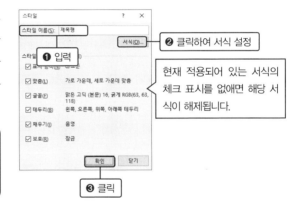

3 [B2] 셀을 클릭한 후 [홈] 탭-[스타일] 그룹-[셀 스타일]을 클릭합니다. 맨 위쪽에 있는 [사용자 지정] 항목 아래에서 '제목행'을 클릭하면 방금 설정한 서식으로 변경됩니다. 'SALES' 워크시트의 [B2] 셀을 클릭한 후 '제목행' 스타일을 클릭하면 변경된 서식이 적용됩니다.

> **TIP**
> 셀 스타일이 저장된 문서의 모든 워크시트에 사용자 지정 셀 스타일을 적용할 수 있습니다.

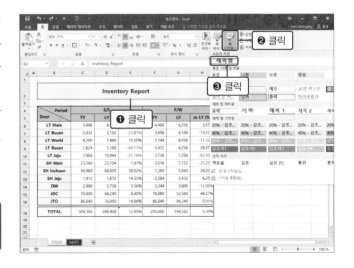

Part 07

조건부 서식

특정 텍스트나 숫자를 강조하기 위해 일일이 셀을 골라 셀 서식을 설정하는 대신 조건부 서식을 활용해보세요. 눈치 빠른 엑셀이 조건에 맞는 셀만 찾아 원하는 서식을 자동으로 표시해줍니다. 셀 값이 변하면 조건부 서식이 적용되는 셀도 바뀝니다. 수식이 입력된 증감률이나 날짜 같이 유동적인 셀 값을 강조하기에도 딱 좋습니다.

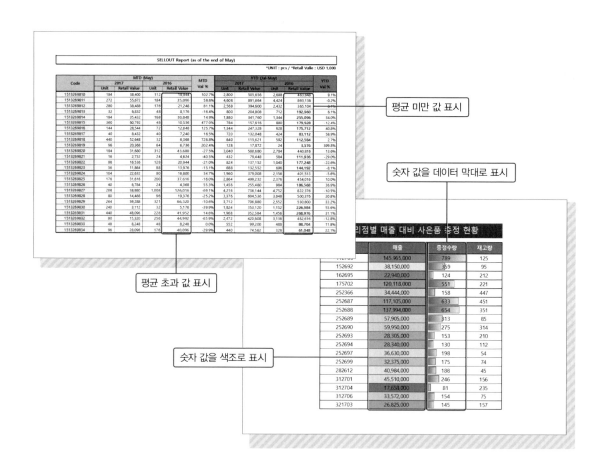

평균 미만 값 표시

숫자 값을 데이터 막대로 표시

평균 초과 값 표시

숫자 값을 색조로 표시

073 특정 단어가 포함된 셀에만 서식 적용하기

'조건부 서식'은 조건에 맞는 셀을 찾아 서식을 적용해주는 메뉴입니다. 이와 비슷한 '찾아 바꾸기' 명령은 특정 단어 또는 서식을 찾아 텍스트를 바꾸는 기능이 있습니다. 여기서 더 나아가 '조건부 서식'은 지정한 셀 값이 바뀔 때마다 서식이 적용되도록 규칙을 설정합니다.

예제 파일 Part07\100대기업.xlsx   **완성 파일** Part07\100대기업_완성.xlsx

1 '현대' 계열사에만 서식을 적용해 강조해 보겠습니다. 기업명이 입력된 C열을 선택합니다. [홈] 탭-[스타일] 그룹-[조건부 서식]에서 [셀 강조 규칙]-[텍스트 포함]을 클릭합니다.

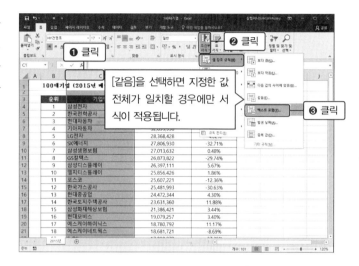

[같음]을 선택하면 지정한 값 전체가 일치할 경우에만 서식이 적용됩니다.

2 [텍스트 포함] 대화상자가 나타나면 [다음 텍스트가 포함하는 셀의 서식 지정]에 **현대**를 입력하고 [적용할 서식]에서 '사용자 지정 서식'을 선택합니다.

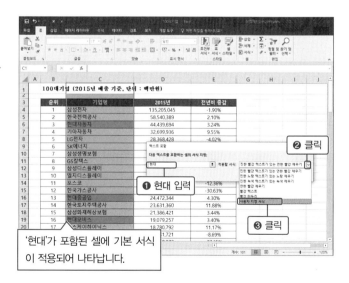

'현대'가 포함된 셀에 기본 서식이 적용되어 나타납니다.

3 [셀 서식] 대화상자-[채우기] 탭의 [배경색]에서 '노랑'을 선택하고 [확인]을 클릭합니다.

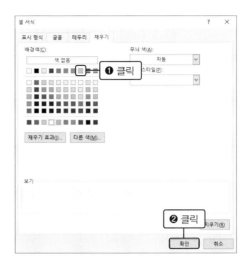

4 [텍스트 포함] 대화상자로 돌아오면 [확인]을 클릭합니다.

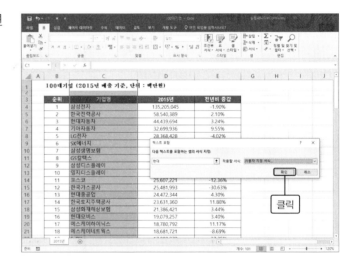

5 '현대'가 포함된 셀에만 노란색 채우기 색이 표시됐습니다.

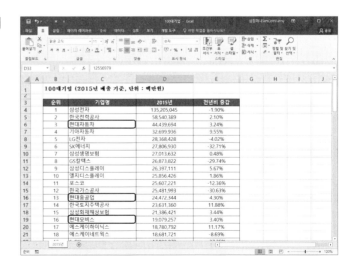

074 중복 값 표시하기

대용량 데이터를 관리하다 보면 중복 값이 포함될 때가 있습니다. 조건부 서식을 이용하면 중복으로 입력된 값만 표시할 수 있습니다. 중복 값은 띄어쓰기까지 완벽히 일치할 경우에만 적용됩니다. 중복 값을 삭제하면 적용됐던 서식은 자동으로 사라집니다.

예제 파일 Part07\직원인적사항.xlsx   **완성 파일** Part07\직원인적사항_완성.xlsx

1 중복으로 입력된 직원의 이름과 주민 번호를 표시해 보겠습니다. B열과 C열을 선택한 후 [홈] 탭-[스타일] 그룹-[조건부 서식]에서 [셀 강조 규칙]-[중복 값]을 클릭합니다.

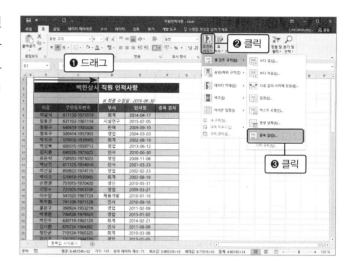

2 [중복 값] 대화상자가 나타나고 워크 시트의 중복된 값에 기본 서식이 표시됩니다. 중복 값에 적용할 서식을 선택하고 [확인]을 클릭합니다.

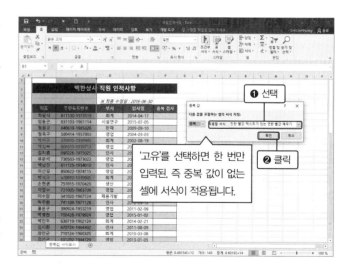

'고유'를 선택하면 한 번만 입력된, 즉 중복 값이 없는 셀에 서식이 적용됩니다.

`page` 중복된 데이터 중에서 고유 값 하나만 남겨두고 나머지 값을 삭제하려면 683쪽을 참고합니다. 아예 중복 값이 입력되지 못하게 하는 방법은 454쪽을 참고하세요.

075 조건 값 이상/이하의 셀 강조하기

조건부 서식은 기준 값 이상 또는 이하로 자동 분류되는 숫자 값을 강조할 때 유용합니다. 조건부 서식이 적용된 범위에는 입력된 데이터 값에 따라 서식이 자동 변경되므로 매출 보고서 등을 자동화 서식으로 만들 수 있습니다.

예제 파일 Part07\온라인몰 매출.xlsx   **완성 파일** Part07\온라인몰 매출_완성.xlsx

1 매출이 전년 대비 증가한 경우는 하늘색 굵은 글씨로 표시해 보겠습니다. '전년비'가 입력된 E열을 선택한 후 [홈] 탭-[스타일] 그룹-[조건부 서식]에서 [셀 강조 규칙]-[보다 큼]을 클릭합니다.

2 [보다 큼] 대화상자가 나타나면 [다음 값보다 큰 셀의 서식 지정]에 0%를 입력하고 [적용할 서식]에서 '사용자 지정 서식'을 선택합니다. [셀 서식] 대화상자-[글꼴] 탭의 [글꼴 스타일]은 '굵게', [색]은 하늘색을 선택한 후 [확인]을 클릭합니다. 다시 [보다 큼] 대화상자가 나타나면 [확인]을 클릭합니다.

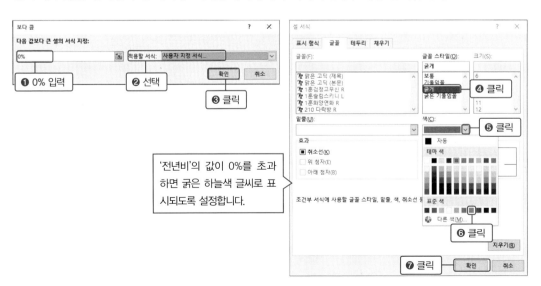

'전년비'의 값이 0%를 초과하면 굵은 하늘색 글씨로 표시되도록 설정합니다.

3 전년 대비 증감률이 0%를 초과하는 값에만 서식이 적용됐습니다. 이번에는 전년 대비 매출이 감소한 경우에 글꼴을 빨간색으로 표시해 보겠습니다. E열을 선택한 후 [홈] 탭-[스타일] 그룹-[조건부 서식]에서 [셀 강조 규칙]-[보다 작음]을 클릭합니다.

4 [보다 작음] 대화상자가 나타나면 [다음 값보다 작은 셀의 서식 지정]에 0%를 입력하고 [적용할 서식]에서 '빨강 텍스트'를 선택한 후 [확인]을 클릭합니다.

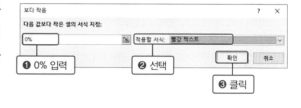

5 전년 대비 감소된 매출 값이 빨간색으로 표시됐습니다. 전년 대비 매출의 증감 상황을 글자 색만으로 구분할 수 있습니다.

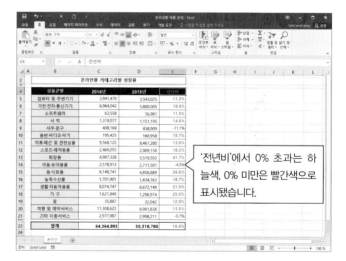

'전년비'에서 0% 초과는 하늘색, 0% 미만은 빨간색으로 표시됐습니다.

page 특정 셀 범위의 조건부 서식을 지우는 방법은 192쪽을 참고하세요.

TIP

E열을 조건부 서식 범위로 선택해서 [E4] 셀에 입력된 '전년비'의 글자색이 하늘색으로 변경됐습니다. [보다 큼] 규칙은 기준을 초과한 숫자뿐 아니라 문자도 해당된다는 것을 알 수 있습니다. 해당 셀만 조건부 서식을 지우거나 조건부 서식을 적용할 데이터 범위만 먼저 선택하는 것도 좋습니다.

076 빠른 분석으로 조건부 서식 설정하기

엑셀 2013부터는 데이터가 입력된 범위를 선택하면 오른쪽 아래에 빠른 분석 버튼이 나타나고 데이터 분석에 필요한 단축 메뉴가 나타납니다. 빠른 분석 버튼을 이용해서 조건부 서식을 좀 더 쉽게 적용해 보겠습니다.

예제 파일 Part07\빠른서식.xlsx　　**완성 파일** Part07\빠른서식_완성.xlsx

1 [E4] 셀에 적용된 조건부 서식을 삭제하려고 합니다. 빠른 분석을 사용하려면 데이터가 입력된 2개 이상의 셀을 선택해야 합니다. [D4:E4] 셀을 선택하면 빠른 분석 버튼 이 나타납니다.

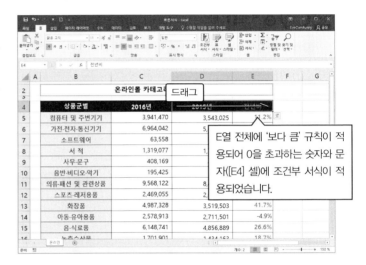

E열 전체에 '보다 큼' 규칙이 적용되어 0을 초과하는 숫자와 문자([E4] 셀)에 조건부 서식이 적용되었습니다.

2 빠른 분석 버튼 을 클릭하여 [서식] 탭-[서식]을 클릭합니다.

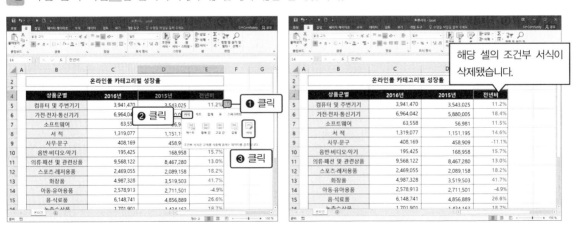

① 클릭
② 클릭
③ 클릭

해당 셀의 조건부 서식이 삭제됐습니다.

page 빠른 분석의 서식 아이콘 은 선택한 셀에만 규칙이 적용됩니다. 표나 워크시트 전체의 규칙을 지우는 방법은 193쪽을 참고하세요.

077 상위 및 하위 10% 강조하기

숫자가 입력된 셀 범위에서 전체 숫자 대비 상위 및 하위 값만 강조할 수 있습니다. RANK 함수를 이용하면 해당 값의 순위를 알 수 있지만 상위 및 하위 10% 값은 다시 계산해야 합니다. 수식을 추가하지 않고 조건부 서식만 이용해 상위 및 하위 10% 또는 특정 순위까지의 항목을 강조해 보겠습니다.

예제 파일 Part07\Sellout 순위강조.xlsx　　**완성 파일** Part07\Sellout 순위강조_완성.xlsx

1 2017년 5월 매출(MTD)에서 상위 10%를 강조해 보겠습니다. D열을 선택한 후 [홈] 탭-[스타일] 그룹-[조건부 서식]에서 [상위/하위 규칙]-[상위 10%]를 클릭합니다.

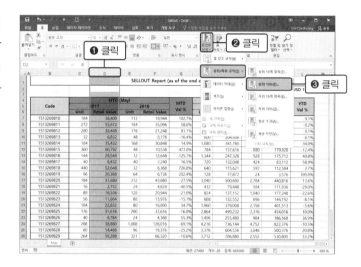

2 [상위 10%] 대화상자가 나타납니다. [다음 상위 순위에 속하는 셀의 서식 지정]에 10을 입력하고 [적용할 서식]에서 '진한 빨간 텍스트가 있는 연한 빨강 채우기'를 선택한 후 [확인]을 클릭합니다.

> 숫자 값은 방향키를 누르거나 직접 입력하여 설정할 수 있습니다.

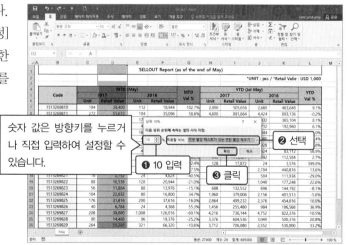

3 D열에 입력된 값에서 상위 10%에 해당하는 셀에만 서식이 적용됐습니다. 이번에는 2017년 누적 연매출(YTD) 하위 5개 항목만 강조해 보겠습니다. I열을 선택하고 [홈] 탭-[스타일] 그룹-[조건부 서식]에서 [상위/하위 규칙]-[하위 10개 항목]을 클릭합니다.

4 [하위 10개 항목] 대화상자가 나타납니다. [다음 하위 순위에 속하는 셀의 서식 지정]에 5를 입력하고 적용할 서식을 선택한 후 [확인]을 클릭합니다.

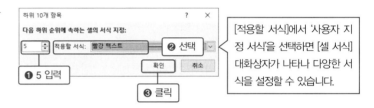

[적용할 서식]에서 '사용자 지정 서식'을 선택하면 [셀 서식] 대화상자가 나타나 다양한 서식을 설정할 수 있습니다.

5 누적 연매출 중 하위 5개 값에만 서식이 적용됐습니다.

TIP

[상위/하위 규칙]은 숫자가 입력된 셀만 조건 범위로 적용합니다. 그래서 178쪽의 '조건 값 이상/이하의 셀 강조하기'와는 다르게 열 전체를 선택해도 문자가 입력된 셀에는 서식이 적용되지 않습니다.

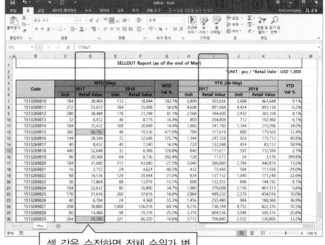

셀 값을 수정하면 전체 순위가 변경되어 조건부 서식이 적용된 셀의 서식도 변경됩니다.

078 평균 초과/미만 값 표시하기

평균값을 구할 때는 AVERAGE 함수를 사용합니다. 반면 조건부 서식은 지정한 범위의 평균을 자동으로 계산하여 평균보다 크거나 작은 값을 강조할 수 있습니다. 조건부 서식 범위 내의 숫자가 바뀌면 조정된 평균에 따라 서식이 적용된 셀도 자동으로 변경됩니다.

예제 파일 Part07\Sellout 평균.xlsx　　**완성 파일** Part07\Sellout 평균_완성.xlsx

1 2016년 5월 매출(MTD) 중 평균보다 높은 값만 강조해 보겠습니다. F열을 선택한 후 [홈] 탭-[스타일] 그룹-[조건부 서식]에서 [상위/하위 규칙]-[평균 초과]를 클릭합니다.

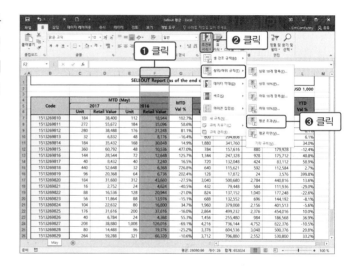

2 [평균 초과] 대화상자가 나타나면 [적용할 서식]에서 '사용자 지정 서식'을 선택하여 서식을 설정한 후 [확인]을 클릭합니다.

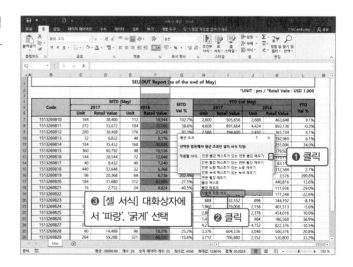

❸ [셀 서식] 대화상자에서 '파랑', '굵게' 선택

3 F열에 입력된 숫자 값 중에서 평균을 초과한 값이 입력된 셀에만 서식이 적용됐습니다. 이번에는 2016년 누적 연매출(YTD)에서 평균보다 낮은 값만 강조해 보겠습니다. K열을 선택한 후 [홈] 탭-[스타일] 그룹-[조건부 서식]에서 [상위/하위 규칙]-[평균 미만]을 클릭합니다.

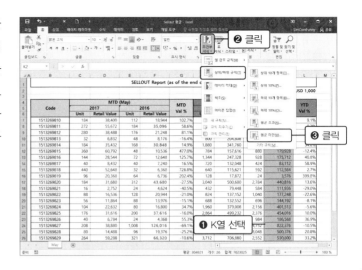

4 [평균 미만] 대화상자가 나타나면 [적용할 서식]에서 '사용자 지정 서식'을 선택하여 서식을 설정한 후 [확인]을 클릭합니다.

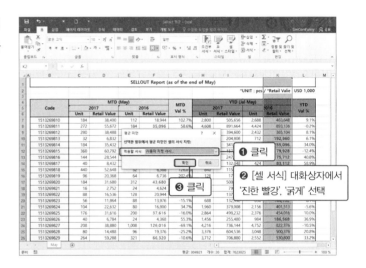

5 K열에 입력한 숫자 값 중에서 평균 미만 값이 입력된 셀에 서식이 적용됐습니다. 조건부 서식이 적용된 상태에서 셀 값을 변경하면 전체 평균값도 변경되어 셀 서식이 다시 적용됩니다.

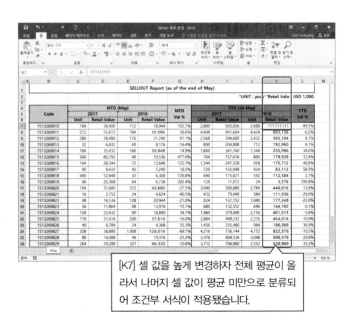

[K7] 셀 값을 높게 변경하자 전체 평균이 올라서 나머지 셀 값이 평균 미만으로 분류되어 조건부 서식이 적용됐습니다.

079 오늘 날짜를 기준으로 특정 기간 강조하기

오늘 날짜를 기준으로 특정 기간을 강조하려면 '조건부 서식'의 '셀 규칙 강조'에서 '발생 날짜'를 선택합니다. 오늘 날짜를 기준으로 어제, 주/월 단위 등 일정 기간을 강조할 수 있습니다. 날짜는 문서가 열린 당시를 반영하기 때문에 자동으로 업데이트된 자료를 확인할 수 있습니다.

예제 파일 Part07\미수금현황.xlsx   **완성 파일** Part07\미수금현황_완성.xlsx

1 지난 주 입금이 확인된 셀을 강조해 보겠습니다. '입금확인일'이 입력된 D열을 선택하고 [홈] 탭-[스타일] 그룹-[조건부 서식]에서 [셀 강조 규칙]-[발생 날짜]를 클릭합니다.

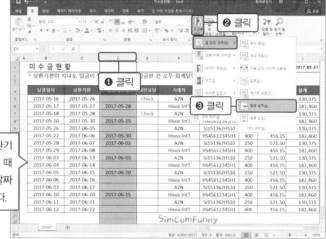

오늘 날짜/납품일자/상환기한은 수식이 참조되었기 때문에 예제 파일을 여는 날짜에 따라 다르게 나타납니다.

2 [발생 날짜] 대화상자가 나타나면 '다음 발생 날짜를 포함하는 셀의 서식 지정'에서 '지난 주'와 '적용할 서식'을 선택한 후 [확인]을 클릭합니다.

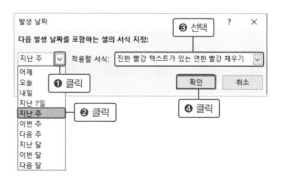

TIP

예제가 작성된 날짜는 2017년 5월 31일(수요일)입니다. 이 날짜를 기준으로 '지난 주'는 5월 21일(일)~27일(토)입니다. 반면, '지난 7일'은 오늘 날짜의 이전 일주일을 의미하므로 5월 25일(목)~31일(수)입니다.

3 오늘 날짜를 기준으로 지난 주(5월 21~27일) 날짜에 서식이 표시됩니다.

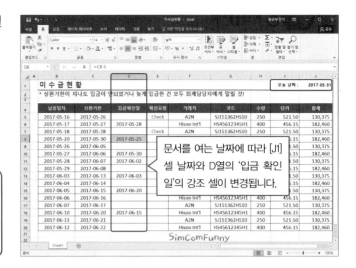

> 문서를 여는 날짜에 따라 [J1] 셀 날짜와 D열의 '입금 확인일'의 강조 셀이 변경됩니다.

TIP

강조할 날짜나 규칙을 직접 지정하거나 행 전체에 서식을 적용하려면 수식을 활용하여 새 규칙을 만들 수 있습니다. 자세한 내용은 298쪽을 참고하세요.

080　숫자 크기에 따라 채우기 색 적용하기

조건부 서식의 '색조'를 사용하면 입력된 셀의 숫자 크기에 따라 다른 채우기 색을 적용할 수 있습니다. 숫자 크기에 따라 채우기 색을 그라데이션으로 표현하면 해당 값이 최대값에 가까운지 최소값에 가까운지 쉽게 인지할 수 있습니다.

예제 파일 Part07\사은품증정현황.xlsx　　**완성 파일** Part07\사은품증정현황_완성.xlsx

1 '매출'이 입력된 C열을 선택한 후 [홈] 탭-[스타일] 그룹-[조건부 서식]의 [색조] 에서 색상 테마를 선택합니다.

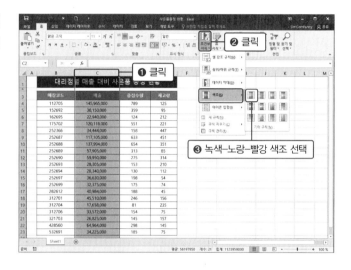

2 선택한 범위에 색조가 적용됐습니다. 값이 클수록 초록색에 가깝고, 값이 작을수록 빨강에 가까운 것을 알 수 있습니다.

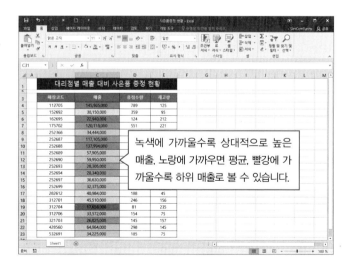

녹색에 가까울수록 상대적으로 높은 매출, 노랑에 가까우면 평균, 빨강에 가까울수록 하위 매출로 볼 수 있습니다.

081 전체 값 대비 비중을 가로 막대로 표시하기

조건부 서식의 데이터 막대를 이용하면 숫자 값의 비중을 가로 막대로 표현할 수 있습니다. 선택한 범위에서 가장 큰 값이 100%로 인식되어 가장 긴 막대로 표시되고, 나머지 값들은 상대적인 비율에 따라 길이가 조절됩니다.

예제 파일 Part07\사은품증정수량.xlsx　　**완성 파일** Part07\사은품증정수량_완성.xlsx

1 '증정수량'이 입력된 D열을 선택한 후 [홈] 탭-[스타일] 그룹-[조건부 서식]의 [데이터 막대]-[그라데이션 채우기]에서 '파랑 데이터 막대'를 클릭합니다.

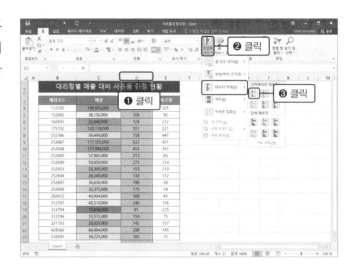

2 셀에 입력된 값의 크기에 따라 파랑 데이터 막대가 나타납니다. 가장 값이 큰 [D4] 셀에는 데이터 막대가 100% 채워졌습니다. 그 이하의 값은 비율에 따라 막대의 길이가 조정됐습니다.

TIP

셀에 입력된 숫자는 삭제하고 데이터 막대만 표시하고 싶다면 [홈] 탭-[스타일] 그룹-[조건부 서식]에서 [규칙 관리]를 클릭합니다. [조건부 서식 규칙 관리자] 대화상자가 나타나면 [규칙 편집] 버튼을 클릭한 후 [서식 규칙 편집] 대화상자에서 '막대만 표시'에 체크 표시를 합니다.

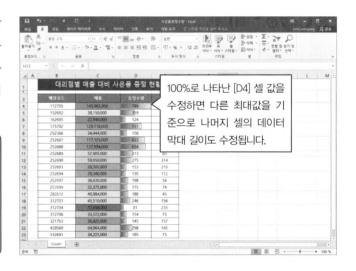

> 100%로 나타난 [D4] 셀 값을 수정하면 다른 최대값을 기준으로 나머지 셀의 데이터 막대 길이도 수정됩니다.

082 숫자 값을 신호등 색으로 구분하기

평균 값 이상, 중간, 이하를 아이콘으로 구분하기 위해 신호등 표시를 삽입해 보겠습니다. 특정 값 이하는 빨간색, 특정 값 이상은 초록색으로 표시하면 해당 셀 값을 한눈에 구분할 수 있습니다.

예제 파일 Part07\사은품재고수량.xlsx   **완성 파일** Part07\사은품재고수량_완성.xlsx

1 '재고량'이 입력된 E열을 선택한 후 [홈] 탭-[스타일] 그룹-[조건부 서식]에서 [아이콘 집합]-[도형]에서 '3색 신호등'을 클릭합니다.

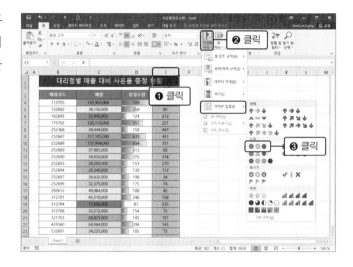

2 셀 값의 상대적인 비중에 따라 신호등 색상이 표시됩니다. E열에 입력된 숫자 대비 평균값보다 큰 값은 초록색, 평균은 노란색, 평균 미만은 빨간색 신호등으로 강조된 것을 알 수 있습니다.

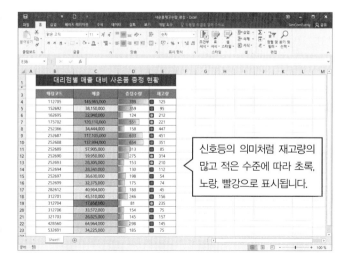

> 신호등의 의미처럼 재고량의 많고 적은 수준에 따라 초록, 노랑, 빨강으로 표시됩니다.

page 아이콘 색의 규칙을 변경하려면 190쪽을 참고하세요.

083　조건부 서식 규칙 편집하기

조건부 서식을 적용한 후 규칙이나 범위를 수정하려면 '조건부 서식' 메뉴에서 '규칙 관리'를 선택합니다.
'규칙 관리'를 선택하면 워크시트에 적용된 모든 서식 규칙을 확인하고 수정 및 삭제할 수 있습니다.

예제 파일 Part07\조건부서식 편집.xlsx　　**완성 파일** Part07\조건부서식 편집_완성.xlsx

1 L열의 화살표 아이콘을 증감률에 따라 수정해 보겠습니다. 워크시트 전체에 적용된 규칙을 보기 위해 [홈] 탭-[스타일] 그룹-[조건부 서식]에서 [규칙 관리]를 클릭합니다.

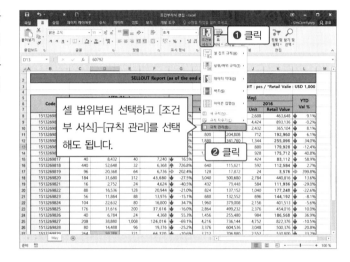

page L열의 아이콘 표시는 189쪽을 참고하세요.

2 [조건부 서식 규칙 관리자] 대화상자가 나타납니다. [서식 규칙 표시]에서 '현재 워크시트'를 선택하면 워크시트의 모든 서식 규칙이 나타납니다. '아이콘 집합'을 선택하고 [규칙 편집]을 클릭합니다.

TIP

[조건부 서식 규칙 관리자] 대화상자에서 규칙을 선택한 후 [규칙 삭제]를 클릭하면 선택한 규칙이 삭제됩니다.

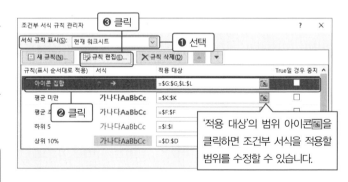

3 [서식 규칙 편집] 대화상자가 나타납니다. 아이콘의 [종류]가 '백분율'로 적용되어 있습니다. 0을 중간 값(→) 기준으로 할 때, 상위 값(↑)은 0을 초과하는 양수, 하위 값(↓)은 0 미만의 음수로 표시하기 위해 [종류]를 '숫자'로 변경합니다.

> **TIP**
>
> 3색 아이콘의 종류가 '백분율'이라면 100%를 상위, 중간, 하위, 즉 33%씩 나누어 구분합니다. 그래서 하위 값은 33% 미만, 중간 값은 66%, 상위 값은 67% 이상이 됩니다.

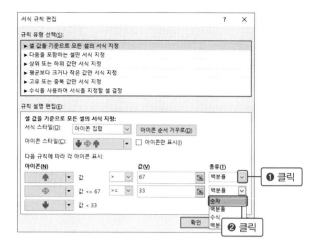

4 첫 번째 초록색 화살표의 '값'을 〉, 0으로, 중간 값인 노란색 화살표는 〉=, 0으로 설정합니다. 그러면 세 번째 빨간색 화살표 값은 자동으로 '값〈0'으로 변경됩니다. [확인]을 클릭합니다.

중간 값을 설정하면 마지막 하위 값은 자동으로 설정됩니다.

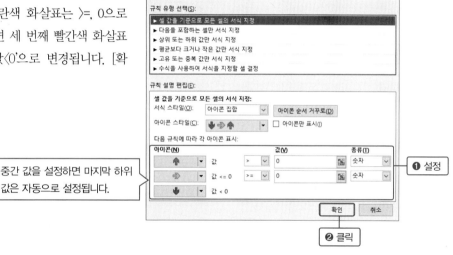

5 다시 [조건부 서식 규칙 관리자] 대화상자가 나타나면 [적용]을 클릭합니다. 수정한 규칙에 따라 화살표 색상이 변경됐습니다. 화살표 방향과 색상을 통해 매출 증감을 쉽게 알아볼 수 있습니다. [확인]을 클릭하여 대화상자를 닫습니다.

0% 이상의 증가율은 초록색 화살표가, 0% 미만의 감소율은 빨간색 화살표가 표시됐습니다.

[확인]만 클릭해도 수정된 규칙이 적용됩니다.

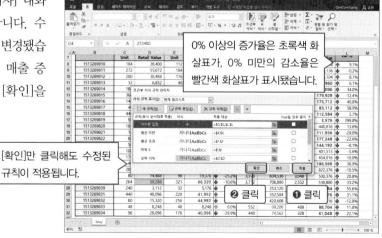

084 조건부 서식 규칙 삭제하기

워크시트나 표에 적용된 조건부 서식은 '조건부 서식' 메뉴에서 삭제가 가능합니다. '규칙 관리'를 선택하면 서식 범위나 규칙을 선택해서 삭제할 수 있고, '규칙 지우기'에서는 시트 전체의 규칙을 삭제할 수 있습니다.

예제 파일 Part07\온라인매출 규칙삭제.xlsx   **완성 파일** Part07\온라인매출 규칙삭제_완성.xlsx

| 선택한 셀의 규칙만 지우기

1 [E4] 셀을 선택하고 [홈] 탭-[글꼴] 그룹-[글꼴 색]에서 흰색을 선택해도 글자색이 바뀌지 않습니다. 조건부 서식이 적용되어 있기 때문입니다. [E4] 셀을 선택하고 [홈] 탭-[스타일] 그룹-[조건부 서식]에서 [규칙 지우기]-[선택한 셀의 규칙 지우기]를 클릭합니다.

> **TIP**
> 조건부 서식은 [홈] 탭에서 적용한 서식보다 우위에 있습니다. 그래서 조건부 서식을 지우지 않은 상태에서 [E4] 셀의 글자색을 바꿔도 서식은 변경되지 않습니다.

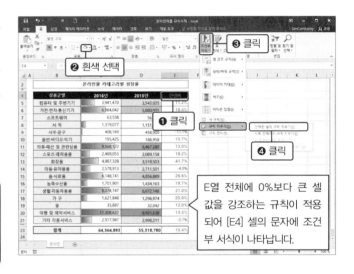

E열 전체에 0%보다 큰 셀 값을 강조하는 규칙이 적용되어 [E4] 셀의 문자에 조건부 서식이 나타납니다.

2 [E4] 셀의 글자색이 흰색으로 바뀌었습니다. 규칙 범위를 확인하기 위해 [홈] 탭-[스타일] 그룹-[조건부 서식]에서 [규칙 관리]를 클릭합니다. [조건부 서식 규칙 관리자] 대화상자가 나타나면 [서식 규칙 표시]에서 '현재 워크시트'를 선택합니다. '셀 값>0' 규칙 범위에서 [E4] 셀이 제외된 것을 알 수 있습니다.

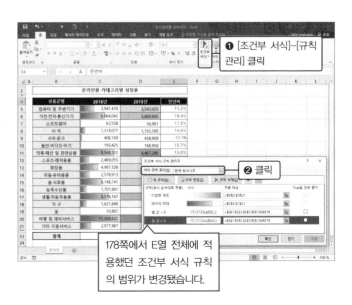

178쪽에서 E열 전체에 적용했던 조건부 서식 규칙의 범위가 변경됐습니다.

| 워크시트에 적용된 모든 규칙 지우기

1 [홈] 탭-[스타일] 그룹-[조건부 서식]에서 [규칙 지우기]-[시트 전체에서 규칙 지우기]를 클릭합니다.

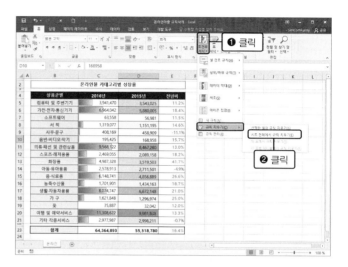

2 모든 조건부 서식이 사라졌습니다. C열과 D열의 채우기 색이 사라지고 E열의 글자색도 자동(검정)으로 바뀌었습니다.

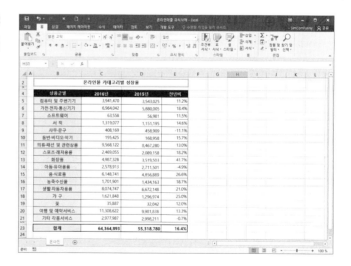

Part 08

엑셀 표

엑셀은 여타의 문서 작성 프로그램이 따라올 수 없는 친절한 표 기능을 제공합니다. 셀에 데이터를 입력하고 테두리만 그린 표는 단순히 셀에 구분 표시를 한 것에 불과합니다. 이 책에서는 이러한 표를 '일반 표'라고 부르고, 셀 범위를 [표]로 전환한 경우 '엑셀 표'라고 구분했습니다. 엑셀 표는 그룹화된 범위의 첫 행을 머리글로 인식해서 자동 계산을 돕고 알맞은 디자인 서식까지 입혀줍니다.

표 디자인 수정하기

요약 행 추가하여 평균 및 합계 자동 계산하기

085 데이터베이스의 구조 및 입력법

데이터베이스(Database)는 항목별로 분류된 자료의 집합체입니다. 엑셀은 셀 단위로 데이터를 입력하기 때문에 데이터 위치를 재배열하여 원하는 형태로 가공하는 데 유용합니다. 대용량 데이터를 쉽게 정리할 수 있도록 데이터의 구조부터 살펴보고, 올바른 데이터 입력법을 알아보겠습니다.

| 데이터베이스의 구조

데이터베이스는 필드명(Field Name), 필드(Field), 레코드(Record)로 구성되어 있습니다. 셀에 입력된 데이터가 모여 '표'를 이루고, 표의 첫 번째 행인 '필드명'은 데이터를 분류하는 머리글이 됩니다. 필드는 열 단위로 분류된 세로 방향의 데이터 단위입니다. '레코드'는 행 단위로 분류된 가로 방향의 데이터 단위입니다.

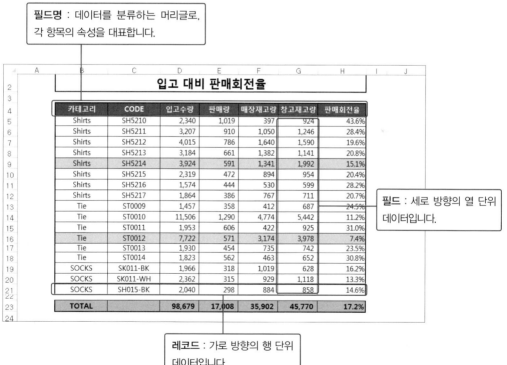

필드명 : 데이터를 분류하는 머리글로, 각 항목의 속성을 대표합니다.

필드 : 세로 방향의 열 단위 데이터입니다.

레코드 : 가로 방향의 행 단위 데이터입니다.

입고 대비 판매회전율

카테고리	CODE	입고수량	판매량	매장재고량	창고재고량	판매회전율
Shirts	SH5210	2,340	1,019	397	924	43.6%
Shirts	SH5211	3,207	910	1,050	1,246	28.4%
Shirts	SH5212	4,015	786	1,640	1,590	19.6%
Shirts	SH5213	3,184	661	1,382	1,141	20.8%
Shirts	SH5214	3,924	591	1,341	1,992	15.1%
Shirts	SH5215	2,319	472	894	954	20.4%
Shirts	SH5216	1,574	444	530	599	28.2%
Shirts	SH5217	1,864	386	767	711	20.7%
Tie	ST0009	1,457	358	412	687	24.5%
Tie	ST0010	11,506	1,290	4,774	5,442	11.2%
Tie	ST0011	1,953	606	422	925	31.0%
Tie	ST0012	7,722	571	3,174	3,978	7.4%
Tie	ST0013	1,930	454	735	742	23.5%
Tie	ST0014	1,823	562	463	652	30.8%
SOCKS	SK011-BK	1,966	318	1,019	628	16.2%
SOCKS	SK011-WH	2,362	315	929	1,118	13.3%
SOCKS	SH015-BK	2,040	298	884	858	14.6%
TOTAL		98,679	17,008	35,902	45,770	17.2%

| 대용량 문서 관리를 위한 데이터 입력법

1. 항목별로 하나의 셀에는 하나의 데이터만 입력합니다.

셀 단위로 입력된 데이터는 정렬/필터/피벗테이블 등을 이용해 위치를 재배열할 수 있습니다. 그러나 하나의 셀에 여러 항목을 넣으면 정확하게 분류하기 어려울 수 있습니다.

▲ 변경 전

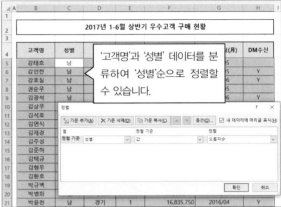

▲ 변경 후

page 정렬에 대한 자세한 내용은 623쪽을 참고하세요.

2. 제목 행 외에는 셀을 병합하지 않는 것이 좋습니다.

표에서 셀을 병합하면 데이터 정렬, 필터, 피벗 테이블을 적용할 때 데이터를 재배열하기 어렵습니다. 표의 행 제목도 병합하는 대신 한 셀에 하나씩 필드명을 입력하는 것이 좋습니다.

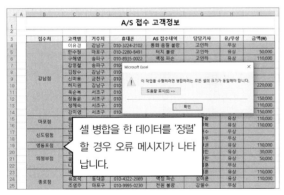

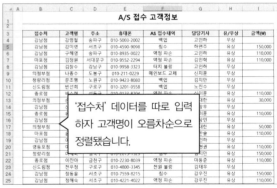

page 셀을 병합하지 않고 선택 범위의 가운데 문자를 표시하는 방법은 162쪽을 참고하세요.

3. 제목 행과 표 사이는 빈 행으로 구분합니다.

표에 데이터 정렬/필터/차트 등을 적용할 때 표 안을 클릭하면 자동으로 표 전체가 선택됩니다. 자동 범위는 연속된 데이터를 기준으로 하므로 제목 행과 표가 연결되어 있다면 제목을 표의 필드명으로 잘못 인식할 수 있습니다. 그래서 제목 행과 데이터 사이에는 가급적 빈 행을 추가하여 제목과 표를 분리하는 것이 좋습니다.

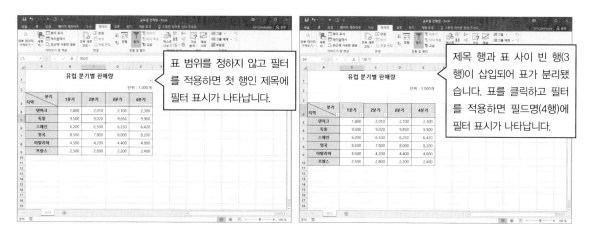

4. 표 안에 빈 열이나 빈 행을 두지 마세요.

데이터가 연속으로 입력되어 있을 경우, 표 전체를 자동으로 선택할 수 있습니다. 단축키로 데이터를 선택하거나 차트 범위를 자동 지정할 때를 고려해서 공백 대신 0이나 하이픈(–)을 입력하는 것이 좋습니다.

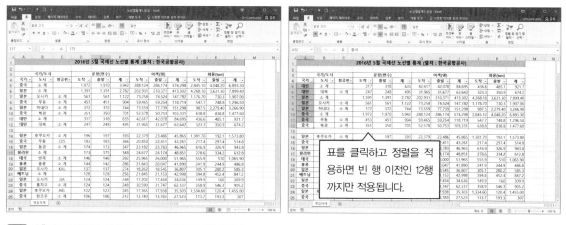

page 단축키로 데이터를 선택하는 방법은 115쪽을 참고하세요.

086 엑셀 표의 특징

흔히 각 셀에 데이터를 입력하고 테두리를 적용한 것을 '표'라고 부릅니다. 그러나 엑셀이 제공하는 '엑셀 표' 기능에 비하면 이는 단순한 데이터의 집합에 불과합니다. 대용량 데이터를 관리하고 분석하는 것은 물론 서식을 적용하는 데 최적화된 엑셀 표의 특징에 대해 알아보겠습니다.

| 일반 표와 엑셀 표의 차이점

엑셀은 모든 정보를 셀의 위치, 즉 [A1], [B2:D14]과 같이 셀 주소로 기억합니다. 이것을 엑셀 표로 전환하면 개별 셀 주소가 아닌 표를 구성하는 필드명 정보를 기준으로 관리됩니다. 그래서 표 스타일을 적용할 때에도 표에 최적화된 디자인이 적용됩니다. 필드명과 필드에 다른 디자인이 적용되고, 셀이 중간에 삽입되거나 삭제돼도 홀수/짝수 행의 채우기 색이 유동적으로 변경됩니다.

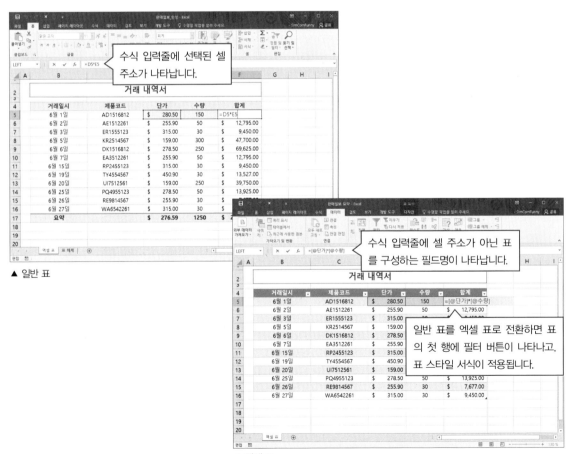

▲ 일반 표

▲ 엑셀 표

| 엑셀 표의 장점

1. 자동으로 확장되는 데이터 범위와 디자인 서식

엑셀 표의 새로운 행이나 열에 데이터를 연속으로 입력하면 자동으로 표 서식이 적용됩니다. 표의 데이터가 확장됐다고 인식하기 때문입니다. 그래서 표를 기반으로 차트나 피벗 테이블을 만들 때, 데이터를 수정하거나 추가할 경우 범위를 다시 지정하지 않아도 자동으로 업데이트됩니다.

	A	B	C	D	E	F
37	05월 06일	아메리카노	52	2500	130000	
38	05월 06일	카페라떼	23	3500	80500	
39	05월 06일	초코쿠키	6	1000	6000	
40	05월 06일	크로와상	7	1000	7000	
41	05월 07일	사과주스	5	4000	20000	
42	05월 07일	카페라떼	26	3500	91000	
43	05월 07일	초코쿠키	5	1000	5000	
44	05월 07일	카페모카	6	3800	22800	
45	05월 07일	키위주스	4	4000	16000	
46	05월 07일	샌드위치	10	3500	35000	
47	5-8					
48						
49						
50						
51						
52						
53						
54						
55						

	판매일	품목	수량	단가	합계	F
37	05월 06일	아메리카노	52	2500	130000	
38	05월 06일	카페라떼	23	3500	80500	
39	05월 06일	초코쿠키	6	1000	6000	
40	05월 06일	크로와상	7	1000	7000	
41	05월 07일	사과주스	5	4000	20000	
42	05월 07일	카페라떼	26	3500	91000	
43	05월 07일	초코쿠키	5	1000	5000	
44	05월 07일	카페모카	6	3800	22800	
45	05월 07일	키위주스	4	4000	16000	
46	05월 07일	샌드위치	10	3500	35000	
47	05월 08일	아메리카노	45	2500	112500	
48	05월 08일	아이스티	10	3000	30000	
49	05월 08일	카페라떼	15	3500	52500	
50	05월 08일	토마토주스	8	4000	32000	
51						

> 서식이 적용되지 않은 빈 행에 데이터를 입력해도 자동으로 표의 서식이 적용됩니다.

2. 셀 주소 대신 필드명으로 수식 입력하기

셀에 이름을 설정하면 복잡한 셀 주소 대신 간단한 이름으로 수식을 입력할 수 있습니다. 표로 데이터를 관리하면 각 셀을 필드명의 구성요소로 기억합니다. 그래서 수식을 입력할 때도 계산에 참조할 필드명을 입력하면 알맞은 행 주소를 참조하여 계산 결과가 반환됩니다.

	A	B	C	D	E
1	거래일시	제품코드	단가	수량	합계
2	6월 1일	AD1516812	$ 280.50	150	=C2*D2
3	6월 2일	AE1512261	$		
4	6월 3일	ER1555123	$		
5	6월 5일	KR2514567	$		
6	6월 6일	DK1516812	$		
7	6월 7일	EA3512261	$ 255.90	50	$ 12,795.00
8	6월 15일	RP2455123	$ 315.00	30	$ 9,450.00
9	6월 19일	TY4554567	$ 450.90	30	$ 13,527.00
10	6월 25일	UI7512561	$ 159.00	250	$ 39,750.00
11	6월 25일	PQ4955123	$ 278.50	50	$ 13,925.00
12	6월 26일	RE9814567	$ 255.90	30	$ 7,677.00
13	6월 27일	WA6542261	$ 315.00	30	$ 9,450.00
14	요약		$ 276.59	1250	$ 288,219.00

> 일반 표에서는 셀 주소를 참조해서 수식을 계산합니다.

	A	B	C	D	E	F
1	판매일	품목	수량	단가	합계	
2	05월 01일	아메리카노	50		=[@수량]*[@단가]	
3	05월 01일	카페라떼	30	3500		
4	05월 01일					
5	05월 01일					
6	05월 01일					
7	05월 01일					
8	05월 01일					
9	05월 02일					
10	05월 02일					
11	05월 02일					
12	05월 02일					
13	05월 02일	사과주스	4	4000		
14	05월 03일	아메리카노	55	2500		
15	05월 03일	아이스티	15	3000		
16	05월 03일	초크쿠키	2	1000		

> 엑셀 표에서는 수식에 필드명을 입력하면 참조할 행 주소를 인식하여 계산합니다. 첫 번째 필드인 [E2] 셀에 수식을 입력하고 Enter 를 누르면 자동으로 나머지 행에도 수식 값이 나타납니다.

3. 모든 데이터를 한 줄로 요약해주는 요약 행

수식을 따로 입력하지 않아도 '요약 행'을 추가하면 필드의 평균, 합계, 최대값, 최소값 등 원하는 값을 선택하여 볼 수 있습니다.

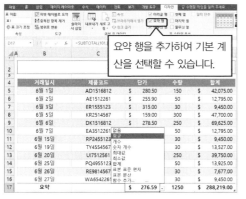
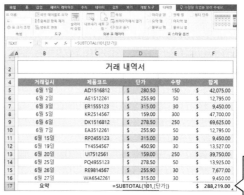

4. 자동 틀 고정

데이터양이 많을 경우 스크롤을 내려서 아래의 데이터를 확인하면 필드명이 가려져서 항목을 구분하기 어렵습니다. 이때 표 기능을 이용하면 스크롤을 내려도 표의 첫 번째 행에 입력된 머리글이 열 머리글에 표시됩니다.

page 특정 행/열을 고정하는 방법은 147쪽의 틀 고정 기능을 참고하세요.

5. 필터 버튼과 슬라이서를 통한 빠른 필터링

표의 첫 번째 행에 필터 버튼이 나타나 데이터의 정렬, 검색, 필터링 등을 쉽게 할 수 있습니다. 또 슬라이서를 삽입하여 원하는 항목만 골라 볼 수 있습니다.

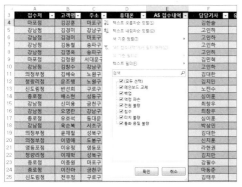
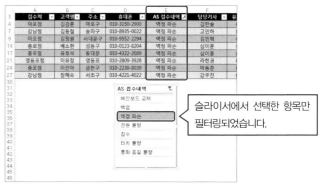

▲ 필터 버튼 클릭하여 항목 선택하기   ▲ 슬라이서에서 항목 선택하기

page 슬라이서에 대한 자세한 내용은 209쪽을 참고하세요.

087 엑셀 표로 전환하기

입력한 데이터를 엑셀 표로 전환하는 방법은 간단합니다. 엑셀 표로 지정된 범위는 하나의 표 단위로 인식되어 셀 디자인 서식이 일괄 적용됩니다. [홈] 탭이나 [셀 서식] 대화상자에서 색과 테두리를 일일이 설정하지 않아도 추천된 디자인을 선택하여 표의 디자인을 쉽게 완성할 수 있습니다.

예제 파일 Part08\주간판매일보.xlsx **완성 파일** Part08\주간판매일보_완성.xlsx

| 방법 1_ [삽입] 탭으로 엑셀 표 전환하기

1 표로 전환할 데이터 영역에서 셀 하나를 클릭한 후 [삽입] 탭-[표] 그룹-[표]를 클릭합니다.

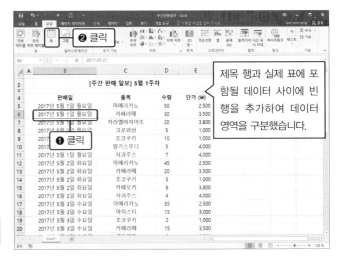

> 제목 행과 실제 표에 포함될 데이터 사이에 빈 행을 추가하여 데이터 영역을 구분했습니다.

단축키

표 만들기 Ctrl + T

2 [표 만들기] 대화상자가 나타나고 데이터가 연속으로 입력된 셀 범위가 자동으로 선택됩니다. [확인]을 클릭합니다.

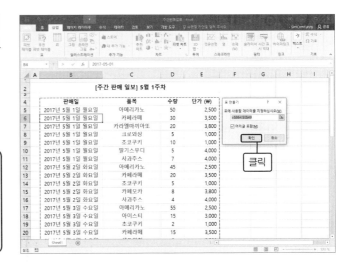

TIP

[표 만들기] 대화상자의 '머리글 포함'은 표의 첫 번째 행에 필드명이 이미 입력되어 있는 경우에 체크 표시합니다. '머리글 포함'을 체크 표시하지 않으면 표의 첫 번째 행에 머리글 행이 자동으로 삽입됩니다.

3 선택한 영역이 표로 만들어지고 자동으로 표 서식이 적용됐습니다. 표의 머리글인 4행에 필터 목록 버튼이 생기고 디자인 서식이 적용되었습니다.

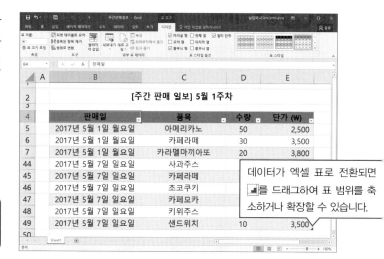

데이터가 엑셀 표로 전환되면 ▣를 드래그하여 표 범위를 축소하거나 확장할 수 있습니다.

TIP

엑셀 표를 클릭할 때만 리본 메뉴에 [디자인] 탭 또는 [테이블 디자인] 탭이 나타납니다.

| 방법 2_[빠른 분석]으로 엑셀 표 전환하기 엑셀 2013 이상

1 엑셀 표로 전환할 범위 [B4:E49] 셀을 선택하면 빠른 분석 버튼▣이 나타납니다. [표] 탭에서 [표]를 선택합니다.

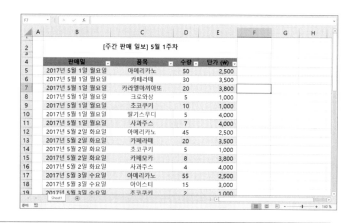

TIP

데이터가 입력된 2개 이상의 셀을 드래그하면 오른쪽 아래에 [빠른 분석] 버튼이 나타납니다.

2 해당 범위가 엑셀 표로 변환됐습니다.

Skill Up 필터 목록 버튼▣ 없애는 방법

방법 1. [데이터] 탭–[정렬 및 필터] 그룹–[필터]를 클릭합니다.
방법 2. 표를 클릭한 후 [디자인] 탭–[표 스타일 옵션] 그룹–[필터 단추]의 체크 표시를 없앱니다.
방법 3. 필터 단축키 Alt, A, T 또는 Alt, A, 2, T를 순서대로 누릅니다.

088 표 디자인 변경하기

전환된 엑셀 표에는 기본적인 표 디자인이 적용됩니다. 표 디자인에는 첫 행을 강조하거나 각 행의 채우기 색을 다르게 설정한 서식이 많습니다. 이번에는 기본으로 적용된 표 디자인을 다른 스타일로 간단히 바꾸어 보겠습니다.

예제 파일 Part08\디자인수정.xlsx   **완성 파일** Part08\디자인수정_완성.xlsx

1 기본으로 적용된 표 디자인을 수정하려면 표를 클릭하고 [디자인] 탭-[표 스타일] 그룹의 자세히 버튼☑을 클릭합니다. 표 스타일 목록이 나타나면 원하는 스타일을 클릭합니다.

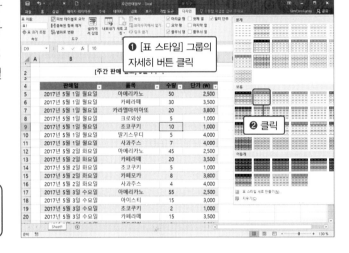

❶ [표 스타일] 그룹의 자세히 버튼 클릭

❷ 클릭

TIP
[홈] 탭-[스타일] 그룹-[표 서식]에서도 표 디자인을 간단하게 변경할 수 있습니다.

2 표의 디자인이 바뀌었습니다.

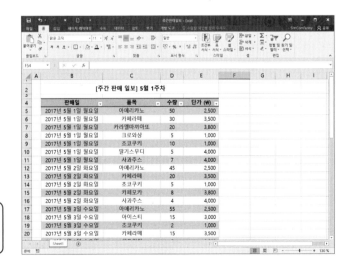

TIP
[홈] 탭이나 [셀 서식] 대화상자에서 수동으로 적용한 셀 서식이 표 서식보다 우선 적용됩니다.

089 엑셀 표 해제하기

엑셀 표는 디자인 구성이나 행/열의 확장 등 편리한 점이 많지만 그룹화된 셀을 다시 독립적으로 사용하고 싶다면 정상 범위로 전환하면 됩니다. 엑셀 표로 전환하면서 적용된 디자인 서식은 엑셀 표를 해제하더라도 그대로 남아 있습니다.

예제 파일 Part08\주간판매일보_해제.xlsx　　**완성 파일** Part08\주간판매일보_해제_완성.xlsx

1 표로 그룹화된 셀을 개별 데이터로 해제하려면 표를 해제합니다. 표에서 셀 하나를 클릭한 후 [디자인] 탭-[도구] 그룹-[범위로 변환]을 클릭합니다. 표를 정상 범위로 변환하겠냐는 대화상자가 나타나면 [예]를 클릭합니다.

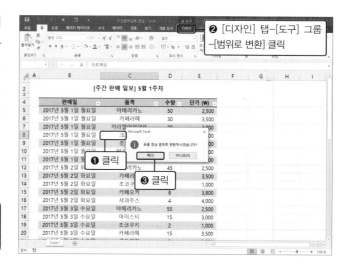

❷ [디자인] 탭-[도구] 그룹 -[범위로 변환] 클릭

TIP

표에서 마우스 오른쪽 버튼을 클릭한 뒤 단축 메뉴에서 [표]-[범위로 변환]을 클릭해도 됩니다.

2 서식은 남아 있지만 표가 해제되어 4행에 있던 필터 목록 버튼이 사라졌습니다.

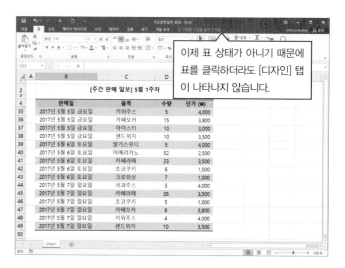

이제 표 상태가 아니기 때문에 표를 클릭하더라도 [디자인] 탭이 나타나지 않습니다.

TIP

데이터를 표로 만들었다가 해제해도 표 스타일은 그대로 남습니다. 표의 속성은 사용하지 않고 서식만 표 스타일로 쉽게 적용하고 싶다면 데이터를 표로 만들었다가 표를 해제하면 됩니다.

090 표 스타일 새로 만들기

표 스타일에서 마음에 드는 디자인이 없다면 직접 만들어서 저장할 수 있습니다. 새로 만든 표 스타일은 해당 문서에 저장되어 다음에 문서를 열 때도 사용 가능하지만 다른 통합 문서에는 나타나지 않습니다. 기본 표 스타일에서 머리글 행의 서식만 부분적으로 설정해 보겠습니다.

예제 파일 Part08\연령별 흡연율.xlsx　　**완성 파일** Part08\연령별 흡연율_완성.xlsx

1 표를 클릭하고 [디자인] 탭-[표 스타일] 목록의 자세히 버튼[▼]을 클릭한 후 [표 스타일 새로 만들기]를 클릭합니다.

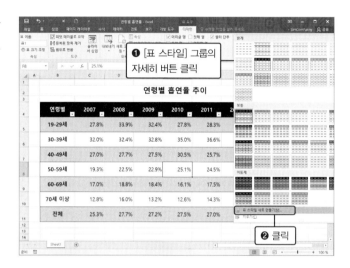

2 [새 표 스타일] 대화상자가 나타납니다. [이름]에 표 스타일 이름을 입력하고 [표 요소]에서 '머리글 행'을 선택한 후 [서식]을 클릭합니다.

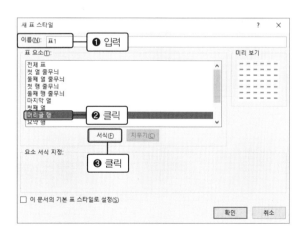

3 [셀 서식] 대화상자가 나타나면 머리글 행의 글꼴, 테두리 모양, 채우기 색 등을 설정한 후 [확인]을 클릭합니다. [표 스타일 수정] 대화상자가 나타나면 [확인]을 클릭합니다.

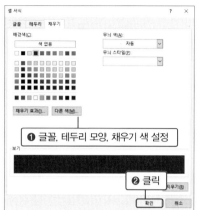
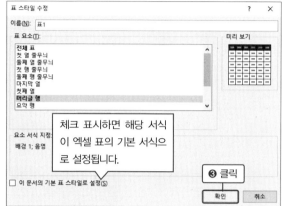

4 [표 스타일] 목록에 새로 생긴 [사용자 지정] 스타일을 클릭합니다.

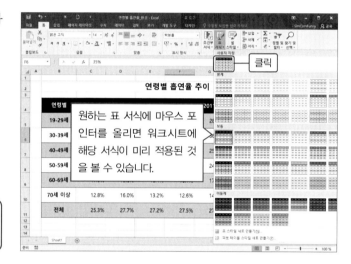

TIP
표 스타일 목록에서 마우스 오른쪽 버튼을 클릭하면 서식을 수정하거나 삭제할 수 있습니다.

5 선택한 표 스타일이 적용됐습니다.

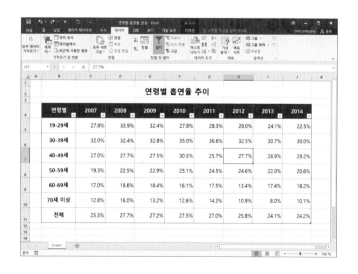

091 엑셀 표에 행과 열 추가하기

엑셀 표의 장점은 빈 행에 데이터를 입력해도 자동으로 표 서식이 적용된다는 것입니다. 계속해서 데이터가 누적되는 문서라면, 데이터를 추가할 때마다 일일이 서식과 수식을 적용하지 않아도 되므로 좀 더 편하게 데이터를 관리할 수 있습니다.

예제 파일 Part08\거래내역서.xlsx　　**완성 파일** Part08\거래내역서_완성.xlsx

1 표 스타일과 수식 등이 입력되어 있는 표를 확장하기 위해 [B7] 셀의 채우기 핸들을 아래로 드래그합니다.

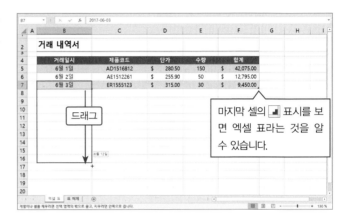

마지막 셀의 표시를 보면 엑셀 표라는 것을 알 수 있습니다.

2 B열에 자동 채우기 핸들이 적용되어 1일씩 증가된 날짜가 연속으로 채워졌습니다. 또한 F열의 '합계' 수식까지 자동으로 적용된 것을 알 수 있습니다.

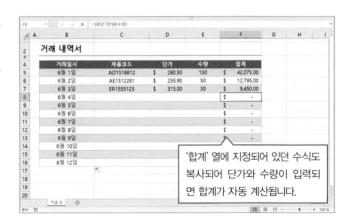

'합계' 열에 지정되어 있던 수식도 복사되어 단가와 수량이 입력되면 합계가 자동 계산됩니다.

Skill Up 엑셀 표에서 데이터를 추가하는 법

방법 1. 표 바로 아래 빈 셀에 데이터를 입력하면 자동으로 표 서식이 확장

방법 2. 표 범위의 마지막 셀([F7] 셀)까지 입력하고 Tab 을 누르면 입력 커서가 다음 행([B8] 셀)으로 이동

092 요약 행 추가하여 자동 계산하기

엑셀은 계산에 최적화된 프로그램이고, 엑셀 표는 이를 반영하여 수식과 서식을 자동으로 채워줍니다.
엑셀 표에 수식을 입력하지 않아도 '요약 행'을 추가하면 개수나 합계, 평균, 최소값, 최대값 등을 계산할
수 있습니다. 엑셀 표를 이용해 자동 계산하는 방법을 알아보겠습니다.

예제 파일 Part08\판매일보.xlsx　　**완성 파일** Part08\판매일보_완성.xlsx

1 엑셀 표를 클릭하고 [디자인] 탭-[표
스타일 옵션] 그룹에서 '요약 행'에 체크 표
시를 합니다. 표의 마지막 행에 요약 행이
추가됩니다. [D17] 셀을 클릭하면 목록 버
튼이 나타납니다. 평균 단가를 구하기
위해 목록에서 '평균'을 선택합니다.

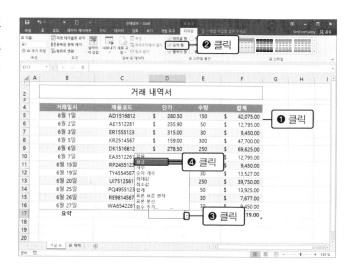

2 '단가' 필드의 평균값이 입력됩니다. [E17] 셀의 목록 버튼을 클릭해서 '합계'를 선택하면 합계가 입력
됩니다. [F17] 셀을 클릭해보면 수식 입력줄에 필드명을 참조로 한 수식이 자동으로 입력된 것을 알 수 있습
니다.

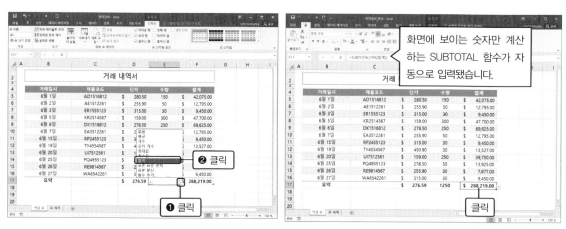

page SUBTOTAL에 관한 자세한 설명은 669쪽을 참고하세요.

093 엑셀 표에 슬라이서 삽입하여 필터링하기

슬라이서 기능은 찾는 값만 선택해서 볼 수 있는 검색창 기능과 유사합니다. 엑셀 2010부터는 '피벗 테이블'이라는 일부 기능에서만 슬라이서를 삽입할 수 있었으나 엑셀 2013부터는 엑셀 표에서도 슬라이서를 추가할 수 있습니다.

예제 파일 Part08\고객AS명단.xlsx **완성 파일** Part08\고객AS명단_완성.xlsx

1 엑셀 표를 클릭하고 [디자인] 탭-[도구] 그룹-[슬라이서 삽입]을 클릭합니다. [슬라이서 삽입] 대화상자가 나타나면 '접수처'에 체크 표시를 하고 [확인]을 클릭합니다.

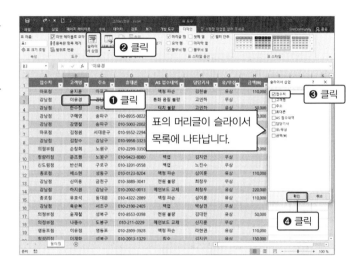

2 슬라이서 창에 '접수처' 목록만 나타납니다. '강남점'을 클릭하면 표에서 '접수처'가 '강남점'인 데이터만 나타납니다.

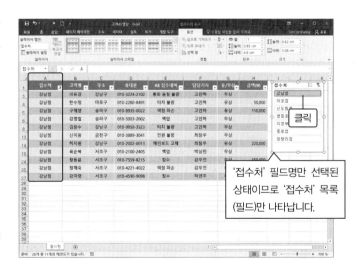

page 피벗 테이블에서 슬라이서를 삽입하는 방법은 755쪽을 참고하세요.

Part 09 인쇄

잘 만든 보고서를 모니터 밖으로 출력하려면 다양한 인쇄 방법을 숙지하는 것이 좋습니다. 워크시트에서는 한 화면에서 보이던 표가 인쇄만 하면 여러 장으로 나누어져 인쇄된 경험이 있나요? 용지 크기에 맞춰 여백을 최소화하고, 페이지 수도 원하는 대로 출력되도록 인쇄하는 방법을 알아보겠습니다.

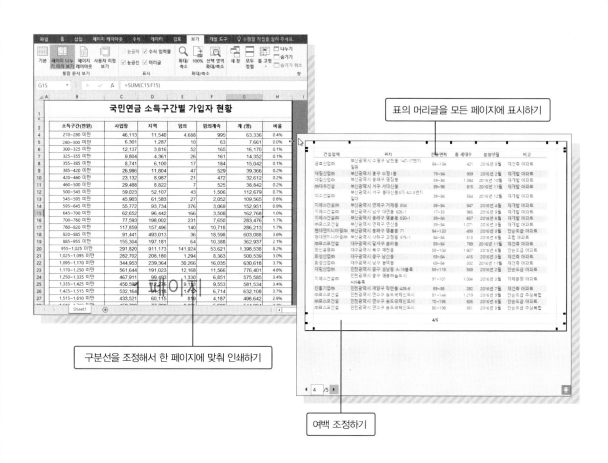

표의 머리글을 모든 페이지에 표시하기

구분선을 조정해서 한 페이지에 맞춰 인쇄하기

여백 조정하기

094 인쇄 화면 미리보기

워드 프로그램은 용지 크기가 미리 설정되어 있어 설정된 가로 너비를 벗어나면 자동으로 다음 줄부터 내용을 입력할 수 있습니다. 반면 엑셀은 워크시트에서 입력한 범위를 축소하거나 페이지를 나누어서 인쇄 범위를 설정할 수 있습니다. 인쇄 영역을 미리 확인하여 페이지를 어떻게 구분할지 알아보겠습니다.

예제 파일 Part09\국민연금가입자통계.xlsx

방법 1_[페이지 레이아웃]으로 여백/머리글/바닥글 미리보기

작성 중인 문서의 인쇄 화면을 워크시트에서 확인하려면 [보기] 탭-[통합 문서 보기] 그룹이나 상태표시줄에서 [페이지 레이아웃] 버튼 📄을 클릭합니다. 기본 설정된 인쇄 영역과 여백, 머리글, 바닥글의 레이아웃 구성을 구분하여 볼 수 있습니다.

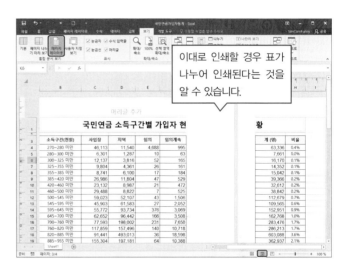

이대로 인쇄할 경우 표가 나누어 인쇄된다는 것을 알 수 있습니다.

방법 2_[페이지 나누기 미리보기]로 구분선 조절하기

워크시트에서 인쇄 범위를 직접 조절하려면 [보기] 탭-[통합 문서 보기] 그룹 또는 상태표시줄에서 [페이지 나누기 미리보기] 버튼 🔲을 클릭합니다.

❶ 페이지 구분선 : 파란색 점선을 기준으로 인쇄 페이지가 나누어집니다. 선을 드래그하여 페이지에 포함할 범위를 조정할 수 있습니다.

❷ 인쇄 영역 : 파란색 실선을 기준으로 왼쪽은 인쇄 영역, 오른쪽 회색 배경은 비인쇄영역입니다. 데이터 입력 유무와 상관없이 드래그하여 인쇄 범위를 조정할 수 있습니다.

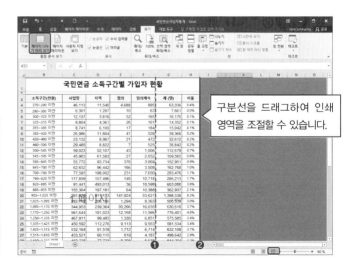

구분선을 드래그하여 인쇄 영역을 조절할 수 있습니다.

| 방법 3_인쇄 화면 미리보기로 여백 조절하기

[파일] 탭-[인쇄] 백스테이지에서는 페이지 여백을 확인할 수 있습니다. 오른쪽 아래쪽의 [여백 표시] 아이콘을 클릭하면 미리보기 화면에 점선이 표시됩니다. 그 여백 선을 마우스로 조정합니다.

> **TIP**
> 위아래 여백 선 2줄은 머리글/바닥글 간격을 의미합니다. 머리글/바닥글 없이 2개의 여백 선을 겹쳐놓으면 여백을 최소화할 수 있습니다.

엑셀 2007 | [파일] 탭 대신 화면 왼쪽 상단의 오피스 단추▣를 누르거나 인쇄 미리보기 단축키 Ctrl + P 를 누릅니다.

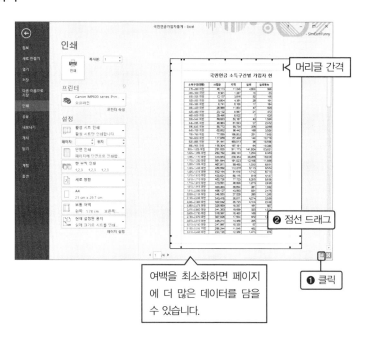

머리글 간격

❷ 점선 드래그

여백을 최소화하면 페이지에 더 많은 데이터를 담을 수 있습니다.

❶ 클릭

Skill Up [기본] 화면에서 보이는 페이지 구분선 없애기

[페이지 나누기 미리보기] 화면에서 [기본] 화면으로 돌아오면 페이지 구분선이 있던 위치에 점선이 나타납니다. 화면에서 페이지 구분선을 없애고 싶다면 [파일] 탭-[옵션]을 클릭한 후 [Excel 옵션] 대화상자-[고급] 화면에서 '페이지 나누기 옵션'의 체크 표시를 없앱니다.

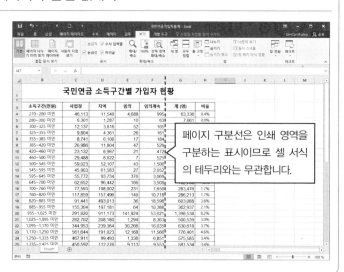

페이지 구분선은 인쇄 영역을 구분하는 표시이므로 셀 서식의 테두리와는 무관합니다.

095 인쇄 여백 조정하기

기본 워크시트 화면에는 행열의 크기를 표시하거나 여백을 조정할 수 있는 눈금자 기능이 없습니다. 대신 [페이지 레이아웃] 보기 화면이나 인쇄 미리보기에서 여백을 조정할 수 있습니다. 여백을 조정하는 3가지 방법을 알아보겠습니다.

예제 파일 Part09\국민연금가입자통계.xlsx

┃ 방법 1_여백 기본 설정 사용하기

1 현재 문서를 인쇄하면 마지막 H열이 다른 페이지에 인쇄됩니다. 모두 한 페이지에 인쇄되도록 여백을 조정해 보겠습니다. [페이지 레이아웃] 탭-[페이지 설정] 그룹-[여백]에서 [좁게]를 클릭합니다.

파란색 점선 바깥의 데이터는 다음 페이지에 인쇄됩니다.

2 인쇄 영역의 여백이 좁아져 H열이 페이지 구분선 안으로 들어왔습니다.

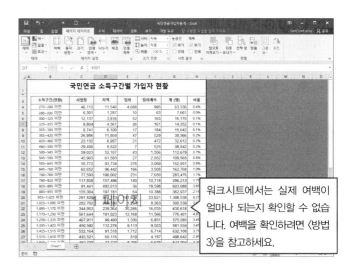

워크시트에서는 실제 여백이 얼마나 되는지 확인할 수 없습니다. 여백을 확인하려면 〈방법 3〉을 참고하세요.

| 방법 2_사용자 지정 여백 설정하기

[페이지 레이아웃] 탭-[페이지 설정] 그
룹-[여백]에서 [사용자 지정 여백]을 클릭
합니다. [페이지 설정] 대화상자-[여백] 탭
에서 수정할 영역의 숫자를 알맞게 입력합
니다.

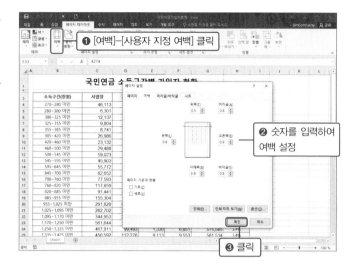

| 방법 3_인쇄 미리보기 화면에서 여백 조정하기

1 [파일] 탭-[인쇄]를 클릭합니다. 미리
보기 화면의 오른쪽 아래에서 여백 표시를
클릭합니다.

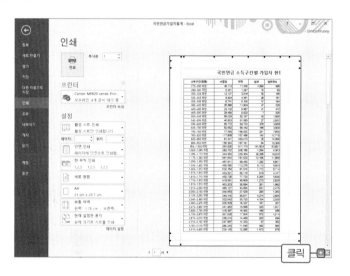

단축키

[인쇄] 백스테이지 화면 Ctrl + P, Ctrl + F2

2 점선으로 표시된 여백 선을 드래그하여
여백을 조정합니다. 여백을 줄이면 한 페이지
에서 더 많은 데이터를 보여줄 수 있습니다.

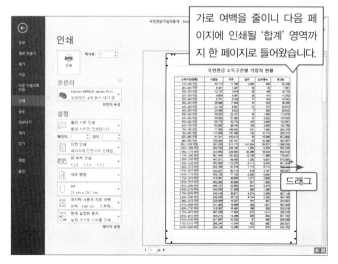

가로 여백을 줄이니 다음 페
이지에 인쇄될 '합계' 영역까
지 한 페이지로 들어왔습니다.

096 용지 방향 바꾸기

워크시트 용지의 기본 방향은 세로입니다. 용지 방향을 가로로 바꾸면 해당 워크시트는 가로 방향으로 나타나지만 새 워크시트의 용지 방향은 기본으로 세로 방향입니다. 용지 방향이 변경되면 용지 크기에 맞게 인쇄 영역이 조정될 수도 있고, 반대로 여백이 너무 많아질 수도 있습니다.

예제 파일 Part09\월별근무표.xlsx **완성 파일** Part09\월별근무표_완성.xlsx

1 세로 방향의 워크시트를 가로 방향으로 바꾸어 보겠습니다. [페이지 레이아웃] 탭-[페이지 설정] 그룹-[용지 방향]에서 [가로]를 클릭합니다.

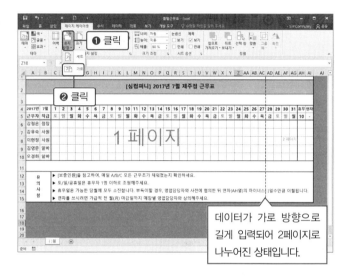

데이터가 가로 방향으로 길게 입력되어 2페이지로 나누어진 상태입니다.

2 문서가 파란색 실선에 딱 맞게 나타납니다. 용지 방향이 가로로 바뀌면서 모든 데이터가 한 페이지에 들어가게 조정된 것입니다.

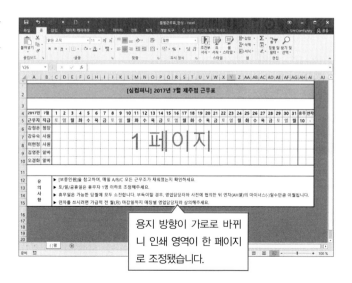

용지 방향이 가로로 바뀌니 인쇄 영역이 한 페이지로 조정됐습니다.

097 용지 가운데 맞춰 인쇄하기

용지 크기에 비해 데이터가 많지 않으면 공백이 많이 생깁니다. 기본적으로 데이터는 왼쪽 위부터 표시되므로 용지의 오른쪽과 아래쪽 공백이 많습니다. 데이터 위치를 페이지 가운데로 맞추면 공백을 적절히 분산할 수 있습니다.

예제 파일 Part09\근무표 인쇄.xlsx　　**완성 파일** Part09\근무표 인쇄_완성.xlsx

1 Ctrl + P 를 눌러 [인쇄] 백스테이지 화면으로 이동합니다. 표가 문서 가운데에 오도록 변경하기 위해 '페이지 설정'을 클릭합니다.

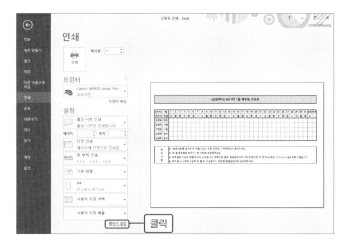

2 [페이지 설정] 대화상자–[여백] 탭–[페이지 가운데 맞춤] 항목에서 '가로'와 '세로'에 체크 표시를 하고 [확인]을 클릭합니다.

TIP

[페이지 가운데 맞춤] 항목에서 '세로'를 체크 표시하지 않으면 용지 위쪽부터 데이터가 채워져 아래쪽에 공백이 생깁니다.

3 표가 용지 가운데로 조정되었습니다.

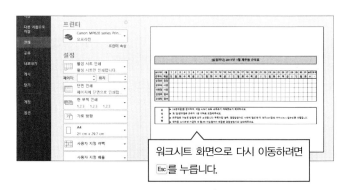

워크시트 화면으로 다시 이동하려면 Esc 를 누릅니다.

098 한 페이지에 인쇄하기

워크시트 화면을 인쇄 화면에 맞춰 여백이나 글자 크기 등을 조절하면 데이터를 한 페이지로 볼 수 있습니다. 데이터를 한 페이지에 인쇄하려면 [한 페이지에 시트 맞추기]로 자동 조절하거나 [페이지 나누기 미리보기]에서 인쇄 영역을 직접 조절할 수 있습니다.

예제 파일 Part09\국민연금가입자통계.xlsx   **완성 파일** Part09\국민연금가입자통계_한페이지.xlsx

| 방법 1_한 페이지에 시트 맞추기

1 4페이지로 나누어진 인쇄 영역을 한 페이지로 만들어 보겠습니다. [파일] 탭-[인쇄]를 클릭한 후 [현재 설정된 용지]의 목록 버튼을 클릭하여 목록에서 '한 페이지에 시트 맞추기'를 선택합니다.

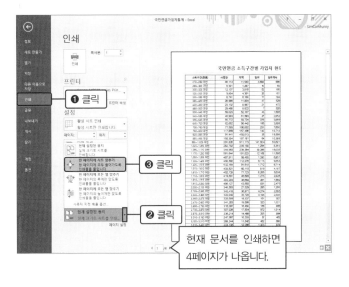

현재 문서를 인쇄하면 4페이지가 나옵니다.

TIP

[한 페이지에 모든 열 맞추기] : 행을 조절하여 열을 맞춥니다.

[한 페이지에 모든 행 맞추기] : 열을 조절하여 행을 맞춥니다.

2 인쇄 미리보기 화면을 보면 문서가 한 페이지에 맞춰진 것을 알 수 있습니다. Esc를 눌러 이전 상태로 돌아갑니다.

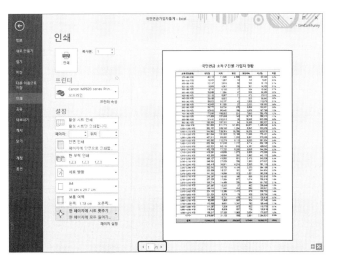

TIP

'페이지 설정'을 클릭하면 [페이지] 탭-[배율]의 '확대/축소 배율'이 80%인 것을 알 수 있습니다. 한 페이지에 모든 데이터가 들어가도록 글자 배율을 축소한 것입니다.

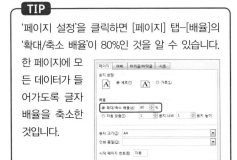

| 방법 2_인쇄 영역 조정하여 한 페이지로 만들기

1 상태 표시줄에서 [페이지 나누기 미리 보기]를 클릭합니다. F열과 G열 사이의 파란색 점선을 클릭하여 오른쪽 실선까지 드래그합니다. 아래쪽에 파란색 점선이 나타나면 1장이 되도록 아래 실선까지 드래그합니다.

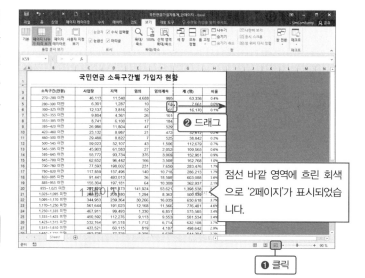

점선 바깥 영역에 흐린 회색으로 '2페이지'가 표시되었습니다.

❶ 클릭

┌─ **단축키** ─────────────────┐
[인쇄] 미리보기 화면 Ctrl + F2 , Ctrl + P
└──────────────────────────┘

2 파란색 점선이 보이지 않고, 인쇄 영역에 1페이지만 남은 것을 알 수 있습니다.

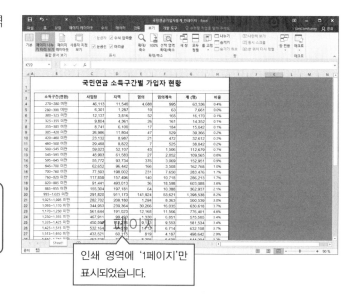

인쇄 영역에 '1페이지'만 표시되었습니다.

┌─ **TIP** ──────────────────────┐
가로 데이터가 많으면 열 너비를 좁히고, 세로 데이터가 많으면 행 높이를 좁혀서 페이지 수를 축소할 수도 있습니다.
└────────────────────────────────┘

099 페이지 배율 조정하여 인쇄하기

모든 데이터를 한 페이지에 인쇄하면 편리하지만 너무 많은 데이터를 한 페이지에 인쇄하면 글자 크기가 작아집니다. 화면 배율을 적당히 조정하여 글자 크기를 줄이고 인쇄 페이지를 줄여보겠습니다.

예제 파일 Part09\국민연금가입자통계.xlsx　**완성 파일** Part09\국민연금가입자통계_비율.xlsx

1 페이지 배율을 조정하여 인쇄 범위를 한 페이지로 만들어 보겠습니다. Ctrl + P 를 눌러 [인쇄] 백스테이지가 나타나면 [페이지 설정]을 클릭합니다. [페이지 설정] 대화상자-[페이지] 탭의 [배율]에서 '확대/축소 배율'을 80%로 입력한 후 [확인]을 클릭합니다.

> **TIP**
> 미리보기를 하지 않고 워크시트 화면에서 배율만 조정하려면 [페이지 레이아웃] 탭-[크기 조정]-[배율]에서 직접 %를 숫자로 입력해도 됩니다.

① 80% 입력

'자동 맞춤'을 선택하면 한 페이지에 맞춰 배율이 자동으로 조절됩니다.

① 클릭　**③ 클릭**

2 인쇄 미리보기 화면을 보면 모든 문서 내용이 한 페이지에 나타납니다.

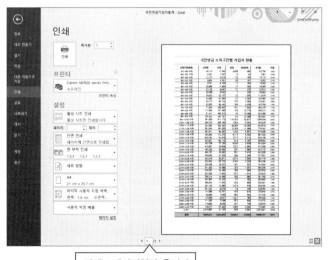

전체 4페이지였던 용지가 1페이지로 줄었습니다.

100 워크시트 일부만 인쇄 영역으로 설정하기

전체 데이터를 보존하면서도 일부 내용만 인쇄하려면 인쇄 영역을 설정해야 합니다. 단, 인쇄 영역이 설정된 상태로 저장하면 다음에 문서를 열어서 인쇄할 때도 해당 영역만 인쇄되므로 사용하지 않을 때는 인쇄 영역 설정을 해제하는 것이 좋습니다.

예제 파일 Part09\근무표 일부인쇄.xlsx   **완성 파일** Part09\근무표 일부인쇄_완성.xlsx

1 근무표만 인쇄하기 위해 [A1:AI10] 셀을 드래그한 후 [페이지 레이아웃] 탭-[페이지 설정] 그룹-[인쇄 영역]에서 [인쇄 영역 설정]을 클릭합니다.

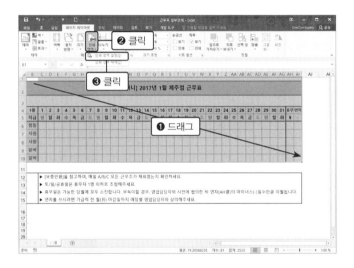

2 상태 표시줄에서 [페이지 나누기 미리보기] 아이콘을 클릭합니다. 인쇄 영역으로 설정한 범위 외에는 회색으로 바뀐 것을 볼 수 있습니다.

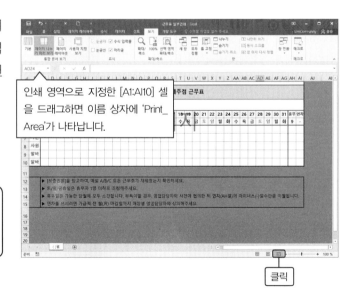

인쇄 영역으로 지정한 [A1:AI10] 셀을 드래그하면 이름 상자에 'Print_Area'가 나타납니다.

> **TIP**
> 인쇄 영역을 해제하거나 재설정하려면 [페이지 레이아웃] 탭-[페이지 설정] 그룹-[인쇄 영역]에서 [인쇄 영역 해제]를 클릭합니다.

101 복사 방지를 위해 인쇄 영역 제한하기

인쇄 영역을 설정하면 워크시트 일부만 인쇄가 됩니다. 외부로 유출되면 안 되는 중요 문서일 경우, 중요한 데이터는 인쇄 영역에서 제외하고 경고 문구만 인쇄 영역으로 설정해볼 수 있습니다. 인쇄 영역 설정을 역으로 활용하여 복사 방지 문서를 만들어 보겠습니다.

예제 파일 Part09\인쇄금지.xlsx **완성 파일** Part09\인쇄금지_완성.xlsx

1 중요 문서가 인쇄되지 않도록 인쇄 영역을 제한해 보겠습니다. 인쇄 금지 문구가 입력된 [B1:J1] 셀을 선택한 후 [페이지 레이아웃] 탭-[페이지 설정] 그룹-[인쇄 영역]에서 [인쇄 영역 설정]을 클릭합니다.

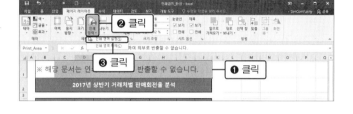

2 경고 문구가 화면 가운데에 위치하도록 만들기 위해 [페이지 레이아웃] 탭-[페이지 설정] 그룹의 확장 버튼을 클릭합니다. [페이지 설정] 대화상자-[여백] 탭의 [페이지 가운데 맞춤]에서 '가로'와 '세로'에 체크 표시를 하고 [확인]을 클릭합니다.

> **TIP**
>
> 데이터가 입력되지 않은 셀 하나만 인쇄 영역으로 선택할 경우, 경고 메시지가 나타납니다. [확인]을 클릭하면 아무 것도 입력되지 않은 백지가 인쇄됩니다.

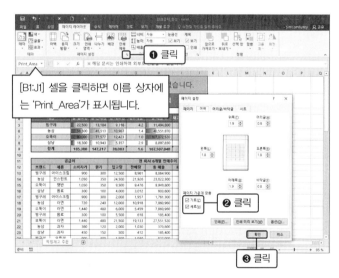

3 Ctrl+P를 누르면 인쇄 화면 가운데에 경고 문구만 나타나는 것을 볼 수 있습니다. 다른 사용자가 인쇄 영역 설정을 해제하지 않는 한 인쇄가 불가능한 보안 문서라는 점을 상기시킬 수 있습니다.

102 인쇄를 원하지 않는 행과 열 숨기기

전체 데이터에서 일부 행과 열을 인쇄 영역에서 제외하는 방법은 2가지가 있습니다. 제외할 행과 열을 숨기거나 페이지 구분선으로 인쇄 영역을 조정하는 방법을 알아보겠습니다.

예제 파일 Part09\인쇄행열숨기기.xlsx　　**완성 파일** Part09\인쇄행열숨기기_완성.xlsx

| 방법 1_구분선으로 인쇄 영역 조정하기

1 [G:H] 열을 인쇄 영역에서 제외시키려고 합니다. 파란색 실선을 F열과 G열 사이의 파란색 점선까지 드래그합니다.

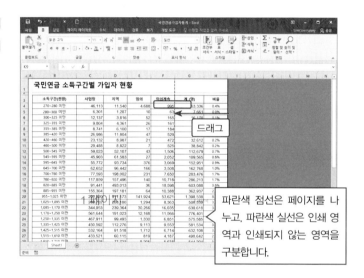

> 파란색 점선은 페이지를 나누고, 파란색 실선은 인쇄 영역과 인쇄되지 않는 영역을 구분합니다.

2 구분선 안쪽의 [A:F] 열과 바깥쪽의 [G:H] 열이 구분됐습니다. Ctrl + F2 를 눌러 인쇄 미리보기 화면이 나타나면 G열과 H열은 인쇄에서 제외된 것을 알 수 있습니다.

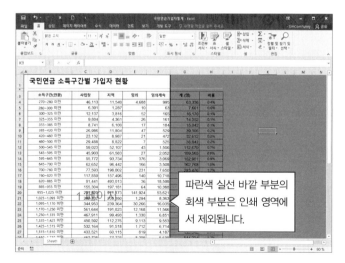

> 파란색 실선 바깥 부분의 회색 부분은 인쇄 영역에서 제외됩니다.

| 방법 2_행과 열 숨기고 인쇄하기

1 표의 제목과 빈 행을 제외한 3행부터
인쇄하려고 합니다. 1~2행을 선택한 후 마
우스 오른쪽 버튼을 클릭합니다. 단축 메
뉴에서 [숨기기]를 클릭합니다.

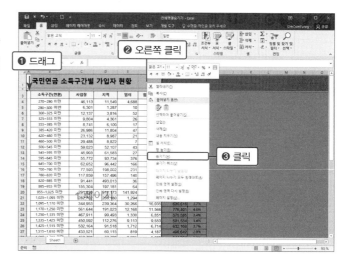

2 Ctrl + P 를 눌러 [인쇄] 미리보기 화면
이 나타나면 숨겨진 1~2행이 미리보기 화
면에 나타나지 않는 것을 알 수 있습니다.

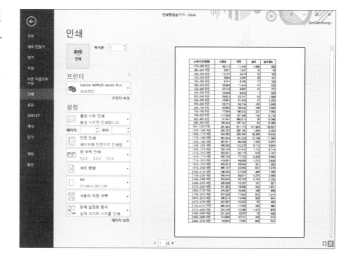

103 머리글 행 반복 인쇄하기

표의 머리글은 첫 페이지에서는 볼 수 있지만 다음 페이지에서는 따로 표시되지 않아 항목을 구분하기 어려울 때가 있습니다. 이럴 때는 머리글이나 제목이 입력된 행을 반복할 행으로 설정하면 모든 페이지의 위쪽에 머리글이 자동으로 표시됩니다.

예제 파일 Part09\상반기분양계획.xlsx **완성 파일** Part09\상반기분양계획_머리글반복.xlsx

1 머리글이 입력된 3행이 각 페이지 위쪽에 반복 표시되도록 설정해 보겠습니다. [페이지 레이아웃] 탭-[페이지 설정] 그룹-[인쇄 제목]을 클릭합니다.

2 [페이지 설정] 대화상자-[시트] 탭의 [인쇄 제목]에서 '반복할 행'의 빈 칸을 클릭합니다.

3 워크시트에서 3행을 클릭하면 '반복할 행'에 '$3:$3'가 입력됩니다. 인쇄 화면을 확인하기 위해 [인쇄 미리보기]를 클릭합니다.

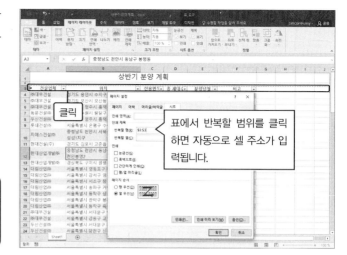

클릭

표에서 반복할 범위를 클릭하면 자동으로 셀 주소가 입력됩니다.

TIP

$는 절대 참조 기호로 고정된 셀 주소를 참조할 때 사용됩니다. 자세한 내용은 250쪽을 참고하세요.

4 인쇄 미리보기 화면 아래쪽의 페이지 버튼을 클릭해보면 모든 페이지의 위쪽에 머리글 행이 반복되는 것을 알 수 있습니다.

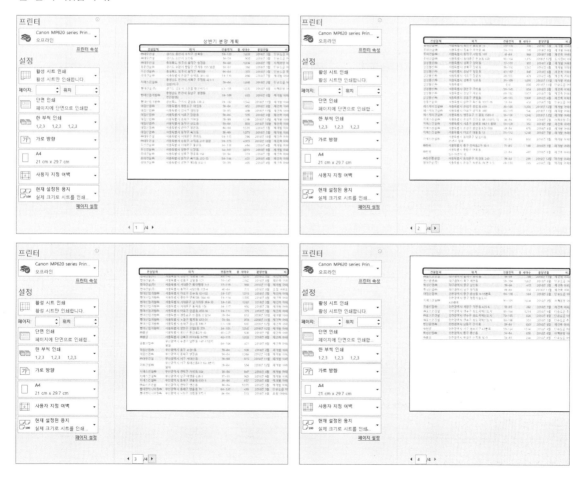

104 모든 페이지의 머리글에 현재 날짜 표시하기

인쇄할 때 위아래 여백에 반복 인쇄되는 영역을 머리글과 바닥글이라고 부릅니다. 날짜나 제목, 로고 등을 표시할 때 주로 쓰이며 워크시트의 기본 화면에서는 안 보이지만 인쇄하면 모든 페이지에 표시 됩니다.

예제 파일 Part09\상반기분양계획.xlsx **완성 파일** Part09\상반기분양계획_날짜.xlsx

1 용지의 위쪽 여백에 현재 날짜를 표시 하려고 합니다. '페이지 레이아웃' 화면에서 머리글의 오른쪽 구역을 클릭합니다. [디자 인] 탭-[머리글/바닥글 요소] 그룹-[현재 날짜]를 클릭하면 '&날짜'가 입력됩니다.

> 엑셀 2019이상 | [디자인] 탭의 명칭이 [머리글/바닥 글]로 바뀌었습니다.

TIP

[디자인] 탭은 머리글/바닥글 구역을 클릭할 때만 활성화됩니다.

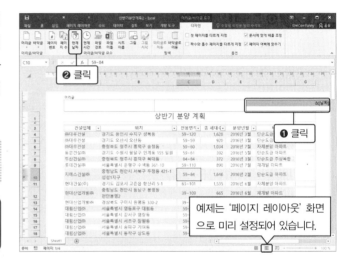

2 다른 셀을 클릭하여 머리글 편집 상태 에서 빠져나옵니다. 스크롤을 내려 다른 페 이지로 넘겨보면 오른쪽 머리글 구역에 현 재 날짜가 표시된 것을 확인할 수 있습니다.

TIP

[페이지 레이아웃] 화면에서 해당 머리글 또는 바 닥글을 클릭하고 Delete 를 누르면 입력된 데이터 가 삭제됩니다.

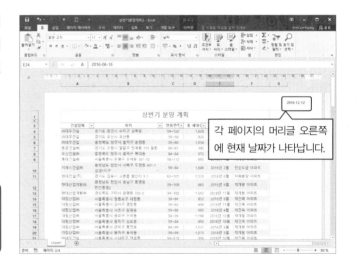

각 페이지의 머리글 오른쪽 에 현재 날짜가 나타납니다.

105 바닥글에 페이지 번호 표시하기

머리글과 마찬가지로 바닥글에도 문서에 표시할 여러 가지 요소를 추가할 수 있습니다. 인쇄물이 여러 장이라면 자동으로 페이지 번호가 표시되게 만드는 것도 좋습니다. 바닥글 추가 요소에서 페이지 수를 삽입하면 페이지가 늘어나거나 줄어드는 것에 따라 자동으로 페이지 번호가 변경됩니다.

예제 파일 Part09\상반기분양계획.xlsx　　**완성 파일** Part09\상반기분양계획_페이지번호.xlsx

1 [페이지 레이아웃] 화면에서 워크시트 아래를 보면 바닥글 구역이 3개로 나누어져 있습니다. 가운데 구역을 클릭합니다.

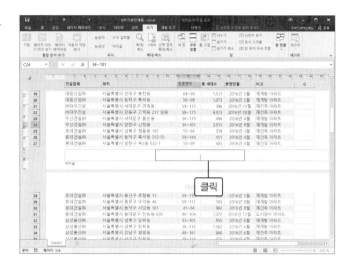

2 바닥글에 커서가 나타나면 [디자인] 탭-[머리글/바닥글 요소] 그룹-[페이지 번호]를 클릭합니다. 바닥글에 '&[페이지 번호]'가 나타납니다. 다른 셀을 클릭하여 바닥글 편집 상태에서 빠져나옵니다.

엑셀 2019이상 | [디자인] 탭의 명칭이 [머리글/바닥글]로 바뀌었습니다.

3 현재 페이지 수가 표시됩니다. '현재 페이지/전체 페이지 수' 형식으로 변경하기 위해 페이지 번호가 입력된 바닥글을 다시 클릭합니다.

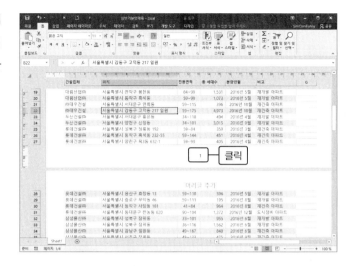

4 바닥글을 더블클릭합니다. '&[페이지 번호]' 뒤에 /를 입력하고 [디자인] 탭-[머리글/바닥글 요소] 그룹-[페이지 수]를 클릭합니다. 바닥글에 '&[페이지 번호]/&[전체 페이지 수]'가 입력되면 다른 셀을 클릭하여 바닥글 편집 상태에서 빠져나옵니다.

TIP
- 페이지 번호 : 현재 페이지 번호
- 페이지 수 : 전체 페이지 수

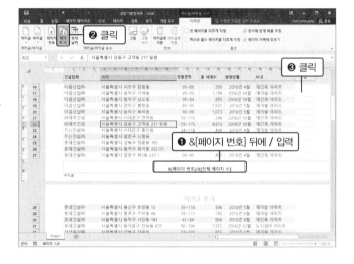

5 바닥글에 현재 페이지와 전체 페이지 수가 함께 나타납니다.

106 첫 페이지의 페이지 번호 제외하기

머리글과 바닥글에 입력한 내용은 모든 페이지에 적용됩니다. 앞 표지의 페이지 번호를 생략하려면 첫 번째 페이지의 머리글과 바닥글을 다르게 지정하면 됩니다. 표지가 삽입된 순서의 첫 번째 페이지에만 페이지 번호가 표시되지 않게 설정해 보겠습니다.

예제 파일 Part09\상반기분양계획_표지.xlsx　　**완성 파일** Part09\상반기분양계획_표지_완성.xlsx

1 [페이지 레이아웃] 탭-[페이지 설정] 그룹의 확장 버튼을 클릭합니다. [페이지 설정] 대화상자-[머리글/바닥글] 탭에서 '첫 페이지를 다르게 지정'에 체크 표시를 한 후 [바닥글 편집]을 클릭합니다.

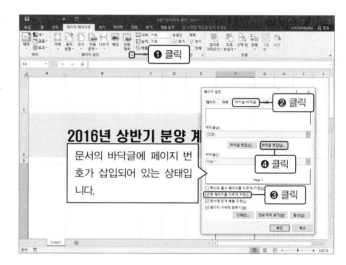

2 [바닥글] 대화상자의 [첫 페이지 바닥글] 탭을 클릭하면 바닥글에 삽입된 서식이 없습니다. [확인]을 클릭하면 첫 페이지 바닥글에만 아무것도 삽입되지 않습니다.

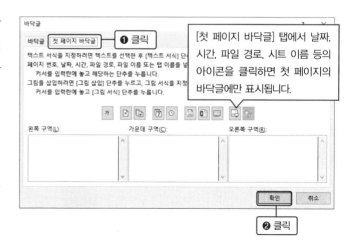

3 [페이지 설정] 대화상자로 돌아오면 [인쇄 미리보기]를 클릭합니다.

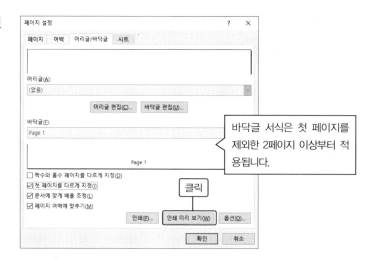

바닥글 서식은 첫 페이지를 제외한 2페이지 이상부터 적용됩니다.

4 첫 번째 페이지인 표지에만 페이지 번호가 나타나지 않습니다.

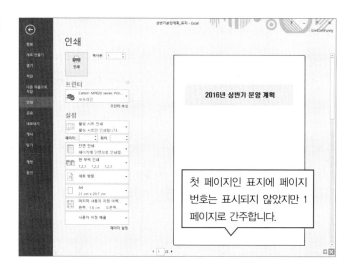

첫 페이지인 표지에 페이지 번호는 표시되지 않았지만 1 페이지로 간주합니다.

5 두 번째 페이지부터는 원래 페이지 수에 따라 'Page2'가 표시됩니다.

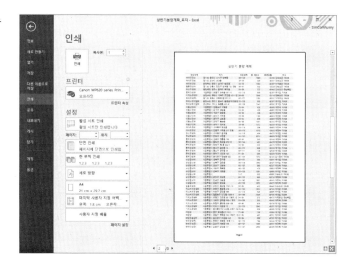

107 시작 페이지 번호 수정하기

페이지 번호를 삽입하면 1페이지부터 시작됩니다. 만약 다른 문서의 표지나 목차 등을 현재 문서의 앞쪽에 추가할 예정이라면 시작 페이지를 수정해야 합니다. 문서의 첫 페이지가 2부터 시작할 수 있도록 시작 페이지 번호를 수정해 보겠습니다.

예제 파일 Part09\아시아 출국통계.xlsx.xlsx   **완성 파일** Part09\아시아 출국통계_완성.xlsx

1 [페이지 레이아웃] 탭-[페이지 설정] 그룹의 확장 버튼을 클릭합니다. [페이지 설정] 대화상자-[페이지] 탭의 [시작 페이지 번호]에 2를 입력하고 [확인]을 클릭합니다.

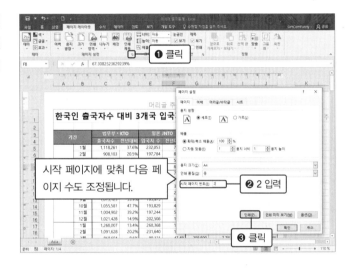

2 첫 번째 페이지의 바닥글 페이지 번호가 '2'부터 시작되는 것을 볼 수 있습니다.

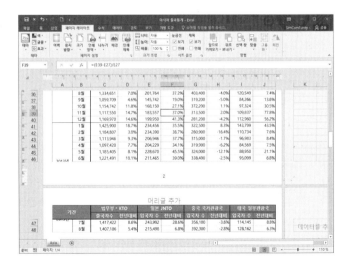

108 홀수 페이지와 짝수 페이지 다르게 인쇄하기

책처럼 양쪽으로 펼쳐서 보는 문서를 만들 때는 홀수 페이지와 짝수 페이지의 머리글 및 바닥글을 다르게 설정하곤 합니다. 홀수 페이지의 바닥글에 파일 이름을, 짝수 페이지의 바닥글에 페이지 번호를 삽입해 보겠습니다.

예제 파일 Part09\열차시간표.xlsx **완성 파일** Part09\열차시간표_완성.xlsx

1 [페이지 레이아웃] 탭-[페이지 설정] 그룹의 확장 버튼을 클릭합니다. [페이지 설정] 대화상자-[머리글/바닥글] 탭에서 [짝수와 홀수 페이지를 다르게 지정]에 체크 표시를 한 후 [바닥글 편집]을 클릭합니다.

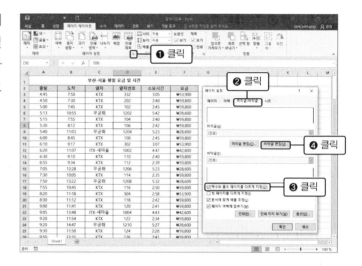

2 [바닥글] 대화상자의 [홀수 페이지 바닥글] 탭에서 바닥글의 왼쪽 구역을 선택한 후 [파일 이름 삽입] 아이콘을 클릭합니다.

3 [짝수 페이지 바닥글] 탭에서 바닥글
의 오른쪽 구역을 선택한 후 [페이지 번호]
아이콘을 클릭합니다. [확인]을 클릭하여
대화상자를 닫습니다.

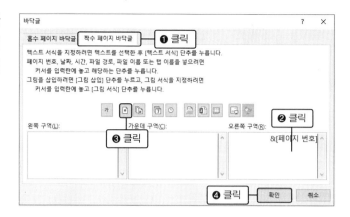

4 [페이지 설정] 대화상자로 돌아오면
[인쇄 미리보기]를 클릭합니다.

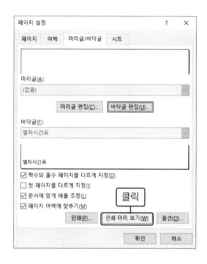

5 홀수 페이지인 1쪽의 왼쪽 아래에는 파일 이름이, 짝수 페이지인 2쪽의 오른쪽 아래에는 페이지 번호가 표
시된 것을 볼 수 있습니다. Esc를 눌러서 다시 [페이지 설정] 대화상자로 돌아오면 [확인]을 클릭합니다.

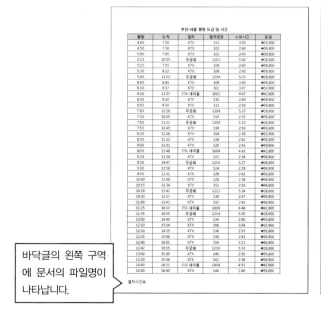

바닥글의 왼쪽 구역
에 문서의 파일명이
나타납니다.

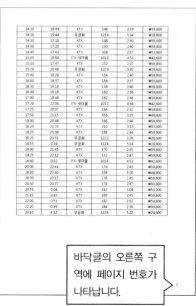

바닥글의 오른쪽 구
역에 페이지 번호가
나타납니다.

109 바닥글에 로고 이미지 삽입하기

바닥글에 이미지를 삽입하면 워크시트에서는 보이지 않고, 인쇄하면 모든 페이지의 동일한 위치에 나타나는 것을 알 수 있습니다. 바닥글에 회사의 로고 이미지를 삽입하고 크기를 조절하는 방법을 알아보겠습니다.

예제 파일 Part09\근무표 로고.xlsx　　**완성 파일** Part09\근무표 로고_완성.xlsx

1 상태 표시줄에서 [페이지 레이아웃] 버튼을 클릭하여 편집 모드가 되면 바닥글의 가운데 구역을 클릭합니다. [디자인] 탭-[머리글/바닥글 요소] 그룹-[그림]을 클릭한 후 [그림 삽입] 대화상자가 나타나면 [파일에서]의 '찾아보기'를 클릭합니다.

> **TIP**
>
> 엑셀 2013 이상부터는 온라인과 연결해서 'Bing 이미지 검색'으로 웹 이미지를 다운로드하거나 'OneDrive'에 저장된 그림 파일을 가져올 수 있습니다.

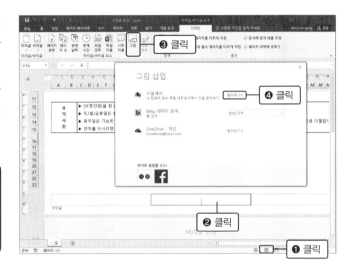

2 [그림 삽입] 대화상자가 나타나면 Part09\logo.jpg 파일을 선택한 후 [삽입]을 클릭합니다.

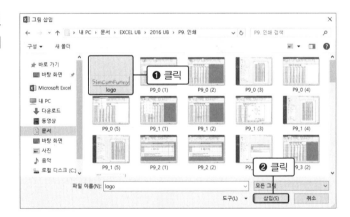

3 다른 셀을 클릭하여 편집 상태를 빠져 나옵니다. 바닥글 영역에 삽입된 로고가 너무 커서 이미지가 다 나타나지 않습니다. 이미지 크기를 수정하기 위해 다시 [페이지 레이아웃] 탭-[페이지 설정] 그룹의 확장 버튼을 클릭합니다. [페이지 설정] 대화상자-[머리글/바닥글] 탭에서 [바닥글 편집]을 클릭합니다.

TIP

[디자인] 탭-[머리글/바닥글 요소] 그룹-[그림 서식]을 클릭해도 됩니다.

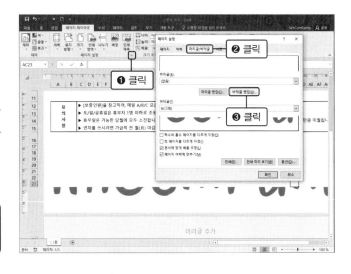

4 [바닥글] 대화상자가 나타나면 '&[그림]'이 입력된 가운데 구역을 선택하고 [그림 서식] 아이콘을 클릭합니다.

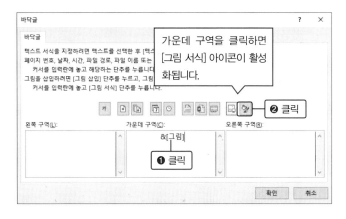

가운데 구역을 클릭하면 [그림 서식] 아이콘이 활성화됩니다.

5 [그림 서식] 대화상자-[크기] 탭의 [배율]에서 [높이]를 20%로 수정하고 [확인]을 클릭합니다. [바닥글] 대화상자와 [페이지 설정] 대화상자의 [확인]을 순서대로 클릭합니다.

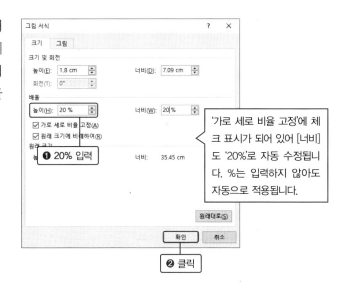

'가로 세로 비율 고정'에 체크 표시가 되어 있어 [너비]도 '20%'로 자동 수정됩니다. %는 입력하지 않아도 자동으로 적용됩니다.

6 Ctrl + P 를 눌러 인쇄 미리보기 화면이 나타나면 바닥글의 로고 크기가 알맞게 수정된 것을 볼 수 있습니다.

[심컴퍼니] 2017년 1월 제주점 근무표

2017년 1월		1	2	3	4	5	6	7	8	9	10	11	12	13	14	15	16	17	18	19	20	21	22	23	24	25	26	27	28	29	30	31	휴무	연차
근무자	직급	일	월	화	수	목	금	토	일	월	화	수	목	금	토	일	월	화	수	목	금	토	일	월	화	수	목	금	토	일	월	화	9	-
강정은	점장																																	
강유숙	사원																																	
이현정	사원																																	
김영준	알바																																	
오경화	알바																																	

유의사항
- ▶ [보충인원]을 참고하여, 매일 A/B/C 모든 근무조가 채워졌는지 확인하세요.
- ▶ 토/일/공휴일은 휴무자 1명 이하로 조정해주세요.
- ▶ 휴무일은 가능한 당월에 모두 소진합니다. 부득이할 경우, 영업담당자와 사전에 협의한 뒤 연차(AH열)의 마이너스(-)일수만큼 이월됩니다.
- ▶ 연차를 쓰시려면 가급적 전 월(月) 마감일까지 매장별 영업담당자와 상의해주세요.

SimComFunny

110 도형만 제외하고 인쇄하기

워크시트에 도형 같은 개체가 많이 포함되었을 경우, 인쇄용지나 잉크를 절약하기 위해 개체만 인쇄에서 제외할 수 있습니다. 인쇄 영역을 설정할 때는 행과 열의 범위를 선택할 수는 있으나 개체만 선택할 수 없기 때문에 먼저 도형 전체를 선택한 뒤 속성에서 '개체 인쇄'를 제외해 보겠습니다.

예제 파일 Part09\거래처명단.xlsx   **완성 파일** Part09\₩거래처명단_완성.xlsx

1 도형을 하나 클릭하고 Ctrl + A 를 누르면 모든 개체가 선택됩니다. 선택된 개체에 마우스 오른쪽 버튼을 클릭한 뒤 단축 메뉴에서 [크기 및 속성]을 선택합니다. [그림 서식] 작업 창의 [속성]에서 '개체 인쇄'의 체크 표시를 없앱니다.

> 엑셀 2007/2010 | 오른쪽 작업 창 대신 대화상자가 나타납니다.

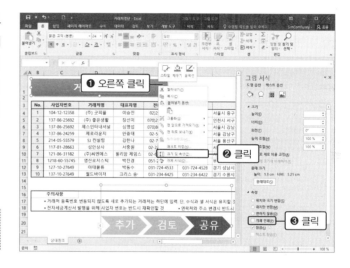

2 Ctrl + P 를 눌러 인쇄 미리보기 화면이 나타나면 도형과 로고 이미지 등 모든 개체가 나타나지 않는 것을 알 수 있습니다.

No.	사업자번호	거래처명	대표자명	전화번호	팩스번호	주소
1	104-12-12358	(주) 굿피플	이승진	02)259-3574	02)259-3579	서울시 중구 태평로 155-1
2	137-86-25692	(주) 좋은생활	장선미	070)2559-7599	032)259-7459	인천시 서구 장고개로 152 성안빌딩 5층 501호
3	137-86-25692	제스인테네셔널	심명섭	070)8859-1524	02)859-1622	서울시 강남구 태헤란로 159 뉴서울빌딩 1101호
4	137-86-24259	제로라운지	안중태	02-558-4901	02-558-4910	서울 강남구 봉은사로 5길
5	214-05-55579	SJ 컨설팅	김한나	02-790-2514	02-790-2410	서울 용산구 이태원로 134 아태아빌딩 1504중
6	117-81-28663	성안상사	서충원	02-2265-0188	02-2265-0190	서울 중구 창경궁로 65
7	121-86-31182	(주)씨엔에스	윌리암 제임스	02-6241-6745	02-6241-6751	서울 마포구 어울마당로 98
8	1218-60-55745	영진로지스틱	박진경	051-246-7514	051-246-7544	부산 중구 중앙대로 42번길
9	127-10-27649	아태물류	박동수	031-724-4533	031-724-4528	경기 성남시 분당구 대왕판교로 61
10	137-10-27649	필드바이저	크리스 송	031-234-6425	031-234-6422	경기 수원시 팔달구 효원로 159번길 대흥빌딩 3층

주의사항
• 거래처 등록번호 변동되지 않도록 새로 추가되는 거래처는 하단에 입력, 단, 수식과 셀 서식은 유지할 것.
• 전자세금계산서 발행을 위해 사업자 번호는 반드시 재확인할 것   • 연락처와 주소 변경시 반드시 수정해놓을 것

111 인쇄에 표시할 항목 설정하기

[페이지 설정] 대화상자에서는 페이지와 인쇄에 관련된 여러 가지 설정을 할 수 있습니다. 엑셀 화면의 눈금선, 행과 열의 머리글, 메모를 인쇄하는 방법을 비롯하여 흑백 인쇄, 간단하게 인쇄 등 다양한 인쇄 설정법을 알아보겠습니다.

예제 파일 Part09\판매회전율.xlsx

[페이지 레이아웃] 탭-[페이지 설정] 그룹의 확장 버튼을 클릭합니다. [페이지 설정] 대화상자-[시트] 탭의 [인쇄]에서 원하는 항목에 체크 표시를 합니다. [인쇄 미리보기]를 클릭하면 선택한 항목이 적용된 문서를 볼 수 있습니다.

❶ 눈금선 : 워크시트에서만 표시되는 셀의 구분선이 인쇄됩니다.

❷ 흑백으로 : 글꼴은 모두 검은색으로 바뀌고 채우기 색은 모두 사라져 흑백으로 인쇄됩니다.

❸ 간단하게 인쇄 : 문서의 모든 테두리와 채우기 색 등이 제거된 상태로 인쇄됩니다.

❹ 행/열 머리글 : 엑셀 화면에서만 표시되는 행과 열 머리글이 인쇄됩니다.

❺ 메모 : 워크시트에 추가된 메모를 인쇄하려면 '시트 끝'이나 '시트에 표시된 대로'를 선택합니다. '시트 끝'을 선택하면 셀 주소와 내용이 마지막에 표시됩니다. '시트에 표시된 대로'는 워크시트 화면에서 보는 것과 동일하게 메모가 표시되거나 숨겨진 상태로 인쇄됩니다.

❻ 셀 오류 표시 : 셀 값에 오류 값이 나타난 경우 '표시된 대로' 오류 값도 같이 인쇄할 수 있지만, '공백'으로 처리하거나 #N/A로 일괄 변환해서 인쇄할 수 있습니다.

▲ 눈금선

▲ 흑백으로

▲ 간단하게 인쇄

▲ 행/열 머리글

▲ 메모(시트에 표시된 대로)

▲ 셀 오류 표시(공백)

112 인쇄 순서 설정 및 양면 인쇄하기

사람들에게 나누어줄 인쇄물을 인쇄할 경우에는 페이지 순서대로 한 부씩 인쇄하거나 각 페이지를 여러 장씩 인쇄하는 방법이 있습니다. 또 양면 인쇄를 하면 인쇄용지를 절약할 수 있습니다. 또한 양면 인쇄를 할 때 앞뒤 시작 위치를 설정할 수 있습니다.

예제 파일 Part09\출국통계.xlsx

Ctrl + P 를 눌러 인쇄 백스테이지로 이동합니다. [복사본]에 복사할 부수를 입력하고, [설정] 항목을 용도에 따라 선택합니다.

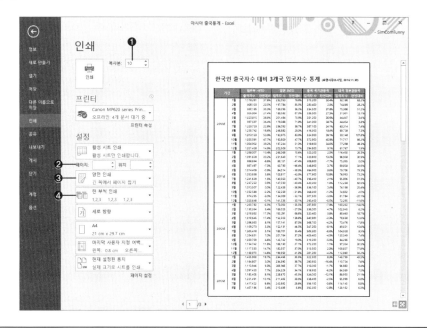

❶ 인쇄할 부수
예제 문서는 3페이지로 이루어져 있습니다. '10'을 입력하면 총 30페이지가 출력됩니다.

❷ 인쇄할 페이지 지정
인쇄를 시작할 페이지 번호는 '페이지'에, 인쇄를 끝낼 페이지 번호는 '위치'에 입력합니다.

❸ 단면 인쇄/양면 인쇄
'양면 인쇄'를 선택하면 용지 앞뒤로 2쪽이 인쇄됩니다. 긴 면을 기준으로 페이지를 넘길 경우, 양면의 시작 위치를 같게 인쇄해서 책처럼 양옆으로 볼 수 있습니다. 반면 짧은 면을 기준으로 페이지를 넘길 경우, 시작 위치를 반대로 해서 앞뒤로 넘겨 볼 수 있습니다.

❹ 한 부씩 인쇄/한 부씩 인쇄 안함
'한 부씩 인쇄'를 선택하면 '1,2,3 페이지, 1,2,3 페이지…' 순으로 한 부씩 인쇄됩니다.
'한 부씩 인쇄 안함'을 선택하면 1페이지가 10장, 2페이지 10장, 3페이지 10장순으로 인쇄됩니다.

113 여러 개의 워크시트나 문서 한 번에 인쇄하기

여러 개의 워크시트나 문서를 인쇄할 경우, 모든 문서를 일일이 열지 않아도 동시에 인쇄할 수 있습니다. 단축키를 활용해서 워크시트를 그룹으로 묶어서 한 번에 인쇄하거나 폴더에서 인쇄할 문서들을 일괄 선택하는 법을 알아보겠습니다.

예제 파일 Part09\출국통계.xlsx

통합 문서의 모든 워크시트 일괄 인쇄하기

1 '아시아' 워크시트 탭을 클릭하고 Shift 를 누른 상태에서 마지막 워크시트인 '아프리카' 워크시트 탭을 클릭하여 전체 시트를 그룹화합니다.

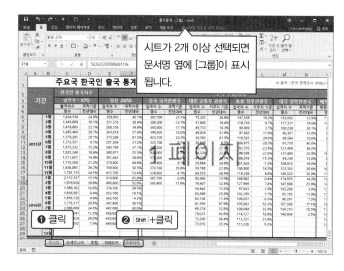

시트가 2개 이상 선택되면 문서명 옆에 [그룹]이 표시됩니다.

TIP

몇 개의 워크시트만 선택하여 인쇄하려면 Shift 대신 Ctrl 을 누르고 인쇄할 시트 탭을 클릭합니다.

❶ 클릭 ❷ Shift +클릭

2 Ctrl + P 를 누르면 인쇄 백스테이지가 나타납니다. 페이지를 넘겨보면 5개 워크시트가 순서대로 인쇄 영역에 포함된 것을 알 수 있습니다.

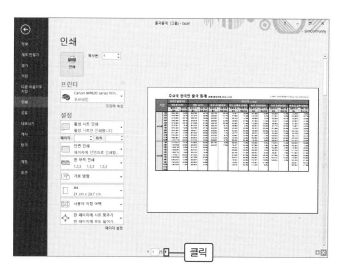

클릭

TIP

워크시트가 그룹화된 상태에서 바닥글에 페이지 번호를 삽입했다면 워크시트 탭의 순서에 따라 페이지 번호가 이어집니다.

| 여러 개의 문서를 한꺼번에 인쇄하기

폴더에서 인쇄할 문서들을 선택한 후 마우
스 오른쪽 버튼을 클릭합니다. 단축 메뉴에
서 [인쇄]를 선택하면 해당 문서들이 열리
고 바로 인쇄가 실행됩니다.

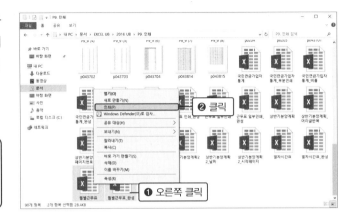

TIP

인쇄할 문서 파일이 연속으로 놓여 있다면 드래
그해서 선택하고, 떨어져 있다면 Ctrl 을 누른 채
각 문서를 클릭하여 선택합니다.

Step 3

계산기보다
엑셀

– 수식과 함수

#수식 #텍스트 함수 #날짜/시간 함수 #IF/논리 함수
#데이터베이스 함수 #참조/정보 함수 #배열 수식

Part 10 수식과 기본 함수

계산기보다 엑셀을 사랑할 수밖에 없는 이유는? 수식 과정을 쉽게 수정하고 반복된 계산 범위는 함수로 묶을 수 있기 때문입니다. 예를 들어 품목별 할인가를 계산할 때, 할인율과 판매가가 입력된 셀 주소를 참조해서 수식을 하나만 입력하면 자동 채우기로 나머지 값을 빠르게 구할 수 있습니다. 또한 판매가나 할인율이 변경되면 참조 값만 수정해서 결과를 쉽게 갱신할 수 있습니다.

혼합 참조로 수식 입력하여 각각의 할인가를 한 번에 구하기

함수와 자동 채우기를 이용하여 합계 및 평균 빠르게 구하기

114 수식을 연산자로 계산하기

수식은 등호(=)와 숫자 또는 셀 주소, 연산자, 함수 등으로 구성됩니다. 수식은 연산자를 이용하여 셀 값을 계산하거나 함수를 활용하여 특정 값을 추출합니다. 연산자를 이용한 수식은 수학 공식을 입력하는 것과 비슷합니다. 수식의 원리를 알아보고, 사칙연산으로 간단한 계산을 해보겠습니다.

예제 파일 Part10\연산자.xlsx　　**완성 파일** Part10\연산자_완성.xlsx

수식 이해하기

[D2] 셀을 클릭하면 수식 입력줄에 =B2*C2라는 수식이 나타납니다. 워크시트에서 보이는 결과 값은 125,000이지만 실제로 입력한 내용은 등호(=), 참조 범위인 셀 주소, 연산자입니다.

예를 들어 단가가 3,000원으로 올랐다면 [C2] 셀만 수정해주면 [D2] 셀의 합계 값이 자동으로 업데이트됩니다. 이처럼 엑셀이 계산기보다 정확하고 편리한 이유는 수식의 중간 과정을 확인할 수 있고, 참조할 셀 값만 바꿔주면 계산을 손쉽게 수정할 수 있기 때문입니다.

❶ **등호** : 수식을 시작할 때 쓰는 부호입니다.
❷ **피연산자** : 연산자를 이용하여 연산할 대상으로 셀 주소나 숫자를 입력합니다.
❸ **연산자** : 피연산자를 참조하여 계산하거나 비교하는 연결 기호입니다.

연산자의 종류

연산자의 종류	기호	기능	우선순위
참조 연산자	:	연속되는 셀 범위 참조	1
	,	개별적인 셀 범위 참조	2
	공백	두 범위에서 공통되는 셀 참조	3
산술 연산자	−	음수	4
	%	백분율	5
	^	지수	6
	*, /	곱하기, 나누기	7
	+, −	더하기, 빼기	8
문자열 연산자	&	셀 값 연결하기	9
비교 연산자	=	같다	10
	>	크다	
	<	작다	
	>=	크거나 같다	
	<=	작거나 같다	
	<>	같지 않다	

| 산술 연산자로 계산하기

1 [E4] 셀을 클릭한 후 수식을 작성하기 위해 =을 입력합니다. 셀을 선택하는 대신 숫자를 입력하여 계산해 보겠습니다. 100+50을 입력하고 Enter를 누르면 결과 값이 나타납니다.

> **TIP**
> 수식 입력 후 Ctrl + Enter를 누르면 커서가 다음 행으로 이동하지 않고 해당 셀에 그대로 있습니다.

D열에서는 수식을 그대로 보여주기 위해 수식 앞에 작은따옴표(')를 입력했습니다. E열에는 수식만 입력해서 결과 값만 표시됩니다.

	B	C	D	E
1			산술 연산자	
3	값 1	값 2	수식	결과
4	100	50	=B4+C4	150
5	80	40		
6	60	30		=100+50 입력 후 Enter
7	40	20		

2 이번에는 셀 주소를 입력하여 계산해 보겠습니다. [E5] 셀에 =를 입력하고 [B5] 셀을 클릭하면 수식에 B5가 입력됩니다. 그 뒤에 −를 입력하고 [C5] 셀을 클릭하면 C5가 입력되어 =B5−C5 수식이 완성됩니다. Enter를 누르면 결과 값이 나타납니다.

> **TIP**
> 셀 값을 숫자로 입력하지 않고 셀 주소를 참조하면 추후 수식을 수정하기 쉽습니다.

	B	C	D	E
1			산술 연산자	
3	값 1	값 2	수식	결과
4	100	50	=100+50	150
5	80	40	=B5-C5	40
6	60	30		
7	❷ 클릭	❹ 클릭		

❶ = 입력
❸ − 입력
❺ Enter

3 [E6] 셀에서는 나눗셈 수식인 =B6/C6을 입력하고 Enter를 누르면 결과 값이 산출됩니다. [E7] 셀에서는 곱하기를 계산하기 위해 =B7*C7을 입력하고 Enter를 누릅니다.

	B	C	D	E
1			산술 연산자	
3	값 1	값 2	수식	결과
4	100	50	=10 ❶ =B6/C6 입력 후 Enter	
5	80	40	=B5-C5	40
6	60	30	=B6/C6	2
7	40	20	=B7*C7	800

❷ =B7*C7 입력 후 Enter

| 비교 연산자로 비교하기

[E12] 셀에 =B12=C12를 입력하면 논리값인 'TRUE'가 나타납니다. [B12] 셀에 입력된 값 100과 [C12] 셀에 입력된 값 100이 같다(=)는 논리는 사실이기 때문입니다. [E13] 셀에 =B13〈C13을 입력하면 'FALSE'가 나타납니다.

[B13] 셀에 입력된 값 80이 [C13] 셀에 입력된 값 40보다 작다는 논리는 사실이 아니기 때문입니다.

	B	C	D	E
9			비교 연산자	
11	값 1	값 2	수식	결과
12	100	100	=B12=C12	TRUE
13	80	40	=B13<C13	FALSE
14	60			
15				

비교 연산자로 숫자 값의 크기를 비교한 결과가 사실이면 TRUE, 틀리면 FALSE가 나타납니다.

| 참조 연산자로 셀 참조하기

수식에서 여러 개의 셀을 범위로 지정할 때는 참조 연산자가 필요합니다. 덧셈을 계산할 때 사칙연산 기호 대신 SUM 함수를 사용하면 더할 값 사이에 일일이 연산자를 입력하지 않고 괄호 안에 참조할 범위만 지정하면 됩니다.

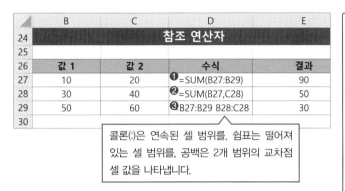

콜론(:)은 연속된 셀 범위를, 쉼표는 떨어져 있는 셀 범위를, 공백은 2개 범위의 교차점 셀 값을 나타냅니다.

❶ 셀 주소 사이의 세미콜론(:)은 연속된 셀 범위를 나타냅니다.
=SUM(B27:B29)는 [B27] 셀부터 [B29] 셀까지 입력된 모든 값을 더하라는 수식입니다.

❷ 떨어진 셀 주소를 참조할 때는 쉼표를 입력합니다.
=SUM(B27,C28)는 [B27] 셀 값과 [C28] 셀 값만 더하라는 수식입니다.

❸ 참조 범위 사이의 공백은 교차하는 셀 값을 나타냅니다.
=B27:B29 B28:C28은 [B27:B29]와 [B28:C28]이 교차되는 [B28] 셀 값인 30을 나타냅니다.

| 연결 연산자로 셀 값 조합하기

연결 연산자 기호인 앰퍼샌드(&)를 이용하면 각각의 셀 값을 조합할 수 있습니다. [E19] 셀에 =B19&C19를 입력하면 [B19] 셀 값과 [C19] 셀 값이 하나로 합쳐진 결과가 나타납니다.

TIP
합칠 문자를 직접 입력하려면 큰따옴표("") 안에 문자를 입력해야 합니다.

	B	C	D	E
16		연결 연산자		
17				
18	값 1	값 2	수식	결과
19	20	16	=B19&C19	2016
20	EXCEL	2016	=B20&C20	EXCEL2016
21	엑셀 2016	Using bible	=B21&C21	엑셀 2016Using bible

=B19&C19 입력 후 [Enter]

115 연산 순서 이해하기_이익 증감률 구하기

수학과 마찬가지로 엑셀의 수식도 연산기호의 우선순위가 있습니다. 연산자는 여러 개를 동시에 쓸 경우 우선순위에 따라 수식을 조정해야 합니다. 예를 들어 덧셈, 뺄셈을 곱셈, 나눗셈보다 먼저 계산하려면 괄호로 우선순위를 조정하면 됩니다.

예제 파일 Part10\연산순서.xlsx   **완성 파일** Part10\연산순서_완성.xlsx

| 전년 대비 증감률 구하기

1 [E6] 셀에 =C6-D6/D6를 입력해 보겠습니다. 등호(=)를 입력하고 [C6] 셀을 클릭한 뒤 뺄셈 기호(−)를 입력합니다. [D6] 셀을 클릭하고 나눗셈 기호(/)를 입력한 뒤 다시 [D6] 셀을 클릭합니다. 결과 값을 내기 위해 Enter 를 누릅니다.

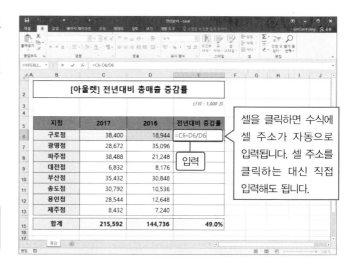

> 셀을 클릭하면 수식에 셀 주소가 자동으로 입력됩니다. 셀 주소를 클릭하는 대신 직접 입력해도 됩니다.

수식

2016년 대비 2017년 매출 증감률 수식
=(2017년 매출−2016년 매출)/2016년 매출

2 결과 값이 산출되었습니다. 연산 부호의 우선순위에 따라 나눗셈(D6/D6)이 뺄셈(C6−D6)보다 먼저 계산되어 잘못된 값이 나왔습니다.

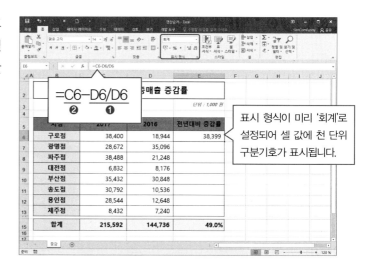

> 표시 형식이 미리 '회계'로 설정되어 셀 값에 천 단위 구분기호가 표시됩니다.

3 수식에서 뺄셈부터 계산하려면 괄호로 우선순위를 조절해야 합니다. [E6] 셀을 더블클릭하여 수식이 나타나면 C6-D6 앞뒤로 괄호를 삽입하여 다음과 같이 수식을 수정합니다.

> **수식**
>
> **=(C6-D6)/D6**
>
> [C6] 셀 값에서 [D6] 셀 값을 뺀 후 [D6] 셀 값으로 나눕니다.

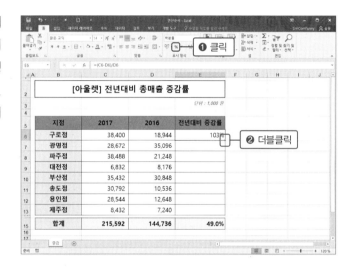

4 괄호 식부터 계산하고 나눗셈이 되어 전년 대비 증감률이 제대로 계산되었습니다. 백분율로 바꾸기 위해 [홈] 탭-[표시 형식] 그룹-[백분율 스타일]을 클릭합니다. [E13] 셀까지 수식을 채우기 위해 채우기 핸들을 더블클릭합니다.

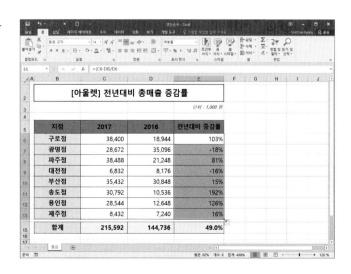

5 백분율 표시 형식이 적용된 수식이 자동으로 채워졌습니다.

116 셀 참조 이해하기_상대 참조

셀 주소가 입력된 수식을 채우기 핸들로 드래그하면 나머지 셀에도 수식이 채워집니다. 이때 복사된 수식의 셀 주소는 원본 수식과 달리 이동한 칸 수에 따라 상대적으로 바뀝니다. 이처럼 셀 주소를 붙여 넣는 위치에 따라 변경되는 참조 방식을 알아보고 수식에 따라 응용해 보겠습니다.

예제 파일 Part10\상대참조.xlsx   **완성 파일** Part10\상대참조_완성.xlsx

| 셀 참조 이해하기

셀 참조의 형태에는 상대 참조, 절대 참조, 혼합 참조가 있습니다. 수식에 참조된 셀 주소를 그대로 복사하면 채우기 핸들로 이동한 칸 수만큼 셀 주소도 바뀌는데, 이를 '상대 참조'라고 합니다. 즉, 붙여 넣는 위치에 따라 상대적으로 셀 주소가 바뀌는 것입니다. 반대로 참조할 셀 주소가 고정되어야 한다면, 행과 열 주소 앞에 $를 입력하여 절대 참조 또는 혼합 참조로 바꿉니다.

종류	[E5] 셀	설명
상대 참조	E5	붙여넣기할 셀 위치에 따라 행과 열의 셀 주소가 상대적으로 변합니다.
절대 참조	$E$5	다른 셀에 복사된 수식을 붙여 넣어도 셀 주소는 변하지 않습니다.
혼합 참조	E$5, $E5	행 주소만 고정시키거나 열 주소만 고정시킵니다.

| 셀 참조 변경하기

셀을 클릭하고 F4를 누를 때마다 셀 주소의 참조 형태가 바뀝니다. 빈 셀에 등호(=)를 입력하고 수식에서 [E5] 셀을 클릭합니다. 이 상태에서 F4를 누르면 셀 주소 [E5]의 행과 열 앞에 $가 입력되어 절대 참조 형태인 $E$5로 바뀝니다. 다시 F4를 누르면 혼합 참조로서 행만 고정된 형태인 E$5로 바뀝니다. 다시 F4를 누르면 열만 고정되는 혼합 참조 $E5로 바뀝니다.

> **TIP**
>
> **F4로 참조 형태를 바꾸는 방법**
> **방법 1.** $는 셀 주소를 고정시키는 기호로, 고정시키려는 행이나 열 주소 앞에 직접 입력합니다.
> **방법 2.** 여러 개의 셀 주소 참조 형태를 동시에 바꾸려면 셀 주소를 모두 드래그한 후 F4를 누릅니다.
> **방법 3.** 여러 개의 셀 주소를 입력한 상태에서 앞서 입력한 셀 주소를 절대 참조로 바꾸려면 해당 셀 주소 앞에 커서를 놓고 F4를 누릅니다.

┃ 상대 참조로 계산하기

1 매출액을 구하기 위해 [E5] 셀에 다음의 수식을 입력한 후 Enter를 누릅니다.

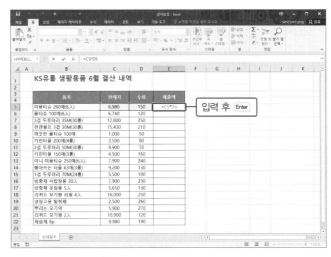

입력 후 Enter

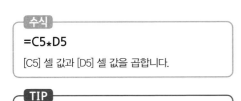

수식

=C5*D5

[C5] 셀 값과 [D5] 셀 값을 곱합니다.

TIP

매출액=판매가×수량

2 계산된 값이 나타납니다. 나머지 셀을 채우기 위해 [E5] 셀에서 채우기 핸들을 더블클릭합니다.

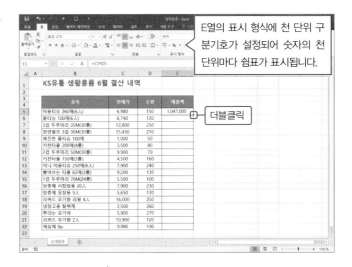

E열의 표시 형식에 천 단위 구분기호가 설정되어 숫자의 천 단위마다 쉼표가 표시됩니다.

더블클릭

3 나머지 셀에도 계산된 결과가 나타나면 적용된 수식을 확인합니다. [E6] 셀을 클릭하면 수식 입력줄에 =C6*D6이 나타납니다. [E5] 셀에 입력했던 =C5*D5를 복사했으나 입력해야 할 셀 주소가 1칸 이동한 만큼 참조 셀의 주소도 1행씩 이동한 것입니다.

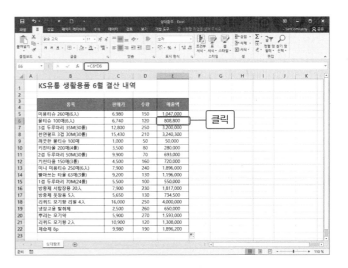

클릭

117 절대 참조로 계산하기

앞에서 배운 상대 참조를 이용하면 수식을 붙여 넣을 셀의 위치에 따라 행과 열 주소가 변경되었습니다. 그러나 결과 값이 입력될 위치와 상관없이 고정된 셀 주소를 참조할 경우에는 $ 기호가 붙은 절대 참조를 이용합니다.

예제 파일 Part10\절대참조.xlsx   **완성 파일** Part10\절대참조_완성.xlsx

1 할인율이 입력된 [G3] 셀을 절대 참조하여 '할인금액'을 계산해 보겠습니다. [F6] 셀에 다음의 수식을 입력합니다.

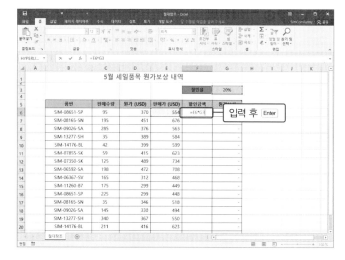

수식

=E6*G3

판매가가 입력된 [E6] 셀과 할인율 [G3] 셀을 곱하여 할인된 금액을 구합니다.

2 [F6] 셀에 할인금액 111이 산출되었습니다. 채우기 핸들을 더블클릭하여 나머지 셀을 채웁니다.

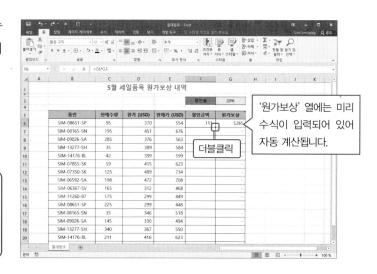

'원가보상' 열에는 미리 수식이 입력되어 있어 자동 계산됩니다.

TIP

수식에서 할인율이 입력된 [G3] 셀을 클릭하는 대신 할인율 20%를 직접 입력하고 채우기 핸들로 복사해도 됩니다. 단, 할인율을 변경하려면 수식에 입력된 숫자를 모두 수정해야 합니다.

3 셀 값에 오류가 나타납니다. 오류를 확인하기 위해 [F7] 셀을 클릭하니 수식 입력줄에 =E7*G4가 나타납니다. 채우기 핸들로 복사된 셀 주소의 행 번호가 붙여넣기한 셀 주소만큼 변경된 것입니다. 할인율 20%가 입력된 [G3] 셀 주소는 고정되어야 하므로 수식에서 [G3] 셀을 절대 참조로 바꾸어야 합니다.

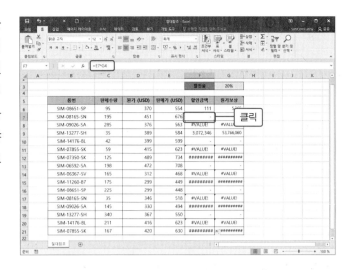

4 수식을 수정하기 위해 [F6] 셀을 더블클릭하여 G3을 드래그한 후 F4를 눌러 절대 참조로 바꿉니다.

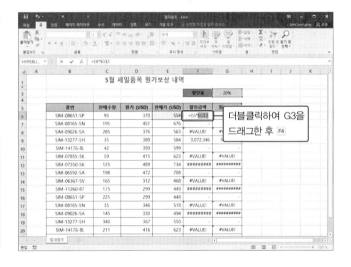

수식

=E6*$G$3

판매가 [E6] 셀에 할인율 [G3] 셀을 곱해서 할인된 금액을 구합니다. 단, 모든 판매가에 고정된 할인율이 적용되므로 할인율이 입력된 [G3] 셀은 절대 참조로 바꿉니다.

5 [F6] 셀의 채우기 핸들을 더블클릭하여 나머지 셀도 채웁니다. '판매가'는 상대 참조로 셀 주소가 변경되었지만 할인율 [$G$3] 셀은 고정되어 20%만 적용된 것을 알 수 있습니다.

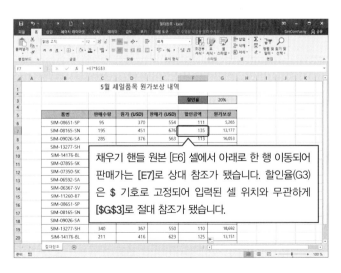

118 혼합 참조로 계산하기

상대 참조는 이동하는 위치에 따라 셀 주소가 바뀌고, 절대 참조는 위치에 상관없이 셀 주소가 고정됩니다. 혼합 참조는 행이나 열 주소 중 하나만 고정하는 형태입니다. 혼합 참조를 잘 활용하면 수식을 하나만 입력해도 채우기 핸들로 나머지 셀의 수식을 적절하게 완성할 수 있습니다.

예제 파일 Part10\혼합참조.xlsx   **완성 파일** Part10\혼합참조_완성.xlsx

1 20% 할인가를 구하기 위해 [D5] 셀에 다음의 수식을 입력합니다.

수식

=C5*(1-$D$4)

판매가([C5] 셀)에 판매율 (1-[D4])을 곱하여 할인가를 구합니다. 모든 판매가에 20% 할인율이 적용되므로 할인율([D4] 셀)은 절대 참조로 바꿉니다.

2 [D5] 셀에 결과 값이 표시되면 채우기 핸들을 더블클릭하여 [D22] 셀까지 수식을 채웁니다.

3 [D22] 셀의 채우기 핸들을 F열까지 드래그해서 [F22] 셀까지 모두 수식을 채워 보겠습니다.

TIP

현재 채우기 핸들의 수식은 20% 할인율이 입력된 [D4] 셀을 절대 참조로 고정한 상태입니다. [E:F] 열에 수식을 복사하면 할인율은 변경되지 않으니 다른 할인율을 계산할 때는 수식을 변경하거나 혼합 참조를 활용해야 합니다.

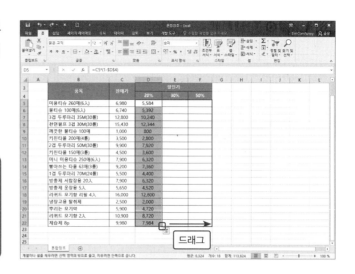

4 모든 셀에 수식이 입력되었습니다. 수식을 확인하기 위해 [F5] 셀을 더블클릭하면 =E5*(1-$D$4)가 나타납니다. 할인율은 20%([D4] 셀)가 아니라 50%([F4] 셀)로 변경돼야 하는데, 할인율이 모두 20%로 고정된 것입니다.

TIP

수식이 편집 모드일 때 다른 셀을 클릭하거나 방향키를 누르면 수식의 셀 주소가 변합니다. 수식 셀을 더블클릭한 상태에서 편집 모드를 빠져나가려면 Esc를 누릅니다.

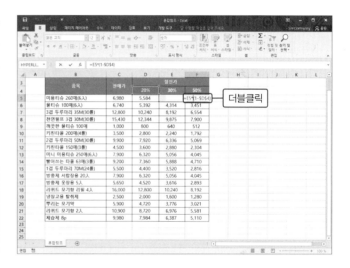

5 [D5] 셀을 더블클릭하여 다음과 같이 혼합 참조 방식으로 수식을 변경합니다. 셀 주소 앞을 클릭한 후 F4를 눌러 혼합 참조로 바꾸거나 행이나 열 주소 앞에 $를 입력합니다.

수식

=$C5*(1-D$4)

page 참조 형태를 바꾸는 방법은 250쪽을 참고하세요.

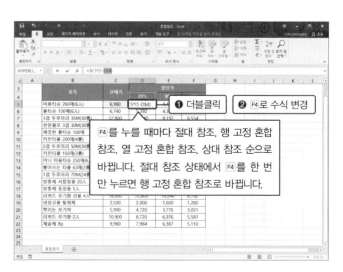

F4를 누를 때마다 절대 참조, 행 고정 혼합 참조, 열 고정 혼합 참조, 상대 참조 순으로 바뀝니다. 절대 참조 상태에서 F4를 한 번만 누르면 행 고정 혼합 참조로 바뀝니다.

6 [D5] 셀 값의 채우기 핸들을 더블클릭
하여 [D22] 셀까지 채웁니다. [D5:D22] 셀
이 선택된 상태에서 채우기 핸들을 F열까지
드래그하여 [F22] 셀까지 모두 채웁니다.

7 수식을 확인하기 위해 [F22] 셀을 클
릭합니다. C열과 4행만 고정되어 수식이
=$C22*(1-F$4)로 혼합 참조된 것을 알 수
있습니다.

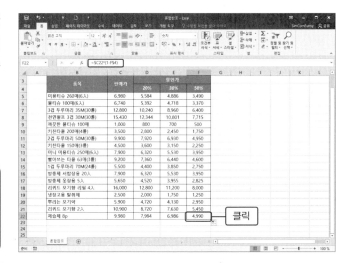

119 이름 상자를 참조하여 계산하기

수식의 참조 범위를 셀 주소로 입력하면 셀이 복사될 위치에 따라 행과 열 번호가 바뀌지 않도록 상대 참조와 절대 참조 등을 구분해주어야 합니다. 그러나 참조 범위에 이름을 정의하면 복잡한 셀 주소 대신 정의된 이름을 입력하여 간단하게 계산할 수 있습니다.

예제 파일 Part10\이름정의.xlsx   **완성 파일** Part10\이름정의_완성.xlsx

1 '기본급' 열에서 [E4:E30] 셀을 선택한 후 이름 상자에 기본급을 입력하고 Enter 를 누릅니다. '시간외수당' 열에서 [F4:F30] 셀을 선택하고 이름 상자에 시간외수당을, '세금 공제' 열에서 [G4:G30] 셀을 선택하고 이름 상자에 세금을 입력한 후 Enter 를 누릅니다.

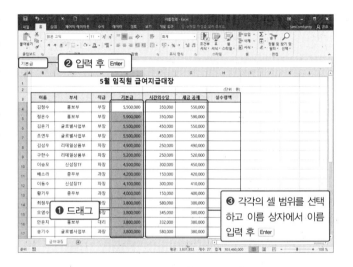

2 이름 상자를 이용해 실수령액을 구해 보겠습니다. [H4] 셀에 =기본급+시간외수당-세금을 입력하고 Enter 를 누르면 결과값이 나타납니다. 채우기 핸들을 더블클릭하여 나머지 셀을 채웁니다. 서식 테두리를 유지하기 위해 자동 채우기 옵션에서 [서식 없이 채우기]를 클릭합니다.

TIP

셀 주소 대신 이름을 입력해도 상대 참조로 수식을 계산할 수 있습니다.

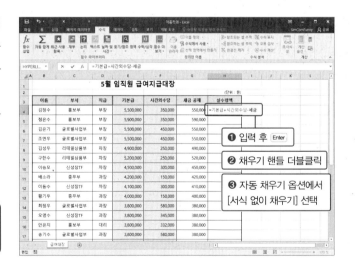

120 함수 작성하기

함수(Functions)는 수식의 일종으로, 자주 사용하는 기능이나 계산을 엑셀이 정한 공식에 따라 채워 넣는 방식입니다. 연산 기호를 이용한 수식이 숫자 계산에 국한된 반면 함수는 조건에 따라 다른 값을 표시할 수 있습니다. 함수는 직접 입력하거나 함수 마법사를 사용하여 입력합니다.

예제 파일 Part10\함수.xlsx **완성 파일** Part10\함수_완성.xlsx

| 함수 이해하기

함수는 크게 함수명과 인수로 나누어집니다. 함수의 종류에 따라 인수는 여러 개일 수도 있고 빈 괄호만 입력할 때도 있습니다. 괄호 안에 들어갈 인수에는 셀 주소, 숫자, 연산기호 등이 있고, 문자는 큰 따옴표(" ") 안에 입력해야 합니다. 예시로 셀 값에 입력된 글자 일부를 추출하는 LEFT 함수를 살펴보겠습니다.

❶ 등호 : 함수를 시작할 때 입력합니다.

❷ 함수명 : 추출할 조건에 따라 함수 이름이 달라집니다.

❸ 괄호 : 괄호 안에 인수를 입력합니다. 인수가 복잡해지면 안에 괄호를 추가할 수 있습니다.

❹ 인수 : 참조 범위나 옵션 값을 입력합니다.

❺ 쉼표 : 인수를 구분할 때 입력합니다.

| 다양한 방법으로 함수 작성하기

방법 1_함수 마법사로 입력하기

1 '응시번호'는 주민번호 앞 6자리와 전화번호 가운데 4자리로 조합된 것입니다. LEFT 함수를 활용해서 주민번호를 추출해 보겠습니다. [E5] 셀을 클릭한 후 [수식] 탭-[함수 라이브러리] 그룹-[함수 삽입]을 클릭합니다.

수식 입력란의 [함수 삽입] 버튼을 클릭해도 됩니다.

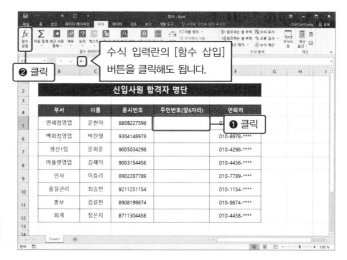

단축키

[함수 마법사] Shift + F3

2 [함수 마법사] 대화상자가 나타납니다. [함수 검색]에 LEFT를 입력하고 [검색]을 클릭하면 관련 목록이 검색됩니다. 목록에서 LEFT 함수를 더블클릭합니다.

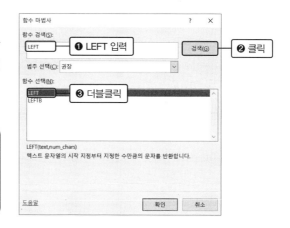

> **TIP**
>
> **LEFT 함수**
> =LEFT(참조할 셀 주소, 추출할 문자 개수)
> 참조 셀에 입력된 값에서 왼쪽 N개의 문자열을 추출하는 텍스트 함수입니다.

3 [함수 인수] 대화상자가 나타납니다. 커서가 [Text] 입력란에 있으니 [D5] 셀을 클릭해서 참조 셀을 입력합니다. [Num_chars]에 추출할 자릿수 6을 입력하고 [확인]을 클릭합니다.

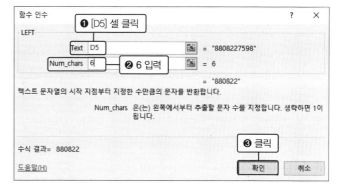

4 [E5] 셀에 주민번호 6자리가 추출되었습니다.

page 문자열을 추출하는 LEFT/RIGHT/MID 함수에 대한 내용은 269쪽을 참고하세요.

방법 2_함수 라이브러리에서 선택하기

1 [E6] 셀을 클릭한 후 [수식] 탭–[함수 라이브러리] 그룹–[텍스트]에서 'LEFT'를 선택합니다.

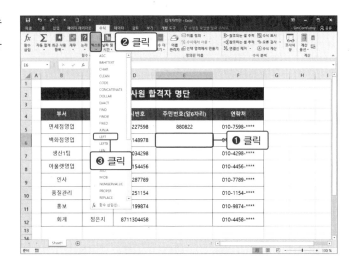

2 [함수 인수] 대화상자가 나타납니다. [Text] 입력란에서 [D6] 셀을 클릭하고 [Num_chars]에 6을 입력하면 [E6] 셀에 함수가 입력됩니다. [확인]을 클릭하면 셀에 결과 값이 표시되고 함수식은 수식 입력줄에서 확인할 수 있습니다.

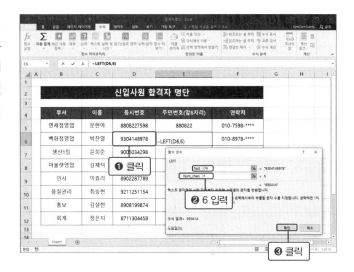

방법 3_함수 직접 입력하기

1 [E7] 셀을 클릭하여 =LEFT(를 입력합니다.

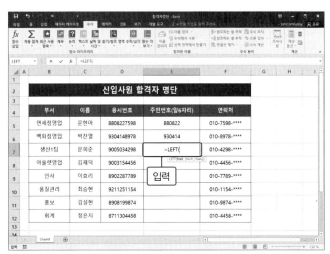

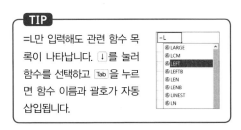

> **TIP**
>
> =L만 입력해도 관련 함수 목록이 나타납니다. ⬇를 눌러 함수를 선택하고 Tab 을 누르면 함수 이름과 괄호가 자동 삽입됩니다.

2 괄호 안에는 인수를 입력합니다. 첫 번째 인수에는 추출하려는 문자가 입력된 참조 범위 [D7] 셀을 클릭합니다.

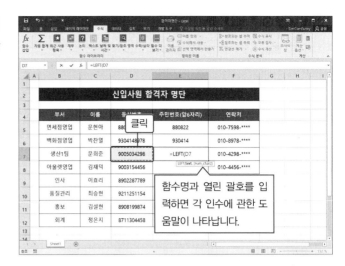

3 두 번째 인수를 입력하기 전 쉼표(,)를 입력해서 인수를 구분합니다. 두 번째 인수는 참조 값의 왼쪽부터 추출할 문자 개수입니다. 6을 입력하고 괄호를 닫고 [Enter]를 누릅니다.

TIP

함수의 인수를 정확히 입력했다면 닫음 괄호를 입력하지 않고 [Enter]를 눌러도 결과 값이 추출됩니다.

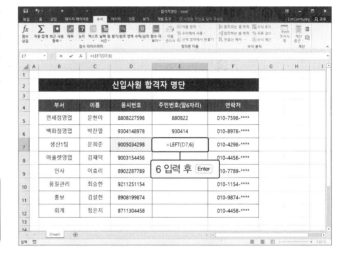

4 [E7] 셀에 결과 값이 추출되었습니다. 채우기 핸들을 드래그하거나 더블클릭하면 [E12] 셀까지 셀 값이 채워집니다.

● 이 책에서는 실무에서 빠르게 사용할 수 있도록 함수를 직접 입력하는 방법 위주로 설명합니다.

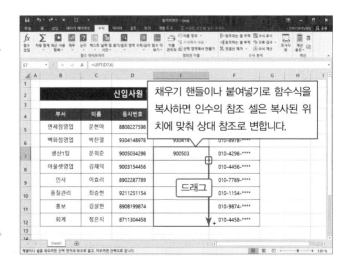

121 합계 구하기_SUM 함수

SUM 함수는 더하기 기능을 가진 함수입니다. 덧셈 연산자 기호(+)를 SUM 함수로 대체해서 괄호 안에 다양한 참조 범위를 입력할 수 있습니다. 덧셈 연산자 수식에서는 더할 값을 추가할 때마다 덧셈 기호(+)를 썼지만, SUM 함수는 괄호 안에 숫자나 셀 주소만 입력하면 됩니다.

예제 파일 Part10\SUM.xlsx   **완성 파일** Part10\SUM_완성.xlsx

SUM 함수	참조 범위의 숫자를 모두 더합니다. 인수는 숫자가 입력된 셀 주소나 숫자를 포함합니다. 참조 범위가 많을 경우, 쉼표로 구분하거나 콜론으로 연결합니다. 인수는 255개까지 입력할 수 있습니다. **=SUM(참조 범위 1, 범위 2 ······ 범위 255)**

1 '서울동부' 지점의 상반기 판매량을 구해보겠습니다. [H5] 셀에 =SUM(을 입력합니다.

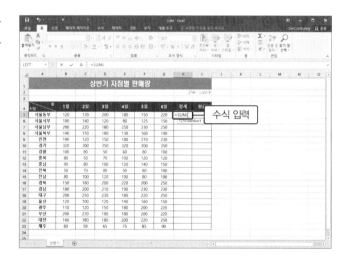

2 괄호 안의 인수에 합계를 구할 범위를 입력하기 위해 [B5:G5] 셀을 드래그합니다. [H5] 셀에 =SUM(B5:G5이 입력됩니다. 닫힌 괄호를 입력하지 않아도 Enter 나 Ctrl + Enter 를 누르면 닫힌 괄호가 입력되고 함수 결과 값이 반환됩니다.

수식

=SUM(B5:G5)

'서울동부' 지점의 1월부터 6월까지의 판매량 ([B5:G5] 셀)을 모두 더합니다.

3 [H5] 셀에 [B5:G5] 셀의 합계 값이 나타납니다. 나머지 지점의 상반기 판매량을 채우기 위해 [H5] 셀의 채우기 핸들을 더블클릭합니다.

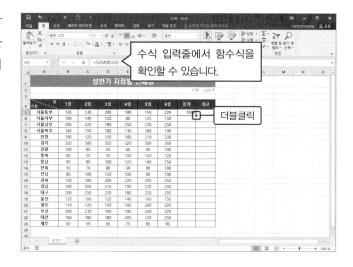

수식 입력줄에서 함수식을 확인할 수 있습니다.

더블클릭

4 함수를 이용해 모든 지점의 상반기 판매량 합계를 구했습니다.

인수의 셀 주소는 상대 참조에 의해 행 주소가 자동으로 변경되었습니다.

122 평균 구하기_AVERAGE 함수

AVERAGE는 평균값을 구해주는 함수입니다. 산술 연산자를 이용할 경우 덧셈(+)과 나눗셈(/) 기호로 평균식을 풀어서 입력해야 하지만 함수를 활용하면 함수명과 인수만 입력해서 간단하게 계산합니다. SUM 함수처럼 괄호 안에 평균값을 낼 참조 범위를 입력하면 평균값을 쉽게 구할 수 있습니다.

예제 파일 Part10\AVERAGE.xlsx   **완성 파일** Part10\AVERAGE_완성.xlsx

AVERAGE 함수	참조 범위에 입력된 셀 값의 평균을 구합니다. 참조 범위는 숫자, 숫자가 입력된 셀 주소를 입력하면 됩니다. 인수는 255개까지 입력할 수 있습니다. **=AVERAGE(참조 범위 1, 범위 2… 범위 255)**

1 '서울동부' 지점의 월별 평균값을 구하기 위해 [I5] 셀에 =AVERAGE(를 입력합니다.

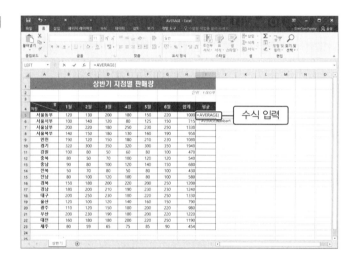

2 괄호 안에 평균을 구할 참조 범위 [B5:G5] 셀을 드래그합니다. =AVERAGE (B5:G5가 입력되면 Enter를 눌러 함수식을 완성합니다.

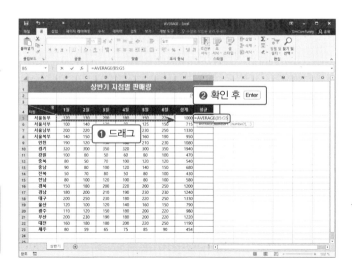

수식

=AVERAGE(B5:G5)

'서울동부' 지점의 1월부터 6월까지 평균 판매량([B5:G5] 셀)을 구합니다.

3 [B5:G5] 셀의 평균값이 나타납니다. 소수점을 없애려면 [홈] 탭-[표시 형식] 그룹-[자릿수 줄임]을 클릭합니다. 한 번 클릭할 때마다 소수점 자리가 줄어드니 필요한 만큼 클릭합니다.

TIP

[홈] 탭-[표시 형식] 그룹-[쉼표 스타일]을 클릭하면 [회계] 표시 형식에 따라 소수점이 없어지고 천 단위 구분 기호가 표시됩니다.

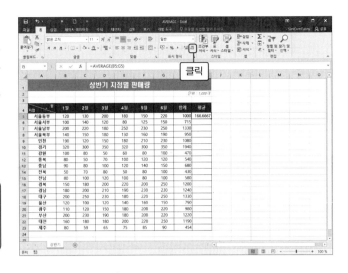

4 [I5] 셀의 채우기 핸들을 더블클릭하여 나머지 지점의 평균값을 구합니다.

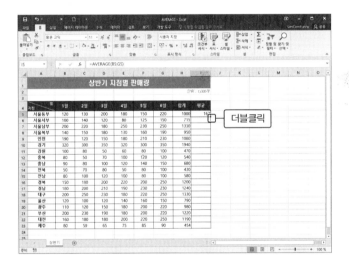

5 함수를 이용해 모든 지점의 상반기 판매량 평균값을 구했습니다.

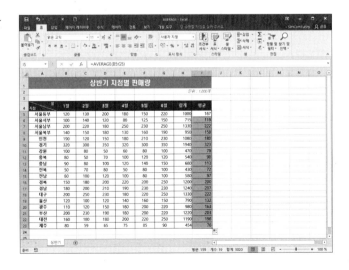

123 자동 합계로 함수 입력하기

간단한 형식의 표라면 자동 합계를 이용해볼 수 있습니다. 자동 합계는 함수명과 인수를 직접 입력하는 대신 참조할 범위를 드래그해서 합계, 평균, 개수 등을 쉽게 계산합니다. 단, 결과 값은 참조 범위 바로 옆에 표시되기 때문에 입력 위치에 따라 적절히 활용하는 것이 좋습니다.

예제 파일 Part10\자동합계.xlsx   **완성 파일** Part10\자동합계_완성.xlsx

┃ 방법 1_합계 범위 먼저 선택하기

1 자동 합계를 이용해 월별 합계를 한 번에 구해보겠습니다. [C5:H14] 셀을 선택한 후 [홈] 탭-[편집] 그룹-[합계]를 클릭합니다.

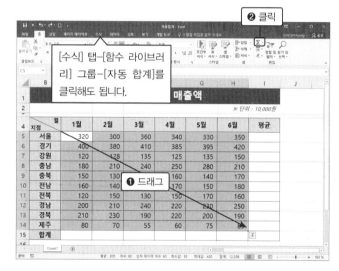

> [수식] 탭-[함수 라이브러리] 그룹-[자동 합계]를 클릭해도 됩니다.

page 엑셀 2013 이상에서는 셀 범위를 선택하면 빠른 분석 버튼이 나타납니다. 빠른 분석을 활용한 자동 계산 기능은 679쪽을 참고하세요.

2 참조 범위 아래 15행에 자동 합계가 입력됩니다. [C15] 셀을 더블클릭하면 SUM 함수와 합계 범위가 자동 입력된 것을 볼 수 있습니다.

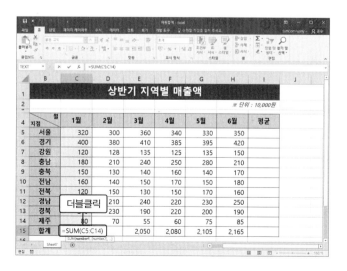

방법 2_평균값이 입력될 셀 먼저 선택하기

1 이번에는 I열에 지역별 평균 매출을 입력하려고 합니다. [I5:I15] 셀을 선택하고 [홈] 탭-[편집] 그룹-[합계]에서 [평균]을 클릭합니다.

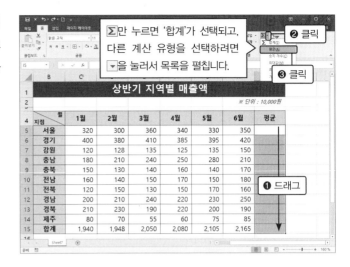

2 참조 범위 오른쪽에 평균값이 나타납니다. [I5] 셀을 클릭해보면 AVERAGE 함수와 평균 범위가 자동 입력된 것을 볼 수 있습니다.

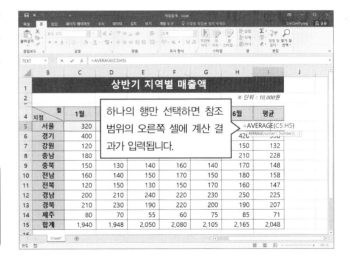

TIP

자동 합계는 참조 범위의 바로 아래 또는 옆에 결과 값을 표시합니다. 참조 범위와 결과를 입력할 셀이 떨어져 있다면 함수를 직접 입력하는 것이 낫습니다.

Part 11 텍스트 함수

고객 명단이나 제품번호 등 다양한 데이터를 입력하다 보면 특정 문자만 추출하거나 수정해야 할 때가 생깁니다. 숫자만 편애하지 않고 문자를 관리하는 데도 유용한 엑셀! 문자열 추출부터 대/소문자 변경, 문자 자릿수에 맞게 자동 입력까지, 텍스트 함수는 단순 사무 업무를 스마트하게 바꿔줍니다.

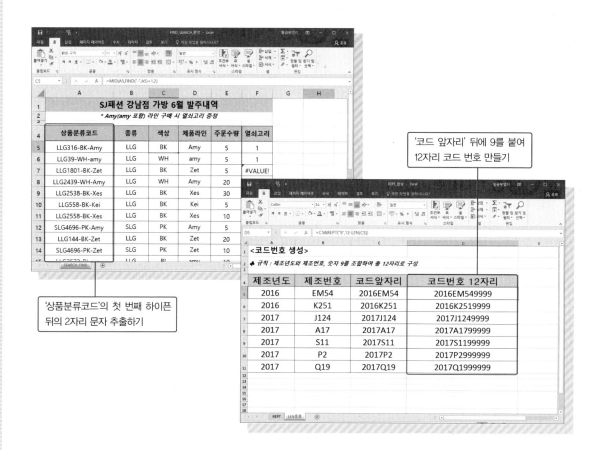

'코드 앞자리' 뒤에 9를 붙여
12자리 코드 번호 만들기

'상품분류코드'의 첫 번째 하이픈
뒤의 2자리 문자 추출하기

문자 추출/연결   124 문자열 추출하기_LEFT/RIGHT/MID 함수 | 126 문자 연결하기_CONCATONATE/CONCAT/TEXTJOIN 함수 | 127 대문자/소문자 변경하기_PROPER/UPPER/LOWER 함수

문자 위치 찾기/바꾸기   125 문자의 위치 찾기_FIND/SEARCH 함수 | 128 문자 바꾸기_REPLACE/SUBSTITUTE 함수

자릿수에 맞춰 숫자 입력   129 자릿수에 맞춰 0으로 시작하는 숫자 입력하기_LEN/TEXT 함수 | 130 자릿수에 맞춰 반복 입력하기_REPT 함수

수식 표시   131 셀에 결과 값 대신 수식 표시하기

124 문자열 추출하기_LEFT/RIGHT/MID 함수

LEFT/RIGHT/MID 함수는 문자열의 왼쪽, 오른쪽, 가운데 등 시작 위치에 따라 문자를 추출합니다. 엑셀 2013부터 추가된 채우기 핸들의 옵션 중 '빠른 채우기' 기능은 문자의 패턴을 인식하여 특정 문자만 추출하고 조합할 수 있습니다.

예제 파일 Part11\LEFT_RIGHT_MID.xlsx   **완성 파일** Part11\LEFT_RIGHT_MID_완성.xlsx

LEFT 함수	문자열의 왼쪽 방향부터 N개의 문자를 추출합니다. **=LEFT(문자열, 추출할 문자 개수)**
RIGHT 함수	문자열의 오른쪽 방향부터 N개의 문자를 추출합니다. **=RIGHT(문자열, 추출할 문자 개수)**
MID 함수	문자열의 중간 위치부터 N개의 문자를 추출합니다. **=MID(문자열, 시작할 문자의 자릿수, 추출할 문자 개수)**

* 65쪽에서 문자와 숫자를 나눈 것과 별개로 텍스트 함수의 인수에서 일컫는 '문자'는 숫자, 띄어쓰기, 기호 등 입력된 텍스트 모두를 지칭합니다.

| 왼쪽 문자열 추출하기_LEFT 함수

1 [B4] 셀에 다음의 수식을 입력합니다.

수식

=LEFT(A4,3)
  ❶ ❷

❶ [A4] 셀에서 문자를 추출합니다.
❷ 왼쪽에서 3번째 문자까지 추출합니다.

[A4] 셀에 입력된 문자의 왼쪽에서 3글자를 추출합니다.

TIP
자릿수를 셀 때는 기호나 띄어쓰기도 포함해야 합니다.

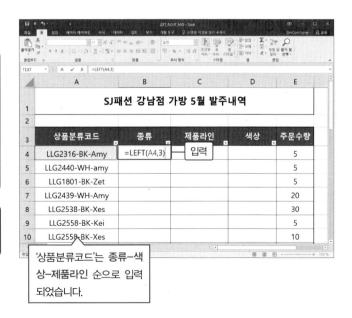

'상품분류코드'는 종류-색상-제품라인 순으로 입력되었습니다.

2 [B4] 셀에 'LLG'가 추출되었습니다. 채
우기 핸들을 더블클릭하여 나머지 셀을 채
웁니다.

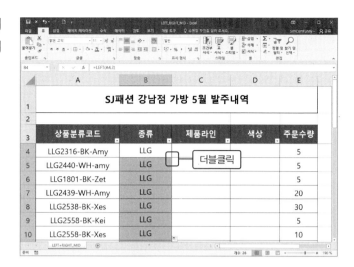

| 오른쪽 문자열 추출하기_RIGHT 함수

1 [C4] 셀에 다음의 수식을 입력합니다.

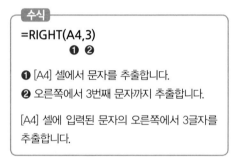

수식

=RIGHT(A4,3)

  ❶ ❷

❶ [A4] 셀에서 문자를 추출합니다.
❷ 오른쪽에서 3번째 문자까지 추출합니다.

[A4] 셀에 입력된 문자의 오른쪽에서 3글자를
추출합니다.

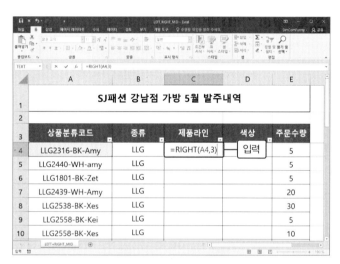

2 [C4] 셀에 'Amy'가 추출되었습니다. 채
우기 핸들을 더블클릭하여 나머지 셀을 채
웁니다.

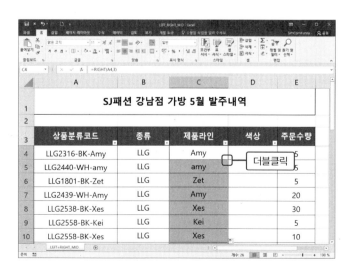

| 중간 문자열 추출하기_MID 함수

1 [D4] 셀에 다음의 수식을 입력합니다.

 수식

=MID(A4,9,2)
 ❶ ❷❸

❶ [A4] 셀에서 문자를 추출합니다.
❷ 왼쪽에서 9번째 자리부터 추출합니다.
❸ 9번째 문자를 시작으로 2개의 문자를 추출합니다.

[A4] 셀에 입력된 문자의 9번째부터 2개의 문자를 추출합니다.

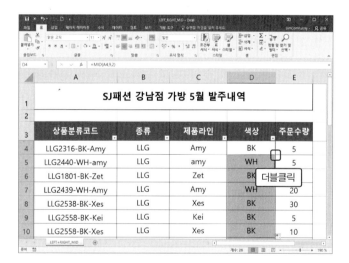

TIP

셀에 입력된 데이터를 일정한 너비나 기호를 기준으로 셀을 나누려면 [텍스트 나누기] 기능을 활용할 수 있습니다. 텍스트 나누기에 대한 자세한 내용은 681쪽을 참고하세요.

2 [D4] 셀에 'BK'가 추출되었습니다. 채우기 핸들을 더블클릭하여 나머지 셀을 채웁니다.

125 문자의 위치 찾기_FIND/SEARCH 함수

FIND와 SEARCH는 문자의 위치를 찾아주는 함수입니다. FIND의 경우 대소문자를 구분하고, SEARCH의 경우 대소문자를 구분하지 않습니다. 추출할 문자의 위치가 일정하지 않을 때 특정 문자로 시작하는 위치를 찾아 MID 함수와 중첩해서 사용하면 좋습니다.

예제 파일 Part11\FIND_SEARCH.xlsx   **완성 파일** Part11\FIND_SEARCH_완성.xlsx

FIND 함수	대소문자를 구분하여 특정 문자의 위치를 찾아줍니다. '시작 위치'는 숫자로 입력하고, 생략할 경우 첫 번째 위치인 1로 인식됩니다. **=FIND(찾을 문자, 참조할 셀 주소, 찾을 문자의 시작 위치)**
SEARCH 함수	대소문자를 구분하지 않고 특정 문자의 위치를 찾아줍니다. 찾을 문자가 정확하지 않다면 *, ? 등의 와일드카드 문자로 찾을 범위를 다양화할 수 있습니다. **=SEARCH(찾을 문자, 참조할 셀 주소, 찾을 문자의 시작 위치)**

| 특정 문자열의 위치 찾기_FIND 함수

1 '상품분류코드'는 '품번-색상-제품라인'으로 조합되었습니다. 색상은 첫 번째 하이픈(-) 뒤의 두 자릿수 문자인데 앞 품번의 글자 수가 달라서 하이픈의 위치도 다릅니다. 첫 번째 하이픈의 위치를 찾기 위해 [C5] 셀에 다음의 수식을 입력합니다.

> **TIP**
> 하이픈(-)은 기호이기 때문에 수식의 인수로 쓸 때는 큰따옴표 안에 입력합니다.

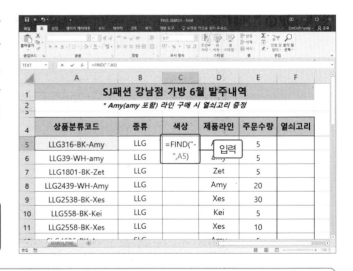

수식

=FIND("-",A5)
     ❶   ❷

❶ 하이픈(-)의 위치를 찾습니다.

❷ [A5] 셀에서 찾습니다.

[A5] 셀에서 하이픈(-)의 위치를 찾습니다. 단, 세 번째 인수가 생략되어 시작할 위치는 1, 즉 첫 번째 문자부터 찾습니다.

2 결과 값 7이 추출되었습니다. 첫 번째 하이픈의 위치 다음에 색상이 두 자릿수로 입력되었으니 MID 함수를 중첩해 보겠습니다. [C5] 셀의 수식을 다음과 같이 수정합니다.

수식

=MID(A5,FIND("-",A5)+1,2)
  ❶   **❷**   **❸**

❶ [A5] 셀을 참조합니다.

❷ [A5] 셀의 첫 번째 하이픈(-) 다음 칸부터 문자를 추출합니다.

❸ **❷**로부터 2자리 수까지 추출합니다.

[A5] 셀의 첫 번째 하이픈(-) 다음 칸부터 2자릿수 문자를 추출합니다.

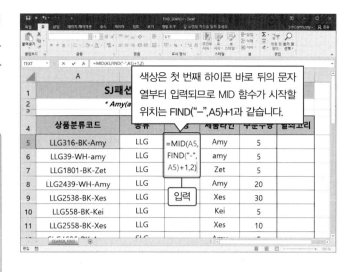

> 색상은 첫 번째 하이픈 바로 뒤의 문자열부터 입력되므로 MID 함수가 시작할 위치는 FIND("-",A5)+1과 같습니다.

3 하이픈(-) 뒤의 두 자릿수 문자, 즉 색상이 추출되었습니다. 채우기 핸들로 나머지 셀도 채웁니다.

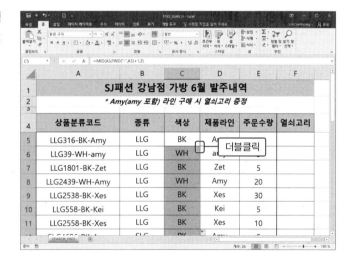

| 대/소문자 구분하지 않고 위치 찾기_SEARCH 함수

1 '제품라인'이 'Amy(amy 포함)'일 경우 열쇠고리를 증정합니다. 대소문자 구분 없이 모두 찾아야 하므로 Search 함수를 이용합니다. [F5] 셀에 다음의 수식을 입력합니다.

수식

=SEARCH("A",D5)
　　　　❶　❷

❶ 알파벳 A 또는 a를 찾습니다.
❷ [D5] 셀에서 찾습니다.

[D5] 셀에서 A 또는 a의 위치를 찾습니다.

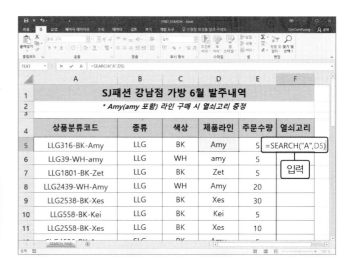

2 'Amy'의 A가 첫 번째 문자이므로 1이 반환됩니다. 채우기 핸들을 더블클릭하여 나머지 셀을 채웁니다. A나 a가 포함되어 있지 않은 다른 제품라인에는 #VALUE! 오류가 나타납니다.

TIP

참조 범위에 찾는 값이 없어서 오류가 난 경우 IFERROR 함수를 이용하면 오류 표시를 없앨 수 있습니다. IFERROR 함수에 대한 자세한 내용은 367쪽을 참고하세요.

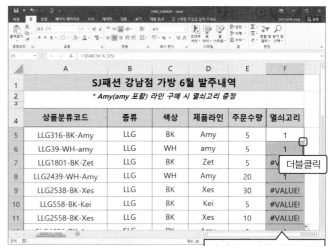

숫자가 표시된 셀만 열쇠고리 증정 대상인 것을 알 수 있습니다.

126 문자 연결하기 _CONCATENATE/CONCAT/TEXTJOIN 함수

연산기호를 이용하여 문자를 조합할 때는 앰퍼샌드(&) 기호를 붙입니다. 조합할 문자가 많다면 앰퍼샌드 기호 대신 CONCATENATE, CONCAT, TEXTJOIN 함수를 사용합니다. CONCAT 함수와 TEXTJOIN 함수는 오피스 365 업데이트 기능입니다.

예제 파일 Part11\CONCATONATE.xlsx **완성 파일** Part11\CONCATONATE_완성.xlsx

CONCATENATE 함수	참조 셀 주소에 입력된 값들을 연결합니다. 참조 값 문자를 직접 입력하려면 큰따옴표 안에 입력해야 합니다. **=CONCATENATE(입력 값 1, 입력 값 2…)**
CONCAT 함수 엑셀 2019 이상	CONCATENATE 함수를 축약한 엑셀 2016의 업데이트 기능. 참조 셀 주소에 입력된 값들을 연결합니다. **=CONCAT(입력 값 1, 입력 값 2… 또는 참조 범위)**
TEXTJOIN 함수 엑셀 2019 이상	연결할 참조 값 사이에 특정 문자를 추가하고 빈 셀은 제외할 수 있습니다. **=TEXTJOIN(연결 문자, TRUE 또는 FALSE, 참조 범위)** * 참조 범위에 빈 셀이 있을 경우, 빈 셀을 생략하고 연결하려면 TRUE(또는 1), 빈 셀도 포함하려면 FALSE(또는 0)를 입력합니다.

* 엑셀 2019에서 새로 추가된 CONCAT/TEXTJOIN 함수를 엑셀 2016 이하에서 입력하면 #NAME? 오류가 나타나므로 CONCATENATE 함수로 대체해서 사용하는 것도 좋습니다. 또한, 정기 구독용 마이크로소프트 365에서는 추가된 모든 기능을 업데이트하여 사용할 수 있습니다. 그러나 설치용 프로그램인 엑셀 2019를 업데이트하더라도 기존 기능의 보안 및 오류에 한하므로 마이크로소프트 365에서만 추가된 기능은 사용할 수 없습니다.

│ 참조 값 연결하기_CONCATENATE 함수

1 [D4] 셀에 다음의 수식을 입력합니다.

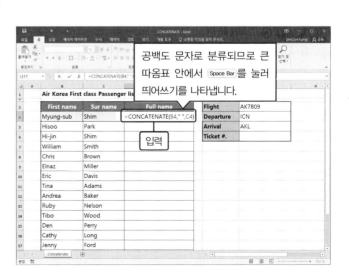

수식

=CONCATENATE(B4," ",C4)
❶ ❷ ❸

❶ [B4] 셀 값을 참조합니다.
❷ 연결할 값 사이에 공백을 넣습니다.
❸ [C4] 셀 값을 참조합니다.

[B4] 셀 값 다음에 띄어쓰기를 한 후 [C4] 셀 값을 붙여 넣습니다.

2 [B4] 셀과 공백, [C4] 셀의 내용이 합쳐진 문자열이 나타납니다. 채우기 핸들을 더블클릭하여 나머지 셀도 채웁니다.

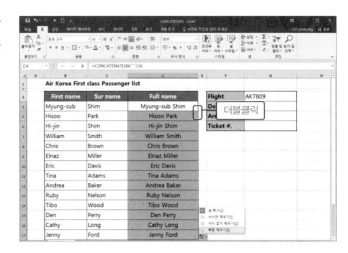

| 참조 범위의 셀 값 연결하기_CONCAT 함수 엑셀 2019 이상

CONCAT 함수를 이용하면 연속된 참조 셀을 일일이 쉼표로 구분하지 않고 범위를 일괄 드래그하여 선택할 수 있습니다. [G6] 셀에 다음의 수식을 입력하면 [G3:G5] 셀의 모든 값이 연결되어 나타납니다.

> **수식**
>
> **=CONCAT(G3:G5)**
>
> [G3:G5] 셀 값을 모두 연결합니다.

> **TIP**
>
> CONCAT 함수와 TEXTJOIN 함수를 하위 버전에서 열람해야 한다면 CONCATENATE 함수로 대체해서 사용하면 됩니다.

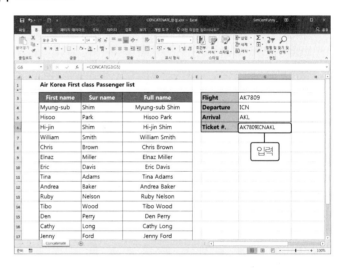

| 연결할 셀 값 사이에 문자 추가하기_TEXTJOIN 함수 오피스 365

TEXTJOIN 함수를 이용해서 연결할 문자 사이에 하이픈을 추가해 보겠습니다. [G6] 셀에 다음의 수식을 입력하면 빈 셀을 제외한 [G3:G5] 셀 값이 연결되고, 연결 값 사이에 하이픈이 추가됩니다.

> **수식**
>
> **=TEXTJOIN("-",1,G1:G5)**
>
> 참조 범위의 셀 값 사이에 하이픈을 추가하여 연결합니다. 단, 참조 범위에 있지만 빈 셀인 [G1:G2] 셀은 연결에서 제외합니다.

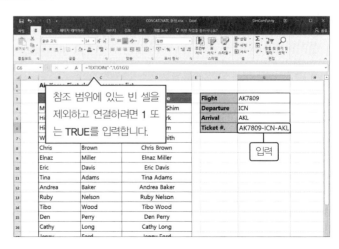

Skill Up 함수를 사용하지 않고 각 셀의 문자 합치기

방법 1_앰퍼샌드 기호(&) 사용하기

함수 대신 연결 연산자인 앰퍼샌드(&)로 셀 값과 문자를 모두 묶을 수 있습니다. 단, 문자나 공백은 큰따옴표(" ") 안에 입력해야 합니다. [G6] 셀에 수식 =G3&G4&"-"&G5를 입력한 후 Enter 를 누르면 모든 셀 값과 기호가 연결되어 나타납니다.

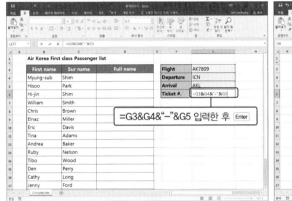

=G3&G4&"–"&G5 입력한 후 Enter

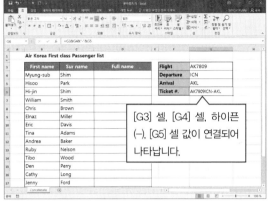

[G3] 셀, [G4] 셀, 하이픈 (–), [G5] 셀 값이 연결되어 나타납니다.

방법 2_'빠른 채우기' 기능 사용하기

'빠른 채우기'는 엑셀 2013부터 추가된 기능으로, 입력된 문자의 패턴을 인식하여 자동으로 문자를 추출하거나 연결합니다. [D4] 셀에 [B4] 셀 값과 공백, [C4] 셀 값인 Myung-sub Shim을 순서대로 입력합니다. 채우기 핸들을 더블클릭하고 자동 채우기 옵션에서 [빠른 채우기]를 선택하면 [D4] 셀에 입력된 패턴대로 모든 셀에 B열과 C열에 공백이 연결된 글자가 채워집니다.

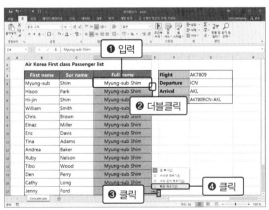

❶ 입력
❷ 더블클릭
❸ 클릭
❹ 클릭

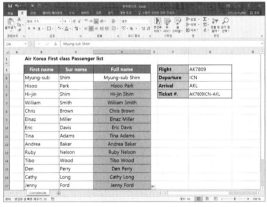

page '빠른 채우기'에 대한 자세한 내용은 91쪽을 참조하세요.

127 대문자/소문자 변경하기
_PROPER/UPPER/LOWER 함수

영어로 입력된 데이터는 표기법에 따라 대문자와 소문자를 변경해야 할 경우가 있습니다. 일일이 글자를 수정하려면 시간이 오래 걸리지만 PROPER, UPPER, LOWER 함수를 사용하면 대문자와 소문자를 쉽게 변경할 수 있습니다.

예제 파일 Part11\대문자_소문자.xlsx　　**완성 파일** Part11\대문자_소문자_완성.xlsx

UPPER 함수	입력된 영어를 모두 대문자로 바꿉니다. **=UPPER(영어가 입력된 셀 주소)**
LOWER 함수	입력된 영어를 모두 소문자로 바꿉니다. **=LOWER(영어가 입력된 셀 주소)**
PROPER 함수	첫 글자만 대문자로 바꾸고 나머지는 소문자로 바꿉니다. **=PROPER(영어가 입력된 셀 주소)**

| 대문자로 변경하기_UPPER 함수

1 [C4] 셀에 다음의 수식을 입력합니다.

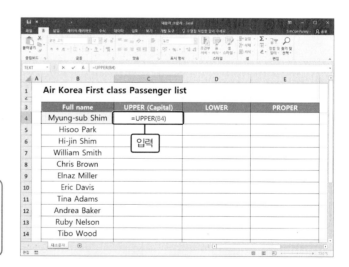

수식

=UPPER(B4)

[B4] 셀에 입력된 영어를 모두 대문자로 바꿉니다.

---

2 [B4] 셀에 입력된 영어가 대문자로 추출되었습니다.

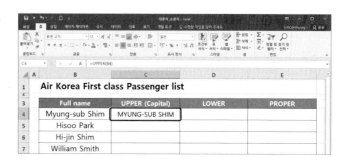

소문자로 변경하기_LOWER 함수

[D4] 셀에 다음의 수식을 입력하면 [B4] 셀에 입력된 영어가 소문자로 추출됩니다.

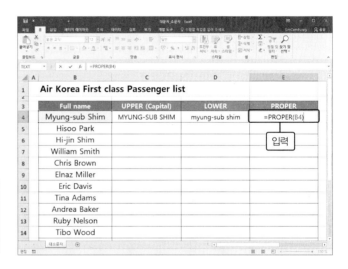

=LOWER(B4)

[B4] 셀에 입력된 영어를 모두 소문자로 바꿉니다.

단어의 첫 글자만 대문자로 변경하기_PROPER 함수

1 [E4] 셀에 다음의 수식을 입력합니다.

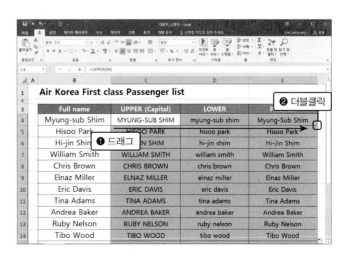

=PROPER(B4)

[B4] 셀에 입력된 영어에서 첫 글자만 대문자로 바꿉니다.

2 [B4] 셀에 입력된 영어에서 단어의 첫 글자만 대문자로 바뀌었습니다. 나머지 셀을 모두 채우기 위해 [C4:E4] 셀을 드래그한 후 [E4] 셀의 채우기 핸들을 더블클릭하면 나머지 셀이 채워집니다.

128 문자 바꾸기_REPLACE/SUBSTITUTE 함수

REPLACE와 SUBSTITUTE는 '교환', '대체'라는 의미 그대로 문자를 바꾸는 함수입니다. 두 함수 모두 문자 중 일부를 다른 문자로 대체할 때 쓰입니다. 문자열의 자릿수에 따라 연속으로 입력된 문자를 바꾸려면 REPLACE 함수를, 바꿀 문자를 직접 입력하려면 SUBSTITUTE 함수를 사용합니다.

예제 파일 Part11\REPLACE_SUBSTITUTE.xlsx   **완성 파일** Part11\REPLACE_SUBSTITUTE_완성.xlsx

| REPLACE 함수와 SUBSTITUTE 함수

REPLACE 함수	바꿀 문자의 자릿수가 일정할 때, 특정 위치에 있는 문자를 대체 문자로 바꿉니다. **=REPLACE(문자열, 시작 위치, 바꿀 문자 개수, 대체할 문자)** ❶ 문자가 입력된 셀 주소입니다. ❷ ❶의 N번째 문자부터 변경합니다. ❸ N번째 문자부터 몇 개의 문자를 교체할지 정합니다. ❹ 교체할 문자입니다.
SUBSTITUTE 함수	특정 문자를 대체 문자로 바꿉니다. **=SUBSTITUTE(문자열, 찾을 문자, 대체할 문자, 시작 위치)** ❶ 문자가 입력된 셀 주소입니다. ❷ 원본에 입력된 문자 중 바꾸려는 문자입니다. ❸ 문자 ❷ 대신 입력할 문자입니다. ❹ 바꾸려는 문자가 여러 개일 때 N번째 문자부터 변경합니다. 생략될 경우 모든 문자를 바꿉니다.

REPLACE 함수는 바꾸려는 문자의 위치와 자릿수를 알아야 합니다. 바꿀 문자의 시작 위치를 기준으로 연속으로 입력된 문자를 바꿀 때 유용합니다. 반면, 교체할 문자의 위치와 상관없이 셀에 입력된 특정 문자를 모두 바꾸려면 SUBSTITUTE 함수를 사용합니다. 단, 같은 문자라도 특정 위치에 있는 문자만 바꾸려면 교체할 문자 중에서 몇 번째 문자를 바꿀지 정하면 됩니다.

A	B	C
851110-1234567	❶=REPLACE(A1,3,3,"*")	85*0-1234567
851110-1234567	❷=SUBSTITUTE(A2,1,"*")	85***0-*234567
851110-1234567	❸=SUBSTITUTE(A3,1,"*",4)	851110-*234567

❶ [A1] 셀에 입력된 문자의 세 번째부터 3개의 문자를 *로 대체합니다.

❷ [A2] 셀에 입력된 문자에서 위치와 상관없이 모든 1을 *로 대체합니다.

❸ [A2] 셀에 입력된 문자에서 네 번째 1만 *로 대체합니다.

| N번째 입력된 문자 바꾸기_REPLACE 함수

1 'REPLACE' 워크시트에서 전화번호 5번째 자리의 숫자 한 개만 *로 대체해 보겠습니다. [C5] 셀에 다음의 수식을 입력합니다.

─ 수식 ─
=REPLACE(B5,5,1,"*")
　　　❶ ❷❸❹

❶ [B5] 셀에 입력된 문자를 참조합니다.
❷ 5번째 문자를 바꿉니다.
❸ ❷로부터 1개의 문자만 바꿉니다.
❹ ❸에서 추출한 문자를 *로 대체합니다.

[B5] 셀의 5번째 문자 하나만 *로 대체합니다.

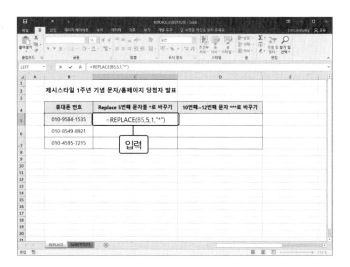

2 전화번호의 5번째 자리에 있는 숫자가 *로 대체되었습니다. 채우기 핸들을 더블클릭하여 나머지 셀을 채웁니다. 이번에는 전화번호의 10번째 숫자부터 3개의 숫자를 ***로 바꾸어 보겠습니다. [D5] 셀에 다음의 수식을 입력합니다.

─ 수식 ─
=REPLACE(B5,10,3,"*")**
　　　❶ ❷❸　❹

❶ [B5] 셀의 문자를 참조합니다.
❷ 10번째 문자를 교체합니다.
❸ ❷로부터 3개의 문자만 바꿉니다.
❹ ❸에서 추출한 문자를 ***로 대체합니다.

[B5] 셀의 10~12번째 문자를 ***로 대체합니다.

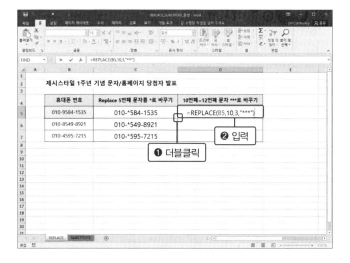

3 전화번호의 10~12번째 숫자가 ***로 대체되었습니다. 채우기 핸들을 더블클릭하여 나머지 셀을 채웁니다.

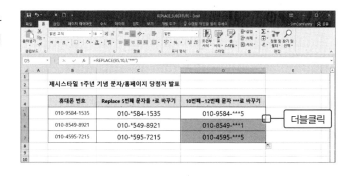

┃ 위치와 상관없이 특정 문자 모두 바꾸기_SUBSTITUTE 함수

1 'SUBSTITUTE' 워크시트에서 'ID'에 입력된 첫 번째 하이픈(–)을 공백으로 대체 하겠습니다. [C5] 셀에 다음의 수식을 입력 합니다.

=SUBSTITUTE(B5,"-"," ",1)
    ❶ ❷❸❹

❶ [B5] 셀의 문자를 참조합니다.

❷ 하이픈(–) 기호를 바꿉니다.

❸ ❷를 공백으로 바꿉니다.

❹ 찾으려는 하이픈 기호에서 첫 번째만 바꿉니다.

[B5] 셀의 첫 번째 하이픈(–)을 공백으로 대체합니다.

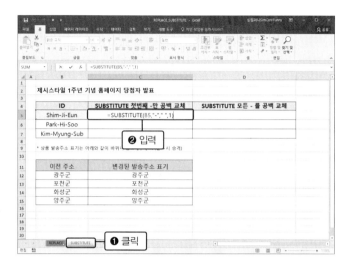

TIP

함수명을 =SU까지 입력하면 셀 아래에 SUBSTITUTE 함수가 바로 제시됩니다. Tab 을 누르면 첫 번째로 제시된 함수와 열린 괄호가 자동으로 입력됩니다.

2 첫 번째 하이픈만 공백으로 대체되었습니다. 이번에는 셀에 입력되어 있는 모든 하이픈을 공백으로 바꾸어 보겠습니다. [D5] 셀에 다음의 수식을 입력합니다.

=SUBSTITUTE(B5,"-"," ")
    ❶ ❷❸

❶ [B5] 셀의 문자를 참조합니다.

❷ 하이픈(–) 기호를 바꿉니다.

❸ ❷를 공백으로 바꿉니다.

4번째 인수가 생략되었으므로 [B5] 셀에 입력된 모든 하이픈(–)을 공백으로 대체합니다.

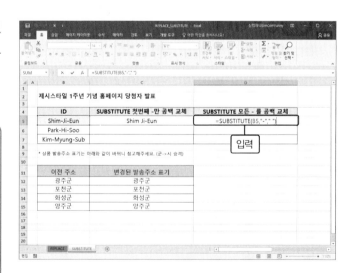

3 모든 하이픈(–)이 공백으로 대체되었습니다. [C5:D5] 셀을 선택한 후 채우기 핸들을 더블클릭하여 나머지 셀을 모두 채웁니다.

Skill Up 문자를 한꺼번에 바꾸는 [찾기 및 바꾸기]

여러 개의 셀에 입력된 문자열을 한꺼번에 바꾸려면 [찾기 및 바꾸기]로 일괄 변경할 수 있습니다. 'SUBSTITUTE' 워크시트에서 [C12:C15] 셀을 선택하고 Ctrl + H 를 누르면 [찾기 및 바꾸기] 대화상자가 나타납니다. [바꾸기] 탭의 [찾을 내용]에 **군**, [바꿀 내용]은 **시**를 입력하고 [모두 바꾸기]를 클릭하면 선택 영역의 문자가 한 번에 변경됩니다.

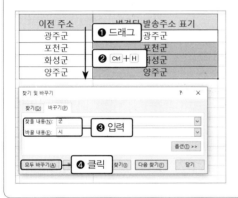

129 자릿수에 맞춰 0으로 시작하는 숫자 입력하기 _LEN/TEXT 함수

엑셀에서는 0으로 시작하는 숫자는 표시 형식에 따라 0이 생략되거나 그대로 표시될 수 있습니다. 표시 형식은 TEXT 함수를 이용하여 바꿀 수도 있습니다. 문자열의 자릿수를 세는 LEN 함수와 자릿수에 맞춰 문자를 표시하는 TEXT 함수를 응용하여 0으로 시작하는 숫자를 만들어 보겠습니다.

예제 파일 Part11\LEN_TEXT.xlsx   **완성 파일** Part11\LEN_TEXT_완성.xlsx

LEN 함수	LEN은 LENGTH(길이)의 줄임말로, 참조 셀에 입력된 텍스트의 개수를 셉니다. **=LEN(참조 셀)**
TEXT 함수	참조 셀에 입력된 날짜, 시간 등 숫자의 표시 형식으로 바꿉니다. **=TEXT(참조 셀, 표시 형식)**

┃ 문자열의 자릿수 세기_LEN 함수

1 [C3] 셀에 다음의 수식을 입력합니다.

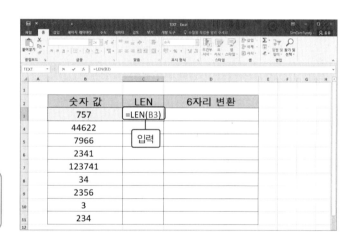

수식

=LEN(B3)

[B3] 셀 값의 전체 자릿수를 셉니다.

---

2 [B3] 셀에 입력된 숫자는 세 자릿수입니다. 채우기 핸들을 더블클릭하여 나머지 셀을 채웁니다.

| 특정 자릿수에 맞춰 0으로 시작하는 문자열 만들기_TEXT 함수

1 B열에 입력된 숫자를 모두 6자리로 맞추려고 합니다. 모자란 숫자 앞에 0을 채우기 위해 [D3] 셀에 다음의 수식을 입력합니다.

=TEXT(B3,"000000")
    ❶   **❷**

❶ [B3] 셀을 참조합니다.
❷ ❶에 입력된 문자를 6자리로 바꿉니다.

[B3] 셀에 입력되어 있는 숫자를 0으로 시작하는 6자리 문자로 바꿉니다.

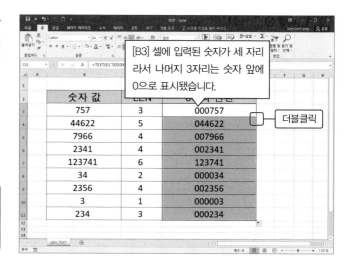

입력

숫자 값	LEN	6자리 변환
757	3	=TEXT(B3,"000000")
44622	5	
7966	4	
2341	4	
123741	6	
34	2	
2356	4	
3	1	
234	3	

> **TIP**
> 0으로 시작하는 숫자를 그대로 표시하려면 문자 형식으로 변환해야 합니다. 2번째 인수인 000000은 6자리 숫자를 문자 형식으로 표시하되 참조하는 셀 값이 6자리 미만이면 앞에 숫자를 0으로 채웁니다.

2 선택한 숫자가 0을 포함한 6자리 문자로 바뀌었습니다. 채우기 핸들을 더블클릭하여 나머지 셀을 채웁니다.

[B3] 셀에 입력된 숫자가 세 자리라서 나머지 3자리는 숫자 앞에 0으로 표시됐습니다.

더블클릭

숫자 값	LEN	6자리 변환
757	3	000757
44622	5	044622
7966	4	007966
2341	4	002341
123741	6	123741
34	2	000034
2356	4	002356
3	1	000003
234	3	000234

> **TIP**
> [셀 서식] 대화상자-[표시 형식] 탭에서 '사용자 지정'을 선택한 후 [형식]에 000000을 입력해도 0을 포함한 유효 숫자 6자리를 표시할 수 있습니다.

130 자릿수에 맞춰 반복 입력하기_REPT 함수

REPEAT(반복)의 줄임말인 REPT 함수는 특정 문자를 반복해서 입력해주는 역할을 합니다. 문자열의 자릿수를 세는 LEN 함수와 중첩하면 원하는 자릿수만큼 특정 문자를 반복해서 표시할 수 있습니다.

예제 파일 Part11\REPT.xlsx   **완성 파일** Part11\REPT_완성.xlsx

REPT 함수	지정한 횟수만큼 특정 문자를 반복합니다. **=REPT(반복할 문자, 반복 횟수)**

┃특정 문자 반복해서 표시하기_REPT 함수

1 'REPT' 워크시트를 선택합니다. [H6] 셀에 다음의 수식을 입력합니다.

수식

=REPT($G$3,G6)
        ❶   ❷

❶ [G3] 셀에 입력된 문자를 반복합니다. 단, 채우기 핸들로 수식을 복사하기 위해 절대 참조로 입력합니다.

❷ [G6] 셀 값의 개수만큼 ❶을 표시합니다.

[G3] 셀에 입력된 ★를 [G6] 셀 값(5)만큼 반복해서 입력합니다.

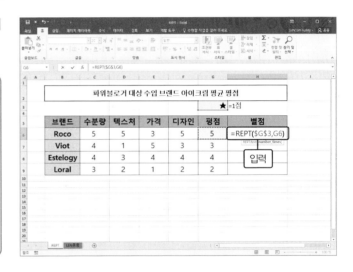

2 '평점'에 따라 별표가 입력되었습니다. 채우기 핸들을 더블클릭하여 나머지 셀을 채웁니다.

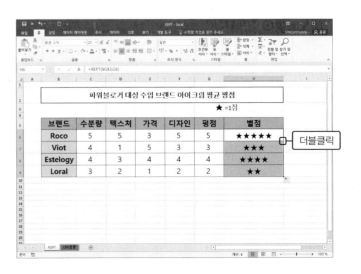

| 자릿수에 맞춰 9로 끝나는 숫자 표시하기_LEN/REPT 함수

1 'LEN응용' 워크시트를 선택합니다. C 열에 입력된 문자 뒤에 숫자 9를 조합해서 12자리의 코드번호로 만들려고 합니다. [D5] 셀에 다음의 수식을 입력합니다.

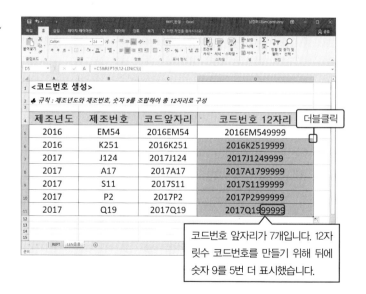

TIP

REPT 함수의 첫 번째 인수는 반복해서 표시할 문자입니다. 숫자를 표시할 경우에 큰따옴표는 생략해도 됩니다.

수식

=C5&REPT(9,12-LEN(C5))

❶ 12-LEN(C5) = 12자릿수에서 [C5] 셀에 입력된 문자 수 8을 빼면 결과는 4가 됩니다.

❷ REPT(9,4) = 9를 4번 입력합니다.

❸ 코드 앞자리 [C5] 셀 값 뒤에 ❷를 합쳐서 표시합니다.

[C5] 셀에 입력된 숫자와 문자 8개를 총 12자릿수 코드번호로 만들기 위해 뒤에 9999를 조합해서 **2016EM549999**를 표시합니다.

2 코드번호 12자릿수가 표시되었습니다. 채우기 핸들로 나머지 셀도 채웁니다.

> 코드번호 앞자리가 7개입니다. 12자릿수 코드번호를 만들기 위해 뒤에 숫자 9를 5번 더 표시했습니다.

131 셀에 결과 값 대신 수식 표시하기

셀에 수식을 입력하면 워크시트에는 결과 값만 표시됩니다. 수식을 확인하려면 일일이 셀을 클릭하고 수식 입력줄을 확인해야 합니다. 만약 결과 값 대신 입력된 수식을 모두 표시하고 싶다면 [수식] 탭-[수식 표시]를 클릭하여 텍스트로 표시합니다.

예제 파일 Part11\수식텍스트.xlsx　　**완성 파일** Part11\수식텍스트_완성.xlsx

1 평점과 별점의 수식을 셀에 표시해 보겠습니다. [수식] 탭-[수식 분석] 그룹-[수식 표시]를 클릭합니다.

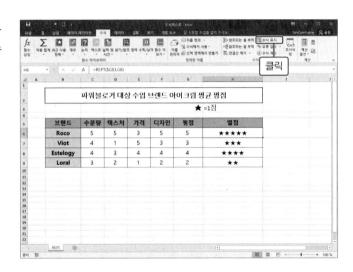

2 셀에 입력된 수식이 표시되면서 열의 너비가 자동 확장됩니다. [G:H] 열의 너비를 조절하려면 [G:H] 열을 드래그한 후 열 구분선을 더블클릭합니다.

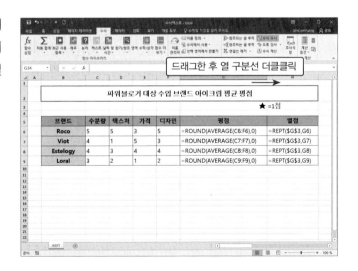

3 원래대로 돌아가려면 다시 [수식] 탭–[수식 분석] 그룹–[수식 표시]를 클릭합니다. 자동으로 축소된 열 너비가 너무 좁다면 구분선을 더블클릭하여 너비를 조정합니다.

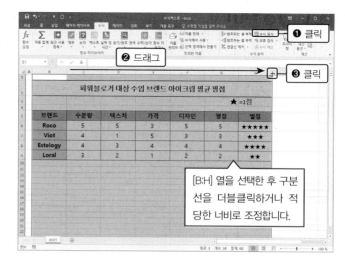

Part 12 날짜/시간 함수

월급날까지는 며칠이 남았을까? 현재까지의 근속연수는? 주말과 공휴일을 제외한 이번 달 실제 근무일수는? 상환기한을 지난 미수금 업체는 몇 곳이나 될까? 달력에 연필을 콕콕 찍으며 날짜를 세지 않아도 날짜/시간 형식에 맞춰서 입력된 데이터라면 함수를 활용해서 정확한 기간을 계산할 수 있습니다.

주 6일제 근무에서 휴일을 제외한 실제 근무일수 구하기(NETWORKDAYS.INTL 함수)

오늘 날짜(TODAY 함수)와 생년월일에서 연도만 추출해서(YEAR 함수) 한국식 나이 계산하기

132 날짜에서 연/월/일 추출하기 _YEAR/MONTH/DAY 함수

YEAR, MONTH, DAY 함수를 이용하면 날짜가 입력된 셀의 연도, 월, 일을 따로따로 추출할 수 있습니다. 단, 날짜 함수를 사용하려면 82쪽을 참고하여 엑셀이 인식할 수 있는 정확한 날짜 형식으로 입력해야 합니다.

예제 파일 Part12\기간별 가입고객.xlsx   **완성 파일** Part12\기간별 가입고객_완성.xlsx

YEAR 함수	날짜가 입력된 셀에서 연도만 추출합니다. **=YEAR(날짜)**
MONTH 함수	날짜가 입력된 셀에서 월(月)만 추출합니다. **=MONTH(날짜)**
DAY 함수	날짜가 입력된 셀에서 일(日)만 추출합니다. **=DAY(날짜)**

1 [C8] 셀에 입력되어 있는 날짜에서 연도를 추출하기 위해 [D8] 셀에 다음의 수식을 입력합니다.

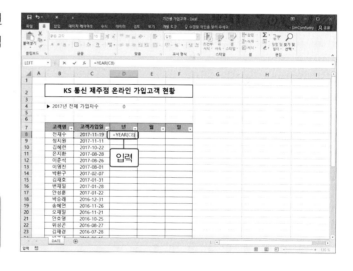

--- 수식 ---

=YEAR(C8)

[C8] 셀에 입력된 날짜에서 연도를 추출합니다.

2 이번에는 날짜에서 월을 추출하기 위해 [E8] 셀에 다음의 수식을 입력합니다.

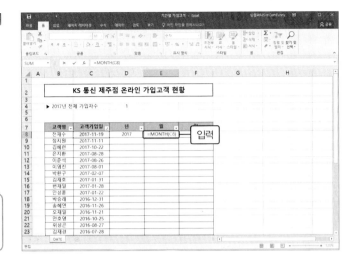

수식

=MONTH(C8)

[C8] 셀에 입력된 날짜에서 월을 추출합니다.

3 날짜에서 일자만 추출하기 위해 [F8] 셀에 다음의 수식을 입력합니다.

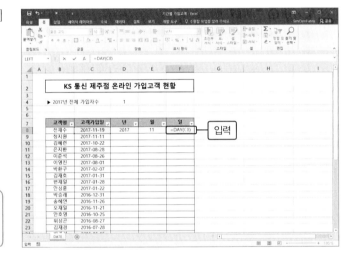

수식

=DAY(C8)

[C8] 셀에 입력된 날짜에서 일자를 추출합니다.

4 수식이 입력된 [D8:F8] 셀을 선택한 후 채우기 핸들을 더블클릭하여 나머지 셀을 채웁니다.

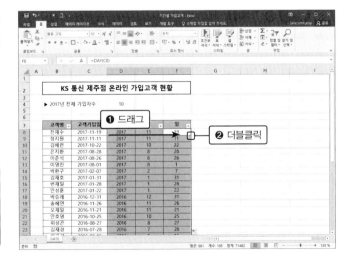

TIP

[D4] 셀에는 YEAR 함수로 추출된 고객가입 연도를 참조하여 2017년 가입자 수만 더하는 COUNTIF 함수를 적용했습니다. COUNTIF 함수에 대한 자세한 내용은 354쪽을 참고하세요.

133 날짜에서 분기 추출하기_CHOOSE 함수

찾기 및 참조 영역 함수에 속하는 CHOOSE 함수는 인수에 순서대로 입력된 반환 값 중에서 N번째 값을 추출합니다. 날짜에서 분기를 추출해주는 함수는 따로 없지만, MONTH 함수로 추출된 월(月)을 CHOOSE 함수와 응용하여 분기를 추출해 보겠습니다.

예제 파일 Part12\분기별 가입고객.xlsx   **완성 파일** Part12\분기별 가입고객_완성.xlsx

CHOOSE 함수	순서대로 입력된 반환 값 중에서 N번째 값을 추출합니다. **=CHOOSE(순서 N, 반환 값1, 값2, 값3, …… 값254)** 　　　　　　❶　　　　　　❷ ❶ ❷의 반환 값에서 추출할 N번째 번호로, 1 이상의 정수를 나타내는 수식 또는 숫자를 입력합니다. ❷ ❶의 참조 목록이 되는 반환 값으로 254개까지 입력할 수 있습니다.

1 [E8] 셀의 MONTH 함수를 중첩하여 [G8] 셀에 다음의 수식을 입력해 보겠습니다.

수식

=CHOOSE(MONTH(C8),1,1,1,2,2,2,3,3,3,4,4,4)&"분기"

❶ [C8] 셀에서 월을 추출합니다. 결과 값은 11입니다.
❷ 1월부터 12월까지의 분기를 순서대로 입력합니다.
❸ CHOOSE(11,반환 값) = 12개월의 분기 목록에서 11번째 값은 4입니다.
❹ ❸의 결과 값 4에 '분기'라는 문자를 조합합니다.

[C8] 셀에서 추출한 월은 '11'입니다. 1월부터 12월까지 순서대로 입력된 분기 목록에서 11번째 숫자인 '4'를 반환하고 뒤에 '분기'라는 문자를 합쳐 '4분기'를 표시합니다.

2 [E8] 셀을 클릭하여 수식 입력줄에서 수식을 복사합니다. [G8] 셀에 복사한 수식을 붙여 넣고 수식의 =과 MONTH 사이에 CHOOSE(를 입력합니다.

TIP

MONTH 함수는 CHOOSE 함수의 첫 번째 인수 역할을 합니다.

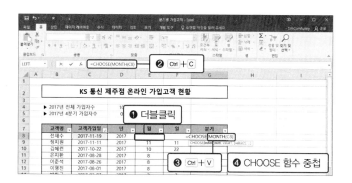

3 CHOOSE의 두 번째 인수에는 1월부터 12월까지의 분기를 3개월 단위로 나누어서 순서대로 입력합니다. MONTH(C8) 뒤에 ,1,1,1,2,2,2,3,3,3,4,4,4) 를 입력합니다.

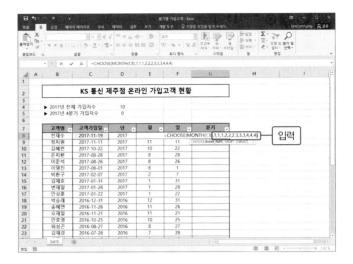

4 CHOOSE 함수로 추출된 숫자 뒤에 '분기'라는 문자를 붙이기 위해 수식 뒤에 &"분기"를 입력합니다.

TIP

함수 뒤에 문자를 이어 쓰려면 연결 연산자인 앰퍼샌드 기호(&)를 입력합니다. 수식에서는 문자를 그대로 쓸 수 없기 때문에 큰따옴표(" ") 안에 문자를 입력해야 합니다.

5 최종 결과 값으로 '4분기'가 나왔습니다. 채우기 핸들로 나머지 셀도 채웁니다.

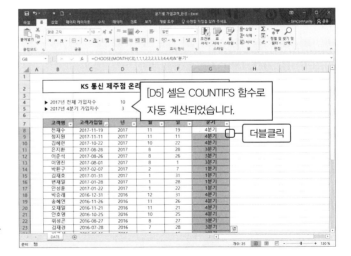

page COUNTIFS 함수에 대한 자세한 내용은 354쪽을 참조하세요.

134 오늘 날짜와 현재 시각 추출하기 _TODAY/NOW 함수

TODAY 함수와 NOW 함수는 인수를 따로 입력하지 않고 괄호만 입력합니다. 함수를 입력한 현재 날짜와 시각을 반환하기 때문에 참조할 셀 주소나 날짜가 필요 없기 때문입니다. [셀 서식] 대화상자에서 표시 형식을 바꿀 수 있고, 문서를 다시 열면 현재 시각으로 갱신됩니다.

예제 파일 Part12\TODAY_NOW.xlsx **완성 파일** Part12\TODAY_NOW_완성.xlsx

TODAY 함수	오늘 날짜가 나타납니다. =TODAY()
NOW 함수	오늘 날짜와 현재 시각이 나타납니다. =NOW()

| 오늘 날짜 표시하기_TODAY 함수

1 '발신일자'에 오늘 날짜를 표시해 보겠습니다. [D8] 셀에 다음의 수식을 입력합니다.

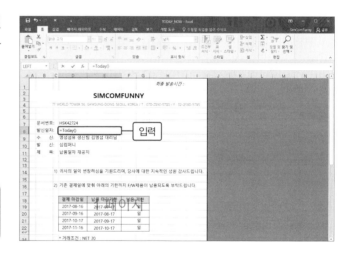

---수식---

=TODAY()

오늘 날짜를 추출합니다.

2 오늘 날짜가 입력됩니다.

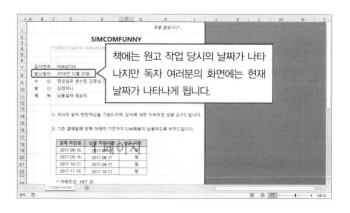

> 책에는 원고 작업 당시의 날짜가 나타나지만 독자 여러분의 화면에는 현재 날짜가 나타나게 됩니다.

| 특정 날짜까지의 남은 기한 계산하기_TODAY 함수

1 남은 기한을 입력하기 위해 [F19] 셀에 다음의 수식을 입력합니다.

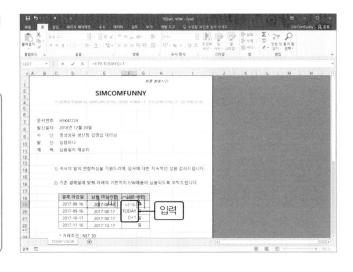

┌─ 수식 ─────────────────────────┐

=E19-TODAY()+1
　　❶　　　❷

❶ [E19] 셀에 입력된 마감 날짜

❷ 오늘 날짜+1일

[E19] 셀에 입력된 마감 날짜에서 오늘 날짜를 뺀 날짜를 구합니다. 마감 날짜 당일 하루까지 더해서 남은 기한을 구합니다.

└────────────────────────────┘

2 남은 기한이 입력됩니다. 채우기 핸들을 더블클릭하여 나머지 셀을 채웁니다.

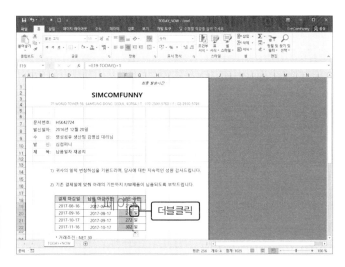

┌─ **TIP** ────────────────────┐

마감 날짜가 오늘 날짜 이전이라면 마이너스 값으로 표시됩니다.

└────────────────────────────┘

| 현재 시각 표시하기_NOW 함수

발송 시각을 표시해 보겠습니다. [I1] 셀에 다음의 수식을 입력하면 현재 날짜와 시각이 추출됩니다.

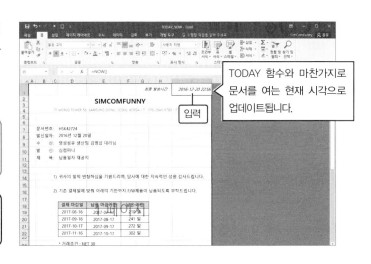

> TODAY 함수와 마찬가지로 문서를 여는 현재 시각으로 업데이트됩니다.

┌─ 수식 ─────────────────────────┐

=NOW()

현재 날짜와 시각이 추출됩니다.

└────────────────────────────┘

┌─ **TIP** ────────────────────┐

[홈] 탭이나 [셀 서식] 대화상자에서 날짜와 시간의 표시 형식을 변경할 수 있습니다.

└────────────────────────────┘

135 현재 날짜를 기준으로 나이 구하기 _YEAR/TODAY 함수

엑셀에서 날짜는 숫자로 변환하여 인식되므로 계산이 가능합니다. 오늘 날짜를 자동 업데이트하는 TODAY 함수와 특정 날짜의 연도를 추출하는 YEAR 함수를 응용해서 해마다 변경되는 한국식 나이를 구해보겠습니다.

예제 파일 Part12\나이 계산.xlsx　　**완성 파일** Part12\나이 계산_완성.xlsx

1 [B6] 셀에 입력된 생년월일에서 연도만 추출하여 당해 연도의 한국식 나이를 구해 보겠습니다. [C6] 셀에 다음의 수식을 입력 합니다.

수식

=YEAR(TODAY())-YEAR(B6)+1
　❶　　　　❷　　❸

❶ 오늘 날짜에서 연도만 추출합니다.
❷ [B6] 셀에 입력된 날짜에서 연도만 추출합니다.
❸ 당해 연도를 포함하기 위해 숫자 1을 더합니다.

당해 연도에서 [B6] 셀에 입력된 연도를 빼고 1살을 더해 한국식 나이를 계산합니다.

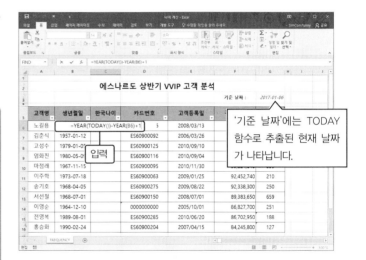

'기준 날짜'에는 TODAY 함수로 추출된 현재 날짜 가 나타납니다.

2 TODAY 함수로 추출된 당해 연도를 기준으로 현재의 한국 나이가 계산되었습니다. 채우기 핸들을 더블클릭하면 나머지 고객들의 나이도 계산됩니다.

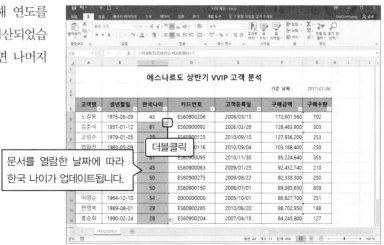

문서를 열람한 날짜에 따라 한국 나이가 업데이트됩니다.

136 조건부 서식에 수식 입력하여 미수금 강조하기 _TODAY 함수/비교 연산자

조건부 서식에 수식을 활용하여 더 다양한 규칙을 만들 수 있습니다. Part 7에서 살펴본 조건부 서식에는 '발생 날짜'에 따라 어제, 주, 월 단위로 선택할 수 있는 기간이 한정되어 있었습니다. 새 규칙에 수식을 활용하여 미수금 또는 입금이 지연된 업체를 강조해 보겠습니다.

예제 파일 Part12\미수금현황.xlsx   **완성 파일** Part12\미수금현황_완성.xlsx

| 오늘 이후의 상환기한 강조하기_TODAY 함수

1 '상환기한'이 내일 이후인 건수만 확인하기 위해 TODAY 함수를 응용해 보겠습니다. 조건부 서식을 적용할 범위 [C5:C20] 셀을 선택한 후 [홈] 탭-[스타일] 그룹-[조건부 서식]에서 [새 규칙]을 클릭합니다.

> [J1] 셀에는 오늘 날짜를 반환하는 TODAY 함수가 들어 있습니다. [B:C] 열 날짜도 예제 파일을 여는 시점에 따라 변경되므로 해당 서식과 다른 날짜가 표시됩니다.

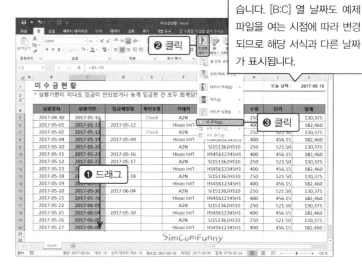

2 [새 서식 규칙] 대화상자가 나타나면 '수식을 사용하여 서식을 지정할 셀 결정'을 클릭합니다. 다음의 수식을 입력하고 [서식]을 클릭하여 글꼴을 빨간색으로 선택한 후 [확인]을 클릭합니다.

수식

=C5>TODAY()

상환기한이 입력된 [C5] 셀 값이 오늘 날짜보다 클 경우(내일부터)를 조건으로 합니다.

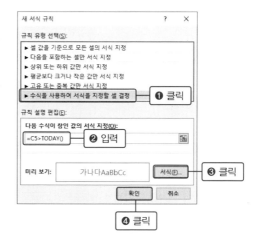

TIP
셀 주소를 직접 입력하지 않고 워크시트에서 클릭하여 선택하면 $ 기호가 붙어 절대 참조로 입력됩니다. 수식을 입력하다가 방향키로 커서를 이동하면 다른 셀 주소가 잘못 입력됩니다. 셀 주소는 직접 입력하거나 수정할 위치에 정확히 커서를 두고 수정합니다.

3 오늘 날짜를 기준으로 내일 이후의 상환 날짜가 빨간색으로 표시되었습니다.

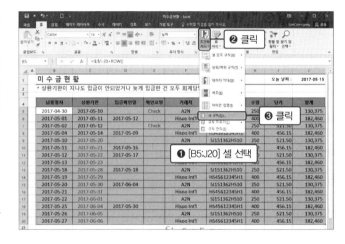

말풍선: 오늘 날짜인 5월 15일의 다음 날인 16일 이후 날짜만 강조되었습니다.

TIP

완성 파일에 적용된 조건부 서식은 문서가 만들어진 날짜(2017-05-15)를 기준으로 하므로 문서를 열람한 시점에 따라 날짜가 달라질 수 있습니다.

| 상환기한보다 늦게 입금된 주문 건의 행 전체 강조하기_비교 연산자

1 '입금확인일'이 '상환기한'보다 늦은 주문 건만 행 서식을 설정해 보겠습니다. 표 전체에 조건부 서식을 적용하기 위해 [B5:J20] 셀을 선택한 후 [홈] 탭-[스타일] 그룹-[조건부 서식]에서 [새 규칙]을 클릭합니다.

page 혼합 참조에 대한 자세한 내용은 250쪽을 참고하세요.

2 [새 서식 규칙] 대화상자가 나타나면 다음과 같이 설정한 후 [확인]을 클릭합니다. 정해진 상환기한보다 늦게 입금된 건의 행 전체가 노란색으로 표시됩니다.

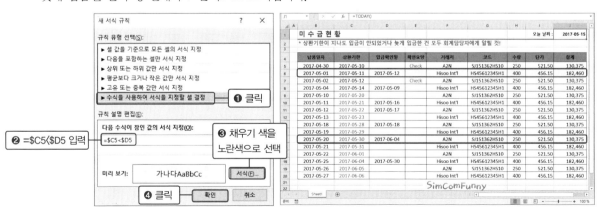

TIP

행 전체에 조건부 서식을 적용할 경우, 대표 수식을 입력할 때는 범위 내의 다른 셀에도 적용할 수 있도록 상대 참조 또는 혼합 참조로 입력해야 합니다. $C5의 경우, 상환기한을 참조할 때 C열은 고정하되 아래 행 번호는 6, 7, 8……20까지 상대 참조로 변경돼야 하므로 열 고정 혼합 참조로 입력되었습니다. $D5도 마찬가지로 D열만 고정합니다.

137 날짜에서 요일 추출하기_WEEKDAY 함수

엑셀에서 표시 형식을 '숫자'로 바꾸면 날짜는 5자리 정수, 시간은 1 이하의 소수점으로 표시됩니다. 엑셀은 날짜, 시간, 요일을 인식할 때 숫자로 기억하기 때문입니다. 그래서 함수로 요일을 구하면 1부터 7까지의 숫자로 표현되고, 표시 형식에 따라 요일을 한글로 표시할 수 있습니다.

예제 파일 Part12\WEEKDAY.xlsx **완성 파일** Part12\WEEKDAY_완성.xlsx

WEEKDAY 함수	참조 셀에 입력된 날짜에서 요일을 숫자로 추출합니다.

참조 셀에 입력된 날짜에서 요일을 숫자로 추출합니다.

=WEEKDAY(날짜, 요일을 반환하는 형식 옵션)
　　　　　　❶　　　　❷

❶ 날짜 형식에 맞게 입력된 셀 주소를 참조합니다.

❷ 요일을 반환하는 순서를 정합니다. 생략하면 기본 값 1로 인식됩니다. 다음 목록에서 벗어난 옵션 번호를 입력할 경우 #NUM! 오류가 표시됩니다.

옵션 번호	순서	옵션 번호	순서
1(생략)	일요일(1)~토요일(7)	13	수요일(1)~화요일(7)
2	월요일(1)~일요일(7)	14	목요일(1)~수요일(7)
3	월요일(0)~일요일(6)	15	금요일(1)~목요일(7)
11(2)	월요일(1)~일요일(7)	16	토요일(1)~금요일(7)
12	화요일(1)~월요일(7)	17(1)	일요일(1)~토요일(7)

| 날짜에서 요일 추출하기

1 [C7] 셀에 다음의 수식을 입력합니다.

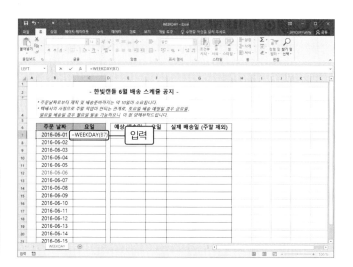

수식

=WEEKDAY(B7)

[B7] 셀에 입력되어 있는 날짜에서 요일을 추출합니다. 옵션이 생략되어 기본 값 1의 반환 순서인 일요일(1)부터 토요일(7)로 표시됩니다.

2 수요일을 나타내는 숫자 4가 추출되었습니다.

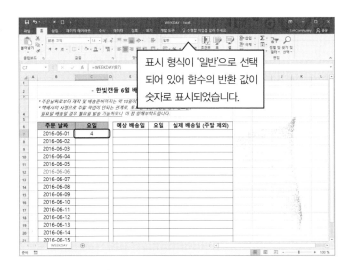

요일의 표시 형식 바꾸기

1 숫자로 표시된 요일을 문자 형식으로 바꾸어 보겠습니다. [C7] 셀을 클릭하고 Ctrl + 1을 눌러 [셀 서식] 대화상자를 불러옵니다. [표시 형식] 탭에서 '사용자 지정'을 선택하고 [형식]에 aaaa를 입력합니다.

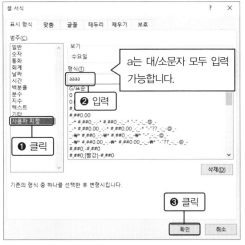

TIP

요일 표시 형식
aaaa : 일요일 / aaa : 일
mmmm : Sunday / mmm : Sun

2 숫자로 표기됐던 요일이 '수요일'로 변경되었습니다. 채우기 핸들로 나머지 셀도 채웁니다.

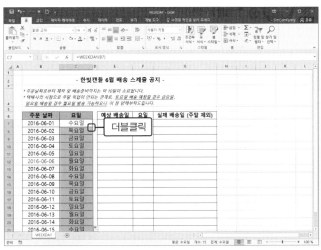

page IF 함수를 응용하여 주말 날짜를 다음 주 평일로 반환하는 방법은 352쪽을 참고하세요.

138 근무일 계산하기 _NETWORKDAYS/NETWORKDAY.INTL 함수

NETWORKDAYS 함수는 주말을 제외한 두 날짜 사이의 근무일을 계산합니다. 주 5일제를 기준으로 근무 종료일에서 근무 시작을 빼고 그 사이에 발생한 주말 2일은 제외합니다. 엑셀 2010부터는 주 6일제 근무를 적용하거나 휴일 기준을 바꿀 수 있는 NETWORKDAY.INTL 함수가 추가되었습니다.

예제 파일 Part12\NETWORKDAYS.xlsx　　　**완성 파일** Part12\NETWORKDAYS_완성.xlsx

NETWORKDAYS 함수	시작일과 종료일 사이에서 주말과 공휴일을 제외한 주 5일제 법정 근무일을 계산합니다. 별도로 국경일이나 공휴일 등을 입력하지 않으면 토요일과 일요일을 제외한 작업 일수만 구합니다. **=NETWORKDAYS(시작일자, 종료일자, 공휴일 범위)** 　　　　　　　　　　❶　　　　❷　　　　❸ ❶ 시작일이 입력된 셀 주소를 참조합니다. ❷ 마지막 날짜가 입력된 셀 주소를 참조합니다. ❸ 이 외 공휴일이 입력된 셀 범위를 참조하거나 생략합니다. 단, 공휴일 범위에 주말이 포함되어 있어도 중복으로 계산하지 않습니다.

시작일과 종료일 사이에서 휴일 기준에 따라 주 5일제 및 주 6일제 법정 근무일을 계산합니다. 근무 일수에서 제외되는 휴일의 기준은 옵션 번호에 따라 달라집니다.

=NETWORKDAYS.INTL(시작일자, 종료일자, 주말 옵션, 공휴일 범위)
　　　　　　　　　　　　❶　　　　❷　　　　❸　　　❹

NETWORKDAY.INTL 함수

`엑셀 2010 이상`

❶ 시작일이 입력된 셀 주소를 참조합니다.

❷ 마지막 날짜가 입력된 셀 주소를 참조합니다.

❸ 공휴일의 기준을 아래의 14가지 옵션에 따라 지정할 수 있습니다.

	번호	공휴일 기준		번호	공휴일 기준
주 5일제	1(생략)	토, 일	주 6일제	11	일
	2	일, 월		12	월
	3	월, 화		13	화
	4	화, 수		14	수
	5	수, 목		15	목
	6	목, 금		16	금
	7	금, 토		17	토

❹ 이 외 공휴일이 입력된 셀 범위를 참조하거나 생략합니다.

| 주 5일 근무제에서 근무일수 구하기_NETWORKDAYS 함수

1 토요일과 일요일을 제외한 근무일을 계산해 보겠습니다. 'NETWORKDAYS' 워크시트의 [E6] 셀에 다음의 수식을 입력합니다.

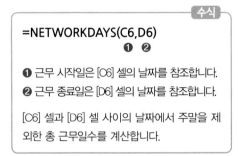

=NETWORKDAYS(C6,D6)
❶ ❷

❶ 근무 시작일은 [C6] 셀의 날짜를 참조합니다.
❷ 근무 종료일은 [D6] 셀의 날짜를 참조합니다.

[C6] 셀과 [D6] 셀 사이의 날짜에서 주말을 제외한 총 근무일수를 계산합니다.

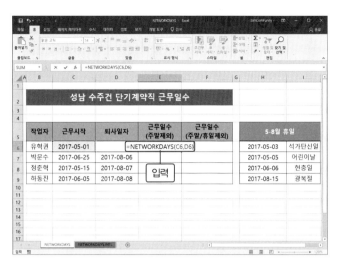

2 근무일수가 입력되면 채우기 핸들로 나머지 셀도 채웁니다.

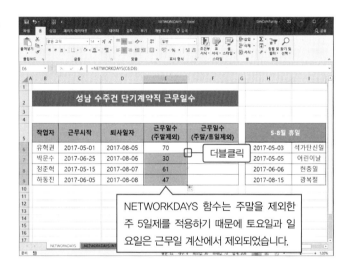

> NETWORKDAYS 함수는 주말을 제외한 주 5일제를 적용하기 때문에 토요일과 일요일은 근무일 계산에서 제외되었습니다.

| 주말과 공휴일을 제외한 근무일수 구하기_NETWORKDAYS 함수

1 [F6] 셀에 다음의 수식을 입력해 보겠습니다.

=NETWORKDAYS(C6,D6,$H$6:$H$9)
❶ ❷ ❸

❶ 근무 시작일은 [C6] 셀의 날짜를 참조합니다.
❷ 근무 종료일은 [D6] 셀의 날짜를 참조합니다.
❸ 법정 공휴일 날짜가 입력된 [$H$6:$H$9] 영역을 지정합니다.

[C6] 셀과 [D6] 셀 사이의 날짜에서 주말과 법정 공휴일을 제외한 실제 근무일수를 구합니다.

2 [E6] 셀의 수식 입력줄에서 수식을 복사하여 [F6] 셀에 붙여 넣습니다.

TIP

[E6] 셀 자체를 복사해서 [F6] 셀에 바로 붙여넣기하면 상대 참조로 붙여넣기 되어 셀 주소가 변경됩니다. 셀에 입력된 수식을 복사할 때는 수식 입력줄에서 수식을 복사하는 것이 좋습니다.

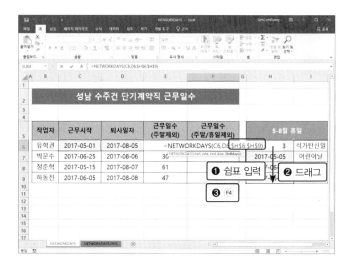

3 근무일수에서 공휴일을 제외하려면 3번째 인수를 추가해야 합니다. 수식에서 D6 뒤에 쉼표(,)를 입력하여 인수를 구분합니다. [H6:H9] 셀을 선택한 후 F4를 눌러 절대 참조로 바꿉니다.

4 작업자의 근무기간 중 주말 이틀은 물론 법정 공휴일을 제외한 근무일수가 계산되었습니다. 채우기 핸들을 더블클릭하여 나머지 셀을 채웁니다.

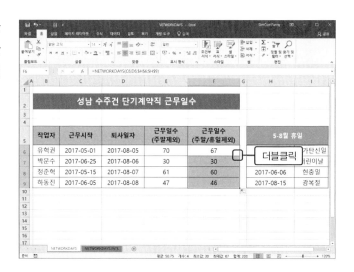

| 주 6일 근무제에서 근무일수 구하기_NETWORKDAYS.INTL 함수

1 일요일만 쉬는 경우에 대한 근무일수를 계산해 보겠습니다. 'NETWORKDAYS. INTL' 워크시트의 [E5] 셀에 다음의 수식을 입력합니다.

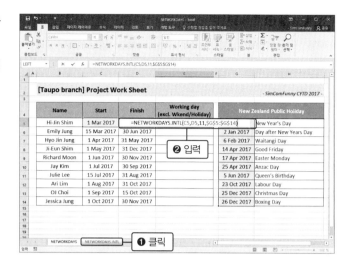

수식

=NETWORKDAYS.INTL(C5,D5,11,$G$5:$G$14)
              ❶ ❷ ❸   ❹

❶ 근무 시작일은 [C5] 셀의 날짜를 참조합니다.

❷ 근무 종료일은 [D5] 셀의 날짜를 참조합니다.

❸ 일요일을 근무일수에서 제외하기 위해 옵션 번호 11을 입력합니다.

❹ [$G$5:$G$14] 셀에 입력된 법정 공휴일 날짜도 근무일수에서 제외합니다.

주말 하루와 공휴일을 제외한 총 근무일수를 구합니다.

2 일요일과 공휴일이 제외된 근무일수가 나타납니다. 채우기 핸들로 나머지 셀을 채웁니다.

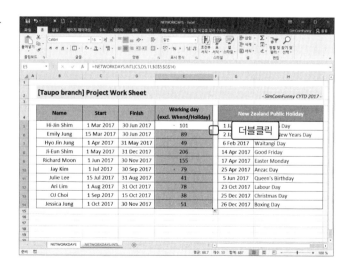

139 N개월 이전/이후 날짜 구하기 _EDATE/EOMONTH 함수

EDATE 함수는 특정 날짜에서 N개월 이전/이후의 날짜를, EOMONTH 함수는 N개월 이전/이후의 마지막 날짜를 추출합니다. N은 정수를 의미하기 때문에 양수, 음수, 0 모두 가능합니다. 따라서 0이면 현재를 의미하고, N개월 이후는 양수를, 이전의 날짜는 음수를 입력합니다.

예제 파일 Part12\EDATE_EOMONTH.xlsx   **완성 파일** Part12\EDATE_EOMONTH_완성.xlsx

EDATE 함수	시작 날짜에서 N개월만큼 지난(또는 이전의) 날짜를 추출합니다. **=EDATE(날짜, 개월 수 N)**
EOMONTH 함수	시작 날짜에서 N개월만큼 지난(또는 이전의) 달의 말일을 추출합니다. **=EOMONTH(날짜, 개월 수 N)**

| N개월 이후의 날짜 구하기_EDATE 함수

EDATE 함수는 입력된 날짜에서 특정 개월이 지난 날짜를 반환합니다. 시작 날짜에서 지정한 N개월 수만 더하고 빼기 때문에 해당 월의 일수 차이는 고려하지 않습니다. 예를 들어 2월 1일의 3개월 후는 5월 1일로 월만 바뀝니다.

1 '인턴' 워크시트에서 인턴 시작일을 기준으로 인턴 종료일을 알아보겠습니다. [E5] 셀에 다음의 수식을 입력합니다.

수식

=EDATE(C5,D5)
   ❶   ❷

❶ [C5] 셀에 입력되어 있는 날짜를 시작일로 합니다.
❷ [D5] 셀에 입력된 개월 수 이후의 날짜를 추출합니다.

2017년 6월 1일([C5] 셀)에서 3개월([D5] 셀) 지난 날짜를 추출합니다.

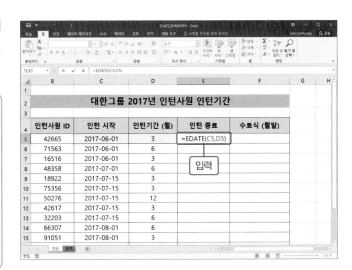

2 인턴 종료일이 추출되었습니다. 채우기 핸들로 나머지 셀도 채웁니다.

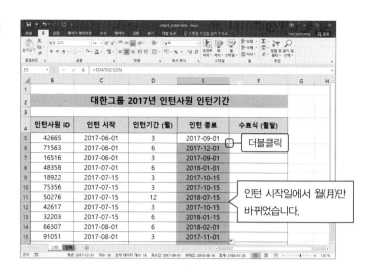

N개월 이후인 달의 마지막 날짜 구하기_EOMONTH 함수

인턴 기간이 끝나자마자 수료식을 하는 것이 아니라 인턴 기간을 종료한 그 달의 마지막 날에 수료식을 한다면 EOMONTH(End of Month) 함수를 이용하여 수료식 날짜를 추출할 수 있습니다.

1 '인턴' 워크시트의 [F5] 셀에 다음의 수식을 입력합니다.

수식

=EOMONTH(C5,D5)
    ① **②**

① [C5] 셀에 입력되어 있는 날짜를 시작일로 합니다.
② [D5] 셀에 입력된 개월 수가 지난 달의 마지막 날짜를 추출합니다.

2017년 6월 1일([C5] 셀)에서 3개월([D5] 셀) 지난 달의 말일을 추출합니다.

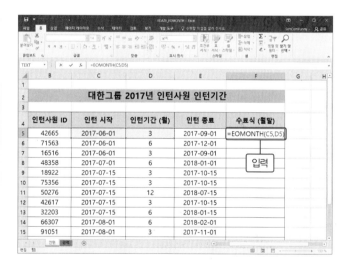

2 인턴 기간이 3개월 지난 달의 말일이 입력됩니다. 채우기 핸들로 나머지 셀도 채웁니다.

TIP

=EOMONTH(TODAY(),0)
N개월 수가 0이라면 이전과 이후의 값이 아닌 현재의 월을 의미합니다. TODAY 함수와 같이 사용하면 이 달의 마지막 날짜를 구할 수 있습니다.

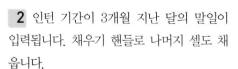

| N개월 이전의 날짜 계산하기

EDATE/EOMONTH 함수는 미래의 날짜뿐 아니라 목표한 날짜 이전의 과거 날짜도 추출할 수 있습니다. N개월 이전을 추출하려면 음수 값을 적용하면 됩니다.

1 정규직 전환일을 기준으로 수습 시작일이 몇 개월 전이었는지 계산해 보겠습니다. '경력' 워크시트의 [E5] 셀에 다음의 수식을 입력합니다.

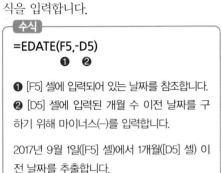

수식

=EDATE(F5,-D5)
   ❶   ❷

❶ [F5] 셀에 입력되어 있는 날짜를 참조합니다.
❷ [D5] 셀에 입력된 개월 수 이전 날짜를 구하기 위해 마이너스(-)를 입력합니다.

2017년 9월 1일([F5] 셀)에서 1개월([D5] 셀) 이전 날짜를 추출합니다.

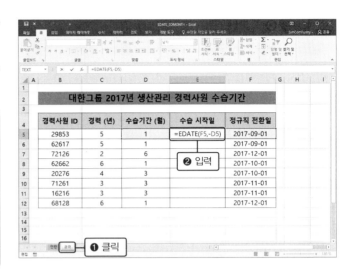

2 수습 시작일이 자동 계산되었습니다. 채우기 핸들을 더블클릭하여 나머지 셀도 채웁니다.

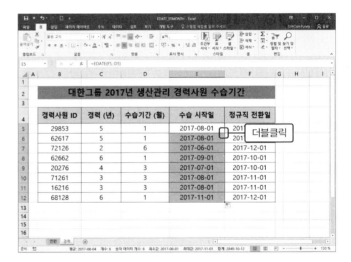

140 근속기간 구하기_DATEDIF 함수

DATEDIF 함수는 두 날짜의 차이를 구하고 기간 단위에 따라 연도, 월, 일자를 각각 계산합니다. 입사일과 퇴사일을 참조하여 퇴직자의 근속기간을 구할 수 있고, 재직자의 경우 TODAY 함수를 이용하여 현재까지의 근속기간을 업데이트할 수 있습니다.

예제 파일 Part12\DATEDIF.xlsx   **완성 파일** Part12\DATEDIF_완성.xlsx

DATEDIF 함수	시작일과 종료일의 차이를 연도, 월, 일별로 계산합니다. **=DATEDIF(시작일, 종료일, 단위 형식)** ❶ ❷ ❸ ❶ 시작일이 입력된 셀을 참조합니다. ❷ 종료일이 입력된 셀을 참조합니다. 오늘 날짜를 기준으로 하려면 TODAY 함수를 입력할 수 있습니다. ❸ 두 날짜의 차이를 연, 월, 일 단위로 표시하는 옵션입니다. 인수에 문자를 입력할 때는 큰따옴표 안에 입력합니다.

인수	기간 단위	인수	기간 단위
"Y"	전체 연도 수	"MD"	연, 월의 차이를 제외한 남은 일수만 표시
"M"	전체 개월 수	"YM"	연도의 차이를 제외한 남은 개월 수만 표시
"D"	전체 일자 수	"YD"	연도의 차이를 제외한 남은 일수만 표시 (*개월 수는 일수에 포함됨)

※ MS 공식 홈페이지에 따르면 "MD" 인수는 시작일과 종료일에 따라 부정확한 결과가 나올 수 있다고 제한 사항을 설명합니다.

1 오늘 날짜를 기준으로 '재직기간'을 단위별로 구해보겠습니다. [F7] 셀에 다음의 수식을 입력합니다.

수식

=DATEDIF(E7,TODAY(),"Y")
  ❶   ❷   ❸

❶ [E7] 셀에 입력된 시작 날짜를 참조합니다.
❷ ❶부터 오늘 날짜까지의 차이를 구합니다.
❸ 두 날짜 차이에서 연도만 구합니다.

입사일([E7] 셀)에서 오늘 날짜까지의 연도 차이를 계산합니다.

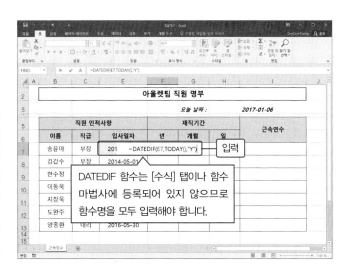

2 [G7] 셀에는 연도를 제외한 개월 수만 구하기 위해 다음의 수식을 입력합니다.

수식

=DATEDIF(E7,TODAY(),"YM")

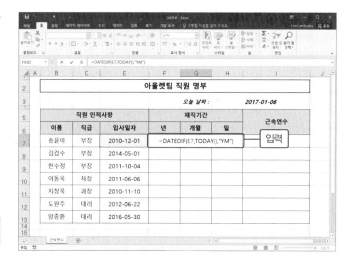

3 연도를 계산하고 남은 개월 수만 추출되었습니다. [H7] 셀에는 재직 연도와 개월 수를 제외한 일자를 구하기 위해 다음의 수식을 입력합니다.

수식

=DATEDIF(E7,TODAY(),"MD")+1

TIP

엑셀에서는 날짜 차이를 숫자로 계산하기 때문에 오늘 날짜를 제외합니다. 입사일과 오늘 날짜를 재직기간에 포함하여 계산하려면 전체 수식에 1일을 더합니다.

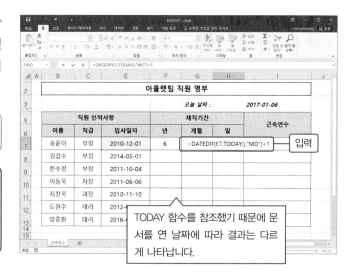

4 '근속연수' 셀에 재직기간을 모두 연결해서 입력하려면 다음의 수식을 입력합니다.

수식

=F7&$F$6&G7&$G$6&H7&$H$6

단위별 재직기간을 모두 연결합니다. 단, '연도, 개월, 일'이 입력된 셀 주소를 참조할 때는 절대 참조로 바꿔야 채우기 핸들로 나머지 행을 복사할 때 셀 주소가 고정됩니다.

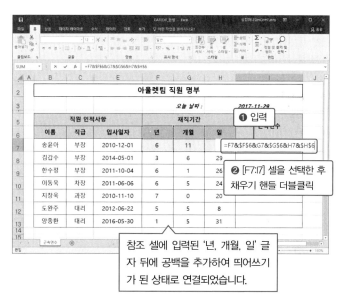

5 [F7:I7] 셀을 선택한 후 채우기 핸들로 나머지 셀을 채웁니다. [F:H] 열을 '숨기기' 하면 표를 간단하게 만들 수 있습니다.

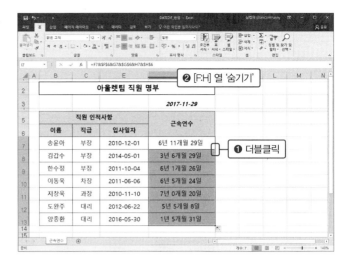

Part 13 통계/수학 함수

엑셀로 데이터 입력만 할 줄 안다면 하수! 취합한 자료를 분석하고 분류할 줄 알아야 진짜 고수로 거듭날 수 있습니다. 수학과 친하지 않았던 문과 출신이라도 통계/수학 함수를 활용하면 최빈값, 중간값을 비롯해 매출 순위 집계까지 가능합니다. 복잡한 숫자를 반올림하고 랜덤 순서를 정하는 일 정도는 이제 엑셀에게 시키세요.

문자/숫자가 입력된 셀의 개수 세기_COUNTA 함수

전체 대비 순위 구하기_RANK 함수

141 셀 개수 세기 _COUNT/COUNTA/COUNTBLANK 함수

COUNT 계열의 함수는 SUM/AVERAGE 함수처럼 셀 범위를 인수로 갖습니다. 수학 함수인 SUM/AVERAGE 함수가 셀 값을 계산하는 반면, 통계 함수인 COUNT 계열의 함수는 셀에 입력된 숫자나 특정 문자, 공백을 기준으로 셀의 개수를 셉니다.

예제 파일 Part13\COUNT.xlsx　　**완성 파일** Part13\COUNT_완성.xlsx

COUNTA 함수	숫자와 문자 등이 입력된 셀의 개수를 셉니다. **=COUNTA(참조 범위)**
COUNT 함수	숫자가 입력된 셀의 개수를 셉니다. **=COUNT(참조 범위)**
COUNTBLANK 함수	아무것도 입력되어 있지 않은 빈 셀의 개수를 셉니다. **=COUNTBLANK(참조 범위)**

| 문자가 입력된 셀의 개수 세기_COUNTA 함수

1 기부명단에 입력된 이름을 세서 전체 인원수를 파악하려고 합니다. [F3] 셀에 다음의 수식을 입력합니다.

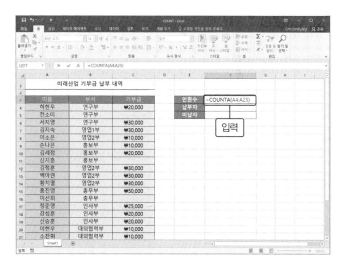

수식

=COUNTA(A4:A25)

[A4:A25] 셀에서 데이터가 입력된 셀의 개수를 셉니다.

2 이름이 입력된 셀의 개수는 22개로 명단에 입력된 전체 인원수를 의미합니다.

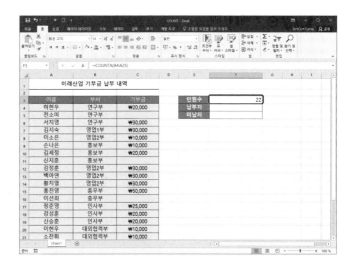

| 숫자가 입력된 셀의 개수 세기_COUNT 함수

1 기부금에 숫자가 입력된 셀의 개수를 세서 납부 인원을 구해보겠습니다. [F4] 셀에 다음의 수식을 입력합니다.

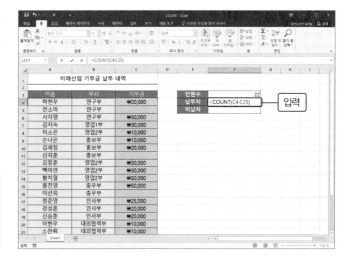

┌─ 수식 ─────────────────
=COUNT(C4:C25)

[C4:C25] 셀에서 숫자가 입력되어 있는 셀의 개수를 셉니다.

2 숫자가 입력된 셀의 개수는 총 18개로 기부금을 납부한 인원과 같습니다.

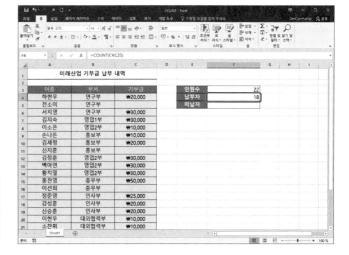

┌─ TIP ─────────────────
COUNT 함수는 숫자가 입력된 모든 셀의 개수를 셉니다. 숫자 0도 셀의 개수에 포함되므로 기부금을 내지 않았다면 공백으로 두어야 합니다.

| 아무 것도 입력되지 않은 셀의 개수 세기_COUNTBLANK 함수

1 기부금이 입력되지 않은 셀의 개수를 세서 미납자 인원을 구하려고 합니다. [F5] 셀에 다음의 수식을 입력합니다.

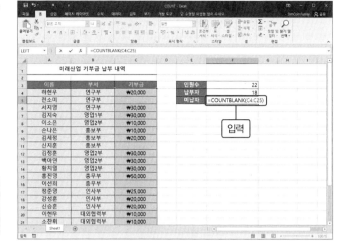

수식

=COUNTBLANK(C4:C25)

[C4:C25] 셀에서 빈 셀의 개수를 셉니다.

2 아무 것도 입력되어 있지 않은 셀은 4개로 미납자 4명을 의미합니다.

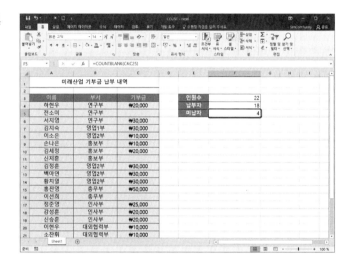

142　최대값과 최소값 구하기_MAX/MIN 함수

통계 함수인 MAX와 MIN 함수는 범위에서 가장 큰 숫자(Maximum)와 가장 작은 숫자(Minimum)를 추출합니다. 데이터양이 많은 경우, 오름차순/내림차순으로 셀을 정렬하지 않고도 최대값과 최소값을 알 수 있습니다.

예제 파일 Part13\MAX_MIN.xlsx　　**완성 파일** Part13\MAX_MIN_완성.xlsx

MAX 함수	선택한 범위에서 가장 큰 값을 구합니다. **=MAX(참조 범위)**
MIN 함수	선택한 범위에서 가장 작은 값을 구합니다. **=MIN(참조 범위)**

1 기부금에서 최고액을 구해보겠습니다. [F7] 셀에 다음의 수식을 입력합니다.

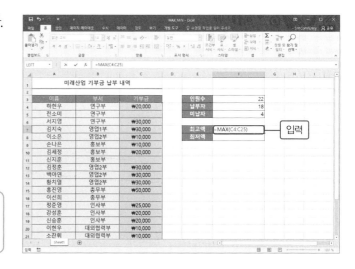

수식

=MAX(C4:C25)

[C4:C25] 셀에서 가장 큰 값을 구합니다.

---

2 [F7] 셀에 가장 큰 금액인 50,000이 추출되었습니다.

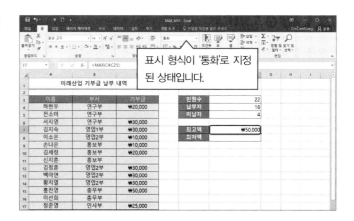

3 이번에는 최저액을 찾기 위해 [F8] 셀
에 다음의 수식을 입력합니다.

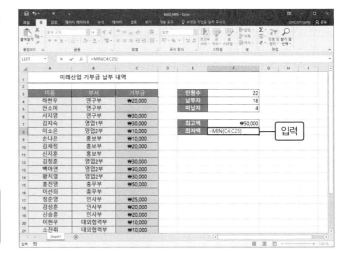

수식

=MIN(C4:C25)

[C4:C25] 셀에서 가장 작은 값을 구합니다.

4 [F8] 셀에 가장 적은 금액인 5,000이
추출되었습니다.

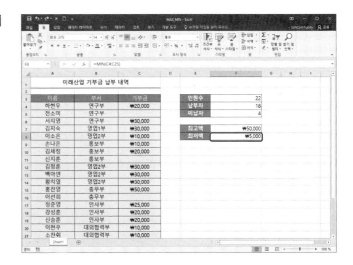

143　N번째로 크거나 작은 수 찾기_LARGE/SMALL 함수

최대값과 최소값이 아닌 특정 순위를 구할 경우에는 LARGE와 SMALL 함수를 사용합니다. LARGE 함수는 N번째로 큰 숫자, SMALL 함수는 N번째로 작은 숫자를 추출해서 특정 순위만 찾아낼 수 있습니다.

예제 파일 Part13\LARGE_SMALL.xlsx　　**완성 파일** Part13\LARGE_SMALL_완성.xlsx

LARGE 함수	선택한 범위에서 N번째로 큰 값을 구합니다. **=LARGE(참조 범위, 순위)**
SMALL 함수	선택한 범위에서 N번째로 작은 값을 구합니다. **=SMALL(참조 범위, 순위)**

| N번째로 큰 금액 구하기_LARGE 함수

기부금에서 2번째로 큰 금액을 구하기 위해 [F10] 셀에 다음의 수식을 입력하면 상위 2순위 값이 추출됩니다.

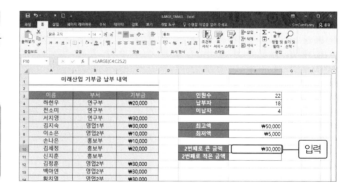

수식

=LARGE(C4:C25,2)

[C4:C25] 셀에서 2번째로 큰 숫자를 추출합니다.

| N번째로 적은 금액 구하기_SMALL 함수

기부금에서 2번째로 적은 금액을 구하기 위해 [F11] 셀에 다음의 수식을 입력하면 하위 2순위 값이 추출됩니다.

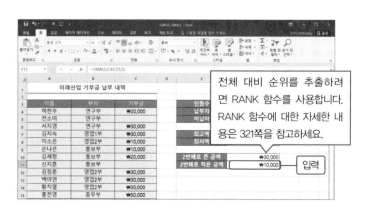

수식

= SMALL(C4:C25,2)

[C4:C25] 셀에서 2번째로 작은 숫자를 추출합니다.

전체 대비 순위를 추출하려면 RANK 함수를 사용합니다. RANK 함수에 대한 자세한 내용은 321쪽을 참고하세요.

144 중간값과 최빈값 구하기_MEDIAN/MODE 함수

특정 범위에서 보통의 값을 구할 때, 극단적으로 크거나 작은 숫자가 포함되면 실제 평균값에 영향을 미치게 됩니다. 그래서 통계 함수 중에서 중간값을 구하는 MEDIAN 함수와 가장 빈번하게 나타난 최빈값을 구하는 MODE 함수로 편차를 최대한 줄일 수 있습니다.

예제 파일 Part13\MEDIAN_MODE.xlsx　**완성 파일** Part13\MEDIAN_MODE_완성.xlsx

MEDIAN 함수	선택한 범위에서 중간값을 구합니다. **=MEDIAN(참조 범위)**
MODE 함수	선택한 범위에서 최빈값을 구합니다. **=MODE(참조 범위)**

| 중간값 구하기_MEDIAN 함수

1 'MEDIAN_MODE' 워크시트를 선택하고 [J6] 셀에 다음의 수식을 입력합니다.

─ 수식 ─
=MEDIAN(D:D)

D열에 입력된 '판매수량'의 중간값을 구합니다.

─ TIP ─
D열 전체를 선택해도 제목이나 표 머리글을 제외한 숫자 값만 참조합니다.

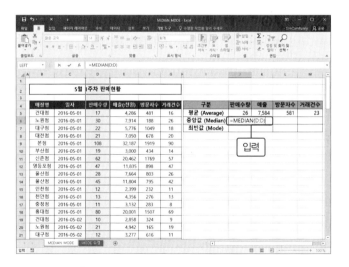

2 판매수량의 중간값으로 18이 추출되었습니다. [J5] 셀에 입력되어 있는 평균값 26과 차이가 나는 이유는 최대값과 최소값의 편차를 감안해서 계산됐기 때문입니다. 채우기 핸들로 [M6] 셀까지 드래그하여 나머지 셀의 중간값도 채웁니다.

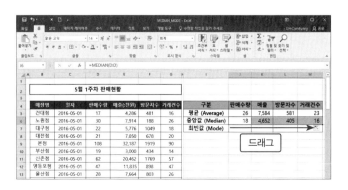

| 가장 자주 나타나는 최빈값 구하기_MODE 함수

1 [J7] 셀에 다음의 수식을 입력합니다.

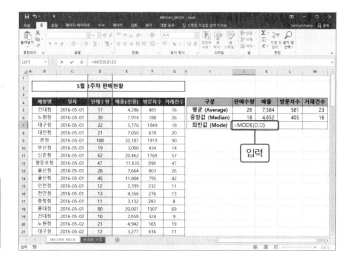

수식

=MODE(D:D)

D열에 입력된 '판매수량'의 최빈값을 구합니다.

2 최빈값이 추출되었습니다. 채우기 핸들을 [M7] 셀까지 드래그하여 나머지 셀도 채웁니다. '매출'의 최빈값인 [K7] 셀에 #N/A 오류가 표시되었습니다. 똑같은 매출이 하나도 없기 때문에 가장 많이 나타나는 값을 찾을 수 없습니다.

TIP

#N/A 는 찾는 값이 없을 때 나타나는 오류입니다. 함수에서 오류 값을 대체하려면 IFERROR 함수를 중첩할 수 있습니다. IFERROR 함수 중첩에 대한 자세한 내용은 367쪽을 참고하세요.

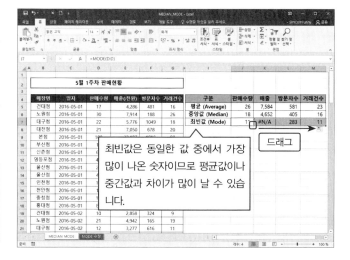

최빈값은 동일한 값 중에서 가장 많이 나온 숫자이므로 평균값이나 중간값과 차이가 많이 날 수 있습니다.

3 'MODE 수정' 워크시트를 선택합니다. '매출'에서 최빈값을 구하기 위해 임의로 매출액을 수정해 보겠습니다. '충청점'의 셀 값을 '부산점'과 같은 3000으로 수정합니다. 오류 표시가 났던 '매출'의 최빈값 셀에 3000이 입력됩니다.

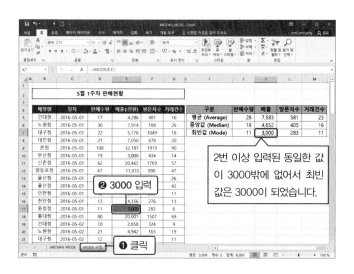

2번 이상 입력된 동일한 값이 3000밖에 없어서 최빈값은 30000이 되었습니다.

145 순위 구하기_RANK/RANK.EQ/RANK.AVG 함수

RANK 함수는 순위를 판단하는 통계 함수입니다. 동점이 발생했을 경우를 보완하기 위해 엑셀 2010부터 두 함수가 추가됐습니다. RANK.EQ 함수는 RANK 함수와 동일하고, RANK.AVG 함수는 동점자에게 평균 순위를 부여합니다. 예를 들어, 1등 동점자가 3명이면 평균 순위에 가까운 2등으로 표시합니다.

예제 파일 Part13\RANK.xlsx **완성 파일** Part13\RANK_완성.xlsx

RANK 함수 모든 버전 사용 / RANK.EQ 함수 엑셀 2010 이상	전체 숫자 범위에서 몇 번째로 크거나 작은지 순위를 구합니다. RANK 함수는 모든 버전에서, RANK.EQ 함수는 엑셀 2010부터 사용 가능하며 결과 값은 같습니다. **=RANK(숫자, 참조 범위, 순위 결정 방법)** **=RANK.EQ(숫자, 참조 범위, 순위 결정 방법)** ❶ ❷ ❸ ❶ 순위를 구하려는 숫자입니다. ❷ 전체 숫자 목록입니다. 숫자 외의 값은 무시됩니다. ❸ 순위 결정 방법을 정하는 옵션 번호입니다. 0은 내림차순, 1은 오름차순으로 집계합니다. 생략하면 기본 값 0, 내림차순에 의해 숫자가 큰 순서로 1등부터 순위를 정렬합니다.
RANK.AVG 함수 엑셀 2010 이상	RANK 함수처럼 순위를 추출하되 순위가 같은 숫자들은 평균 순위를 표시합니다. **=RANK.AVG(숫자, 참조 범위, 순위 결정 방법)**

| 순위 구하기_RANK 함수

1 [C5] 셀에 다음의 수식을 입력해 보겠습니다. =RANK(를 입력한 후 순위를 구할 숫자가 입력된 [F5] 셀을 클릭합니다.

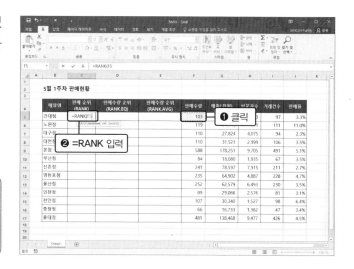

수식

=RANK(F5,F:F)

F열의 전체 판매수량 대비 [F5] 셀 값의 순위를 판매량이 많은 내림차순으로 구합니다.

2 2번째 인수는 순위의 기준이 되는 참조 범위로써 전체 판매수량인 F열을 선택해야 합니다. 다음 인수를 입력하기 위해 쉼표(,)를 입력하고 F열 머리글을 클릭한 후 [Enter]를 누릅니다.

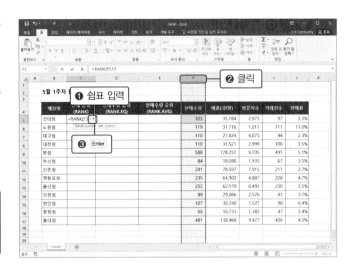

TIP

다른 행의 수식을 채우기 핸들로 복사했을 때 참조 범위의 셀 주소는 고정되어야 하므로 열 전체를 선택하거나 셀 주소를 절대 참조로 바꿔줍니다.

3 F열의 전체 판매수량 대비 [F5] 셀 값의 순위가 구해졌습니다. 채우기 핸들을 더블클릭하여 나머지 셀의 순위도 채웁니다.

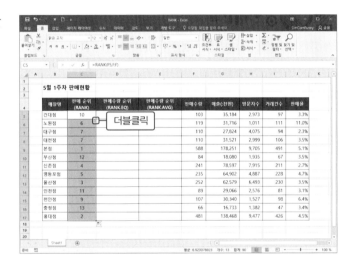

| 숫자 순서대로 순위 표시하기_RANK.EQ 함수

1 RANK.EQ 함수를 사용하여 판매수량의 순위를 구해보겠습니다. [D5] 셀에 다음의 수식을 입력합니다.

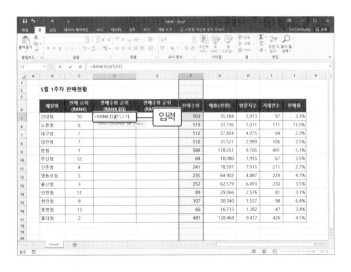

 수식

=RANK.EQ(F5,F:F)

F열의 전체 판매수량 대비 [F5] 셀 값의 순위를 판매량이 많은 내림차순으로 구합니다.

2 순위가 추출되었습니다. 채우기 핸들을 더블클릭하여 나머지 셀의 순위도 채웁니다. RANK 함수의 결과와 같은 것을 알 수 있습니다.

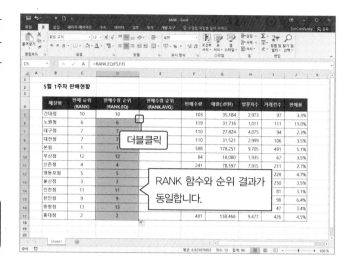

TIP

엑셀 2007 이하에서 문서를 열람할 경우에는 RANK 함수를 사용해야 합니다.

| 동일한 순위는 평균값으로 나타내기_RANK AVG 함수

1 이번에는 RANK.AVG 함수를 사용하여 동일한 순위는 평균값으로 표시해 보겠습니다. [E5] 셀에 다음의 수식을 입력합니다.

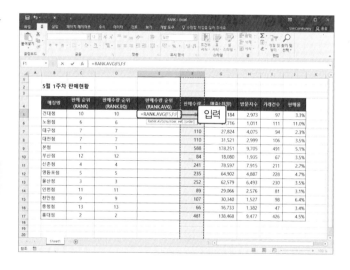

수식

=RANK.AVG(F5,F:F)

F열의 전체 판매수량 대비 [F5] 셀 값의 순위를 판매량이 많은 내림차순으로 구합니다. 단, 동일한 값들은 평균 순위로 표시합니다.

2 순위가 입력되면 채우기 핸들을 더블클릭하여 나머지 셀의 순위도 구합니다. RANK 함수와 RANK.EQ 함수에서 순위가 같은 대구점과 대전점은 평균 순위인 7.5로 표시되었습니다.

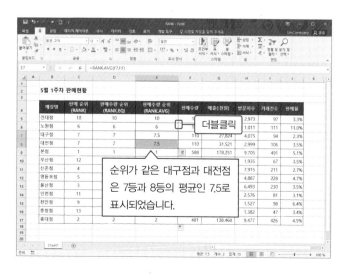

146 올림/반올림/내림값 구하기 _ROUND/ROUNDUP/ROUNDDOWN

[홈] 탭에서 숫자의 소수점을 변환하면 워크시트 화면에서만 그렇게 보일 뿐, 실제 값은 소수점을 포함한 그대로입니다. 소수점이나 자릿수가 긴 숫자는 ROUND 계열의 함수를 이용해 반올림/올림/내림 값을 구할 수 있습니다.

예제 파일 Part13\ROUND.xlsx　　**완성 파일** Part13\ROUND_완성.xlsx

ROUND 함수	지정한 자릿수까지 값을 반올림합니다. =ROUND(숫자, 자릿수)
ROUNDUP 함수	지정한 자릿수까지 값을 올립니다. =ROUNDUP(숫자, 자릿수)
ROUNDDOWN 함수	지정한 자릿수까지 값을 내립니다. =ROUNDDOWN(숫자, 자릿수)

자릿수	만	천	백	십	일	.	소수점 첫째자리	둘째자리	셋째자리
두 번째 인수	-4	-3	-2	-1	0		1	2	3

> 소수점 둘째자리에서 반올림해서 소수점 첫째자리까지만 나타내려면, ROUND의 2번째 인수는 1이 됩니다. 즉, 소수점 첫째자리의 숫자는 소수점 둘째자리(인수+1) 값에 따라 반올림됩니다.

| 소수점 첫째자리/십의 자리까지 반올림하기_ROUND 함수

1 코드별 총 원가금액(G열)을 반올림하여 소수점 첫째자리까지 표시해 보겠습니다. [I5] 셀에 다음의 수식을 입력합니다.

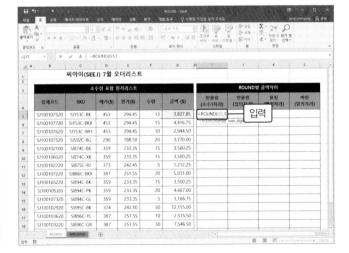

--- 수식 ---

=ROUND(G5,1)

[G5] 셀 값을 소수점 둘째자리에서 반올림하여 소수점 첫째자리까지 구합니다.

2 [G5] 셀에 입력된 숫자의 소수점 둘째 자리가 반올림되어 소수점 첫째자리까지 표시된 값이 추출되었습니다. 이번에는 금액을 십 단위로 반올림하기 위해 [J5] 셀에 다음의 수식을 입력합니다.

> **수식**
>
> **=ROUND(G5,-1)**
>
> [G5] 셀 값을 일의 자리에서 반올림하여 십의 자리까지 구합니다.

> **TIP**
>
> 십의 자리 이상으로 반올림/올림/내림을 적용하려면 두 번째 인수를 음수로 입력합니다.

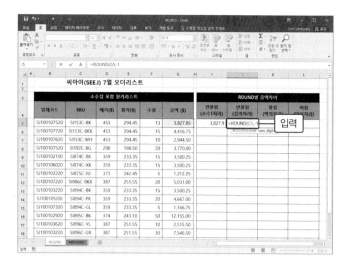

3 십의 자리까지 반올림된 숫자가 추출되었습니다.

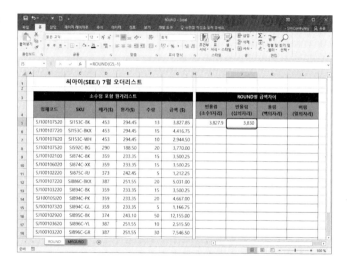

| 백의 자리까지 올림_ROUNDUP 함수

1 금액을 십의 자리에서 올림하여 백 단위로 표시해 보겠습니다. [K5] 셀에 다음의 수식을 입력합니다.

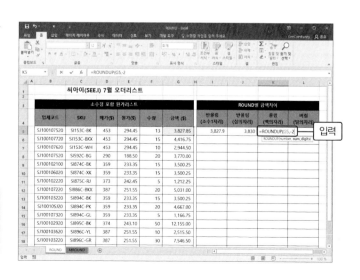

> **수식**
>
> **=ROUNDUP(G5,-2)**
>
> [G5] 셀 값을 십의 자리에서 올림하여 백의 자리까지 구합니다.

2 반올림하여 백 단위로 금액이 표시되었습니다.

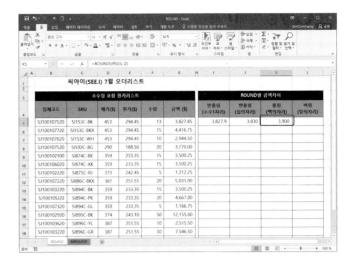

| 일의 자리까지 내림_ROUNDDOWN 함수

1 금액을 소수점 첫째자리에서 내려서 일의 자리까지만 표시해 보겠습니다. [L5] 셀에 다음의 수식을 입력합니다.

수식

=ROUNDDOWN(G5,0)

[G5] 셀 값의 소수점 값을 버리고 자연수로 표시합니다.

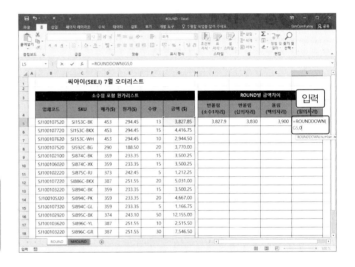

2 소수점을 버린 자연수만 나타납니다. [I5:L5] 셀을 선택한 후 채우기 핸들로 나머지 셀을 모두 채웁니다.

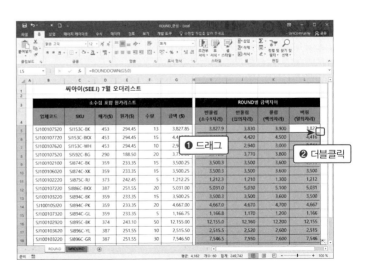

147 N배수로 반올림/올림/내림 _MROUND/CEILING/FLOOR 함수

ROUND 계열 함수는 소수점이나 십, 백, 천 단위의 10진수 숫자를 다루고 MROUND 함수는 500원, 30분처럼 N배수 단위로 자릿수를 정리합니다. '최고 한도'를 의미하는 CEILING 함수는 N배수만큼 올려서 상한가를 만듭니다. 반대로 '바닥'을 의미하는 FLOOR 함수는 N배수로 내려서 하한가를 구합니다.

예제 파일 Part13\MROUND.xlsx   **완성 파일** Part13\MROUND_완성.xlsx

MROUND 함수	N의 배수에서 가장 가까운 값으로 반올림합니다. **=MROUND(숫자, 배수)**
CEILING 함수	N의 배수에서 가장 가까운 값으로 올립니다. **=CEILING(숫자, 배수)**
FLOOR 함수	N의 배수에서 가장 가까운 값으로 내립니다. **=FLOOR(숫자, 배수)**

1 금액(G열)을 500의 배수(500달러 또는 1000달러)로 반올림해 보겠습니다. [I5] 셀에 다음의 수식을 입력합니다.

수식

=MROUND(G5,500)

[G5] 셀 값을 500의 배수로 반올림합니다.

2 이번에는 500 단위로 올림 값을 구하기 위해 CEILING 함수를 사용해 보겠습니다. [J5] 셀에 다음의 수식을 입력합니다.

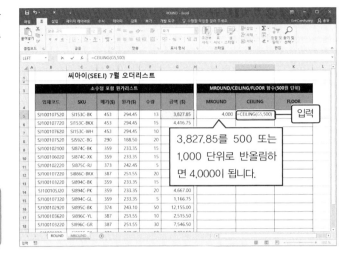

수식

=CEILING(G5,500)

[G5] 셀 값을 500의 배수로 올립니다.

3 500 단위로 내림 값을 구하기 위해 FLOOR 함수를 사용합니다. [K5] 셀에 다음의 수식을 입력합니다.

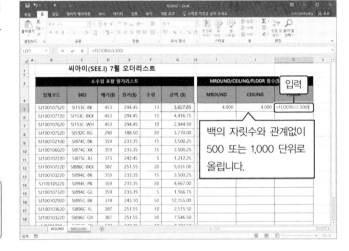

수식

=FLOOR(G5,500)

[G5] 셀 값을 500의 배수로 내립니다.

4 MROUND를 이용한 반올림 값, [I5] 셀과 CEILING 함수를 이용한 [J5] 셀, FLOOR 함수를 이용한 [K5] 셀 값을 비교해보면 각 함수의 차이를 알 수 있습니다. [I5:K5] 셀을 선택한 후 채우기 핸들로 나머지 셀도 채웁니다.

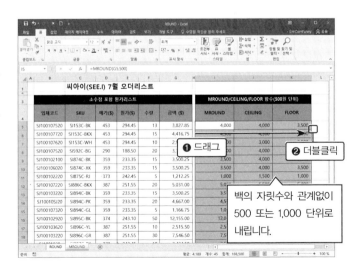

148 소수점 이하 값 버리기_TRUNC/INT 함수

TRUNC 함수와 INT 함수는 소수점을 포함한 값을 정수로 만들 때 유용합니다. 두 함수는 두 번째 인수 없이도 ROUNDDOWN 함수처럼 소수점 이하 값은 버림으로 처리합니다. 세 함수 모두 양수일 경우 같은 값을 추출하지만, 음수일 경우 INT 함수가 가장 작은 값을 추출합니다.

예제 파일 Part13\TRUNC_INT.xlsx   **완성 파일** Part13\TRUNC_INT_완성.xlsx

TRUNC 함수	ROUNDDOWN 함수와 비슷하게 지정한 자릿수 이하는 버림으로 처리합니다. 2번째 인수를 생략할 경우 소수점 첫째자리에서 버림 처리하여 정수로 변환합니다. 2번째 인수를 추가하면 소수점 이하 값도 처리할 수 있습니다. **=TRUNC(숫자, 소수점 자릿수)**
INT 함수	소수점 이하를 버리고 정수로 표시합니다. 음수일 경우, 소수점 이하 값을 일의 자릿수에 반영해 더 작은 값을 추출합니다. 예를 들어 −1.1에 INT 함수를 적용하면 −2로 변환됩니다. **=INT(숫자)**

1 TRUNC 함수로 정수를 만들기 위해 [E6] 셀에 다음의 수식을 입력합니다.

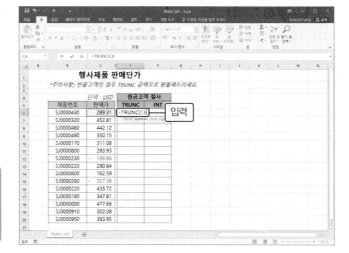

수식

=TRUNC(C6)

[C6] 셀 값에서 소수점 이하 숫자를 버리고 정수로 만듭니다.

2 소수점 이하 숫자는 버림 처리되었습니다. 채우기 핸들로 나머지 셀도 채웁니다.

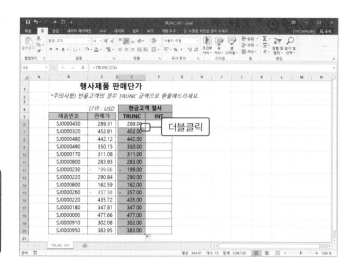

> **TIP**
>
> TRUNC 함수의 어원은 'Truncate'로 '아래나 위를 잘라서 길이를 줄인다'는 의미입니다. 소수점이나 자리수가 복잡한 숫자의 뒷부분을 잘라서 숫자를 축약한다고 기억하면 쉽습니다.

3 INT 함수로 정수를 만들기 위해 [F6] 셀에 다음의 수식을 입력한 후 채우기 핸들로 나머지 셀을 채웁니다. 값이 양수일 경우 TRUNC 함수를 사용하여 구한 값과 똑같지만, 음수일 경우는 INT 값이 더 작은 것을 알 수 있습니다.

> **수식**
>
> **=INT(C6)**
>
> [C6] 셀 값에서 소수점 이하를 버리고 정수로 만듭니다.

> **TIP**
>
> INT 함수는 정수를 의미하는 'Integer'가 어원입니다. 소수점 이하 값을 버려서 정수 값을 만든다고 기억하면 쉽습니다.

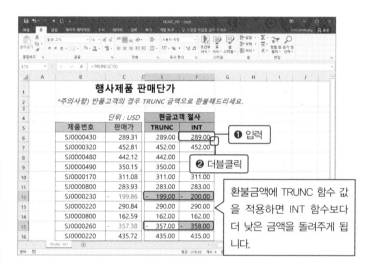

> 환불금액에 TRUNC 함수 값을 적용하면 INT 함수보다 더 낮은 금액을 돌려주게 됩니다.

Skill Up INT/TRUNC/ROUNDDOWN 함수의 차이점

INT/TRUNC/ROUNDDOWN 함수는 지정한 자릿수를 버림 처리한다는 점이 비슷하지만 다음과 같이 약간의 차이가 있습니다.

값	INT	TRUNC	ROUNDDOWN
❶ 양수	INT(1.56)=1	TRUNC(1.56)=1	ROUNDDOWN(1.56,0)=1
❷ 음수	INT(−1.56)=−2	TRUNC(−1.56)=−1	ROUNDDOWN(−1.56,0)=−1
❸ 소수점 값	적용 불가	TRUNC(1.56,1)=−1.5	ROUNDDOWN(1.56,1)=−1.5

❶ 양수 값을 정수로 변환할 경우, INT와 TRUNC 함수에서 2번째 인수를 생략해도 ROUNDDOWN 함수와 값이 같습니다.
❷ 음수 값을 정수로 변환할 경우, INT 함수가 가장 작은 값을 추출합니다.
❸ TRUNC와 ROUNDDOWN 함수는 2번째 인수에 자릿수를 입력하여 소수점 이하의 값도 표시할 수 있지만, INT 함수는 정수 값만 변환할 수 있습니다.

149 나머지 구하기_MOD 함수

MOD 함수는 나눗셈에서 구해진 나머지 값을 변환합니다. MOD 함수의 인수는 나눌 값과 나누는 값(제수)으로 이루어지지만 몫은 산출되지 않고 나머지 값만 추출합니다. 즉, 나머지 값은 나누는 단위 값(제수)보다 작습니다. 이를 응용하여 특정 단위로 묶음 처리되는 상품의 나머지 값을 구해보겠습니다.

예제 파일 Part13\MOD.xlsx   **완성 파일** Part13\MOD_완성.xlsx

MOD 함수	특정 단위로 나눈 값의 나머지를 구합니다. =MOD(숫자, 단위)

1 테스터 상품을 박스 묶음 단위별로 분류했을 때, 허용 수량(박스당 샘플 수량)보다 적은 수량은 개별 포장하려고 합니다. [F4] 셀에 다음의 수식을 입력합니다.

수식

=MOD(D4,E4)

[D4] 셀을 [E4] 셀로 나눈 값의 나머지 값을 구합니다.

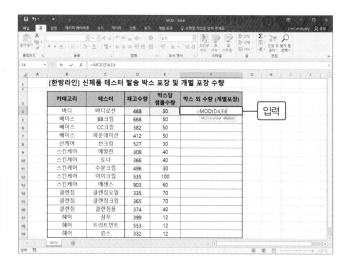

2 [D4] 셀 값에서 [E4] 셀 값을 나눈 값의 나머지 값만 추출되었습니다. 채우기 핸들로 나머지 셀도 채웁니다. 자동 채우기 옵션에서 [서식 없이 채우기]를 선택해서 기존 테두리 서식을 유지합니다.

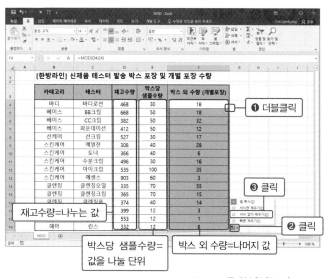

150 랜덤 숫자 추출하기_RAND 함수

RAND 함수는 무작위 값을 추출하는 랜덤 함수로, 0과 1 사이의 소수점 값을 무작위로 추출합니다. 추출된 임의의 수는 수정된 셀의 위치와 관계없이 워크시트가 활성화될 때마다 값이 변합니다. 중복 값이 없기 때문에 경품 추첨이나 랜덤 순위를 정할 때 활용하면 좋습니다.

예제 파일 Part13\RAND.xlsx　　**완성 파일** Part13\RAND_완성.xlsx

RAND 함수	특별한 인수 없이 0과 1 사이의 난수(Random number)를 무작위로 추출합니다. 단, 함수 값이 적용된 범위 내에는 중복 값이 발생하지 않습니다. **=RAND()**

1 'RAND' 워크시트를 선택합니다. 무작위로 추출된 랜덤 숫자의 크기를 기준으로 방문 순서를 정하려고 합니다. [C5] 셀에 다음의 수식을 입력합니다.

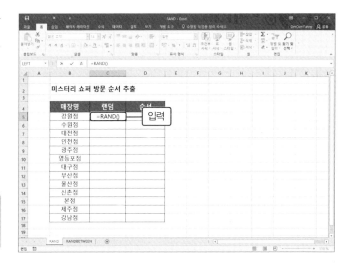

수식

=RAND()

숫자를 랜덤으로 표시합니다.

---

2 랜덤 값이 추출되었습니다. 채우기 핸들로 나머지 셀을 채우면 첫 번째 셀 값이 다시 바뀝니다.

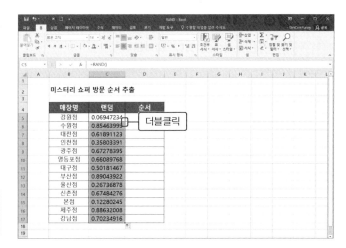

TIP

RAND 함수 값은 통합 문서가 수정될 때마다 랜덤 값이 변경됩니다.

3 랜덤 값에 따라 방문 순서를 정하기 위해 RANK 함수를 활용해 보겠습니다. [D5] 셀에 다음의 수식을 입력하고 채우기 핸들로 나머지 셀을 채웁니다.

> ──수식──
>
> **=RANK(C5,C:C)**
>
> 참조 영역 [C:C] 셀을 기준으로 [D5] 셀 값의 순위를 내림차순으로 구합니다.

`page` RANK 함수에 대한 자세한 설명은 321쪽을 참고하세요.

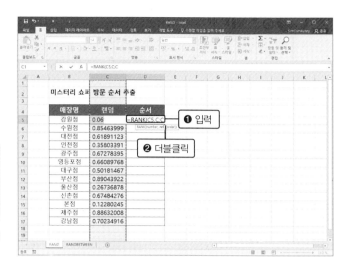

4 RAND 값이 계속 변하므로 값 복사로 고정시켜 보겠습니다. [C5:D17] 셀을 선택한 후 Ctrl + C를 눌러 복사하고 그 위에 바로 Ctrl + V를 눌러 붙여넣기를 합니다. 붙여넣기 옵션에서 [값 붙여넣기]의 '값'을 선택합니다.

> 엑셀 2007 | 붙여넣기 옵션에서 '값(V)' 또는 '값 및 숫자 서식(N)'을 선택합니다.

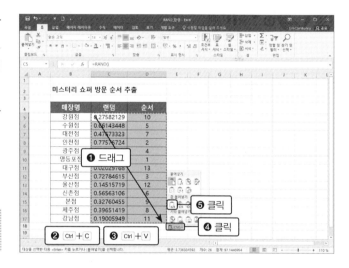

5 수식이 입력된 셀에 결과 값만 복사되어 워크시트를 수정해도 더 이상 값이 변하지 않습니다.

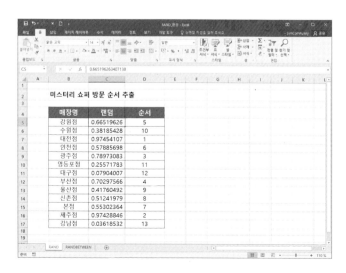

151 두 수 사이에서 랜덤 숫자 추출하기 _RANDBETWEEN 함수

RANDBETWEEN 함수는 RAND 함수와 비슷하게 난수를 추출하지만, 특정한 두 숫자의 차이를 반영합니다. 예를 들어, 10과 15 사이의 랜덤 값은 10을 초과하고 15 미만이어야 합니다. 즉, 15에서 10을 뺀 5의 난수 값과 10을 더한 값으로, 이를 식으로 나타내면 10+{(15-10)*RAND 함수 값}과 같습니다.

예제 파일 Part13\RAND.xlsx   **완성 파일** Part13\RAND_완성.xlsx

RANDBETWEEN 함수	두 수 사이의 값을 무작위로 추출합니다. =RANDBETWEEN(숫자 1,숫자 2)

---

1 'RANDBETWEEN' 워크시트를 선택합니다. [F4] 셀과 [F5] 셀을 참조해서 5월과 9월 사이에 방문 날짜를 임의로 추출하려고 합니다. [C5] 셀에 다음의 수식을 입력합니다.

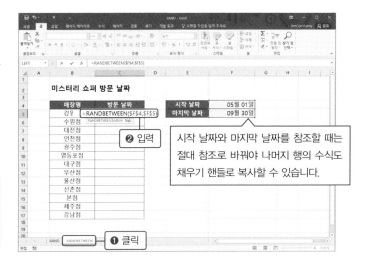

시작 날짜와 마지막 날짜를 참조할 때는 절대 참조로 바꿔야 나머지 행의 수식도 채우기 핸들로 복사할 수 있습니다.

수식

=RANDBETWEEN($F$4,$F$5)

[F4] 셀과 [F5] 셀에 입력되어 있는 날짜 사이에서 무작위로 날짜를 추출합니다.

2 표시 형식이 '일반'으로 되어 있어 날짜가 5자리 정수 형식으로 나타납니다. 일단 채우기 핸들로 나머지 셀을 채웁니다.

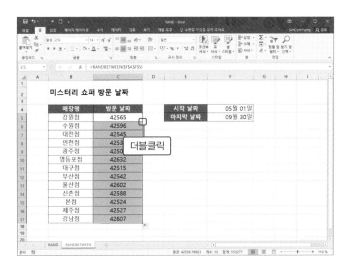

TIP

엑셀에서 날짜는 숫자로 인식하기 때문에 표시 형식이 '일반'일 경우 5자리 숫자로 표시됩니다.

3 랜덤 값이 계속 변하지 않도록 값을 복사해야 합니다. [C5:C17] 셀을 선택하여 Ctrl + C 로 복사한 후 Ctrl + V 로 붙여넣기 합니다. 붙여넣기 옵션에서 [값 붙여넣기]에서 '값'을 선택합니다.

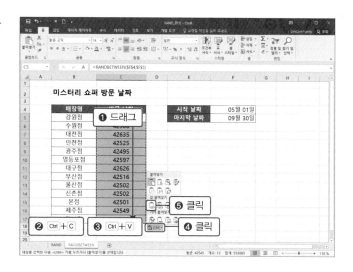

4 '방문 날짜'에 입력된 5자리 숫자를 날짜 형식으로 바꾸기 위해 [홈] 탭의 표시 형식 목록에서 '간단한 날짜'를 클릭합니다.

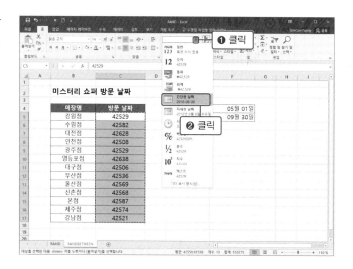

5 랜덤 값으로 추출된 숫자가 모두 날짜 형식으로 바뀌었습니다.

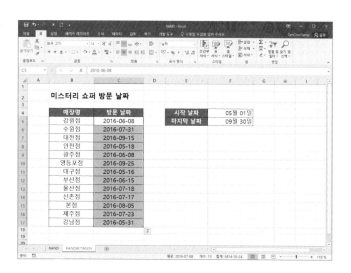

152 길이, 무게 등 단위 변환하기_CONVERT 함수

공학 함수인 CONVERT 함수를 이용하면 쉽게 단위를 변환할 수 있습니다. CONVERT 함수로 값을 변환하려면 엑셀이 규정한 단위의 약자를 알아야 합니다. 자주 쓰는 단위를 요약한 다음의 표를 참조하여 CONVERT 함수의 인수를 입력해 보겠습니다.

예제 파일 Part13\CONVERT.xlsx **완성 파일** Part13\CONVERT_완성.xlsx

CONVERT 함수	현재 단위를 지정한 단위로 변환합니다. 단위는 문자이므로 큰따옴표 안에 입력합니다. **=CONVERT(숫자, "현재 단위", "바꿀 단위")**

구분	단위	인수	구분	단위	인수
무게	킬로그램(Kilogram)	"kg"	용량	티스푼(Teaspoon)	"tsp"
	그램(Gram)	"g"		최신 티스푼(Modern teaspoon)	"tspm"
	파운드(Pound)	"lbm"		테이블스푼(Tablespoon)	"tbs"
	온스(Ounce)	"ozm"		액량 온스(Fluid ounce)	"oz"
	톤(Ton)	"ton"		컵(Cup)	"cup"
거리	킬로미터(Kilometer)	"km"		쿼드(Quart)	"qt"
	미터(Meter)	"m"		리터(Liter)	"l"
	센티미터(Centimeter)	"cm"	시간	연(Year)	"yr"
	밀리미터(Millimeter)	"mm"		일(Day)	"d"
	인치(Inch)	"in"		시간(Hour)	"hr"
	피트(Feet)	"ft"		분(Minute)	"min"
	야드(Yard)	"yd"		초(Second)	"s"
	마일(Mile)	"mi"	온도	섭씨(Celsius)	"C"
면적	헥타르(Hectare)	"ha"		화씨(Fahrenheit)	"F"

1 [D6] 셀에 =CONVERT(B6,"km","mi")
를 입력합니다.

2 킬로미터 단위가 마일로 변환되었습니
다. 나머지 셀도 앞의 표를 참고하여 인수
만 수정해서 단위를 변환할 수 있습니다.
기본 목록 외의 단위는 위의 표나 마이크
로소프트 공식 홈페이지에서 'CONVERT
함수'를 검색해 볼 수 있습니다.

> **TIP**
> CONVERT 함수의 2번째 인수부터는 단위를 목록에서 선택할 수 있
> 습니다. 목록이 길고 생략된 단위도 많으니 앞의 표를 참고하여 단위
> 를 직접 입력하는 것이 더 빠릅니다.

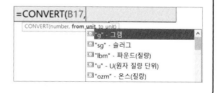

Part 14   IF/논리 함수

업무 성과가 좋으면 승진시키고, 그렇지 않다면 개별 상담을 한다는 규칙을 직원들에게 적용하려면? 일일이 명단을 분류할 필요 없이 논리 함수를 활용해보세요. IF 함수는 사회성이 좋은 함수라서 다양한 함수와 중첩해서 사용할 수 있습니다. 설정한 조건에 따라 특정 값만 계산하거나 원하는 문자를 표시해주고, IFERROR 함수는 눈치껏 오류만 숨겨줍니다.

영업부서/고용형태별 연봉
합산하기_SUMIFS 함수

주말 배송 건을 평일로 조정하기
_IF 함수/WEEKDAY 함수

153 조건에 따른 결과 값 표시하기_IF 함수

IF 함수는 'If'의 의미 그대로 '만약 ~이라면' 하는 조건을 토대로 결과 값을 산출합니다. 함수식을 해석하면 '조건이 충족한다면 A를, 아니라면 B를 입력하라'는 의미입니다. IF 함수는 '조건 함수' 또는 '논리 함수'로 분류합니다. 다양한 조건과 결과 값을 세분화하기 위해 중첩 함수로도 활용됩니다.

예제 파일 Part14\IF.xlsx **완성 파일** Part14\IF_완성.xlsx

IF 함수	지정한 조건을 만족할 경우와 만족하지 못할 경우에 따라 다른 결과 값을 반환합니다. **=IF(조건,조건을 만족할 경우의 값,조건을 만족하지 못할 경우의 값)** ❶ ❷ ❸ ❶ 셀 주소, 연산부호 등으로 조합된 수식 형태의 조건을 입력합니다. ❷ 조건을 만족할 경우 표시될 값입니다. 문자를 표시하려면 큰따옴표 안에 입력합니다. ❸ 조건을 만족하지 못할 경우 표시할 값을 입력합니다. 생략하면 FALSE가 표시됩니다.

1 IF 함수를 이용해 식권 지급 대상인 야근 근무자를 추출하려고 합니다. [G6] 셀에 다음의 수식을 입력합니다.

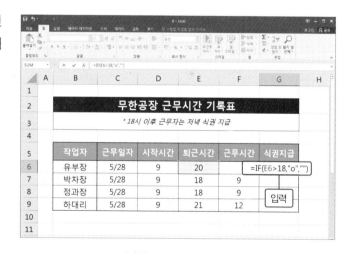

수식

=IF(E6>18,"o","")
  ❶   ❷ ❸

❶ [E6] 셀 값이 18보다 클 경우, 즉 퇴근시간이 18시를 초과하는 조건입니다.
❷ ❶의 조건과 일치하면 ○를 표시합니다.
❸ ❶의 조건과 일치하지 않으면 아무것도 입력하지 않습니다. 공백은 텍스트 기호인 큰따옴표("")만 표시합니다.

'18시 이후까지 근무한 야근 근무자는 식권을 지급한다'는 조건에 따라 '퇴근시간'으로 입력된 셀 값이 18을 초과해야 한다는 조건을 입력합니다. 퇴근시간이 입력된 [E6] 셀 값이 18보다 크면, 식권 지급 입력란인 [G6] 셀에 ○을 표시합니다. 반대로 [E6] 셀 값이 야근 조건인 18보다 작거나 같다면 공백으로 처리합니다.

2 유 부장의 퇴근시간은 20시입니다. 18시 이후 근무 조건이 만족되어 [G6] 셀에 ○이 입력되었습니다. 채우기 핸들을 더블 클릭하여 나머지 셀도 채웁니다.

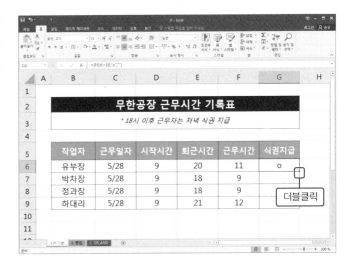

3 퇴근시간이 18시 이후인 경우에만 ○이 입력되었습니다. 테두리 서식을 유지하기 위해 자동 채우기 옵션에서 [서식 없이 채우기]를 선택합니다.

TIP

조건을 19시 이상으로 수정하려면 수식을 〉=19로 대체 수정합니다.

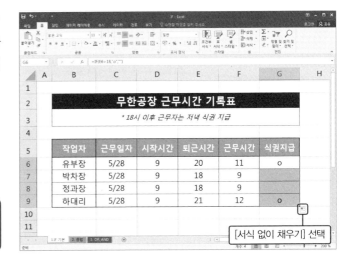

154 다중 조건에 따른 결과 값 표시하기_IF 함수 중첩

IF문을 중첩하면 조건을 만족하지 못한 경우의 수를 세분화하여 여러 개의 결과 값을 설정할 수 있습니다. 첫 번째 조건을 만족하지 못했을 경우, 또 다른 조건에 따라 결과값을 나누기 위해 3번째 인수에 IF 함수를 중첩합니다. 이때 인수를 정확히 구분할 수 있게 쉼표와 괄호 수를 잘 맞춰야 합니다.

예제 파일 Part14\IF중첩.xlsx **완성 파일** Part14\IF중첩_완성.xlsx

IF 함수 중첩	첫 번째 조건을 만족하지 못할 경우, 2번째 인수에 반환할 값 대신 IF 함수를 중첩하여 하위 조건과 또 다른 반환 값을 추가하는 것을 'IF 함수 중첩'이라고 합니다. 2번째 조건도 만족하지 못할 경우, 또 다시 IF 함수를 중첩하여 새로운 조건과 반환 값을 추가할 수 있습니다. 조건을 추가하려면 3번째 인수에 IF 함수로 조건식을 추가합니다. **=IF(조건, 조건을 만족할 때의 값, 조건을 만족하지 못할 때의 값)** **IF(조건, 조건을 만족할 때의 값, 조건을 만족하지 못할 때의 값)**

1 '일별 작업량'에 따라 A, B, C, D 등급을 입력하려고 합니다. 다음의 수식을 참고하여 [J6] 셀의 수식 입력줄에 IF 함수의 첫 번째 인수와 2번째 인수를 순서대로 입력합니다.

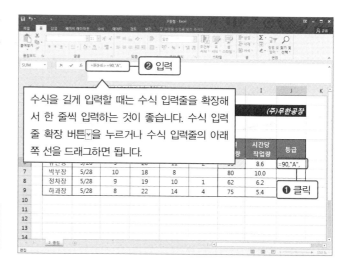

수식을 길게 입력할 때는 수식 입력줄을 확장해서 한 줄씩 입력하는 것이 좋습니다. 수식 입력줄 확장 버튼을 누르거나 수식 입력줄의 아래쪽 선을 드래그하면 됩니다.

TIP

쉼표만 입력하고 3번째 인수를 생략하면 조건이 충족되지 않는 경우 0이 표시됩니다.

수식

=IF(H6>=90,"A",
     ❶ ❷

❶ [H6] 셀에 입력된 값이 90 이상인 조건입니다.
❷ ❶의 조건과 일치하면 A를 표시합니다.
* 수식 전체를 확인하려면 343쪽을 참고합니다.

'일별 작업량'이 90 이상이면 A를 표시합니다.

2 3번째 인수에는 '일별 작업량'이 90 미만이고 80 이상인 경우 B가 표시되도록 조건을 추가하려고 합니다. 수식 입력줄에서 Alt + Enter 를 누른 후 다음의 수식을 입력합니다.

수식

IF(H6)=80,"B",
    ❶   ❷

일별 작업량이 80 이상이면 B를 표시합니다.

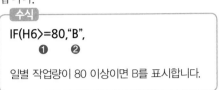

3 추가된 2번째 조건의 3번째 인수에는 '일별 작업량'이 80 미만 70 이상인 경우 C가 표시되도록 다음의 수식을 입력합니다.

수식

IF(H6)=70,"C",
    ❶   ❷

일별 작업량이 70 이상이면 C를 표시합니다.

TIP

2번째 조건을 입력한 IF 함수를 복사해서 붙여 넣은 후 작업량(80)과 반환 값(B)만 수정하면 빠르게 수식을 입력할 수 있습니다. 조건식을 구분해서 보기 위해 줄을 바꿔서 입력했습니다.

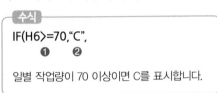

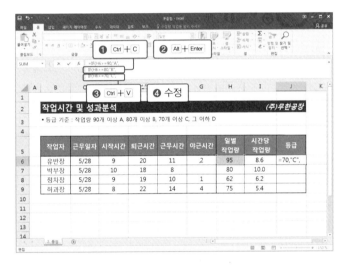

4 마지막 조건의 결과 값, 즉 모든 조건을 만족하지 못하는 70점 미만 작업량의 결과 값으로 반환될 "D"를 입력합니다. 추가된 인수에 따라 3개의 닫음 괄호를 입력해야 합니다. 그냥 Enter 를 누르면 오류 메시지가 나타납니다. 제안하는 수식으로 변경하기 위해 [예]를 클릭하면 닫음 괄호가 입력됩니다.

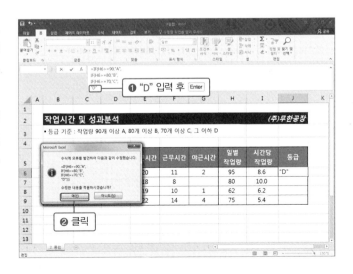

5 [J6] 셀에 입력한 수식이 완성되었습니다. 유 반장의 일별 작업량은 90 이상이므로 [J6] 셀에 A 등급이 표시되었습니다.

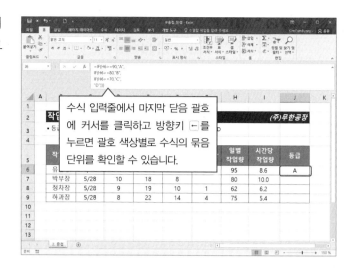

수식 입력줄에서 마지막 닫음 괄호에 커서를 클릭하고 방향키 ⊣를 누르면 괄호 색상별로 수식의 묶음 단위를 확인할 수 있습니다.

수식

=IF(H6>=90,"A",IF(H6>=80,"B",IF(H6>=70,"C","D")))
　　　조건 ❶　　　　　조건 ❷　　　　　조건 ❸　　　모든 조건을 만족하지 못할 때

❶ [H6] 셀에 입력된 값이 90 이상이면 A를 표시합니다.
❷ [H6] 셀에 입력된 값이 90 미만 80 이상이면 B를 표시합니다.
❸ [H6] 셀에 입력된 값이 80 미만 70 이상이면 C를 표시합니다.
❶❷❸ 조건을 모두 만족하지 않는 70 미만의 수는 D를 표시합니다.

---

6 채우기 핸들을 더블클릭하여 나머지 셀도 채웁니다.

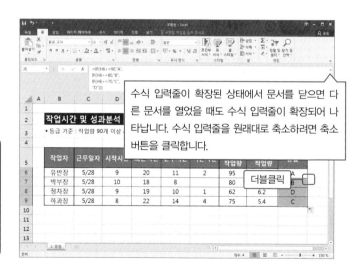

수식 입력줄이 확장된 상태에서 문서를 닫으면 다른 문서를 열었을 때도 수식 입력줄이 확장되어 나타납니다. 수식 입력줄을 원래대로 축소하려면 축소 버튼을 클릭합니다.

TIP

IF 함수를 중첩할 때 숫자 크기에 따라 조건을 단계적으로 나누려면 조건의 순서가 중요합니다. 상위 조건일수록 맨 앞에 위치하고, 상위 조건을 만족하지 못할 경우 적용할 하위 조건, 모든 조건이 만족하지 않았을 때의 반환 값 순으로 입력합니다.

155　IF 중첩 함수보다 쉽게 다중 조건식 입력하기 _IFS 함수

IFS 함수는 IF 중첩 함수의 복잡한 인수 입력법을 간단하게 축약하기 위해 엑셀 2019부터 새롭게 추가된 함수로써 마이크로소프트 365에서도 사용이 가능합니다. IFS 함수는 조건식과 결과 값을 동등하게 나열하여 다양한 조건을 더 쉽게 입력할 수 있습니다.

예제 파일 Part14\IFS.xlsx　　**완성 파일** Part14\IFS_완성.xlsx

IFS 함수

엑셀 2019 이상

여러 개의 조건과 각각의 결과 값을 반환하며 최대 127개의 조건과 반환 값을 순서대로 입력할 수 있습니다.

=IFS(조건 1, 반환 값 1, 조건 2, 반환 값 2,...,TRUE, 반환 값 3)
　　❶　　　❷　　　　　　　　　　　　　❸　　　❹

❶ 셀 주소, 연산부호 등으로 조합된 조건식을 입력합니다.

❷ 조건을 만족할 경우 표시될 값입니다.

❸ 앞서 입력한 조건을 만족하지 않는 모든 경우를 의미합니다.

❹ 모든 조건을 만족하지 않을 경우 표시할 값입니다.

---

* 엑셀 2016 이하 버전에는 IFS 함수가 등록되어 있지 않아 #NAME? 오류가 나타납니다. 다른 버전에서도 열람해서 보려면 다른 함수로 대체하거나 엑셀 2019에서 나온 결과 값을 복사해서 붙여넣기 합니다.

1 시간당 작업량에 따른 성과금 비율을 표시하려고 합니다. [H6] 셀에 다음의 수식을 입력합니다.

TIP

IFS 함수의 인수는 조건식으로 특정화하지 않은 모든 상황을 TRUE로 대체합니다. 즉, TRUE는 모든 조건식을 만족하지 않은 경우로 해석하면 이해하기 쉽습니다.

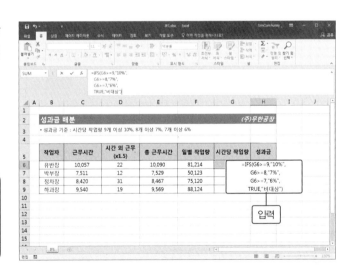

=IFS(G6>=9,"10%",G6>=8,"7%",G6>=7,"6%",TRUE,"비대상")
　　　　조건 ❶　　　　　조건 ❷　　　　조건 ❸　　　모든 조건을 만족하지 못할 때

❶ [G6] 셀에 입력된 값이 9 이상이면 10%를 표시합니다.

❷ [G6] 셀에 입력된 값이 9 미만 8 이상이면 7%를 표시합니다.

❸ [G6] 셀에 입력된 값이 8 미만 7 이상이면 6%를 표시합니다.

❶❷❸ 조건을 모두 만족하지 않는 7 미만의 수는 '비대상'으로 표시합니다.

IF 함수의 결과로 표시할 값을 "10%"로 입력하면 큰따옴표 때문에 문자로 인식합니다. 큰따옴표 없이 10%만 입력하면 표시 형식에 따라 숫자 0 또는 소수점, 백분율로 표시됩니다.

2 결과 값이 입력되었습니다. 채우기 핸들을 더블클릭하여 나머지 셀을 채웁니다.

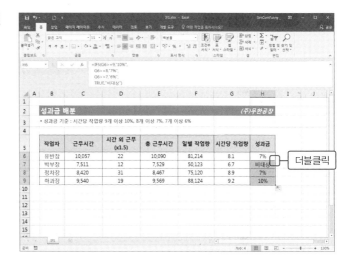

156 결과 값을 특정 값으로 대체하기_SWITCH 함수

SWITCH 함수는 참조식의 결과에 따라 반환할 값을 나열합니다. IFS 함수와 비슷하게 조건에 맞는 값을 특정 값으로 표시합니다. SWITCH 함수는 엑셀 2019부터 추가되었고, 마이크로소프트 365에서도 사용 가능합니다.

예제 파일 Part14\SWITCH.xlsx   **완성 파일** Part14\SWITCH_완성.xlsx

SWITCH 함수

엑셀 2019 이상

셀 값 또는 수식의 결과 값에 따라 대체할 반환 값을 설정합니다. 오피스 365에서 최신 버전으로 업데이트해야 사용 가능합니다.

=SWITCH(참조 식, 결과 값 1, 반환 값 1, … , 반환 값 127)
      ❶   ❷   ❸   ❹

❶ 조건의 기준이 되는 셀 주소 또는 수식을 입력합니다.

❷ ❶의 결과로 나올 수 있는 경우의 값입니다.

❸ ❶의 결과 값이 ❷를 만족할 경우 본래의 결과 값(❷)을 대체하는 값입니다.

❹ 앞의 인수에서 결과 값으로 지정되지 않은 경우를 대체할 값입니다.

---

* 엑셀 2016 이하 버전에는 SWITCH 함수가 등록되어 있지 않아 #NAME? 오류가 나타납니다. 다른 버전에서도 열람해서 보려면 다른 함수로 대체하거나 엑셀 2019에서 나온 결과 값을 복사해서 붙여넣기 합니다.

---

1 제품종류–색상–제품라인으로 구성된 '상품분류코드'에 입력된 3번째 글자에 따라 제품 종류를 표시하려고 합니다. [B6] 셀에 다음의 수식을 입력합니다.

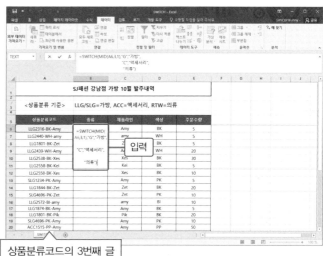

상품분류코드의 3번째 글자에 따라 상품 종류를 구분할 수 있습니다.

=SWITCH(MID(A6,3,1),"G","가방","C","액세서리","의류")
　　　　　　　❶　　　　　❷　　　　❸

❶ [A6] 셀에 입력된 문자의 3번째 글자가 G면 '가방'(❶)을 표시합니다.

❷ [A6] 셀에 입력된 문자의 3번째 글자가 C면 '액세서리'(❷)를 표시합니다.

❸ [A6] 셀에 입력된 문자의 3번째 글자가 ❶❷ 모두 아니라면 '의류'를 표시합니다.

2 종류가 표시되었습니다. 상품분류코드의 3번째 글자에 G가 포함되어 '가방'으로 표시되었습니다. 채우기 핸들을 더블클릭하여 나머지 셀을 채웁니다.

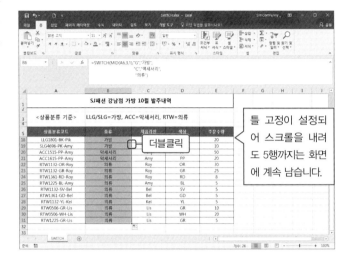

page 틀 고정에 대한 자세한 내용은 147쪽을 참고하세요.

157 다중 조건을 만족하는 값 표시하기_IF/OR/AND 함수

IF 함수에 OR과 AND 함수를 중첩하여 여러 개의 조건을 추가할 수 있습니다. 조건들 중에서 하나만 만족해도 되는 경우는 OR 함수를, 모든 조건을 만족해야 할 경우에는 AND 함수를 사용합니다.

예제 파일 Part14\OR_AND.xlsx   **완성 파일** Part14\OR_AND_완성.xlsx

OR 함수	• 제시된 조건들 중에서 하나라도 만족하면 TRUE를, 하나도 만족하지 못한다면 FALSE를 반환합니다. **=OR(조건 1,조건 2,……,조건 255)** • IF 함수의 조건식에 OR 함수를 중첩하면 제시된 조건들 중에서 하나라도 만족할 경우와 하나도 만족하지 못할 경우에 따라 다른 결과 값을 반환합니다. **=IF(OR(조건, 조건),조건을 하나라도 만족할 경우의 값,조건을 만족하지 못할 경우의 값)**
AND 함수	• 제시된 모든 조건을 만족해야 TRUE를, 하나라도 만족하지 못하면 FALSE를 반환합니다. **=AND(조건 1,조건 2,……,조건 255)** • IF 함수의 조건식에 AND 함수를 중첩하면 제시된 조건 모두를 만족할 경우와 하나라도 만족하지 못할 경우에 따라 다른 결과 값을 반환합니다. **=IF(AND(조건, 조건),조건을 모두 만족할 경우의 값,조건을 만족하지 못할 경우의 값)**

| 다중 조건 중 하나라도 만족할 경우의 값 반환하기_IF/OR 함수

1 4행의 조건문에 따라 면담 대상자를 선별하려고 합니다. '일별 작업량'이 80개 미만이거나 '시간당 작업량'이 8개 미만일 경우 '면담여부'에 '면담'을 표시해 보겠습니다. [I9] 셀에 다음의 수식을 입력합니다.

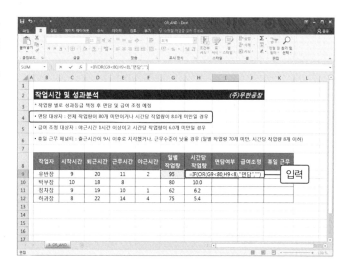

=IF(OR(G9<80,H9<8),"면담","")
       ❶   ❷   ❸

❶ [G9] 셀(일별 작업량) 값이 80 미만이거나 [H9] 셀(시간당 작업량) 값이 8 미만일 경우를 조건으로 설정합니다.

❷ ❶에서 설정한 두 조건 중 하나라도 만족하면 '면담'을 표시합니다.

❸ ❶에서 설정한 두 조건 중 하나도 만족하지 못한다면 아무것도 표시하지 않습니다.

'일별 작업량'이 80 미만이거나 '시간당 작업량'이 8 미만일 경우에만 '면담'이 표시됩니다.

2 유 반장의 경우 '일별 작업량'(95)과 '시간당 작업량'(8.6) 모두 조건에 해당되지 않기 때문에 면담 대상자에서 제외되었습니다. 채우기 핸들을 더블클릭하여 나머지 셀도 채웁니다.

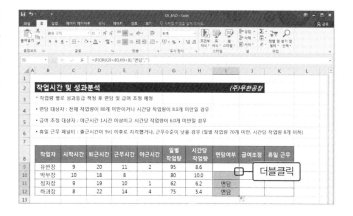

| 다중 조건 모두를 만족할 경우의 값 반환하기_IF/AND 함수

1 5행의 조건문에 따라 급여 조정 대상자를 선별하려고 합니다. '야근 시간'이 1시간 이상이고, '시간당 작업량'이 6개 미만일 경우 '급여 조정'에 '검토'를 표시해 보겠습니다. [J9] 셀에 다음의 수식을 입력합니다.

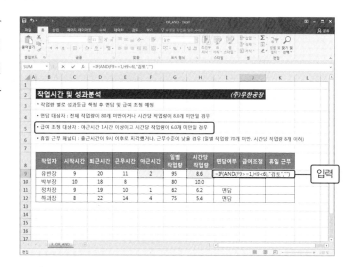

=IF(AND(F9>=1,H9<6),"검토","")
           ❶   ❷ ❸

❶ [F9] 셀(야근 시간) 값이 1 이상, [H9] 셀(시간당 작업량) 값이 6 미만일 경우 모두를 조건으로 설정합니다.

❷ ❶에서 설정한 두 조건 모두를 만족하면 '검토'를 표시합니다.

❸ ❶에서 설정한 두 조건 중 하나라도 만족하지 못한다면 아무것도 표시하지 않습니다.

'야근 시간'이 1시간 이상이고, '시간당 작업량'이 6 미만일 경우에만 '검토'가 표시됩니다.

2 유 반장의 경우 '야근 시간'(2)은 조건을 만족하지만, '시간당 작업량'(8.6)은 조건을 만족하지 못하여 급여 조정 대상자에서 제외되었습니다. 채우기 핸들을 더블클릭하여 나머지 셀도 채웁니다. 하 과장은 조건을 모두 충족하여 '검토'가 표시되었습니다.

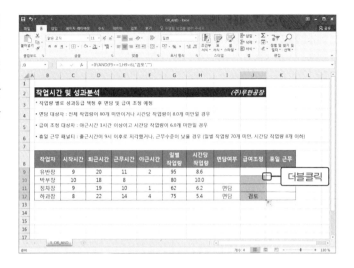

| OR와 AND 함수 중첩하여 다중 조건 적용하기_IF OR/IF AND 함수

1 6행의 조건문에 따라 지각했거나 근무 수준이 낮은 근무자에게는 휴일 근무 패널티를 적용하려고 합니다. 다음의 수식을 순서대로 입력하기 위해 우선, IF 함수의 첫 번째 인수에 조건 2개를 입력합니다. [K9] 셀에 =IF(OR(C9>9,AND(G9<70,H9<8)),를 입력합니다.

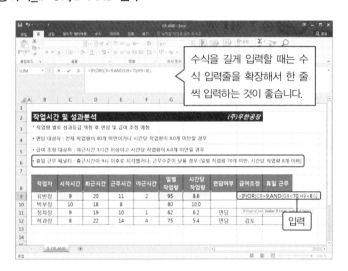

수식

=IF(OR(C9>9,AND(G9<70,H9<8)),"출근","")
　　　❶-1　　　❶-2　　　❷　❸

❶-1 OR의 조건 1로, [C9] 셀(출근시간) 값이 9를 초과할 경우를 나타냅니다.
❶-2 OR의 조건 2로, [G9] 셀(일별 작업량) 값이 70 미만이고, [H9] 셀(시간당 작업량) 값이 8 미만일 조건 모두를 만족해야 하므로 AND 함수를 입력합니다.
❷ ❶의 조건 중에서 하나라도 만족할 경우 '출근'을 표시합니다.
❸ ❶의 조건 중에서 하나도 만족하지 못할 경우 아무것도 표시하지 않습니다.

9시 이후 출근했거나 '일별 작업량'이 70 미만이고 '시간당 작업량'이 8 미만일 경우 '출근'이 표시됩니다.

---

2 IF 함수의 2번째 인수는 조건을 만족할 때 표시할 값을, 3번째 인수는 모든 조건을 만족하지 않을 때 표시할 값을 입력합니다. 입력된 수식 뒤에 추가로 "출근","")을 입력합니다.

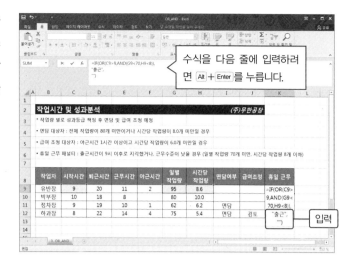

3 유 반장은 지각도 하지 않고 (출근시간=9) '일별 작업량'(95)과 '시간당 작업량'(8.6)이 적절한 근무 수준으로 판단되어 휴일 근무를 하지 않게 되었습니다. 채우기 핸들을 더블클릭하여 나머지 셀도 채웁니다. 박 부장과 정 차장만 '출근'이 표시되었습니다.

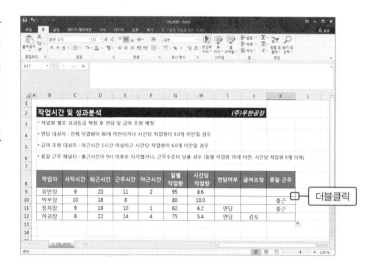

158 평일/주말 날짜 구하기_IF/WEEKDAY 함수

WEEKDAY 함수는 날짜에서 요일만 추출해 숫자로 반환합니다. 일요일부터 토요일까지를 1부터 7로 반환하고, 옵션에 따라 요일과 반환 값 순서를 변경할 수 있습니다. WEEKDAY 함수를 IF 함수와 중첩하면 근무일수 계산이나 주말을 평일로 변환하는 조건 수식으로써 응용할 수 있습니다.

예제 파일 Part14\IF_WEEKDAY.xlsx   **완성 파일** Part14\IF_WEEKDAY_완성.xlsx

1 예상 배송일이 주말이 될 경우 월요일로 연기하려고 합니다. [E7] 셀에 다음의 수식을 완성해 보겠습니다.

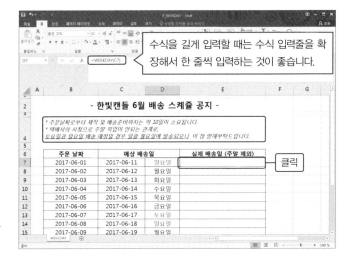

> 수식을 길게 입력할 때는 수식 입력줄을 확장해서 한 줄씩 입력하는 것이 좋습니다.

page WEEKDAY 함수에 대한 자세한 내용은 300쪽을 참고하세요.

수식

=IF(WEEKDAY(C7)=1,C7+1,IF(WEEKDAY(C7)=7,C7+2,C7))
   ❶   ❷   ❸-1   ❸-2

❶❷ [C7] 셀 값이 일요일(1)이면 다음 날인(1+1) 월요일(2)을 표시합니다.

❸-1 [C7] 셀 값이 토요일(7)이면 2일 후인(7+2) 월요일(2)을 표시합니다.

❸-2 [C7] 셀 값이 주말이 아니라면 원래 요일을 표시합니다.

WEEKDAY 함수로 일요일(1)이 추출됐다면 다음 날인 월요일(2)에, 토요일(7)이 추출됐다면 2일 후인 월요일(2)에 배송하도록 조정합니다. 예상 배송일이 주말이 아니라면 원래 표시된 평일에 배송됩니다.

TIP

WEEKDAY 함수에서 옵션 값이 생략된 경우, 일요일부터 토요일까지는 1부터 7로 표시됩니다. 단 ❸-1 조건의 결과 값(7+2)처럼 수식 값이 7(토요일)을 초과하면 다시 1(일요일)부터 요일을 반환합니다.

2 우선 IF 함수의 조건식과 반환할 값을 설정해 보겠습니다. [E7] 셀을 클릭하고 수식 입력줄에 =IF(WEEKDAY(C7)=1,C7+1,을 입력합니다.

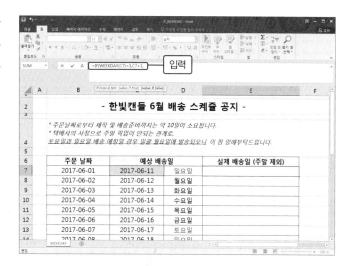

3 IF 함수의 3번째 인수는 예상 배송일이 일요일이 아닐 경우를 입력해야 합니다. 예상 배송일이 토요일이거나 주말이 아닐 경우를 모두 입력하려면 IF 함수를 중첩해야 합니다. 수식 입력줄에 IF(WEEKDAY(C7)=7,C7+2,C7))을 추가 입력합니다.

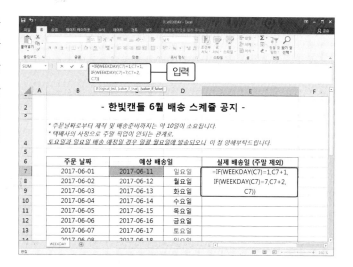

4 수식을 완성하면 일요일의 실제 배송일이 월요일로 지연된 것을 알 수 있습니다. 채우기 핸들을 더블클릭하여 나머지 셀을 채웁니다.

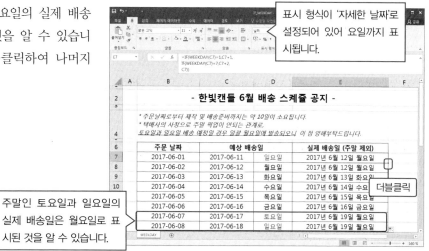

표시 형식이 '자세한 날짜'로 설정되어 있어 요일까지 표시됩니다.

주말인 토요일과 일요일의 실제 배송일은 월요일로 표시된 것을 알 수 있습니다.

159 조건에 맞는 셀의 개수 구하기 _COUNTIF/COUNTIFS 함수

COUNTIF 함수는 셀의 개수를 세는 COUNT 함수와 조건의 만족 여부에 따라 결과 값을 반환하는 IF 함수의 특성이 조합된 논리 함수입니다. 하나의 조건에 만족하는 셀의 개수를 구하려면 COUNTIF 함수를, 2가지 이상의 조건을 만족하는 셀 개수를 구하려면 COUNTIFS 함수를 사용합니다.

예제 파일 Part14\COUNTIF.xlsx **완성 파일** Part14\COUNTIF_완성.xlsx

COUNTIF 함수	참조 범위에서 특정 값을 찾아 셀의 개수를 구합니다. **=COUNTIF(참조 범위,찾는 값)** ❶ 〰 ❷ ❶ 조건에 부합하는 값을 찾을 범위입니다. ❷ 참조 범위에서 찾을 값입니다.
COUNTIFS 함수	참조 범위와 조건이 각각 2개 이상일 경우 해당 조건을 모두 만족하는 셀의 개수를 구합니다. 단, 모든 참조 범위의 시작과 마지막 행 주소는 같아야 하고 다를 경우 #VALUE! 오류가 나타납니다. **=COUNTIFS(참조 범위 1,조건 1,참조 범위 2,조건 2,…,참조 범위 127,조건 127)** ❶ ❷ ❸ ❹ ❶❷ 참조 범위 1에서 조건 1의 개수를 구합니다. (조건1) ❸❹ 참조 범위 2에서 조건 2의 개수를 구합니다. (조건2) 각 참조 범위에서 조건 1과 2를 모두 만족하는 셀의 개수를 구합니다.

| 하나의 조건을 만족하는 셀의 개수 구하기_COUNTIF 함수

1 VIP 고객수를 구하기 위해 '등급'에서 V가 입력된 셀의 개수를 구해보겠습니다. 다음의 수식을 순서대로 입력하기 위해 [L5] 셀에 =COUNTIF(를 입력합니다.

> **수식**
>
> **=COUNTIF(E5:E38,"V")**
> ❶ ❷
>
> ❶ [E5:E38] 셀에서 조건에 맞는 셀을 찾습니다.
> ❷ ❶의 참조 범위에서 V가 입력된 셀의 개수를 셉니다.
>
> VIP 고객수를 구하기 위해 [E5:E38] 셀에서 V가 입력된 셀의 개수를 셉니다.

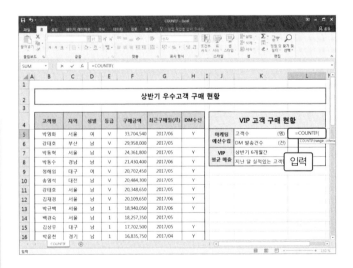

2 첫 번째 인수의 참조 범위로 고객 등급을 선택하기 위해 [E5:E38] 셀을 선택합니다.

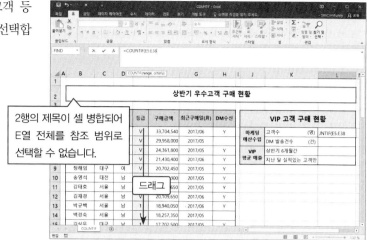

3 2번째 인수와 구분하기 위해 쉼표를 입력합니다. 참조 범위에서 V가 입력된 셀 개수를 세기 위해 찾는 값으로 "V"를 입력하고 Enter를 누르면 수식이 완성됩니다.

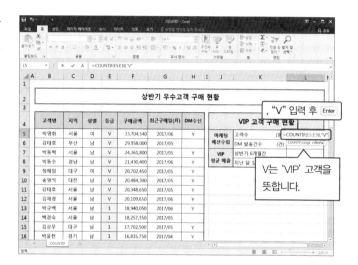

4 [L5] 셀에 8이 추출되었습니다. 고객 등급이 입력된 참조 범위에서 V가 입력된 셀이 총 8개라는 의미로, VIP 고객은 총 8명이라는 것을 알 수 있습니다.

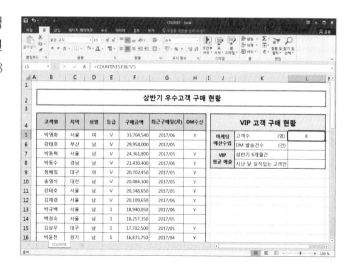

| 다중 조건을 모두 만족하는 셀의 개수 구하기_COUNTIFS 함수

1 VIP 중에서 DM 수신을 허용한 고객 수를 구하기 위해 COUNTIFS 함수를 사용해 보겠습니다. [L6] 셀에 다음의 수식을 입력합니다.

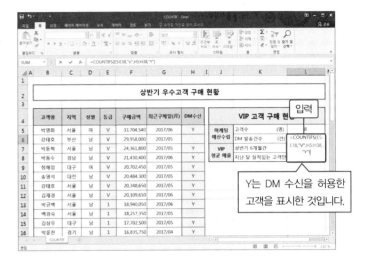

수식

=COUNTIFS(E5:E38,"V",H5:H38,"Y")
       ❶   ❷   ❸   ❹

❶❷ 고객 등급이 입력된 [E5:E38] 셀에서 V가 입력된 셀의 개수를 구합니다.
❸❹ DM 수신 여부가 입력된 [H5:H38] 셀에서 Y가 입력된 셀의 개수를 구합니다.

'등급'의 참조 범위에서 'V'가 표시되고(VIP 고객) DM 수신 여부에서 'Y'가 표시된 셀의 개수를 구합니다. 즉, VIP 고객 중에 DM 수신을 허용한 고객 수만 추출합니다.

2 [L6] 셀에 7이 추출되었습니다. VIP 고객 중에 DM 수신을 허용한 고객 수는 총 7명이라는 것을 알 수 있습니다.

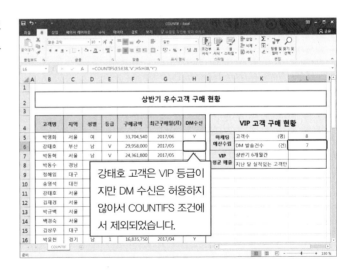

160 조건에 맞는 값의 평균 구하기 _AVERAGEIF/AVERAGEIFS 함수

AVERAGE 함수는 참조 범위 전체의 평균을 구합니다. 반면, AVERAGEIF와 AVERAGEIFS 함수는 특정 범위에서 조건에 부합하는 값의 평균만 구합니다. 평균을 구할 조건이 하나라면 AVERAGEIF 함수를, 조건이 2가지 이상이라면 AVERAGEIFS 함수를 사용합니다.

예제 파일 Part14\AVERAGEIF.xlsx   **완성 파일** Part14\AVERAGEIF_완성.xlsx

AVERAGEIF 함수	조건 참조 범위에서 조건을 만족하는 값을 찾아 셀 값 참조 범위에서 평균을 구합니다. **=AVERAGEIF(조건을 찾을 범위,조건,평균을 구할 참조 범위)** ❶ ❷ ❸ ❶ 조건에 맞는 셀을 찾을 범위입니다. ❷ ❶에서 찾을 조건 값으로 셀 주소, 텍스트 등을 입력할 수 있습니다. ❸ ❶에서 ❷에 부합하는 조건을 찾을 경우, 평균을 추출할 범위입니다. 생략하면 ❶에서 추출된 셀 값의 평균을 구합니다.
AVERAGEIFS 함수	조건 참조 범위에서 2개 이상의 조건을 만족할 경우 셀 값 참조 범위에서 평균을 구합니다. **=AVERAGEIFS(평균을 구할 참조 범위,조건 범위1,조건1,조건 범위2,조건2…,범위127,조건127)** ❶ ❷ ❸ ❹ ❺ ❶ 조건이 맞을 경우 평균을 추출할 범위입니다. ❷❸ 조건 참조 범위에서 조건1에 맞는 셀을 찾습니다. ❹❺ 조건 참조 범위에서 조건2에 맞는 셀을 찾습니다. 평균을 구할 참조 범위에서 조건1과 조건2를 모두 만족하는 값만 추출하여 평균을 구합니다.

TIP

IF 계열의 수학/삼각 함수(SUMIF 등)는 배열 수식과 비슷한 원리로 조건 참조 범위와 동일한 행에서 찾을 값을 추출합니다. 그래서 조건 참조 범위와 셀 값 참조 범위의 시작과 마지막 행 주소는 동일해야 합니다. 예를 들어 =AVERAGEIF(E5:E38 "V",F6:F38)의 경우, 조건 참조 범위는 5행에서 시작하는데 셀 값 참조 범위는 6행에서 시작하면 추출할 열이 어긋나기 때문에 #VALUE! 오류가 나타납니다.

page 배열 수식에 대한 자세한 내용은 424쪽을 참고하세요.

| 하나의 조건을 만족하는 값 추출하여 평균 구하기_AVERAGEIF 함수

상반기 6개월간의 VIP 평균 구매금액을 구
하기 위해 AVERAGEIF 함수를 사용해 보
겠습니다. [L7] 셀에 다음의 수식을 입력하
면 6개월간의 평균 구매금액이 표시됩니다.

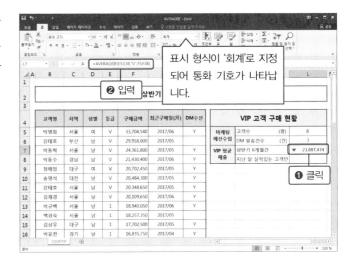

수식

=AVERAGEIF(E5:E38,"V",F5:F38)
            ❶   ❷   ❸

❶ 고객 등급이 입력된 [E5:E38] 셀에서 ❷의 조건 값을 찾습니다.

❷ ❶의 조건 참조 범위에서 V가 입력된 셀을 찾습니다.

❸ 조건을 만족할 경우, 구매금액이 입력된 [F5:F38] 셀에서 평균을 구합니다.

VIP 고객의 평균 구매금액을 구하기 위해 등급에 V가 입력된 고객의 '구매금액'에서 평균 구매금액을 계산합니다.

| 다중 조건을 만족하는 값의 평균 구하기_AVERAGEIFS 함수

1 VIP 중 2017년 6월에 구매 기록이 있
는 고객의 평균 구매금액을 구하려고 합니
다. [L8] 셀에 다음의 수식을 입력합니다.

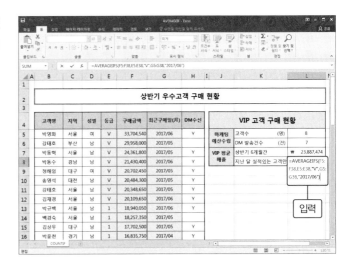

=AVERAGEIFS(F5:F38,E5:E38,"V",G5:G38,"2017/06")
　　　　　　❶　　　❷　　❸　　❹　　　　❺

❶ 모든 조건을 만족하는 고객의 구매금액에서 평균을 구합니다.

❷❸ '등급'에서 V를 찾습니다. (조건1)

❹❺ '최근구매월(月)'에서 '2017/06' 표시가 되어 있는 고객만 찾습니다. (조건2)

'등급'에 'V'가 표시되어 있고 최근 구매일에 '2017/06'이 입력된 고객의 '구매금액'에서 평균을 계산합니다.

2 [L8] 셀에 2017년 6월에 구매실적이 있는 VIP 고객의 평균 구매금액이 표시되었습니다. 검산을 위해 최근 구매일에 '2017/06'이 표시된 고객의 구매금액 [F5:F7] 셀을 드래그해보면 상태 표시줄에서 평균값을 확인할 수 있습니다.

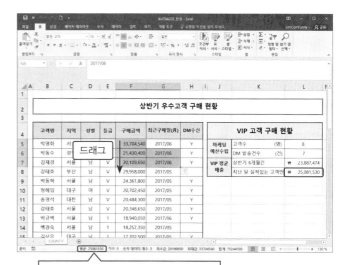

2017년 6월에 구매 기록이 있는 고객 3명의 평균 구매금액과 AVERAGEIFS 함수의 결과 값이 같은 것을 알 수 있습니다.

161 조건에 맞는 값의 합계 구하기_SUMIF/SUMIFS 함수

SUM 함수가 참조 범위 전체의 합계를 구하는 반면 SUMIF/SUMIFS 함수는 특정 범위에서 조건에 부합하는 값의 합계만 구합니다. AVERAGEIF/AVERAGEIFS 함수와 비슷하게 합계를 구할 범위와 조건을 지정합니다. 합계를 구할 조건이 하나라면 SUMIF 함수를, 2가지 이상이면 SUMIFS 함수를 사용합니다.

예제 파일 Part14\SUMIF.xlsx   **완성 파일** Part14\SUMIF_완성.xlsx

SUMIF 함수	조건 참조 범위에서 조건을 만족하는 값을 찾아 셀 값 참조 범위에서 합계를 구합니다. **=SUMIF(조건을 찾을 범위,조건,합계를 구할 참조 범위)** ❶ 조건에 맞는 셀을 찾을 범위입니다. ❷ ❶에서 찾을 조건 값으로 셀 주소, 텍스트 등을 입력할 수 있습니다. ❸ ❶에서 ❷에 부합하는 조건을 찾을 경우, 합계를 추출할 범위입니다. 생략하면 ❶에서 추출된 셀 값의 합계를 구합니다.
SUMIFS 함수	조건 참조 범위에서 2개 이상의 조건을 만족할 경우 셀 값 참조 범위에서 합계를 구합니다. **=SUMIFS(합계를 구할 참조 범위,조건 범위1,조건1,조건 범위2,조건2…,범위127,조건127)** ❶ 조건이 맞을 경우 합계를 추출할 범위입니다. ❷❸ 조건 참조 범위에서 조건1에 맞는 셀을 찾습니다. ❹❺ 조건 참조 범위에서 조건2에 맞는 셀을 찾습니다. 합계를 구할 참조 범위에서 조건 1과 2를 모두 만족하는 값만 추출하여 합계를 구합니다.

TIP
배열 수식 원리에 따라 조건 참조 범위와 셀 값 참조 범위의 시작과 마지막 행 주소는 동일하게 입력해야 합니다.(357쪽 참고)

| 하나의 조건을 만족하는 값 추출하여 합계 구하기_SUMIF 함수

1 SUMIF 함수로 고용 형태에 따른 연봉 합계를 구하기 위해 다음의 수식을 순서대로 입력해 보겠습니다. [H5] 셀에 =SUMIF(를 입력합니다.

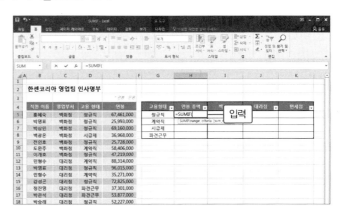

수식

=SUMIF(D:D,G5,E:E)
❶ ❷ ❸

❶ 고용 형태가 입력된 D열에서 ❷의 조건 값을 찾습니다.
❷ ❶의 조건 참조 범위에서 [G5] 셀 값인 '정규직'을 찾습니다.
❸ 조건을 만족할 경우, 연봉이 입력된 E열에서 합계를 구합니다.

'고용 형태'가 '정규직'인 해당 직원의 '연봉' 합계를 구합니다.

2 '고용 형태'에서 '정규직'이 입력된 셀을 찾기 위해 첫 번째 인수에는 찾을 범위인 D열을 선택합니다. 쉼표를 입력하고 2번째 인수에는 찾을 값이 입력된 [G5] 셀을 입력합니다.

TIP

참조 열에 병합된 셀이나 다른 값이 없다면 열 전체를 참조 범위로 정하는 것이 편리합니다. 채우기 핸들을 아래로 드래그해서 행만 채운다면 절대 참조로 변환하는 과정은 생략해도 됩니다.

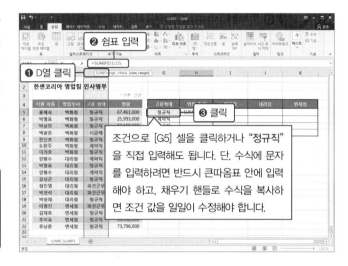

조건으로 [G5] 셀을 클릭하거나 "정규직"을 직접 입력해도 됩니다. 단, 수식에 문자를 입력하려면 반드시 큰따옴표 안에 입력해야 하고, 채우기 핸들로 수식을 복사하면 조건 값을 일일이 수정해야 합니다.

3 쉼표를 입력하고 합계를 구할 범위를 선택합니다. 연봉이 입력된 E열을 선택하고 Enter를 누릅니다.

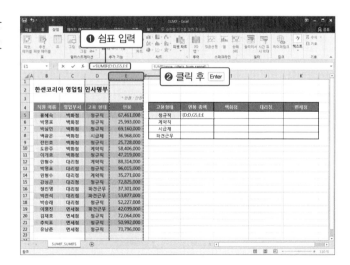

4 정규직의 연봉 합계가 나타납니다. 채우기 핸들을 더블클릭하여 나머지 셀을 채웁니다. 자동 채우기 옵션에서 [서식 없이 채우기]를 클릭합니다.

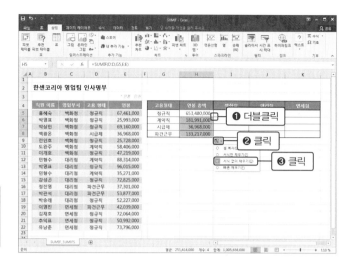

 TIP

조건 값이 셀 주소로 입력되어 채우기 핸들을 이용하면 해당 고용 형태에 맞게 상대 참조로 수식이 입력됩니다.

| 다중 조건을 만족하는 값의 합계 구하기_SUMIFS 함수

1 SUMIFS 함수를 활용해 영업부서별로 고용 형태에 따른 연봉 합계를 구하려고 합니다. 다음의 수식을 순서대로 입력하기 위해 [I5] 셀에 =SUMIFS(를 입력합니다. 첫 번째 인수로 합계를 구할 참조 범위인 E열을 선택한 후 F4 를 눌러 절대 참조로 바꾸고 쉼표를 입력합니다.

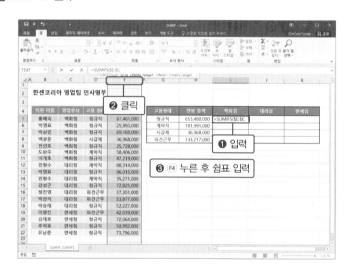

수식

=SUMIFS($E:$E,C:C,I$4,D:D,$G5)
 ❶   ❷   ❸   ❹   ❺

❶ 모든 조건을 만족할 경우 '연봉'의 절대 참조 범위에서 평균을 구합니다.
❷❸ '영업부서'에서 '백화점'을 찾습니다. (조건1)
❹❺ '고용 형태'에서 '정규직'만 찾습니다. (조건2)

* 채우기 핸들로 다른 조건의 수식도 채우기 위해 절대/혼합 참조 방식으로 변환합니다.
단, 혼합 참조를 구분하는 것이 어렵다면 채우기 핸들로 셀을 복사하지 않고, 각 셀에 맞게 인수를 일일이 입력하면 됩니다.

전체 영업팀 중 백화점을 담당하는 정규직의 연봉 합계를 구하려고 합니다. '영업부서'가 '백화점'이고, '고용 형태'가 '정규직'인 직원들의 '연봉'만 추출하여 합계를 계산합니다.

page 혼합 참조에 대한 자세한 설명은 254쪽을 참고하세요.

2 2번째 인수에는 조건1의 참조 범위인 C 열을 선택한 후 F4를 눌러 절대 참조로 변환합니다. 쉼표를 입력하고 3번째 인수인 찾을 값으로 '백화점'이 입력된 [I4] 셀을 선택합니다. F4를 2번 눌러 I$4 형태로 바꿉니다. 쉼표를 입력합니다.

> **TIP**
>
> 각 영업부서의 연봉을 구하려면 모든 영업부서가 입력된 4행을 고정하고 각 영업부서가 입력된 열 주소만 변경될 수 있게 혼합 참조로 수정합니다. [I5] 셀의 채우기 핸들을 오른쪽으로 드래그하면 셀 주소 I$4는 J$4(대리점), K$4(면세점)로 수정되어 각 영업부서의 이름을 참조하게 됩니다.

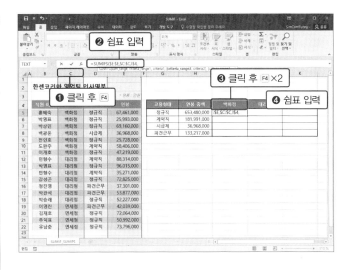

3 4번째 인수에는 조건2의 참조 범위인 D열을 선택한 후 F4를 눌러 절대 참조로 변환합니다. 쉼표를 입력하고 5번째 인수인 찾을 값에 '정규직'이 입력된 [G5] 셀을 선택합니다. F4를 3번 눌러 $G5 형태로 바꿉니다.

> **TIP**
>
> 고용 형태에 따른 연봉을 구하려면 모든 고용 형태가 입력된 G열은 고정하되 행 방향으로 입력된 각 고용 형태의 셀 주소는 상대 참조로 수정되어야 합니다. 예를 들어 [I5] 셀의 채우기 핸들을 아래쪽으로 드래그하면 수식으로 입력된 셀 주소 $G5는 $G6(계약직), $G7(시급제), $G8 (파견근무)로 수정되고 각 고용 형태의 이름을 참조하게 됩니다.

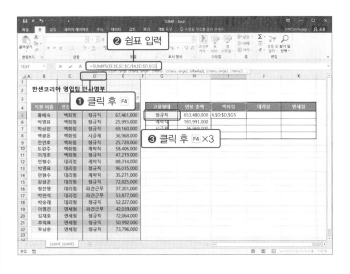

4 [I5] 셀에 백화점 담당 정규직의 연봉 총액이 입력되었습니다. 채우기 핸들을 [K5] 셀까지 드래그하여 나머지 정규직의 연봉도 채웁니다. [K5] 셀에서 채우기 핸들을 더블클릭하여 나머지 셀을 모두 채웁니다. 자동 채우기 옵션에서 [서식 없이 채우기]를 선택합니다.

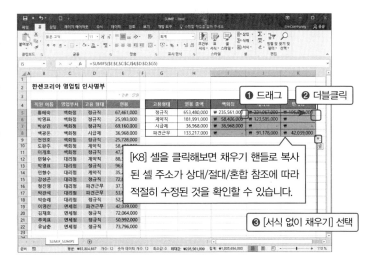

[K8] 셀을 클릭해보면 채우기 핸들로 복사된 셀 주소가 상대/절대/혼합 참조에 따라 적절히 수정된 것을 확인할 수 있습니다.

162 조건 범위에서 최대값/최소값 구하기 _MAXIFS/MINIFS 함수

MAXIF/MAXIFS 함수는 최대값과 최소값을 구하는 MAX/MIN 함수에 IFS 함수를 더한 통계 함수로, 조건을 충족하는 값 중에서 가장 크고 작은 값을 추출합니다. COUNT/SUM/AVERAGEIFS 함수와 다르게 IF 함수와 IFS 함수의 기능을 모두 가지고 있어서 조건 범위가 몇 개든 인수를 입력하는 순서가 바뀌지 않습니다.

예제 파일 Part14\MAXIFS.xlsx   **완성 파일** Part14\MAXIFS_완성.xlsx

MAXIFS 함수 [엑셀 2019 이상]	조건에 맞는 값 중에서 가장 큰 값을 추출합니다. **=MAXIFS(최대값을 추출할 범위,조건 범위1,조건1,···조건 범위126,조건126)** ❶ ❷ ❸ ❶ 조건을 만족할 경우, 최대값을 추출할 범위입니다. ❷ 조건을 만족하는 값을 찾을 참조 범위로 최대 126개까지 설정할 수 있습니다. ❸ 참조 범위에서 찾을 값으로 셀 주소, 텍스트 등을 입력할 수 있습니다.
MINIFS 함수 [엑셀 2019 이상]	조건에 맞는 값 중에서 가장 작은 값을 추출합니다. **=MINIFS(최소값을 추출할 범위,조건 범위1,조건1,···조건 범위126,조건126)** ❶ ❷ ❸ ❶ 조건을 만족할 경우, 최소값을 추출할 범위입니다. ❷ 조건을 만족하는 값을 찾을 참조 범위입니다. ❸ 참조 범위에서 찾을 값으로 셀 주소, 텍스트 등을 입력할 수 있습니다.

* 엑셀 2016 이하 버전에는 MAXIFS/MINIFS 함수가 등록되어 있지 않아 #NAME? 오류가 나타납니다. 다른 버전에서도 열람해서 보려면 다른 함수로 대체하거나 엑셀 2019에서 나온 결과 값을 복사해서 붙여넣기 합니다.

| 조건을 만족하는 값 중 최대값 구하기_MAXIFS 함수

1 VIP 고객 중 최고 구매금액을 구하기 위해 [L9] 셀에 다음의 수식을 입력합니다.

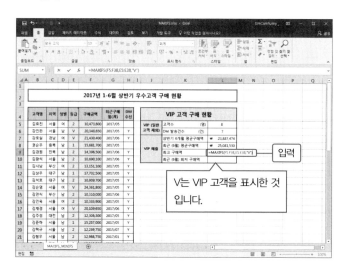

=MAXIFS(F5:F38,E5:E38,"V")
    ❶   ❷   ❸

❶ 조건을 만족할 경우, 구매금액 중 최대값을 찾을 범위입니다.

❷ ❸의 조건인 VIP를 찾기 위한 참조 범위입니다.

❸ ❷의 조건 범위에서 찾을 조건 값입니다.

'등급'에 V가 입력된 고객 중에서 최고 구매금액을 추출합니다.

2 [L9] 셀에 추출된 값은 VIP 고객의 최대 구매금액과 같습니다.

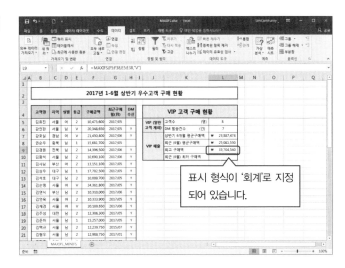

| 다중 조건을 만족하는 값 중 최소값 구하기_MINIFS 함수

1 2017년 6월 구매 기록이 있는 VIP 고객 중 최저 구매금액을 구하기 위해 [L10] 셀에 다음의 수식을 입력합니다.

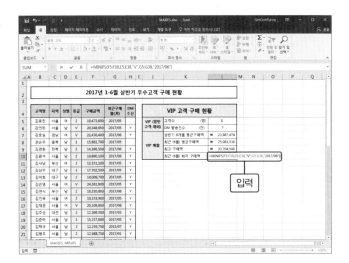

=MINIFS(F5:F38,E5:E38,"V",G5:G38,"2017/06")
     ❶   **❷**   **❸**   **❹**   **❺**

❶ 모든 조건을 만족하는 고객의 구매금액에서 최소값을 구합니다.

❷❸ '등급'에서 V를 찾습니다. (조건1)

❹❺ '최근 구매월(月)'에서 2017/06이 표시되어 있는 고객만 찾습니다. (조건2)

'등급'에 'V'가 표시되어 있고, '최근 구매월(月)'에 '2017/06'이 입력되어 있는 고객만 추출하여 구매 금액의 최소값을 추출합니다.

2 [L10] 셀에 2017년 6월 구매 기록이 있는 VIP 고객의 최저 구매금액이 추출되었습니다.

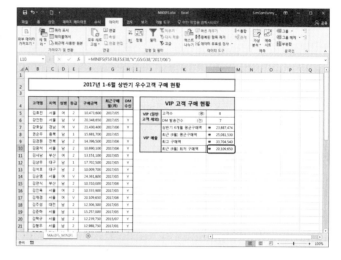

163 수식의 오류 값 대체하기_IFERROR/IFNA 함수

IFERROR 함수와 IFNA 함수는 '만약에 에러가 있다면', '만약에 #N/A 오류가 있다면' 지정한 값으로 반환하라는 논리 함수입니다. 수식을 참조하는 값이 잘못됐거나 찾는 값이 없으면 오류가 나타납니다. 추후 참조 셀이 업데이트될 수 있으니 일일이 오류를 지우는 대신 오류 문자를 대체해두는 것이 좋습니다.

예제 파일 Part14\IFERROR_IFNA.xlsx   **완성 파일** Part14\IFERROR_IFNA_완성.xlsx

IFERROR 함수	수식 값에 오류(#N/A, #VALUE!, #REF!, #DIV/0!, #NUM!, #NAME?, #NULL!)가 나타나면 지정한 값으로 표시합니다. 참조 셀의 오류를 다른 문자로 교체하면 관련 수식에서 오류가 있는 셀은 제외하고 계산합니다. **=IFERROR(수식,오류 시 나타낼 값)** 　　　　　　❶　　　　❷ ❶ 오류가 있는지 검사할 수식입니다. ❷ ❶에 오류가 있다면 나타낼 값입니다.
IFNA 함수 엑셀 2013 이상	#N/A 오류가 나타난 경우에만 지정한 값으로 표시합니다. 참조 셀의 오류를 다른 문자로 교체하면 관련 수식에서 오류가 있는 셀은 제외하고 계산합니다. **=IFNA(수식,#N/A 오류 시 나타낼 값)** 　　　　　　❶　　　　　　❷ ❶ 오류가 있는지 검사할 수식입니다. ❷ ❶에 #N/A 오류가 있다면 #N/A 대신 나타낼 값입니다.

| 오류 표시를 하이픈으로 대체하기_IFERROR 함수

1 F열에 입력된 매출 증감률이 오류일 경우 하이픈(−)으로 대체해 보겠습니다. 전년 대비 증감률을 구하기 위해 [F5] 셀에 다음의 수식을 입력합니다.

수식

=D5/E5-1

2017년 매출액 [D5] 셀은 2016년 매출액 [E5] 셀 대비 약 133%입니다. 2016년 매출액 100%(=1)를 빼면 순수 증감률인 33%만 추출됩니다.

TIP

매출 증감률 수식은 =(D5−E5)/E5으로 대체해도 됩니다.

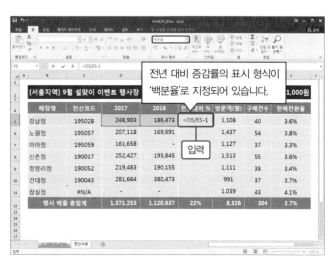

2 [F5] 셀에 결과 값이 추출되었습니다. 채우기 핸들을 더블클릭하여 나머지 빈 셀을 채우면 [F7] 셀과 [F11] 셀에 오류가 표시됩니다.

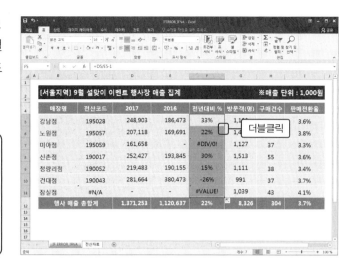

TIP

#DIV/0! 오류는 나누는 수가 빈 셀이거나 0일 경우 나타납니다. 미아점의 2016년 매출액이 입력되어 있지 않아 [F7] 셀에 오류가 생겼습니다. #N/A 오류는 찾는 데이터가 없을 경우 나타납니다. 잠실점은 VLOOKUP 함수로 코드 번호를 찾지 못해 [C11] 셀에 오류가 표시되었습니다.

---

3 '전년대비(%) 증감률' 수식에 IFERROR 함수를 중첩하여 오류 표시를 하이픈으로 대체해 보겠습니다. [F5] 셀의 수식을 다음과 같이 수정합니다.

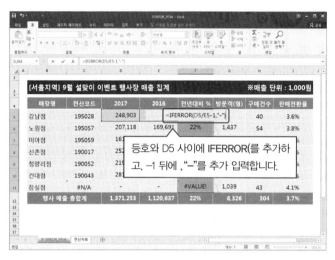

수식

=IFERROR(D5/E5-1,"-")
　　　　　　❶　　❷

❶의 계산 값에 오류가 생기면 ❷를 표시합니다.

---

4 채우기 핸들로 [F11] 셀까지 채우면 오류 값이 하이픈(-)으로 바뀐 것을 알 수 있습니다.

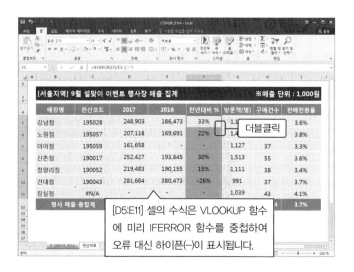

| 오류 표시를 텍스트로 대체하기_IFNA 함수 _{엑셀 2013 이상}

1 [C5] 셀은 '전산자료' 워크시트의 [A:B] 열을 참조하여 VLOOKUP 함수로 매출을 추출했습니다. '잠실점'은 참조 범위에 없어서 #N/A 오류가 나타났습니다. 찾는 값이 없을 경우 '행사제외'라는 문구를 표시하기 위해 [C5] 셀의 수식을 다음과 같이 수정합니다.

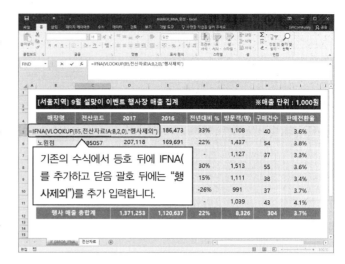

기존의 수식에서 등호 뒤에 IFNA(를 추가하고 닫음 괄호 뒤에는 ",행사제외")를 추가 입력합니다.

page VLOOKUP 함수에 대한 자세한 내용은 387쪽을 참고하세요.

수식

=IFNA(VLOOKUP(B5,전산자료!A:B,2,0),"행사제외")
　　　　　　❶　　　　　　　　　❷

❶의 결과 값에 #N/A 오류가 생기면 ❷를 표시합니다.

2 채우기 핸들로 [C11] 셀까지 드래그합니다. #N/A 오류가 표시됐던 [C11] 셀에 '행사제외'가 표시됩니다.

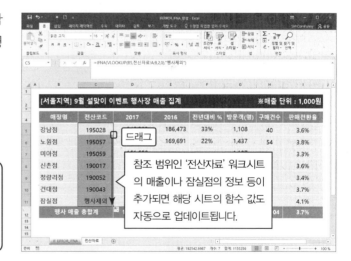

드래그

참조 범위인 '전산자료' 워크시트의 매출이나 잠실점의 정보 등이 추가되면 해당 시트의 함수 값도 자동으로 업데이트됩니다.

TIP

처음에 수식을 입력할 때부터 IFERROR, IFNA 함수를 추가했다면 오류가 없을 때는 결과 값이 제대로 표시되고, 오류가 있을 경우에는 지정한 문자나 공백으로 대체됩니다.

Skill Up 오류 메시지 종류

오류 메시지	의미
#DIV/0!	나눗셈에서 나누는 값이 0일 때
#REF!	참조 셀이 삭제되었을 때
#VALUE!	연산자나 인수의 형식이 잘못됐을 때
#N/A	참조 범위에서 찾는 값이 없을 때
#NAME?	함수명/인수에 문자를 잘못 입력했을 때, 해당 버전에서 지원하지 않는 함수를 입력할 때
#NUM!	인수나 수식이 부정확해서 결과 값이 너무 크거나 작을 때
#NULL!	참조 범위의 교차 부분이 없을 때

164 오류 값 제외하고 계산하기_AGGREGATE 함수

수식을 참조하는 셀에 오류가 하나라도 포함되어 있으면 계산 결과도 오류로 표시됩니다. 오류가 나타나지 않은 셀에 굳이 IFERROR나 IFNA 함수를 입력하고 싶지 않을 경우, 오류가 포함된 셀을 무시하고 나머지 셀들로만 계산하려면 AGGREGATE 함수를 사용합니다.

예제 파일 Part14\AGGREGATE.xlsx　　**완성 파일** Part14\AGGREGATE_완성.xlsx

AGGREGATE 함수	수식의 오류 값이나 숨겨진 행을 제외하고 계산합니다. **=AGGREGATE(함수 종류,제외할 옵션,참조 범위)** 　　　　　　　　❶　　　　　❷　　　　　❸ ❶ 사용할 함수의 종류를 숫자로 나타냅니다. 함수명까지 입력하면 목록이 나타나서 원하는 함수 종류를 선택할 수 있습니다. ❷ 계산 범위에서 제외할 옵션입니다. ❶을 입력하고 쉼표를 입력하면 자동으로 목록이 나와서 선택할 수 있습니다. ❸ ❶의 수식에서 참조할 범위입니다.

1 매출이 기록되지 않은 지점이 오류로 표시되어 총 합계에도 오류 값이 표시되었습니다. 오류를 제외한 결과 값을 표시하기 위해 [D12] 셀에 다음의 수식을 입력해 보겠습니다. =AGGREGATE(를 입력하면 적용할 함수 목록이 나옵니다. 합계인 9를 입력하거나 목록에서 '9-SUM'을 선택합니다.

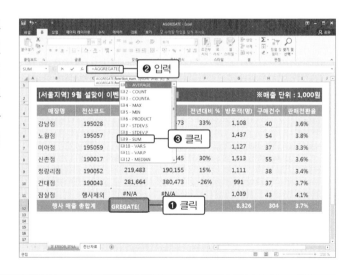

수식

=AGGREGATE(9,6,D5:D11)
　　　　　　　❶❷　　❸

❶ 9는 함수 종류 중 '합계'를 나타냅니다.
❷ 6은 ❶의 수식을 계산할 때 제외할 옵션 중 '오류 값 무시'를 나타냅니다.
❸ 합계를 구할 참조 범위입니다.

[D5:D11] 셀의 합계를 구하되 범위에서 오류 값이 있으면 계산에서 제외합니다.

2 2번째 인수를 입력하기 위해 쉼표를 입력하면 제외할 옵션 목록이 나타납니다. '6. 오류 값 무시'를 선택합니다.

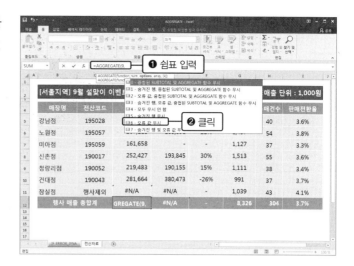

3 3번째 인수를 입력하기 위해 쉼표를 입력합니다. 합계를 구할 참조 범위로 [D5:D11] 셀을 선택하고 Enter 를 누릅니다.

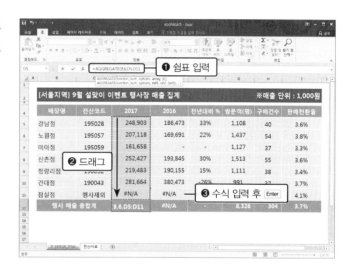

4 [D5:D11] 셀의 합계 범위에서 [D11] 셀의 오류 값을 제외하고 합계가 계산되었습니다. 채우기 핸들을 드래그해서 [E12] 셀에도 수식을 복사합니다.

TIP

현재 매출은 VLOOKUP 함수를 이용해서 '전산자료' 워크시트에 입력된 매장별 매출을 참조한 것입니다. 참조 범위인 '전산자료' 워크시트의 데이터가 업데이트돼서 [D11:E11] 셀 값이 수정되면 AGGREGATE 함수는 이를 포함하여 계산합니다.

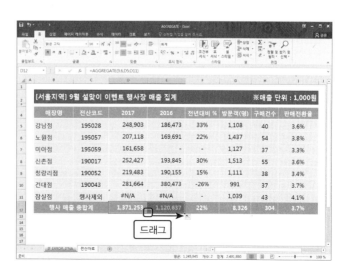

Part 15

데이터베이스 함수

자동화 서식은 매크로나 코딩을 알아야 한다? 이런 편견을 깨고 데이터베이스 함수로 나만의 검색용 서식을 만들어 보세요. 앞서 배운 문자/숫자 입력 규칙에 따라 성실히 관리된 데이터에 검색 조건만 입력하면 데이터베이스 함수가 열심히 계산해서 결과만 요약해줍니다. 참조 범위의 자동 확장을 위해 엑셀 표를 결합하면 추가된 데이터도 자동으로 업데이트됩니다.

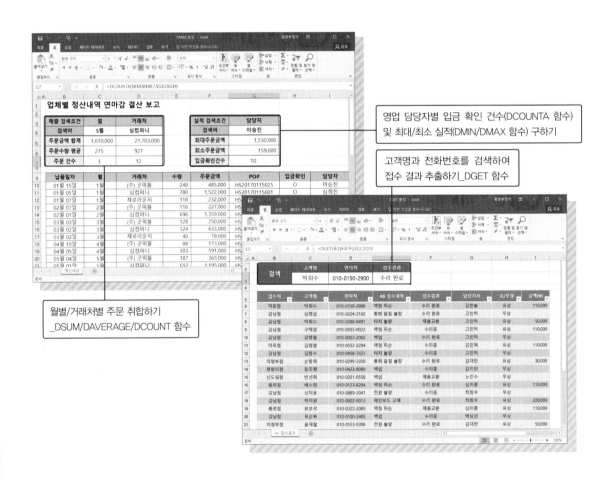

영업 담당자별 입금 확인 건수(DCOUNTA 함수) 및 최대/최소 실적(DMIN/DMAX 함수) 구하기

고객명과 전화번호를 검색하여 접수 결과 추출하기_DGET 함수

월별/거래처별 주문 취합하기 _DSUM/DAVERAGE/DCOUNT 함수

165 조건과 일치하는 값의 합계/평균 구하기 _DSUM/DAVERAGE 함수

DSUM/DAVERAGE 함수는 데이터베이스 함수로, 조건을 만족하는 값을 찾아 합계와 평균을 구할 때 사용합니다. SUMIF/AVERAGEIF 함수는 조건을 인수에 직접 입력하지만 데이터베이스 함수는 조건이 입력된 셀 주소를 간접적으로 참조합니다.

예제 파일 Part15\DSUM_DAVERAGE.xlsx　　**완성 파일** Part15\DSUM_DAVERAGE_완성.xlsx

DSUM 함수	참조 범위에서 조건과 일치하는 값의 합계를 구합니다. **=DSUM(참조 범위,추출할 값의 열 번호,조건 범위)**
DAVERAGE 함수	참조 범위에서 조건과 일치하는 값의 평균을 구합니다. **=DAVERAGE(참조 범위,추출할 값의 열 번호,조건 범위)**

> **TIP**
> 데이터베이스 함수는 함수명이 다르더라도 다음과 같이 동일한 인수 구조를 띱니다.
>
> ❶ **참조 범위** : 필드명(표의 머리글)을 비롯해 찾을 값과 추출할 값을 포함해야 합니다.
> ❷ **열 번호(필드명)** : 참조 범위의 시작열을 1로 간주하여 추출할 열의 순서를 숫자로 기입합니다. 추출할 필드명(또는 셀 주소)으로 대체할 수 있습니다.
> ❸ **조건 범위** : 참조 범위에서 찾을 필드명과 필드 값을 동일하게 입력한 셀 범위입니다.

| 조건과 일치하는 값의 합계 구하기_DSUM 함수

1 1월의 주문금액 합계를 구해보겠습니다. 먼저 [C3:C4] 셀에 조건 범위를 입력합니다. [C3] 셀에는 참조 범위의 필드명과 똑같이 월을, [C4] 셀에는 검색어로 1월을 입력합니다.

> **TIP**
> 조건 범위는 표의 필드명/필드와 똑같이 입력해야 동일한 데이터 값을 찾아서 집계할 수 있습니다.

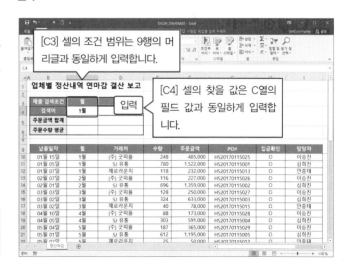

2 [C5] 셀에 다음의 수식을 입력합니다.

수식

=DSUM($B$9:$I$40,5,$C$3:$C$4)
    ❶   ❷   ❸

❶ [B9:I40] 셀을 참조합니다.

❷ ❸의 조건을 만족할 경우 참조 범위의 5번째 열에 입력된 주문금액을 합산합니다.

❸ [C3:C4] 셀의 검색 조건을 ❶의 참조 범위에서 찾습니다.

참조 범위인 [B9:I40] 셀에서 [C3:C4] 셀에 입력된 조건과 일치하는 행을 찾습니다. 그중 B열로부터 5번째 열에 입력된 '주문금액'의 합계만 계산합니다.

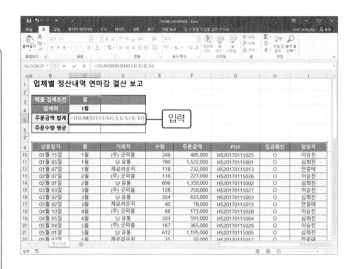

TIP

수식을 복사하여 다른 함수에도 응용해서 사용하려면 참조 범위와 조건 범위를 절대 참조로 고정하는 것이 좋습니다.

3 1월 주문금액의 합계가 나타납니다. 1월의 주문금액이 입력된 [F10:F12] 셀을 선택하면 워크시트 아래쪽에 나타나는 합계 금액(2,239,000)과 같은 것을 확인할 수 있습니다.

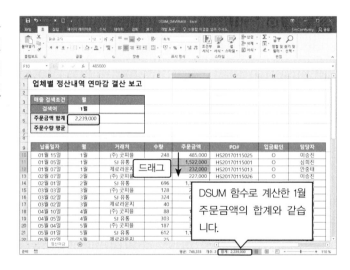

| 조건과 일치하는 값의 평균 구하기_DAVERAGE 함수

1 1월 주문수량의 평균을 구해보겠습니다. [C5] 셀에 입력된 수식을 복사해서 [C6] 셀에 다음의 수식을 쉽게 입력해 보겠습니다. [C5] 셀의 채우기 핸들을 더블클릭하여 [C6] 셀을 채우고 자동 채우기 옵션에서 [서식 없이 채우기]를 선택합니다.

수식

=DAVERAGE($B$9:$I$40,4,$C$3:$C$4)
❶ ❷ ❸

❶ [B9:I40] 셀을 참조합니다.

❷ ❸의 조건을 만족할 경우 참조 범위의 4번째 열에 입력된 주문금액의 평균을 구합니다.

❸ [C3:C4] 셀의 검색 조건을 ❶의 참조 범위에서 찾습니다.

참조 범위인 [B9:I40] 셀에서 [C3:C4] 셀에 입력된 조건과 일치하는 행을 찾습니다. 그중 B열로부터 4번째 열에 입력된 '수량'의 평균을 계산합니다.

2 복사된 DSUM 함수를 DAVERAGE 함수로 수정합니다. 참조 범위와 조건 범위는 같지만 추출하려는 값은 주문수량이므로 2번째 인수의 열 번호를 4로 수정합니다.

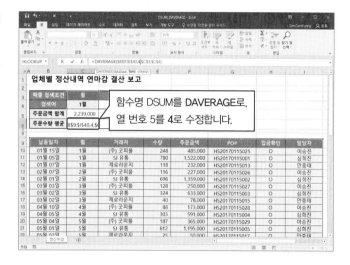

3 1월 주문수량의 평균이 나타납니다. 1월 주문수량이 입력된 [E10:E12] 셀을 선택하면 워크시트 아래쪽에 나타나는 평균(382)과 같다는 것을 확인할 수 있습니다.

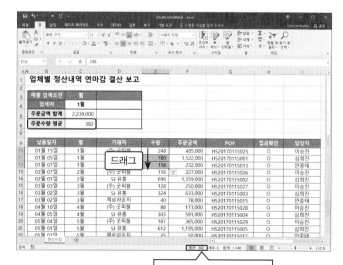

| 채우기 핸들로 다른 조건 값 구하기_DSUM 함수/DAVERAGE 함수

1 거래처별 주문 합계와 평균을 구해보 겠습니다. [D3] 셀에 **거래처**, [D4] 셀에 **제 로라운지**를 입력합니다. [D5:D6] 셀에 다음 의 수식을 쉽게 입력하기 위해 [C5:C6] 셀 을 선택하고 채우기 핸들로 [D5:D6] 셀까 지 채웁니다.

수식

[D5] 셀의 수식

=DSUM($B$9:$I$40,5,$D$3:$D$4)

[D6] 셀의 수식

=DAVERAGE($B$9:$I$40,4,$D$3:$D$4)

2 [D5] 셀을 더블클릭하면 참조할 셀 범 위(C3:C4, B9:I40)에 다른 색깔의 테두리 선이 나타납니다. 조건 범위를 수정하기 위 해 [C3:C4] 셀 테두리에 마우스 포인터를 놓습니다. 마우스 포인터가 ⛶ 모양으로 바 뀌면 클릭하여 [D3:D4] 셀로 드래그합니다. 자동으로 조건 범위가 수정되면 Enter 를 눌 러 수식을 완성합니다. 이와 같은 방법으로 [D6] 셀의 수식도 조건 범위를 $D$5:$D$6 로 수정하여 수식을 완성합니다.

TIP

조건 범위의 테두리를 클릭하는 것이 어렵다면 수식에서 해당 셀 주소를 삭제하고 셀 범위를 다 시 선택합니다.

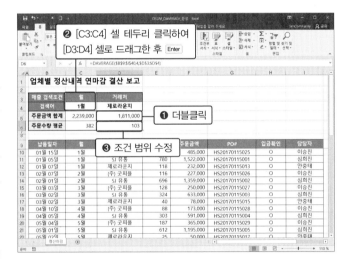

166 조건과 일치하는 셀의 개수 세기 _DCOUNT/DCOUNTA 함수

DCOUNT, DCOUNTA 함수는 COUNTIFS 함수와 비슷합니다. 조건을 만족하는 필드 값에서 문자나 숫자가 입력된 셀의 개수를 셀 때 사용합니다. 조건 범위는 참조 범위의 필드명과 똑같이 입력되어 있어야 합니다. 열 번호는 필드명을 직접 입력하거나 셀 주소로 대체될 수 있습니다.

예제 파일 Part15\DCOUNT.xlsx   **완성 파일** Part15\DCOUNT_완성.xlsx

DCOUNT 함수	참조 범위에서 조건과 일치하는 숫자 셀의 개수를 셉니다. **=DCOUNT(참조 범위,추출할 값의 열 번호,조건 범위)**
DCOUNTA 함수	참조 범위에서 조건과 일치하는 셀 중 문자나 숫자가 입력된 셀의 개수를 셉니다. **=DCOUNTA(참조 범위,추출할 값의 열 번호,조건 범위)**

| 조건에 맞는 숫자의 개수 구하기_DCOUNT 함수

1 월별 거래처의 총 주문건수를 구해보겠습니다. [C4] 셀에 5월을, [D4] 셀에 심컴퍼니를 입력합니다.

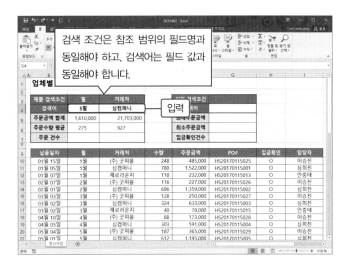

TIP

[C5:D6] 셀에는 DSUM/DAVERAGE 함수가 미리 입력되어 있습니다. 그래서 4행에 검색어를 입력하지 않으면 전체 주문금액의 합계와 평균이 추출됩니다.

2 [C7] 셀에 다음의 수식을 입력합니다. [C6] 셀의 채우기 핸들을 드래그하여 [C7] 셀을 채우고 복사된 DAVERAGE 함수명을 DCOUNT로 수정하면 쉽게 입력할 수 있습니다.

> **TIP**
>
> DCOUNT 함수는 숫자만 입력된 셀의 개수를 세기 때문에 숫자가 입력되어 있는 열 번호(1, 4, 5)를 참조해야 합니다. 문자가 입력된 2, 3, 6, 7, 8 열을 참조하면 COUNT 함수로 셀 수 있는 셀의 개수는 0이 됩니다. 단, '납품일자'의 경우 표시 형식에 의해 문자가 조합되어 보이는 것일 뿐, 엑셀에서 날짜는 숫자로 분류됩니다.

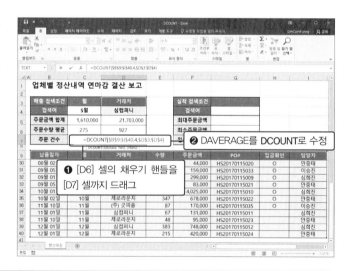

❶ [C6] 셀의 채우기 핸들을 [C7] 셀까지 드래그한 후 자동 채우기 옵션에서 [서식 없이 채우기] 선택

❷ DAVERAGE를 DCOUNT로 수정

수식

=DCOUNT($B$9:$I$40,4,$C$3:$C$4)
　　　　　❶　　　❷　　　❸

❶ [B9:I40] 셀을 참조합니다.

❷ 조건을 만족할 경우, 참조 범위의 4번째 열에 입력된 숫자 셀의 개수를 구합니다.

❸ [C3:C4] 셀의 검색 조건을 ❶의 참조 범위에서 찾습니다.

참조 범위인 [B9:I40] 셀에서 [C3:C4] 셀에 입력된 조건과 일치하는 행을 찾아 4번째 열에 입력된 숫자 셀의 개수를 구합니다.

---

3 [D7] 셀에 다음의 수식을 쉽게 입력하기 위해 [D6] 셀의 채우기 핸들을 [D7] 셀까지 드래그합니다. DAVERAGE 함수명을 DCOUNT로 수정합니다.

❷ DAVERAGE를 DCOUNT로 수정

❶ [D6] 셀의 채우기 핸들을 [D7] 셀까지 드래그

수식

=DCOUNT($B$9:$I$40,4,$D$3:$D$4)
　　　　　❶　　　❷　　　❸

❶ [B9:I40] 셀을 참조합니다.

❷ 조건을 만족할 경우, 참조 범위의 4번째 열에 입력된 숫자 셀의 개수를 구합니다.

❸ [D3:D4] 셀의 검색 조건을 ❶의 참조 범위에서 찾습니다.

참조 범위인 [B9:I40] 셀에서 [D3:D4] 셀에 입력된 조건과 일치하는 행을 찾아 4번째 열에 입력된 숫자 셀의 개수를 구합니다.

| 조건에 맞는 숫자/문자의 개수 구하기_DCOUNTA 함수

1 담당자별 입금 확인 건수를 구해보겠습니다. [G3] 셀의 검색 조건은 **담당자**로, [G4] 셀의 검색어는 **안중태**로 입력합니다.

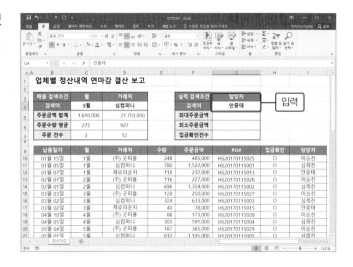

2 [G7] 셀에 다음의 수식을 쉽게 입력해 보겠습니다. [D7] 셀을 복사하여 [G7] 셀에 붙여 넣은 후 [G7] 셀을 더블클릭합니다. 수식에서 DCOUNT 함수명을 **DCOUNTA** 로, 열 번호는 7로 수정합니다.

TIP

DCOUNT 함수는 숫자의 개수만 세는 반면 DCOUNTA 함수는 공백이 아닌 모든 숫자/문자 의 개수를 셉니다.

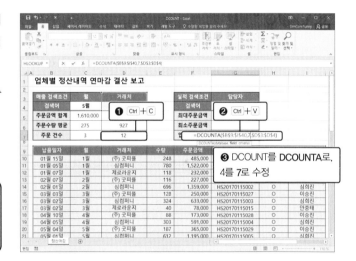

수식

=DCOUNTA($B$9:$I$40,7,$G$3:$G$4)
　　　　　　　　❶　　　❷　　　❸

❶ [B9:I40] 셀을 참조합니다.
❷ 조건을 만족할 경우, 참조 범위의 7번째 열에 입력된 '입금 확인'에서 공백이 아닌 셀의 개수를 구합니다.
❸ [G3:G4] 셀의 검색 조건을 ❶의 참조 범위에서 찾습니다.

참조 범위인 [B9:I40] 셀에서 [G3:G4] 셀에 입력된 조건과 일치하는 행을 찾은 뒤 7번째 열의 '입금 확인'이 표시된 셀의 개 수를 구합니다.

3 조건 범위를 수정하기 위해 $D$3:$D$4를 $G$3:$G$4로 수정합니다. Enter 를 눌러 수식을 완성하면 입금 확인이 표시된 셀 개수만 집계됩니다.

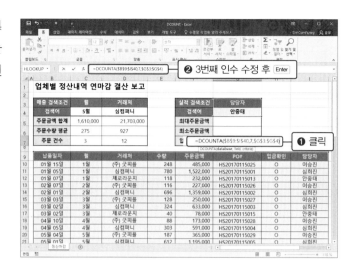

Skill Up 데이터베이스 함수 결과를 필터 기능으로 검토하기

1. 참조 범위가 입력된 표를 클릭하고 [데이터] 탭–[정렬 및 필터] 그룹–[필터]를 클릭합니다.

2. [I9] 셀의 필터 목록 버튼 ▽ 을 클릭한 뒤 필터 목록에서 '안중태'만 체크 표시하고 [확인]을 클릭합니다.

3. '입금확인' 필드인 [H12:H40] 셀을 드래그하면 화면 아래 상태 표시줄에서 '개수:7'을 확인할 수 있습니다.

page 필터에 대한 자세한 내용은 644쪽을 참조하세요.

'안중태' 담당자의 9건 주문 내역 중에서 입금 확인이 표시된 7건만 집계되었습니다.

167 조건과 일치하는 값 중 최대값/최소값 추출하기 _DMAX/DMIN 함수

DMAX/DMIN 함수는 MAXIFS/MINIFS 함수와 비슷합니다. 조건을 만족하는 값 중에서 최대값과 최소값을 추출합니다. 조건 범위는 참조 범위의 필드명과 똑같이 입력해야 하고, 열 번호는 필드명을 직접 입력하거나 셀 주소로 대체될 수 있습니다.

예제 파일 Part15\DMAX.xlsx　　**완성 파일** Part15\DMAX_완성.xlsx

DMAX 함수	참조 범위에서 조건과 일치하는 값 중 최대값을 구합니다. **=DMAX(참조 범위,추출할 값의 열 번호,조건 범위)**
DMIN 함수	참조 범위에서 조건과 일치하는 값 중 최소값을 구합니다. **=DMIN(참조 범위,추출할 값의 열 번호,조건 범위)**

1 담당자별 최대 주문금액을 구해보겠습니다. [G3] 셀의 검색 조건은 **담당자**로, [G4] 셀의 검색어는 **이승진**으로 입력합니다.

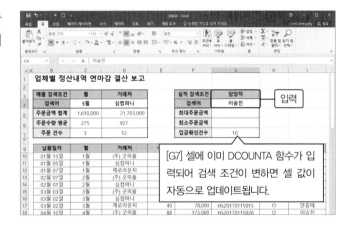

[G7] 셀에 이미 DCOUNTA 함수가 입력되어 검색 조건이 변하면 셀 값이 자동으로 업데이트됩니다.

2 [G5] 셀과 [G6] 셀에 다음의 수식을 쉽게 입력해 보겠습니다. [G7] 셀의 채우기 핸들을 위로 드래그하여 [G5:G6] 셀을 채웁니다. 자동 채우기 옵션에서 [서식 없이 채우기]를 클릭합니다.

`수식`

[G5] 셀 수식

=DMAX($B$9:$I$40,5,$G$3:$G$4)

[G6] 셀 수식

=DMIN($B$9:$I$40,5,$G$3:$G$4)

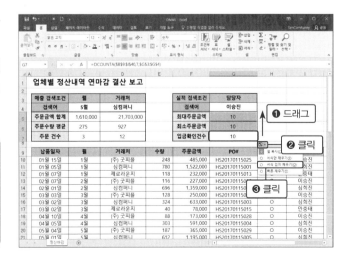

3 최대 주문금액을 구하기 위해 [G5] 셀의 수식에서 함수명을 DMAX로, 열 번호를 5로 수정하고 Enter를 누릅니다.

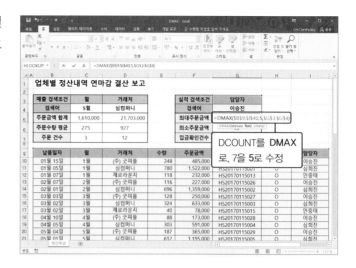

4 최소 주문금액을 구하기 위해 [G6] 셀의 수식에서 함수명을 DMIN으로, 열 번호를 5로 수정하고 Enter를 누릅니다.

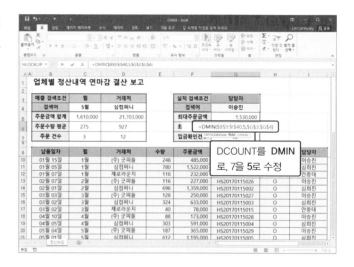

5 기존의 수식 [G7] 셀을 수정하여 최대값과 최소값을 쉽게 구했습니다.

TIP

데이터베이스 함수끼리는 인수의 구조가 동일하기 때문에 함수명과 열 번호, 조건 범위만 수정하면 함수명에 따라 다른 결과를 쉽게 추출할 수 있습니다.

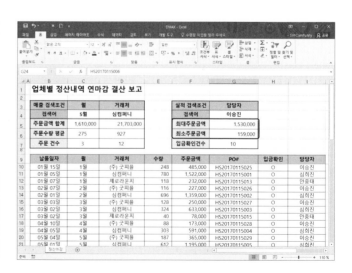

168 다중 조건을 만족하는 값 추출하기_DGET 함수

DGET 함수는 IF 함수와 VLOOKUP 함수를 중첩한 결과와 비슷합니다. 참조 범위에서 조건에 맞는 값을 찾아 열 번호에 맞는 값을 추출합니다. 데이터베이스가 입력된 참조 범위를 엑셀 표로 전환하면 데이터가 추가될 때마다 참조 범위도 자동으로 확장되어 문서를 쉽게 업데이트할 수 있습니다.

예제 파일 Part15\DGET.xlsx　　**완성 파일** Part15\DGET_완성.xlsx

DGET 함수	참조 범위에서 조건과 일치하는 값을 구합니다. **=DGET(참조 범위,추출할 값의 필드명 또는 열 번호,조건 범위)**

고객 정보를 입력하여 접수 결과를 조회해 보겠습니다. [E3] 셀에 다음의 수식을 입력하면 [F6] 셀에 입력된 '수리 완료'가 추출됩니다. '고객명'이 중복될 경우, #NUM! 오류가 나타납니다. 고유값만 찾기 위해 '전화번호'나 '접수처' 같은 검색 조건을 추가했습니다.

page 엑셀 표에 대한 설명은 201쪽을 참고하세요.

수식

=DGET(B5:I31,F5,C2:D3)
　　　❶　　　❷　　❸

❶ [B5:I31] 셀을 참조합니다.
❷ 추출할 열의 필드명(접수 결과)이 입력된 셀 주소 또는 열 번호(5)를 참조합니다.
❸ [C2:D3] 셀의 조건을 모두 만족하는 값을 찾습니다.

[B5:I31] 셀에서 [C2:D3] 셀의 조건을 만족하는 '접수결과' 값을 추출합니다.

원본 데이터를 엑셀 표로 전환한 상태라 표에서 참조 범위를 클릭하면 수식이 =DGET(표2[#모두],표2[[#머리글],[접수결과]],C2:D3)으로 나타납니다.

'고객명'이 중복될 경우, #NUM! 오류가 나타납니다. 고유값만 찾기 위해 '전화번호'나 '접수처' 같은 검색 조건을 추가했습니다.

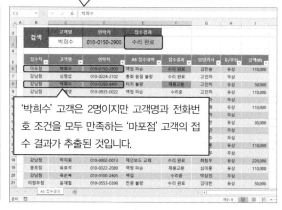

'박희수' 고객은 2명이지만 고객명과 전화번호 조건을 모두 만족하는 '마포점' 고객의 접수 결과가 추출된 것입니다.

Part 16 참조/정보 함수

전산 프로그램에서 다양한 원본 데이터를 다운로드할 수는 있지만 상사에게는 필요한 정보만 요약해서 제출해야겠죠? 여러 개의 시트를 왔다갔다하며 복사와 붙여넣기로 시간 낭비하지 말고 참조/정보 함수를 활용해보세요. 찾는 값과 찾을 범위, 추출할 행/열 번호만 설정하면 월요일 아침마다 주간 보고서 업데이트하느라 새벽에 출근할 일이 없어질 것입니다.

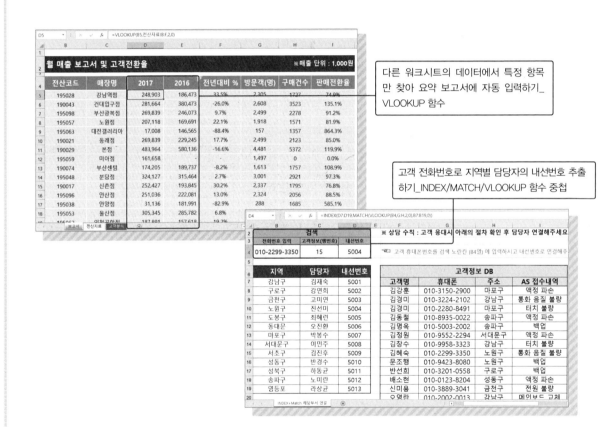

다른 워크시트의 데이터에서 특정 항목만 찾아 요약 보고서에 자동 입력하기_VLOOKUP 함수

고객 전화번호로 지역별 담당자의 내선번호 추출하기_INDEX/MATCH/VLOOKUP 함수 중첩

169 참조 범위에서 행 번호 값 추출하기 _HLOOKUP 함수

HLOOKUP에서 'H'는 'Horizontal'의 약자로 '수평'을, 'Lookup'은 '찾다'를 뜻합니다. 즉, 가로 방향으로 정렬된 열 데이터 중에서 유사하거나 일치하는 값을 찾습니다. HLOOKUP 함수는 참조 범위에서 찾을 값의 행 번호에 따라 추출되는 값이 달라집니다. 인수의 구성을 순서대로 알아보기 위해 함수 마법사를 활용해 보겠습니다.

예제 파일 Part16\HLOOKUP.xlsx　　**완성 파일** Part16\HLOOKUP_완성.xlsx

HLOOKUP 함수	참조 범위에서 일치 값 또는 근사값을 찾아 지정된 행 번호의 값을 추출합니다. **=HLOOKUP(찾을 값,참조 범위,추출할 값의 행 번호,옵션)** 　　　　　　　❶　　　　❷　　　　　　　❸　　　　　❹ ❶ 참조 범위에서 찾을 값입니다. ❷ 참조 범위는 찾을 값이 제일 위쪽 행에, 추출할 값이 아래쪽 행에 있어야 합니다. 근사값을 찾을 경우에는 열 참조 범위가 정렬되어야 유사한 값을 추출할 수 있습니다. ❸ 참조 범위의 시작 줄을 행 번호 1로 보고 추출할 값이 몇 번째 위치해 있는지를 셉니다. ❹ 근사값을 찾으려면 생략하거나 TRUE를 입력합니다. 일치하는 문자 값을 찾으려면 FALSE 또는 0을 입력합니다.

* 독자의 정확한 이해를 돕기 위해 이 책에서는 행(열) 머리글과 행(열) 번호를 다음과 같이 정의하였습니다. 행 번호는 '참조 범위의 셀을 기준으로 한 N번째 행'이고, 행 머리글은 '워크시트 왼쪽 가장자리에 입력된 숫자', 즉 셀 주소의 숫자입니다.

1 HLOOKUP 함수를 함수 마법사로 입력해 보겠습니다. [J9] 셀을 클릭하고 [수식] 탭-[함수 라이브러리] 그룹-[찾기/참조 영역]에서 [HLOOKUP]을 선택합니다.

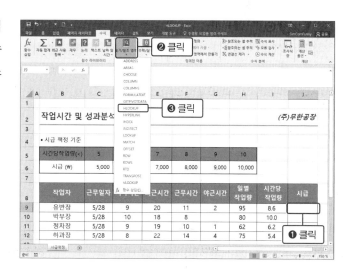

2 [함수 인수] 대화상자가 나타나면 4개의 인수를 선택할 수 있습니다. 'Lookup_value'에는 찾을 값 [I9] 셀을 입력합니다. 'Table_array'에 참조 범위를 입력하기 위해 [C5:H6] 셀을 선택합니다. 셀 주소가 입력되면 F4를 눌러 절대 참조로 변환합니다.

TIP
참조 범위의 시작은 찾을 값이 입력된 행을 기준으로 하고 추출할 값이 입력된 행을 아래에 포함해야 합니다.

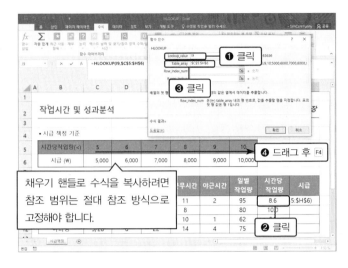

3 'Row_index_num'에는 참조 범위에서 추출할 값이 입력된 행 번호 2를, 'Range_lookup'에는 참조 영역에서 찾을 값의 근사치를 추출하기 위해 **TRUE**를 입력하거나 생략합니다. [확인]을 클릭합니다.

TIP
행 번호는 행 머리글에 표시된 숫자가 아니라 참조 범위의 시작 행으로부터 추출할 행의 순서입니다.

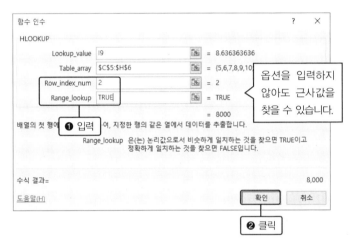

4 [J9] 셀의 수식 입력줄에 함수가 입력된 것을 확인할 수 있습니다. 채우기 핸들을 더블클릭하여 나머지 셀을 채웁니다.

TIP
근사값을 찾을 때는 참조 범위가 정렬되어 있어야 합니다. 여기서는 왼쪽에서 오른쪽으로 오름차순으로 정렬되어서 근사값의 경우 왼쪽의 낮은 시급을 추출합니다.

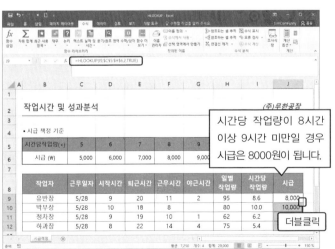

170 근사값을 찾아 열 번호 값 추출하기 _VLOOKUP 함수

VLOOKUP에서 'V'는 'Vertical'의 약자로 '수직'을, 'Lookup'은 '찾다'를 뜻합니다. HLOOKUP 함수와 반대로 세로 방향으로 정렬된 행 데이터 중에서 값을 찾고 열 번호에 따라 추출되는 값이 달라집니다. 이제부터는 수식을 빨리 입력하기 위해 셀에 직접 함수와 인수를 입력해 보겠습니다.

예제 파일 Part16\VLOOKUP 근사값.xlsx   **완성 파일** Part16\VLOOKUP 근사값_완성.xlsx

VLOOKUP 함수	참조 범위에서 일치 값 또는 근사값을 찾아 지정된 열 번호의 값을 추출합니다. **=VLOOKUP(찾을 값,참조 범위,추출할 값의 열 번호,옵션)** 　　　　　　❶　　　❷　　　　❸　　　　❹ ❶ 참조 범위에서 찾을 값입니다. ❷ 참조 범위는 찾을 값이 가장 왼쪽 열에, 추출할 값이 오른쪽 열에 있어야 합니다. 근사값을 찾을 경우에는 행 참조 범위가 정렬되어야 유사한 값을 추출할 수 있습니다. ❸ 참조 범위의 시작 줄을 열 번호 1로 보고 추출할 값이 오른쪽으로 몇 번째 위치해 있는지를 셉니다. ❹ 근사값을 찾으려면 생략하거나 **TRUE**를 입력합니다. 일치하는 문자 값을 찾으려면 **FALSE** 또는 **0**을 입력합니다.

┃ 근사값으로 연봉 범위에 따른 세율 추출하기

1 VLOOKUP 함수로 연봉 범위에 따른 적용 세율을 구해보겠습니다. [H4] 셀에 다음의 수식을 입력해 보겠습니다. =VLOOKUP(까지 입력하고 찾을 값으로 [G4] 셀을 클릭합니다.

단축키

함수 마법사에서 인수 입력
=함수명까지 입력하고 Ctrl + A

수식

=VLOOKUP(G4,$J$3:$K$12,2)
　　　　　❶　　　❷　　　　❸

❶ [G4] 셀에 입력된 연봉을 찾습니다.

❷ 찾을 값인 '연봉'을 시작으로 추출할 값인 '적용 세율'까지를 참조 범위로 선택합니다. 채우기 핸들로 수식을 복사할 때 참조 범위는 고정되어야 하므로 F4 를 눌러서 절대 참조로 전환합니다.

❸ 참조 범위에서 추출할 '세율'의 열 번호입니다. 단, 참조 범위에 일치하는 값이 없더라도 근사값을 추출하려면 옵션을 생략하거나 **TRUE**를 입력합니다.

[G4] 셀에 입력된 연봉의 근사값을 찾아 [J3:K12] 셀의 2번째 열(적용 세율) 값을 추출합니다.

2 2번째 인수인 참조 범위를 입력하기 위해 쉼표(,)를 입력합니다. 2번째 세율이 적용된 표의 [J3:K12] 셀을 참조 범위로 선택한 후 F4를 눌러 절대 참조로 변환합니다.

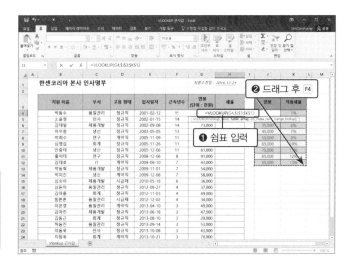

3 쉼표를 입력하고 3번째 인수로 참조 범위에서 추출할 열 번호 2를 입력합니다. 근사값을 찾을 때는 4번째 인수를 생략해도 됩니다. 인수를 모두 입력하고 Enter 를 누르면 닫힘 괄호가 자동으로 입력됩니다.

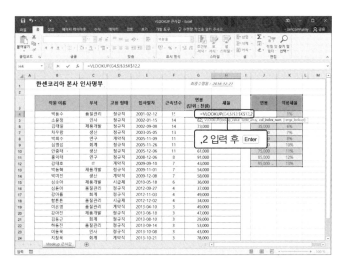

4 참조 범위에서 [G4] 셀의 연봉 8억 2,000만 원과 일치하는 값은 없습니다. 근사값이 7억 5,000만 원이므로 참조 범위의 2번째 열의 값 11%가 세율로 적용되었습니다. 채우기 핸들로 나머지 셀도 채웁니다.

171 셀 주소를 이름으로 정의하여 참조 범위 입력하기 _VLOOKUP 함수

참조 범위를 이름으로 정의해놓으면 복잡한 셀 주소를 정확하게 입력할 수 있고, 절대 참조로 전환하지 않아도 셀 주소가 고정됩니다. VLOOKUP 함수에 이름으로 정의한 참조 범위를 넣어보겠습니다.

예제 파일 Part16\VLOOKUP 이름정의.xlsx   **완성 파일** Part16\VLOOKUP 이름정의_완성.xlsx

1 참조 범위인 [J4:K12] 셀을 선택한 후 이름 상자에 세율을 입력하고 Enter를 누릅니다.

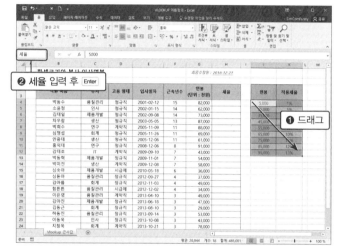

2 [H4] 셀에 다음의 수식을 입력하면 이름 상자로 정의된 참조 범위를 기준으로 값이 추출됩니다. 채우기 핸들로 나머지 셀을 채웁니다. 참조 범위를 절대 참조로 변환하지 않아도 고정된 범위를 참조하여 수식이 복사되었습니다.

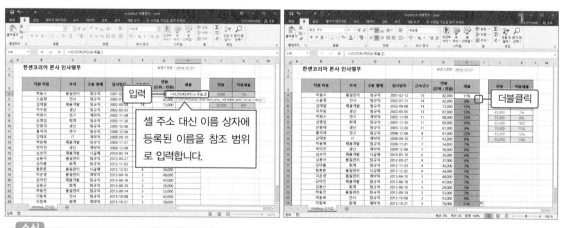

셀 주소 대신 이름 상자에 등록된 이름을 참조 범위로 입력합니다.

수식

=VLOOKUP(G4,세율,2)

172 찾을 값의 공백 없애고 일치 값 찾기 _VLOOKUP/TRIM 함수

HLOOKUP/VLOOKUP 함수로 일치 값을 찾을 때는 참조 범위의 공백이나 오타를 감안하지 않고 정확히 일치하는 값만 찾습니다. 문자의 시작과 끝에 보이지 않는 공백을 제외하는 TRIM 함수를 중첩해서 일치 값을 추출해 보겠습니다.

예제 파일 Part16\VLOOKUP 일치값.xlsx **완성 파일** Part16\VLOOKUP 일치값_완성.xlsx

TRIM 함수	텍스트에 입력된 앞뒤 공백을 제거합니다. 단, 단어 사이에 있는 공백은 제거되지 않습니다.
	=TRIM(텍스트가 추출될 셀 주소)

| 참조 범위에서 찾을 값과 일치하는 값 추출하기

1 오른쪽 표의 부서별 건물 위치를 참고하여 근무처를 찾아보겠습니다. [D4] 셀에 다음의 수식을 입력해 보겠습니다. =VLOOKUP(를 입력하고 [C4] 셀을 클릭합니다.

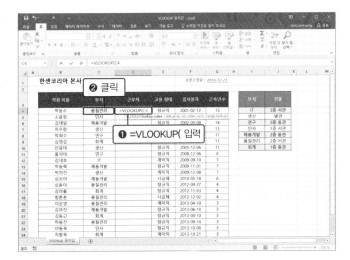

=VLOOKUP(C4,I:J,2,0)
❶ ❷ ❸ ❹

❶ [C4] 셀에 입력된 부서를 찾습니다.

❷ 부서와 건물이 입력되어 있는 표를 참조합니다.

❸ 참조 범위에서 부서명이 일치할 경우 추출할 건물의 열 번호입니다.

❹ 정확하게 일치하는 값을 찾기 위한 옵션으로 FALSE 또는 0을 입력합니다.

[C4] 셀에 입력된 부서와 일치하는 값을 찾아 [I:J] 열에서 2번째 열(건물) 값을 추출합니다.

2 쉼표를 입력하고 2번째 인수에는 고정된 참조 범위를 입력합니다. [I:J] 열 전체를 선택하면 절대 참조로 변환하지 않아도 됩니다.

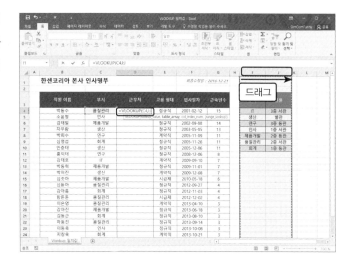

3 쉼표를 입력하고 3번째 인수에는 추출할 행 번호 2를 입력합니다. 쉼표를 입력하고 4번째 인수에 0을 입력한 뒤 Enter를 눌러서 수식을 완성합니다.

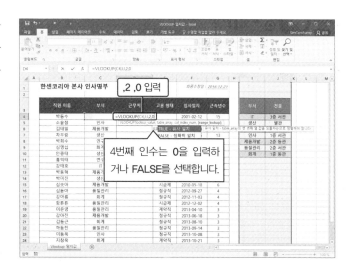

4 각 부서의 근무처가 입력되었습니다. 채우기 핸들을 더블클릭하여 나머지 셀을 채웁니다.

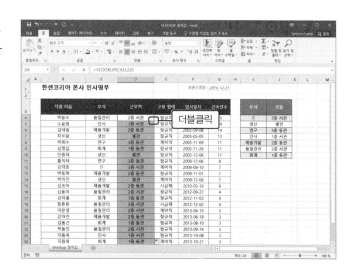

| TRIM 함수로 공백 지우기

1 [D25] 셀에 입력된 VLOOKUP 함수 값에 #N/A 오류가 났습니다. [C25] 셀을 더블클릭하면 글자 뒤에 공백이 입력된 것을 알 수 있습니다. TRIM 함수로 참조 값의 시작과 끝의 공백을 제외하고 문자를 찾아보겠습니다.

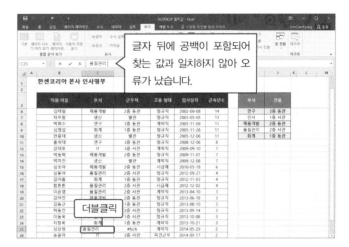

2 [D25] 셀을 더블클릭하여 수식을 다음과 같이 수정합니다.

수식

=VLOOKUP(TRIM(C25),I:J,2,0)
         ❶   **❷❸❹**

❶ [C25] 셀의 앞뒤 공백을 지웁니다.
❷ 부서와 건물이 입력되어 있는 열 전체를 참조합니다.
❸ ❷의 참조 범위에서 '건물'이 입력된 열 번호입니다.
❹ 정확하게 일치하는 값을 찾기 위해 FALSE 또는 0을 입력합니다.

[C25] 셀 값의 앞뒤에 포함된 공백을 무시하고, [I:J] 셀의 참조 범위에서 2번째 열에 입력된 건물명을 추출합니다.

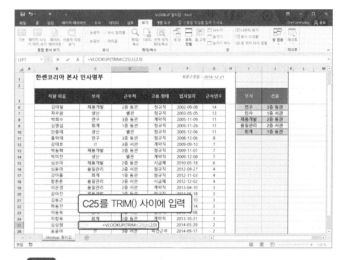

TIP

TRIM 함수는 문자 앞뒤의 공백만 인식하고 문자 중간에 입력된 띄어쓰기는 반영하지 않습니다.

3 TRIM 함수로 [C25] 셀에 입력된 앞뒤 공백을 제외한 일치 값을 추출했습니다.

TIP

일반적으로 어느 셀의 앞뒤에 공백이 포함되어 있을지 모르니 처음에 VLOOKUP 함수를 입력할 때부터 찾을 값에 TRIM 함수를 적용하고 채우기 핸들로 나머지 수식을 복사하는 것도 좋습니다.

173 다른 시트의 표 참조하여 요약 보고서 만들기 _VLOOKUP 함수

전산 프로그램에서 다운로드한 원본 데이터를 참조하여 보고서를 만들 때 VLOOKUP 함수를 사용하면 원하는 항목만 요약할 수 있습니다. 다운로드한 자료와 보고서를 다른 시트로 분리하면 필요한 항목만 간단하게 나타낼 수 있고, 원본 데이터를 수정해도 함수로 연결된 요약 보고서의 결과 값은 자동 업데이트됩니다.

예제 파일 Part16\VLOOKUP_다른시트.xlsx　　**완성 파일** Part16\VLOOKUP_다른시트_완성.xlsx

---

1 '전산자료' 워크시트를 참조하여 '보고서' 워크시트에 연도별 매출을 추출해 보겠습니다. 우선 2017년 매출부터 구해보겠습니다. '보고서' 워크시트의 [D5] 셀에 =VLOOKUP(B5,를 입력합니다.

> **TIP**
> #DIV/0! 오류는 나누는 값이 0일 때 나타납니다.

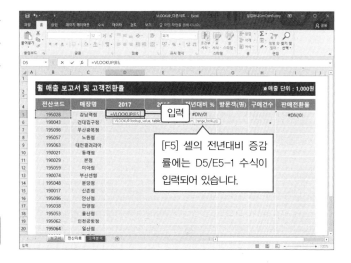

[F5] 셀의 전년대비 증감률에는 D5/E5-1 수식이 입력되어 있습니다.

2 2번째 인수는 다른 워크시트에서 참조 범위를 입력하려고 합니다. '전산자료' 워크시트를 클릭하여 전산코드와 연도별 매출 정보가 입력된 [B:F] 열을 선택하면 수식 입력줄에 워크시트 이름과 셀 주소가 입력됩니다.

> **TIP**
> '보고서' 워크시트에 입력된 매장명과 '전산자료' 워크시트에 입력된 매장명이 다르기 때문에 전산코드를 참조 범위로 하는 것이 더 정확합니다.

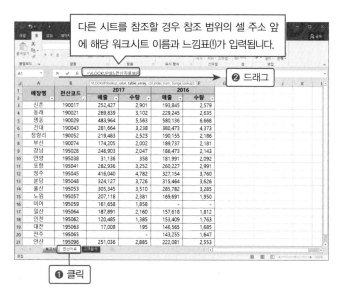

다른 시트를 참조할 경우 참조 범위의 셀 주소 앞에 해당 워크시트 이름과 느낌표(!)가 입력됩니다.

3 쉼표를 입력하고 3번째 인수로 추출할 열 번호 2를 입력합니다. 쉼표를 입력하고 4번째 인수에는 일치 값을 찾기 위해 옵션 번호 0을 입력하고 Enter 를 누릅니다.

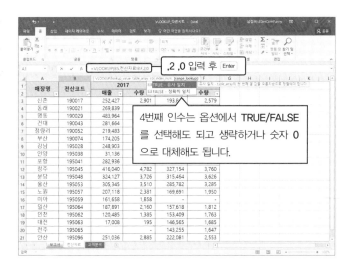

4번째 인수는 옵션에서 TRUE/FALSE 를 선택해도 되고 생략하거나 숫자 0 으로 대체해도 됩니다.

4 처음에 수식을 입력했던 '보고서' 워크시트로 이동합니다. 함수를 입력했던 [D5] 셀에 강남역점의 2017년 매출이 추출되었습니다.

TIP

[D5] 셀의 함수 값이 맞는지 검토하려면 '전산자료' 워크시트에서 강남점의 전산코드(195028)를 기준으로 2017년 매출액이 입력된 [C9] 셀 값을 확인합니다.

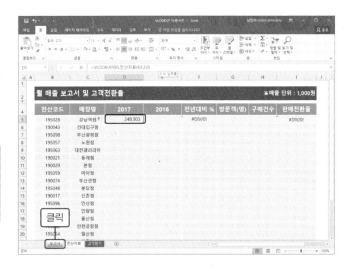

5 앞에서와 같은 방법으로 2016년의 매출을 구해보겠습니다. [E5] 셀에 다음의 수식을 입력합니다.

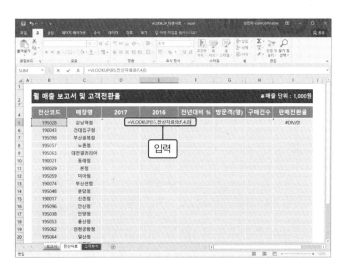

수식
=VLOOKUP(B5,전산자료!B:F,4,0)

6 [G5] 셀의 방문객 수는 '고객분석' 시트를 참조해서 다음의 수식을 입력해 보겠습니다. =VLOOKUP(B5,까지 입력하고 '고객분석' 워크시트를 클릭합니다.

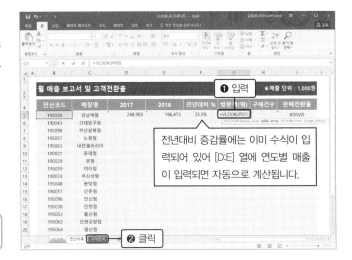

수식

=VLOOKUP(B5,고객분석!A:C,2,0)

7 '고객분석' 워크시트에서 [A:C] 열을 선택합니다. 쉼표를 입력하고 3번째 인수에 방문객 수가 입력된 열 번호 2를 입력합니다. 쉼표를 입력하고 4번째 인수에 일치 값의 옵션 번호 0을 입력하고 Enter를 누릅니다.

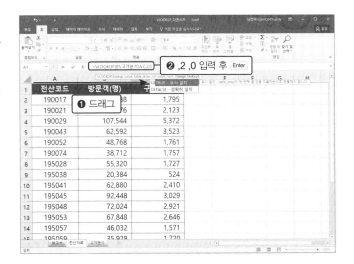

8 앞에서와 같은 방법으로 [H5] 셀의 구매건수를 구하기 위해 다음의 수식을 입력합니다.

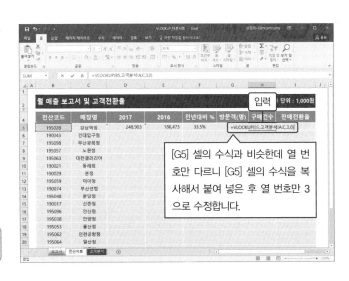

수식

=VLOOKUP(B5,고객분석!A:C,3,0)

9 [D5:I5] 셀을 선택한 후 채우기 핸들을 더블클릭하여 나머지 셀을 채웁니다. 미아점의 2016년 매출이 0이라서 [F12] 셀에 #DIV/0! 오류가 나타났습니다. IFERROR 함수를 중첩해서 오류는 공백으로 표시해 보겠습니다. [F5] 셀에 다음의 수식을 입력하고 채우기 핸들을 더블클릭해서 나머지 셀을 채웁니다.

수식
=IFERROR((D5/E5-1),"")

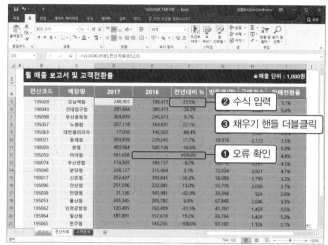

10 오류가 있던 [F12] 셀만 공백으로 바뀐 것을 알 수 있습니다.

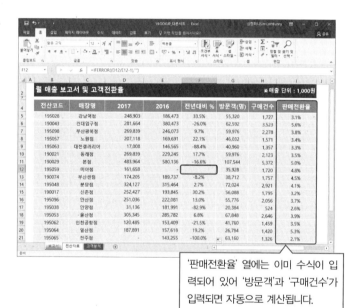

'판매전환율' 열에는 이미 수식이 입력되어 있어 '방문객'과 '구매건수'가 입력되면 자동으로 계산됩니다.

174 와일드카드 문자로 찾을 값의 일부 문자만 참조하기 _VLOOKUP 함수

함수에서 찾는 값이 정확히 기억나지 않거나 특정 문자를 포함한 다양한 값으로 범위를 확대하려면 와일드카드를 활용할 수 있습니다. 문자가 입력된 셀 주소와 와일드카드를 이어서 입력하려면 앰퍼샌드(&)로 연결합니다. 단, 와일드카드 기호는 문자에 속하므로 수식에 입력할 때는 큰따옴표 안에 입력해야 합니다.

예제 파일 Part16\VLOOKUP_와일드카드.xlsx   **완성 파일** Part16\VLOOKUP_와일드카드_완성.xlsx

*	찾을 값에 입력된 문자의 개수와 텍스트를 전혀 모를 경우 대체할 위치에 한 번만 입력합니다. 앞 글자를 모르면 "*2016", 뒤 글자를 모르면 "엑셀*"와 같이 정확하지 않은 문자를 대체합니다.
?	찾을 값에 입력된 문자의 개수만 알고 일부 텍스트를 모를 경우 대체할 개수만큼 입력합니다. 엑셀 버전을 모른다면 "엑셀 20??"와 같이 뒤의 두 자리만 ?로 대체합니다.

| 뒤에 입력된 텍스트와 자릿수를 모를 때_별표(*)

오른쪽의 '단가표'를 참조하여 왼쪽의 '비품 주문서'에 입력된 제품명의 단가를 추출하려고 합니다. '제품명' 뒤에 입력된 단위를 정확히 모른다면 와일드카드를 응용할 수 있습니다. [E7] 셀에 다음의 수식을 입력합니다.

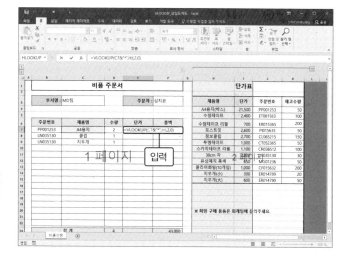

수식

=VLOOKUP(C7&"*",H:I,2,0)

[C7] 셀 값 뒤에 입력된 임의의 문자를 고려하여 찾습니다.

TIP

단가표에서 주문번호를 기준으로 단가를 찾으려면 주문번호(J열)가 참조 범위의 가장 왼쪽에 위치하고 단가(I열)는 오른쪽에 입력되어야 합니다.

| 앞에 입력된 텍스트와 자릿수를 모를 때_별표(*)

제품명의 앞 글자를 모르는 경우에도 별표
(*)로 대체해서 입력할 수 있습니다. [E8]
셀에 다음의 수식을 입력합니다.

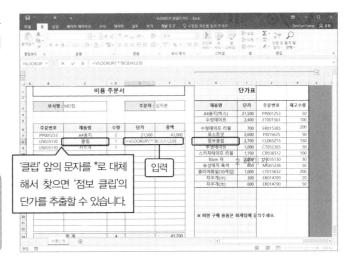

'클립' 앞의 문자를 *로 대체
해서 찾으면 '점보 클립'의
단가를 추출할 수 있습니다.

입력

=VLOOKUP("*"&C8,H:I,2,0)

[C8] 셀 값 앞에 입력된 임의의 문자를 고려하
여 찾습니다.

| 정확한 텍스트를 모를 때_물음표(?)

1 제품명의 글자 수만 아는 경우에는 글
자 수만큼 물음표(?)로 대체해서 입력할 수
있습니다. [E9] 셀에 다음의 수식을 입력합
니다.

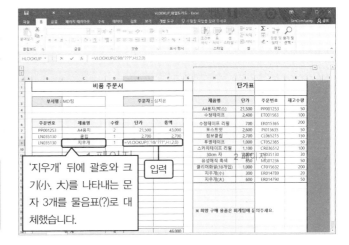

'지우개' 뒤에 괄호와 크
기(小, 大)를 나타내는 문
자 3개를 물음표(?)로 대
체했습니다.

입력

=VLOOKUP(C9&"???",H:I,2,0)

[C9] 셀 값 뒤에 입력된 임의의 3글자를 고려
하여 찾습니다.

2 물음표를 이용해 찾을 값의 일부만 참
조하여 단가를 구했습니다.

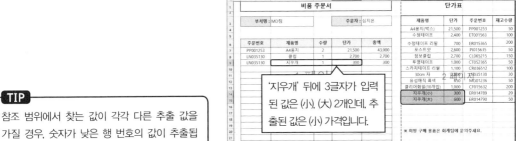

'지우개' 뒤에 3글자가 입력
된 값은 (小), (大) 2개인데, 추
출된 값은 (小) 가격입니다.

TIP

참조 범위에서 찾는 값이 각각 다른 추출 값을
가질 경우, 숫자가 낮은 행 번호의 값이 추출됩
니다.

175 행/열 번호 찾아 참조 값 구하기 _MATCH/INDEX 함수

MATCH 함수는 찾을 값이 참조 범위의 몇 번째에 위치했는지를 찾아줍니다. 추출된 숫자는 참조 범위의 시작점을 기준으로 한 행/열 번호를 의미합니다. INDEX 함수는 참조 범위를 기준으로 행/열 번호의 교차점에 입력된 셀 값을 추출하므로 MATCH 함수와 중첩하면 행/열 번호도 대신할 수 있습니다.

예제 파일 Part16\MATCH_INDEX.xlsx, MATCH 유사값.xlsx   **완성 파일** Part16\MATCH_INDEX_완성.xlsx

MATCH 함수	참조 범위에서 찾을 값의 행 번호 또는 열 번호를 찾습니다.

=MATCH(찾을 값,참조 범위,찾기 옵션)
      ❶   ❷   ❸

❶ 참조 범위에서 찾을 값입니다.

❷ 값을 찾을 참조 범위입니다.

❸ 참조 범위에서 찾을 값의 기준이 되는 3가지 옵션입니다.

- 0 : 찾을 값과 정확히 일치하는 첫 번째 값을 추출합니다.
- 1 또는 생략 : 오름차순(숫자〈문자〈논리값)으로 정렬된 참조 범위에서 유사값을 추출합니다. 찾을 값 이하의 참조 범위에서 최대값을 추출합니다.
- −1 : 내림차순(논리값〉문자〉숫자값)으로 정렬된 참조 범위에서 유사값을 추출합니다. 찾을 값 이상의 참조 범위에서 최소값을 추출합니다.

예) 예산 40만 원과 근접한 항공권 금액 찾기

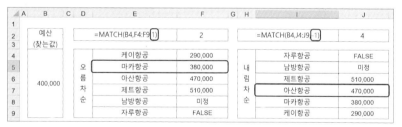

참조 범위에서 행 번호와 열 번호만큼 이동한 교차점의 셀 값을 나타냅니다.

=INDEX(참조 범위,행 번호,열 번호)
      ❶   ❷   ❸

INDEX 함수	

❶ 값을 찾을 참조 범위입니다.

❷ 참조 범위의 시작을 기준으로 행 방향으로 나열된 순번과 같습니다.
(행 번호가 양수면 아래로, 음수면 위로 순서가 정해집니다.)

❸ 참조 범위의 시작을 기준으로 열 방향으로 나열된 순번과 같습니다.
(열 번호가 양수면 오른쪽으로, 음수면 왼쪽 방향으로 순서가 정해집니다.)

* 단, 참조 범위가 하나의 행(열)일 경우, 열(행) 번호만 입력합니다.

| 행/열 번호 찾기_MATCH 함수

1 3월의 홈페이지 판매건수를 찾으려고 합니다. MATCH 함수로 '월'의 참조 범위에서 행 번호부터 찾아보겠습니다. [E6] 셀에 다음의 수식을 입력합니다.

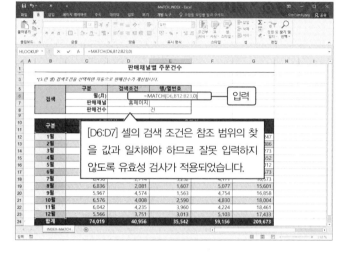

수식

=MATCH(D6,B12:B23,0)
  ❶   ❷   ❸

❶ [D6] 셀 값(3월)을 찾습니다.
❷ [B12:B23] 셀에서 ❶의 셀 값을 찾습니다.
❸ 정확히 일치하는 값을 찾습니다.

[B12:B23] 셀에서 [D6] 셀 값(3월)과 일치하는 행 번호를 찾습니다.

page 유효성 검사에 대한 자세한 내용은 440쪽을 참조하세요.

2 결과 값 3이 추출되었습니다. 참조 범위에서 수직 방향으로 3번째 위치했다는 것으로, 이는 행 번호를 의미합니다. 이번에는 '홈페이지'가 입력된 열 번호를 찾기 위해 [E7] 셀에 다음의 수식을 입력합니다.

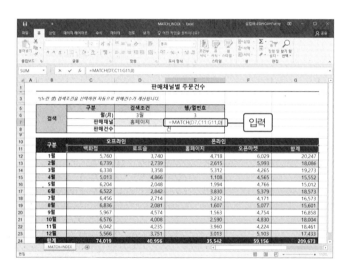

수식

=MATCH(D7,C11:G11,0)
  ❶   ❷   ❸

❶ [D7] 셀 값(홈페이지)을 찾습니다.
❷ [C11:G11] 셀에서 ❶의 셀 값을 찾습니다.
❸ 정확히 일치하는 값을 찾습니다.

[C11:G11] 셀에서 [D7] 셀 값(홈페이지)과 일치하는 열 번호를 찾습니다.

| 행/열 번호의 교차 값 찾기_INDEX 함수

1 MATCH 함수로 찾은 행 번호와 열 번호를 참조하여 INDEX 함수로 '3월'의 '홈페이지'에서 판매된 건수를 구해보겠습니다. [D8] 셀에 다음의 수식을 입력합니다.

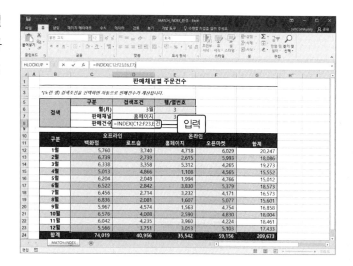

수식

=INDEX(C12:F23,E6,E7)
      ❶   ❷ ❸

❶ [C12:F23] 셀을 참조합니다.

❷ 행 번호는 [E6]의 셀 값 3과 같습니다. 참조 범위의 시작점인 [C12] 셀을 포함하여 아래쪽 방향의 3번째 칸은 14행입니다.

❸ 열 번호는 [E7]의 셀 값 3과 같습니다. 참조 범위의 시작점인 [C12] 셀을 포함하여 오른쪽 방향의 3번째 칸은 E열입니다.

주문건수의 참조 범위인 [C12:F23] 셀에서 3번째 행, 3번째 열의 교차점은 [E14] 셀입니다.

---

2 전체 판매건수에서 3월에 홈페이지에서 판매된 건수가 추출되었습니다.

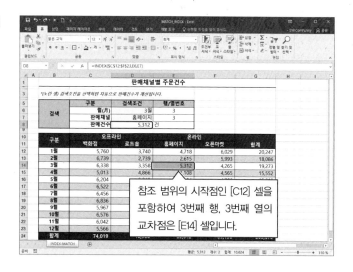

176 VLOOKUP/MATCH/INDEX 함수 중첩해서 검색한 값 찾기

VLOOKUP/MATCH/INDEX 함수는 참조 범위와 찾을 값, 행/열 번호라는 공통적인 인수를 갖습니다. 이 함수들을 활용해 수식을 설정해놓으면 수많은 데이터에서 원하는 값을 정확하게 찾고, 데이터가 추가되면 추출 값이 자동으로 업데이트됩니다.

예제 파일 Part16\INDEX 중첩.xlsx　　**완성 파일** Part16\INDEX 중첩_완성.xlsx

1 [B4] 셀에 입력된 전화번호를 참조해 지역 담당자의 내선번호를 찾으려고 합니다. 내선번호는 담당 지역별로 분류되고, 이는 '고객정보 DB'의 '주소'를 기반으로 합니다. 우선 전화번호로 고객의 주소를 찾기 위해 [D4] 셀에 다음의 수식을 입력합니다.

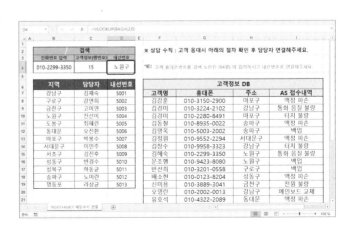

수식

=VLOOKUP(B4,G:H,2,0)
　　　　　❶　❷❸❹

❶ 고객의 전화번호가 입력된 [B4] 셀 값을 찾습니다.

❷ 전체 고객의 전화번호와 주소가 입력된 [G:H] 열을 참조합니다.

❸ ❷에서 ❶의 전화번호를 찾아 주소가 입력된 2번째 열 번호 값을 추출합니다.

❹ 정확히 일치하는 값을 찾기 위해 FALSE 또는 0을 옵션으로 지정합니다.

고객의 전화번호(010-2299-3350)를 [G:H] 열에서 찾아 주소가 입력된 2번째 열의 값을 추출합니다.

2 해당 전화번호의 고객 주소인 '노원구'가 추출되었습니다.

3 왼쪽 표에서 '노원구' 지역의 담당자 정보가 입력된 행 번호를 찾기 위해 MATCH 함수를 중첩하려고 합니다. [D4] 셀을 클릭하고 수식 입력줄에 다음의 수식을 추가해 보겠습니다.

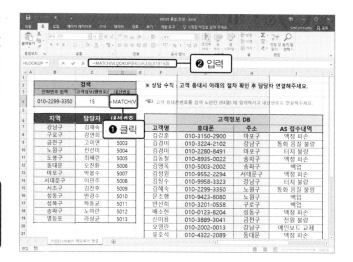

TIP

중첩 함수처럼 수식이 긴 경우에는 해당 셀에 직접 입력하는 것보다 수식 입력줄에 입력하는 것이 좋습니다.

수식

=MATCH(VLOOKUP(B4,G:H,2,0),B7:B19,0)

❶ 찾을 값 : 노원구

❷

❸

❶ VLOOKUP 함수로 추출한 값 '노원구'를 찾습니다.

❷ [B7:B19] 셀에서 ❶의 결과 값인 '노원구'의 행 번호를 찾습니다.

❸ '노원구'와 정확히 일치하는 값을 찾습니다.

4 MATCH 함수의 결과 값으로 4가 추출되었습니다. 즉, 해당 고객이 거주하는 노원구의 담당자는 참조 범위의 4번째 행에 있다는 의미입니다.

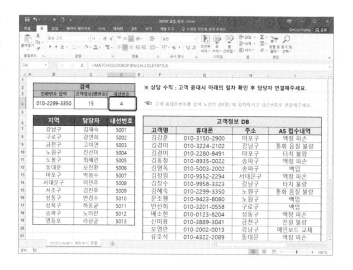

5 담당자 지역 정보가 입력된 행 번호를 바탕으로 최종적으로 '내선번호'를 추출해 보겠습니다. [D4] 셀에 INDEX 함수를 중첩하기 위해 다음과 같이 수식을 추가합니다.

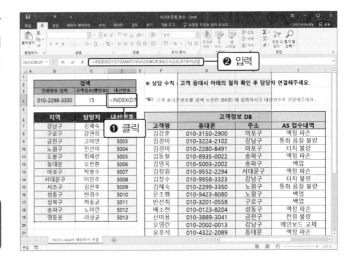

TIP

참조 범위가 하나의 행/열로 구성됐을 경우, 인수에서 열/행 번호는 생략합니다.

수식

=INDEX(D7:D19,MATCH(VLOOKUP(B4,G:H,2,0),B7:B19,0))

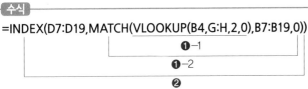

❶-1 찾을 값은 '노원구'입니다.

❶-2 [B7:B19] 셀에서 '노원구'와 일치하는 셀 값이 입력된 행 번호를 찾습니다. (결과 값은 4)

❷ [D7:D19] 셀에서 4번째 행의 값을 추출합니다. 단, 참조 범위가 D열 하나이기 때문에 INDEX 함수의 3번째 인수인 열 번호는 생략합니다.

[B4] 셀에 입력된 고객 전화번호를 기준으로 지역 담당자의 내선번호를 찾으려고 합니다. '고객정보 DB' 표에서 해당 전화번호를 가진 고객이 '노원구'에 거주하는 것을 확인했습니다.(**❶**-1)

담당자 정보인 [B7:B19] 셀에서 '노원구'는 4번째 행에 위치하고(**❶**-2) 내선번호가 입력된 [D7:D19] 셀에서 4번째 행의 내선번호는 5004입니다.(**❷**)

6 해당 고객의 거주지인 '노원구' 담당자의 내선번호 5004가 추출되었습니다.

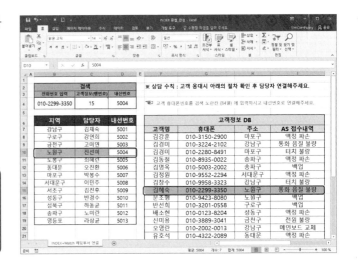

TIP

고객정보 DB나 담당자 정보가 방대하다면 시트를 나누어서 관리할 수 있습니다. 고객정보 DB가 다른 시트에 저장되어 있다면 393쪽을 참고하여 VLOOKUP 함수만 수정하면 됩니다.

177 행/열 번호만큼 이동한 값 추출하기_OFFSET 함수

OFFSET 함수는 INDEX 함수처럼 행 번호와 열 번호를 참조하지만 추출되는 셀 주소에 차이가 있습니다. OFFSET 함수는 SUM 함수 등과 중첩하면 선택 옵션을 추가해서 두 가지 이상의 값을 추출해서 계산할 수 있고 VBA 코드의 상대 참조로도 활용됩니다.

예제 파일 Part16\OFFSET.xlsx　　**완성 파일** Part16\OFFSET_완성.xlsx

OFFSET 함수	기준점에서 지정한 행과 열 번호만큼 이동한 셀 값을 추출합니다. **=OFFSET(기준점, 이동할 행 번호, 이동할 열 번호, 추출할 행 N개, 추출할 열 N개)** 　　　　　　❶　　　　❷　　　　　❸　　　　　❹　　　　　❺ ❶ 기준이 될 시작점입니다. ❷ 기준 위치를 0으로 볼 때 아래쪽 행 방향으로 이동할 칸 수와 같습니다. (인수가 음수인 경우 위쪽으로 이동합니다.) ❸ ❷에서 오른쪽 열 방향으로 이동할 칸 수입니다. (인수가 음수인 경우 왼쪽으로 이동합니다.) ❹❺는 선택 옵션입니다. OFFSET 함수의 인수는 총 5개지만 선택 옵션 2개를 생략할 경우 셀 값은 하나만 추출됩니다.

| OFFSET 함수와 INDEX 함수의 차이점

OFFSET/INDEX/VLOOKUP 함수는 참조 범위나 시작점을 기준으로 행 번호 또는 열 번호를 가집니다. INDEX 함수와 VLOOKUP 함수는 참조 범위의 시작점을 행/열 번호 1로 봅니다. 반면 OFFSET 함수의 시작점은 0이기 때문에 행 번호 1, 열 번호 1은 시작점에서 아래쪽으로 1칸, 오른쪽으로 1칸 이동한 지점입니다.

▲ INDEX 함수　　　　　　　　　　　　　　▲ OFFSET 함수

=INDEX(A1:E6,1,1) 수식에서 추출될 셀 주소는 범위의 시작점인 [A1] 셀 값인 **코드번호**가 추출됩니다. 반면 =OFFSET(A1,1,1) 수식에서는 시작점 [A1] 셀에서 아래쪽으로 한 칸 떨어진 [A2] 셀, 오른쪽으로 한 칸 더 이동한 [B2] 셀 값 500이 추출됩니다.

| 행/열 번호만큼 이동한 값 추출하기

1 [B5:C5] 셀에 입력된 검색 조건의 배분량을 구하려고 합니다. 검색 조건에 따라 남동공단의 5월 배분량의 교차점은 [G10], 즉 550입니다. 이를 OFFSET 함수로 구하기 위해 [D5] 셀에 다음의 수식을 입력합니다.

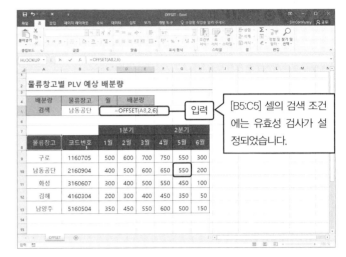

page 유효성 검사에 대한 자세한 내용은 440쪽을 참조하세요.

수식

=OFFSET(A8,2,6)
　　　　❶ ❷❸

❶ [A8] 셀은 기준이 될 시작점 0과 같습니다.

❷ 아래쪽으로 2행 이동한 값은 [A10], '남동공단'입니다.

❸ ❷에서 추출한 [A10] 셀에서 오른쪽으로 6열 더 이동하면 [G10]의 셀 값, 5월의 배분량인 '550'이 추출됩니다.

하나의 셀 값만 추출하기 때문에 나머지 2개의 선택 옵션은 생략합니다.

[A8] 셀을 기준으로 아래쪽으로 2행(남동공단), 오른쪽으로 6열(5월) 이동한 [G10]의 셀 값은 '550'입니다.

---

2 OFFSET 함수를 이용해 [G10] 셀 값 550이 추출되었습니다.

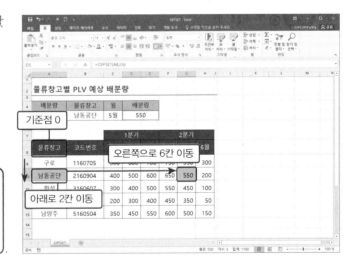

TIP

검색 조건에 따라 수식의 행 번호와 열 번호를 자동으로 바꾸려면 MATCH 함수를 중첩할 수 있습니다. MATCH 함수에 대한 자세한 내용은 399쪽을 참고하세요.

178 누적 합계와 평균 구하기_OFFSET/SUM 함수

OFFSET 함수는 인수에서 2가지 선택 옵션을 추가하여 추출할 값의 개수를 선택할 수 있습니다. 추출할 셀의 개수가 2개 이상일 때는 OFFSET 함수만 단독으로 사용할 수 없습니다. SUM 함수와 AVERAGE 함수를 중첩해서 누적 합계와 평균을 구해보겠습니다.

예제 파일 Part16\OFFSET 중첩.xlsx   **완성 파일** Part16\OFFSET 중첩_완성.xlsx

┃ 누적 합계와 평균량 구하기_OFFSET/SUM/AVERAGE 함수

1 '구로'의 1분기 누적 합계를 구하려면 1월부터 3월의 배분량인 [C9:E9] 셀 값을 모두 더하면 됩니다. 우선 OFFSET 함수를 이용하여 기준점을 [B8] 셀로 지정하고 추출할 셀 값들을 구해보겠습니다. [J9] 셀에 다음의 수식을 입력합니다.

수식

=OFFSET(B8,1,1,1,3)

[B8] 셀을 기준으로 아래쪽으로 1행, 오른쪽으로 1열 이동한 지점인 [C7] 셀부터 3번째 열까지 입력된 값을 모두 추출합니다. 이는 구로의 1월부터 3월까지의 배분량을 의미합니다.

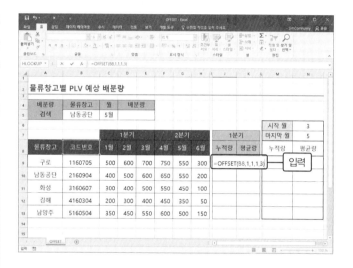

2 OFFSET 수식만 입력하면 #VALUE! 오류가 나타납니다. SUM 함수를 중첩하여 다음과 같이 수정합니다.

수식

=SUM(OFFSET(B8,1,1,1,3))
　　　❶
　　　❷

❶ 구로점의 1월부터 3월까지의 월별 배분량을 모두 선택합니다.
❷ ❶에서 구한 값(500, 600, 700)을 모두 더합니다.

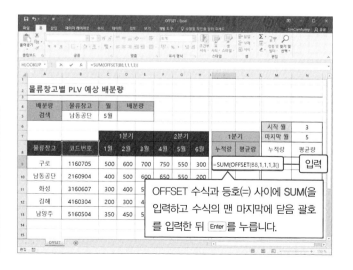

OFFSET 수식과 등호(=) 사이에 SUM(을 입력하고 수식의 맨 마지막에 닫음 괄호를 입력한 뒤 Enter를 누릅니다.

3 1분기 누적 합계가 추출됩니다. 1분기 평균을 구하기 위해 [K9] 셀에 다음의 수식을 입력합니다.

수식

=AVERAGE(OFFSET(B8,1,1,1,3))

❶ 구로 창고의 1월부터 3월까지 월별 배분량입니다.
❷ ❶에서 구한 값(500, 600, 700)의 평균을 구합니다.

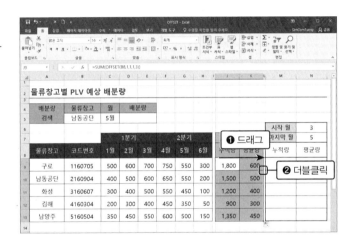

[J9] 셀을 클릭하여 수식 입력줄에서 수식을 복사한 뒤 [K9] 셀에 붙여 넣고 함수명만 **AVERAGE**로 수정합니다.

4 구로의 1분기 평균량이 입력되었습니다. [J9:K9] 셀의 채우기 핸들을 드래그하여 나머지 셀을 채웁니다.

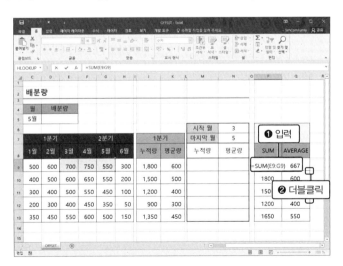

┃ 선택 옵션을 셀 주소로 대체하여 누적 합계와 평균량 구하기_OFFSET/SUM/AVERAGE 함수

1 특정 기간의 누적 합계와 평균을 구해보겠습니다. 우선 3월부터 5월까지의 누적량을 SUM/AVERAGE 함수로 간단히 구해보겠습니다. [P9] 셀과 [Q9] 셀에 다음의 수식을 입력하고 채우기 핸들로 [P9:Q13] 셀을 모두 채웁니다.

수식

[P9] 셀 =SUM(E9:G9)

[Q9] 셀 =AVERAGE(E9:G9)

TIP

SUM/AVERAGE 함수로 참조 범위를 쉽게 집계할 수 있습니다. 그러나 참조 범위인 누적 기간이 변경되면 수식의 참조 범위를 다시 입력해야 하는 번거로움이 있습니다.

2 누적량을 구할 기간을 쉽게 변경하려면 OFFSET 함수의 선택 옵션을 활용합니다. [N6:N7] 셀 값을 선택 옵션으로 참조하여 SUM 함수를 중첩해 보겠습니다. [M9] 셀에 다음의 수식을 입력합니다.

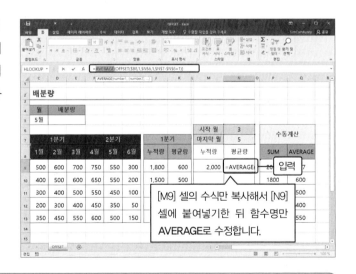

TIP

함수가 중첩되어 인수나 괄호 수를 구분하기 어려울 경우, OFFSET 함수부터 입력하고 SUM 함수를 입력하는 것이 좋습니다.

수식

=SUM(OFFSET($B8,1,$N$6,1,$N$7-$N$6+1))
         ❶ ❷ ❸ ❹   ❺

❶❷ [B8] 셀에서 아래쪽으로 1행 이동하여 구로의 배분량을 추출합니다. 단, 채우기 핸들로 오른쪽 셀에 수식을 복사할 때 기준점이 변하지 않도록 열 주소가 고정되게 혼합 참조로 변환합니다.

❸ [N6] 셀 값인 3열만큼 오른쪽으로 이동합니다. 즉, 3월부터의 누적량을 구합니다. 단, 채우기 핸들로 수식을 복사할 때 추출할 개월 수는 변동이 없도록 셀 주소를 절대 참조로 변환합니다.

❹ 구로의 누적량만 추출하기 위해 1행만 추출합니다.

❺ ❸의 셀 값을 시작으로 누적량을 더할 셀의 개수입니다. 마지막 월(5)에서 시작 월(3)을 뺀 숫자에서 1을 더해 총 누적할 개월 수(3)를 구합니다.

3 구로의 3개월 누적량이 추출되었습니다. SUM 함수를 수동으로 계산했던 [P9] 셀 값과 같은 것을 알 수 있습니다. 이번에는 평균량을 구하기 위해 [N9] 셀에 다음의 수식을 입력합니다.

수식

=AVERAGE(OFFSET($B8,1,$N$6,1,$N$7-$N$6+1))
               ❶ ❷ ❸ ❹   ❺

3월부터 5월까지 구로 창고 배분량(700, 750, 550)의 평균을 구합니다.

4 구로 창고의 3월부터 5월까지의 평균 배분량이 추출되었습니다. [M9:N9] 셀을 선택하고 채우기 핸들로 나머지 셀을 채웁니다. SUM/AVERAGE 함수로만 계산했던 [P9:Q13] 셀과 값이 같은 것을 알 수 있습니다.

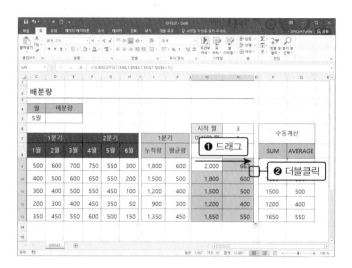

5 다른 기간의 누적량을 계산하려면 [N6:N7] 셀의 시작 월과 마지막 월만 수정하면 됩니다. 시작 월에 1을, 마지막 월에 3을 입력하면 1분기 결과 값과 같은 것을 확인할 수 있습니다.

> **TIP**
> 인수를 셀 주소로 참조할 경우, 참조 셀 값만 수정하여 다양한 결과를 쉽고 빠르게 추출할 수 있습니다.

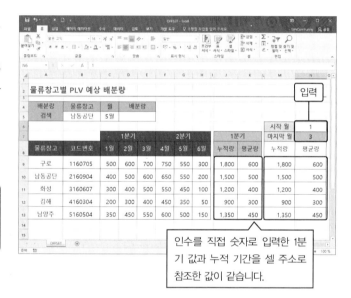

179 파일의 저장 경로 표시하기_CELL/INFO 함수

CELL/INFO 함수는 파일 정보나 폴더의 경로 등을 알려주는 정보 함수입니다. CELL 함수는 셀에 관한 정보를 자동으로 추출해서 워크시트나 파일 이름, 경로가 바뀌면 자동으로 업데이트됩니다. INFO 함수는 엑셀의 정보뿐만 아니라 엑셀을 사용하는 운영체제에 관한 정보까지 제공합니다.

예제 파일 Part16\CELL_INFO.xlsx **완성 파일** Part16\CELL_INFO_완성.xlsx

CELL 함수	특정 셀의 서식, 위치, 내용에 대한 정보를 나타냅니다. **=CELL(셀 정보의 유형, 참조 셀)** 　　　　❶　　　　❷ ❶ 셀에서 찾으려는 정보 유형을 입력합니다. 정보 유형을 모두 기억하지 못해도 **=CELL(**까지 입력하면 나타나는 목록에서 선택할 수 있습니다. ❷ 정보를 찾고 싶은 셀 주소입니다. 생략하면 마지막으로 활성화됐던 셀에 대한 정보가 반환됩니다.
INFO 함수	시스템의 운영체제에 대한 정보를 나타냅니다. **=INFO(파일 정보의 유형)**

| 셀의 정보 찾기_CELL 함수

1 파일 경로를 알기 위해 [C3] 셀에 **=CELL(**을 입력합니다. 목록이 나타나면 'Filename'을 더블클릭합니다.

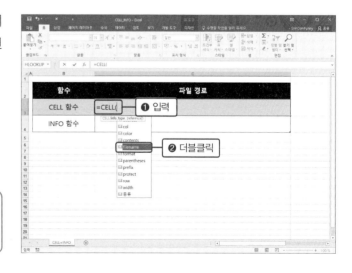

수식

=CELL("filename")

현재 파일의 경로를 표시합니다.

---

2 현재 파일의 정보가 나타납니다. 셀이 입력된 워크시트 이름은 물론 해당 파일의 경로까지 나타납니다.

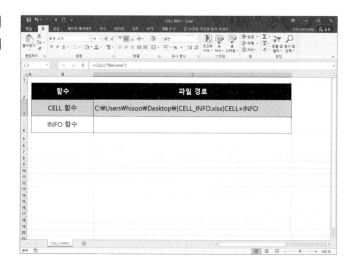

| 파일이 저장된 폴더 정보 찾기_INFO 함수

1 현재 엑셀에 저장된 파일의 폴더 위치를 알기 위해 [C4] 셀에 **=INFO(**를 입력한 후 목록에서 'DIRECTORY'를 더블클릭합니다.

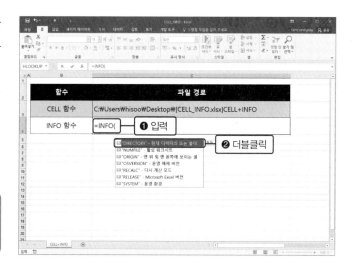

수식

=INFO("DIRECTORY")

현재 파일이 저장된 폴더를 표시합니다.

2 사용자의 컴퓨터에서 예제 파일이 저장되어 있는 폴더의 위치가 추출됩니다.

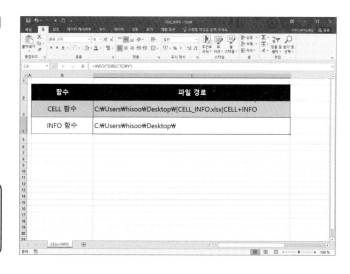

TIP

CELL 함수의 결과 값과 비슷해 보이지만 INFO 함수는 셀이 아닌 파일의 정보에 초점을 맞추므로 파일의 경로만 나타납니다.

정보 함수 CELL/INFO 함수로 찾을 수 있는 다양한 정보

CELL 함수와 INFO 함수를 통해 얻을 수 있는 정보는 매우 다양합니다. 다음의 인수를 적절히 활용하면 셀과 파일의 정보는 물론 컴퓨터 시스템 정보까지 다양한 정보를 얻을 수 있습니다.

■ **CELL 함수** : 인수에 셀 주소를 생략할 경우 마지막으로 활성화된 셀의 정보를 추출합니다.

"address"	셀 주소를 텍스트로 반환합니다.
"col"	셀의 열 번호를 반환합니다.
"color"	음수에 색 서식이 지정됐으면 1을 반환하고, 그렇지 않으면 0을 반환합니다.
"contents"	참조 영역의 셀 값을 반환합니다.
"filename"	파일의 전체 경로를 포함한 파일 이름을 반환합니다. 저장하지 않은 상태로 함수를 입력하면 아직 경로가 지정되지 않아 공백만 나타납니다.
"format"	셀 값이 숫자일 경우 텍스트 형태의 *서식코드를 반환합니다. 단, 음수에 색 서식이 지정됐으면 텍스트 값 끝에 −를 반환합니다. 괄호 서식이 지정됐으면 텍스트 값 끝에 괄호를 반환합니다. *서식코드에 대한 자세한 내용은 MS OFFICE 홈페이지(https://support.office.com)에서 찾아볼 수 있습니다.
"parentheses"	양수나 괄호 서식의 셀은 1을 반환하고, 그렇지 않으면 0을 반환합니다.
"prefix"	셀이 왼쪽 맞춤의 텍스트를 포함하면 작은따옴표를, 오른쪽 맞춤의 텍스트를 포함하면 큰따옴표를, 가운데 맞춤의 텍스트를 포함하면 캐럿(^)을, 양쪽 맞춤 텍스트를 포함하면 역슬래시(\)를, 그 밖에는 공백으로 표시합니다.
"protect"	셀이 잠겨 있으면 1을, 셀이 잠겨 있지 않으면 0을 반환합니다.
"row"	셀의 행 번호를 반환합니다.
"type"	빈 셀은 b를, 문자를 포함하면 l을, 그 밖에는 v를 반환합니다.
"width"	셀의 열 너비를 반올림한 정수 값으로 반환합니다.

■ **INFO 함수** : 시스템의 운영체제에 대한 정보를 나타냅니다.

"directory"	통합 문서를 사용 중인 컴퓨터의 디렉터리나 폴더의 경로입니다.
"numfile"	열려 있는 파일의 활성화된 워크시트 개수입니다.
"origin"	현재 스크롤 위치를 기준으로 윈도우 왼쪽 위의 셀을 절대 참조하여 텍스트 값으로 반환하고 $A가 추가로 표시됩니다.
"osversion"	현재 운영체제 버전을 텍스트로 표시합니다.
"recalc"	현재의 재계산 모드를 '자동' 또는 '수동'으로 설정합니다.
"release"	엑셀 버전을 텍스트로 표시합니다.
"system"	운영체제 이름을 표시합니다. Windows=pcdos, Macintosh=mac

180　셀 주소를 참조하여 여러 워크시트의 셀 값 취합하기 _INDIRECT/ROW 함수

INDIRECT 함수는 '간접적인'이란 의미처럼 셀 주소를 입력하면 해당 셀 값을 반환합니다. ROW 함수는 행 머리글 숫자를 추출하는데, 이 두 함수를 응용하면 참조할 셀 주소를 일일이 클릭하지 않아도 셀 주소를 입력해서 여러 개의 셀 값을 참조할 수 있습니다.

예제 파일 Part16\INDIRECT.xlsx　　**완성 파일** Part16\INDIRECT_완성.xlsx

INDIRECT 함수	셀 주소에 입력된 값을 추출합니다. 다른 워크시트의 셀 주소를 입력하려면 셀 주소 앞에 워크시트 이름과 느낌표(!)를 같이 입력합니다. **=INDIRECT(워크시트 이름!셀주소)**
ROW 함수	함수를 입력하는 행 머리글(셀 주소의 숫자)을 추출합니다. **=ROW()** * 독자의 정확한 이해를 돕기 위해 이 책에서는 행(열) 머리글과 행(열) 번호를 다음과 같이 나누어 정의하였습니다. 　－ 행 번호 : 참조 범위의 시작 셀을 기준으로 한 N번째 행 　－ 행 머리글 : 워크시트 왼쪽 가장자리에 입력된 숫자, 즉 셀 주소의 숫자

| 다른 시트의 셀 주소 참조하기_INDIRECT 함수

1 4개의 워크시트로 나누어진 지역별 판매량의 합계를 '전국 판매량' 워크시트에 취합하려고 합니다. 우선 [C2] 셀에 직접 워크시트별 셀 주소를 입력하는 방식으로 셀 값의 형식을 알아보겠습니다. [C2] 셀에 등호(=)를 입력한 후 'NORTH' 워크시트로 이동합니다.

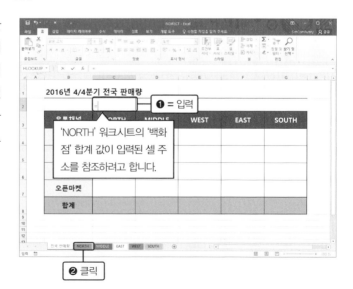

2 'NORTH' 워크시트에서 백화점 판매
량의 합계가 입력되어 있는 [F4] 셀을 클릭
한 후 Enter 를 누릅니다.

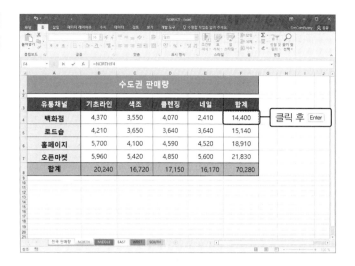

3 다시 '전국 판매량' 워크시트로 이동됩
니다. [C2] 셀에 앞에서 클릭한 'NORTH'
워크시트의 [F4] 셀 값이 입력되어 있고,
수식 입력줄에 =NORTH!F4가 나타납니다.
INDIRECT의 인수로 입력될 다른 워크시
트의 셀 주소는 워크시트 이름과 느낌표(!),
셀 주소 형태라는 것을 알 수 있습니다.

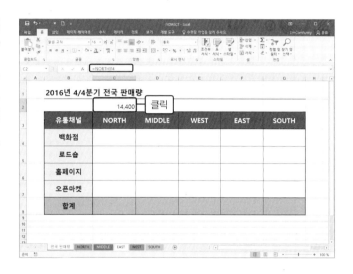

4 [C2] 셀에 입력된 값을 지우고 [C4] 셀
에 INDIRECT 함수를 응용해 보겠습니다.
[C4] 셀에 다음의 수식을 입력합니다.

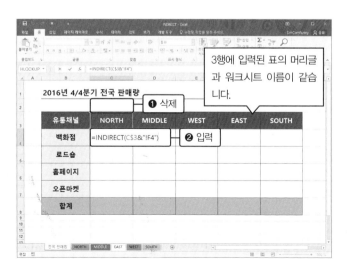

=INDIRECT(C$3&"!F4")
　　　❶ ❷ ❸

❶ 1번째 인수에 입력될 워크시트 이름은 'NORTH'가 입력된 [C3] 셀 값과 같습니다. 단, 채우기 핸들로 수식을 복사하기 위해 행 고정 혼합 참조로 입력합니다.

❷ 다른 워크시트의 셀 주소를 참조할 경우 워크시트 이름 뒤에 느낌표(!)와 셀 주소가 연결됩니다. 앰퍼샌드 기호(&)로 문자가 입력된 셀 주소를 연결합니다.

❸ 'NORTH' 워크시트에서 백화점 판매량의 합계는 [F4] 셀에 입력되어 있습니다. 느낌표와 알파벳은 문자이기 때문에 큰따옴표 안에 입력합니다.

[C4] 셀에 'NORTH' 지역의 백화점 판매 합계를 INDIRECT 함수로 구하기 위해 'NORTH' 워크시트 이름과 [F4] 셀 주소를 문자로 입력합니다.

5 'NORTH' 워크시트의 [F4] 셀 값과 동일한 값이 추출되었습니다. 다른 지역의 서식도 동일하기 때문에 워크시트 이름만 바꾸기 위해 채우기 핸들로 [G4] 셀까지 드래그합니다.

TIP

워크시트 이름은 3행에 미리 입력했기 때문에 일일이 입력하지 않아도 됩니다. 채우기 핸들로 C, D, E, F열을 이동하면 자동으로 셀 주소가 C3, D3, E3, F3 순으로 변하기 때문입니다.

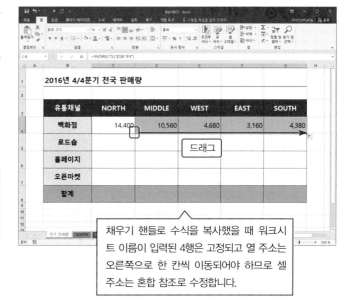

채우기 핸들로 수식을 복사했을 때 워크시트 이름이 입력된 4행은 고정되고 열 주소는 오른쪽으로 한 칸씩 이동되어야 하므로 셀 주소는 혼합 참조로 수정합니다.

행 머리글 번호로 셀 주소 자동 수정하기_ROW/INDIRECT 함수

1 로드숍, 홈페이지, 오픈마켓의 합계 값으로 참조할 셀 주소를 자동 수정하고 싶다면 ROW 함수로 행 머리글 번호를 추출할 수 있습니다. 다음의 수식을 참고하여 [C5] 셀을 수정합니다.

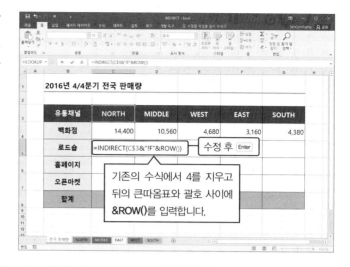

수식

=INDIRECT(C$3&"!F"&ROW())
　　　　　❶　❷　　❸

❶ 행 고정 혼합 참조 방식으로 셀 주소를 복사하면 열(워크시트 이름)은 복사 위치에 따라 상대적으로 변경되고, 3행은 고정됩니다.

❷ 뒤에 입력된 느낌표와 셀 주소의 F는 문자이기 때문에 앰퍼샌드 기호(&)로 연결하고 큰따옴표(" ") 안에 입력합니다.

❸ 모든 워크시트의 유통채널별 셀 값은 행 주소만 다릅니다(백화점 F4, 로드숍 F5, 홈페이지 F6, 오픈마켓 F7). ROW 함수로 행 주소 숫자를 추출하면 일일이 셀 주소를 수정하지 않아도 됩니다.

---

2 'NORTH' 워크시트의 [F5] 셀 값이 추출됩니다.

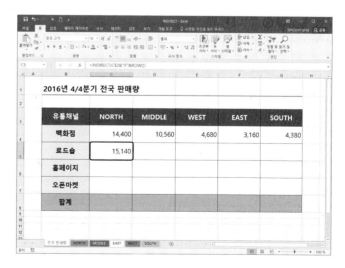

3 채우기 핸들을 오른쪽 끝까지 드래그합니다. 5행이 채워지면 7행까지 모두 드래그하여 나머지 셀을 채웁니다.

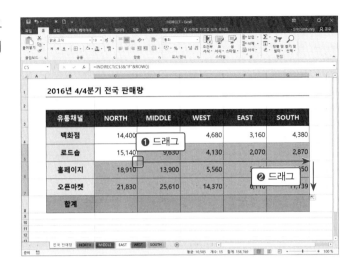

4 [C5] 셀의 수식 하나로 나머지 셀이 모두 채워졌습니다.

TIP

INDIRECT 함수에서 참조한 셀의 워크시트 이름이 수정될 경우, 연결된 수식에 #REF! 오류가 나타납니다. 워크시트 이름이 수정/삭제되지 않도록 보호하려면 476쪽을 참고하세요.

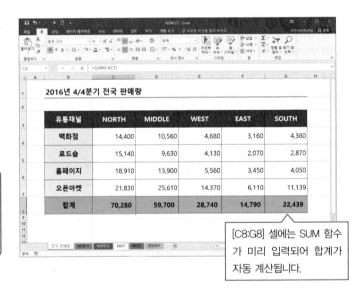

[C8:G8] 셀에는 SUM 함수가 미리 입력되어 합계가 자동 계산됩니다.

181 셀 값의 데이터 형식 판단하기_IS 계열 함수

IS 계열 함수는 정보 함수로 분류됩니다. VLOOKUP 함수처럼 참조 범위에 입력된 값이 찾을 값과 정확히 일치해야 할 때, 숫자 0과 알파벳 O처럼 비슷한 글자는 육안으로는 구분하기가 어렵습니다. ISTEXT/ISNUMBER/ISNONTEXT 함수를 활용하면 셀 값의 형식을 정확히 구분할 수 있습니다.

예제 파일 Part16\IS함수.xlsx   **완성 파일** Part16\IS함수_완성.xlsx

ISTEXT 함수	숫자를 제외한 문자 유무를 판단합니다. 참조 셀에 문자가 하나라도 포함되면 TRUE를, 문자가 하나도 포함되지 않은 빈 셀이나 숫자만 입력된 셀은 FALSE를 반환합니다. **=ISTEXT(참조 셀)**
ISNUMBER 함수	숫자 유무만 판단합니다. 참조 셀이 숫자만 포함하면 TRUE를, 빈 셀이나 문자를 포함하면 FALSE를 반환합니다. **=ISNUMBER(참조 셀)**
ISNONTEXT 함수	ISTEXT 함수의 반대로 문자가 아닌 숫자와 빈 셀 등의 유무를 판단합니다. 참조 셀이 문자를 포함하지 않으면 TRUE를, 숫자가 입력된 셀이라도 문자(띄어쓰기 포함)를 하나라도 포함한다면 FALSE를 반환합니다. ISNUMBER 함수와 달리 빈 셀은 TRUE로 반환되는 차이점이 있습니다. **=ISNONTEXT(참조 셀)**

1 숫자만 입력된 것처럼 보이는 [B5] 셀에 텍스트가 포함됐는지 알아보기 위해 [C5] 셀에 다음의 수식을 입력합니다.

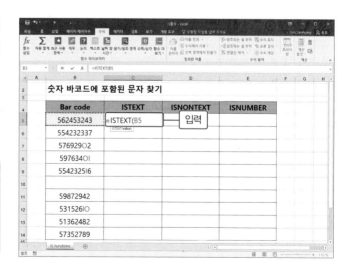

=ISTEXT(B5)

[B5] 셀에 문자가 입력되어 있다면 TRUE를, 문자가 입력되어 있지 않다면 FALSE를 나타냅니다.

2 [B5] 셀에 텍스트가 포함되지 않아서 FALSE가 반환되었습니다. 채우기 핸들로 [C14] 셀까지 채웁니다.

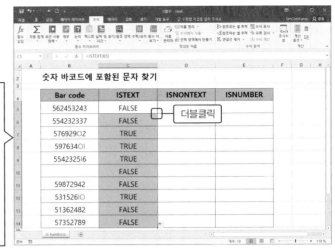

> [B7] 셀은 모두 숫자처럼 보이지만 끝에서 2번째 자리에 알파벳 O가 입력되어 TRUE가 반환되었습니다.
> [B9] 셀은 알파벳 I가 입력되어 TRUE가 반환되었습니다.
> [B10] 셀은 문자가 하나도 입력되지 않아 FALSE가 반환되었습니다.
> [B11] 셀은 숫자만 입력되어 FALSE가 반환되었습니다.

3 이번에는 문자를 제외하고 숫자나 공백이 입력됐는지 알아보기 위해 [D5] 셀에 다음의 수식을 입력합니다.

수식

=ISNONTEXT(B5)

[B5] 셀에 문자가 아닌 숫자나 빈 셀이 입력되어 있다면 TRUE를, 문자가 입력되어 있다면 FALSE를 나타냅니다.

4 [B5] 셀에 입력되어 있는 숫자는 문자가 아니므로 TRUE가 반환되었습니다. 채우기 핸들로 [D14] 셀까지 채웁니다.

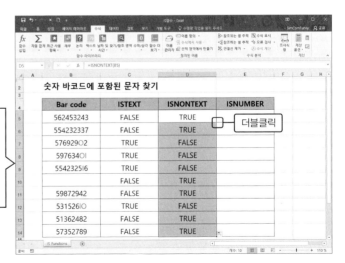

> [B5] 셀에 숫자만 입력되었으므로 TRUE가 반환되었습니다.
> [B9] 셀에 알파벳 I가 입력되어 FALSE가 반환되었습니다.
> [B10] 셀은 빈 셀이므로 TRUE가 반환되었습니다.

5 마지막으로 문자나 공백 없이 숫자만 입력됐는지 알아보기 위해 [E5] 셀에 다음의 수식을 입력합니다.

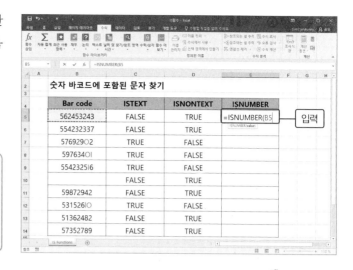

수식

=ISNUMBER(B5)

[B5] 셀에 숫자만 입력되어 있다면 TRUE를, 문자나 공백이 하나라도 포함됐다면 FALSE를 나타냅니다.

---

6 [B5] 셀에 숫자만 입력되어서 TRUE가 반환되었습니다. 채우기 핸들로 [E14] 셀까지 채웁니다. 빈 셀을 제외한 나머지는 ISNONTEXT 함수를 적용한 경우와 같은 것을 알 수 있습니다.

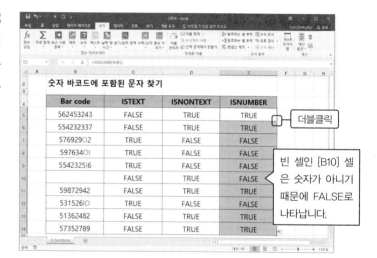

TIP

- ISTEXT 함수는 문자(TEXT)가 하나라도 있다면 TRUE를 반환합니다.
- ISNUMBER 함수는 순수하게 숫자(NUMBER)만 있을 경우, TRUE를 반환합니다.
- ISNONTEXT 함수는 문자가 아닌 숫자, 빈 셀일 경우에만 TRUE를 반환하고, 문자가 하나라도 포함되면 FALSE가 반환됩니다.

182 비어 있는 셀 판단하기_ISBLANK 함수

ISBLANK 함수는 COUNTBLANK 함수와 반대로 셀이 비어 있는지 판단합니다. IS 계열의 정보 함수로써 ISBLANK 함수만 입력하면 TRUE 또는 FALSE의 논리값만 추출되므로 IF 함수의 조건식을 중첩해서 응용해 보겠습니다.

예제 파일 Part16\ISBLANK.xlsx   **완성 파일** Part16\ISBLANK_완성.xlsx

ISBLANK 함수	빈 셀 여부를 판단합니다. 참조 셀이 비어 있다면 TRUE를, 비어 있지 않다면 FALSE를 반환합니다. **=ISBLANK(참조 셀)**

1 '점수'에 따라 '응시결과'에 '합격'과 '불합격'을 표시하고, 점수에 아무것도 입력되어 있지 않은 미응시생에게는 '재시험'을 표시하려고 합니다. [D5] 셀에 다음의 수식을 입력합니다.

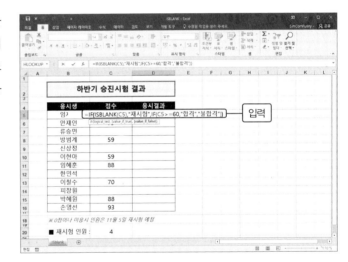

수식

=IF(ISBLANK(C5),"재시험",IF(C5>=60,"합격","불합격"))
  ❶   ❷   ❸

❶❷ [C5] 셀에 아무것도 입력되지 않는 조건을 만족하면 '재시험'을 표시합니다.

❸ [C5] 셀에 입력된 점수가 60 이상이면 '합격'을, 60 미만이면 '불합격'을 표시합니다.

승진시험 점수가 입력되어 있지 않은 미응시생에는 '재시험', 60점 이상이면 '합격', 60점 이하라면 '불합격'을 나타냅니다.

---

2 '점수'에 따른 '응시결과'가 입력되었습니다. 채우기 핸들을 더블클릭하여 나머지 셀도 채웁니다. IF 조건식에 ISBLANK를 활용해 '점수'가 빈 칸인 미응시생에는 '재시험'이 표시되었습니다.

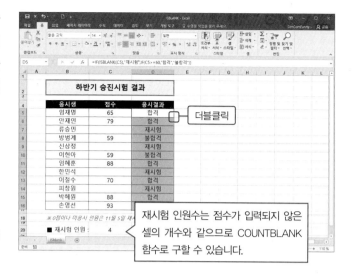

page COUNTBLANK 함수에 대한 자세한 내용은 313쪽을 참고하세요.

Skill Up 대용량 문서의 속도 개선을 위한 수동 계산 설정

데이터가 많은 문서에 수식이 많아질수록 실행 속도는 느려지고 화면이 멈추는 일도 자주 생깁니다. 이때 성급하게 다른 셀을 누르거나 닫기 버튼을 누르면 문서가 강제 종료되고 파일 일부가 손실될 수 있으니 계산 옵션을 수동으로 설정하는 것이 좋습니다.

저장이나 필터를 실행하면 모든 수식을 다시 계산해서 상태 표시줄에 '계산중'과 진행률이 표시되고 화면이 멈춥니다.

계산 중: (4 프로세서): 1%

1. [파일] 탭–[옵션]을 클릭하고 [Excel 옵션] 대화상자에서 [수식] 탭을 클릭합니다. [계산 옵션]에서 '수동'을 선택하고 [확인]을 클릭합니다.

2. 수식의 참조 셀 값이 변경되거나 필터를 적용해도 모든 수식을 다시 계산하지 않아서 '계산중' 표시가 나타나지 않습니다. 대신 수식 셀을 채우기 핸들로 복사해서 참조한 셀 주소가 변경되어도 똑같은 셀 값이 표시됩니다.

TIP

계산 옵션을 수동으로 변경하고 저장하면 다른 문서에도 수동 계산 설정이 유지됩니다. 다른 문서를 사용할 때 혼동되지 않도록 문서를 저장하기 전에는 다시 자동 계산으로 변경해주는 것이 좋습니다.

3. 변경된 셀 값을 확인하려면 수식 셀을 더블클릭하거나 F9 를 눌러 열려 있는 모든 통합 문서의 수식을 다시 계산합니다. 단, 저장을 하면 변경된 내용이 다시 계산되어 화면이 잠시 멈출 수 있습니다.

단축키

F9 열려 있는 모든 통합 문서의 수식을 다시 계산합니다.

Shift + F9 현재 워크시트에 입력된 수식만 다시 계산합니다.

Part 17 배열 수식

대용량의 데이터를 다루다보면 값이 중복될 때가 있습니다. 중복 값을 일일이 추려내는 대신 배열 수식을 활용해보세요. 참조 범위끼리 셀 값을 대조해서 동일한 값을 표시해주는 것은 물론 빈도수나 고유 값의 반복 계산도 단번에 해결해줍니다. 배열 수식은 수식을 중괄호로 감싸는 독특한 형식을 띠고, 일부 셀만 수정할 수 없다는 까다로운 면이 있습니다.

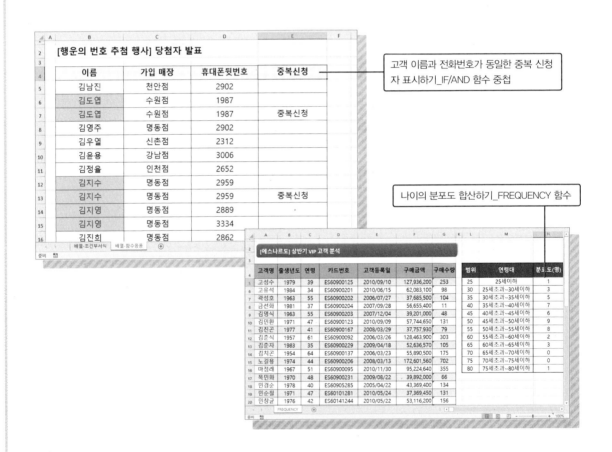

고객 이름과 전화번호가 동일한 중복 신청자 표시하기_IF/AND 함수 중첩

나이의 분포도 합산하기_FREQUENCY 함수

183 배열 수식으로 총 합계 구하기

일반 수식은 참조 값과 연산 기호를 입력해야 하는 반면, 함수는 함수 이름과 인수를 통해 자동 계산됩니다. 배열 수식은 연산 기호와 함수의 형태를 혼합한 형태로, 2개 이상의 참조 범위를 배열 순서에 맞춰 한꺼번에 계산할 수 있습니다.

예제 파일 Part17\배열수식.xlsx   **완성 파일** Part17\배열수식_완성.xlsx

| 기본 수식으로 총 합계 구하기

1 [G11] 셀에 총 재고금액을 구하려 합니다. 재고금액은 코드번호별로 재고수량과 판매가를 곱한 값을 모두 더해야 합니다. 이를 연산자를 이용해 계산하려면 [G11] 셀에 다음의 수식을 입력합니다.

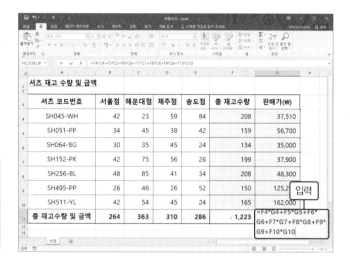

> **수식**
>
> =F4*G4+F5*G5+F6*G6+F7*G7+F8*G8+F9*G9+F10*G10
>
> 셔츠 코드번호별로 '총 재고수량' 열과 '판매가' 열을 곱해 총 재고금액을 구합니다.

2 [G11] 셀에 총 재고금액이 계산되었습니다. 이렇게 긴 수식을 반복 계산할 때는 셀 주소를 잘못 입력할 수도 있으므로 배열 수식을 입력해 보겠습니다.

셔츠 재고 수량 및 금액

셔츠 코드번호	서울점	해운대점	제주점	송도점	총 재고수량	판매가(₩)
SH045-WH	42	23	59	84	208	37,510
SH051-PP	34	45	38	42	159	56,700
SH064-BG	30	35	45	24	134	35,000
SH152-PK	42	75	56	26	199	37,900
SH256-BL	48	85	41	34	208	48,300
SH495-PP	26	46	26	52	150	125,200
SH511-YL	42	54	45	24	165	162,000
총 재고수량 및 금액	264	363	310	286	1,223	84,605,880

｜ 배열 수식으로 총 합계 구하기

1 총 재고수량과 판매가가 같은 행에 나란히 위치해 있기 때문에 수식을 배열 수식으로 수정해 보겠습니다. 우선 연산자로 값을 계산한 [G11] 셀의 수식을 삭제한 뒤 다음의 수식에서 중괄호({ })를 제외하고 입력합니다.

> **수식**
>
> {=SUM(F4:F10*G4:G10)}
>
> '총 재고수량' 열([F4:F10] 셀)과 '판매가' 열([G4:G10] 셀)을 곱한 값을 더합니다.

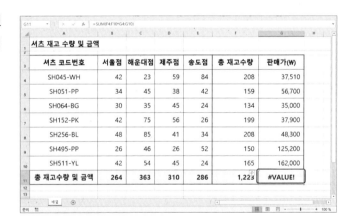

> **TIP**
> 총 재고수량이 입력된 [F4:F10] 셀과 판매가가 입력된 [G4:G10] 셀은 각각 한 줄씩 곱해져야 하므로 두 범위 사이에 곱하기(*) 연산자를 넣어줍니다. 각각의 판매가를 더하기 위해 배열 수식으로 SUM 함수를 중첩합니다.

2 중괄호({ })를 제외한 수식만 입력하면 기존 함수식의 인수 입력 방법과 다르기 때문에 오류가 나타납니다.

3 [G11] 셀에 입력된 수식을 배열 수식으로 바꾸려면 수식을 입력한 후 Ctrl + Shift + Enter 를 누릅니다. 연산 수식을 이용했을 때와 같은 결과 값이 추출되고, 수식 앞뒤에 배열 수식 기호인 { }가 붙은 것을 알 수 있습니다.

> **TIP**
> 배열 수식은 참조 범위의 일부만 수정하거나 삭제할 수 없습니다.

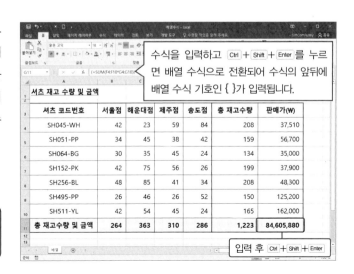

Skill Up 곱셈과 덧셈 한 번에 계산하기_SUMPRODUCT 함수

SUMPRODUCT 함수에서 SUM은 합계를, PRODUCT는 곱셈을 구하는 함수로 덧셈과 곱셈을 한 번에 구할 수 있습니다. 앞서 배운 배열 수식과 비슷하게 나란히 배열된 참조 범위를 곱하고 그 곱한 값들을 더해 하나의 셀에 최종 값이 요약됩니다.

예제 파일 Part17\SUMPRODUCT.xlsx　　**완성 파일** Part17\SUMPRODUCT_완성.xlsx

1. [G5] 셀에 제품별 판매가와 주간 판매수량을 곱한 값의 합계를 구하려고 합니다. [G5] 셀에 다음의 수식을 입력합니다.

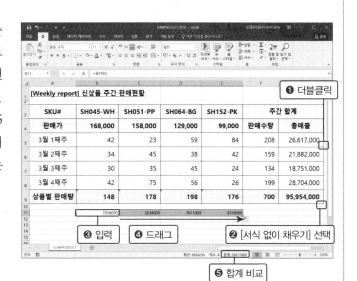

수식

=SUMPRODUCT($B$4:$E$4,B5:E5)

2. [G5] 셀에 3월 첫째 주 매출이 추출되었습니다. [G5] 셀의 채우기 핸들로 나머지 셀을 채운 뒤 자동 채우기 옵션에서 [서식 없이 채우기]를 선택합니다. 셀 값을 확인하려면 [B11] 셀에 =B4*B5을 입력하고 [E11] 셀까지 드래그합니다. 워크시트 아래에 요약된 합계는 [G5] 셀 값과 같습니다.

TIP

배열 수식은 셀의 일부만 수정하거나 삭제할 수 없기 때문에 수식에 따라 SUMPRODUCT 함수를 쓰는 것이 더 편리할 수도 있습니다.

184 중복 값 표시하거나 제거하기

조건부 서식에서 중복 값만 표시하는 방법이 있습니다. 그러나 중복되는 내용이 여러 개일 경우에는 같은 서식으로 표시되어 고유 값과 중복 값을 구분하기 어렵습니다. 반면 배열 수식에 IF 함수와 AND 함수를 이용한 조건문을 적용하면 중복 값만 표시할 수 있습니다.

예제 파일 Part17\배열수식_중복 값.xlsx   **완성 파일** Part17\배열수식_중복 값_완성.xlsx

| 조건부 서식으로 중복 값 표시하기

1 '배열–조건부서식' 워크시트에서 [B4:D46] 셀을 선택합니다. [홈] 탭-[스타일] 그룹-[조건부 서식]에서 [셀 강조 규칙]-[중복 값]을 클릭합니다.

> **TIP**
>
> [B4:D46] 셀에서 임의의 셀을 클릭한 후 Ctrl + A 을 누르면 데이터가 연속으로 입력된 표만 선택됩니다. 표 이외의 셀에 중복 값이 입력되어 있지 않다면 열이나 시트 전체를 선택해도 됩니다.

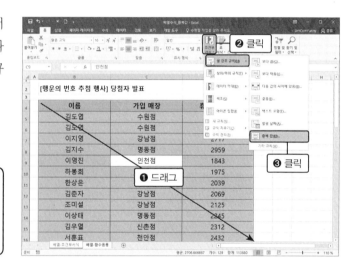

2 [중복 값] 대화상자가 나타나면 적용할 서식을 선택하고 [확인]을 클릭합니다.

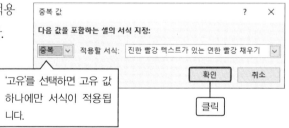

'고유'를 선택하면 고유 값 하나에만 서식이 적용됩니다.

3 중복 값이 입력된 셀에 서식이 적용되었습니다. 동일 계열의 중복 값끼리 구분되지 않고 모든 중복 값에 같은 서식이 적용되어 표가 더욱 복잡해 보입니다.

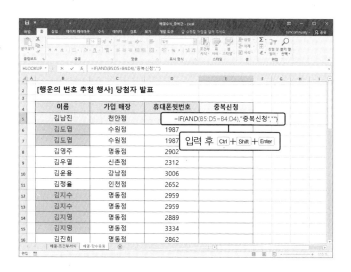

배열 수식 이용하여 중복 값 표시하기_IF/AND 함수

1 이름, 가입매장, 전화번호 뒷자리가 모두 같을 경우, 중복 신청으로 표시하려고 합니다. '배열–함수 응용' 워크시트를 선택합니다. 우선 데이터가 정렬되어야 합니다. '이름' 열에서 마우스 오른쪽 버튼을 클릭한 후 단축 메뉴에서 [정렬]–[텍스트 오름차순 정렬]을 선택합니다.

page 정렬에 대한 자세한 내용은 623쪽을 참고하세요.

2 이름이 오름차순으로 정렬되었습니다. [E5] 셀에 중괄호({ })를 제외한 다음의 수식을 입력하고 Ctrl + Shift + Enter 를 눌러서 배열 수식으로 전환합니다.

{=IF(AND(B5:D5=B4:D4),"중복신청","")}
❶　　　　❷　　❸

❶ 배열 수식을 이용한 AND의 조건은 비례식과 비슷합니다. [B5] 셀은 [B4] 셀과 같고, [C5] 셀과 [C6] 셀이 같고 [D5] 셀이 [D4] 셀과 같을 경우를 조건으로 합니다.

* 오름차순으로 정렬된 상태에서 해당 셀 값이 위 칸의 셀 값과 같다면 중복으로 인식합니다.

❷ ❶의 조건을 만족한 중복 값에는 '중복신청'을 표시합니다.

❸ ❶의 조건 중 하나라도 일치하지 않으면 아무것도 표시하지 않습니다.

[B5:D5] 셀과 [B4:D4] 셀을 배열 수식으로 전환하여 중복 값을 분류합니다. B, C, D열의 셀 값 모두가 위의 셀과 같을 경우에 '중복신청'으로 표시합니다.

3 [E5] 셀의 결과 값이 공백으로 나타납니다. 채우기 핸들로 나머지 셀에도 배열 수식을 적용합니다. 위의 셀 값과 동일한 셀 값을 가진 고객은 '중복신청'으로 표시됩니다.

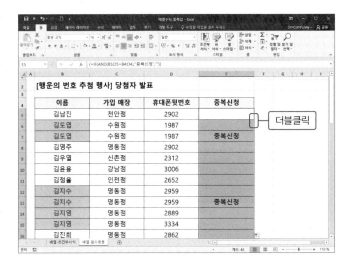

page 고유 값 하나만 남겨두고 중복 값을 자동 삭제하려면 [중복된 항목 제거]를 사용합니다. 자세한 내용은 683쪽을 참고하세요.

185 중복을 제외한 고유 값 개수 구하기 _COUNTIF 함수

'중복된 항목 제거' 메뉴를 이용하면 중복 값을 제거할 수 있고, IF 함수와 AND 함수를 이용한 배열 수식으로 중복 값을 표시할 수 있습니다. 중복 값이 포함된 원본 데이터에서 고유 값의 개수만 계산하기 위해 COUNTIF 함수와 배열 수식을 응용해 보겠습니다.

예제 파일 Part17\배열_COUNTIF.xlsx **완성 파일** Part17\배열_COUNTIF_완성.xlsx

COUNTIF 함수	특정 범위에서 조건에 맞는 셀의 개수를 구합니다.
	=COUNTIF(참조 범위, 찾는 값)

| 중복 값을 제외한 고유 값 개수 찾기_COUNTIF 함수

1 데이터 표에 입력된 인턴 사원의 출신 대학을 통해 하계 실습 인턴 프로그램에 참여한 대학 수를 추출하고자 합니다. 우선 D열에 입력된 대학의 총 인턴 수를 파악하기 위해 [E4] 셀에 다음의 수식을 입력합니다.

수식

=COUNTIF(D:D,D4)

참조 범위인 D열에서 [D4] 셀(인천대) 값이 총 몇 개인지 구합니다.

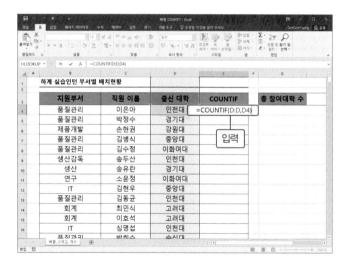

2 [E4] 셀에 79가 추출되었습니다. '인천대' 학생이 79명이라는 것을 알 수 있습니다. 채우기 핸들로 나머지 셀도 채웁니다.

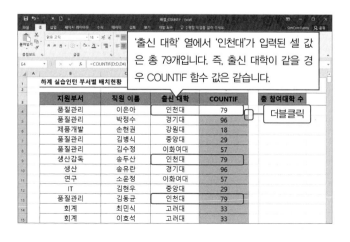

'출신 대학' 열에서 '인천대'가 입력된 셀 값은 총 79개입니다. 즉, 출신 대학이 같을 경우 COUNTIF 함수 값은 같습니다.

3 대학별 인턴수를 역수로 바꾸어 각 인턴의 '비중'을 구하기 위해 기존의 수식을 다음과 같이 수정합니다. 추출된 값은 [홈] 탭-[표시 형식]에서 '백분율'을 선택하고 채우기 핸들로 나머지 셀도 채웁니다. E열을 선택하면 상태 표시줄의 합계에서 총 참여대학수를 확인할 수 있습니다.

> **수식**
>
> **=1/COUNTIF(D:D,D4)**
>
> 전체 비중 1(=100%)을 인천대 총 학생 수 [D4] 셀로 나누어 역수를 구합니다.

> **TIP**
>
> COUNTIF 함수로 구한 E열의 비중은 '인턴 1명/출신 대학의 총 학생 수'를 의미합니다. 출신 대학별 인턴의 비중을 모두 더하면 1이고, 각 대학의 비중(1)을 모두 합치면 참여 대학 수를 구할 수 있습니다.

Skill Up | 필터로 추출된 값만 합산하기

1. 표를 클릭하고 [데이터] 탭-[정렬 및 필터] 그룹-[필터]를 클릭합니다.

2. [D3] 셀의 목록 버튼 ⊡을 클릭한 뒤 필터 목록에서 '인천대'만 체크 표시하고 [확인]을 클릭합니다.

3. 전체 비중을 확인하기 위해 E열의 머리글을 클릭하면 화면 아래 요약된 '합계:1'을 확인할 수 있습니다.

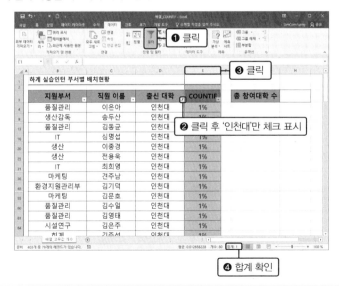

| 배열 수식으로 중복 값을 제외한 고유 값 개수 구하기

1 이번에는 E열을 추가하지 않아도 수식 하나로 총 참여 대학 수를 구할 수 있게 배열 수식을 응용해 보겠습니다. [H3] 셀에 다음의 수식을 입력하고 Ctrl + Shift + Enter 를 눌러 배열 수식으로 전환합니다.

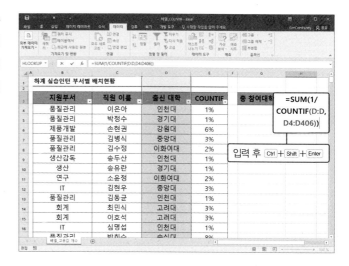

수식

=SUM(1/COUNTIF(D:D,D4:D406))

       ❶

       ❷

❶ D열에서 출신 대학이 입력된 [D4:D406] 셀 값의 개수를 각각 구한 뒤 역수로 만들어 대학별 해당 인턴의 비중을 구합니다.

❷ ❶에서 구한 비중을 모두 더해서 참여 대학 수를 구합니다.

[D4:D406] 셀에 입력된 출신 대학의 고유 값 개수를 구합니다. 단, 출신 대학이 중복으로 입력되었기 때문에 COUNTIF 함수로 구한 출신 대학의 개수를 역수로 변환하여 인턴별로 해당 학교에서 차지하는 비중을 구합니다. 즉, 같은 학교의 비중을 모두 더하면 1이 됩니다. 배열 수식을 이용해 각각의 고유 값을 모두 더하면 중복을 제외한 참여 대학 수를 구할 수 있습니다.

---

2 [H3] 셀에 결과 값 18이 추출되었습니다. [D3] 셀의 목록 버튼▽을 클릭해서 출신 대학의 목록을 세면 총 18개로 일치하는 것을 알 수 있습니다.

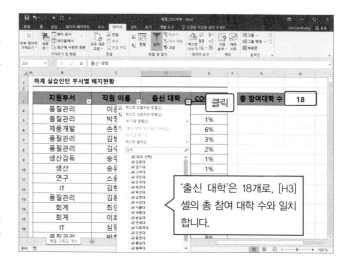

page 피벗 테이블로 대학별 직원 수를 요약하는 방법도 있습니다. 피벗 테이블에 대한 자세한 내용은 712쪽을 참고하세요.

186 배열 수식으로 구간별 빈도 계산하기_ FREQUENCY 함수

FREQUENCY는 '빈도'라는 뜻입니다. FREQUENCY 함수는 해당 셀 값이 특정 범위에서 얼마나 자주 나타났는지를 추출하는 통계 함수입니다. 수식이 입력된 범위 전체를 선택한 뒤 수식을 한 번만 입력하면 나머지 셀도 자동으로 채워집니다. FREQUENCY 함수는 배열 수식으로 입력하며 구간을 나누는 참조 범위가 정렬되어 있어야 합니다.

예제 파일 Part17\배열_FREQUENCY.xlsx　**완성 파일** Part17\배열_FREQUENCY_완성.xlsx

FREQUENCY 함수	특정 범위에서 선택한 데이터 값의 발생 빈도를 계산하여 세로 배열 형태로 반환합니다. 먼저 수식이 입력될 범위 전체를 선택하고 수식을 입력한 뒤 배열 수식 형태로 전환합니다. **=FREQUENCY(데이터 범위,배열 범위)** 　　　　　　　　❶　　　　❷ ❶ 빈도수를 구할 원본 데이터의 범위입니다. ❷ 분포도를 나눌 기준 범위가 순서대로 입력돼야 합니다.

1 VIP 고객의 연령별 분포도를 알아보기 위해 FREQUENCY 함수로 배열 수식을 적용해 보겠습니다. 우선 분포도를 입력할 [N5:N16] 셀을 선택하고 다음의 수식을 입력한 후 Ctrl + Shift + Enter 를 누릅니다.

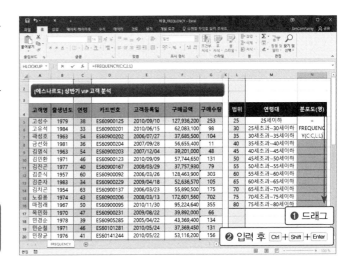

TIP

[N5:N16] 셀을 선택한 후 수식을 입력하면 선택 범위의 시작점인 [N5] 셀에 입력됩니다.

수식

=FREQUENCY(C:C,L:L)

L열의 나이 구간에 맞춰 고객 나이가 입력된 C열의 빈도수를 구합니다.

2 선택 범위 전체에 배열 수식이 입력되고 결과 값이 추출됩니다. N열에 입력된 총 인원 45명과 [A5:A49] 셀에 입력된 고객 수가 일치하는 것을 알 수 있습니다.

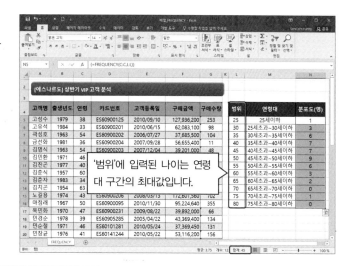

'범위'에 입력된 나이는 연령대 구간의 최대값입니다.

187 배열 수식으로 행과 열 바꾸기_TRANSPOSE 함수

행과 열을 바꿔서 붙여넣기를 할 경우 원본이 수정되면 붙여넣기된 표에 변경 사항이 반영되지 않습니다. 그러나 TRANSPOSE 함수를 이용하면 원본 데이터에서 행과 열을 바꾸어 붙여 넣는 것은 물론 원본 데이터와 연동되어 변경된 값도 자동으로 업데이트됩니다.

예제 파일 Part17\TRANSPOSE.xlsx　　**완성 파일** Part17\TRANSPOSE_완성.xlsx

TRANSPOSE 함수	지정한 범위의 행과 열을 바꿉니다. **=TRANSPOSE(범위)**

| 행과 열 바꾸어 붙여넣기

1 거래처별 매출 데이터의 행/열을 전환하려고 합니다. 간단하게 행/열을 바꾸어 데이터 표를 붙여넣기 위해 [B4:F11] 셀을 선택하고 Ctrl + C를 눌러서 복사합니다.

TIP
표 안의 셀 하나를 클릭하고 Ctrl + A를 누르면 표 전체 범위가 선택됩니다.

2 데이터 표를 붙여 넣을 시작점 [B13] 셀에서 마우스 오른쪽 버튼을 클릭한 뒤 단축 메뉴에서 [붙여넣기 옵션]-[바꾸기]를 선택합니다.

엑셀 2007 | 마우스 오른쪽 버튼의 단축 메뉴에서 [선택하여 붙여넣기]를 클릭합니다. 대화상자의 [붙여넣기] 항목에서 '행/열 바꿈'에 체크를 하고 [확인]을 클릭합니다.

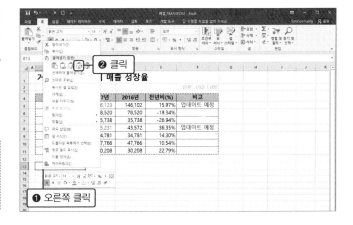

3 선택한 데이터의 행과 열이 바뀌어 나타납니다. [C5] 셀 값을 160,000으로 수정합니다. 붙여넣기한 표의 [C14] 셀에 수정한 내용이 반영되지 않습니다.

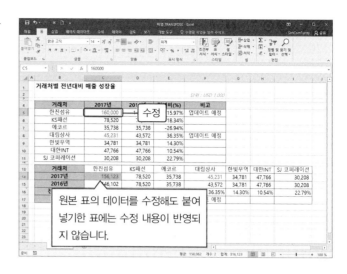

배열 수식과 TRANSPOSE 함수로 복사해서 붙여넣기

1 배열 수식을 사용하여 데이터의 행/열을 바꾸어 붙여 넣겠습니다. 배열 수식으로 붙여넣기를 할 범위인 [B19:I23] 셀을 미리 선택합니다.

TIP

배열 수식으로 붙여넣기를 할 때는 원본 데이터를 행/열 변환했을 때 데이터가 입력될 모든 영역을 미리 선택해야 합니다. 붙여넣기할 범위는 [B13:I17] 셀의 행/열 수를 참고하면 쉽습니다.

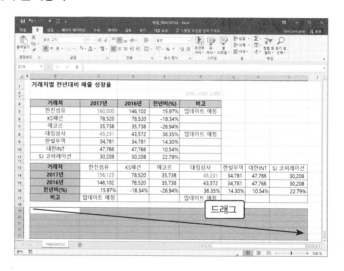

2 { }를 제외한 다음의 수식을 입력하고 Ctrl + Shift + Enter 를 눌러 배열 수식으로 전환합니다.

수식

{=TRANSPOSE(B4:F11)}

[B4:F11] 셀을 복사한 뒤 행과 열을 바꿔 붙여넣기합니다.

TIP

범위를 선택하고 데이터를 입력하면 범위의 시작점인 [B19] 셀에 입력됩니다.

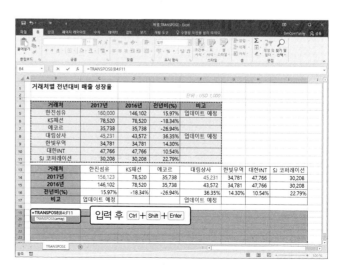

3 원본 데이터의 행/열이 바뀐 데이터가 나타납니다. 그러나 원본의 표시 형식은 복사되지 않았습니다. 셀 서식이 적용된 [B13:I17] 셀을 선택한 뒤 [홈] 탭-[클립보드] 그룹-[서식 복사]를 클릭합니다. 마우스 포인터가 ⊕ᇲ로 바뀌면 [B19:I23] 셀을 드래그해서 서식을 수정합니다.

page 서식 복사에 대한 자세한 내용은 165쪽을 참고하세요.

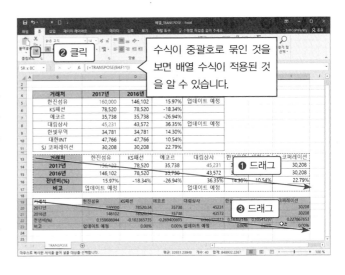

4 서식이 한 번에 수정되었습니다. 원본 데이터의 수정 값이 업데이트되는지 확인하기 위해 [C8] 셀의 매출을 50,000으로 수정합니다. TRANSPOSE 함수로 붙여넣기한 [F20] 셀 값이 자동으로 변경됩니다.

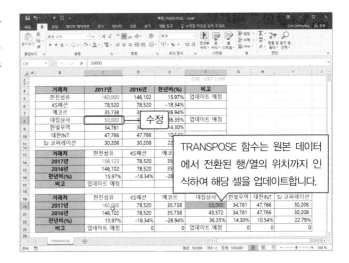

TIP

배열 수식으로 입력된 데이터는 일부만 삭제할 수 없고 함수가 입력된 범위 전체를 지워야 합니다. 배열 수식의 일부 셀만 삭제하면 오류 메시지가 나타나므로 [확인]을 클릭하여 원래 값으로 돌아갑니다.

실수로 TRANSPOSE 함수 범위에 다른 값이 입력됐다면 다음의 메시지가 나타납니다. [취소]를 클릭하면 원래 입력했던 값이 표시되고 [확인]을 클릭하면 편집 상태가 됩니다. 함수를 다시 입력하지 않고 원래 값으로 돌아가려면 [취소] 또는 Esc 를 누릅니다.

Step 4

친절한 엑셀의
숨겨진 기능
– 문서 보호 및 공유

#데이터 유효성 검사 #메모 #문서 보호
#공유 #원드라이브

Part 18 데이터 유효성 검사

여러 사람이 공유하는 문서를 취합하는 담당자라면 데이터 유효성 검사를 꼭 배워두세요. 공지를 100번 강조하는 것보다 유효성 조건으로 잘못된 입력 자체를 막는 것은 훨씬 효과적입니다. 비품 주문의 최대/최소 수량, 30분 단위의 출퇴근 시간 등을 공지하거나 출고 일자를 평일로 제한할 수 있게 유효성 검사가 철저히 관리, 감독해줄 것입니다.

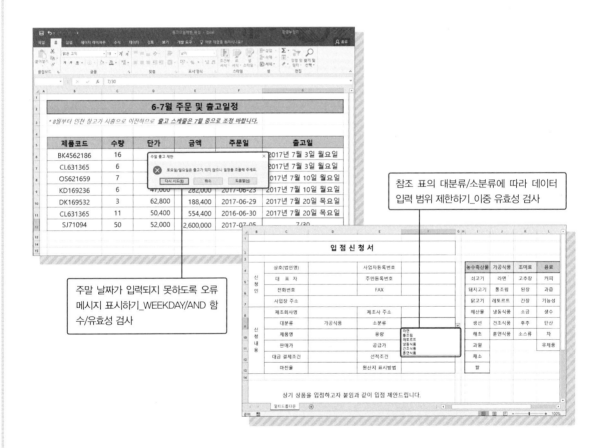

참조 표의 대분류/소분류에 따라 데이터 입력 범위 제한하기_이중 유효성 검사

주말 날짜가 입력되지 못하도록 오류 메시지 표시하기_WEEKDAY/AND 함수/유효성 검사

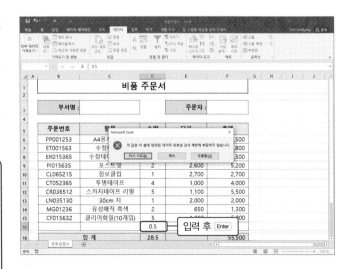

188 데이터 유효성 검사로 입력 범위 제한하기

방대한 양의 데이터를 관리할 때는 입력 기준을 정하는 것이 좋습니다. 예를 들어, 공동으로 사용하는 서식에서 입력할 수량이나 금액 등을 제한하려면 데이터 유효성 검사로 입력 기준을 정해서 허용된 범위에서만 입력할 수 있게 규칙을 만듭니다.

예제 파일 Part18\비품주문서1.xlsx   **완성 파일** Part18\비품주문서1_완성.xlsx

1 비품 주문서에서 신청 수량을 20개 이하로 제한하려고 합니다. 데이터를 입력할 [D6:D16] 셀을 선택한 후 [데이터] 탭-[데이터 도구] 그룹-[데이터 유효성 검사]를 클릭합니다. [데이터 유효성] 대화상자-[설정] 탭에서 다음과 같이 설정하고 [확인]을 클릭합니다.

- 제한 대상 : 정수
- 제한 방법 : 해당 범위
- 최소값 : 1
- 최대값 : 20

2 유효성 검사를 확인하기 위해 [D16] 셀에 0.5를 입력하고 Enter 를 누르면 오류 메시지가 나타납니다. 최소값을 1로 설정했기 때문입니다. [다시 시도]를 클릭하면 다시 입력할 수 있는 상태가 되고, [취소]를 클릭하면 0.5가 삭제됩니다.

> **TIP**
>
> 유효성 검사는 설정된 조건 이외의 데이터는 입력을 중지시킵니다. 유효성 범위를 벗어난 데이터를 입력했을 때 경고 메시지만 표시하고 입력을 허용하려면 [데이터 유효성] 대화상자-[오류 메시지] 탭에서 [스타일]을 수정합니다. 자세한 내용은 443쪽을 참고하세요.

> **TIP**
>
> 데이터 유효성 검사를 설정하기 전 이미 입력된 값은 조건을 벗어나더라도 오류 메시지가 나타나지 않습니다.

189 입력이 제한된 셀에 설명/오류 메시지 표시하기

데이터 유효성 검사로 입력 범위를 제한했다면 다른 사용자가 잘못된 데이터를 입력하기 전에 규칙 조건을 알 수 있도록 설명 메시지를 나타내는 것이 좋습니다. 입력할 셀을 클릭하면 메모 형태의 설명 메시지가 나타납니다. 반면 오류 메시지는 유효성 검사의 규칙을 벗어난 데이터를 입력할 때만 나타납니다.

예제 파일 Part18\비품주문서2.xlsx **완성 파일** Part18\비품주문서2_완성.xlsx

| 설명 메시지 표시하기

1 데이터 유효성 검사가 설정된 모든 셀에 설명 메시지를 표시해 보겠습니다. [D6:D16] 셀을 선택한 후 [데이터] 탭-[데이터 도구] 그룹-[데이터 유효성 검사]를 클릭합니다.

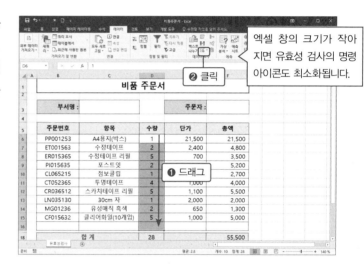

> 엑셀 창의 크기가 작아지면 유효성 검사의 명령 아이콘도 최소화됩니다.

2 [데이터 유효성] 대화상자-[설명 메시지] 탭에서 '제목'과 '설명 메시지'를 입력합니다.

- 제목 : 주문 수량 제한
- 설명 메시지 : 부서별 비품 주문 수량은 항목별로 1개 이상 20개 이하로 제한합니다. 20개 이상을 주문하려면 총무부에 문의해 주세요.

3 [D6:D16] 셀을 클릭하면 설명 메시지가 나타나서 입력 조건을 미리 확인할 수 있습니다.

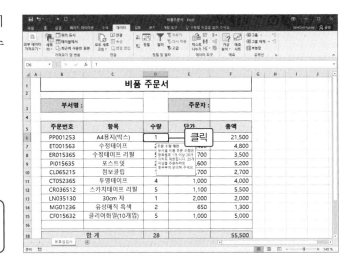

TIP

셀을 클릭할 때마다 메시지가 나타나는 것이 보기 싫다면 오류 메시지만 설정합니다.

| 오류 메시지 나타내기

1 [D6:D16] 셀을 선택한 후 [데이터] 탭-[데이터 도구] 그룹-[데이터 유효성 검사]를 클릭합니다.

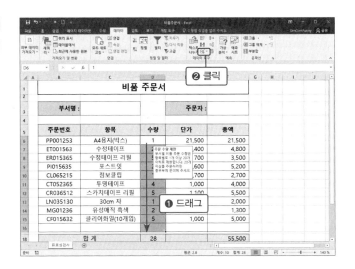

2 [데이터 유효성] 대화상자-[오류 메시지] 탭의 [스타일]에서 '중지'를 선택하고 제목과 설명 메시지를 입력합니다.

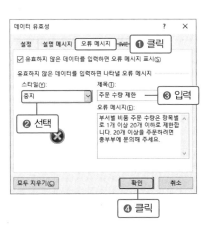

– 제목 : 주문 수량 제한
– 오류 메시지 : 부서별 비품 주문 수량은 항목별로 1개 이상 20개 이하로 제한합니다. 20개 이상을 주문하려면 총무부에 문의해 주세요.

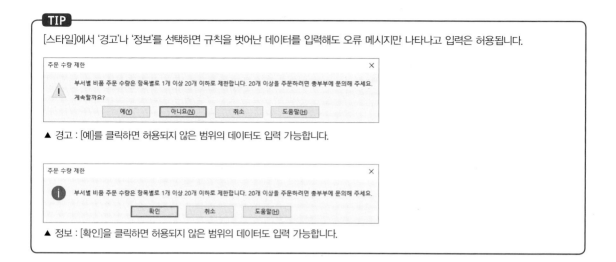

[스타일]에서 '경고'나 '정보'를 선택하면 규칙을 벗어난 데이터를 입력해도 오류 메시지만 나타나고 입력은 허용됩니다.

▲ 경고 : [예]를 클릭하면 허용되지 않은 범위의 데이터도 입력 가능합니다.

▲ 정보 : [확인]을 클릭하면 허용되지 않은 범위의 데이터도 입력 가능합니다.

3 [D16] 셀에 50을 입력하면 오류 메시지가 나타납니다. 허용 가능한 수량을 다시 입력하려면 [다시 시도]를 클릭합니다. [취소]를 누르면 입력된 수량이 삭제됩니다.

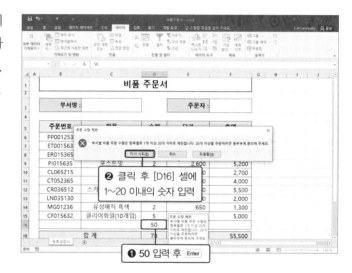

❷ 클릭 후 [D16] 셀에 1~20 이내의 숫자 입력

❶ 50 입력 후 Enter

190 데이터 유효성 검사 수정 및 일괄 삭제하기

데이터 유효성을 설정한 조건을 수정하거나 삭제하려면 유효성 검사가 적용된 셀 전체 또는 일부 셀을 선택합니다. 유효성 검사가 설정된 셀의 일부만 선택할 경우, 수정된 규칙의 적용 범위가 달라질 수 있으므로 안내 메시지를 유의하여 진행합니다.

예제 파일 Part18\비품주문서2_완성.xlsx

| 데이터 유효성 검사에서 일부 셀의 조건만 수정하기

1 데이터 유효성이 적용된 범위에서 일부 셀의 수량 제한을 수정해 보겠습니다. [D16] 셀을 클릭한 후 [데이터] 탭-[데이터 도구] 그룹-[데이터 유효성 검사]를 클릭합니다. [데이터 유효성 검사] 대화상자-[설정] 탭에서 '최대값'을 30으로 수정하고, 설명/오류 메시지도 수정한 뒤 [확인]을 클릭합니다.

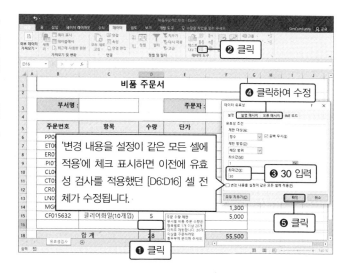

'변경 내용을 설정이 같은 모든 셀에 적용'에 체크 표시하면 이전에 유효성 검사를 적용했던 [D6:D16] 셀 전체가 수정됩니다.

2 [D16] 셀에 수정된 허용 수량 30을 입력하고 Enter를 누르면 입력이 허용됩니다.

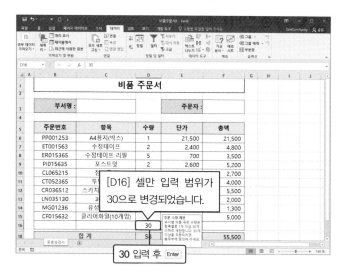

[D16] 셀만 입력 범위가 30으로 변경되었습니다.

30 입력 후 Enter

| 데이터 유효성 검사 일괄 삭제하기

1 적용한 데이터 유효성 검사를 모두 삭제해 보겠습니다. [D6:D16] 셀을 선택하고 [데이터] 탭-[데이터 도구] 그룹-[유효성 검사]를 클릭합니다. [D6:D15] 셀과 [D16] 셀의 유효성 검사 조건이 달라서 여러 유효성 유형이 있다는 메시지가 나타나면 [확인]을 클릭합니다.

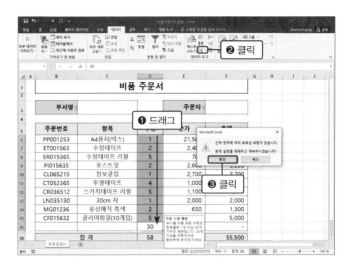

2 [데이터 유효성 검사] 대화상자-[설정] 탭에서 [모두 지우기]를 클릭하고 [확인]을 클릭합니다.

> **TIP**
> 데이터 유효성 검사가 적용된 셀의 일부만 선택하고 대화상자를 열 경우, '변경 내용을 설정이 같은 모든 셀에 적용'에 체크 표시를 하면 관련 조건이 입력된 셀 전체에 수정 및 삭제 명령이 적용됩니다.

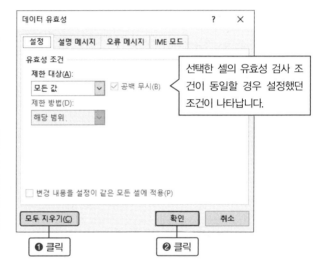

191 날짜 입력 제한하기

날짜를 기준으로 한 유효성 검사를 판단하려면 데이터가 날짜 형식에 맞게 입력되어야 합니다. 입력 방식을 통일하거나 특정 날짜로 제한하기 위해 데이터 유효성 검사에 날짜 형식을 설정해 보겠습니다.

예제 파일 Part18\출고일정제한.xlsx   **완성 파일** Part18\출고일정제한_완성.xlsx

1 출고일을 7월 이내로 제한하려고 합니다. [G6:G12] 셀을 선택한 후 [데이터] 탭-[데이터 도구] 그룹-[데이터 유효성 검사]를 클릭합니다. [데이터 유효성] 대화상자-[설정] 탭을 다음과 같이 설정하고, [오류 메시지] 탭도 적절히 수정한 뒤 [확인]을 클릭합니다.

– 제한 대상 : 날짜
– 시작 날짜 : 2017-07-01
– 끝 날짜 : 2017-07-31

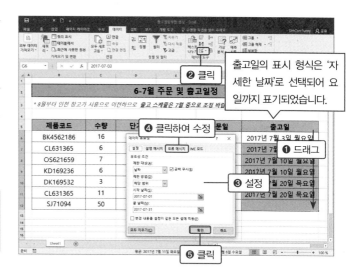

출고일의 표시 형식은 '자세한 날짜'로 선택되어 요일까지 표기되었습니다.

2 [G12] 셀을 클릭하여 7월 이외의 날짜인 8/1을 입력합니다. 오류 메시지가 나타나고 입력이 제한됩니다.

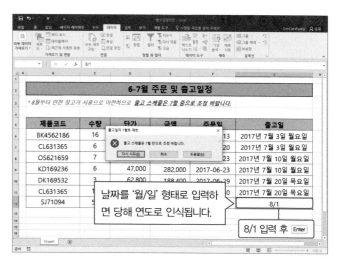

날짜를 '월/일' 형태로 입력하면 당해 연도로 인식됩니다.

8/1 입력 후 Enter

192 수식을 이용하여 주말 날짜 입력 제한하기

유효성 조건에 수식을 이용하면 더욱 다양한 입력 규칙을 만들 수 있습니다. 여러 개의 셀에 적용할 조건을 수식으로 입력할 때는 선택 범위의 첫 번째 셀에 맞춰 셀 주소를 입력합니다. 요일을 반환하는 WEEKDAY 함수와 AND 함수를 중첩하여 주말 날짜의 입력을 제한해 보겠습니다.

예제 파일 Part18\출고요일제한.xlsx   **완성 파일** Part18\출고요일제한_완성.xlsx

1 [G6:G12] 셀을 선택하고 [데이터] 탭-[데이터 도구] 그룹-[데이터 유효성 검사]를 클릭합니다. [데이터 유효성] 대화상자-[설정] 탭에서 [제한 대상]을 '사용자 지정'으로 선택하고 [수식]에 다음의 수식을 입력합니다. [오류 메시지] 탭에서 오류 메시지를 입력하고 [확인]을 클릭합니다.

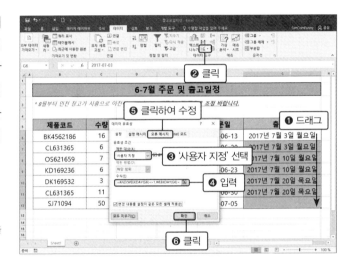

page WEEKDAY 함수에 대한 자세한 내용은 300쪽을 참고하세요.

수식

=AND(WEEKDAY(G6)<>1,WEEKDAY(G6)<>7)

WEEKDAY의 수식 결과가 1(일요일) 그리고 7(토요일)이 아닌 값(부등호 < >)만 입력할 수 있습니다. 즉, 주말은 입력되지 않습니다.

2 [G12] 셀을 클릭한 후 일요일 날짜를 입력합니다. 오류 메시지가 나타나고 입력이 제한됩니다.

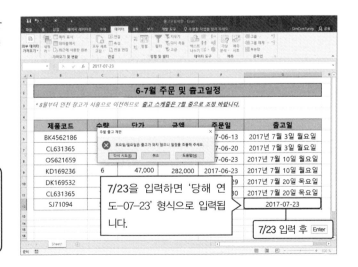

TIP

수식 조건에 참조된 셀 주소는 $ 기호 없이 상대 참조로 입력되었습니다. 유효성 검사를 설정한 범위에서 각 셀의 위치에 따라 셀 주소가 변경됩니다.

193 시간 입력 제한하기

날짜와 마찬가지로 시간을 입력할 때도 엑셀 기준에 맞게 입력해야 유효성 검사를 적용할 수 있습니다.
시간 입력 방식을 통일하거나 특정 시간만 입력할 수 있게 데이터 유효성 검사를 설정해 보겠습니다.

예제 파일 Part18\출퇴근시간제한.xlsx   **완성 파일** Part18\출퇴근시간제한_완성.xlsx

1 [C8:D38] 셀을 선택한 후 [데이터]
탭-[데이터 도구] 그룹-[데이터 유효성 검
사]를 클릭합니다. [데이터 유효성] 대화상
자-[설정] 탭에서 다음과 같이 설정하고
[오류 메시지] 탭에서 오류 메시지를 입력
한 후 [확인]을 클릭합니다.

– 제한 대상 : 시간
– 시작 시간 : 9:00
– 종료 시간 : 20:00

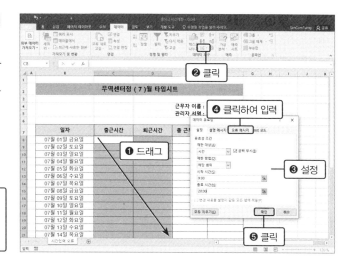

2 [D8] 셀에 입력 조건을 벗어난 22:00
를 입력합니다. 오류 메시지가 나타나고 입
력이 제한됩니다.

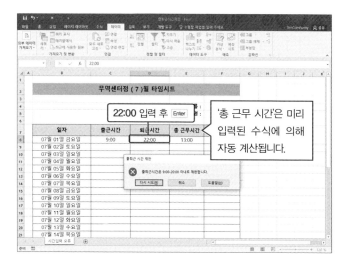

194　30분 단위로 시간 입력 제한하기

엑셀 기준에 따라 시간을 입력하면 AND/MINUTE/TIME 함수를 중첩해서 다양한 입력 조건을 동시에 적용할 수 있습니다. 예를 들어 근무표를 토대로 급여 계산을 할 경우, 출퇴근 시간을 30분 단위로만 입력할 수 있게 유효성 검사를 설정해 보겠습니다.

예제 파일 Part18\30분단위 입력.xlsx　　**완성 파일** Part18\30분단위 입력_완성.xlsx

1 [C8:D38] 셀을 선택한 후 [데이터] 탭-[데이터 도구] 그룹-[데이터 유효성 검사]를 클릭합니다. [데이터 유효성] 대화상자-[설정] 탭에서 [제한 대상]을 '사용자 지정'으로 선택하고 [수식]에 다음의 수식을 입력합니다. 적당한 오류 메시지를 입력하고 [확인]을 클릭합니다.

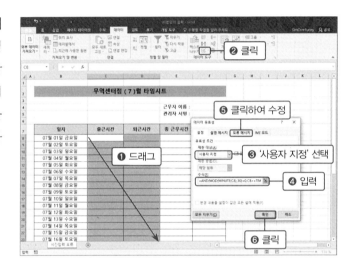

수식

=AND(MOD(MINUTE(C8),30)=0,C8>=TIME(9,0,0),C8<=TIME(20,0,0))
　　　　　❶　　　　　　　　　❸　　　　　　　❹
　　　　　　　　❷
　　　　　　❺

- AND 함수의 첫 번째 인수인 MOD 함수는 30분 단위로 입력을 제한합니다.
- MINUTE 함수는 시간에서 분만 추출하는 MOD 함수의 첫 번째 인수로써 나누려는 값을 의미합니다.
- TIME 함수는 인수에 입력된 시간, 분, 초를 조합하여 시간을 표시합니다.

[C8] 셀에 9:30을 입력할 경우,

❶ MINUTE(C8) : [C8] 셀에 입력된 시간에서 분만 추출하면 결과 값은 30

❷ MOD(30,30)=0 : ❶의 결과 값 30분 또는 0분(정시)을 30으로 나누면 나머지 값은 0, 즉 30분 단위나 정시만 허용하는 조건 1

❸ TIME(9,0,0)=9시 0분 0초 : [C8] 셀 값은 9시보다 크거나 같아야 하는 조건 2

❹ TIME(20,0,0)=20시 0분 0초 : [C8] 셀 값은 20시보다 작거나 같아야 하는 조건 3

❺ AND([C8] 셀은 30분 단위, 9시 이상, 20시 이하) : [C8] 셀은 3가지 조건을 모두 충족해야만 입력이 가능하다는 유효성 조건

---

2 유효성 조건이 설정된 [C8] 셀에 9:05
를 입력합니다. 30분 단위가 아니기 때문
에 오류 메시지가 나타나고 입력이 제한됩
니다.

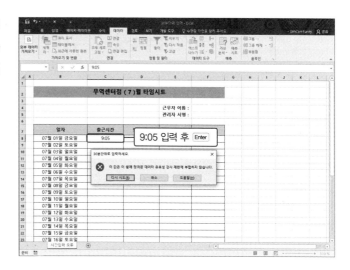

195 주민등록번호 입력 오류 막기

주민등록번호는 13개의 숫자가 일정한 형식으로 구성된 것입니다. 앞의 6자리는 생년월일이고 뒤의 첫 번째 자리는 출생연도와 성별에 따라 1, 2, 3, 4로 시작합니다. 주민등록번호를 구분하는 기준을 텍스트 길이와 수식으로 조건화하여 유효성 검사를 실행해 보겠습니다.

예제 파일 Part18\주민번호 입력제한.xlsx　　**완성 파일** Part18\주민번호 입력제한_완성.xlsx

| 주민등록번호 13자리 수로 입력 제한하기

1 [C6:C23] 셀을 선택하고 [데이터] 탭-[데이터 도구] 그룹-[데이터 유효성 검사]를 클릭합니다. [데이터 유효성] 대화상자-[설정] 탭에서 다음과 같이 설정하고 [확인]을 클릭합니다.

- 제한 대상 : 텍스트 길이
- 제한 방법 : =
- 길이 : 13

> **TIP**
> 표시 형식이 주민등록번호 양식으로 미리 설정되었습니다. 13자리 숫자만 입력해도 중간에 하이픈(−)이 나타납니다.

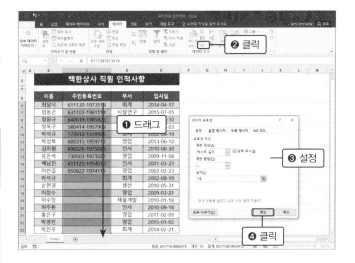

2 [C16] 셀에 임의의 숫자 6자리만 입력하고 Enter를 누르면 오류 메시지가 나타나고 입력이 제한됩니다.

> **TIP**
> 데이터 유효성 검사를 설정하기 전 입력된 값이 조건을 벗어나더라도 다시 입력하기 전까지는 오류 메시지가 나타나지 않습니다.

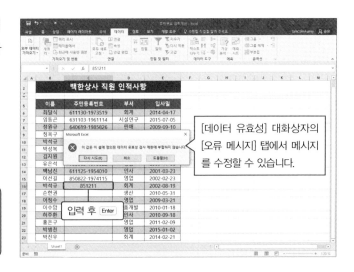

[데이터 유효성] 대화상자의 [오류 메시지] 탭에서 메시지를 수정할 수 있습니다.

┃ 주민등록번호 조건에 따라 7번째 숫자 제한하기

1 [C6] 셀을 클릭한 후 [데이터] 탭–[데이터 도구] 그룹–[데이터 유효성 검사]를 클릭합니다. [데이터 유효성] 대화상자–[설정] 탭의 [제한 대상]에서 '사용자 지정'을 선택하고 [수식]에 다음의 수식을 입력합니다. '변경 내용을 설정이 같은 모든 셀에 적용'에 체크 표시하고 [확인]을 클릭합니다.

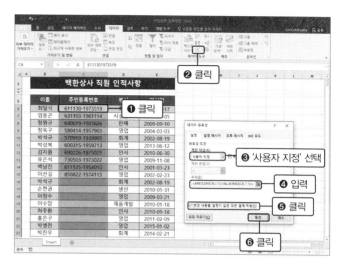

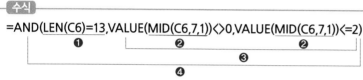

=AND(LEN(C6)=13,VALUE(MID(C6,7,1))<>0,VALUE(MID(C6,7,1))<=2)

❶ LEN(C6)=13 : [C6] 셀의 글자 수를 13자리로 제한합니다.
❷ MID(C6,7,1) : [C6] 셀의 7번째 숫자 1자리만 추출합니다.
❸ VALUE(❷)<>0, VALUE(❷)<=2 : ❷의 결과는 0과 같지 않고, 2 이하의 자연수만 가능합니다. 즉, 1과 2만 입력 가능합니다.
❹ AND(13자리 숫자, 7번째 숫자는 1 또는 2) : [C6] 셀 값은 13자리까지만, 7번째 자리에는 1 또는 2만 입력할 수 있습니다.

> **TIP**
>
> [C6:C23] 셀에는 이미 동일한 유효성 검사가 적용된 상태입니다. 이 중 셀 하나만 클릭하고 '변경 내용을 설정이 같은 모든 셀에 적용'에 체크 표시를 하면 워크시트에서 유사한 조건이 적용된 셀 전체가 선택되고 수정된 유효성 조건이 일괄 적용됩니다.

2 '주민등록번호' 열의 빈 셀에 조건과 부합하지 않게 8505299876543을 입력하면 오류 메시지가 나타나고 입력이 제한됩니다.

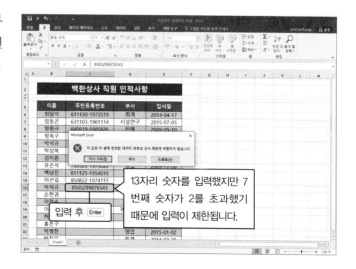

196 중복 값 입력 제한하기

문서에 중복 값이 있는 경우 조건부 서식이나 중복 값 제거 함수 등을 이용할 수 있습니다. 중복 값을
관리하고 제거하기보다 처음부터 중복 값이 입력되지 않도록 유효성 조건에 COUNTIF 함수를 응용해
보겠습니다.

예제 파일 Part18\중복값 입력제한.xlsx　　**완성 파일** Part18\중복값 입력제한_완성.xlsx

1 [C6:C23] 셀을 선택한 후 [데이터]
탭-[데이터 도구] 그룹-[데이터 유효성 검
사]를 클릭합니다. [데이터 유효성] 대화상
자-[설정] 탭의 [제한 대상]에서 '사용자 지
정'을 선택하고 [수식]에 다음의 수식을 입
력합니다.

> **수식**
>
> **=COUNTIF(C:C,C6)=1**
>
> C열에 [C6] 셀 값과 같은 셀은 1개입니다. 즉,
> [C6] 셀은 한 번만 입력되어 중복 값이 없습니다.

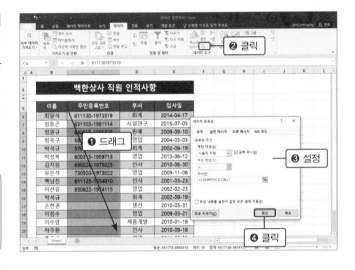

2 [C16] 셀에 [C15] 셀과 같은 주민등록
번호 13자리 수를 입력합니다. C열에서 같
은 값은 2개 이상 입력될 수 없기 때문에 오
류 메시지가 나타나고 입력이 제한됩니다.

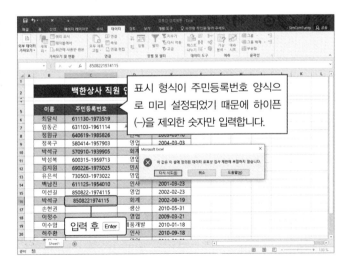

> 표시 형식이 주민등록번호 양식으
> 로 미리 설정되었기 때문에 하이픈
> (-)을 제외한 숫자만 입력합니다.

197 입력을 제한하기 위해 선택 목록 만들기

데이터 유효성 검사에서 입력 가능한 내용을 목록에서 선택할 수 있다면 입력을 잘못해서 오류 메시지가 나오는 경우를 줄일 수 있습니다. 또는 제한된 문자만 선택할 수 있어서 데이터를 관리하는 사람은 물론 데이터를 입력하는 사람도 정확하고 편리하게 데이터를 공유할 수 있습니다.

예제 파일 Part18\출장경비내역서.xlsx   **완성 파일** Part18\출장경비내역서_완성.xlsx

1 [M7:M10] 셀을 참조하여 지출 내역의 선택 목록을 만들어 보겠습니다. 유효성 검사를 적용할 [E12:E20] 셀을 선택한 후 [데이터] 탭-[데이터 도구] 그룹-[데이터 유효성 검사]를 클릭합니다.

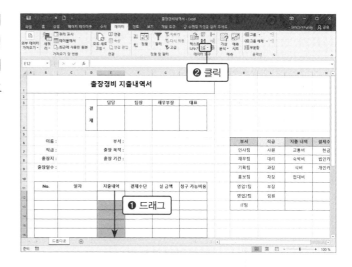

2 [데이터 유효성] 대화상자-[설정] 탭의 [제한 대상]에서 '목록'을 선택합니다. [원본] 입력란을 클릭한 뒤 워크시트에서 [M7:M10] 셀을 선택하면 범위가 입력됩니다.

TIP
참조할 범위가 워크시트에 없다면 허용할 단어를 쉼표로 구분해서 직접 입력합니다.

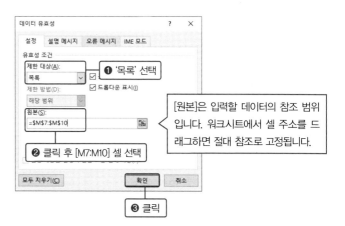

[원본]은 입력할 데이터의 참조 범위입니다. 워크시트에서 셀 주소를 드래그하면 절대 참조로 고정됩니다.

3 목록에 없는 내용을 입력하면 오류 메시지가 나타나도록 설정합니다. [오류 메시지] 탭에서 제목과 오류 메시지를 입력하고 [확인]을 클릭합니다.

- 제목 : 입력 오류
- 오류 메시지 : 셀의 목록 버튼을 클릭하여 항목을 선택하세요.

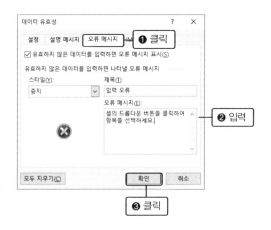

4 유효성 조건이 적용된 [E12] 셀을 클릭하면 목록 버튼⊡이 나타납니다. 목록 버튼을 클릭하면 선택 가능한 입력 내용이 나타납니다.

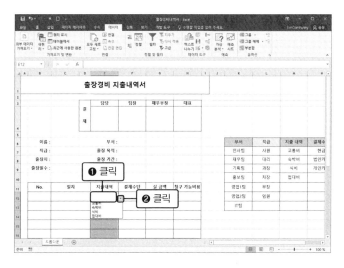

5 목록 버튼에 없는 내용을 입력하면 오류 메시지가 나타납니다.

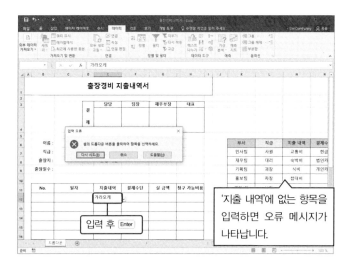

'지출 내역'에 없는 항목을 입력하면 오류 메시지가 나타납니다.

198 목록 범위의 셀 주소를 이름으로 정의하기

유효성 조건의 목록으로 참조할 범위를 이름으로 정의해놓으면 목록 범위를 구분하기가 더 쉬워집니다.
목록 범위로 참조될 셀을 선택하여 간단한 이름으로 정의해 보겠습니다.

예제 파일 Part18\출장경비_이름정의.xlsx　　**완성 파일** Part18\출장경비_이름정의_완성.xlsx

1 부서 목록이 입력된 [K7:K13] 셀을 선택한 후 [수식] 탭–[정의된 이름] 그룹–[이름 정의]를 클릭합니다. [새 이름] 대화상자가 나타나면 [이름]에 **부서**를 입력하고 [확인]을 클릭합니다.

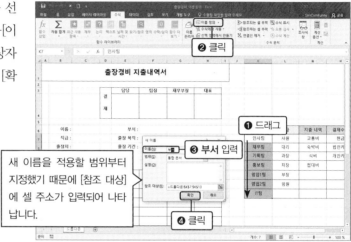

새 이름을 적용할 범위부터 지정했기 때문에 [참조 대상]에 셀 주소가 입력되어 나타납니다.

2 부서를 입력할 [F6] 셀을 클릭한 후 [데이터] 탭–[데이터 도구] 그룹–[데이터 유효성 검사]를 클릭합니다. [데이터 유효성] 대화상자–[설정] 탭의 [제한 대상]에서 '목록'을 선택하고 [원본]에 **=부서**를 입력합니다.

TIP

이름 상자는 셀 주소를 대신하기 때문에 수식 형태로 등호(=)를 입력해야 합니다. **부서**라는 글자만 입력하면 드롭다운 목록에는 '부서'라는 글자만 나타납니다.

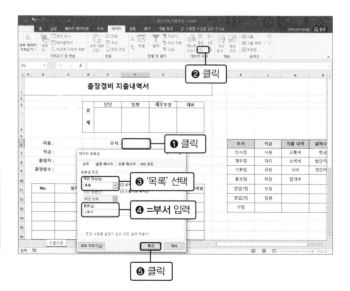

3 [F6] 셀에 목록 버튼이 나타납니다. 버튼을 클릭하면 이름 정의에 참조된 셀 값만 나타납니다.

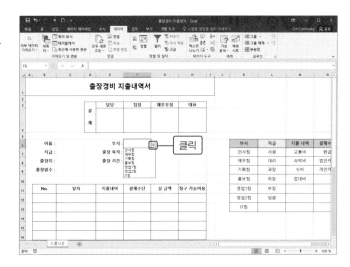

199　선택 목록 추가하고 정렬하기

선택할 목록의 데이터가 추가되거나 삭제될 경우가 있습니다. 목록 범위 내에서 수정하거나 정렬할 경우 선택 목록에 입력한 데이터도 자동 업데이트가 되지만, 범위 외에 데이터가 추가된 것은 반영되지 않기 때문에 목록 범위를 추가해야 합니다.

예제 파일 Part18\출장경비내역서 추가.xlsx　　**완성 파일** Part18\출장경비내역서 추가_완성.xlsx

| 선택 목록 추가하기

1 '지출 내역'의 참조 범위를 추가하기 위해 [M11] 셀에 기타를 입력합니다. 유효성 검사가 적용된 [E12:E20] 셀을 선택한 후 [데이터] 탭-[데이터 도구] 그룹-[데이터 유효성 검사]를 클릭합니다.

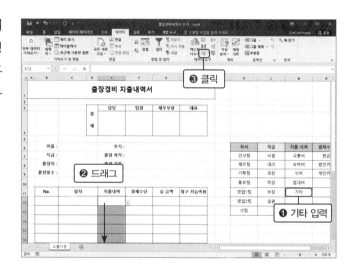

2 [데이터 유효성] 대화상자-[설정] 탭의 [제한 대상]에서 '목록'을 선택합니다. [원본]에 입력된 셀 주소를 지우고 워크시트에서 [M7:M11] 셀을 선택합니다. 셀 주소가 수정되면 [확인]을 클릭합니다.

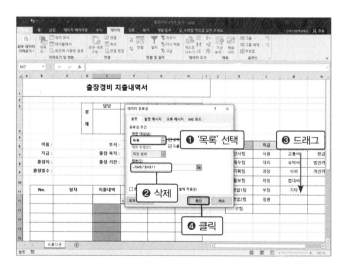

3 목록 버튼을 클릭하면 '기타'가 추가된 것을 알 수 있습니다.

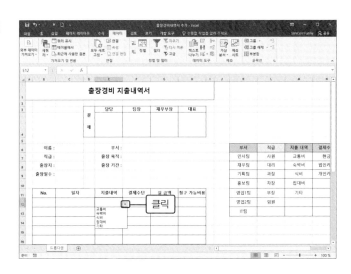

| 선택 목록 정렬하기

1 선택 목록의 내용을 찾기 쉽게 오름차순으로 정렬해 보겠습니다. [M7:M11] 셀을 선택한 후 [데이터] 탭-[정렬 및 필터] 그룹-[텍스트 오름차순 정렬]을 클릭합니다. [정렬 경고] 대화상자가 나타나면 '현재 선택 영역으로 정렬'을 선택한 후 [정렬]을 클릭합니다.

page 정렬 경고에 대한 자세한 내용은 630쪽을 참고하세요.

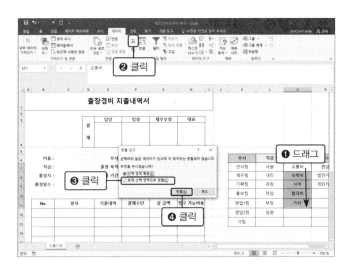

2 [M7:M11] 셀의 드롭다운 목록이 오름차순으로 정렬되었습니다. [E12] 셀의 목록 버튼을 클릭하면 참조 목록 범위와 같이 오름차순으로 정렬된 것을 볼 수 있습니다.

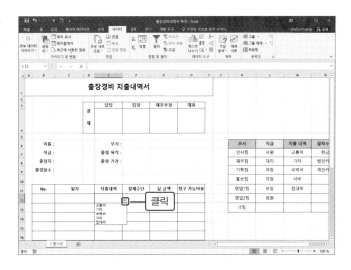

200 대분류 목록에 따라 소분류 목록 입력 제한하기

참조 표의 머리글에 따라 하위 선택 항목을 제한하려면 이중 유효성 검사를 활용하면 됩니다. 이번에는 대분류 목록에 따라 소분류 목록을 설정해 보겠습니다. INDIRECT 함수를 응용하여 대분류 선택 사항에 따라 하위 조건인 소분류 목록을 제한해 보겠습니다.

예제 파일 Part18\입점신청서1.xlsx　　　**완성 파일** Part18\입점신청서1_완성.xlsx

| 대분류 목록 범위 지정하기

1 [D9] 셀을 선택한 후 [데이터] 탭-[데이터 도구] 그룹-[데이터 유효성 검사]를 클릭합니다. [데이터 유효성] 대화상자-[설정] 탭의 [제한 대상]에서 '목록'을 선택합니다. [원본] 입력란을 클릭하여 워크시트에서 [I4:L4] 셀을 드래그한 뒤 [확인]을 클릭합니다.

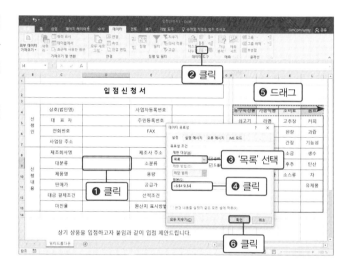

2 [D9] 셀의 목록 버튼을 클릭하면 [I4:L4] 셀 값이 목록에 나타납니다.

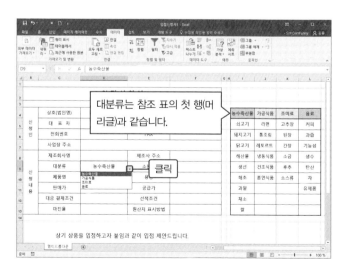

대분류는 참조 표의 첫 행(머리글)과 같습니다.

| 대분류에 따라 소분류 선택 목록 제한하기

1 선택 목록의 참조 표인 [I4:L13] 셀을 선택한 후 [수식] 탭-[정의된 이름] 그룹-[선택 영역에서 만들기]를 클릭합니다. [선택 영역에서 이름 만들기] 대화상자가 나타나면 [이름 만들기] 항목에서 '첫 행'만 체크 표시하고 [확인]을 클릭합니다.

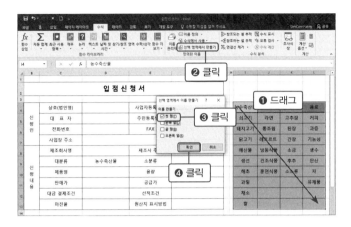

2 [F9] 셀을 클릭하고 [데이터] 탭-[데이터 도구] 그룹-[데이터 유효성 검사]를 클릭합니다. [데이터 유효성] 대화상자의 [설정] 탭에서 유효성 조건을 다음과 같이 설정합니다.

– 제한 대상 : 목록
– 원본 : =INDIRECT(D9)
* [D9] 셀 값은 참조 표의 첫 행인 대분류를 선택 하는 것에 따라 달라집니다.

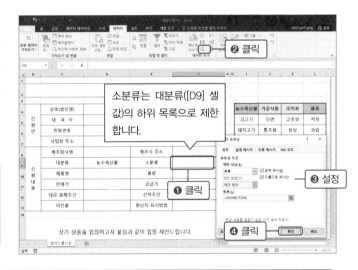

TIP

[D9] 셀을 빈 칸으로 두고 [F9] 셀에 데이터 유효성 검사를 설정하면 다음의 오류 메시지가 나타납니다. [예]를 클릭하면 됩니다.

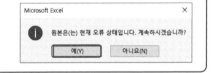

3 [D9] 셀의 목록 버튼에서 '가공식품'을 선택하고 [F9] 셀의 목록 버튼을 클릭하면 '가공식품'의 하위 항목만 나타납니다.

TIP

소분류 목록은 참조 표에서 [I5:L13] 셀 값을 그대로 표시합니다. '가공식품' 하위 항목은 빈 셀을 포함해서 드롭다운 목록에도 빈 항목이 포함되었습니다. 빈 항목을 제외하려면 463쪽을 참고하세요.

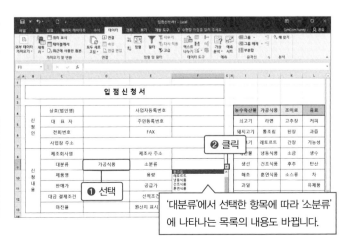

'대분류'에서 선택한 항목에 따라 '소분류'에 나타나는 목록의 내용도 바뀝니다.

201 드롭다운 목록에 포함된 빈 항목 제거하기

이중 유효성 검사의 경우 참조 표의 항목별로 마지막 행이 다르기 때문에 빈 셀이 포함되기도 합니다. 그래서 드롭다운 목록에 빈 항목이 여러 개 생길 때가 있습니다. 이번에는 드롭다운 목록에 포함된 빈 항목을 삭제해 보겠습니다.

예제 파일 Part18\입점신청서2.xlsx　　**완성 파일** Part18\입점신청서2_완성.xlsx

1 [F9] 셀의 목록 버튼을 클릭하면 참조 범위에 포함된 3개의 빈 항목이 나타납니다. 빈 항목을 삭제하기 위해 참조 표 [I5:L13] 셀을 선택한 후 [홈] 탭-[편집] 그룹-[찾기 및 선택]에서 [이동 옵션]을 클릭합니다.

> **단축키**
>
> 이동 옵션 F5

2 [이동 옵션] 대화상자가 나타나면 '빈 셀'을 선택한 후 [확인]을 클릭합니다.

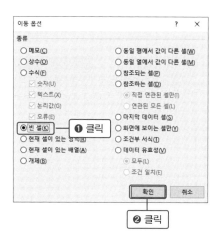

3 선택한 범위에서 빈 셀만 선택되어 나타납니다. 빈 셀에서 마우스 오른쪽 버튼을 클릭한 뒤 단축 메뉴에서 [삭제]를 클릭합니다.

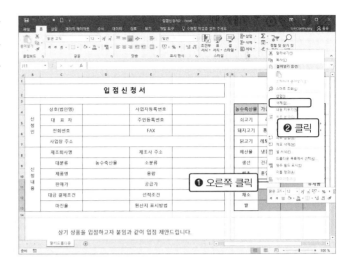

4 [삭제] 대화상자가 나타나면 '셀을 위로 밀기'를 선택하고 [확인]을 클릭합니다.

TIP

[삭제] 대화상자는 행/열 전체가 아닌 셀을 개별적으로 삭제할 경우 아래쪽과 오른쪽에 입력된 데이터의 이동 위치를 묻습니다.
– 셀을 왼쪽으로 밀기 : 셀 삭제 후 오른쪽에 입력된 데이터가 왼쪽으로 이동합니다.
– 행/열 전체 : 선택한 셀의 행/열 전체가 삭제됩니다.

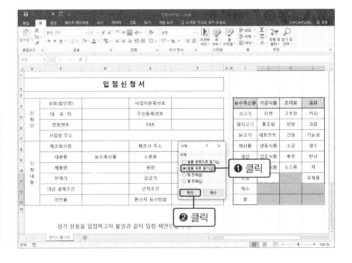

5 참조 표의 마지막 테두리가 변경된 것으로 보아 빈 셀이 제외된 것을 알 수 있습니다. [F9] 셀의 선택 목록을 클릭하면 빈 항목이 삭제된 것을 확인할 수 있습니다.

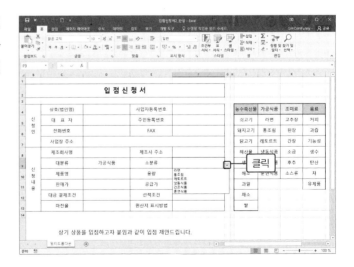

202 드롭다운 목록의 참조 범위 숨기기

서식에 입력할 데이터를 제한하기 위해 선택 목록을 제한해놓고 참조 범위도 표시한다면, 누군가가 목록을 수정해서 허용되지 않은 데이터를 임의로 입력할 수 있습니다. 이럴 때를 대비해 선택 목록의 참조 범위를 숨겨보겠습니다.

예제 파일 Part18\출장경비내역서 삭제.xlsx　　**완성 파일** Part18\출장경비내역서 삭제_완성.xlsx

1 선택 목록의 참조 표가 입력된 [K:N] 열을 선택하고 마우스 오른쪽 버튼을 클릭한 뒤 단축 메뉴에서 [숨기기]를 선택합니다.

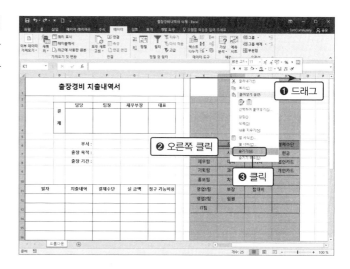

2 참조 범위가 숨겨졌습니다. 목록 버튼을 클릭하면 선택 항목은 그대로 나타나는 것을 알 수 있습니다.

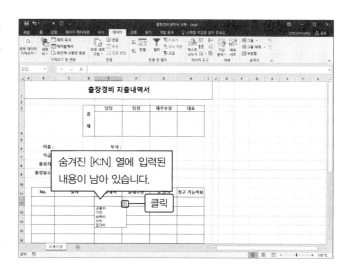

page 일부 셀의 수정/삭제를 제한하려면 479쪽을 참고하세요.

Part 19 메모/문서 보호/공유

똑똑하면서도 배려 깊은 엑셀 문서는 다른 사용자와 작업할 때를 고려해서 메모와 공유 기능을 제공합니다. 셀에 삽입된 메모는 마우스를 가져다댈 때만 나타날 수 있게 적절히 숨길 수 있습니다. 바쁠 때는 여러 사람이 동시에 문서를 열람하고 편집할 수 있도록 공유 문서로 전환해 보세요. 변경하면 안 되는 워크시트는 암호를 설정하여 안전하게 보호할 수 있습니다.

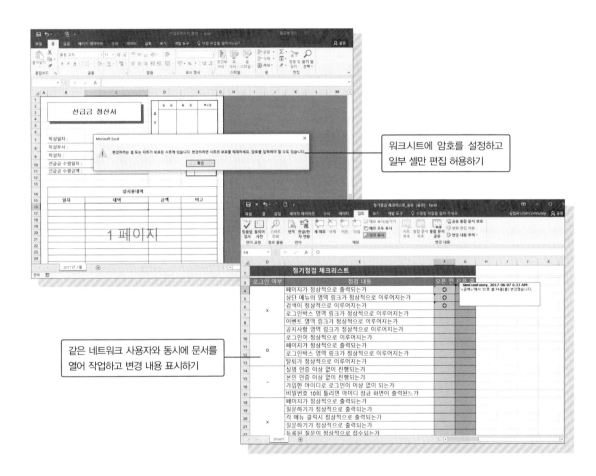

워크시트에 암호를 설정하고
일부 셀만 편집 허용하기

같은 네트워크 사용자와 동시에 문서를
열어 작업하고 변경 내용 표시하기

203 셀에 메모 삽입하여 주석 달기

엑셀 문서를 다른 사람과 공유할 경우, 상대방이 참고할 사항을 메모로 남길 수 있습니다. 설명이 필요한 셀에 메모를 삽입하면 셀의 오른쪽 모서리에 빨간색 표식이 나타납니다. 셀에 마우스를 가져다대면 숨겨진 메모를 볼 수 있고 항상 표시할 수도 있습니다.

예제 파일 Part19\당직근무표.xlsx   **완성 파일** Part19\당직근무표_완성.xlsx

| 메모 삽입하기

1 메모를 삽입할 [F4] 셀에서 마우스 오른쪽 버튼을 클릭한 뒤 단축 메뉴에서 [메모 삽입]을 선택합니다.

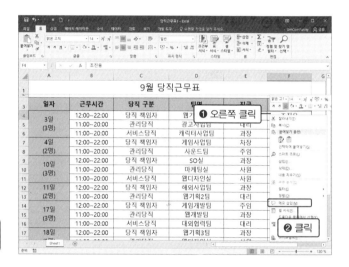

단축키

메모 삽입 Shift + F2

2 선택한 셀의 오른쪽 위 모서리에 빨간색 삼각형 표식이 추가되고 메모 입력상자가 나타납니다. 내용을 입력한 뒤 임의의 셀을 클릭하면 메모가 숨겨집니다.

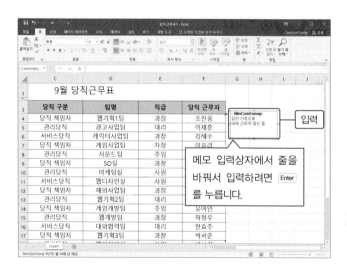

> 메모 입력상자에서 줄을 바꿔서 입력하려면 Enter 를 누릅니다.

| 메모 편집 및 삭제하기

메모가 입력된 셀에서 마우스 오른쪽 버튼
을 클릭합니다. 내용을 수정하려면 [메모
편집]을, 메모를 삭제하려면 [메모 삭제]를
선택합니다.

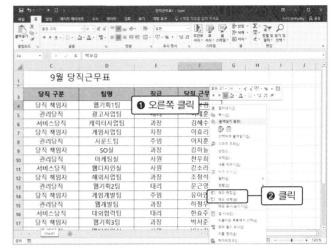

단축키

메모 편집 Shift + F2

Skill Up 모든 메모 일괄 삭제하기

메모가 입력된 모든 셀을 선택하기 위해 [홈] 탭-[편집] 그룹-[찾기 및 선택]에서 [메모]를 클릭합니다. 메모가 입력된 셀
위에서 마우스 오른쪽 버튼을 클릭한 뒤 단축 메뉴에서 [메모 삭제]를 클릭하면 모든 메모가 삭제됩니다.

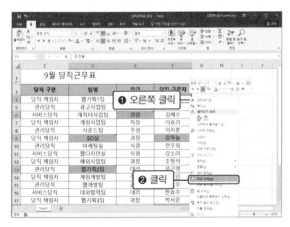

단축키

메모 일괄 선택 Ctrl + Shift + O

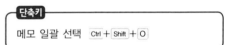

2007 2010 2013 2016 2019

204 메모 표시하고 크기 및 위치 조절하기

메모를 삽입하면 기본적인 보기 설정은 '숨기기'로 지정됩니다. 메모를 워크시트에 계속 표시하려면 설정을 '표시하기'로 전환해야 합니다. 메모가 표시되면 셀 위에 도형처럼 나타나서 셀을 가리기도 하므로 셀의 크기나 위치를 적절히 조절해주는 것이 좋습니다.

예제 파일 Part19\당직근무표 메모.xlsx   **완성 파일** Part19\당직근무표 메모_완성.xlsx

| 메모 개별 표시하기

1 메모가 숨겨진 [B4] 셀에서 마우스 오른쪽 버튼을 클릭한 뒤 단축 메뉴에서 [메모 표시/숨기기]를 클릭합니다.

> **TIP**
> 메모가 표시된 상태에서는 단축 메뉴에 [메모 숨기기]가 나타납니다.

2 셀 위에 메모가 표시됩니다.

Part 19 메모/문서 보호/공유 | **469**

| 메모 일괄 표시하기

문서에 입력된 메모를 모두 표시하려면 [검
토] 탭-[메모] 그룹-[메모 모두 표시]를 클
릭합니다. 입력된 모든 메모가 나타납니다.

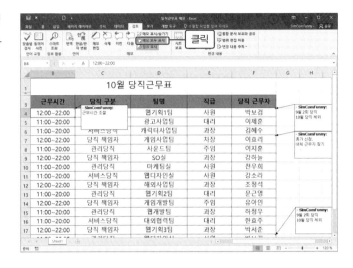

| 메모 크기 조절 및 위치 이동하기

1 [B4] 셀의 메모가 주변 셀의 데이터를
가리기 때문에 위치를 이동해 보겠습니다.
메모 상자를 클릭하여 상자가 선택되면 테
두리선을 클릭하여 위쪽으로 드래그합니다.

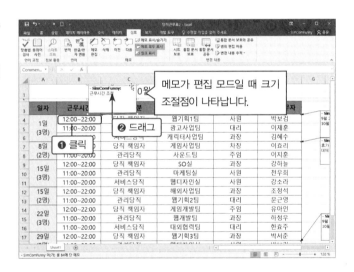

2 메모 상자의 크기 조절점을 드래그하
여 크기를 조절합니다. Esc 를 누르거나 임
의의 셀을 클릭하여 편집 상태에서 빠져나
옵니다.

> **TIP**
> 문서를 인쇄하면 메모는 표시되지 않습니다. 인
> 쇄물에 메모를 표시하려면 238쪽을 참고하세요.

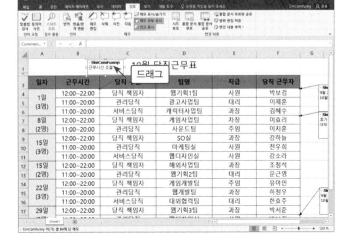

205 메모의 사용자 이름 및 서식 변경하기

메모를 삽입할 때 나타나는 사용자 이름은 MS Office 개인 설정을 따릅니다. 기본으로 삽입되는 메모의
사용자 이름을 수정하고, 메모의 글자 색과 크기 등 기본 서식을 변경해 보겠습니다.

예제 파일 Part19\당직근무표 수정.xlsx　　**완성 파일** Part19\당직근무표 수정_완성.xlsx

| 메모의 사용자 이름 변경하기

[파일] 탭-[옵션]을 클릭합니다. [Excel 옵
션] 대화상자-[일반] 화면에서 [Microsoft
Office 개인 설정]의 '사용자 이름'을 변경하
고 [확인]을 클릭합니다.

엑셀 2007 | 엑셀 2007에서는 화면 왼쪽 상단의 오피스 단
추를 클릭한 뒤 [EXCEL 옵션]을 선택합니다.

| 메모 서식 변경하기

1 메모 내용 중 서식을 변경할 부분을 선
택한 후 마우스 오른쪽 버튼을 클릭합니다.
단축 메뉴에서 [메모 서식]을 클릭합니다.

TIP
메모가 활성화된 상태에서는 [홈] 탭에서 사용할
수 있는 서식이 제한적입니다.

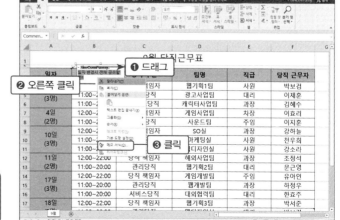

2 [메모 서식] 대화상자가 나타나면 글꼴, 글꼴 스타일, 크기 등을 설정하고 [확인]을 클릭합니다.

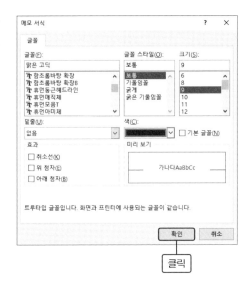

3 메모 내용에 서식이 적용되었습니다.

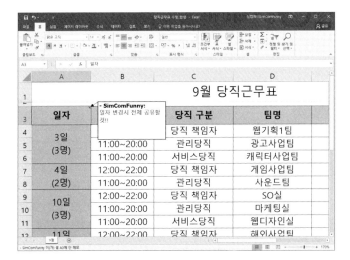

206 문서에 암호 설정하여 열기/쓰기 제한하기

보안 문서의 읽기와 쓰기를 제한하려면 엑셀 문서를 저장할 때 옵션에서 암호를 설정합니다. 문서에 포함된 모든 워크시트를 보호하기 때문에 문서를 열어서 보는 것조차도 암호를 입력하지 않으면 열람이 불가능하게 만들어 보겠습니다.

예제 파일 Part19\직원연봉계약.xlsx   **완성 파일** Part19\직원연봉계약_열기암호.xlsx (암호 : 1234)

| 문서의 모든 워크시트 보호하기

1 문서의 열기 및 쓰기 암호를 설정해서 문서 전체를 보호해 보겠습니다. 예제 파일을 열어 F12를 누릅니다. [다른 이름으로 저장] 대화상자가 나타나면 [도구]를 클릭한 후 [일반 옵션]을 선택합니다.

> 문서를 처음 저장한 다면 Ctrl + S를 눌러 [저장하기] 대화상자를 불러옵니다.

단축키

다른 이름으로 저장 F12
저장 Ctrl + S

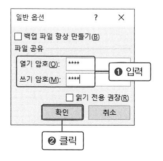

2 [일반 옵션] 대화상자가 나타나면 '열기 암호'와 '쓰기 암호'를 1234로 입력합니다.

TIP

[읽기 전용 권장]을 체크 표시하여 문서를 열었을 때 암호를 입력하면 다음의 메시지가 나옵니다. 읽기 전용으로 보려면 [예]를, 편집을 하려면 [아니오]를 선택합니다.

3 [암호 확인] 대화상자가 나오면 열기 암호와 쓰기 암호를 다시 입력하고 [확인]을 클릭합니다. [다른 이름으로 저장] 대화상자로 돌아오면 파일 이름과 저장할 위치를 설정한 후 [저장]을 클릭합니다.

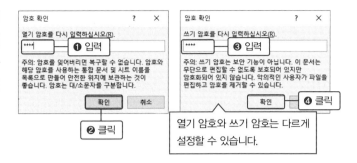

열기 암호와 쓰기 암호는 다르게 설정할 수 있습니다.

TIP

'열기 암호'를 모르면 문서 열람이 불가능합니다. '쓰기 암호'를 모르면 읽기 모드로 파일을 볼 순 있지만 원본은 편집이 불가능하므로 다른 이름으로 저장해야 합니다.

암호가 설정된 문서 편집하기

1 읽기 암호가 설정된 문서를 열면 암호 대화상자가 나타납니다. 앞에서 설정했던 '열기 암호'를 입력합니다.

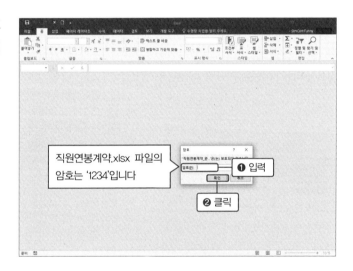

직원연봉계약.xlsx 파일의 암호는 '1234'입니다

2 쓰기 암호도 설정된 문서의 경우 [암호] 대화상자가 또 나타납니다. '쓰기 암호'를 모를 경우 [읽기 전용]을 클릭합니다.

TIP

쓰기 암호를 입력하고 [확인]을 클릭하면 편집이 가능한 원본 문서가 열립니다.

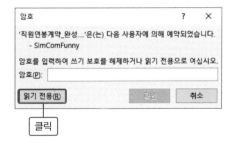

클릭

3 제목 표시줄에 [읽기 전용]이 표시됩니다. 워크시트를 수정하고 Ctrl + S 를 눌러 저장하려고 하면 오류 메시지가 나타납니다. [확인]을 클릭하면 [다른 이름으로 저장] 백스테이지로 이동합니다. 저장 위치를 선택하면 복사본을 저장할 수 있지만 원본은 수정되지 않습니다.

| 암호가 설정된 문서의 읽기/쓰기 보호 해제하기

1 문서를 열고 읽기/쓰기 암호를 입력합니다. F12 를 눌러 [다른 이름으로 저장] 대화상자가 나타나면 [도구]에서 '일반 옵션'을 클릭합니다. [일반 옵션] 대화상자가 나타나면 열기 암호와 쓰기 암호를 삭제하고 [확인]을 클릭합니다.

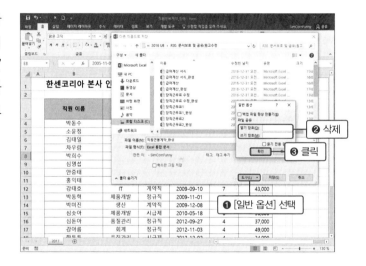

2 파일 이름을 원본 문서와 똑같이 저장하면 '파일이 이미 있습니다. 바꾸시겠습니까?'라는 물음이 나타납니다. [예]를 클릭하면 암호가 없는 상태로 바꾸어 저장됩니다.

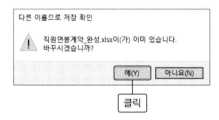

207 워크시트 이름 수정 및 삭제 금지하기 _통합 문서 보호

엑셀의 통합 문서는 잠금 대상에 따라 보호 방법이 달라집니다. 예를 들어 INDIRECT 함수로 셀 주소를 참조한 문서는 워크시트가 삭제되거나 이름이 수정되지 않도록 통합 문서 보호를 설정해야 합니다.

예제 파일 Part19\월별 급여계산.xlsx　　**완성 파일** Part19\월별 급여계산_완성.xlsx (암호 : 1234)

---

1 통합 문서에 저장된 모든 워크시트의 이름 변경, 추가, 삭제를 금지해 보겠습니다. [검토] 탭-[변경 내용] 그룹-[통합 문서 보호]를 클릭합니다. [구조 및 창 보호] 대화상자가 나타나면 새 암호를 입력하고, 한 번 더 입력한 뒤 [확인]을 클릭합니다.

> **TIP**
>
> [통합 문서 보호]를 적용하면 어떤 워크시트에서 암호를 설정하더라도 모든 워크시트가 보호됩니다.

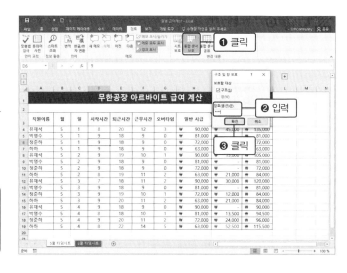

2 '6월 타임시트' 워크시트 탭에서 마우스 오른쪽 버튼을 클릭하면 단축 메뉴 일부가 비활성화된 것을 볼 수 있습니다. 워크시트 탭을 더블클릭하면 경고 메시지가 나타납니다.

> 통합 문서 보호를 해제하고 싶다면 [검토] 탭-[변경 내용] 그룹-[통합 문서 보호]를 클릭하고 암호를 입력합니다.

Microsoft Excel　　✕

⚠ 통합 문서가 보호되어 있어서 변경할 수 없습니다.

확인

208　워크시트 셀의 편집 제한하기_시트 보호

워크시트에 입력된 셀의 데이터 편집을 제한하려면 [시트 보호]를 적용하고 암호를 설정하면 됩니다. [시트 보호]는 워크시트 전체 셀 또는 일부 셀 범위의 편집을 제한할 수 있지만 문서 열람 및 워크시트 이름 보호는 별개로 설정해야 합니다.

예제 파일 Part19\급여계산.xlsx　　**완성 파일** Part19\급여계산_완성.xlsx (암호 : 1234)

| 워크시트의 모든 셀 보호하기

1 워크시트의 셀 전체를 수정하지 못하도록 암호를 설정해 보겠습니다. 워크시트 탭에서 마우스 오른쪽 버튼을 클릭한 뒤 메뉴에서 [시트 보호]를 선택합니다.

TIP

[시트 보호]를 설정하는 방법
방법 1. 탭에서 마우스 오른쪽 버튼을 클릭한 뒤 단축 메뉴에서 선택
방법 2. [검토] 탭–[변경 내용] 그룹–[시트 보호]
방법 3. [홈] 탭–[셀] 그룹–[서식]의 [시트 보호]

2 [시트 보호] 대화상자가 나타나면 암호를 입력하고 '잠긴 셀 선택'과 '잠기지 않은 셀 선택'에 체크 표시를 하고 [확인]을 클릭합니다. 다시 암호를 입력하고 [확인]을 클릭합니다.

TIP
'잠긴 셀 선택'의 체크 표시를 없애면 잠긴 셀을 클릭하는 것조차 금지됩니다.

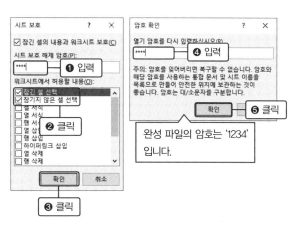

완성 파일의 암호는 '1234' 입니다.

3 시트 보호가 적용된 워크시트에서 셀을 수정하려고 더블클릭하면 시트 보호를 해제해야 한다는 경고 메시지가 나타납니다.

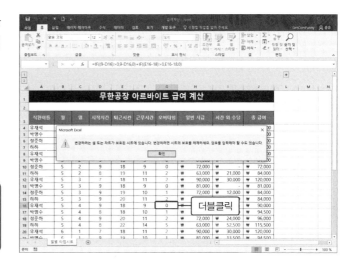

TIP

해당 워크시트 탭만 시트 보호를 적용했기 때문에 다른 워크시트에는 따로 시트 보호를 적용해야 합니다.

| 워크시트 보호 해제하기

1 워크시트 탭에서 마우스 오른쪽 버튼을 클릭한 뒤 단축 메뉴에서 [시트 보호 해제]를 선택합니다.

2 암호를 입력하고 [확인]을 클릭하면 시트 보호가 해제되고 워크시트의 모든 셀을 수정할 수 있습니다.

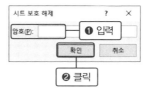

209 워크시트의 일부 셀만 보호하는 암호 설정하기

워크시트에서는 일부 셀만 보호할 수 있게 암호를 설정할 수 있습니다. 예를 들어, 일부 셀이 자동 계산 되도록 수식이 입력되었다면 해당 셀만 편집할 수 없게 암호로 잠금 설정을 합니다. '숨김' 기능까지 추가하면 셀을 클릭해도 수식을 확인할 수 없습니다.

예제 파일 Part19\급여계산 서식.xlsx   **완성 파일** Part19\급여계산 서식_완성.xlsx (암호 : 1234)

---

1 모두 선택 버튼 ◢을 클릭하여 워크시트 전체를 선택합니다. Ctrl + 1 을 눌러 [셀 서식] 대화상자를 불러옵니다. 일부 셀만 잠금을 설정하기 위해 [보호] 탭에서 '잠금'의 체크 표시를 없앱니다.

단축키

셀 전체 선택 Ctrl + A

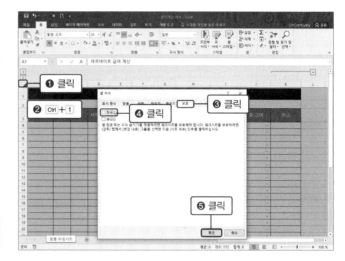

2 수식이 입력된 [F4:J35] 셀을 선택한 후 Ctrl + 1 을 눌러 [셀 서식] 대화상자를 불러옵니다. [보호] 탭에서 '잠금'과 '숨김'에 체크 표시를 하고 [확인]을 클릭합니다.

TIP

멀리 떨어져 있는 셀의 모든 수식을 선택하려면 [홈] 탭-[편집] 그룹-[찾기 및 선택]에서 [수식]을 클릭합니다.

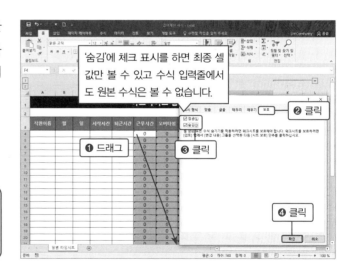

'숨김'에 체크 표시를 하면 최종 셀 값만 볼 수 있고 수식 입력줄에서도 원본 수식은 볼 수 없습니다.

TIP

전체 셀 보호를 해제하면 수식이 입력된 셀에 오류 검사 표시가 나타납니다. 수식이 다시 보호되면 오류 표시가 사라집니다. 보호되지 않은 셀의 오류 표시를 없애려면 ◈를 클릭하고 [오류 무시]를 선택합니다.

3 [검토] 탭-[변경 내용] 그룹-[시트 보호]를 클릭합니다.

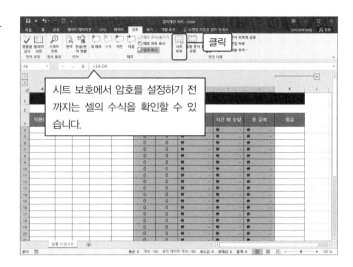

시트 보호에서 암호를 설정하기 전까지는 셀의 수식을 확인할 수 있습니다.

4 [시트 보호] 대화상자의 '잠긴 셀의 내용과 워크시트 보호'에 체크 표시가 되어 있습니다. '잠긴 셀 선택'과 '잠기지 않은 셀 선택'의 체크 표시를 확인하고 암호를 입력합니다. [확인]을 클릭하고 다시 암호를 입력한 뒤 [확인]을 클릭합니다.

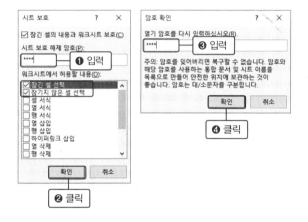

5 잠금이 설정된 셀을 편집하기 위해 더블클릭하면 경고 메시지가 나타나고 편집이 제한됩니다. 잠긴 셀을 편집하려면 시트 보호를 해제하고 편집한 후 다시 해당 셀에만 시트 보호를 설정해야 합니다.

TIP

셀이 보호된 상태에서는 편집할 수 없기 때문에 [홈] 탭의 [글꼴], [맞춤], [표시 형식] 등의 서식 아이콘이 비활성화됩니다.

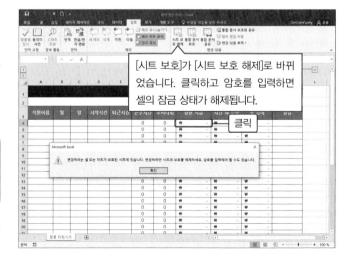

[시트 보호]가 [시트 보호 해제]로 바뀌었습니다. 클릭하고 암호를 입력하면 셀의 잠금 상태가 해제됩니다.

page 수식 셀을 잠그고 해제하는 매크로 버튼을 만드는 방법은 791쪽을 참고하세요.

210 보호된 워크시트에서 일부 셀만 편집 허용하기

일반적으로 [시트 보호]를 적용하면 해당 워크시트의 모든 셀이 보호됩니다. 문서를 공유하는 사람이 특정 셀에만 데이터를 입력하게 만드려면 부분적으로 편집을 허용하면 됩니다. 워크시트를 암호로 보호하되 셀의 일부만 편집할 수 있게 암호를 설정해 보겠습니다.

예제 파일 Part19\선급금정산서.xlsx   **완성 파일** Part19\선급금정산서_완성.xlsx (암호 : 1234)

1 [검토] 탭-[변경 내용] 그룹-[범위 편집 허용]을 클릭합니다. [범위 편집 허용] 대화상자에서 [새로 만들기]를 클릭합니다.

편집을 허용할 범위

2 [새 범위] 대화상자가 나타나면 제목을 입력하고 [셀 참조] 입력란을 클릭한 후 워크시트에서 [C7:C11] 셀을 드래그합니다. 다음 범위를 입력하기 위해 쉼표를 입력하고 다시 [B16:E27] 셀을 드래그한 뒤 [확인]을 클릭합니다.

TIP

[새 범위] 대화상자에서 '범위 암호'를 설정하면 시트 보호 암호와 별도로 입력을 위한 암호를 따로 만들 수 있습니다.

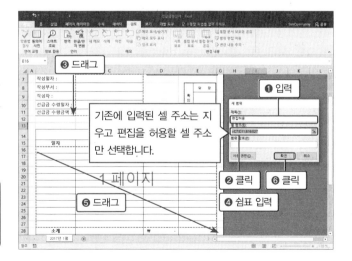

기존에 입력된 셀 주소는 지우고 편집을 허용할 셀 주소만 선택합니다.

3 [범위 편집 허용] 대화상자에 셀 참조 주소가 확인됩니다. [시트 보호]를 클릭합니다.

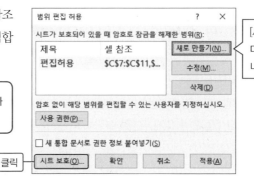

[새로 만들기]를 클릭하여 또 다른 범위를 추가할 수 있습니다.

클릭

4 [시트 보호] 대화상자가 나타나면 암호를 입력하고 '잠긴 셀 선택'과 '잠기지 않은 셀 선택'에 체크 표시를 하고 [확인]을 클릭합니다. 다시 암호를 입력하고 [확인]을 클릭합니다.

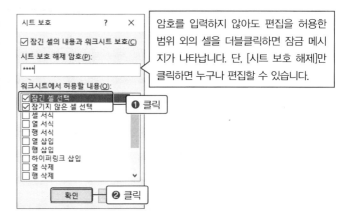

암호를 입력하지 않아도 편집을 허용한 범위 외의 셀을 더블클릭하면 잠금 메시지가 나타납니다. 단, [시트 보호 해제]만 클릭하면 누구나 편집할 수 있습니다.

5 범위 편집이 허용된 셀을 더블클릭하면 내용을 수정할 수 있지만 그 외의 보호된 셀을 클릭하면 경고 메시지가 나타나서 데이터 입력이 불가능합니다.

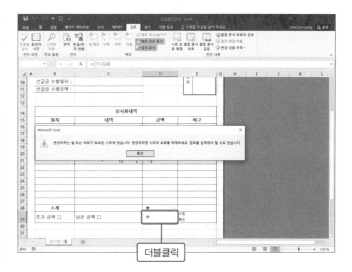

더블클릭

211 아웃룩 이메일로 엑셀 문서 보내기

MS 오피스 패키지를 설치하면 아웃룩도 사용할 수 있습니다. 아웃룩의 메일 쓰기 화면은 MS 워드와 유사하고 엑셀 문서도 쉽게 첨부할 수 있습니다. 아웃룩이 메일 계정과 연동되어 있다면 완성된 엑셀 문서를 바로 메일로 보낼 수 있습니다.

예제 파일 Part19\정기점검 체크리스트.xlsx

1 아웃룩이 로그인된 상태에서 엑셀 문서의 [파일] 탭을 클릭합니다. [공유] 화면에서 [전자 메일]–[첨부 파일로 보내기]를 클릭합니다.

엑셀 2007 | 오피스 단추 -보내기-전자메일

엑셀 2010 | [파일] 탭-저장/보내기-전자 메일을 사용하여 보내기-첨부 파일로 보내기

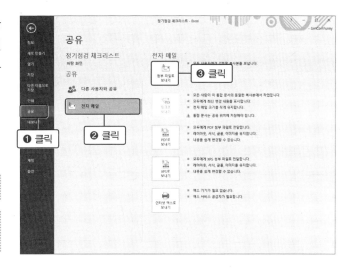

2 연동된 아웃룩 계정의 메일이 실행됩니다. 메일 보내기 화면에 현재 문서가 첨부되어 나타납니다. 메일 제목과 내용을 입력하면 엑셀 문서를 바로 보낼 수 있습니다.

TIP

해당 기능은 PC에 MS 아웃룩이 연결되어야 사용 가능합니다. 네이버나 다음 등 외부 메일 계정을 사용할 경우 각 메일 사이트의 '환경 설정'에서 POP/SMTP 서버명 및 포트를 확인해서 연동하도록 합니다.

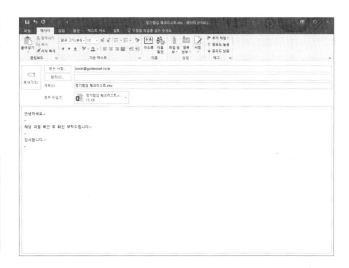

212 워크시트 내용을 이메일 본문에 삽입하기

엑셀 문서는 여러 사람들과 공유하는 경우가 많습니다. 워크시트에 입력된 데이터를 메일 본문에 삽입하면 받는 사람이 엑셀 프로그램을 열지 않고도 표를 볼 수 있습니다. 단, 엑셀에서 메일을 보내려면 아웃룩에 메일 계정이 연결되어 있어야 합니다.

예제 파일 Part19\정기점검 체크리스트.xlsx

1 우선 해당 명령을 메뉴에 추가해야 합니다. [빠른 실행 도구 모음 사용자 지정] 버튼을 클릭한 후 메뉴에서 [기타 명령]을 선택합니다.

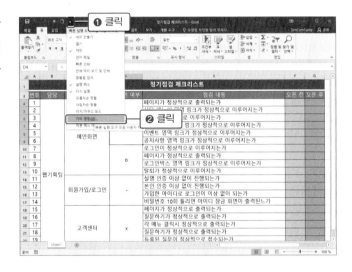

2 [Excel 옵션] 대화상자-[빠른 실행 도구 모음] 화면의 [명령 선택]에서 '리본 메뉴에 없는 명령'을 선택한 후 선택 목록의 스크롤바를 내려서 '전자 메일로 보내기'를 선택합니다. [추가]를 클릭한 후 [확인]을 클릭합니다.

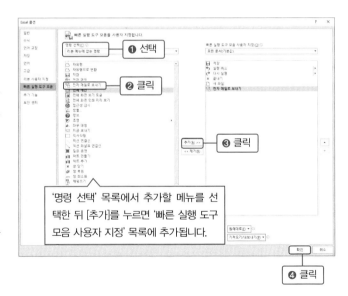

'명령 선택' 목록에서 추가할 메뉴를 선택한 뒤 [추가]를 누르면 '빠른 실행 도구 모음 사용자 지정' 목록에 추가됩니다.

page 빠른 실행 도구 모음에 대한 자세한 내용은 49쪽을 참고하세요.

3 빠른 실행 도구 모음에 추가된 [전자 메일로 보내기] 아이콘을 클릭합니다. [전자 메일] 대화상자가 나타나면 '메시지 본문으로 현재 시트 보내기'를 선택한 후 [확인]을 클릭합니다.

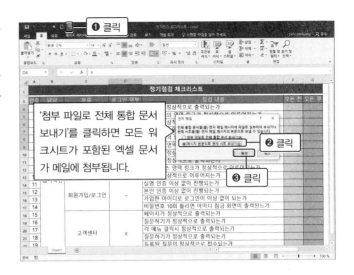

'첨부 파일로 전체 통합 문서 보내기'를 클릭하면 모든 워크시트가 포함된 엑셀 문서가 메일에 첨부됩니다.

4 아웃룩에 메일 계정이 로그인되어 있다면 현재 문서가 삽입된 메일 보내기 화면이 나타납니다. '받는 사람'의 메일 주소와 제목, 내용을 입력하고 [현재 시트 보내기]를 클릭하면 메일이 발송됩니다.

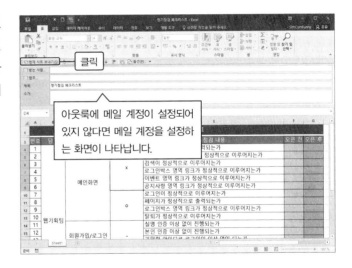

아웃룩에 메일 계정이 설정되어 있지 않다면 메일 계정을 설정하는 화면이 나타납니다.

213 다른 사람과 같이 문서 편집하기_통합 문서 공유

회사나 학교에서 같은 네트워크를 사용하는 경우, 사용 중인 엑셀 문서를 여러 사람이 공유해서 같이 보고 편집할 수 있습니다. 그러나 처음 문서를 열어본 사용자가 [통합 문서 공유]를 설정하지 않으면 동시에 접속한 다른 사용자는 읽기 모드로만 문서를 볼 수 있습니다.

예제 파일 Part19\정기점검 체크리스트.xlsx

┃ 통합 문서 공유하기

1 엑셀 문서를 같은 네트워크 사용자와 공유하려면 [검토] 탭-[변경 내용] 그룹-[통합 문서 공유]를 클릭합니다.

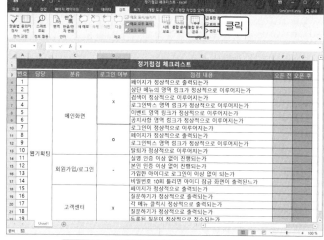

2 [통합 문서 공유] 대화상자가 나타나면 '여러 사용자가 동시에 변경할 수 있으며 통합 문서 병합도 가능'을 체크 표시한 후 [확인]을 클릭합니다. 통합 문서가 저장될 수 있다는 메시지가 나타나면 [확인]을 클릭합니다.

[고급] 탭을 클릭하면 변경 내용, 충돌 해결 등 자세한 내용을 설정할 수 있습니다.

공유에서 제외할 사용자가 있다면 클릭하고 [제거]를 누릅니다.

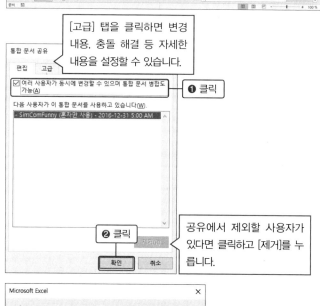

3 제목 표시줄의 문서 이름 옆에 [공유]가 표시됩니다. 네트워크에 접속한 다른 사용자와 동시에 문서를 열고 수정할 수 있습니다. 공유를 해제하지 않고 저장하면 다음에 문서를 열었을 때도 [공유]가 표시되어 있습니다.

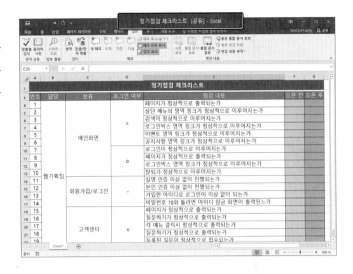

| 통합 문서 공유 해제하기

1 통합 문서의 공유를 해제하려면 [검토]탭-[변경 내용] 그룹-[통합 문서 공유]를 클릭합니다. [통합 문서 공유] 대화상자에서 '여러 사용자가 동시에 변경할 수 있으며 통합 문서 병합도 가능'의 체크 표시를 없앤 후 [확인]을 클릭합니다.

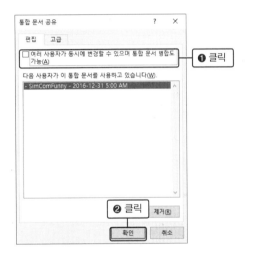

2 통합 문서 해제에 관한 경고가 나타납니다. 해제하려면 [예]를 클릭합니다.

214 공유 파일의 변경 내용 추적하기

같은 네트워크의 사용자들이 동시에 문서를 열고 편집하려면 엑셀 문서를 처음에 연 사람이 [통합 문서 공유]를 설정해놓아야 합니다. 이때 [변경 내용 추적] 기능을 활용하면 문서의 공유 상태는 물론 누가 어떤 내용을 편집했는지도 추적할 수 있습니다.

예제 파일 Part19\정기점검 체크리스트_공유.xlsx

| 변경 내용 표시하기

1 [검토] 탭-[변경 내용] 그룹-[변경 내용 추적]에서 [변경 내용 표시]를 클릭합니다.

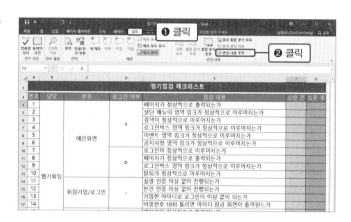

> **TIP**
>
> 최신 버전부터는 [변경 내용] 그룹이 없기 때문에 [파일] 탭-[옵션]-[빠른 실행 도구 모음]의 '모든 명령'에서 다음의 항목을 추가합니다. 빠른 실행 도구 모음에 대한 자세한 내용은 49쪽을 참고하세요.
>
>
>
> ❶ 통합 문서 공유　❷ 변경 내용 추적
> ❸ 공유 보호　❹ 통합 문서 비교 및 병합

2 [변경 내용 표시] 대화상자에서 '편집하는 동안 변경 내용 추적'에 체크 표시를 한 후 [확인]을 클릭합니다. 통합 문서가 저장될 수 있다는 메시지가 나타나면 [확인]을 클릭합니다. 이제 변경 내용을 추적할 수 있습니다.

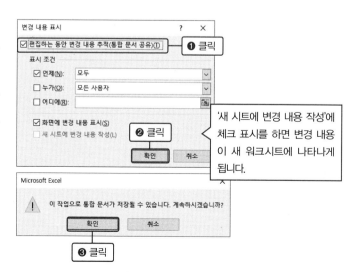

'새 시트에 변경 내용 작성'에 체크 표시를 하면 변경 내용이 새 워크시트에 나타나게 됩니다.

| 변경 내용을 문서에 적용하기

1 공유 문서를 수정하면 셀의 왼쪽 위 모서리에 파란색 삼각형 표식이 나타납니다. 셀에 마우스 포인터를 올리면 누가 어떤 내용을 수정했다는 내용이 나타납니다.

[통합 문서 공유]가 이미 설정된 문서입니다.

2 다른 사용자가 변경한 내용을 문서에 적용하려면 [검토] 탭-[변경 내용] 그룹-[변경 내용 추적▶]에서 [변경 내용 적용/취소]를 클릭합니다.

> **TIP**
> 최신 버전부터는 빠른 실행 도구 모음에 추가된 아이콘을 클릭합니다.

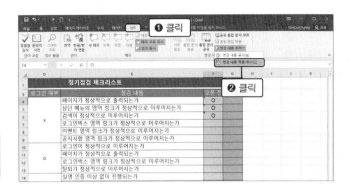

❶ 클릭

❷ 클릭

3 통합 문서가 저장될 수 있다는 메시지가 나타나면 [확인]을 클릭합니다.

클릭

4 [적용하거나 취소할 변경 내용 선택] 대화상자가 나타나면 [확인]을 클릭합니다.

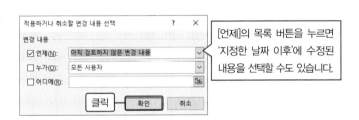

[언제]의 목록 버튼을 누르면 '지정한 날짜 이후'에 수정된 내용을 선택할 수도 있습니다.

클릭

5 [변경 내용 적용/취소] 대화상자에 변경된 내용이 나타납니다. [적용]을 클릭하면 변경된 내용이 하나씩 문서에 적용되고, [적용 안함]을 클릭하면 변경 이전 상태로 돌아갑니다. [모두 적용] 또는 [모두 취소]를 클릭하면 일괄 처리됩니다.

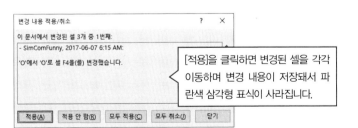

[적용]을 클릭하면 변경된 셀을 각각 이동하며 변경 내용이 저장돼서 파란색 삼각형 표식이 사라집니다.

Part 20

원드라이브/ 모바일 앱

엑셀 문서를 PC에서 작업하고 하드 디스크에만 저장하는 시대는 끝났습니다. 스마트폰에 엑셀 앱을 설치하면 어디서든 문서 작업이 가능합니다. 컴퓨터 보안이 걱정된다면 실시간으로 백업되는 원드라이브를 사용해보세요. 마이크로소프트의 클라우드 서비스인 원드라이브를 활용하면 링크 주소를 공유한 다른 사용자들과 동시에 문서를 열어서 편집까지 끝낼 수 있습니다.

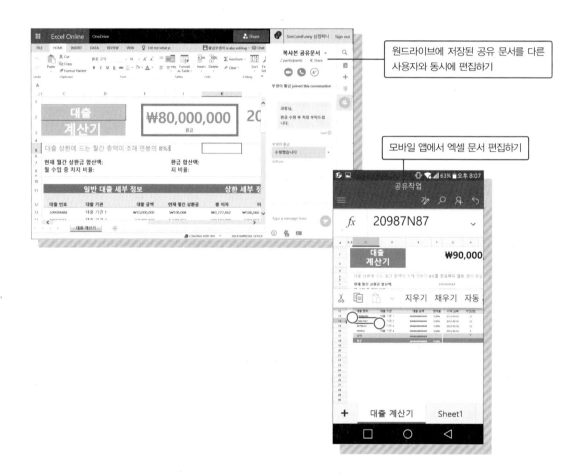

원드라이브에 저장된 공유 문서를 다른 사용자와 동시에 편집하기

모바일 앱에서 엑셀 문서 편집하기

215 원드라이브에 문서 저장하기

원드라이브는 윈도우 10과 윈도우 8.1에서 기본 제공되고, 윈도우 8 이하 및 맥에서는 별도로 설치해야 합니다. 엑셀 2010에서는 [웹에 저장] 메뉴에서 로그인 후 [Window Live에 저장]으로 저장했지만, 엑셀 2013부터는 저장 위치에서 바로 원드라이브를 선택할 수 있습니다. 마이크로소프트 계정에 로그인된 상태에서 온라인으로 원드라이브 문서를 편집하면 실시간으로 문서가 백업됩니다.

| 원드라이브 계정 등록하기

마이크로소프트 계정이 있다면 온라인 웹 하드인 원드라이브를 사용할 수 있습니다. 원드라이브를 사용하려면 마이크로소프트 홈페이지에서 계정부터 등록해야 합니다. http://onedrive.live.com에 접속해서 마이크로소프트 계정으로 로그인한 후 '홈' 화면에서 '무료 가입'을 클릭합니다.

page 마이크로소프트 계정 등록에 대한 자세한 내용은 28쪽을 참고하세요.

원드라이브에는 엑셀에서 저장한 문서 외에도 네이버 클라우드처럼 사진이나 동영상 등을 온라인 공간에 저장할 수 있습니다.

TIP
무료로 제공되는 용량 외에 추가로 월 사용료를 지불하면 최대 5TB까지 저장할 수 있습니다.

| 원드라이브에 저장하기

1 새 문서를 원드라이브에 저장해 보겠습니다. [파일] 탭–[다른 이름으로 저장]을 클릭합니다. 마이크로소프트 계정에 로그인한 상태가 아니라면 [로그인]을 클릭해서 아이디와 암호를 입력합니다.

> **TIP**
> 마이크로소프트 계정에 한 번 로그인하면 다음에 엑셀 프로그램을 열 때 자동으로 로그인됩니다.

> 엑셀 2010 | [파일] 탭–[저장 및 보내기]–[웹에 저장]–[로그인]을 클릭하고 Windows Live ID로 로그인합니다. 이후 OneDrive 폴더를 선택하고 다른 이름으로 저장합니다.

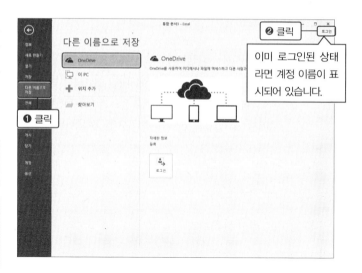

2 로그인 후 [OneDrive]를 더블클릭합니다. [다른 이름으로 저장] 대화상자가 나타나고 개인 원드라이브 계정이 폴더 경로에 나타납니다. 문서 이름을 입력하고 [저장]을 클릭합니다.

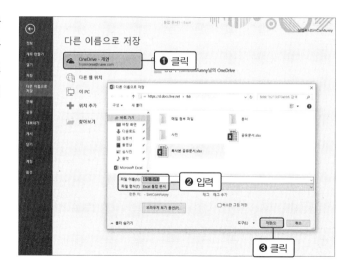

> **TIP**
> 원드라이브에 저장할 때 PC 로그인 계정이나 보안 상태에 따라 [Window 보안] 대화상자가 나타날 수 있습니다. 사용자 이름과 암호에 마이크로소프트 계정 정보를 입력하고 [확인]을 클릭합니다.

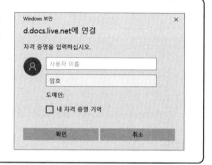

216 원드라이브에 저장된 문서 공유하기

엑셀 2016부터는 같은 네트워크 사용자가 아니라도 원드라이브에 저장된 문서를 다른 사람이 열어보고 동시에 작업할 수도 있습니다. 원드라이브에 저장된 문서의 링크 주소를 마이크로소프트 계정을 가진 사용자에게 초대 메일로 보내면 공유된 엑셀 문서를 온라인에서 동시에 열람하고 편집할 수 있습니다.

예제 파일 Part20\공유문서.xlsx

| 방법 1_문서를 공유할 사용자에게 초대 메일 보내기

1 엑셀 문서에서 [공유]를 클릭하면 [공유] 작업 창이 나타납니다. 문서를 아직 원드라이브에 저장하지 않았다면 [클라우드에 저장]을 클릭하여 원드라이브에 저장합니다.

TIP

원드라이브에 저장된 문서를 여는 방법
방법 1. 엑셀에서 MS 계정에 로그인 후 [파일]
탭-[열기]-[OneDrive] 폴더에서 문서 열기
방법 2. 원드라이브 웹 페이지 접속 후 [파일]
메뉴에서 문서 열기(https://onedrive.live.com/
about/ko-kr)

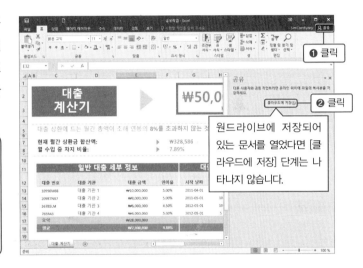

원드라이브에 저장되어 있는 문서를 열었다면 [클라우드에 저장] 단계는 나타나지 않습니다.

2 [공유] 작업 창의 [사용자 초대]에 공유할 사용자의 이메일 주소와 메시지를 입력합니다. '편집 가능'이 선택된 상태에서 [공유]를 클릭하면 원드라이브에 저장된 문서의 링크 주소가 초대 이메일로 발송됩니다.

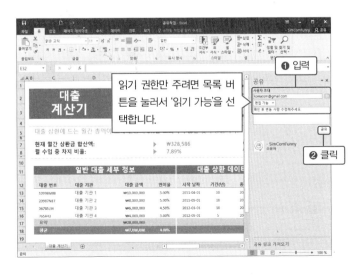

읽기 권한만 주려면 목록 버튼을 눌러서 '읽기 가능'을 선택합니다.

page 문서를 공유받은 사용자가 문서를 편집하는 방법은 495쪽을 참고하세요.

3 [공유] 작업 창에 초대 메일이 전송된 이메일 주소가 표시됩니다.

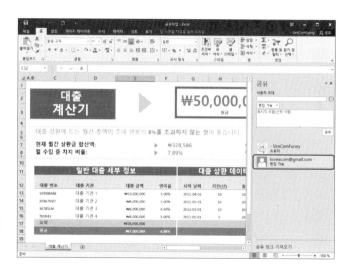

> **TIP**
> 공유 대상자의 권한을 읽기 모드로 변경하거나 공유를 해제하려면 공유한 이메일 주소를 마우스 오른쪽 버튼으로 클릭한 뒤 메뉴에서 [다음으로 사용 권한 변경 : 표시 가능] 또는 [사용자 제거]를 선택합니다.

| 방법 2_원드라이브 링크 주소로 공유하기

1 원드라이브에 저장된 문서를 연 상태에서 [공유]를 클릭합니다. [공유] 작업 창 아래 [공유 링크 가져오기]를 클릭합니다.

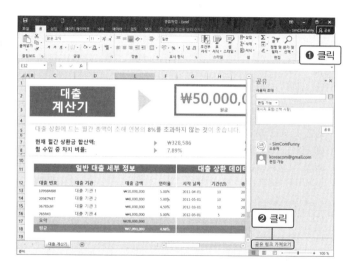

> **TIP**
> 문서를 공유받은 사용자는 MS 계정에 로그인하지 않아도 엑셀 온라인 브라우저로 문서를 보고 편집할 수 있습니다. 단, 엑셀 프로그램에서 공유 문서를 열어 보려면 MS 계정에 로그인해야 합니다.

2 공유할 사용자에게 편집 권한을 부여하려면 [편집 링크 만들기]를 클릭합니다. 링크 주소가 생성되면 [복사]를 클릭한 후 메일이나 메신저에 붙여넣기해서 전달합니다.

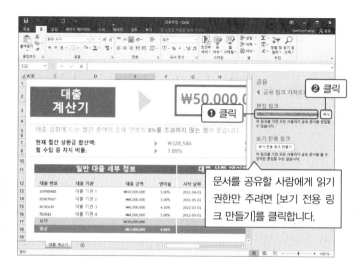

> **TIP**
> 원드라이브에 저장된 문서는 수정 사항이 자동으로 저장됩니다. 초대받은 사용자가 문서를 편집하는 것을 제한하려면 [보기 전용 링크]를 사용합니다.

217 원드라이브로 공유 받은 문서 편집하기

[편집 가능] 권한의 초대 메일이나 링크 주소로 문서를 공유 받은 사용자는 엑셀 프로그램이나 온라인 브라우저에서 원본 문서를 열어볼 수 있습니다. 엑셀이 설치되어 있지 않더라도 온라인 브라우저로 문서를 열면 편집도 가능하고 자동으로 백업도 돼서 수정하는 즉시 원본에 반영됩니다.

| 방법 1_초대 메일로 받은 공유 문서 열기

문서를 공유 받은 사용자가 초대 메일에서 'View in OneDrive' 버튼을 클릭하면 Microsoft Excel Online 브라우저를 통해 공유 문서가 열립니다.

TIP

온라인으로 다운로드한 파일을 열 때 컴퓨터의 보안 설정에 따라 보안 메시지가 나타날 수 있습니다. 문서를 열려면 [예]를 클릭합니다.

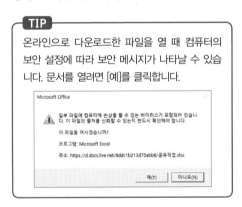

| 방법 2_링크 주소로 받은 공유 문서 열기

링크 주소를 인터넷 주소 창에 붙여 넣고 Enter를 누르면 Microsoft Excel Online 브라우저를 통해 공유 문서가 열립니다.

| 엑셀 온라인 브라우저에서 편집하기

1 [편집 가능] 권한을 가진 공유 문서를 열었다면 [브라우저에서 편집]을 클릭합니다.

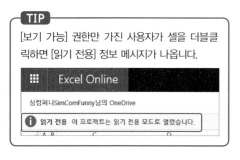

Skill Up 〉 다른 사용자가 이 통합 문서를 잠갔습니다〈영구 라이선스 설치형 사용자〉

공유 문서가 다른 사용자의 엑셀 프로그램에서 먼저 열린 경우에는 동시 편집이 불가능합니다. 동시 접속이 가능한 온라인 브라우저와 달리 엑셀 프로그램에서 사용 중인 문서는 실시간으로 편집 상황을 공유할 수 없는 잠금 상태가 됩니다. 엑셀 프로그램에서 공유 문서를 닫으면 경고 메시지가 사라지고 편집 모드로 바뀝니다.

단, [보기 가능] 링크로 공유 문서가 열린 상황이라면 나중에 접속한 사용자가 편집하는 데 제한이 없습니다.

* 이를 개선하기 위해 월 구독 서비스인 마이크로소프트 365에서는 [공동 작성] 기능을 추가하여 오프라인 엑셀 프로그램에서도 동시 편집이 가능해졌습니다.

---

2 화면이 재설정되면서 리본 메뉴가 나타납니다. [C2] 셀을 클릭하고 [홈] 탭–[글꼴] 그룹에서 채우기 색을 변경합니다. 원드라이브 문서는 실시간으로 백업되기 때문에 문서를 그냥 닫아도 원본에 편집 내용이 저장됩니다.

Skill Up 〉 지원되지 않는 기능의 [복사본 편집]

도형이나 그림 등 온라인에서 사용할 수 없는 기능이 포함된 문서를 브라우저에서 열면 오류 메시지가 나타납니다. [복사본 편집]을 선택하면 제한된 기능을 제외한 복사본에서 편집할 수 있습니다. 모든 기능을 활용해서 편집하려면 [취소]를 누르고 엑셀 프로그램에서 편집합니다.

| 엑셀 프로그램에서 편집하기

1 MS 계정으로 로그인하고 [통합 문서 편집]-[Excel에서 편집]을 클릭합니다.

TIP

다른 사용자가 공유 문서를 편집하고 있을 경우, 사용에 제한이 있습니다.

2 온라인 브라우저 화면이 비활성화되고 완료 메시지가 나타난 뒤 엑셀 프로그램에서 문서가 열립니다. 엑셀에 로그인되어 있지 않다면 MS 계정을 다시 입력해야 합니다.

로그인되었다면 엑셀 문서가 바로 열립니다.

Skill Up 〉 사용 중인 파일〈영구 라이선스 설치형 사용자〉

다른 사용자가 공유 문서를 편집 중일 때, 나중에 접속한 사용자가 엑셀 프로그램에서 문서를 열면 오류 메시지가 나타납니다. 다른 사용자가 공유 문서를 완전히 닫아야 엑셀 프로그램에서 작업할 수 있습니다. 단, 모든 사용자가 온라인 브라우저에서 공유 문서를 실행하면 열람 순서와 상관없이 여럿이서 하나의 문서를 편집할 수 있습니다.

* 모든 사용자가 마이크로소프트 365 구독 프로그램을 이용할 경우, [공동 작성] 기능을 통해 엑셀 프로그램에서도 동시 편집이 가능합니다.

---

3 엑셀 프로그램에 로그인되면 공유 문서가 나타납니다. 편집한 내용을 원본에 적용하려면 Ctrl + S를 눌러서 저장합니다.

TIP

공유 문서를 엑셀 프로그램으로 연 상태에서 다른 사용자가 온라인 브라우저로 공유 문서를 열면 '다른 사용자가 이 통합 문서를 잠갔습니다'라는 메시지가 나타납니다. 자세한 내용은 496쪽을 참고하세요.

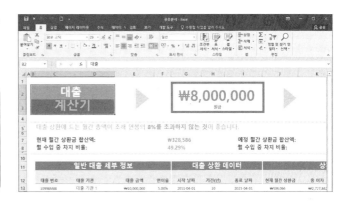

218 공유 문서를 다른 사용자와 동시에 편집하기

편집 권한이 있는 사용자들이 문서를 동시에 편집하려면 엑셀 온라인 브라우저로 문서에 접속하면 됩니다. 상대방의 커서 위치부터 편집하는 내용까지 실시간으로 확인할 수 있습니다. 또한 스카이프 채팅 기능을 이용해서 메시지를 주고받을 수도 있습니다. 마이크로소프트 365 구독자끼리는 [자동 저장]을 활성화하면 엑셀 프로그램에서도 동시에 편집이 가능합니다.

1 문서를 공유 받은 사용자(황금부엉이)가 엑셀 온라인 브라우저에서 원본 문서를 열고 [C2] 셀의 채우기 색을 변경했습니다.

▲ 초대받은 사용자의 엑셀 브라우저 화면

2 원드라이브 소유자(십컴퍼니)의 엑셀 온라인 브라우저에서도 상대방의 편집 상황을 실시간으로 볼 수 있습니다. 채팅을 하려면 ⑤를 클릭합니다. 채팅 창이 열리고 메시지를 보내면 상대방의 브라우저 화면에는 ⑥ 표시로 미확인 메시지 개수가 표시됩니다.

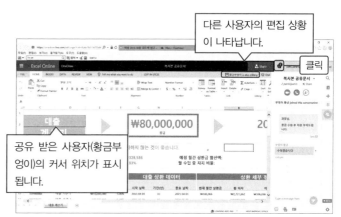

▲ 원드라이브 소유자의 엑셀 브라우저 화면

3 브라우저에서 수정한 내용은 원드라이브 문서에 실시간으로 반영되므로 따로 저장할 필요가 없습니다. 다른 위치에 복사본을 저장하려면 [파일] 탭-[다른 이름으로 저장]을 클릭합니다.

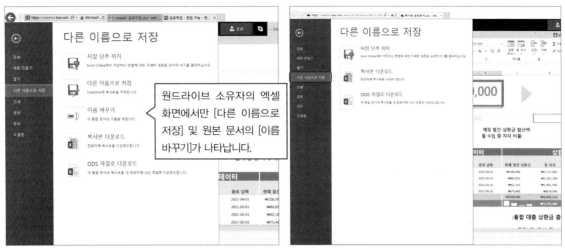

▲ 원드라이브 소유자의 엑셀 브라우저 [파일] 탭   ▲ 초대받은 사용자의 엑셀 브라우저 [파일] 탭

TIP

[저장 단추 위치]를 클릭하면 온라인으로 접속한 브라우저 편집(Excel Online)에서는 문서가 자동으로 저장된다는 설명이 나타납니다.

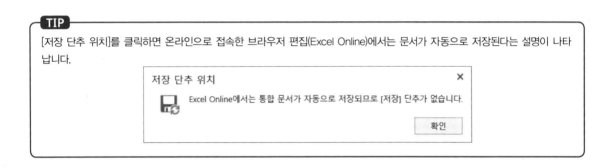

219 스마트폰에서 엑셀 문서 확인하기

스마트폰에 [Excel] 앱을 설치하면 컴퓨터에서 작성한 엑셀 문서를 열람하고 편집하는 것은 물론 새 문서도 작성할 수 있습니다. [Excel] 앱을 사용하려면 1GB 이상의 램이 필요하고 안드로이드 폰에서는 4.4 킷캣 이상의 운영체제에서만 설치가 가능합니다.

| 스마트폰에 [엑셀] 앱 설치하기

구글 플레이 스토어에서 '엑셀'을 설치한 후 마이크로소프트 계정으로 로그인합니다.

 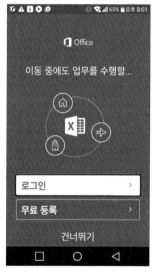

TIP

엑셀 공식 앱의 이름은 [Microsoft Excel]입니다. [Polaris Office]나 엑셀 유사 앱에서도 문서 열람과 편집이 가능하지만 PC 버전과 유사한 기능을 사용하려면 공식 앱을 사용하는 것이 좋습니다.

| 모바일용 엑셀 화면 살펴보기

모바일에서 사용 가능한 [엑셀] 앱의 사용 방법은 PC에서 제공하는 것과 크게 다르지 않습니다. 마우스나 키보드를 터치 화면으로 대체해서 정교한 작업은 어려울 수 있지만 화면 구성과 데이터 입력, 드래그하는 방법은 비슷하기 때문에 간단한 문서 작업은 모바일로 쉽게 할 수 있습니다.

❶ 백스테이지 열기
❷ 리본 메뉴 열기
❸ 검색
❹ 공유
❺ 워크시트 추가

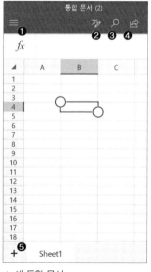

▲ 새 통합 문서

▲ 계정 로그인 시 첫 화면

| 엑셀 앱으로 문서 작업하기

1 문서를 새로 만들려면 메뉴 🔳에서 [새로 만들기]를 선택합니다. 저장된 문서를 불러오려면 [열기]를 누르고 문서를 선택합니다.

> **TIP**
> PC에서 작성된 문서를 원드라이브에 저장하면 모바일에서도 쉽게 문서를 열어서 편집할 수 있습니다.

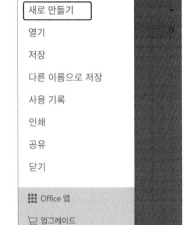

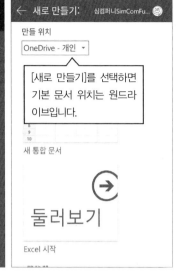

> [새로 만들기]를 선택하면 기본 문서 위치는 원드라이브입니다.

2 워크시트에서 셀을 연속 2번 누르거나 수식 입력줄을 누르면 데이터를 입력할 수 있습니다.

> 데이터를 입력하려면 셀을 연속 2번 누릅니다.

> 셀을 선택하고 수식 입력줄을 눌러도 화면 아래 키보드가 활성화됩니다.

▲ 방법 1. 셀에 직접 입력   ▲ 방법 2. 수식 입력줄에 입력

> **TIP**
> 화면 크기는 스마트폰에서 사진을 확대/축소하듯이 키우고 줄일 수 있습니다.

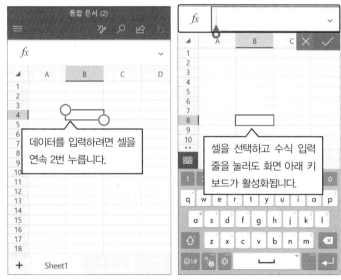

3 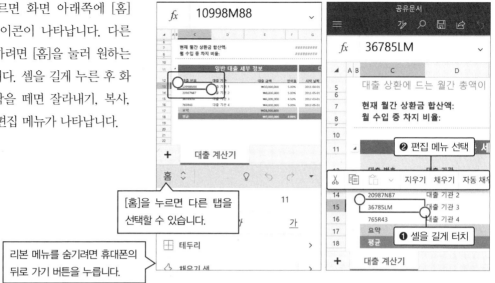를 누르면 화면 아래쪽에 [홈] 탭과 명령 아이콘이 나타납니다. 다른 탭으로 이동하려면 [홈]을 눌러 원하는 탭을 선택합니다. 셀을 길게 누른 후 화면에서 손가락을 떼면 잘라내기, 복사, 채우기 등의 편집 메뉴가 나타납니다.

4 문서를 저장하려면 메뉴 ▦에서 [저장]을 누릅니다. [자동 저장]이 '켬'으로 설정되었다면 따로 저장하지 않고 앱을 종료하더라도 마지막으로 수정된 문서가 자동 저장됩니다. 자동 저장이 '끔'으로 설정되었다면 [저장]을 누릅니다.

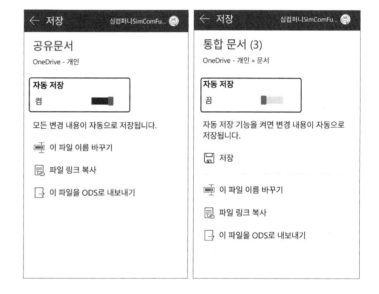

Step 5

비주얼 끝판왕

- 차트와 개체

#막대 그래프 #이중 축 그래프 #원형 차트
#스파크라인 #스마트아트 #하이퍼링크

Part 21

기본 차트

차트의 알록달록한 그래프는 빡빡한 표를 압축해서 보여주면서 숫자에 지친 안구를 정화시켜줍니다. '시작이 반'이라는 말처럼 차트 삽입만 하면 절반은 성공! 차트 레이아웃과 스타일을 선택하면 세부 요소를 선택하는 시간을 줄일 수 있습니다. 추천 차트나 콤보 차트 등 일부 기능은 엑셀 2010 이하에서 제공되기 때문에 모든 버전에서 사용할 수 있는 호환 메뉴까지 알아보겠습니다.

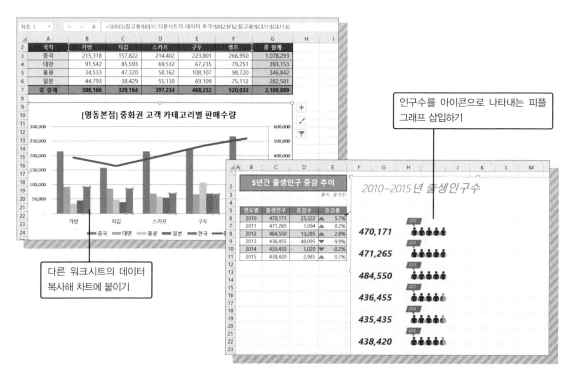

인구수를 아이콘으로 나타내는 피플 그래프 삽입하기

다른 워크시트의 데이터 복사해 차트에 붙이기

220 차트 요소 이해하기

차트 요소는 데이터를 그래프로 시각화해주는 구성 요소로, 위치나 색상, 크기 등을 원하는 대로 조정할 수 있습니다. 엑셀 2010 이하에서는 [레이아웃] 탭과 [디자인] 탭에서 차트 요소와 스타일을 편집합니다. 엑셀 2013부터는 차트 단추와 작업 창이 나타나 더 빠르고 쉽게 차트 요소를 조정할 수 있습니다.

차트 요소

그래프, X축, Y축 등의 차트 요소에 마우스 포인터를 올리면 요소 이름이 표시됩니다. 원하는 차트 요소를 클릭하면 각각의 색상, 크기, 위치 등을 조정할 수 있습니다. 데이터 표와 견주어 차트를 살펴보고 각 차트 요소에 대해 알아보겠습니다.

page 차트 요소를 정확하게 선택하는 방법은 520쪽을 참고하세요.

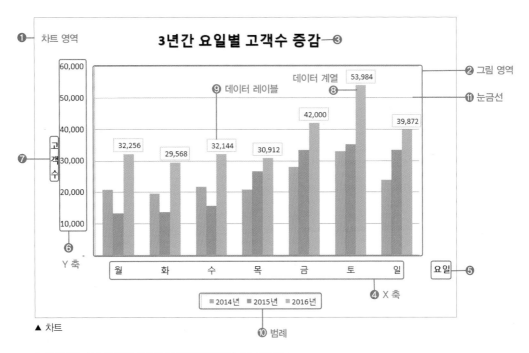

▲ 차트

요일	2014년	2015년	2016년	평균 고객수
월	20,832	13,328	32,256	22,139
화	19,712	13,664	29,568	20,981
수	21,728	15,776	32,144	23,216
목	20,832	26,664	30,912	26,136
금	28,000	33,376	42,000	34,459
토	33,040	35,280	53,984	40,768
일	23,856	33,376	39,872	32,368
총 고객수	168,000	171,464	260,736	200,067

▲ 데이터 표

* 필수가 표시되지 않은 요소는 필요에 따라 차트에서 생략할 수 있습니다.

❶ 차트 영역 : 차트의 전체 영역입니다. 필수

❷ 그림 영역 : 막대, 꺾은선 등 그래프가 나타나는 영역입니다. 필수

❸ 차트 제목 : 텍스트 상자 형태로 차트의 제목을 표시합니다.

❹ 가로(X) 축/레이블 : 데이터 값의 분류 기준과 같습니다. 필수

❺ 가로(X) 축 제목 : 가로 축이 무엇을 나타내는지 표시합니다.

❻ 세로(Y) 축/단위 : 데이터 값을 표시하며 일정 간격으로 단위가 표시됩니다. 필수

❼ 세로(Y) 축 제목 : 세로 축이 무엇을 나타내는지 표시합니다.

❽ 데이터 계열 : 데이터 값을 표시하는 그래프로 그룹 또는 개별 선택이 가능합니다. 필수

❾ 데이터 레이블 : 데이터 계열이 나타내는 값, 백분율, 항목 이름 등을 표시합니다.

❿ 범례 : X축 레이블을 나누는 세부 항목으로, 같은 색상의 데이터 계열끼리 구분합니다.

⓫ 눈금선 : 축의 값을 표시한 선으로, 그림 영역에 나타납니다.

> **TIP**
>
> 엑셀 2013 이상에서는 각각의 차트 요소를 더블클릭하면 오른쪽에 작업 창이 나타납니다. 엑셀 2010 이하에서는 대화상자가 나타난다는 점이 다르지만 선택 메뉴의 명칭은 크게 다르지 않습니다. 이 외에도 엑셀 2010 이하 사용자를 위한 사용·방법은 <엑셀 2007/2010> 설명 상자에서 별도로 설명했습니다.

| 차트 단추 엑셀 2013 이상

차트를 클릭하면 차트 모서리에 차트 단추가 나타납니다. 차트 단추는 엑셀 2010 이하 버전의 [레이아웃] 탭을 대신해 차트의 요소와 스타일 등을 빠르게 수정할 수 있게 합니다. 좀 더 자세한 설정은 차트를 클릭하면 활성화되는 리본 메뉴의 [디자인] 탭, [서식] 탭 등을 이용합니다.

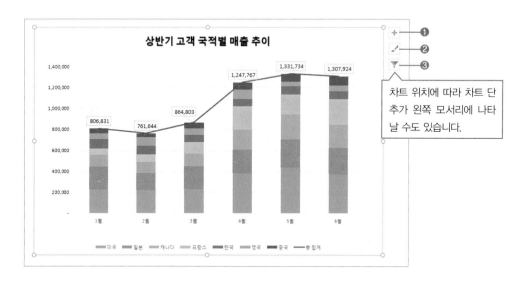

차트 위치에 따라 차트 단추가 왼쪽 모서리에 나타날 수도 있습니다.

❶ **차트 요소** : 차트 제목, 데이터 레이블 등 차트를 구성하는 요소로, 체크 표시를 하면 차트에 삽입되고 체크 표시를 없애면 차트에서 제거됩니다. 차트를 클릭하고 [디자인] 탭-[차트 레이아웃] 그룹-[차트 요소 추가]에서 세부적인 설정을 할 수 있습니다. 엑셀 2010 이하에서는 [레이아웃] 탭을 사용합니다.

❷ **차트 스타일** : 차트의 배경이나 그래프 색, 눈금선 등을 변경할 수 있습니다. 세부적인 설정은 [디자인] 탭-[차트 스타일] 그룹에서 할 수 있습니다.

❸ **차트 필터** : 차트에 표시된 데이터 계열과 범주를 나타내거나 숨길 수 있습니다. 엑셀 2010 이하에서는 [디자인] 탭-[데이터] 그룹-[데이터 선택]에서 포함할 범위를 다시 지정합니다.

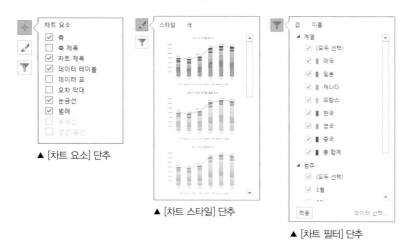

▲ [차트 요소] 단추

▲ [차트 스타일] 단추

▲ [차트 필터] 단추

엑셀 2007/2010 | 차트 단추가 없기 때문에 [디자인/레이아웃/서식] 탭에서 선택합니다. 이 탭들은 차트를 클릭할 때만 활성화됩니다. 또는 차트 요소를 마우스 오른쪽 버튼으로 클릭한 뒤 단축 메뉴에서 변경할 서식을 선택하면 옵션을 설정할 수 있는 대화상자가 나타납니다.

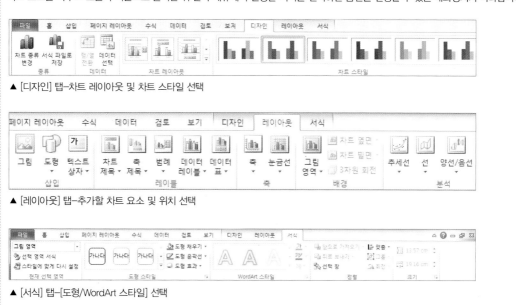

▲ [디자인] 탭-차트 레이아웃 및 차트 스타일 선택

▲ [레이아웃] 탭-추가할 차트 요소 및 위치 선택

▲ [서식] 탭-[도형/WordArt 스타일] 선택

221 여러 가지 방법으로 차트 만들기

데이터 표를 참조하여 차트를 만드는 방법은 여러 가지가 있습니다. 리본 메뉴의 [삽입] 탭이나 단축키를 이용해 기존 워크시트나 새 워크시트에 차트를 삽입할 수 있습니다. 엑셀 2013부터는 추천 차트와 빠른 분석 도구 기능을 활용하여 차트를 더욱 쉽게 추가할 수 있습니다.

예제 파일 Part21\해외 판매량.xlsx · **완성 파일** Part21\해외 판매량_완성.xlsx

| 단축키로 차트 삽입하기

방법1_기본 차트 삽입하기 Alt + F1

1 데이터 표에서 셀 하나를 클릭한 후 단축키 Alt + F1 를 누릅니다.

page 차트에 삽입할 데이터를 선택하는 요령은 512쪽을 참고하세요.

2 기본 차트인 묶은 세로 막대형 차트가 삽입되었습니다. 차트가 선택된 상태에서 드래그해서 위치를 이동하고 크기 조절점을 드래그하여 크기를 조절합니다.

> **TIP**
> Alt + F1 을 누르면 기본 차트인 묶은 세로 막대형 차트가 삽입됩니다.

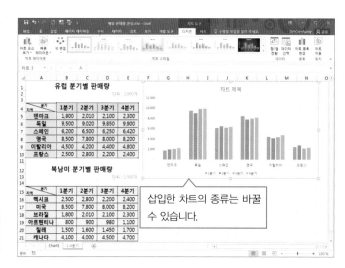

삽입한 차트의 종류는 바꿀 수 있습니다.

방법2_새 워크시트에 차트만 삽입하기 F11

1 데이터 표에서 셀 하나를 클릭한 후 F11을 누릅니다.

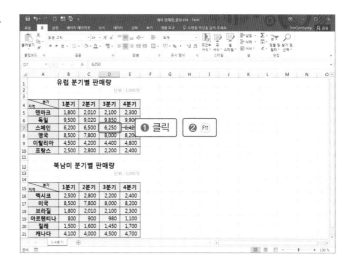

2 'Chart 1'이라는 새로운 워크시트에 차트만 크게 삽입됩니다.

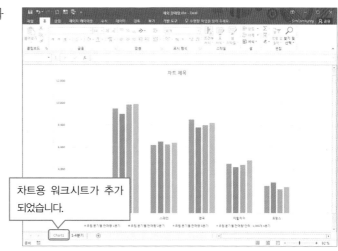

차트용 워크시트가 추가되었습니다.

| 리본 메뉴에서 차트 종류 선택하기

1 데이터 표에서 셀 하나를 클릭한 후 [삽입] 탭-[차트] 그룹-[세로 또는 가로 막대형 차트 삽입] █▄▾을 클릭합니다. [2차원 세로 막대형] 목록에서 '묶은 세로 막대형'을 클릭합니다.

차트 목록 위에 마우스 포인터를 올리면 워크시트에 차트 미리보기가 나타납니다.

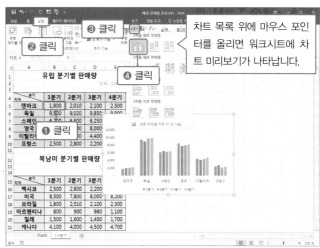

TIP

차트를 삭제하려면 차트를 클릭하고 Delete 을 누릅니다.

2 묶은 세로 막대형 차트가 삽입되었습니다. 크기를 조절하고 적절한 위치로 이동시킵니다. 차트 제목을 클릭해서 유럽 분기별 판매량으로 수정합니다.

page 차트 제목을 셀 값과 연동해서 자동 업데이트하려면 525쪽을 참고하세요.

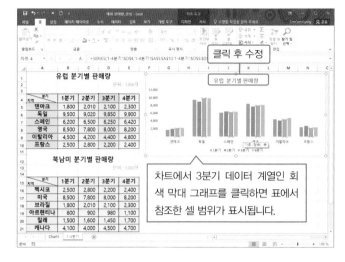

차트에서 3분기 데이터 계열인 회색 막대 그래프를 클릭하면 표에서 참조한 셀 범위가 표시됩니다.

| 추천 차트 및 빠른 분석 도구 활용하기 엑셀 2013 이상

방법 1_리본 메뉴에서 [추천 차트] 사용하기

1 '북남미 분기별 판매량' 표에서 1분기와 3분기만 차트로 만들어 보겠습니다. [A15:B21] 셀을 선택하고 Ctrl 을 누른 상태에서 [D15:D21] 셀을 선택합니다. [삽입] 탭-[차트] 그룹-[추천 차트]를 클릭합니다. [차트 삽입] 대화상자의 [추천 차트] 탭에서 '묶은 세로 막대형'을 더블클릭합니다.

> **TIP**
> [추천 차트]에는 선택한 데이터에 가장 잘 어울리는 차트 목록이 나타납니다. 차트 이미지를 클릭하면 오른쪽에서 차트 미리보기 화면을 볼 수 있습니다.

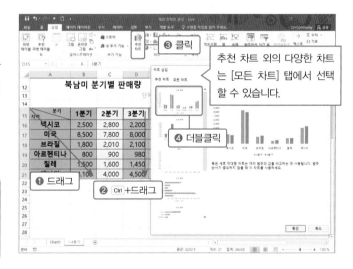

추천 차트 외의 다양한 차트는 [모든 차트] 탭에서 선택할 수 있습니다.

2 차트가 삽입되면 차트 크기를 조절하고 위치를 이동시킨 뒤 차트 제목을 수정합니다.

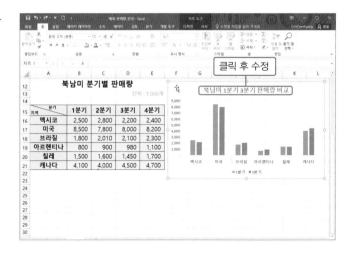

클릭 후 수정

방법 2_빠른 분석 도구로 차트 삽입하기

차트로 만들 데이터를 선택하면 마지막 셀의 오른쪽 모서리에 빠른 분석 버튼이 나타납니다. 버튼을 클릭하고 [차트] 탭을 클릭한 뒤 차트 종류를 선택합니다.

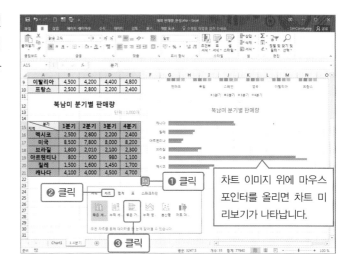

차트를 삽입할 때는 참조할 표에서 셀을 하나만 클릭해도 차트가 만들어집니다. 그러나 표의 데이터 구성에 따라 차트에 삽입할 데이터 범위만 따로 지정해야 할 때가 있습니다. 다른 데이터 값과 차이가 큰 합계나 제목 행은 차트의 데이터 범위에서 제외하는 것이 좋습니다.

1. 차트로 만들 데이터 범위를 확인하세요.

엑셀은 연속된 데이터를 같은 성질의 표로 인식합니다. 그래서 데이터에서 별도의 범위를 지정하지 않고 셀 하나만 클릭한 뒤 차트를 삽입하면 연속으로 입력된 제목 행, 단위까지 데이터 범위로 반영할 때가 있습니다. 차트에 삽입되지 않아야 할 데이터까지 연속으로 입력된 표의 경우, 참조할 범위를 먼저 선택한 후 차트를 삽입하는 것이 좋습니다.

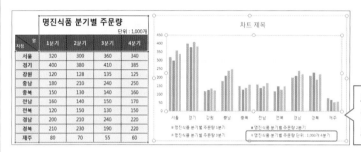

> 표에서 셀 하나만 선택해서 차트를 삽입하니 연속으로 입력된 제목, 단위까지 차트 범례에 포함되었습니다.

TIP

차트로 만들 표와 제목 행 사이에 빈 행을 삽입하면 참조할 데이터를 선택하기가 더 쉬워집니다.

page 차트의 데이터 범위를 수정하는 방법은 535쪽을 참고하세요.

2. 합계가 포함된 데이터를 차트로 만들 때는 이중 축 그래프(콤보 차트)를 사용하세요.

합계는 다른 데이터에 비해 값이 커서 상대적으로 다른 데이터 계열은 단위를 구분하기 어려울 정도로 작아 보일 수 있습니다. 그래서 차트의 데이터 범위에서는 합계를 제외하거나 값의 기준이 되는 Y축을 2개로 나누어 이중 축 그래프로 나타내는 것이 좋습니다. 엑셀 2013부터는 콤보형 차트가 삽입되어 이중 축 그래프를 쉽게 삽입할 수 있습니다. 이에 대한 자세한 내용은 532쪽을 참고하세요.

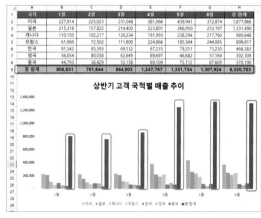

▲ 합계를 포함하여 만든 차트

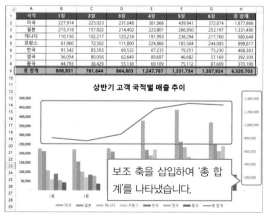

> 보조 축을 삽입하여 '총 합계'를 나타냈습니다.

▲ 합계와 일반 데이터의 축을 나눈 콤보형 차트

222 차트 종류 바꾸기_묶은/누적 세로 막대형 차트

기존 차트의 용도를 바꿔야 한다면 차트 종류만 변경하면 됩니다. 차트를 변경해도 데이터 범위나 기본 요소들은 변경되지 않습니다. 단축키를 이용해서 차트를 삽입할 때 기본으로 추가되는 묶은 세로 막대형 차트를 누적 세로 막대형 차트로 바꾸어 보겠습니다.

예제 파일 Part21\차트변경.xlsx   **완성 파일** Part21\차트변경_완성.xlsx

1 월별 매출을 차트로 만들기 위해 [A3:G8] 셀을 선택한 뒤 단축키 Alt + F1 를 누릅니다. 묶은 세로 막대형 차트가 삽입되면 적절한 곳에 차트를 위치시킵니다. 차트 종류를 바꾸기 위해 차트 위에서 마우스 오른쪽 버튼을 클릭한 뒤 단축 메뉴에서 [차트 종류 변경]을 선택합니다.

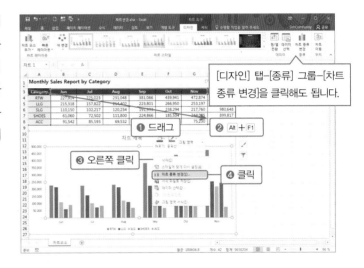

[디자인] 탭-[종류] 그룹-[차트 종류 변경]을 클릭해도 됩니다.

2 [차트 종류 변경] 대화상자의 [모든 차트] 탭-[세로 막대형] 목록에서 '3차원 100% 기준 누적 세로 막대형'을 선택합니다.

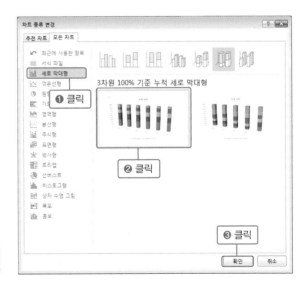

엑셀 2007/2010 | [추천 차트]를 제공하지 않으므로 [차트 종류 변경] 대화상자에서 원하는 차트를 선택합니다.

3 차트가 3차원 그래프로 바뀌어 입체적으로 보입니다. Y축도 매출액이 아닌 백분율로 바뀌었습니다.

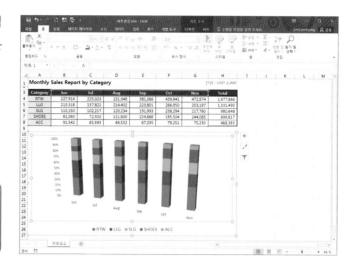

TIP

누적 세로 막대형 그래프는 각 데이터 계열의 총합계를 100% 기준으로 보고 각 비중에 따라 세로 막대로 나눕니다.

223 단축키로 차트와 그림 영역의 크기 조절하기

차트 크기를 조절할 때는 차트를 선택할 때 활성화되는 크기 조절점을 드래그하면 됩니다. 전체 차트의 크기뿐 아니라 그래프가 포함된 그림 영역의 크기만 조절하기도 합니다. 단축키를 사용하면 차트의 가로 세로 비율을 유지하거나 셀에 맞춰 크기를 조절할 수 있습니다.

예제 파일 Part21\차트크기.xlsx

| 셀의 눈금선에 맞추기 Alt +드래그

'차트크기' 워크시트에서 Alt 를 누른 상태에서 차트의 크기 조절점을 드래그하면 셀의 눈금선에 맞추어 차트의 크기가 조절됩니다.

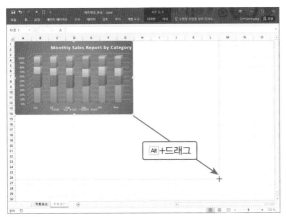

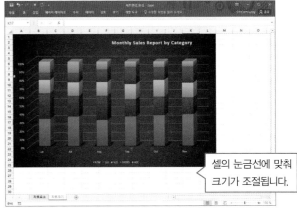

| 가로세로 비율 유지하기 Shift +드래그

Shift 를 누른 상태에서 차트의 크기 조절점을 드래그하면 기존의 가로세로 비율을 유지하면서 크기를 조절할 수 있습니다.

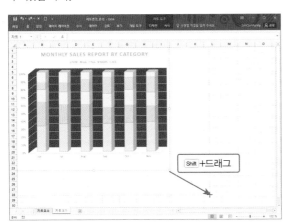

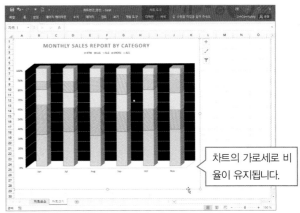

| 차트의 그림 영역 크기 조절하기

차트에서 그림 영역만 선택한 후 크기 조절점을 드래그하면 차트의 전체 크기는 유지된 채 그림 영역만 확대하거나 축소할 수 있습니다. 단축키는 차트 영역 크기를 조절할 때와 같습니다.

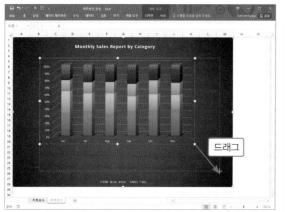

드래그

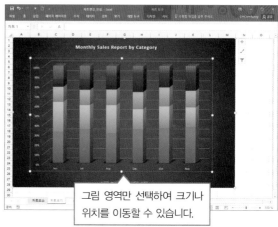

그림 영역만 선택하여 크기나 위치를 이동할 수 있습니다.

> **TIP**
>
> 그림 영역만 선택하기 어렵다면 차트 요소 중 하나를 클릭한 뒤 방향키를 눌러서 순서대로 차트 요소를 선택할 수 있습니다.

224 차트 레이아웃 및 색상 바꾸기_꺾은선형 차트

차트의 디자인과 레이아웃은 차트 단추에서 쉽게 선택할 수 있고 [디자인] 탭에서 좀 더 자세하게 설정할 수 있습니다. 차트에 추가할 요소나 범례의 위치, 색상 등은 개별적으로도 수정이 가능하지만 [빠른 레이아웃]과 [차트 스타일]에서 일괄 변경하면 쉽습니다.

예제 파일 Part21\성수기매출.xlsx   **완성 파일** Part21\성수기매출_완성.xlsx

| 차트 레이아웃 바꾸기

차트 제목, 범례 위치, 눈금선 등 차트 요소의 위치와 종류가 다양하게 조화된 레이아웃을 선택할 수 있습니다.

1 차트를 클릭한 후 [디자인] 탭-[차트 레이아웃] 그룹-[빠른 레이아웃]을 클릭합니다. 목록에서 '레이아웃5'를 선택합니다.

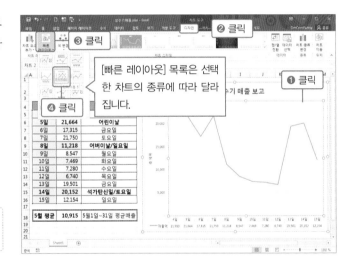

> 엑셀 2007/2010 | [디자인] 탭-[차트 레이아웃] 그룹에서 원하는 레이아웃을 선택합니다.

2 차트 아래쪽에 데이터 표가 삽입되고, Y축에 축 제목 상자가 나타납니다. '축 제목'을 클릭하여 매출액으로 수정한 후 [홈] 탭-[맞춤] 그룹-[방향]에서 '세로 쓰기'를 선택합니다.

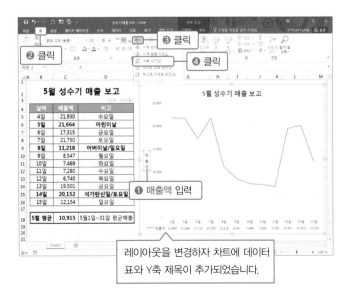

> 레이아웃을 변경하자 차트에 데이터 표와 Y축 제목이 추가되었습니다.

| 차트 스타일 바꾸기

데이터 계열의 색상, 배경색, 눈금선 스타일 등 차트의 전체적인 스타일을 일괄 변경합니다.

1 차트를 클릭하면 차트 영역 바깥쪽에 차트 단추가 나타납니다. [차트 스타일] 단추를 클릭합니다.

엑셀 2007/2010 | 차트를 클릭하고 [디자인] 탭–[차트 스타일] 그룹에서 선택합니다.

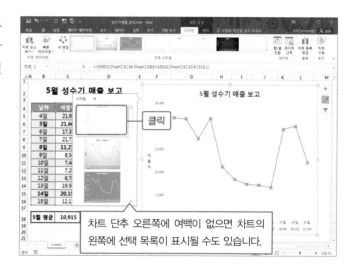

2 [스타일] 탭에 목록이 나타나면 차트 이미지에 마우스 포인터를 올려 차트 스타일을 미리 볼 수 있습니다. 원하는 스타일을 선택합니다.

3 차트 선의 색상을 바꾸어 보겠습니다. [차트 스타일] 단추를 클릭하고 [색] 탭을 클릭합니다. 목록에서 원하는 색을 선택하면 차트의 선과 표식의 색상이 바뀝니다.

엑셀 2007/2010 | [디자인] 탭–[차트 스타일] 그룹에서 선택합니다.

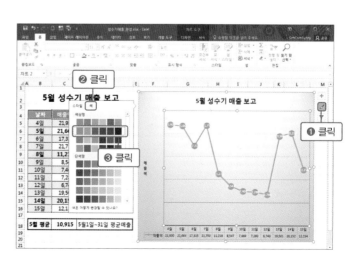

page 차트의 구성 요소별로 스타일을 바꾸고 싶다면 523 쪽을 참고하세요.

225 모든 차트에 테마 색상 적용하기 _페이지 레이아웃 테마

차트의 요소나 데이터 계열은 색상과 스타일을 각각 변경할 수 있습니다. 해당 차트만 개별적으로 변경하려면 차트 버튼이나 [디자인] 탭을 선택합니다. 반면, 여러 개의 워크시트에 삽입된 모든 차트의 테마 색상을 일괄적으로 변경하려면 [페이지 레이아웃] 탭-[테마] 그룹을 선택하면 됩니다.

예제 파일 Part21\차트 테마.xlsx　　**완성 파일** Part21\차트 테마_완성.xlsx

| 차트 하나의 스타일/색 변경하기_[디자인] 탭

'성별' 워크시트에서 '출생자수 성별' 차트를 클릭합니다. [디자인] 탭-[차트 스타일] 그룹에서 원하는 스타일을 선택합니다. [디자인] 탭-[색 변경]에서 원하는 색을 선택하면 해당 차트의 막대 색이 바뀝니다.

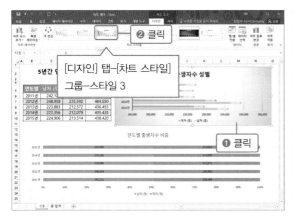
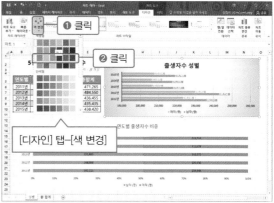

| 모든 차트에 테마 색상 적용하기_[페이지 레이아웃] 탭-[테마]

'총 합계' 워크시트에서 [페이지 레이아웃] 탭-[테마] 그룹-[테마]를 클릭합니다. [Office] 목록에서 '이온(회의실)'을 선택하면 차트의 전체 스타일이 변합니다. '성별' 워크시트를 클릭해보면 '출생자수 성별' 차트와 '연도별 출생자수 비중' 차트 모두 분홍 계열의 색상으로 일괄 변경된 것을 볼 수 있습니다.

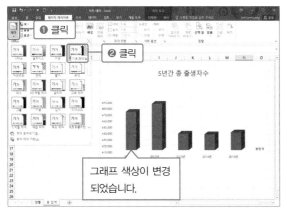
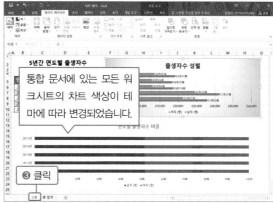

226 차트 요소(축/제목/눈금선/범례) 추가하기

차트 영역은 차트 제목과 그림 영역을 포함하는 상위 개체입니다. 그림 영역은 눈금선, 그래프 등을 포함합니다. 그래프는 X축, Y축, 데이터 계열, 범례 등 많은 구성 요소와 연결됩니다. 차트를 삽입하고 기본으로 표시되는 요소 외의 다른 차트 요소를 추가해 보겠습니다.

예제 파일 Part21\차트요소추가.xlsx

| 차트 요소 추가하기

방법 1_차트 단추에서 간단하게 추가하기 엑셀 2013 이상

차트를 클릭하면 차트 영역 바깥쪽에 차트 단추가 나타납니다. [차트 요소] 단추⊞를 클릭한 후 추가할 차트 요소에 체크 표시를 하고, 제거할 요소의 체크 표시는 없앱니다.

엑셀 2007/2010 | 차트를 클릭한 뒤 [레이아웃] 탭에서 필요한 요소를 선택합니다.

[데이터 레이블]의 ▶를 클릭하면 세부 위치에 대한 옵션을 선택할 수 있습니다.

방법 2_[디자인] 탭에서 추가할 차트 요소 미리 보기 엑셀 2013 이상

[디자인] 탭-[차트 레이아웃] 그룹-[차트 요소 추가]를 클릭합니다. 추가할 차트 요소 위에 마우스 포인터를 올리면 세부 옵션이 나타납니다. 원하는 차트 요소의 옵션을 클릭합니다.

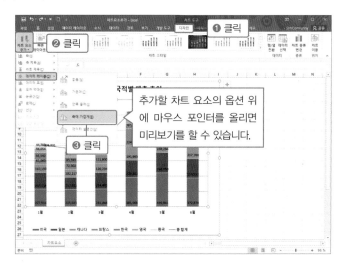

추가할 차트 요소의 옵션 위에 마우스 포인터를 올리면 미리보기를 할 수 있습니다.

| 차트 요소 정확하게 선택하기

데이터 계열의 이름, 숫자 값 등의 데이터 레이블을 추가하거나 색을 바꾸려면 먼저 해당 계열을 선택해야 합니다. 개별 요소만 선택하고 싶은데 클릭할 범위가 좁거나 애매하다면 리본 메뉴나 단축키로 원하는 요소만 선택할 수 있습니다.

방법1_리본 메뉴에서 선택하기

[서식] 탭-[현재 선택 영역] 그룹에서 [차트 요소]의 목록 버튼을 클릭합니다. 원하는 요소를 클릭하면 차트에 삽입됩니다.

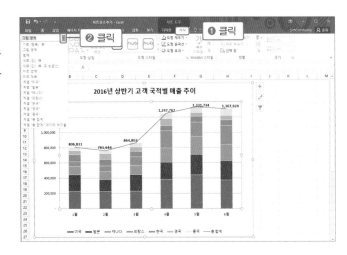

방법2_미니 도구 모음에서 선택하기

차트의 빈 영역에서 마우스 오른쪽 버튼을 클릭합니다. 미니 도구 모음에서 [차트 요소]의 목록 버튼을 클릭하여 원하는 차트 요소를 선택합니다.

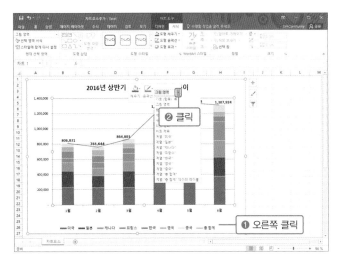

방법3_방향키로 선택하기

임의의 차트 요소를 클릭하고 방향키를 누를 때마다 다음에 위치한 차트 요소, 각 계열 순으로 선택됩니다.

> **TIP**
> 데이터 계열 하나를 클릭하면 전체가 선택됩니다. 더블클릭하면 개별 선택이 되지만 정확히 선택하기 어렵다면 방향키를 눌러 순서대로 개별 데이터 계열을 선택합니다.

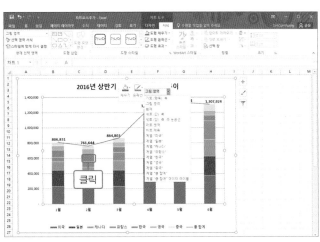

227 차트 요소 서식 수정하기

차트에서 그래프나 차트 요소를 하나 클릭하면 같은 계열의 차트 요소가 일괄 선택되고, 한 번 더 클릭하면 해당 요소만 선택됩니다. 차트 제목이나 축 제목 등은 도형의 텍스트 서식을 수정하는 방법과 같습니다. 각 차트 요소의 서식을 개별 또는 일괄 수정하는 법을 알아보겠습니다.

예제 파일 Part21\차트서식.xlsx **완성 파일** Part21\차트서식_완성.xlsx

차트 제목의 서식 수정하기

1 차트 제목을 클릭한 뒤 [서식] 탭–[WordArt 스타일] 그룹–[텍스트 효과]의 [네온]에서 원하는 스타일을 선택합니다.

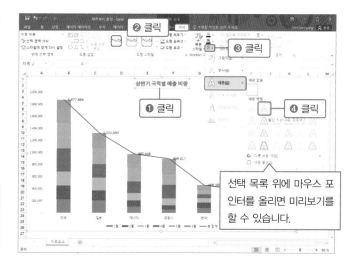

TIP

[서식] 탭–[도형 스타일] 그룹에서는 차트 제목과 데이터 레이블의 테두리 선, 채우기 색 등을 바꿀 수 있습니다.

선택 목록 위에 마우스 포인터를 올리면 미리보기를 할 수 있습니다.

2 차트 제목에 디자인 서식이 적용되었습니다. 글꼴 전체를 수정하려면 차트 제목의 텍스트 상자를 클릭하고 [홈] 탭–[글꼴] 그룹에서 크기나 모양을 변경합니다. 일부만 수정하려면 해당 글자만 드래그하고 서식을 수정합니다.

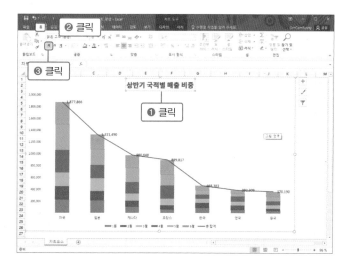

| 데이터 계열의 서식(그래프 색상) 일괄 수정하기_작업 창

1 그래프에서 보라색 막대 하나를 클릭하면 모든 국가의 4월 데이터 계열이 일괄 선택됩니다. 마우스 오른쪽 버튼을 클릭한 뒤 [데이터 계열 서식]을 선택하면 오른쪽에 [데이터 계열 서식] 작업 창이 나타납니다.

> 엑셀 2007/2010 | 오른쪽 작업 창 대신 [데이터 계열] 대화상자가 나타납니다.

TIP
데이터 계열 하나만 더블클릭하면 일괄 선택된 상태에서 서식 창이 나타납니다.

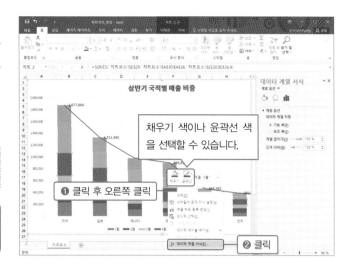

2 [채우기 및 선]의 [채우기] 항목에서 '단색 채우기'를 선택한 후 [색]에서 노란색을 선택합니다.

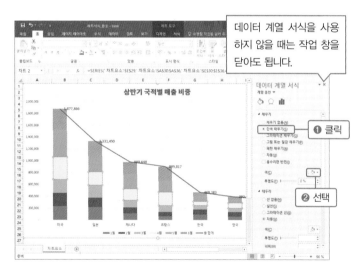

> 엑셀 2007/2010 | [데이터 계열] 대화상자의 [채우기] 에서 설정합니다.

| 데이터 계열의 개별 서식 수정하기_미니 도구 모음

1 차트에서 첫 번째 그래프의 노란색 막대를 클릭하면 모든 국가의 4월 데이터 계열이 일괄 선택됩니다. 첫 번째 노란색 막대만 한 번 더 클릭해서 데이터 계열 하나만 선택합니다.

TIP
데이터 계열을 빠르게 3번 클릭하면 해당 데이터만 선택되고, [데이터 요소 서식] 작업 창이 나타납니다.

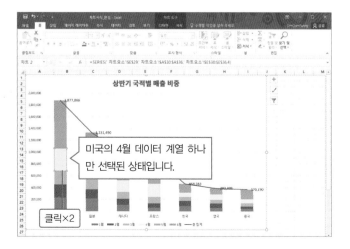

2 마우스 오른쪽 버튼을 클릭하여 미니
도구 모음에서 [윤곽선]을 클릭한 후 **빨간
색**을 선택합니다.

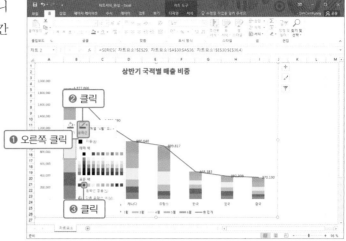

| 데이터 레이블 추가하기

미국의 4월 데이터만 선택된 상태에서 [차
트 요소] 단추를 클릭합니다. '데이터 레이
블'에 체크 표시를 하면 해당 데이터 값만
표시됩니다.

엑셀 2007/2010 | 데이터 계열을 마우스 오른쪽 버튼으
로 클릭한 뒤 단축 메뉴에서 [데이터 레이블 추가]를 선택
합니다.

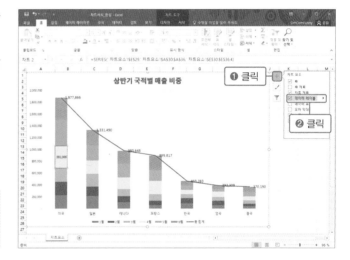

228 차트 제목 자동 업데이트하기

원형 차트를 제외한 기본 차트에서는 별도로 제목을 입력해야 합니다. '차트 제목' 텍스트 상자에 제목을 입력해도 되지만, 셀 주소를 참조하면 셀 값이 변경되는 것에 따라 차트 제목도 자동으로 수정됩니다.

예제 파일 Part21\제목추가.xlsx　　**완성 파일** Part21\제목추가_완성.xlsx

1 표를 클릭한 후 [삽입] 탭-[차트] 그룹-[세로 또는 가로 막대형 차트]를 클릭하고 [2차원 세로 막대형] 목록에서 '누적 세로 막대형'을 선택합니다.

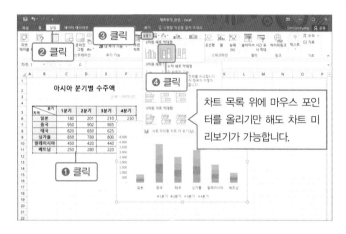

차트 목록 위에 마우스 포인터를 올리기만 해도 차트 미리보기가 가능합니다.

2 차트가 삽입되면 '차트 제목'을 클릭한후 수식 입력줄에 =를 입력합니다. 제목이 입력된 [B2] 셀을 클릭하고 Enter 를 누릅니다.

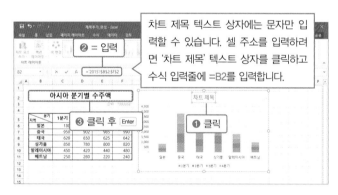

차트 제목 텍스트 상자에는 문자만 입력할 수 있습니다. 셀 주소를 입력하려면 '차트 제목' 텍스트 상자를 클릭하고 수식 입력줄에 =B2를 입력합니다.

3 차트 제목이 [B2] 셀 값과 똑같이 변경되었습니다. [B2] 셀을 클릭하고 '수주액'을 매출액으로 수정하면 차트 제목도 자동으로 변경됩니다.

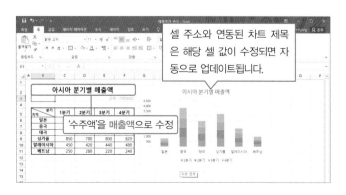

셀 주소와 연동된 차트 제목은 해당 셀 값이 수정되면 자동으로 업데이트됩니다.

229　차트 범례 서식 수정하기

범례는 X축 데이터 계열이 무엇을 나타내는지를 표시합니다. 그래서 차트를 삽입하면 범례의 이름과 참조한 데이터 범위가 지정되는데, 범례 이름, 위치, 서식을 편집할 수 있습니다. 참조 범위를 변경해서 범례 이름을 수정하고 위치를 조절해 보겠습니다.

예제 파일 Part21\범례수정.xlsx　　**완성 파일** Part21\범례수정_완성.xlsx

| 범례 이름 수정하기

1 차트에 삽입된 범례 이름을 수정해 보겠습니다. 범례를 마우스 오른쪽 버튼으로 클릭한 뒤 단축 메뉴에서 [데이터 선택]을 클릭합니다.

TIP

제목 및 단위가 표와 연속으로 입력된 상태에서 참조할 범위를 따로 선택하지 않고 차트를 삽입했더니 [A1:E9] 셀 전체를 차트 범위로 반영했습니다. [E3] 셀은 제목 및 단위가 입력된 1~2행과 연결돼서 4분기 범례에 모두 표시되었습니다.

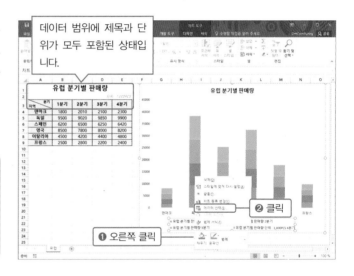

2 [데이터 원본 선택] 대화상자가 나타납니다. [범례 항목(계열)]에서 '유럽 분기별 판매량 1분기'를 선택한 후 [편집]을 클릭합니다.

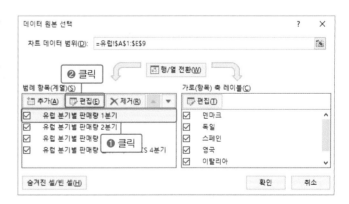

3 [계열 편집] 대화상자가 나타나면 [계열 이름]을 클릭하여 원래 입력된 셀 주소를 삭제하고 '1분기'가 입력되어 있는 [B3] 셀을 클릭한 후 [확인]을 클릭합니다.

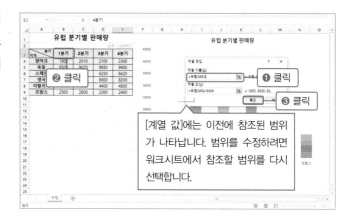

4 [데이터 원본 선택] 대화상자로 돌아오면 선택한 범례의 이름이 [B3] 셀 값 '1분기'로 바뀐 것을 알 수 있습니다. 같은 방법으로 나머지 분기도 수정한 후 [확인]을 클릭합니다.

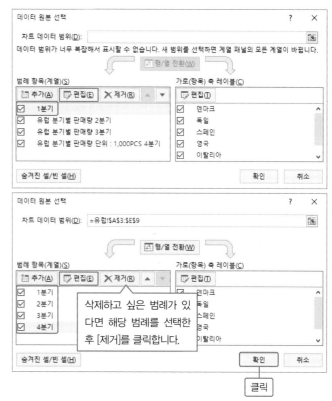

5 차트의 범례 이름이 [B3:E3] 셀 값과 연동되어 분기만 표시되었습니다.

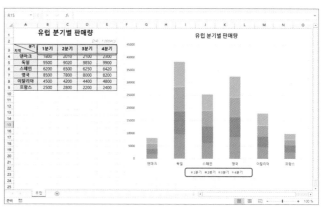

| 범례 위치 이동하기

1 범례를 더블클릭하면 [범례 서식] 작업 창이 나타납니다. [범례 옵션] ▐▌의 [범례 옵션]-[범례 위치]에서 '위쪽'을 선택합니다.

> **TIP**
>
> **범례 위치 조정하기**
> **방법 1.** 엑셀 2007/2010에서는 [레이아웃] 탭-[범례]를 클릭하고 위치를 선택
> **방법 2.** 범례를 마우스 오른쪽 버튼으로 클릭한 뒤 단축 메뉴에서 [범례 서식] 클릭
> **방법 3.** 마우스로 드래그해서 수동으로 조정

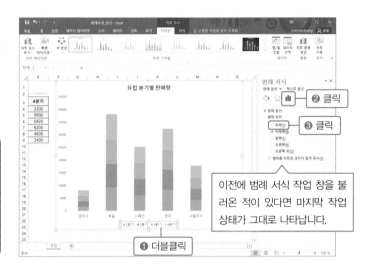

이전에 범례 서식 작업 창을 불러온 적이 있다면 마지막 작업 상태가 그대로 나타납니다.

2 범례가 차트의 위쪽으로 이동했습니다.

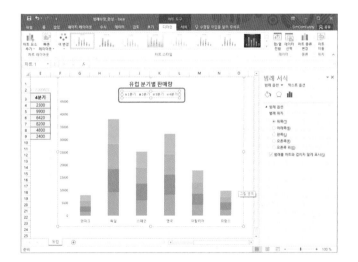

230   Y축의 최소값 조절하기

차트의 Y축 단위는 원본 데이터의 최대값과 최소값에 따라 일정 간격이 자동으로 설정됩니다. 2개의 데이터 값을 비교할 때 차이점을 강조하려면 공통되는 값의 최소 단위를 수정하면 됩니다. 차트에 표시할 두 데이터의 최소값을 높여주면 중복되는 영역이 생략돼서 데이터 간의 차이가 극대화됩니다.

예제 파일 Part21\Y축 최소값.xlsx   **완성 파일** Part21\Y축 최소값_완성.xlsx

1 두 데이터 간의 차이를 극대화하고 중복 구간의 여백을 줄이기 위해 Y축 최소값을 수정해 보겠습니다. Y축을 더블클릭하면 [축 서식] 작업 창이 나타납니다. [축 옵션]을 클릭한 후 [축 옵션]–[경계]의 '최소'에 3,000을 입력하고 작업 창의 닫기 버튼을 클릭합니다.

엑셀 2007/2010 | Y축 숫자를 마우스 오른쪽 버튼으로 클릭한 뒤 단축 메뉴에서 [축 서식]을 클릭합니다. [축 서식] 대화상자–[축 옵션]의 [최소값]에서 '고정'을 선택하고 숫자를 입력합니다.

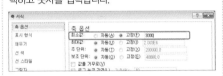

2 Y축의 최소값에서 3,000 이하의 값이 생략되면서 두 데이터의 차이가 확연해졌습니다.

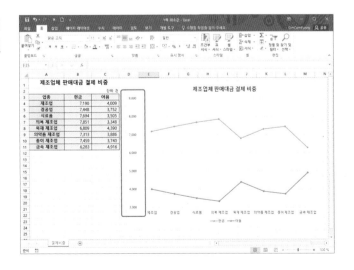

231

Y축 단위 간격 조절하기

Y축 단위 간격은 0부터 데이터의 최대값을 기준으로 자동 설정됩니다. 데이터 값의 차이가 너무 크다면 Y축 간격을 좁혀서 좀 더 세밀하게 비교할 수 있습니다. 반대로 Y축 단위를 높이면 차트가 더 간결하게 정리됩니다.

예제 파일 Part21\차트축단위.xlsx　　**완성 파일** Part21\차트축단위_완성.xlsx

1 눈금선 간격을 좀 더 늘려 Y축 단위를 간결하게 수정해 보겠습니다. Y축을 더블 클릭하면 [축 서식] 작업 창이 나타납니다.

엑셀 2007/2010 | Y축 숫자를 마우스 오른쪽 버튼으로 클릭한 뒤 단축 메뉴에서 [축 서식]을 클릭합니다. [축 서식] 대화상자-[축 옵션]의 [주 단위]에서 '고정'을 선택하고 숫자를 입력합니다.

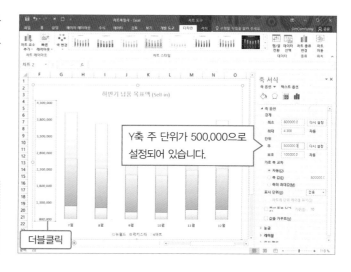

Y축 주 단위가 500,000으로 설정되어 있습니다.

더블클릭

2 [축 옵션]-[단위]의 '주' 단위를 1,000,000으로 수정합니다. 단위 간격이 더 넓어진 것을 볼 수 있습니다.

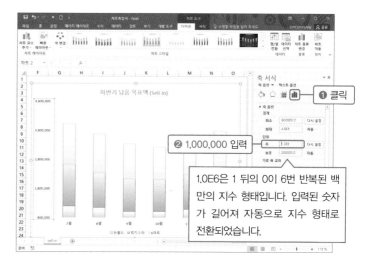

❶ 클릭

❷ 1,000,000 입력

1.0E6은 1 뒤의 0이 6번 반복된 백만의 지수 형태입니다. 입력된 숫자가 길어져 자동으로 지수 형태로 전환되었습니다.

232 Y축을 천 단위로 절사하고 표시 형식 바꾸기

기본으로 X축과 Y축은 원본 데이터의 표시 형식을 따릅니다. 차트에서 그래프를 강조하고 수치를 명확히 하기 위해 천 단위 부호를 넣고, Y축의 자릿수가 긴 숫자는 절사해 보겠습니다.

예제 파일 Part21\차트축절사.xlsx   **완성 파일** Part21\차트축절사_완성.xlsx

1 Y축을 더블클릭하면 [축 서식] 작업 창이 나타납니다. [축 옵션]█의 [표시 단위]에서 '천'을 선택합니다. 차트의 Y축 값이 절사되고, '천'이 입력된 텍스트 상자가 추가됩니다.

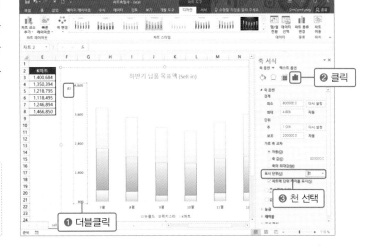

> 엑셀 2007/2010 | Y축 숫자를 마우스 오른쪽 버튼으로 클릭한 뒤 단축 메뉴에서 [축 서식]을 클릭합니다. [축 서식] 대화상자-[축 옵션]의 [표시 단위]에서 '천'을 선택합니다.

2 텍스트 상자를 더블클릭하여 단위 : 천원으로 수정합니다. [홈] 탭-[맞춤] 그룹-[방향]에서 [세로 쓰기]를 선택하면 텍스트 방향이 세로로 바뀝니다.

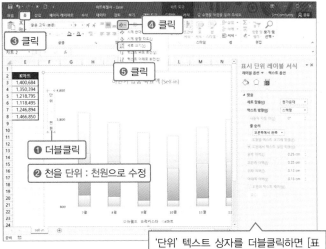

> **TIP**
> 차트에서 단위 표시를 없애려면 텍스트 상자를 클릭하고 Delete 을 누릅니다.

'단위' 텍스트 상자를 더블클릭하면 [표시 단위 레이블 서식] 작업 창이 나타납니다. [레이블 옵션]을 클릭하고 [크기 및 속성] (█)-[맞춤]에서 수정해도 됩니다.

233 차트 종류가 다른 이중 축 그래프 만들기 _콤보 차트

데이터 값의 차이가 크다면 보조 축을 추가해서 Y값을 따로 표시하는 것이 좋습니다. 예를 들어, 매출과 증감률은 각 데이터의 최대값 간의 차이가 크기 때문에 축을 2개로 나눈 이중 축 그래프를 사용합니다. 엑셀 2013부터는 콤보 차트에서 좀 더 쉽게 차트 종류를 선택하고 보조 축을 추가할 수 있습니다.

예제 파일 Part21\콤보차트.xlsx　　**완성 파일** Part21\콤보차트_완성.xlsx

1 '증감률'의 데이터 값이 '반품수량'에 비해 너무 작아 막대그래프가 거의 X축에 붙어 있습니다. 보조 축을 추가해서 증감률을 꺾은선형 차트로 변경해 보겠습니다. 차트 위에서 마우스 오른쪽 버튼을 클릭한 뒤 단축 메뉴에서 [차트 종류 변경]을 선택합니다.

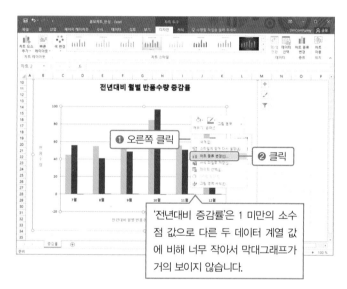

'전년대비 증감률'은 1 미만의 소수점 값으로 다른 두 데이터 계열 값에 비해 너무 작아서 막대그래프가 거의 보이지 않습니다.

2 [차트 종류 변경] 대화상자-[모든 차트] 탭에서 '콤보'를 선택합니다. '증감률'의 차트 종류가 '꺾은선형'으로 되어 있습니다. 증감률의 '보조 축'에 체크 표시를 하고 [확인]을 클릭합니다.

> 엑셀 2007/2010 | 콤보 차트가 따로 없기 때문에 차트 종류를 바꿀 데이터 계열을 따로 설정해줘야 합니다.
>
> 1. 범례에서 '증감률' 위에서 마우스 오른쪽 버튼으로 클릭한 뒤 [계열 차트 종류 변경]을 선택합니다. [차트 종류 변경] 대화상자에 [추천 차트] 탭이 따로 없습니다.
> 2. 꺾은선형 차트를 선택하고 [확인]을 클릭합니다.
> 3. 범례에서 '증감률'을 마우스 오른쪽 버튼으로 클릭한 뒤 [데이터 계열 서식]을 선택합니다. [계열 옵션]에서 '보조축'을 선택하고 [확인]을 클릭합니다.

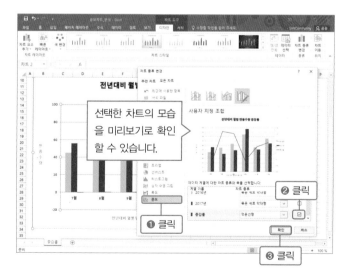

선택한 차트의 모습을 미리보기로 확인할 수 있습니다.

3 '증감률'이 꺾은선으로 나타나고, 오른쪽에는 보조 축 단위가 추가되었습니다. 소수점으로 나타난 보조 축 단위를 백분율로 수정하기 위해 오른쪽 Y축을 더블클릭합니다.

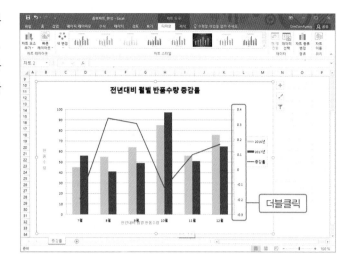

4 [축 서식] 작업 창이 나타나면 [축 옵션]-[축 옵션]-[표시 형식]의 [범주]에서 '백분율'을 선택합니다.

엑셀 2007/2010 | 오른쪽 Y축 숫자를 마우스 오른쪽 버튼으로 클릭한 뒤 단축 메뉴에서 [축 서식]을 선택합니다. [축 서식] 대화상자의 [표시 형식]에서 백분율을 선택합니다.

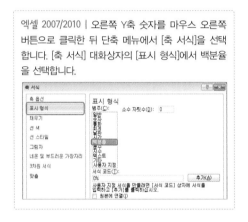

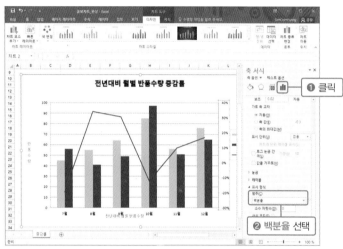

5 오른쪽 Y축 단위가 백분율로 바뀌었습니다.

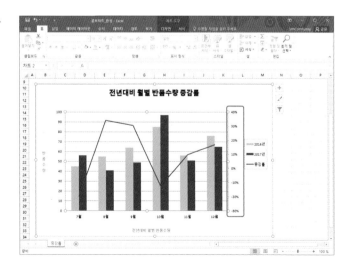

234 X축과 Y축 데이터의 위치 바꾸기

차트에서 X축과 Y축의 데이터 범위는 차트의 특성에 따라 자동 지정됩니다. 기본으로 지정된 X축과 Y축을 바꾸고 싶다면 원본 데이터 표의 행과 열을 바꾸지 않아도 '행/열 전환'이라는 기능을 사용할 수 있습니다.

예제 파일 Part21\XY축변경.xlsx   **완성 파일** Part21\XY축변경_완성.xlsx

1 현재 차트는 지역 단위로 분기별 주문량이 묶여 있습니다. 반대로 분기 단위로 지역별 매출을 비교하려면 X축과 Y축을 변경하면 됩니다. 차트를 클릭한 후 [디자인] 탭-[데이터] 그룹-[행/열 전환]을 클릭합니다.

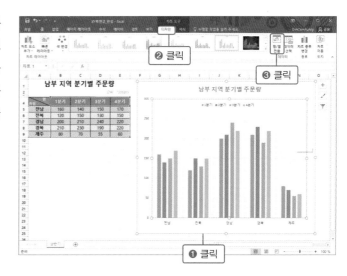

2 데이터의 행과 열이 전환되어 분기 단위로 지역별 매출이 배열된 것을 볼 수 있습니다.

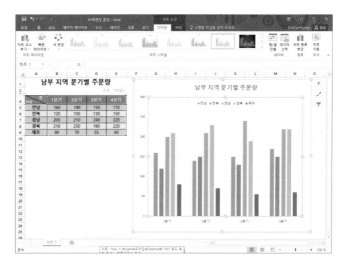

> **TIP**
>
> [행/열 전환]은 묶은 막대형 그래프처럼 기본적인 차트에서는 쉽게 사용되지만 차트 종류나 데이터 범위에 따라 차트 레이아웃이 변형될 수 있습니다. 이때는 데이터 범위를 다시 설정하면 됩니다.

235 차트에 나타낼 데이터 범위 변경하기

데이터에 빈 행과 열이 없다면 연속으로 입력된 셀들을 차트의 원본 데이터로 반영합니다. 그러나 데이터의 일부만 차트로 나타내고 싶거나 기존 차트에 데이터를 추가해야 한다면 데이터 범위를 다시 지정하면 됩니다.

예제 파일 Part21\데이터범위변경.xlsx   **완성 파일** Part21\데이터범위변경_완성.xlsx

1 2014년과 2015년 데이터로 만든 차트에 2016년 데이터를 추가해 보겠습니다. 차트 위에서 마우스 오른쪽 버튼을 클릭한 뒤 단축 메뉴에서 [데이터 선택]을 클릭합니다.

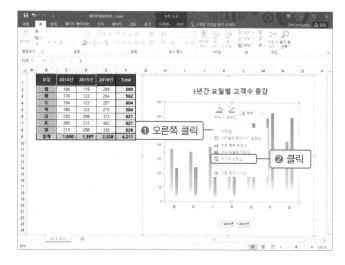

2 [데이터 원본 선택] 대화상자에서 [추가]를 클릭합니다.

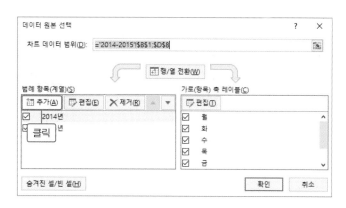

3 [계열 편집] 대화상자의 [계열 이름] 입력란에 커서가 나타납니다. '2016년'이 입력된 [E1] 셀을 클릭하면 워크시트 이름과 셀 주소가 입력됩니다.

'계열 이름'은 범례에 표시할 이름입니다. 셀 주소를 참조하거나 직접 입력해도 됩니다.

4 [계열 값]에는 막대그래프가 표시할 값의 참조 범위를 입력합니다. [계열 값]에 입력된 값을 삭제하고 [E2:E8] 셀을 드래그한 후 [확인]을 클릭합니다.

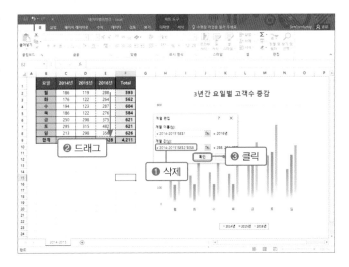

5 [데이터 원본 선택] 대화상자의 [범례 항목]에 '2016년'이 추가된 것을 알 수 있습니다. [확인]을 클릭합니다.

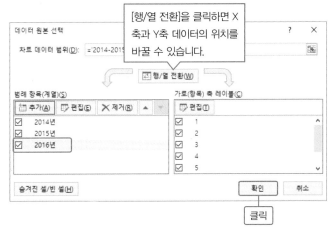

6 차트에 '2016년' 범례와 해당 데이터 계열이 추가되었습니다. 차트의 크기와 위치 등을 조절하여 완성합니다.

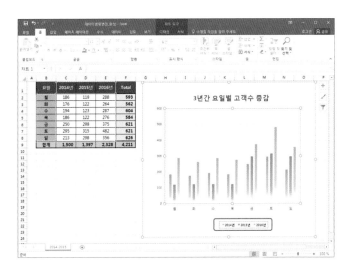

236 추가할 데이터 복사해서 차트에 붙여넣기

차트에 데이터를 추가하려면 추가할 데이터만 복사해서 차트에 바로 붙여 넣으면 됩니다. 단, 추가할 데이터는 기존 데이터 표와 동일한 구성이어야 합니다. 기존 데이터와 동일한 서식이라면 다른 워크시트에 있는 데이터도 붙여 넣을 수 있습니다.

예제 파일 Part21\데이터 붙여넣기.xlsx   **완성 파일** Part21\데이터 붙여넣기_완성.xlsx

| 같은 워크시트 표에서 복사해서 붙이기

1 '데이터 추가' 워크시트의 차트에 '일본' 데이터 값을 추가해 보겠습니다. '일본' 데이터를 복사하기 위해 [A6:F6] 셀을 선택한 후 Ctrl + C 를 누릅니다.

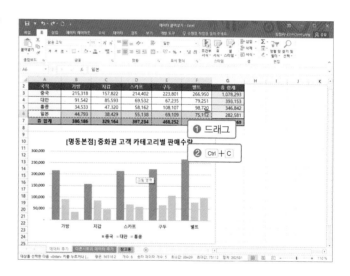

2 차트를 클릭한 후 Ctrl + V 를 누르면 복사한 데이터가 차트에 추가됩니다.

TIP

차트에 추가할 데이터는 계열 이름(범례)과 계열 값을 포함해야 합니다. 또한, 기존 서식의 계열 값이 가방, 지갑, 스카프 순서이듯이 추가할 계열 값도 순서와 개수가 같은 형식이어야 막대그래프가 적당한 위치에 삽입됩니다.

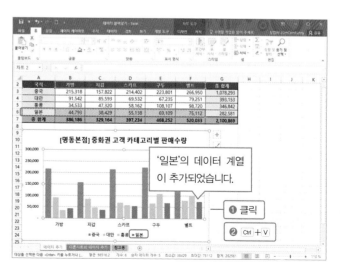

다른 워크시트의 데이터 복사해서 붙이기

1 '참고용' 워크시트를 선택합니다. '한국' 데이터 값만 차트에 추가하기 위해 [B11:G11] 셀을 선택한 후 Ctrl + C를 눌러 복사합니다.

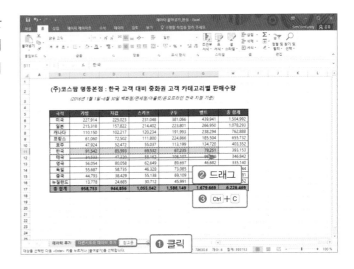

2 '다른 시트의 데이터 추가' 워크시트를 선택합니다. 차트를 선택한 후 Ctrl + V를 눌러 붙여넣기를 합니다. '한국' 데이터가 꺾은선형으로 삽입됩니다.

> **TIP**
> 추가된 '한국' 데이터 계열은 기존 콤보 차트의 마지막 데이터 계열인 '총 합계'의 차트 종류와 같이 꺾은선형으로 삽입되었습니다.

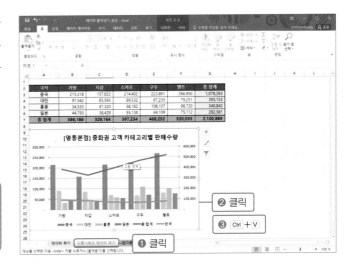

3 '한국' 데이터도 다른 국적처럼 막대형으로 바꾸어 보겠습니다. '한국' 데이터 계열에서 마우스 오른쪽 버튼을 클릭한 뒤 단축 메뉴에서 [계열 차트 종류 변경]을 클릭합니다.

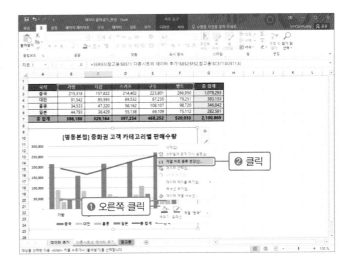

4 [차트 종류 변경] 대화상자–[모든 차트] 탭의 [콤보]에서 '한국'을 '묶은 세로 막대형'으로 바꿉니다. Y축 단위는 왼쪽의 기본 축을 참조하도록 '보조 축'의 체크 표시를 없앱니다.

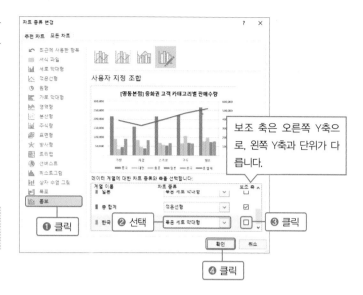

엑셀 2007/2010 | 콤보 차트를 제공하지 않으니 532쪽을 참고하세요.

5 꺾은선 그래프가 묶은 세로 막대로 변경되었습니다. 데이터 막대의 흰색 윤곽선을 지워보겠습니다. '한국' 막대그래프에서 마우스 오른쪽 버튼을 클릭한 뒤 미니 도구 모음에서 [윤곽선]–[윤곽선 없음]을 선택합니다.

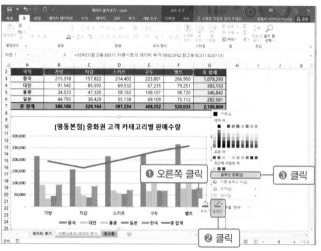

6 '한국' 막대그래프를 클릭하면 [B2:F2] 셀이 표시됩니다. 해당 워크시트를 참조한 다른 국적과 달리 '한국'은 다른 워크시트를 참조했기 때문에 X축 레이블만 표시됩니다.

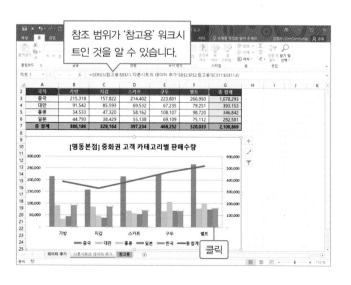

237 차트에서 데이터 삭제하기

데이터의 참조 범위를 따로 선택하지 않고 임의의 셀 하나를 클릭하고 차트를 삽입하면 연속으로 입력된 셀 전체가 차트에 포함됩니다. 차트에 불필요한 데이터가 포함됐더라도 전체 데이터 범위를 다시 설정할 필요는 없습니다. 특정 데이터 계열만 쉽게 제거하는 방법을 알아보겠습니다.

예제 파일 Part21\차트데이터삭제.xlsx   **완성 파일** Part21\차트데이터삭제_완성.xlsx

1 차트를 클릭하면 연동된 데이터의 참조 범위가 표시됩니다. 차트에서 '2016년' 그래프만 삭제해 보겠습니다. 차트에서 '2016년' 계열(회색 막대 그래프)을 클릭하고 Delete를 누릅니다.

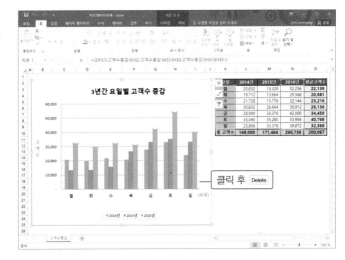

2 차트에서 '2016년' 그래프가 삭제되었습니다.

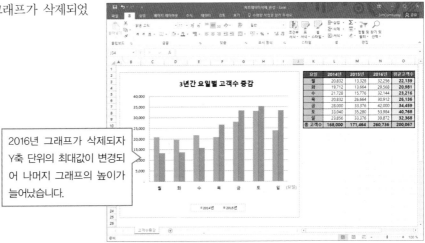

2016년 그래프가 삭제되자 Y축 단위의 최대값이 변경되어 나머지 그래프의 높이가 늘어났습니다.

238 중간에 데이터 값이 생략된 선 그래프 이어 그리기

차트의 원본 데이터에 아무 것도 입력되어 있지 않으면 해당 데이터 값이 없는 걸로 인식되어 그래프로 나타나지 않습니다. 꺾은선형 차트의 경우, 데이터 계열끼리 이어지는 형태이기 때문에 빈 셀 구간은 선이 끊어지게 됩니다. 빈 셀이나 숨겨진 행/열을 차트에 표시해 보겠습니다.

예제 파일 Part21\생략된데이터.xlsx   **완성 파일** Part21\생략된데이터_완성.xlsx

| 꺾은선형 차트에서 끊어진 선 이어 그리기

차트의 참조 범위에 빈 셀이 포함되면 선이 중간에 끊어집니다. 빈 셀의 값이 0이 아니라 정확한 값이 파악되지 않은 경우라면, 주변 추세에 맞춰 자연스럽게 선을 연결하는 것이 좋습니다.

1 표의 빈 데이터 때문에 끊어져 있는 차트의 꺾은선을 자연스럽게 연결해 보겠습니다. 차트 위에서 마우스 오른쪽 버튼을 클릭한 뒤 단축 메뉴에서 [데이터 선택]을 클릭합니다.

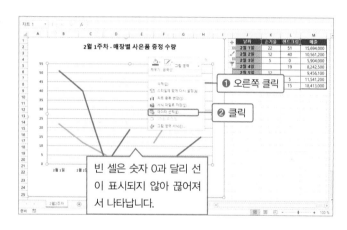

2 [데이터 원본 선택] 대화상자가 나타나면 [숨겨진 셀/빈 셀]을 클릭합니다. [숨겨진 셀/빈 셀 설정] 대화상자의 [빈 셀 표시 형식]에서 '선으로 데이터 요소 연결'을 선택한 후 [확인]을 클릭합니다. 다시 [데이터 원본 선택] 대화상자가 나타나면 [확인]을 클릭합니다.

TIP

[빈 셀 표시 형식]에서 '0으로 처리'를 선택하면 빈 셀이 모두 0으로 처리됩니다. 0이 많을수록 선이 들쑥날쑥해져서 선 그래프가 더 복잡해 보일 수 있습니다.

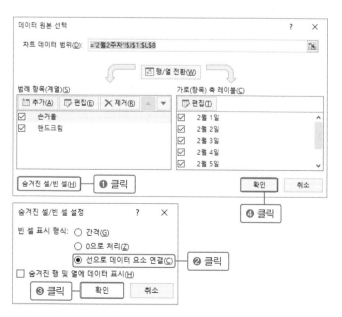

3 빈 셀 때문에 중간에 끊어져 있던 선이 주변 데이터 값에 맞춰 자연스럽게 연결되었습니다.

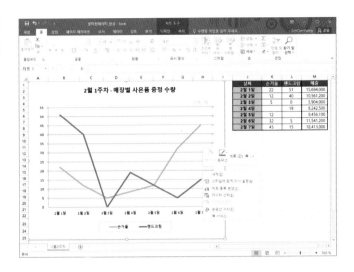

| 숨겨진 행/열을 차트에 표시하기

기본으로 차트에는 숨겨진 열이나 행의 데이터는 표시되지 않습니다. 그러나 설정을 통해 워크시트의 숨겨진 행/열을 차트에 표시할 수 있습니다.

1 [K:L] 열을 선택하고 마우스 오른쪽 버튼을 클릭한 뒤 단축 메뉴에서 [숨기기]를 클릭합니다.

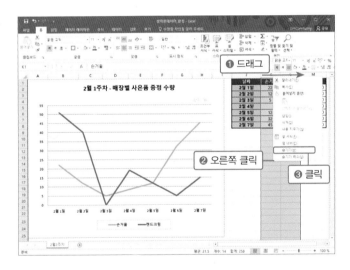

2 선택한 열들이 사라지자 차트도 사라졌습니다. 숨겨진 데이터를 표시하기 위해 차트 위에서 마우스 오른쪽 버튼을 클릭한 뒤 단축 메뉴에서 [데이터 선택]을 클릭합니다.

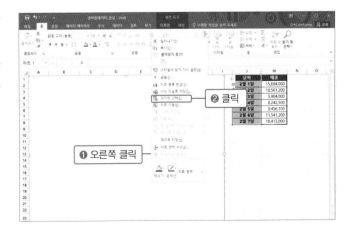

3 [데이터 원본 선택] 대화상자에서 [숨겨진 셀/빈 셀]을 클릭합니다.

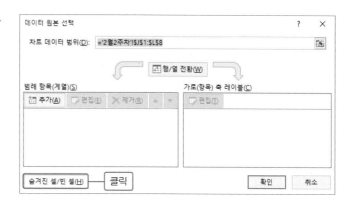

4 [숨겨진 셀/빈 셀 설정] 대화상자에서 '숨겨진 행 및 열에 데이터 표시'에 체크 표시를 하고 [확인]을 클릭합니다. [데이터 원본 선택] 대화상자가 나타나면 [확인]을 클릭합니다. 오른쪽 표에 숨겨진 열과 상관없이 차트에는 해당 데이터가 표시되었습니다.

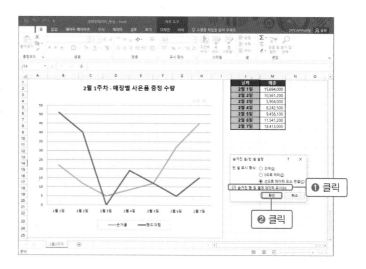

239 차트에 데이터 표 삽입하기

차트는 시각적으로 데이터의 추이를 나타내는 훌륭한 도구지만, 세부 수치를 나란히 비교해보려면 데이터 표가 필요합니다. 차트에 데이터 레이블을 모두 추가하면 그래프가 복잡해 보일 수 있으니 차트 요소 중 '데이터 표'를 추가해서 그래프와 표를 동시에 나타내 보겠습니다.

예제 파일 Part21\데이터표삽입.xlsx **완성 파일** Part21\데이터표삽입_완성.xlsx

1 차트를 클릭한 후 [차트 요소] 단추 ⊞ 를 클릭합니다. 목록에서 [데이터 표]에 체크 표시를 합니다.

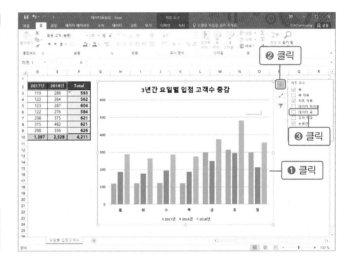

엑셀 2007/2010 | 차트를 클릭한 후 [레이아웃] 탭-[레이블] 그룹-[데이터 표]에서 선택합니다.

2 차트 아래에 데이터 표가 삽입되었습니다. [차트 요소]의 [데이터 표]에서 ▶를 클릭한 후 [범례 표지 포함]을 클릭합니다. 데이터 표의 왼쪽에 범례가 표시됩니다.

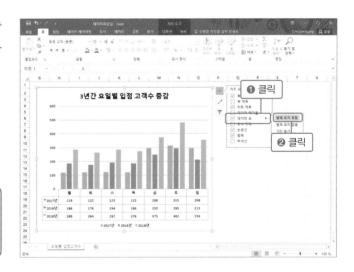

TIP
차트에 삽입된 데이터 표를 삭제하려면 [차트 요소] 단추를 클릭한 후 [데이터 표]의 체크 표시를 없애면 됩니다.

3 데이터 표를 더블클릭하면 [데이터 표 서식] 작업 창이 나타납니다. 표 테두리는 [표 옵션]-[데이터 표 옵션]에서 '가로', '세로', '윤곽선' 모두를 체크 표시하거나 없애서 조절할 수 있습니다.

> **TIP**
>
> 차트에 삽입한 데이터 표는 도형과 비슷한 성질을 가집니다. 데이터 표를 클릭하고 [서식] 탭-[도형 스타일] 그룹에서 표의 색상이나 윤곽선, 효과 등을 설정할 수 있습니다.

| [빠른 레이아웃] 이용하여 데이터 표 추가하기

[디자인] 탭-[차트 레이아웃] 그룹-[빠른 레이아웃]을 클릭합니다. 목록에서 데이터 표가 포함된 레이아웃을 선택하면 범례와 차트 제목 스타일 등 차트 구성에 따라 레이아웃이 변경됩니다.

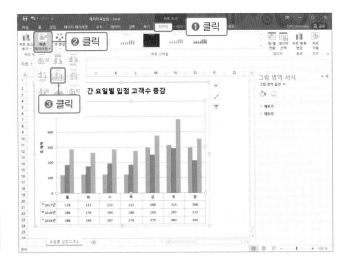

> 엑셀 2007/2010 | 차트를 클릭한 후 [디자인] 탭-[차트 레이아웃]에서 선택합니다.

240 다른 워크시트로 차트 이동하기

차트 안에 참조한 표까지 삽입되어 있다면 차트만 새 워크시트로 이동시켜 발표용 자료로 활용해도 좋습니다. 기존에 삽입된 차트를 새 워크시트로 이동시키는 방법을 알아보겠습니다.

예제 파일 Part21\워크시트이동.xlsx   **완성 파일** Part21\워크시트이동_완성.xlsx

1 차트 영역 위에서 마우스 오른쪽 버튼을 클릭한 후 단축 메뉴에서 [차트 이동]을 선택합니다.

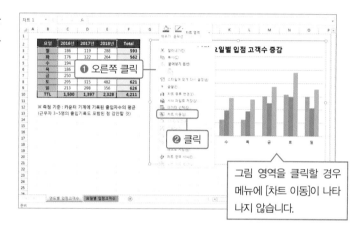

그림 영역을 클릭할 경우 메뉴에 [차트 이동]이 나타나지 않습니다.

2 [차트 이동] 대화상자가 나타나면 '워크시트에 삽입'을 선택합니다. 목록 버튼▼을 눌러서 이동할 시트로 '요일별 입점 고객수'를 선택하고 [확인]을 클릭합니다.

> **TIP**
> '새 시트'를 선택하면 새 워크시트에 차트만 크게 표시할 수 있습니다. 자세한 설명은 509쪽을 참고하세요.

3 '연도별 입점 고객수' 워크시트에 있던 차트가 '요일별 입점 고객수' 워크시트로 이동했습니다. 적당한 위치로 드래그해서 차트를 완성합니다.

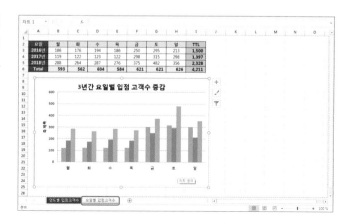

241 막대그래프를 그림으로 채우기

막대형 차트의 막대그래프를 단색 외에 그림 패턴이나 아이콘 등으로 채울 수 있습니다. 데이터 계열 이름과 관련된 이미지로 막대를 채우면 각각의 데이터를 더 구분하기 쉬울 것입니다. 데이터 계열 색상을 전체 또는 일부만 수정할 수 있듯이 강조하고 싶은 데이터 계열만 수정할 수도 있습니다.

예제 파일 Part21\막대그림넣기.xlsx

| 막대그래프를 온라인 이미지로 채우기

1 사과폰의 판매량을 나타내는 막대에 그림을 넣어보겠습니다. 사과폰 데이터 계열 하나를 더블클릭하면 [데이터 계열 서식] 작업 창이 나타납니다. [계열 옵션]−[채우기 및 선]의 [채우기]에서 '그림 또는 질감 채우기'를 선택합니다. [그림 원본]에서 [삽입]을 클릭합니다. 그림 삽입 대화상자가 나타나면 [온라인 그림]을 클릭합니다.

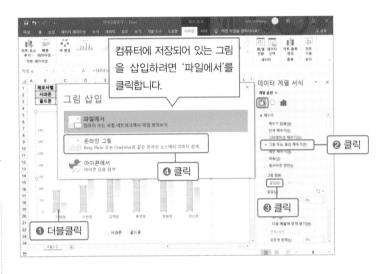

> 엑셀 2007/2010 | [데이터 계열 서식] 대화상자에서 [채우기]−[그림 또는 질감 채우기]를 클릭하면 [파일] (PC 저장 그림)과 [클립 아트]를 선택할 수 있습니다.
> 엑셀 2013/2016 | [다음에서 그림 삽입]에서 [온라인] 을 클릭합니다.

2 [온라인 그림] 대화상자가 나타나면 Bing 이미지 검색에서 사과 로고를 검색합니다. 검색 결과에서 적당한 그림을 클릭하여 클릭한 후 [삽입]을 클릭합니다.

> 엑셀 2013/2016 | 그림 삽입 대화상자의 Bing 이미지 검색에서 입력합니다.

3 선택한 데이터 계열에 그림이 삽입됐지만 막대 길이에 맞춰 그림이 늘어났습니다. 그림 옵션이 '늘이기'로 선택되어 있기 때문입니다. [데이터 계열 서식] 작업 창의 [계열 옵션]-[채우기 및 선]-[채우기]에서 '쌓기'를 클릭합니다.

엑셀 2007/2010 | [데이터 계열 서식] 대화상자의 [채우기]에서 '쌓기'를 선택합니다.

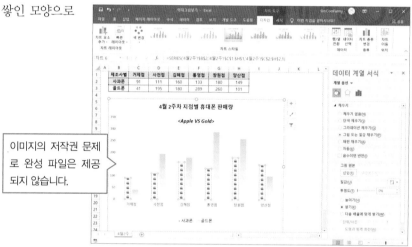

4 막대 안에 사과 그림이 쌓인 모양으로 나타납니다.

이미지의 저작권 문제로 완성 파일은 제공되지 않습니다.

막대 하나만 이미지로 채우기

1 통영점의 골드폰 데이터 계열을 연속 3번 클릭하면 해당 데이터 계열만 선택되고 [데이터 요소 서식] 작업 창이 나타납니다. [채우기 및 선]-[채우기]에서 '그림 또는 질감 채우기'와 '쌓기'를 선택합니다. [그림 원본]에서 [삽입]을 클릭합니다. 그림 삽입 대화상자가 나타나면 [온라인 그림]을 클릭합니다.

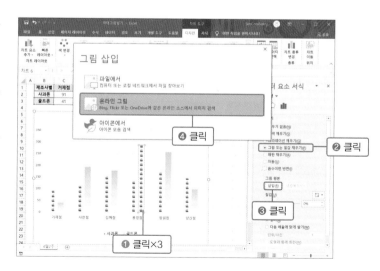

엑셀 2007/2010 | 온라인 이미지 삽입이 제공되지 않습니다. 대신 [데이터 계열 서식] 대화상자에서 [채우기]-[그림 또는 질감 채우기]-[파일] 또는 [클립아트]를 선택합니다.
엑셀 2013/2016 | [다음에서 그림 삽입]에서 [온라인]을 클릭합니다.

2 [그림 삽입] 대화상자가 나타나면 'Bing 이미지 검색'에서 gold를 검색합니다. 검색 결과에서 적당한 그림을 선택하고 [삽입]을 클릭합니다.

엑셀 2013/2016 | 그림 삽입 대화상자의 Bing 이미지 검색에서 입력합니다.

3 '통영점'의 골드폰 판매량 막대만 그림으로 채워졌습니다.

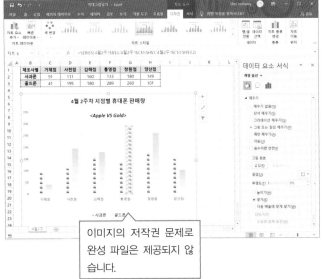

이미지의 저작권 문제로 완성 파일은 제공되지 않습니다.

242 가로형 그래프 도형으로 채우기_피플 그래프

엑셀 2013부터는 온라인에서 추가 기능을 다운로드하여 더 다양한 차트를 삽입할 수 있습니다. 그중 무료로 추가할 수 있는 피플 그래프(People Graph)는 막대그래프에 그림을 채우는 작업을 좀 더 쉽게 할 수 있게 해줍니다.

예제 파일 Part21\피플그래프.xlsx　　**완성 파일** Part21\피플그래프_완성.xlsx

1 인구수를 아이콘으로 나타내기 위해 피플 그래프를 추가해 보겠습니다. [삽입] 탭-[추가 기능] 그룹-[스토어]를 선택합니다. [Office 추가 기능] 대화상자의 [스토어] 탭에서 people을 검색합니다. 'People Graph'가 나타나면 [추가]를 클릭합니다.

TIP

이전에 다운로드한 그래프는 [삽입] 탭-[추가 기능] 그룹-[내 추가 기능]을 클릭해서 선택할 수 있습니다.

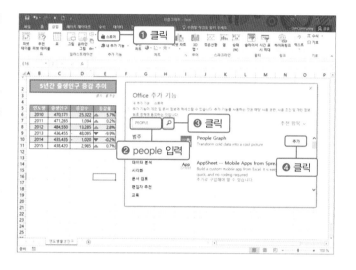

2 새 차트 영역이 나타납니다. 차트를 클릭하고 [데이터] 아이콘 ▦ 을 클릭합니다.

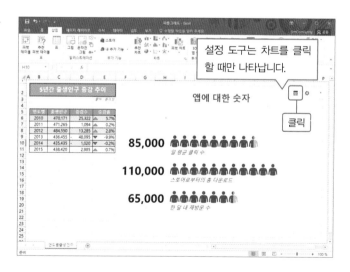

3 데이터 설정 메뉴가 나타나면 제목을 입력하고 [데이터 선택]을 클릭합니다.

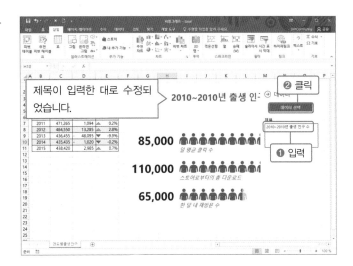

4 [데이터 선택 후 차트 만들기] 화면이 나타나면 표에서 [B5:C11] 셀을 선택하고 [만들기]를 클릭합니다.

TIP

데이터의 최대 범위는 15행입니다. 이를 초과한 경우 16행 이상은 그래프에 반영되지 않습니다.

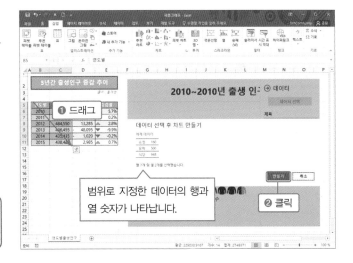

5 설정 아이콘 ⚙ 을 클릭하여 그래프의 레이아웃, 색상, 아이콘 등을 변경합니다.

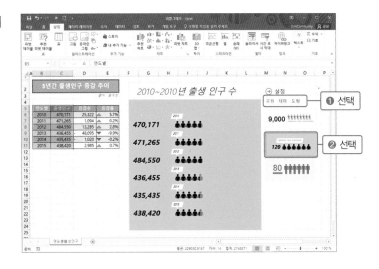

243 차트에 배경 그림 삽입하고 눈금선 삭제하기

기본 차트의 배경은 흰색 바탕에 눈금선이 그어져 있는 경우가 많습니다. 배경 서식을 수정하거나 눈금선을 삭제하면 다양한 시각적 효과를 낼 수 있습니다. 이번에는 차트 영역의 배경색을 바꾸거나 그림을 삽입한 뒤 눈금선을 삭제해 보겠습니다.

예제 파일 Part21\차트배경서식.xlsx   **완성 파일** Part21\차트배경서식_완성.xlsx

| 차트 영역에 배경색 채우기

1 차트의 가장자리선이나 모서리를 클릭하면 차트 영역이 선택됩니다. 차트 영역을 더블클릭하여 [차트 영역 서식] 작업 창을 불러옵니다.

`page` 차트 영역과 그림 영역에 대한 자세한 내용은 505쪽을 참고하세요.

엑셀 2007/2010 | 차트 영역에서 마우스 오른쪽 버튼을 클릭한 뒤 단축 메뉴에서 [차트 영역 서식]을 선택합니다.

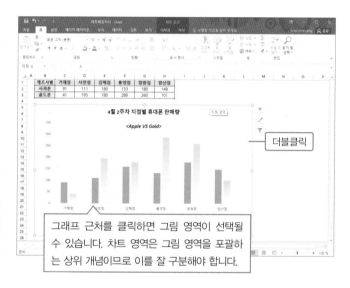

그래프 근처를 클릭하면 그림 영역이 선택될 수 있습니다. 차트 영역은 그림 영역을 포괄하는 상위 개념이므로 이를 잘 구분해야 합니다.

2 [차트 영역 서식] 작업 창에서 [차트 옵션]-[채우기 및 선]의 [채우기]에서 '단색 채우기'를 선택한 후 [색]에서 검은색을 선택합니다. 차트의 배경색이 검은색으로 바뀌었습니다.

엑셀 2007/2010 | [차트 영역 서식] 대화상자의 [채우기]에서 '단색 채우기'를 선택하고 채우기 색을 선택한 뒤 [확인]을 클릭합니다.

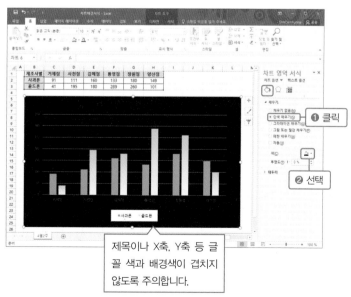

제목이나 X축, Y축 등 글꼴 색과 배경색이 겹치지 않도록 주의합니다.

3 차트의 배경색 때문에 차트 제목이 보이지 않습니다. 제목이 입력된 텍스트 상자를 더블클릭하면 나타나는 [차트 제목 서식] 작업 창에서 [텍스트 옵션]-[텍스트 채우기 및 윤곽선 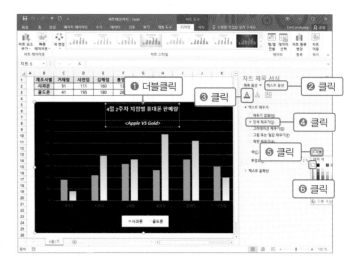]의 [텍스트 채우기]에서 '단색 채우기'를 선택합니다. [색]에서 '흰색'을 선택하면 제목이 흰색으로 바뀝니다.

TIP

차트 제목에서 마우스 오른쪽 버튼을 클릭한 뒤 미니 도구 모음에서 글꼴 색을 선택해도 됩니다.

그림 영역에 배경 그림 삽입하기

1 그림 영역만 선택하기 위해 차트 막대 주변의 눈금선 사이를 더블클릭합니다. [그림 영역 서식] 작업 창이 나타나면 [채우기 및 선]-[채우기]에서 '그림 또는 질감 채우기'를 선택합니다.

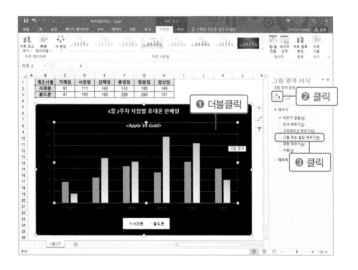

2 [그림 원본]에서 [삽입]을 클릭합니다. 그림 삽입 대화상자가 나타나면 [온라인 그림]을 클릭합니다.

엑셀 2007/2010 | 데이터 계열 서식 대화상자에서 [채우기]-[그림 또는 질감 채우기]를 클릭하면 [파일]과 [클립 아트]를 선택할 수 있습니다.
엑셀 2013/2016 | [다음에서 그림 삽입]에서 [온라인]을 클릭합니다.

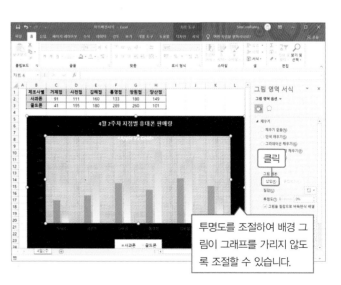

투명도를 조절하여 배경 그림이 그래프를 가리지 않도록 조절할 수 있습니다.

3 [온라인 그림] 대화상자가 나타나면 검색어를 입력합니다. 검색 결과에서 적당한 그림을 클릭하고 [삽입]을 클릭합니다.

엑셀 2013/2016 │ 그림 삽입 대화상자의 Bing 이미지 검색에서 입력합니다.

`page` 차트에 그림을 삽입하는 방법은 547쪽을 참고하세요.

│ 눈금선 삭제하기

1 배경 그림을 가리는 차트의 눈금선을 삭제해 보겠습니다. 눈금선 하나를 클릭하면 그림 영역의 모든 눈금선이 선택됩니다.

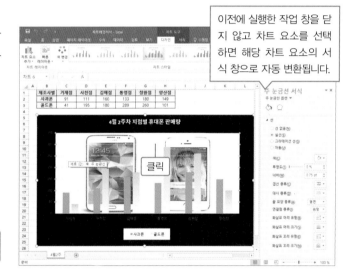

> **TIP**
> 눈금선을 클릭하고 Delete 를 눌러도 됩니다.

이전에 실행한 작업 창을 닫지 않고 차트 요소를 선택하면 해당 차트 요소의 서식 창으로 자동 변환됩니다.

2 [주 눈금선 서식] 작업 창에서 [채우기 및 선]–[선]에서 '선 없음'을 선택합니다. 그림 영역에서 눈금선이 삭제되었습니다.

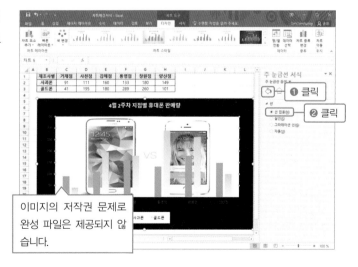

이미지의 저작권 문제로 완성 파일은 제공되지 않습니다.

244 데이터 레이블 추가해서 Y값 표시하기

콤보 차트를 이용하면 이중 축과 다른 종류의 그래프를 하나의 차트에 삽입할 수 있습니다. 그러나 다양한 색의 막대와 선이 겹치면 데이터 값을 구분하기 어려울 수 있습니다. 이럴 때는 데이터 레이블로 원하는 값만 표시하는 것이 좋습니다.

예제 파일 Part21\데이터레이블.xlsx   **완성 파일** Part21\데이터레이블_완성.xlsx

1 빨간색 꺾은선을 클릭하면 '총 합계' 데이터 계열이 선택됩니다. [차트 요소] 단추를 클릭합니다. '데이터 레이블'에서 ▶를 클릭한 후 '위쪽'을 클릭합니다.

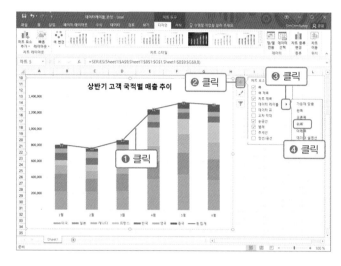

엑셀 2007/2010 | 데이터 계열을 선택하고 [레이아웃] 탭-[레이블] 그룹-[데이터 레이블]에서 위치를 선택합니다. 또는 마우스 오른쪽 버튼을 클릭한 뒤 단축 메뉴에서 [데이터 레이블 추가]를 선택합니다.

2 꺾은선 그래프에 데이터 레이블이 추가됩니다. 데이터 레이블 테두리 서식을 수정하기 위해 [서식] 탭-[도형 스타일]에서 원하는 서식을 선택합니다.

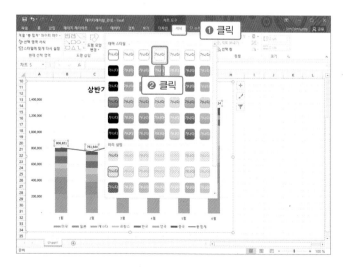

3 데이터 레이블의 글꼴을 키워보겠습니다. 데이터 레이블이 모두 선택된 상태에서 [홈] 탭의 [글꼴 크기]를 11pt로 수정합니다.

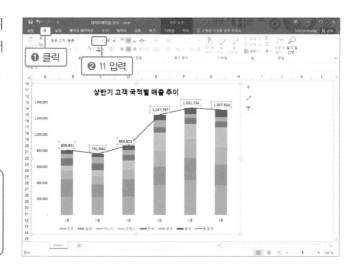

4 꺾은선과 겹쳐 있는 데이터 레이블의 위치를 이동시켜 보겠습니다. '3월'의 데이터 레이블 텍스트 상자를 선택한 후 꺾은선 위쪽으로 드래그합니다.

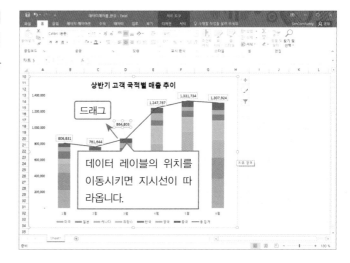

245 파이 차트로 백분율 자동 변환하기_원형 차트

원형 차트는 주로 비중을 백분율로 표시할 때 사용합니다. 데이터 값 전체를 100%로 보고 구성 항목의 비중을 백분율로 자동 변환하기 때문에 '파이(π) 차트'라고도 합니다. 그래서 기본 원형 차트는 하나의 행 또는 하나의 열 데이터 값만 나타내고 차트 제목은 자동으로 삽입됩니다.

예제 파일 Part21\원형차트.xlsx   **완성 파일** Part21\원형차트_완성.xlsx

1 차트로 만들 데이터 범위 [B4:C11] 셀을 선택합니다. [삽입] 탭-[차트] 그룹-[원형 또는 도넛형 차트 삽입]에서 '3차원 원형'을 선택합니다.

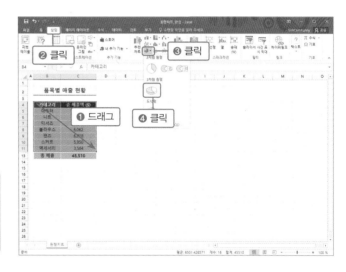

> **TIP**
>
> 해당 표의 참조 범위에서는 임의의 셀 하나를 선택해서 차트를 삽입해도 합계 행은 포함되지 않습니다. 데이터 참조 범위인 [B4:C11] 셀과 합계가 입력된 13행 사이에 빈 행이 삽입되었기 때문입니다.

2 3차원 원형 차트가 삽입되었습니다. [디자인] 탭-[차트 스타일]에서 원하는 스타일을 선택합니다.

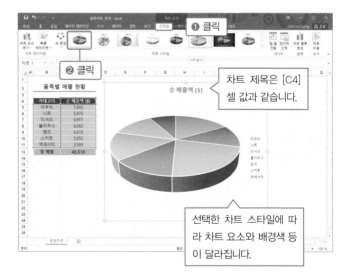

차트 제목은 [C4] 셀 값과 같습니다.

선택한 차트 스타일에 따라 차트 요소와 배경색 등이 달라집니다.

3 원형 차트의 스타일이 바뀌었습니다. 차트 안에 데이터 레이블을 삽입하기 위해 차트를 클릭하고 [차트 요소] 단추를 클릭합니다. '데이터 레이블'의 ▶를 클릭한 후 '안쪽 끝에'를 클릭합니다.

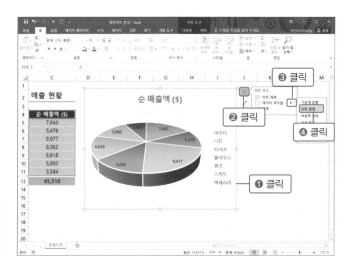

엑셀 2007/2010 | 원형 그래프를 클릭하고 [레이아웃] 탭-[레이블] 그룹-[데이터 레이블]에서 [안쪽 끝에]를 선택합니다.

4 삽입된 데이터 레이블에서 마우스 오른쪽 버튼을 클릭한 뒤 단축 메뉴에서 [데이터 레이블 서식]을 선택합니다. [데이터 레이블 서식] 작업 창에서 [레이블 옵션]-[레이블 옵션]▨의 [레이블 내용]에서 '항목 이름'과 '백분율'을 체크 표시하고 '값'의 체크 표시를 없앱니다. 닫기 버튼을 눌러 작업 창을 닫습니다.

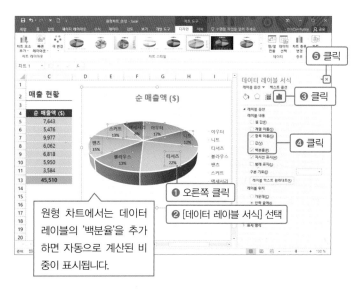

엑셀 2007/2010 | [데이터 레이블 서식] 대화상자에서 위와 같이 선택하고 [닫기]를 누릅니다.

5 데이터 레이블이 선택된 상태에서 [홈] 탭을 클릭하여 글꼴 크기 등을 수정합니다. 마찬가지로 차트 제목을 적당한 크기로 조정하여 차트를 완성합니다.

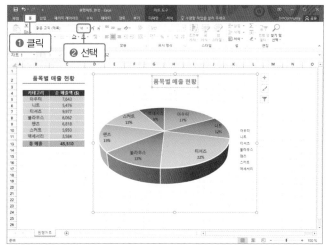

page 차트 제목을 데이터와 연동하려면 525쪽을 참고하세요.

246 원형 차트에서 조각 분리하기

원형 차트는 전체 원형에서 강조하고 싶은 요소만 분리할 수 있습니다. 원형 차트의 다른 이름인 '파이 (π) 차트'라는 말 그대로 강조하고 싶은 데이터 값이 있다면 해당 조각만 밖으로 드래그하여 따로 분리합니다.

예제 파일 Part21\원형차트조각.xlsx **완성 파일** Part21\원형차트조각_완성.xlsx

1 원형 차트의 데이터 계열 하나를 클릭하면 모든 조각이 선택됩니다. 특정 데이터 값만 선택하려면 해당 조각을 한 번 더 클릭하여 개별 선택하고 바깥쪽으로 드래그합니다.

TIP

데이터 계열을 연속해서 더블클릭하면 작업창이 표시되며, 한 번 클릭해서 전체 선택 후 한 번 더 클릭하면 개별 선택됩니다.

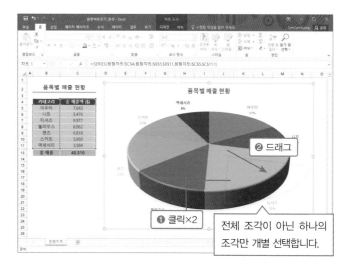

❷ 드래그
❶ 클릭×2
전체 조각이 아닌 하나의 조각만 개별 선택합니다.

2 마우스 버튼에서 손을 떼면 조각이 분리됩니다. 나머지 조각의 크기도 그림 영역 비율에 맞춰 자동 조절됩니다.

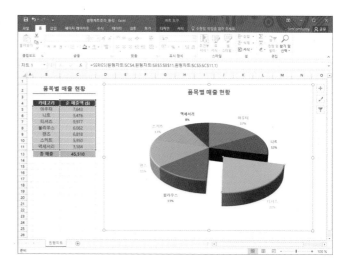

247 3차원 원형 차트의 각도 조절하기

3차원 원형 차트는 차트 스타일에 따라 높낮이나 각도가 변합니다. 막대형 차트의 데이터 계열이 막대그래프를 의미하듯 원형 차트에서는 원형 조각이 계열 값을 시각화합니다. 조각 전체의 각도를 수동으로 조절하려면 그림 요소의 3차원 서식에서 XY 회전율과 각도를 변경할 수 있습니다.

예제 파일 Part21\원형차트각도.xlsx   **완성 파일** Part21\원형차트각도_완성.xlsx

1 그림 영역을 선택하기 위해 원형 차트 조각의 바깥 영역을 더블클릭합니다. [그림 영역 서식] 작업 창이 나타나면 [효과]─[3차원 회전]을 클릭합니다.

엑셀 2007/2010 | 그림 영역에서 마우스 오른쪽 버튼을 클릭하고 단축 메뉴에서 [3차원 회전]을 클릭합니다.

2 'X 회전' 값을 높이면 차트가 시계 방향으로 돌아갑니다.

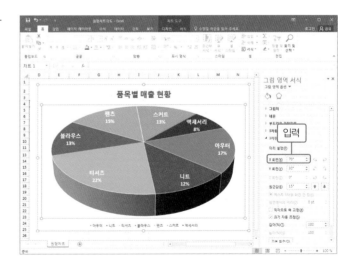

3 'Y 회전' 값을 높이면 조각의 정면이 더 많이 노출되면서 전체 조각의 높이가 줄어듭니다.

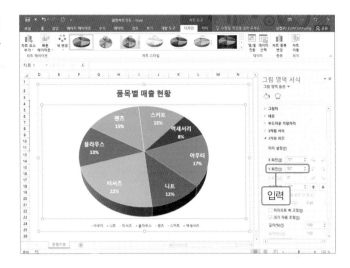

4 '원근감' 값을 높이면 차트를 위에서 본 듯한 모습으로 나타납니다.

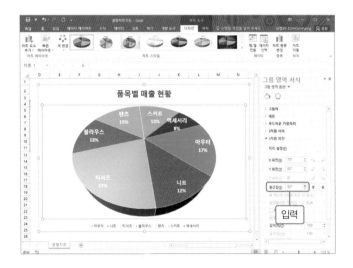

248 2개의 원형 차트 겹치기_도넛형 차트

원형 차트는 하나의 데이터 계열만 반영하는 반면, 도넛형 차트는 도넛 모양의 원형을 중첩해서 여러 개의 데이터 계열을 나타낼 수 있습니다. 그러나 계열이 6개를 초과하면 가운데의 빈 원이 어그러집니다. 도넛 차트로 2개의 데이터를 비교하고 가운데에 도형을 삽입해서 평균 백분율을 표시해 보겠습니다.

예제 파일 Part21\도넛차트.xlsx   **완성 파일** Part21\도넛차트_완성.xlsx

도넛형 차트 삽입하기

1 표를 클릭한 후 [삽입] 탭-[차트] 그룹-[원형 또는 도넛형 차트 삽입]에서 '도넛형' 차트를 선택합니다. 차트 크기와 위치를 적절히 조절합니다.

> 엑셀 2007/2010 | [삽입] 탭-[차트] 그룹-[기타]에서 [도넛형]을 선택합니다.

2 도넛형 차트가 삽입되면 [디자인] 탭-[차트 스타일] 그룹에서 '스타일 8'을 선택합니다. 차트 조각의 너비를 늘리고 안의 공백을 줄이기 위해 안쪽 차트 조각을 더블클릭합니다. [데이터 계열 서식] 작업 창이 나타나면 [계열 옵션]의 [도넛 구멍 크기]를 30%로 수정합니다.

> 엑셀 2007/2010 | [데이터 계열 서식] 대화상자의 [계열 옵션]에서 위와 같이 설정합니다.

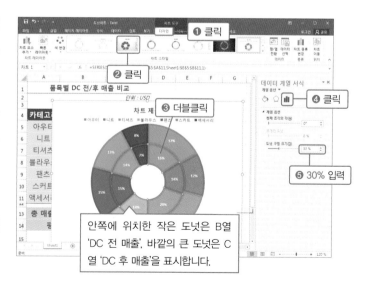

안쪽에 위치한 작은 도넛은 B열 'DC 전 매출', 바깥의 큰 도넛은 C열 'DC 후 매출'을 표시합니다.

도넛 차트 안에 백분율 표시하기

1 도넛 차트의 안쪽 공백에 평균 할인율을 표시해 보겠습니다. [서식] 탭-[도형 삽입] 그룹에서 원형 도형을 삽입하고 도넛 차트의 가운데로 드래그해서 크기를 조절합니다.

> **TIP**
> 채우기 색과 윤곽선을 제거할 경우, 도형 모양은 중요하지 않지만 삽입될 텍스트 크기에 맞춰 도형 크기를 조절해야 합니다.

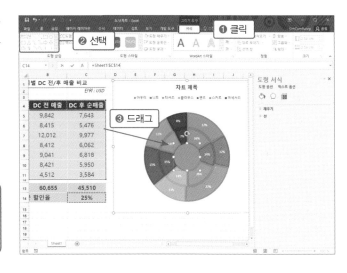

2 도형을 클릭하고 [서식] 탭-[도형 스타일] 그룹-[도형 채우기]에서 '채우기 없음'을, [도형 윤곽선]에서 [윤곽선 없음]을 선택하여 배경색을 숨깁니다.

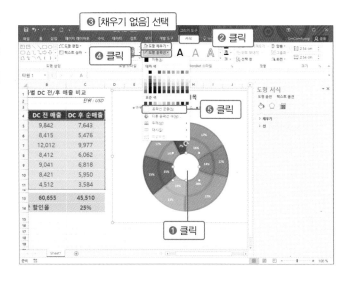

3 삽입된 도형을 클릭합니다. 수식 입력줄에 등호(=)를 입력하고 평균 할인율이 입력된 [C14] 셀을 클릭합니다. 도형이 선택된 상태에서 [홈] 탭-[맞춤] 그룹-[가운데 맞춤]을 클릭하여 위치를 정렬합니다.

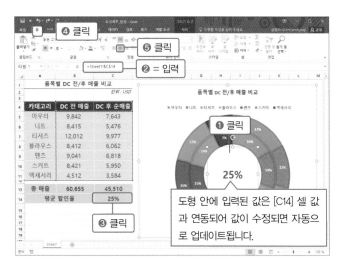

> 도형 안에 입력된 값은 [C14] 셀 값과 연동되어 값이 수정되면 자동으로 업데이트됩니다.

Part 22

고급 차트/
스파크라인

막대그래프가 지겹다면 영역형/분산형/간트 차트 등을 배워볼까요? 차트를 크게 삽입하지 않고 간단히 추세 분석만 하고 싶다면 스파크라인으로 충분할 겁니다. MS 사가 꾸준히 업데이트 기능을 제공해주는 오피스365 사용자라면 더 특별한 차트를 이용해서 다양한 분석 결과를 뽑낼 수 있습니다.

셀 안에 삽입하는 차트
스파크라인

불규칙한 데이터를 보여주는
분산형 차트

249 2개의 데이터를 면적으로 비교하기_영역형 차트

영역형 차트는 막대형 차트와 꺾은선형 차트의 특성을 합친 것과 비슷합니다. 데이터 계열끼리 선이 이어지고, 그 이하 면적은 색으로 채웁니다. 2개 이상의 데이터를 나타낼 때는 중복되는 영역은 겹쳐지고 초과되는 값만 다른 색으로 표시하여 차이 값의 면적을 강조할 수 있습니다.

예제 파일 Part22\영역형차트.xlsx   **완성 파일** Part22\영역형차트_완성.xlsx

1 데이터 표에서 [B4:D13] 셀을 선택합니다. [삽입] 탭-[차트] 그룹-[추천 차트]를 클릭합니다. [차트 삽입] 대화상자-[모든 차트] 탭에서 '영역형'을 선택합니다.

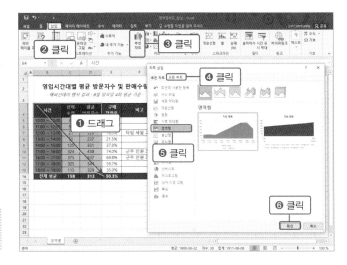

엑셀 2007/2010 | [삽입] 탭-[차트] 그룹-[영역형]에서 [2차원 영역형]을 선택합니다.

2 영역형 차트가 삽입되었습니다. 열 순서대로 그래프가 삽입되어 데이터 값이 작은 '판매수량'이 '방문자수'에 가려져 보이지 않습니다.

TIP

데이터 계열은 열 주소의 알파벳순으로 차트에 삽입됩니다. 데이터 계열이 가려지지 않으려면 왼쪽 열에 더 높은 데이터 값을 배치하는 것이 좋습니다.

C열(판매수량) 값이 D열(평균 방문자수) 값보다 작은 경우, C열은 나중에 추가된 D열 값에 가려지게 됩니다.

3 '판매수량'이 '방문자수'보다 앞쪽에 위치하도록 순서를 조정하겠습니다. 차트의 데이터 계열에서 마우스 오른쪽 버튼을 클릭한 뒤 단축 메뉴에서 [데이터 선택]을 클릭합니다.

4 [데이터 원본 선택] 대화상자의 [범례 항목]에서 '판매수량'을 선택한 후 ▼ 버튼을 클릭하여 순서를 아래로 이동시킵니다.

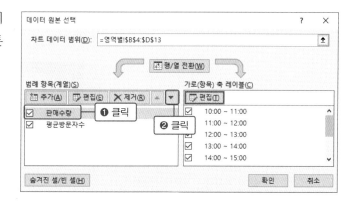

5 데이터 표의 순서와 무관하게 값이 큰 '방문자수'가 '판매수량' 뒤에 위치해 두 영역을 뚜렷이 비교할 수 있습니다. 제목을 수정하여 차트를 완성합니다.

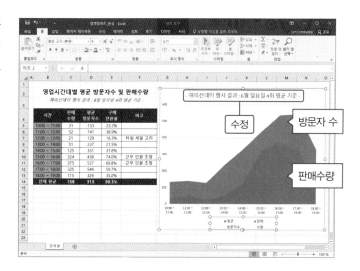

250 X축으로 하강선 추가하기

영역형 차트에서 각 데이터 계열의 Y값이 X축의 어느 항목에 해당하는지 명확하지 않을 때가 있습니다. '하강선'이라는 차트 요소를 추가하면 뾰족하게 솟아 있는 Y값을 X축과 매칭해서 쉽게 구분할 수 있습니다.

예제 파일 Part22\하강선.xlsx　　**완성 파일** Part22\하강선_완성.xlsx

1 차트를 클릭한 후 [디자인] 탭-[차트 레이아웃] 그룹-[차트 요소 추가]에서 [선]-[하강선]을 클릭합니다.

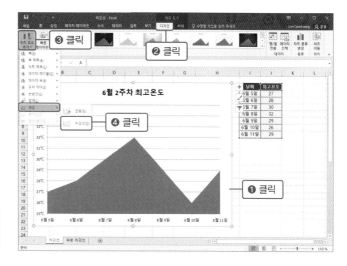

엑셀 2007/2010 | 차트를 클릭하고 [레이아웃] 탭-[분석] 그룹-[선]에서 [하강선]을 선택합니다.

2 차트에 하강선이 추가되었습니다. 각 데이터 값에 해당하는 X축 항목과 연결돼서 데이터를 쉽게 구분할 수 있습니다.

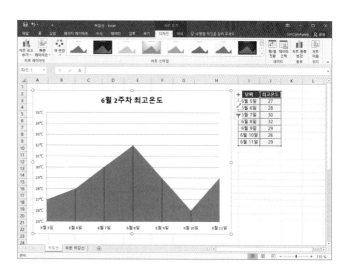

251 오차 막대로 특정 데이터만 하강선 표시하기

꺾은선형 차트에서 하강선을 추가하면 모든 데이터 계열에 하강선이 표시됩니다. 오차 막대는 주식형 차트나 예측 그래프에서 오차 범위를 나타낼 때도 유용합니다. 특정 데이터만 강조하기 위해 하강선을 하나만 추가하고 싶다면 '오차 막대'를 응용해서 하강선을 만들 수 있습니다.

예제 파일 Part22\오차막대.xlsx   **완성 파일** Part22\오차막대_완성.xlsx

1 2월 10일 대체휴일의 판매금액에만 하강선을 표시해 보겠습니다. 먼저 E열에 오차 막대의 참조 범위부터 입력해야 합니다. [E6] 셀에 판매금액 3,100,000을 입력합니다.

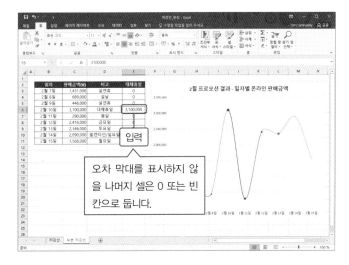

2 차트를 클릭하고 [차트 요소] 단추 +를 클릭합니다. [오차 막대]에 체크 표시를 하면 오차 막대가 추가됩니다. 추가된 오차 막대 중에서 하나를 더블클릭합니다.

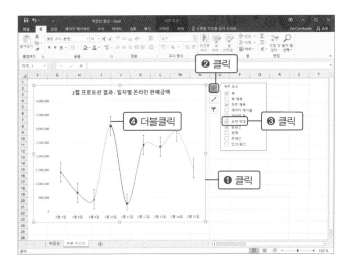

> 엑셀 2007/2010 | 차트를 클릭하고 [레이아웃] 탭-[분석] 그룹-[오차 막대]에서 [오차 막대(표준 오차)]를 선택합니다.

3 [오차 막대 서식] 작업 창이 나타나면 [오차 막대 옵션]-[세로 오차 막대]의 [오차량]에서 '사용자 지정'을 선택한 후 [값 지정]을 클릭합니다.

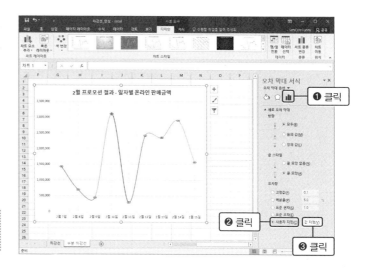

엑셀 2007/2010 | [오차 막대 서식] 대화상자에서 위와 같이 설정합니다.

4 [오차 막대 사용자 지정] 대화상자가 나타납니다. [양의 오류 값]에 0을 입력합니다. [음의 오류 값]을 클릭한 후 [E3:E11] 셀을 드래그해서 범위를 지정합니다.

TIP

오차 막대는 본래 데이터 값을 기준으로 +/- 오차 범위를 표시합니다. 데이터 값보다 적은 오차 값은 '음의 오류 값'이라고 부르며 기준 값 아래 선으로 표시됩니다. 반대로 '양의 오류 값'은 기준 값 위의 선이지만 0으로 없앴기 때문에 음의 오류 값만 표시되어 하강선 같은 효과를 냅니다.

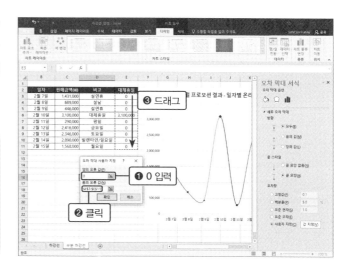

5 오차 막대를 이용한 하강선이 2월 10일에만 표시되었습니다.

TIP

차트에 삽입된 하강선을 삭제하고 싶다면 [차트 요소] 단추를 클릭한 후 [오차 막대]의 체크 표시를 없애면 됩니다.

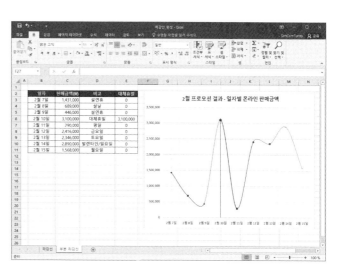

252 차트에 양선과 음선 추가하기_꺾은선형 차트

2개의 꺾은선 추이가 오르락내리락 교차된다면 양선과 음선을 추가하여 흐름의 추이를 강조할 수 있습니다. 차트 요소 중의 하나인 양선과 음선을 추가함으로써 두 데이터의 상승세와 하락세를 더 쉽게 비교할 수 있습니다.

예제 파일 Part22\양선과음선.xlsx   **완성 파일** Part22\양선과음선_완성.xlsx

1 차트를 클릭하고 [차트 요소] 단추 ➕를 클릭합니다. [양선/음선]을 클릭하여 체크 표시합니다.

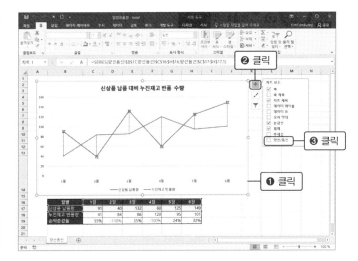

> 엑셀 2007/2010 | 차트를 클릭하고 [레이아웃] 탭–[분석] 그룹–[양선/음선]에서 [양선/음선]을 선택합니다.

2 양선과 음선이 추가되었습니다. 양선이 흰색이라 눈에 잘 띄지 않으니 다른 색상으로 바꾸어 보겠습니다. 흰색 양선 위에서 마우스 오른쪽 버튼을 클릭한 뒤 미니 도구 모음의 [채우기]에서 빨간색을 선택합니다.

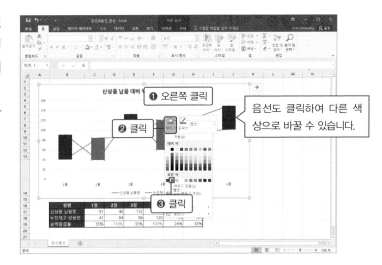

음선도 클릭하여 다른 색상으로 바꿀 수 있습니다.

253 주가 등락 한눈에 파악하기_주식형 차트

주식형 차트는 날짜별 데이터 값의 변화를 나타내기 좋은 차트로, 주식뿐만 아니라 기온이나 판매량처럼 날짜별로 변화되는 데이터를 나타내는 데 유용합니다. 주식형 차트는 저가, 고가, 종가만으로도 그래프를 만들 수 있고, 시가 정보를 추가하면 시가를 기준으로 한 데이터 등락을 파악할 수 있습니다.

예제 파일 Part22\주식형차트.xlsx　　**완성 파일** Part22\주식형차트_완성.xlsx

| 고가-저가-종가 그래프

1 '주식형' 워크시트를 선택합니다. 표를 클릭하고 [삽입] 탭-[차트] 그룹-[폭포 차트 또는 주식형 차트 삽입]에서 [주식형]의 '고가-저가-종가'를 선택합니다.

> 엑셀 2007/2010 | [삽입] 탭-[차트] 그룹-[기타]에서 [주식형]을 클릭합니다.

2 삽입된 차트의 크기와 위치를 조절합니다. [디자인] 탭-[차트 스타일] 그룹에서 '스타일 8'을 선택하면 종가를 강조할 수 있습니다.

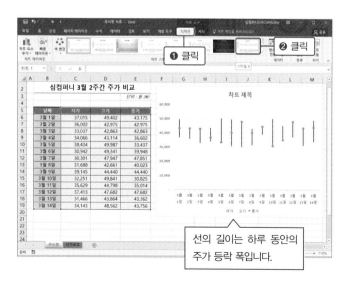

선의 길이는 하루 동안의 주가 등락 폭입니다.

3 종가 표시를 바꾸어 보겠습니다. 종가 표식을 더블클릭하면 나타나는 [데이터 계열 서식] 작업 창에서 [채우기 및 선]-[표식]의 [표식 옵션]에서 '기본 제공'을 선택합니다. '형식'은 ◆, '크기'는 11로 수정하고 [테두리]에서 색을 바꾸면 표식을 더 강조할 수 있습니다.

엑셀 2007/2010 | 표식을 클릭하기 어려우면 범례에서 '종가'를 마우스 오른쪽 버튼으로 클릭한 뒤 단축 메뉴에서 [데이터 계열 서식]을 선택합니다. 대화상자의 [표식 옵션]에서 위와 같이 설정합니다.

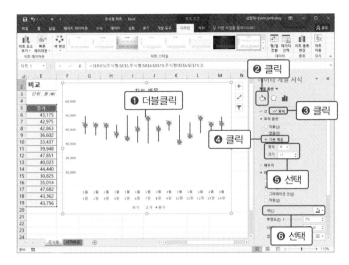

| 시가-고가-저가-종가 그래프

시가 정보를 추가하여 데이터의 등락을 파악해 보겠습니다. '시가비교' 워크시트를 선택합니다. 표를 클릭한 후 [삽입] 탭-[차트] 그룹-[폭포 차트 또는 주식형 차트 삽입]에서 [주식형]의 '시가-고가-저가-종가' 차트를 선택합니다. 디자인 서식과 차트 제목을 수정하여 차트를 완성합니다.

엑셀 2007/2010 | [삽입] 탭-[차트] 그룹-[기타]에서 [주식형]을 선택합니다.

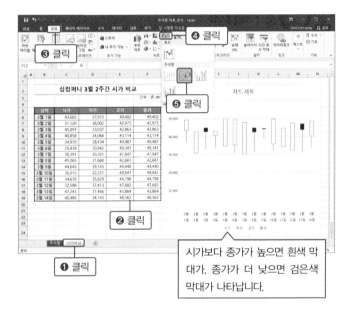

시가보다 종가가 높으면 흰색 막대가, 종가가 더 낮으면 검은색 막대가 나타납니다.

254 불규칙한 데이터 나타내기_분산형 차트

차트는 데이터를 시각적으로 나타내는 동시에 전체적인 트렌드나 분포를 살펴보기 좋은 도구입니다. 특히 분산형 차트는 연관성을 찾기 어려운 데이터의 빈도수를 나타낼 때 유용합니다. 엑셀 2013부터 추가된 '셀 값' 데이터 레이블을 이용해 불규칙한 데이터의 분포도를 알아보겠습니다.

예제 파일 Part22\분산형차트.xlsx   **완성 파일** Part22\분산형차트_완성.xlsx

1 나이와 시험 점수를 표시한 차트를 만들어 보겠습니다. [C3:D23] 셀을 선택한 후 [삽입] 탭-[차트] 그룹-[분산형 또는 거품형 차트 삽입]에서 '분산형' 차트를 선택합니다.

> **TIP**
>
> 차트의 참조 범위로 [B3:D23] 셀을 모두 선택할 경우, 가장 왼쪽의 '사원명'이 X축이 됩니다. Y축은 '나이'와 '점수' 2개의 표식으로 나누어지게 됩니다.

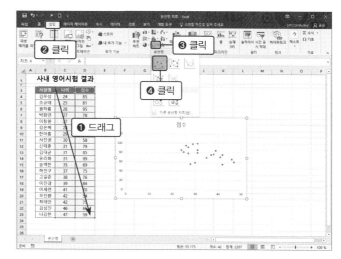

2 X축과 Y축 옵션을 수정해서 중복되는 데이터 값의 공백을 생략해 보겠습니다. 차트에서 X축을 더블클릭한 뒤 [축 서식] 작업 창에서 [축 옵션]-[축 옵션]의 [경계]에서 [최소]에 20을 입력합니다. 마찬가지로 Y축을 더블클릭한 뒤 최소값은 50, 최대값은 100으로 수정합니다.

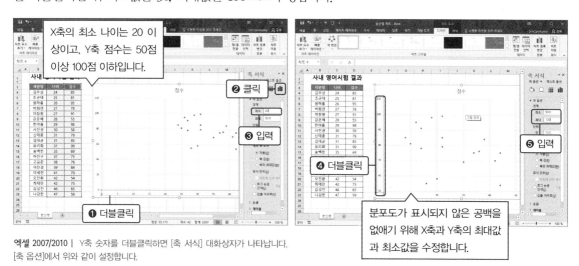

엑셀 2007/2010 | Y축 숫자를 더블클릭하면 [축 서식] 대화상자가 나타납니다. [축 옵션]에서 위와 같이 설정합니다.

| 데이터 레이블에 다른 데이터 범위의 셀 값 표시하기 _{엑셀 2013 이상}

1 차트의 표식에 사원명을 표시해 보겠습니다. 차트를 클릭한 뒤 [차트 요소] 단추를 클릭한 후 [데이터 레이블]에서 [기타 옵션]을 클릭합니다.

> **TIP**
>
> 엑셀 2010 이하에서는 차트 참조 범위에 없는 항목을 데이터 레이블로 표시하려면 텍스트 상자를 추가해서 일일이 입력해야 합니다. 그러나 엑셀 2013 이상부터는 데이터 레이블에 표시할 참조 범위를 따로 지정할 수 있습니다.

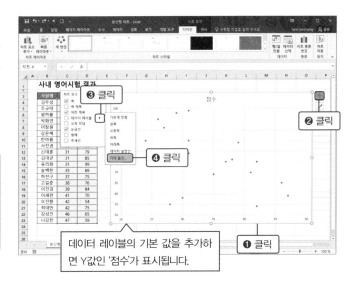

2 [데이터 레이블 서식] 작업 창에서 [레이블 옵션]-[레이블 옵션]의 [레이블 내용]에서 '셀 값'에만 체크 표시를 합니다. [데이터 레이블 범위] 대화상자가 나타나면 사원명이 입력된 [B4:B23] 셀을 선택하고 [확인]을 클릭합니다.

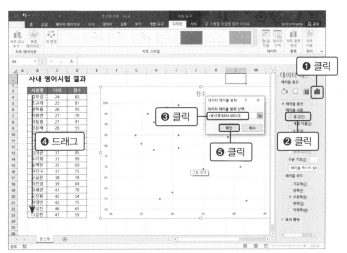

3 나이와 점수에 관한 분산형 차트가 완성되었습니다.

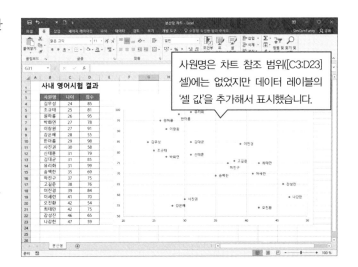

255 차트 축의 시간 간격 조절하기_분산형 차트

시간 데이터가 차트에 추가되면 축 단위는 0시부터 시작됩니다. 시작 시간이 0시와 차이가 많이 나면 차트 영역에 공백이 많이 생깁니다. 이를 최소화하려면 시작 시간을 조정합니다. 엑셀에서는 시간을 소수점 숫자로 인식하므로 시간의 소수점 값을 계산하여 축 간격을 조정해 보겠습니다.

예제 파일 Part22\시간대별판매량.xlsx **완성 파일** Part22\시간대별판매량_완성.xlsx

1 시작 시간인 8시를 숫자 형식으로 알아보기 위해 빈 셀에 =8/24를 입력합니다. 결과 값이 소수점으로 나타납니다. 소수점 값이 표시된 셀을 Ctrl + C 로 복사합니다.

> **TIP**
> 24시간은 엑셀에서 1과 같습니다. 즉, 8/24는 24시간 중 8시간의 비중을 나타냅니다. 수식을 이용해 시간을 숫자로 변환하려면 빈 셀에 =**해당시간/24**를 입력해서 계산할 수 있습니다.

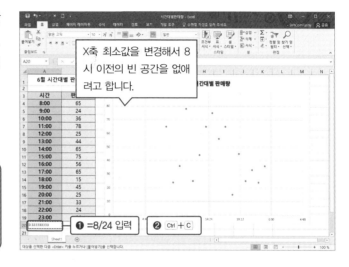

2 X축을 더블클릭하고 [축 서식] 작업창에서 [축 옵션]-[축 옵션]의 [경계]에서 [최소] 입력란에 Ctrl + V 를 눌러 복사한 값을 붙여 넣습니다.

> 엑셀 2007/2010 | X축 숫자에서 마우스 오른쪽 버튼을 클릭하면 [축 서식] 대화상자가 나타납니다. [축 옵션]에서 위와 같이 설정합니다.

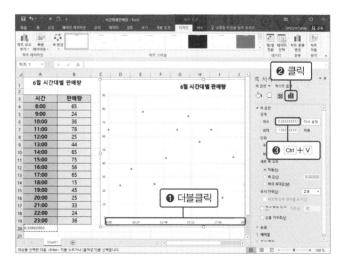

3 X축의 최소값이 8시로 변경되어 차트에서 비는 부분이 없어졌습니다. X축의 시간 간격이 2시간 24분으로 나타납니다. 시간 간격을 1시간으로 변경해 보겠습니다. 빈 셀에 =1/24를 입력하고 결과 값을 복사합니다.

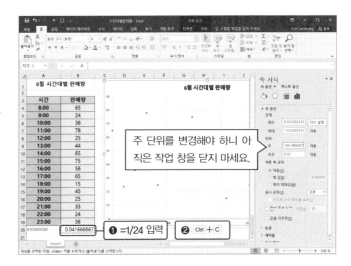

4 [축 서식] 작업 창에서 [축 옵션]-[축 옵션]의 [단위]에서 [주] 입력란에 복사한 값을 붙여 넣습니다. 작업 창의 닫기 버튼을 클릭합니다.

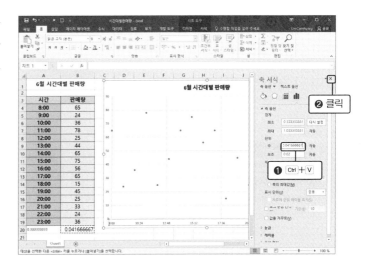

5 X축 간격이 1시간으로 바뀐 것을 볼 수 있습니다.

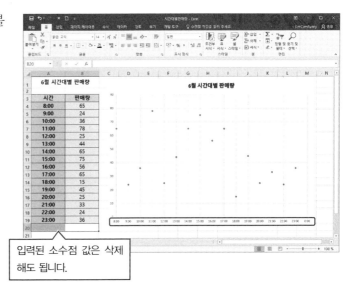

입력된 소수점 값은 삭제해도 됩니다.

256 제품 포지셔닝 도형화하기_방사형 차트

방사형 차트는 다각형 도형으로, 각 모서리에 막대형 차트의 X축 값이 나타납니다. 데이터 값이 클수록 중심점에서 모서리가 멀어지는 형태로 주로 제품 포지셔닝에 많이 사용됩니다. 도형을 겹쳐서 여러 개의 항목을 나타낼 순 있지만 너무 많으면 구분이 어려울 수 있습니다.

예제 파일 Part22\방사형차트.xlsx　　**완성 파일** Part22\방사형차트_완성.xlsx

1 표를 클릭한 후 [삽입] 탭-[차트] 그룹-[표면형 또는 방사형 차트 삽입]에서 '방사형'을 선택합니다.

> 엑셀 2007/2010 | [삽입] 탭-[차트] 그룹-[기타]에서 [방사형]을 선택합니다.
> 엑셀 2019 | [삽입] 탭-[차트] 그룹-[폭포, 깔때기형, 주식형, 표면형 또는 방사형 차트 삽입] 에서 [방사형]을 선택합니다.

2 방사형 차트가 삽입되면 [디자인] 탭-[차트 스타일]에서 원하는 스타일을 선택하여 차트를 완성합니다.

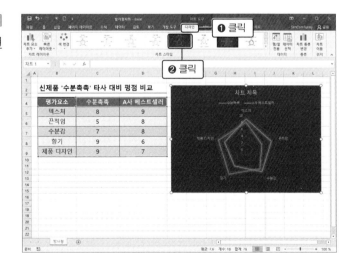

257 가로 막대형 차트 응용하여 일정표 만들기_간트 차트

간트(Gantt) 차트는 어떤 작업이나 일정표를 시각적으로 표현하는 데 유용합니다. 그러나 엑셀에서는 간트 차트 기능을 제공하지 않으므로 누적 가로 막대형 차트에 축 옵션과 채우기 색을 응용하여 일정표를 만들어 보겠습니다.

예제 파일 Part22\간트차트.xlsx **완성 파일** Part22\간트차트_완성.xlsx

1 표를 클릭하고 [삽입] 탭-[차트] 그룹-[세로 또는 가로 막대형 차트 삽입]-[2차원 가로 막대형]에서 '누적 가로 막대형'을 선택합니다.

2 차트가 삽입되었습니다. 데이터 표의 맨 위에 있는 '시장조사'가 차트의 맨 아래에 나타납니다. 일정 순서를 바꾸기 위해 Y축을 더블클릭한 후 [축 서식] 작업 창에서 [축 옵션]-[축 옵션]의 '항목을 거꾸로'에 체크 표시를 합니다.

> 엑셀 2007/2010 | Y축 글자에서 마우스 오른쪽 버튼을 클릭하면 [축 서식] 대화상자가 나타납니다. [축 옵션]에서 위와 같이 설정합니다.

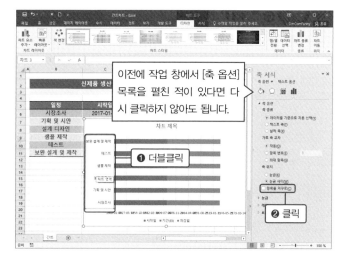

3 Y축의 항목 순서가 바뀌어 차트의 '시장
조사' 막대그래프가 맨 위로 올라갔습니다.
이제 X축을 클릭한 후 [축 서식] 작업 창의
[축 옵션]–[축 옵션]의 '최소'에 시작 날짜인
2017/1/4를, '최대'에 마감일인 2017/5/10을
입력합니다. 해당 날짜가 주황색 막대로 바
뀝니다.

> **TIP**
> 엑셀의 날짜 표기 방식에 따라 1/4를 입력하면 올해
> 1월 4일 날짜가 숫자 형식으로 자동 변환됩니다.

엑셀 2007/2010 | X축 날짜에서 마우스 오른쪽 버튼을
클릭하면 [축 서식] 대화상자가 나타납니다. [축 옵션]
에서 위와 같이 설정합니다.

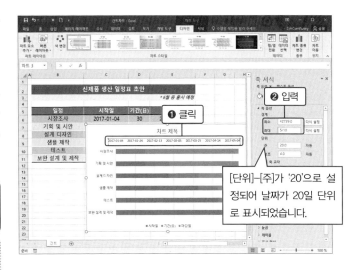

[단위]–[주]가 '20'으로 설
정되어 날짜가 20일 단위
로 표시되었습니다.

4 일정 이전을 나타내는 파란색 막대그
래프를 더블클릭하고 [데이터 계열 서식]
작업 창에서 [채우기 및 선]–[채우기]에서
'채우기 없음'을 선택합니다.

> **TIP**
> 데이터 계열 위에서 마우스 오른쪽 버튼을 클릭
> 한 뒤 미니 도구 모음에서 채우기 색을 선택해도
> 됩니다.

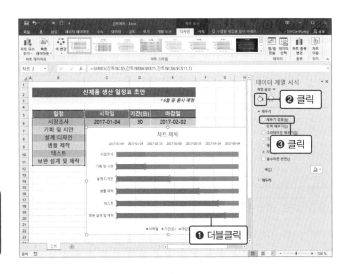

5 일정 이전의 파란색 막대가 사라집니
다. 일정 이후인 회색 막대를 더블클릭하고
[데이터 계열 서식] 작업 창에서 [채우기 및
선]–[채우기]에서 '채우기 없음'을 선택합니
다. 일정 이후인 회색 막대가 사라집니다.

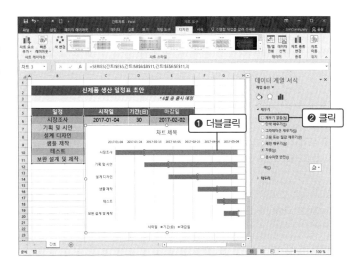

6 일정 간의 막대 너비를 넓혀보겠습니다. 주황색 막대를 선택한 후 [데이터 계열 서식] 작업 창에서 [계열 옵션]-[계열 옵션]의 '간격 너비'를 50%로 수정하고 Enter 를 누릅니다. 작업 창의 닫기 버튼을 누릅니다.

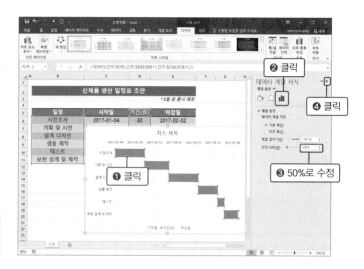

엑셀 2007/2010 | [데이터 계열 서식] 대화상자의 [계열 옵션]에서 위와 같이 설정합니다.

7 X축을 보면 시작일이 정확히 표시되지 않았습니다. 각 일정의 정확한 날짜와 기간을 추가하기 위해 차트를 클릭하고 [차트 요소] 단추⊞를 클릭합니다. [데이터 레이블]-[기타 옵션]을 선택합니다.

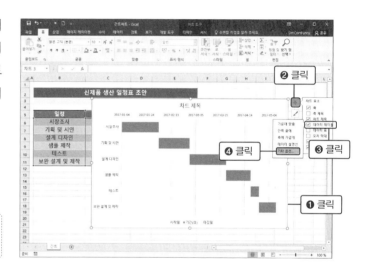

엑셀 2007/2010 | 데이터 계열을 선택하고 [레이아웃] 탭-[레이블] 그룹에서 [데이터 레이블]을 선택합니다.

8 [데이터 레이블 서식] 작업 창의 [레이블 옵션]-[레이블 옵션]의 [레이블 내용]에서 '셀 값'과 '값'에 체크 표시를 합니다. [데이터 레이블 범위] 대화상자가 나타나면 데이터 표에서 [C6:C11] 셀을 선택한 후 [확인]을 클릭합니다. 작업 창의 닫기 버튼을 누릅니다.

TIP

[레이블 옵션]의 '셀 값' 항목은 엑셀 2013 이상에서만 사용 가능합니다. 데이터 레이블에 표시할 항목을 차트의 원본 데이터 이외에서 선택할 때 '셀 값'을 설정합니다. 엑셀 2010 이하에서는 텍스트 상자를 추가해서 표시할 내용을 직접 입력해야 합니다.

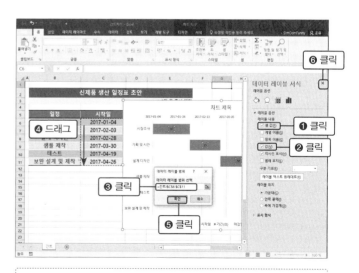

엑셀 2007/2010 | '셀 값' 레이블이 선택되지 않으므로 완성 파일에서는 '[CELLRANGE]'로 나타납니다.

9 각각의 시작 날짜와 기간이 삽입되어 나타납니다. 차트 제목을 입력하고 범례를 삭제하는 등 용도에 맞춰 차트를 수정합니다.

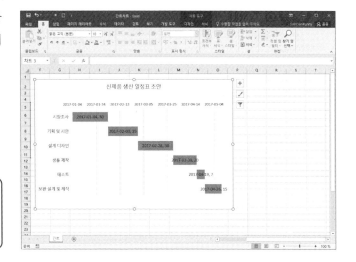

TIP

간트 차트는 기본 차트가 아니므로 [차트 스타일] 메뉴를 사용하면 의도한 것과 다르게 표시될 수 있습니다.

258 ABC 분석 항목을 우선순으로 나타내기_파레토 차트

ABC 분석은 주요 전략 포인트나 제품의 불량 요인 등 중요도 순으로 진행하는 기법입니다. 이때 주로 사용되는 것이 파레토 차트입니다. 데이터 값이 큰 순으로 막대그래프와 꺾은선이 추세를 나타내기 때문에 차트를 삽입하기 전에 데이터 표의 Y값 숫자를 내림차순으로 정렬해야 합니다.

예제 파일 Part22\파레토차트.xlsx   **완성 파일** Part22\파레토차트_완성.xlsx

1 표를 클릭하고 [삽입] 탭-[차트] 그룹-[추천 차트]를 클릭합니다. [차트 삽입] 대화상자의 [추천 차트] 탭에서 첫 번째 [묶은 세로 막대형]을 선택하고 [확인]을 클릭합니다.

엑셀 2007/2010 | 추천 차트가 없으니 [삽입] 탭에서 묶은 세로 막대형 차트를 선택하고 '비중' 데이터 계열은 차트 종류를 변경한 뒤 보조 축을 따로 삽입해야 합니다. 이중 축 그래프에 대한 자세한 내용은 532쪽을 참고하세요.

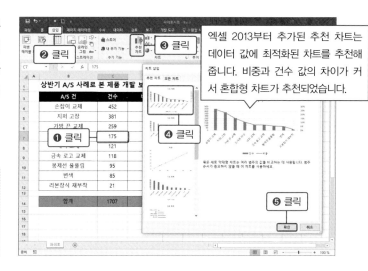

엑셀 2013부터 추가된 추천 차트는 데이터 값에 최적화된 차트를 추천해 줍니다. 비중과 건수 값의 차이가 커서 혼합형 차트가 추천되었습니다.

2 A/S 건수가 높은 순으로 차트가 삽입되었습니다. [B1] 셀에 입력된 내용을 차트 제목으로 연동하기 위해 차트에서 '차트 제목'을 클릭합니다. 수식 입력줄에 =을 입력하고 [B1] 셀을 클릭합니다.

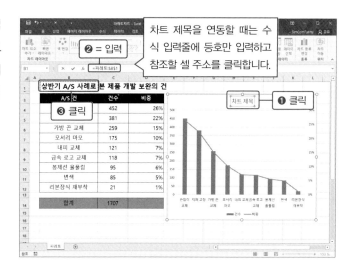

차트 제목을 연동할 때는 수식 입력줄에 등호만 입력하고 참조할 셀 주소를 클릭합니다.

259 데이터 증감을 세로 막대로 나타내기_폭포 차트

폭포 차트의 양옆은 Y값 0부터 시작하는 막대그래프로 나타내며 그 사이에 있는 막대는 수치의 증감만
나타냅니다. 이러한 차트 막대 모양이 다리(Bridge)처럼 생겨서 '다리형 차트'라고도 합니다. 중간 막대는
아래 공백을 둔 직사각형 형태로 증감을 나타내기에 좋습니다.

예제 파일 Part22\폭포차트.xlsx　　**완성 파일** Part22\폭포차트_완성.xlsx

1 연도별 인구 증가수를 폭포 차트로 만
들어 보겠습니다. 폭포 차트가 참조할 '증
감수' 데이터를 채우기 위해 [F5] 셀에 =E5
를, [F21] 셀에 =E21을 입력합니다. [F6] 셀
에는 전년대비 증감수를 구하기 위해 =E6-
E5를 입력한 후 채우기 핸들로 [F20] 셀
까지 드래그합니다. 자동 채우기 옵션에서
[서식 없이 채우기]를 선택합니다.

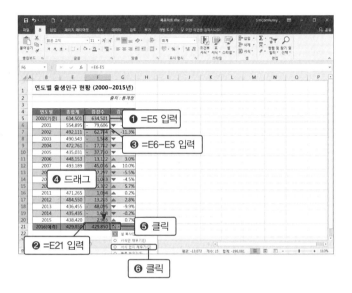

2 연도와 증감수를 참조 범위로 선택하
기 위해 [B5:B21] 셀을 선택한 후 Ctrl 을
누른 채 [F5:F21] 셀도 선택합니다. [삽입]
탭-[차트] 그룹-[폭포 차트 또는 주식형 차
트 삽입]에서 [폭포]를 클릭합니다.

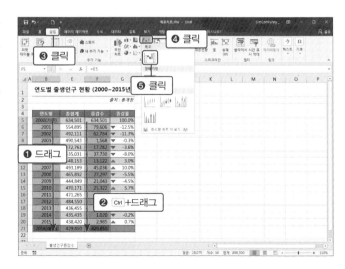

3 차트가 삽입되면 '2000년(기준)' 막대 그래프를 천천히 2번 클릭해서 해당 막대만 선택합니다. 마우스 오른쪽 버튼을 클릭한 뒤 단축 메뉴에서 [합계로 설정]을 선택하면 막대가 회색으로 변합니다. 마찬가지로 '2016년(예측)' 막대그래프만 선택하고 마우스 오른쪽 버튼을 클릭한 뒤 [합계로 설정]을 클릭합니다.

TIP
엑셀 설치 버전에 따라 범례가 '넓게(증가)', '좁게(감소)'로 표시될 수 있습니다.

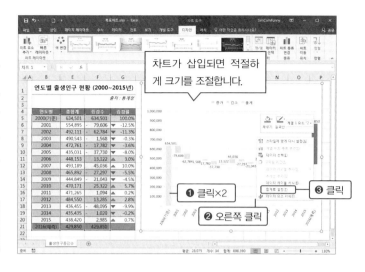

4 Y축의 공백을 최소화하기 위해 Y축을 더블클릭합니다. [축 서식] 작업 창이 나오면 [축 옵션]-[축 옵션]의 [경계]에서 '최소값'을 400,000으로 수정합니다. 작업 창의 닫기 버튼을 눌러 창을 숨깁니다.

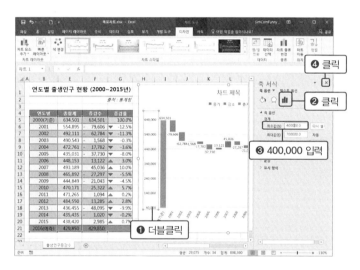

5 Y축의 최소값이 400,000으로 변해도 2001년~2015년의 증감 패턴은 유지됩니다. 차트 제목을 수정하고 차트를 완성합니다.

260　단계적으로 감소하는 값을 가로 막대로 나타내기 _깔때기형 차트

분석 결과나 프로세스를 순차적인 단계로 시각화할 때 깔때기 차트를 활용할 수 있습니다. 깔때기형 차트는 차트 이름처럼 가운데에 정렬된 막대 값이 점점 감소하는 깔때기 모양입니다. 차트 모양을 최대한 활용하려면 데이터 값이 내림차순으로 정렬된 표를 사용하는 것이 좋습니다.

예제 파일 Part22\깔때기차트.xlsx　　**완성 파일** Part22\깔때기차트_완성.xlsx

1 블로그의 전체 조회수 대비 재방문 및 이웃으로 전환된 방문자를 시각화하려고 합니다. 표를 클릭하고 [삽입] 탭-[차트] 그룹-[폭포 차트 또는 주식형 차트 삽입]에서 [깔때기형]을 클릭합니다.

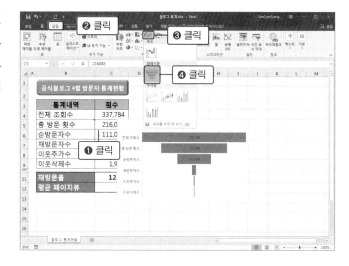

2 참조한 데이터 표 순서대로 깔때기형 차트가 삽입되었습니다.

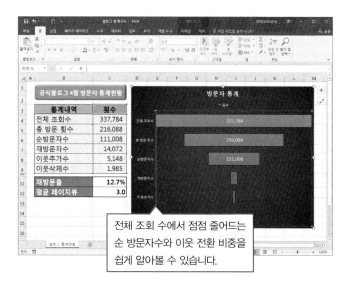

전체 조회 수에서 점점 줄어드는 순 방문자수와 이웃 전환 비중을 쉽게 알아볼 수 있습니다.

261 지도에 데이터 값 표시하기_지도

엑셀은 Bing 사이트와 연동되어서 지역 이름을 정확히 입력하면 지도의 위치를 인식할 수 있습니다. 지역명과 데이터 값을 정리한 표를 참고해서 [지도] 차트를 만들면 지역명에 따라 지도의 해당 위치에 데이터 값이 표시됩니다.

예제 파일 Part22\지도.xlsx　　**완성 파일** Part22\지도_완성.xlsx

1 지도에 각 국가별 GDP 금액을 표시하려고 합니다. 표를 클릭하고 [삽입] 탭-[차트] 그룹-[지도]를 클릭합니다.

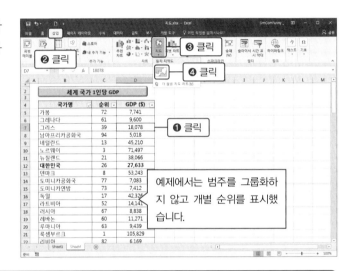

> 예제에서는 범주를 그룹화하지 않고 개별 순위를 표시했습니다.

TIP

지도 차트가 참조할 데이터는 지도 위치(국가 또는 지역명), 범주, 데이터 값 형태여야 합니다.

– 위치 : Bing 사이트에서 국가/지역명을 인식할 수 있게 정확한 철자를 입력합니다.

– 범주 : 분류할 지역이 많을 경우 같은 문자/숫자를 입력해서 그룹화합니다.

– 데이터 값 : 지도 위에 표시할 값입니다.

2 세계 지도가 삽입되었습니다. 국가별로 색상을 구분 짓고 데이터 값을 표시해 보겠습니다. 지도 위에서 마우스 오른쪽 버튼을 클릭한 뒤 단축 메뉴에서 [데이터 계열 서식]을 선택합니다.

TIP

순위와 GDP 중 기본으로 표시되는 데이터 레이블은 열 방향의 순서상 먼저 입력된 '순위'입니다. 지도 위에 GDP 금액을 표시하고 싶다면 마우스 오른쪽 버튼을 클릭한 뒤 단축 메뉴의 계열 목록에서 'GDP($)'를 선택합니다.

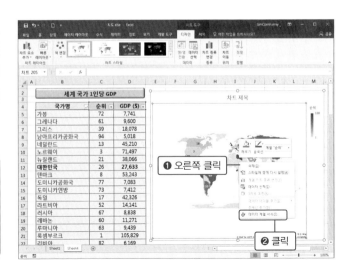

3 [데이터 계열 서식] 작업 창에서 [계열 옵션]-[계열 옵션]의 [지도 영역]에서 '데이터가 있는 지역만'을 선택합니다. [지도 레이블]에서는 '모두 표시'를 선택합니다.

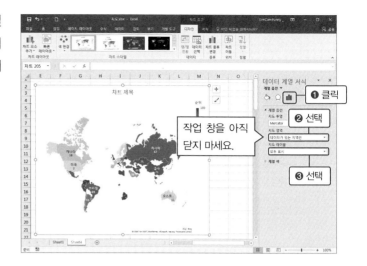

4 이번에는 지도의 계열을 클릭하고 색상을 바꾸어 보겠습니다. [계열 색]에서 [분기 색]의 목록 버튼을 눌러 원하는 색을 선택하면 자동으로 [최소값], [중간값], [최대값]이 변경됩니다.

5 순위에 따라 지역별 색상이 바뀌었습니다. GDP 순위가 낮을수록 최소값으로 지정된 색과 가까운 색이 나타나는 것을 알 수 있습니다.

TIP

한 국가의 여러 지역을 나타낼 때는 Bing 사이트가 위치를 파악할 수 있게 시/도/군/우편번호 등 세분화된 주소를 정확히 입력해야 합니다.

262 차트 서식 저장하기

필요에 따라 차트 요소의 레이아웃, 스타일 등을 일일이 조정할 때가 있습니다. 엑셀에서 제공하는 레이아웃과 스타일 외에 사용자가 수정한 서식을 자주 사용한다면 차트 서식으로 저장하면 됩니다. 서식으로 저장된 차트는 [차트 종류 바꾸기]에서 선택할 수 있습니다.

예제 파일 Part22\차트서식 파일.xlsx

| 차트를 서식 파일로 저장하기

1 차트 위에서 마우스 오른쪽 버튼을 클릭한 뒤 단축 메뉴에서 [서식 파일로 저장]을 클릭합니다.

> **엑셀 2007/2010** | 차트를 클릭하고 [디자인] 탭–[종류] 그룹–[서식 파일로 저장]을 클릭합니다.

2 [차트 서식 파일 저장] 대화상자가 나타나면 폴더는 그대로 두고 파일 이름만 입력한 뒤 [저장]을 클릭합니다.

> **TIP**
> 서식 파일을 저장하면 자동으로 선택된 폴더는 C:\Users\컴퓨터 이름\AppData\Roaming\Microsoft\Templates\Charts입니다. 다른 폴더로 위치를 바꾸면 엑셀에서 바로 적용할 수 없으니 가급적 폴더는 수정하지 마세요.

3 서식 파일로 저장한 차트를 적용하기 위해 기존 차트는 삭제합니다. 차트로 만들 표를 클릭하고 단축키 [Alt]+[F1]을 누르면 기본 차트가 삽입됩니다. 차트에서 마우스 오른쪽 버튼을 클릭한 뒤 단축 메뉴에서 [차트 종류 변경]을 선택합니다.

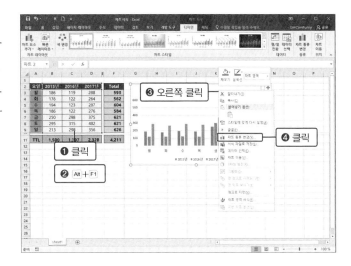

4 [차트 종류 변경] 대화상자에서 [모든 차트] 탭-[서식 파일]을 클릭합니다. 내 서식 파일에서 방금 만든 차트를 선택하고 [확인]을 클릭합니다.

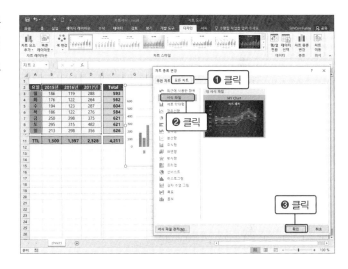

5 기본 차트가 서식 파일로 변경되었습니다.

> **TIP**
> 차트 서식 파일은 PC에 저장되었기 때문에 같은 PC의 다른 엑셀 문서에도 저장한 서식 파일을 적용할 수 있습니다.

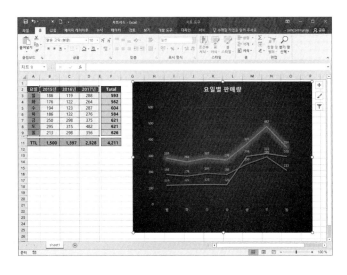

263 엑셀 차트를 파워포인트에 붙여넣기

파워포인트는 엑셀과 같은 MS 오피스 프로그램이기 때문에 엑셀 차트를 붙여 넣어도 서식을 유지하거나 수정하기 편리합니다. 엑셀의 원본 데이터로 만든 차트를 파워포인트에 삽입하기 위해 다양한 붙여넣기 옵션에 대해 알아보겠습니다.

| 엑셀에서 복사한 차트, 파워포인트 붙여넣기 옵션

엑셀에서 차트를 클릭하고 Ctrl + C 를 눌러 복사합니다. 파워포인트에서 Ctrl + V 를 눌러 붙여 넣으면 파워포인트 테마에 따라 차트 색상과 디자인, 기본 글꼴이 바뀔 수 있습니다. 붙여넣기 옵션 버튼을 클릭하면 원본 서식을 유지하거나 파워포인트 테마에 맞춰 디자인을 수정할 수 있습니다.

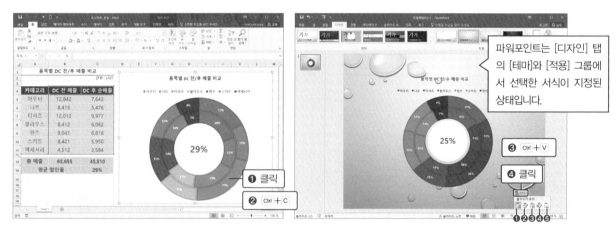

▲ 엑셀에 삽입된 차트   ▲ ❶ 대상 테마 사용 및 통합 문서 포함

❶ **대상 테마 사용 및 통합 문서 포함** : 파워포인트에 설정된 테마 스타일로 변환됩니다. 엑셀에서 데이터를 수정해도 파워포인트에 삽입된 차트의 데이터는 업데이트되지 않습니다.

❷ **원본 서식 유지 및 통합 문서 포함** : 엑셀의 차트 디자인을 유지합니다. 엑셀에서 데이터를 수정해도 데이터는 업데이트되지 않습니다.

❸ **대상 테마 사용 및 데이터 연결** : 붙여넣기 기본 옵션으로 파워포인트의 테마 스타일로 변환됩니다. 엑셀 데이터와 연동됐기 때문에 원본 데이터를 수정하면 파워포인트의 차트도 업데이트됩니다. 단, 엑셀 원본 파일이 저장된 PC에서만 데이터를 연동할 수 있습니다.

❹ 원본 서식 유지 및 데이터 연결 : 엑셀 차트의 원본 서식을 유지하고 데이터도 연동됩니다.

❺ 그림 : 엑셀 차트의 서식을 유지하되 그림 파일로 붙여 넣습니다. 차트 디자인과 데이터 값 모두 그림으로 변환되어 디자인이나 데이터 값을 변경할 수 없습니다.

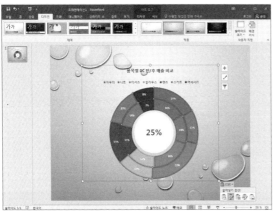

▲ ❷ 원본 서식 유지 및 통합 문서 포함

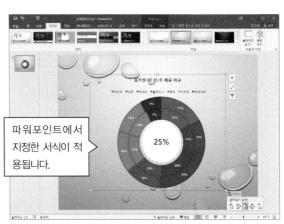

▲ ❸ 대상 테마 사용 및 데이터 연결

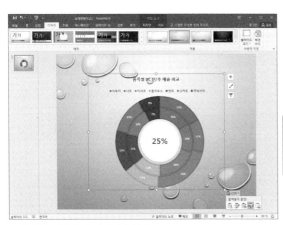

▲ ❹ 원본 서식 유지 및 데이터 연결

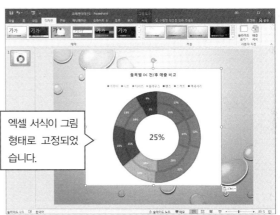

▲ ❺ 그림

엑셀 2007 | 엑셀 2007의 붙여넣기 옵션은 다음과 같이 구성되었습니다. ❶~❸에서 하나를 선택하고, ❹~❺에서 하나를 선택해서 총 2개의 옵션을 선택합니다. 예를 들어, 엑셀 2016버전의 '대상 테마 사용 및 데이터 연결'을 선택하려면 ❶과 ❺를 모두 클릭합니다.

- ⦿ 차트(Excel 데이터에 연결)(L) ❶
- ○ Excel 차트(전체 통합 문서)(E) ❷
- ○ 그림으로 붙여넣기(P) ❸
- ○ 원본 서식 유지(K) ❹
- ⦿ 대상 테마 사용(D) ❺

264 셀 안에 미니 차트 삽입하기_스파크라인

스파크라인은 셀 안에 넣는 미니 차트로, 엑셀 2010부터 추가된 기능입니다. 셀 한 칸에 들어갈 정도로
차트를 간략하게 압축해야 하기 때문에 X축과 Y축, 제목 등은 생략됩니다. 정확한 데이터 값을 표시하기
보다는 추세선, 이득, 손실 등 비교적 간단한 요약 자료로 활용할 수 있습니다.

예제 파일 Part22\스파크라인.xlsx　　**완성 파일** Part22\스파크라인_완성.xlsx

| 스파크라인 삽입_빠른 분석 도구

1 [C6:H6] 셀을 선택한 후 빠른 분석 도
구⬜를 클릭합니다. [스파크라인]을 클릭한
후 '선'을 선택합니다.

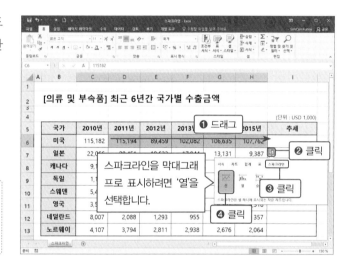

엑셀 2010 | [C6:H6] 셀을 선택한 후 [삽입] 탭-[스파크
라인] 그룹-[꺾은선형]을 클릭합니다. [스파크라인
만들기] 대화상자의 [위치 범위]에서 [I6] 셀을 선택하
고 [확인]을 클릭합니다.

2 [I6] 셀에 꺾은선형 스파크라인이 삽입
됩니다. 채우기 핸들을 더블클릭해서 나머
지 셀을 채웁니다. 참조 범위에 따라 스파
크라인이 삽입됩니다.

TIP

빠른 분석 도구를 이용하여 스파크라인을 만들
면 선택한 데이터 범위의 다음 셀에 스파크라인
이 삽입됩니다. 스파크라인을 원하는 위치에 삽
입하려면 594쪽을 참고하세요.

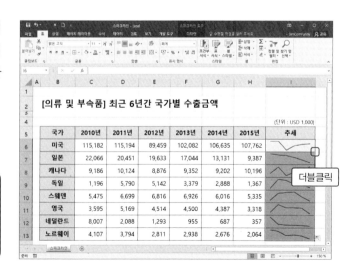

| 꺾은선형으로 삽입된 스파크라인을 막대그래프로 변경하기

스파크라인이 삽입된 셀을 클릭하고 [디자인] 탭-[종류] 그룹-[열]을 선택합니다. 꺾은선형의 스파크라인이 막대그래프로 바뀝니다.

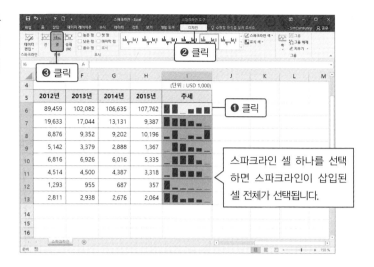

스파크라인 셀 하나를 선택하면 스파크라인이 삽입된 셀 전체가 선택됩니다.

| 스파크라인 개별 삭제하기

삭제할 스파크라인 셀을 클릭합니다. [디자인] 탭-[그룹] 그룹-[지우기]를 클릭합니다. 선택한 셀의 스파크라인이 삭제됩니다.

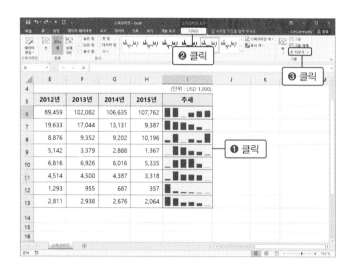

| 스파크라인 그룹 일괄 삭제하기

스파크라인 셀 하나를 선택합니다. [디자인] 탭-[그룹] 그룹-[지우기]의 목록 버튼 ▼을 클릭한 후 [선택한 스파크라인 그룹 지우기]를 선택합니다. 그룹으로 묶인 스파크라인 전체가 삭제됩니다.

TIP

스파크라인에서 마우스 오른쪽 버튼을 클릭한 뒤 단축 메뉴에서 [스타크라인]-[선택한 스파크라인 그룹 지우기]를 선택해도 됩니다.

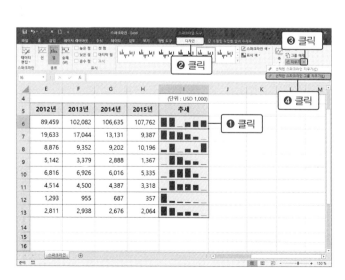

265 원하는 위치에 스파크라인 삽입하기

스파크라인을 만들 때 빠른 분석 도구를 사용하면 자동으로 선택한 범위의 오른쪽 셀에 스파크라인이
삽입됩니다. 참조 범위와 떨어진 위치에 스파크라인을 삽입하고 싶다면 [삽입] 탭에서 [스파크라인]을 선
택한 후 삽입할 셀 주소를 정합니다.

예제 파일 Part22\스파크라인 선택.xlsx　　**완성 파일** Part22\스파크라인 선택_완성.xlsx

1 [D8:I8] 셀을 선택한 후 [삽입] 탭-[스
파크라인] 그룹-[꺾은선형]을 클릭합니다.

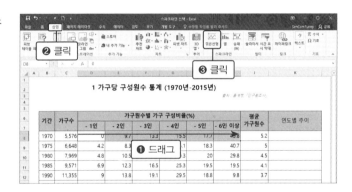

2 [스파크라인 만들기] 대화상자의 [데이
터 범위]에 선택한 범위가 입력되었습니다.
[위치 범위]를 클릭한 후 스파크라인을 삽
입할 [K8] 셀을 클릭하고 [확인]을 클릭합
니다.

TIP
스파크라인을 입력할 셀을 먼저 클릭하고 [삽입]
탭에서 스파크라인을 만들면 [위치 범위]에 셀 주
소가 입력되어 있습니다.

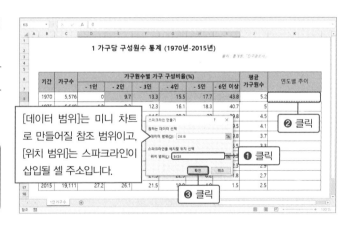

[데이터 범위]는 미니 차트
로 만들어질 참조 범위이고,
[위치 범위]는 스파크라인이
삽입될 셀 주소입니다.

3 [K8] 셀에 스파크라인이 삽입되었습니
다. 채우기 핸들을 더블클릭해서 나머지 셀
에도 스파크라인을 채웁니다.

266 스파크라인 디자인 변경하기

스파크라인도 차트와 마찬가지로 막대나 꺾은선의 색상을 변경할 수 있습니다. 셀 하나에 여러 개의 데이터 값을 나타내기 때문에 정확한 데이터 값을 표시할 순 없지만, 계열 색을 바꿔서 최대값과 최소값을 강조할 수 있습니다.

예제 파일 Part22\스파크라인 디자인.xlsx **완성 파일** Part22\스파크라인 디자인_완성.xlsx

| 스파크라인 색상 변경하기

스파크라인이 삽입된 셀을 클릭한 후 [디자인] 탭-[스타일] 그룹-[스파크라인 색]을 클릭합니다. 원하는 색을 선택하면 전체 스파크라인의 색상이 변합니다.

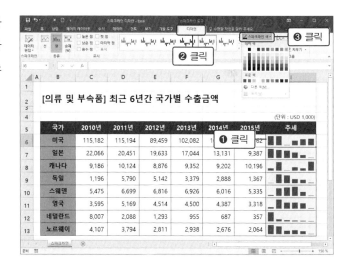

| 최대값/최소값 강조하기

스파크라인이 삽입된 셀을 클릭한 후 [디자인] 탭-[표시] 그룹에서 '높은 점'과 '낮은 점'을 체크 표시합니다. 각 스파크라인의 최대값과 최소값만 다른 색으로 나타납니다.

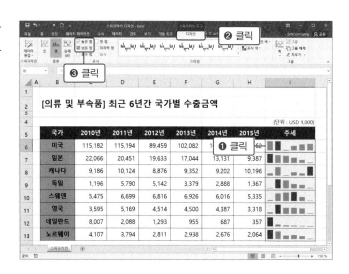

267 스파크라인에서 음수 값 강조하기

스파크라인에는 Y축 단위가 표시되지 않기 때문에 음수를 표현하기가 어렵습니다. 하지만 방법이 없는 것은 아닙니다. 꺾은선형 그래프에서는 가운데 축을 중심으로 음수 값을 명확히 구분할 수 있고, 막대그래프에서는 막대 색을 이원화하는 방법도 있습니다.

예제 파일 Part22\스파크라인 음수.xlsx **완성 파일** Part22\스파크라인 음수_완성.xlsx

| 꺾은선형 스파크라인에 축 표시하기

1 '스파크라인' 워크시트에서 스파크라인이 삽입된 셀을 클릭한 후 [디자인] 탭-[그룹] 그룹-[축]에서 [축 표시]를 선택합니다.

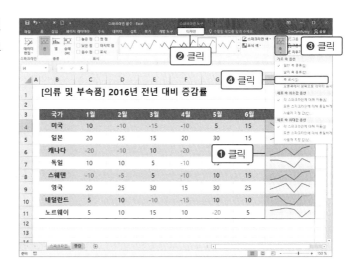

2 스파크라인의 가운데에 가로 축이 표시됩니다. 축을 중심으로 위에는 양수 값, 아래는 음수 값으로 나눌 수 있습니다. [디자인] 탭-[표시] 그룹-[음수 점]을 체크 표시하면 음수만 다른 색으로 강조됩니다.

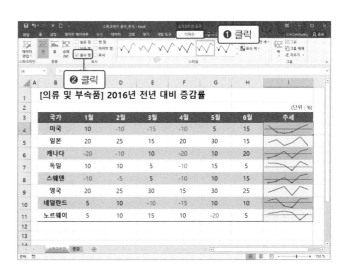

| 승패 스파크라인으로 막대그래프의 음수 강조하기

1 스파크라인의 종류를 바꿔서 양수 값과 음수 값을 나누어 보겠습니다. '증감' 워크시트에서 스파크라인이 삽입된 셀을 클릭합니다. [디자인] 탭-[종류] 그룹-[승패]를 클릭한 후 [표시] 그룹-[음수 점]을 체크 표시합니다.

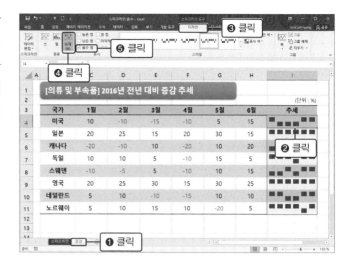

2 양수 값과 음수 값의 막대 길이는 같지만 음수 값은 빨간색으로 강조되었습니다. 그래프 색을 바꾸려면 [디자인] 탭-[스타일] 그룹에서 원하는 색을 선택합니다.

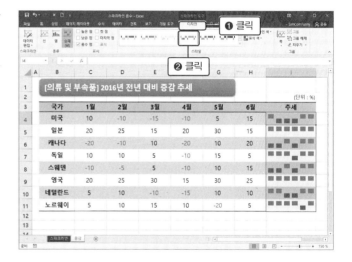

Part 23

사진/도형/하이퍼링크

엑셀은 데이터 분석은 물론 사진이나 도형을 삽입해서 관련 자료를 돋보이게 하는 팔방미인입니다. PC에 저장된 사진 외에도 온라인에서 검색한 사진과 웹 페이지를 캡처해서 필요한 화면만 삽입할 수도 있습니다. 관련 웹 페이지를 연결하려면 링크를 삽입하면 됩니다. 또한 핵심 단어만 강조해서 발표용 자료로 깔끔하게 만들고 싶다면 스마트아트를 활용해 보세요.

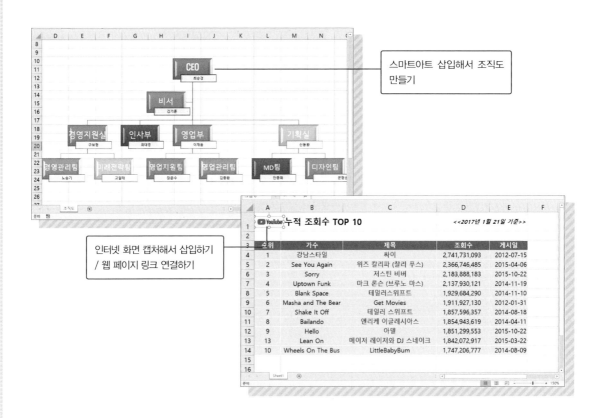

스마트아트 삽입해서 조직도 만들기

인터넷 화면 캡처해서 삽입하기 / 웹 페이지 링크 연결하기

268 차트에 그림 삽입하기

앞에서는 차트의 그림 영역에 배경 그림을 삽입했습니다. 이번에는 차트 위에 그림이나 도형 등의 개체를 직접 삽입해서 크기나 디자인 서식을 수정해 보겠습니다.

예제 파일 Part23\차트그림.xlsx

1 차트의 막대그래프 끝에 차량 사진을 삽입해 보겠습니다. [삽입] 탭-[일러스트레이션] 그룹-[그림]-[온라인 그림]을 클릭합니다.

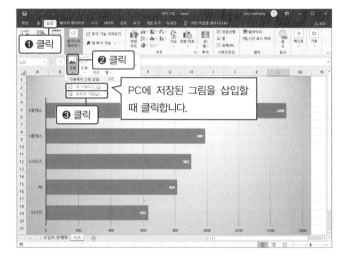

엑셀 2013/2016 | 다음에서 그림 삽입]에서 [온라인]을 클릭합니다.

2 [온라인 그림] 대화상자가 나타나면 검색어를 입력합니다. 흰색 배경의 이미지를 선택한 후 [삽입]을 클릭합니다.

엑셀 2013/2016 | 그림 삽입 대화상자의 Bing 이미지 검색에서 검색어를 입력합니다.

3 선택한 그림이 삽입됩니다. 그림의 흰색 배경을 지우기 위해 [서식] 탭-[조정] 그룹-[색]에서 [투명한 색 설정]을 클릭합니다. 마우스 포인터가 ✎ 모양으로 바뀌면 흰색 배경을 클릭합니다. 배경색이 제거됩니다.

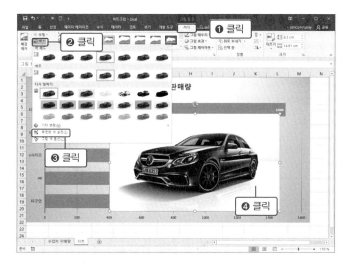

4 그림 배경이 투명해졌습니다. 그림의 크기 조절점을 드래그해서 크기를 줄이고 적절한 위치로 이동시킵니다.

5 막대그래프 끝에 그림을 위치시켰습니다. 지금까지와 같은 방법으로 나머지 막대그래프에도 적당한 차량 이미지를 삽입해서 차트를 완성합니다.

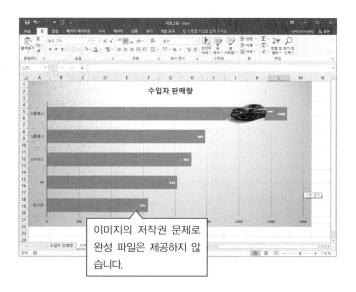

이미지의 저작권 문제로 완성 파일은 제공하지 않습니다.

269 전체 화면 캡처해서 삽입하기

엑셀에서 그림을 삽입하는 방법은 3가지입니다. 온라인에서 검색한 이미지를 다운로드하거나 저장 폴더에서 그림을 삽입하는 방법 외에 캡처 기능도 제공합니다. 별도의 캡처 프로그램 없이 엑셀에서 화면 전체를 캡처하여 삽입하는 방법을 알아보겠습니다.

예제 파일 Part23\캡처.xlsx   **완성 파일** Part23캡처_완성.xlsx

1 캡처할 인터넷 창을 연 상태에서 엑셀의 [삽입] 탭-[일러스트레이션] 그룹-[스크린샷]을 클릭합니다. [사용할 수 있는 창]에 현재 열려 있는 모든 화면이 나타납니다. 원하는 화면을 선택합니다.

TIP

인터넷 화면을 캡처하면 다음과 같은 메시지가 나타납니다. 해당 이미지에 URL 주소를 연결하고 싶다면 [예]를, 링크하지 않고 이미지만 삽입하려면 [아니오]를 선택합니다.

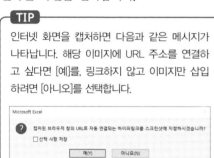

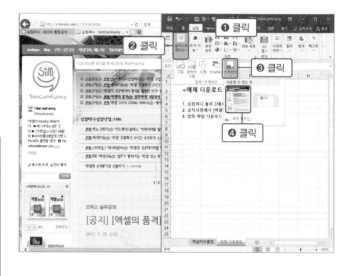

2 선택한 화면이 캡처되어 삽입되었습니다. 그림의 모서리를 드래그해서 적당한 크기로 조절합니다.

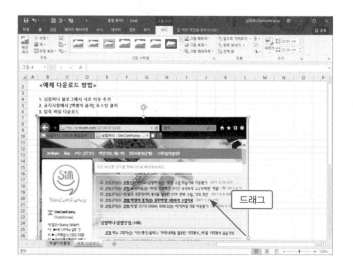

3 원하는 부분만 자르기 위해 [서식] 탭-[크기] 그룹-[자르기]를 클릭합니다. 그림의 모서리를 드래그해서 필요한 부분만 남기고 다시 [자르기]를 클릭하면 선택한 부분만 남게 됩니다.

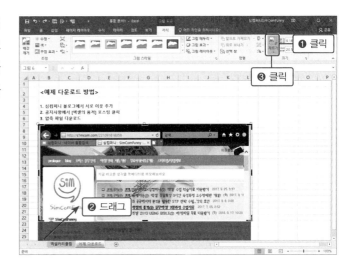

4 그림에 액자 효과를 주려면 [서식] 탭-[그림 스타일]의 목록 버튼을 눌러서 원하는 스타일을 선택합니다.

5 캡처 프로그램 없이도 간단하게 캡처와 그림 편집까지 끝냈습니다. 스크린샷에 하이퍼링크를 연결했을 경우, 캡처 이미지를 클릭하면 해당 URL로 이동합니다.

270 캡처 화면의 일부만 삽입하기

화면의 일부만 엑셀에 삽입하고 싶다면 [화면 캡처] 기능을 활용합니다. 캡처 프로그램처럼 화면에서 원하는 부분만 드래그해서 잘라내면 필요한 캡처 화면만 엑셀에 바로 삽입됩니다.

예제 파일 Part23\부분 캡처.xlsx

1 캡처할 화면을 열고 엑셀의 [삽입] 탭-[일러스트레이션] 그룹-[스크린샷]에서 [화면 캡처]를 클릭합니다.

TIP

부분 캡처를 하려면 미리 캡처할 화면을 띄운 상태에서 엑셀 문서를 클릭합니다. [화면 캡처]를 클릭하면 엑셀 문서 바로 뒤의 화면이 나타납니다. 이때 캡처하지 않고 다른 화면을 클릭하면 화면 캡처 기능이 해제됩니다.

2 캡처 화면이 나타나면 마우스 포인터가 ✛ 모양으로 변합니다. 캡처할 부분을 드래그합니다. 캡처된 그림이 엑셀 문서에 삽입되면 크기를 조절하고 원하는 위치에 놓습니다.

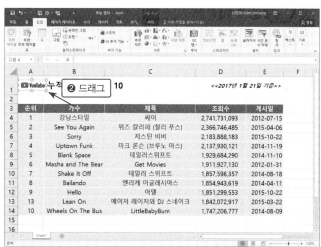

271 삽입한 그림을 압축해서 문서 용량 줄이기

엑셀 문서에 그림을 삽입하게 되면 크기를 줄이거나 원하는 부분만 잘랐다 하더라도 원본 그림 전체가 저장됩니다. 용량이 큰 그림을 삽입할 때는 엑셀에서 그림을 압축해서 저장하는 방법이 있습니다. 단, 그림 해상도를 낮추게 되면 화질이 떨어질 수 있습니다.

예제 파일 Part23\홍보 이미지.xlsx　　**완성 파일** Part23\홍보 이미지_완성.xlsx

1 문서의 그림 해상도를 낮춰서 문서의 크기를 줄여보겠습니다. 단축키 F12를 누르면 [다른 이름으로 저장] 대화상자가 나타납니다. [파일 이름]을 수정하고 [도구]-[그림 압축]을 클릭합니다.

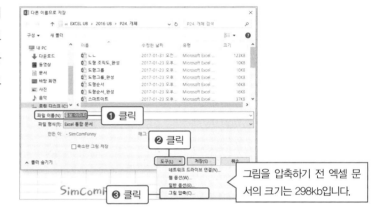

그림을 압축하기 전 엑셀 문서의 크기는 298kb입니다.

2 [그림 압축] 대화상자가 나타납니다. [대상 출력]에서 해상도가 가장 낮은 '전자 메일(96ppi)'을 선택하고 [확인]을 클릭합니다.

TIP
기본 해상도는 [Excel 옵션]-[고급]-[이미지 크기 및 품질]에서 설정할 수 있습니다.

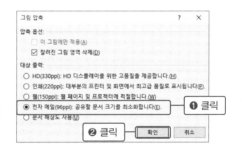

3 문서를 저장하고 압축한 문서 파일을 마우스 오른쪽 버튼으로 클릭한 뒤 단축 메뉴에서 [속성]을 선택합니다. 문서 속성 대화상자의 [일반] 탭에서 크기를 확인할 수 있습니다.

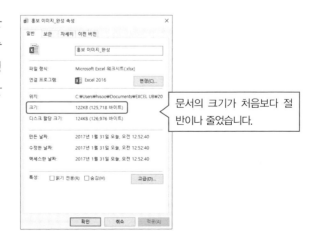

문서의 크기가 처음보다 절반이나 줄었습니다.

272 워드아트로 돋보이는 제목 만들기

워드아트(WordArt)는 도형화된 글자입니다. 개체로 분류되기 때문에 셀의 너비와 상관없이 전체 글꼴의 크기를 조절할 수 있습니다. 다양한 효과를 낼 수 있어서 제목이나 강조할 문자는 워드아트를 활용하면 좋습니다.

예제 파일 Part23\워드아트.xlsx   **완성 파일** Part23\워드아트_완성.xlsx

| 워드아트 삽입하기

1 문서 제목을 워드아트로 삽입해 보겠습니다. [삽입] 탭-[텍스트] 그룹에서 [워드아트]를 클릭한 후 목록에서 원하는 모양을 선택합니다.

> **TIP**
> 화면이 최소화되어 [삽입] 탭의 [텍스트] 그룹은 아이콘 하나만 표시되었습니다.

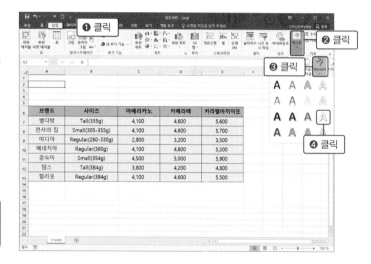

2 워드아트 입력 상자가 나타납니다. 클릭해서 제목을 입력하고 표 위로 이동시킵니다.

> **TIP**
> 워드아트는 텍스트 상자의 개체 속성을 가지고 있습니다. 그래서 도형처럼 테두리의 크기 조절점을 클릭하여 크기를 조절하거나 위치를 이동할 수 있습니다.

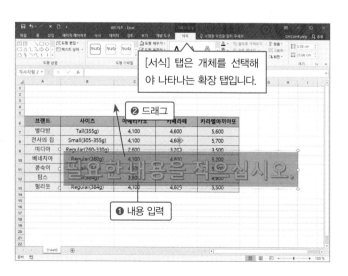

| 워드아트에 도형 스타일 적용하기

1 워드아트로 삽입된 글자에 배경색을 넣어보겠습니다. 워드아트를 클릭하고 [서식] 탭-[WordArt 스타일] 그룹에서 목록 버튼을 누르고 원하는 스타일을 선택합니다.

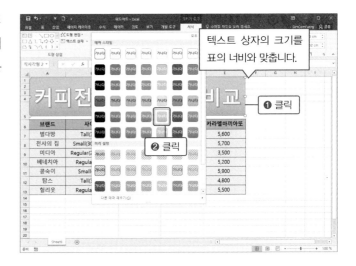

2 도형에 입체 효과를 적용해 보겠습니다. [서식] 탭-[도형 스타일] 그룹-[도형 효과]의 [입체 효과]에서 원하는 스타일을 선택합니다.

3 워드아트와 도형 효과가 조합된 새로운 제목 스타일이 완성되었습니다.

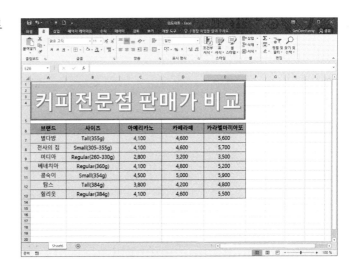

273 도형 안에 글자 입력하기

도형은 셀에 채우기 색이나 테두리선을 적용한 것보다 더 입체적인 효과를 줍니다. 셀의 크기와 상관없이 모양 조절이나 위치 이동이 자유롭다는 것이 장점입니다. 또한 도형 안에 글자를 입력할 수 있어서 강조할 내용을 시각화할 수 있습니다.

완성 파일 Part23\도형 삽입_완성.xlsx

| 도형 삽입하기

1 새 통합 문서를 열고 [삽입] 탭-[일러스트레이션] 그룹-[도형]을 클릭합니다. [사각형] 목록에서 '모서리가 둥근 직사각형'을 선택합니다.

2 마우스 포인터가 ⊞ 모양으로 바뀌면 도형을 삽입할 위치를 클릭해서 드래그합니다. 마우스 버튼에서 손을 떼면 도형이 나타납니다.

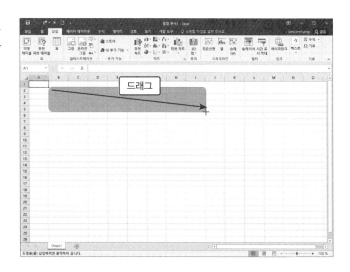

| 도형 안에 글자 입력하기

도형을 클릭하고 글자를 입력합니다. [홈] 탭에서 글자 크기를 조절하고, 가운데 맞춤 정렬을 선택합니다. 도형 바탕색과 테두리, 글꼴 색을 한 번에 바꾸려면 [서식] 탭–[도형 스타일] 그룹에서 원하는 스타일을 선택합니다.

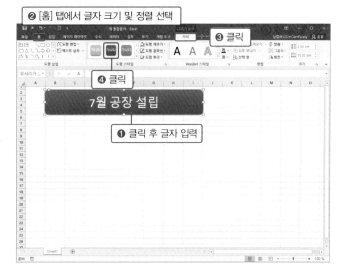

| 도형 복사하기

1 도형을 복사해서 다른 위치에 붙여 넣어보겠습니다. 도형을 선택하고 Ctrl + Shift 를 누른 채 원하는 위치로 드래그합니다.

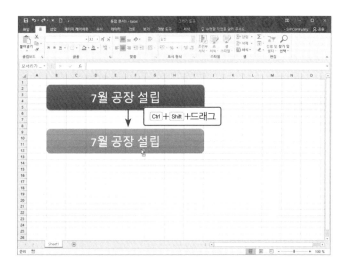

> **TIP**
> Ctrl + Shift 를 누른 채 드래그하면 도형의 좌우 위치를 유지하면서 복사할 수 있습니다.

2 마우스 버튼에서 손을 떼면 복사된 도형이 나타납니다. 이번에는 2개 도형을 복사해서 4개로 만들어 보겠습니다. Ctrl 을 눌러서 2개 도형을 선택한 후 Ctrl + Shift 를 누른 상태로 원하는 위치에 드래그합니다. 각 도형의 내용을 수정합니다.

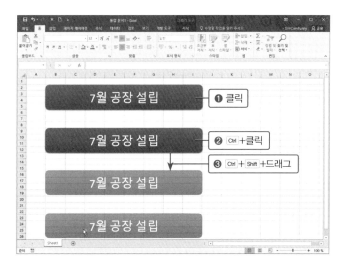

274 도형 색 수정하고 입체 효과 적용하기

[도형 스타일]에 원하는 스타일이 없다면 직접 채우기 색과 윤곽선을 변경합니다. [도형 효과]에서 그림자, 네온, 입체 효과, 3차원 회전 등을 선택하면 좀 더 입체적인 도형을 만들 수 있습니다.

예제 파일 Part23\도형 효과.xlsx　　**완성 파일** Part23\도형 효과_완성.xlsx

| 도형 채우기 색과 윤곽선 편집하기

첫 번째 화살표를 클릭한 후 [서식] 탭-[도형 스타일] 그룹-[도형 채우기]에서 도형 색을 선택합니다. 두 번째 화살표의 [서식] 탭-[도형 스타일] 그룹-[도형 윤곽선]에서 도형 테두리 색을 선택합니다.

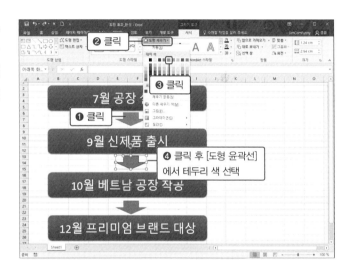

| 도형에 입체 효과 적용하기

도형에 입체 효과를 주기 위해 3번째 화살표를 클릭한 후 [서식] 탭-[도형 스타일] 그룹-[도형 효과]를 클릭합니다. [입체 효과]의 세부 목록에서 원하는 효과를 선택합니다.

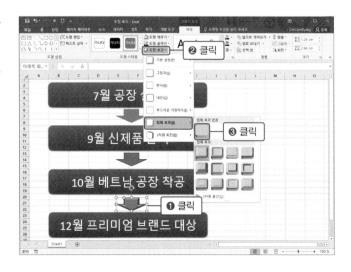

Skill Up ▶ 도형 개별/일괄 선택하기

도형은 개체 속성을 가지고 있어서 셀을 드래그해서는 도형을 선택할 수 없습니다. 여러 개의 도형이나 전체 도형을 선택하는 방법을 알아보겠습니다.

예제 파일 Part23\도형 조직도.xlsx

여러 개의 도형 동시에 선택하기_ Shift 또는 Ctrl

일부 도형을 선택하려면 첫 번째 도형을 클릭한 상태에서 Shift 또는 Ctrl 을 누르고 다른 도형을 선택합니다. 단, 개체로 선택된 도형을 다시 클릭하면 선택에서 제외됩니다.

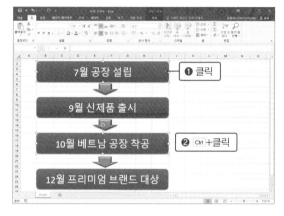

모든 도형 선택하기

방법 1. 단축키 Ctrl + A

도형 하나를 클릭하고 Ctrl + A 를 누르면 워크시트에 삽입된 모든 도형이 선택됩니다. 개체에 포함되는 그림, 도형, 차트 등이 모두 선택되므로 특정 위치의 도형만 삭제하려면 〈방법 2〉를 참고합니다.

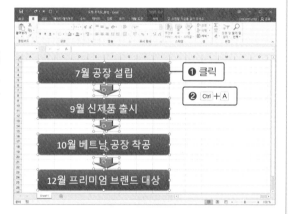

방법 2. 개체 삽입 후 드래그

[홈] 탭-[편집] 그룹-[찾기 및 선택]에서 [개체 선택]을 클릭합니다. 화살표 도형이 놓인 범위만 드래그하면 전체 화살표 도형이 일괄 선택됩니다.

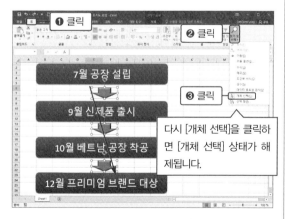

다시 [개체 선택]을 클릭하면 [개체 선택] 상태가 해제됩니다.

275 여러 개의 도형을 그룹으로 묶기

여러 개의 도형이 삽입된 경우, 그룹을 만들어서 관리하면 서식을 수정하거나 위치를 이동할 때 편리합니다. 그룹으로 묶였더라도 개별 선택은 가능합니다. 비슷한 내용의 도형을 그룹화하고 해제하는 방법을 알아보겠습니다.

예제 파일 Part23\도형그룹.xlsx   **완성 파일** Part23\도형그룹_완성.xlsx

1 직사각형 도형만 그룹으로 만들어 보겠습니다. 도형 하나를 클릭하고 Ctrl + A 를 눌러 전체 도형을 선택합니다. Ctrl 을 누른 상태에서 3개의 화살표 도형을 클릭하면 선택된 개체에서 제외됩니다. [서식] 탭-[정렬] 그룹-[그룹화]에서 [그룹]을 클릭합니다.

> **TIP**
> 선택하려는 개체가 몇 개 안 될 경우 Shift 또는 Ctrl 을 누른 상태에서 원하는 개체만 클릭합니다.

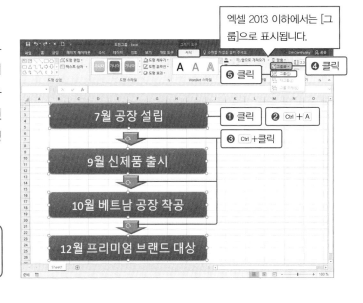

2 사각형이 모두 그룹화되었습니다. 사각형의 모서리를 클릭하면 그룹 전체가 선택됩니다. 드래그하면 그룹으로 묶인 4개 도형이 동시에 움직입니다. 도형 스타일을 바꿔도 4개 도형에 일괄 적용됩니다. 그룹화를 취소하려면 그룹화된 도형 위에서 마우스 오른쪽 버튼을 클릭한 뒤 단축 메뉴에서 [그룹화]-[그룹 해제]를 클릭합니다.

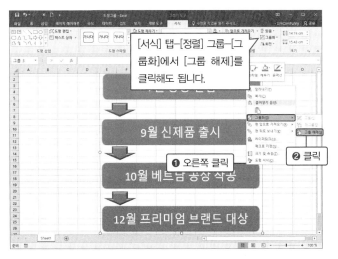

276 도형의 채우기 색을 투명하게 만들기

도형 위에 도형을 겹치면 맨 위의 도형만 전체가 보일 뿐, 아래쪽 도형의 일부는 가려지게 됩니다. 아래쪽 도형의 텍스트를 표시하고 싶다면 도형의 채우기 색을 없애서 투명하게 만들면 됩니다.

예제 파일 Part23\도형 투명도.xlsx　　**완성 파일** Part23\도형 투명도_완성.xlsx

1 가운데 노란색 도형을 클릭합니다. 마우스 오른쪽 버튼을 클릭한 뒤 [채우기]-[채우기 없음]을 선택합니다.

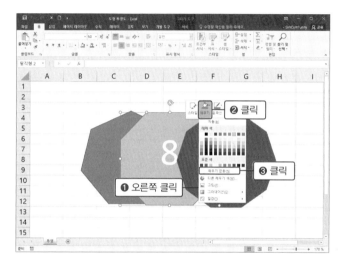

2 도형 색이 투명해져서 가려져 있던 첫 번째 도형의 채우기 색이 모두 보입니다.

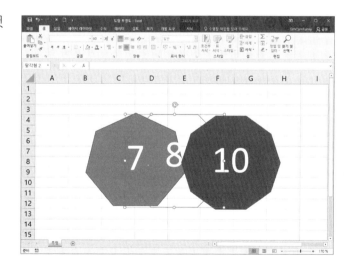

277 겹쳐진 여러 개의 도형 순서 변경하기

도형에 입력된 텍스트는 셀과 달리 레이아웃 형태로 겹칠 수 있기 때문에 도형 배치에 따라 문자 일부가 가려질 수 있습니다. 이때 도형의 순서를 바꾸면 가려진 글자를 조정할 수 있습니다.

예제 파일 Part23\도형 순서.xlsx　　**완성 파일** Part23\도형 순서_완성.xlsx

1 첫 번째 도형이 두 번째 도형에 가려져 글자 일부가 보이지 않습니다. 첫 번째 도형 위에서 마우스 오른쪽 버튼을 클릭한 뒤 단축 메뉴에서 [맨 앞으로 가져오기]를 클릭합니다. 첫 번째 도형이 맨 앞으로 왔습니다. 이 번에는 두 번째 도형이 가려져서 글자의 일부가 보이지 않습니다. 맨 뒤에 있는 두 번째 도형 위에서 마우스 오른쪽 버튼을 클릭한 뒤 메뉴에서 [맨 앞으로 가져오기]의 ▶를 클릭한 뒤 [앞으로 가져오기]를 클릭합니다.

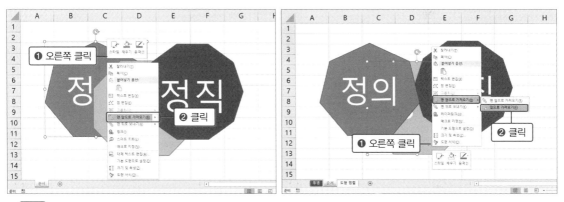

TIP

단축 메뉴에서 ▶를 클릭하지 않으면 세부 목록 대신 대표 기능(맨 앞으로 가져오기)이 실행됩니다.

2 두 번째 도형의 앞 글자는 가려졌지만 세 번째 도형보다는 앞으로 나와서 뒤의 글자는 보입니다. 이번에 는 첫 번째 도형 위에서 마우스 오른쪽 버튼을 클릭한 뒤 메뉴에서 [맨 뒤로 보내기]를 클릭합니다. 첫 번째 도형이 맨 뒤로 이동해서 두 번째 도형이 가장 앞에 위치했습니다.

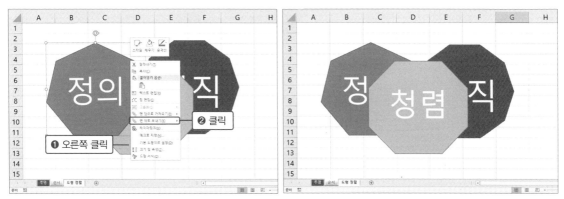

278 여러 개의 도형을 동일한 간격으로 정렬하기

삽입된 도형들의 위치가 각자 다르다면 [서식] 탭의 [맞춤] 기능을 활용합니다. 도형의 왼쪽, 가운데, 오른쪽 맞춤부터 위, 중간, 아래 맞춤까지 셀에 입력된 데이터처럼 쉽게 정렬할 수 있습니다. 도형 간의 간격을 동일하게 맞추면 도형을 더욱 깔끔하게 배치할 수 있습니다.

예제 파일 Part23\도형 정렬.xlsx **완성 파일** Part23\도형 정렬_완성.xlsx

1 여러 개의 도형을 똑같은 간격으로 정렬해 보겠습니다. 도형 하나를 선택한 후 Ctrl+A를 눌러 전체 도형을 선택합니다. [서식] 탭-[정렬] 그룹-[맞춤]에서 [중간 맞춤]을 클릭합니다.

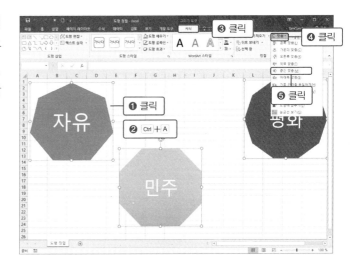

2 도형이 같은 줄에 맞춰 정렬됩니다. [서식] 탭-[정렬] 그룹-[맞춤]에서 [가로 간격을 동일하게]를 클릭하면 도형 사이의 가로 간격까지 동일하게 맞출 수 있습니다.

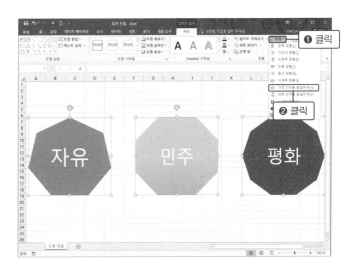

279 스마트아트로 조직도 만들기

다양한 도형을 조합하여 조직도나 프로세스 등을 나타내려면 스마트아트를 이용하는 것이 좋습니다. 스마트아트는 파워포인트에도 있는 기능으로, 문자와 도형을 시각화하여 간단하게 정보를 압축해서 전달하게 해줍니다. 이번에는 스마트아트로 조직도를 만들어 보겠습니다.

완성 파일 Part23\스마트아트_완성.xlsx

1 [삽입] 탭-[일러스트레이션] 그룹-[SmartArt 그래픽 삽입]을 클릭합니다. [SmartArt 그래픽 선택] 대화상자에서 [계층 구조형]을 클릭합니다. 2번째 '이름 및 직위 조직도형'을 선택한 후 [확인]을 클릭합니다.

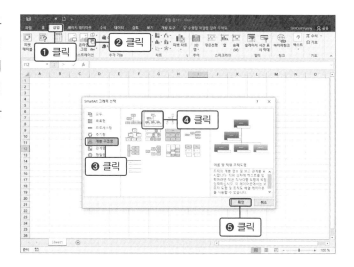

2 조직도가 삽입됩니다. 도형을 클릭하면 텍스트 창이 나타납니다. 도형을 클릭하고 바로 입력하거나 텍스트 창에 순서대로 입력하면 됩니다.

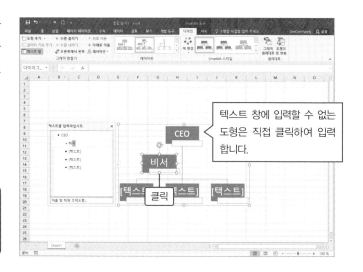

텍스트 창에 입력할 수 없는 도형은 직접 클릭하여 입력합니다.

TIP

도형이 선택되어 있는 상태에서 Tab 을 누르면 하위 그룹의 도형이, Shift + Tab 을 누르면 상위 도형이 선택됩니다.

3 글자 수가 늘어나면 글자 크기가 작아지고, 도형이 추가되면 도형 크기도 작아집니다. 도형을 클릭해서 스마트아트 전체의 크기 조절점을 늘리면 도형과 글자 크기가 확대됩니다.

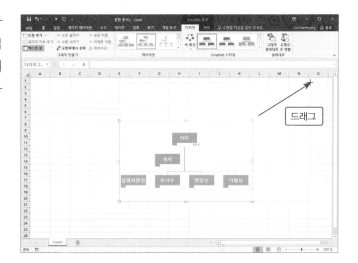

4 도형을 추가해야 한다면 추가할 위치 주변의 도형 위에서 마우스 오른쪽 버튼을 클릭한 뒤 단축 메뉴에서 [도형 추가]–[뒤에 도형 추가]를 선택합니다. 바로 옆에 도형이 추가됩니다.

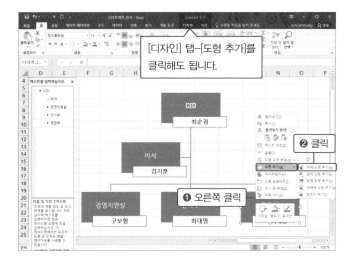

5 하위 그룹에 도형을 추가하고 싶다면 도형 위에서 마우스 오른쪽 버튼을 클릭한 뒤 단축 메뉴에서 [도형 추가]–[아래에 도형 추가]를 선택합니다. 하나의 도형 아래에 하위 그룹을 여러 개 추가할 수 있습니다.

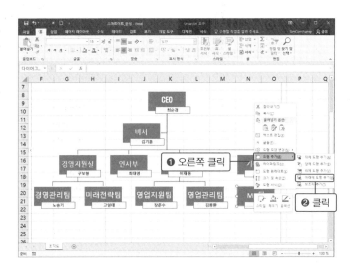

280 스마트아트 디자인 및 레이아웃 변경하기

도형이나 워드아트처럼 스마트아트를 클릭하면 [디자인] 탭과 [서식] 탭이 활성화됩니다. 개별적으로 도형을 선택하여 디자인 서식을 적용해도 되고 [디자인] 탭에서 색이나 스타일을 일괄 변경할 수도 있습니다. 또한 다른 스마트아트 레이아웃으로 변경해도 기존에 입력한 내용은 유지됩니다.

예제 파일 Part23\스마트아트 디자인.xlsx　　**완성 파일** Part23\스마트아트 디자인_완성.xlsx

1 스마트아트 도형을 클릭하고 [디자인] 탭-[Smart 스타일] 그룹에서 원하는 스타일을 선택합니다.

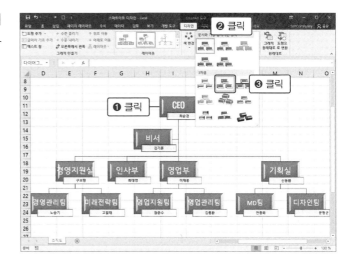

2 전체 도형의 색을 바꾸고 싶다면 [디자인] 탭-[Smart 스타일] 그룹-[색 변경]을 클릭하여 원하는 색을 선택합니다.

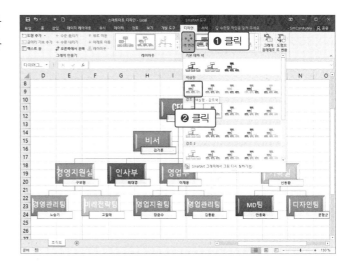

281 다른 워크시트로 링크 연결하기

하이퍼링크(Hyperlink)는 셀에 입력된 텍스트나 이미지에 다른 워크시트 또는 인터넷 URL 주소를 연결하는 기능입니다. 텍스트에 입력된 데이터와 관련된 워크시트를 연결해 보겠습니다.

예제 파일 Part23\하이퍼링크.xlsx

1 'Sheet1' 워크시트의 [D4] 셀에서 마우스 오른쪽 버튼을 클릭한 뒤 단축 메뉴에서 [하이퍼링크]를 클릭합니다.

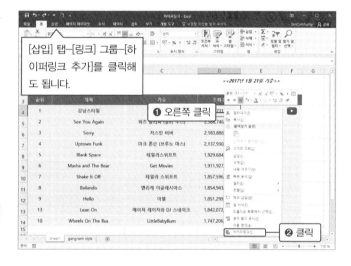

> [삽입] 탭-[링크] 그룹-[하이퍼링크 추가]를 클릭해도 됩니다.

① 오른쪽 클릭

② 클릭

TIP

엑셀 업데이트 버전에 따라 [하이퍼링크]가 [링크]로 나타날 수도 있습니다.

2 [하이퍼링크 삽입] 대화상자의 [연결 대상]에서 [현재 문서]를 선택합니다. [이 문서에서 위치 선택] 목록에서 연결할 워크시트('gangnam style')를 선택한 후 [확인]을 클릭합니다.

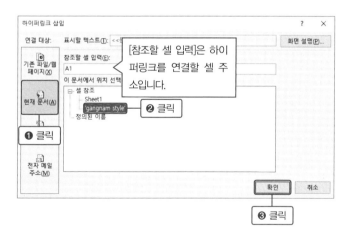

> [참조할 셀 입력]은 하이퍼링크를 연결할 셀 주소입니다.

① 클릭

② 클릭

③ 클릭

3 선택한 셀에 하이퍼링크가 적용되어
파란색 밑줄이 나타납니다. 하이퍼링크를
확인하기 위해 [D4] 셀을 클릭합니다.

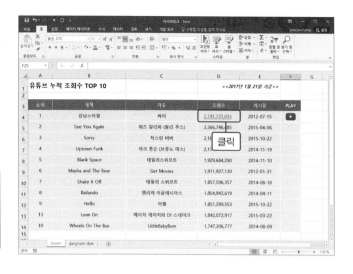

> **TIP**
>
> 하이퍼링크가 연결된 셀을 클릭할 때 링크 주소
> 로 바로 연결되지 않으려면 Ctrl 을 누른 상태에
> 서 셀을 선택합니다. 또는 셀을 선택할 때 마우스
> 오른쪽 버튼을 클릭합니다.

4 앞에서 연결했던 'gangnam style' 워
크시트가 열립니다.

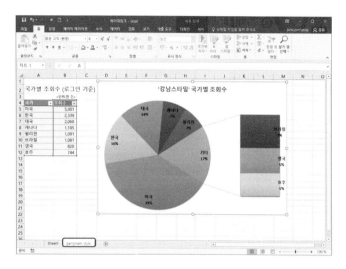

| 하이퍼링크 제거하기

하이퍼링크가 적용된 셀 또는 그림 위에서
마우스 오른쪽 버튼을 클릭한 뒤 단축 메
뉴에서 [하이퍼링크 제거]를 클릭합니다.
하이퍼링크가 제거됩니다.

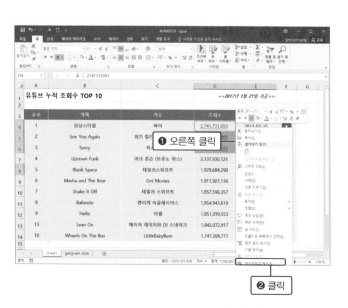

> **TIP**
>
> 셀에 연동된 하이퍼링크를 제거하면 셀에 적용되
> 었던 디자인 서식도 기본으로 돌아갑니다. 서식
> 복사를 이용하면 좀 더 빠르게 셀 서식을 적용
> 할 수 있습니다. 서식 복사에 대한 자세한 내용은
> 165쪽을 참고하세요.

282 웹 페이지의 URL 주소로 링크 연결하기

하이퍼링크를 이용하면 워크시트 외에 인터넷 웹 페이지도 연결할 수 있습니다. URL 주소를 입력하면 주소가 파란색으로 변해서 링크가 자동으로 연결되기도 하지만 URL 주소가 길면 그림이나 관련 셀에 하이퍼링크를 연결하는 것도 좋은 방법입니다.

예제 파일 Part23\URL 링크.xlsx

1 그림이나 도형을 삽입하고 마우스 오른쪽 버튼을 클릭한 뒤 단축 메뉴에서 [하이퍼링크]를 클릭합니다. [하이퍼링크 삽입] 대화상자의 [연결 대상]에서 [기존 파일/웹 페이지]-[열어본 웹 페이지]를 클릭합니다. 최근에 연결했던 URL 주소를 선택하고 [확인]을 클릭합니다.

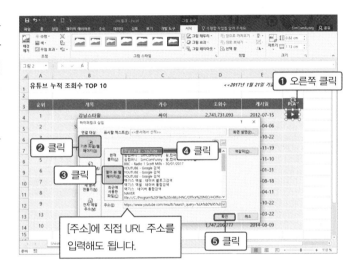

2 이미지에 마우스 포인터를 올리면 하이퍼링크 주소가 나타납니다. 클릭하면 해당 웹 페이지 창이 열립니다.

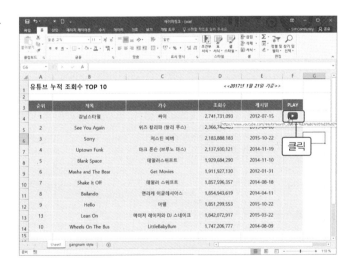

Step 6

데이터 관리의 고수

- DB 분석 및 예측

#정렬 #부분합 #필터 #통합
#빠른 분석 #파워쿼리

Part 24 정렬/부분합

데이터양이 많다면 일정한 규칙에 따라 정리를 해야 합니다. 깔끔한 성격의 엑셀은 세로 행 방향이든 가로 열 방향이든 순식간에 데이터를 정렬해줍니다. 정렬 규칙은 텍스트와 숫자 순서 외에도 직급이나 요일처럼 필요에 따라 순서를 정할 수 있습니다. 정렬된 데이터는 부분합과 합쳐지면 그룹별 합계나 평균 등을 요약해줍니다.

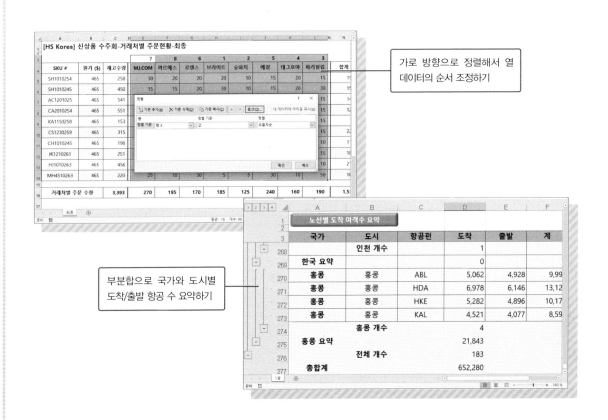

가로 방향으로 정렬해서 열 데이터의 순서 조정하기

부분합으로 국가와 도시별 도착/출발 항공 수 요약하기

283 데이터를 순서대로 정렬하기

정렬은 사용자 기준에 따라 행과 열을 순서대로 나열할 때 사용됩니다. 문자나 숫자를 오름차순 또는 내림차순으로 정렬할 수 있고, 사용자가 규칙을 새로 만들 수도 있습니다. 정렬 방법에는 여러 가지가 있는데, 정렬 기준이 1개일 때는 마우스 오른쪽 버튼을 이용해서 간단히 정렬할 수 있습니다.

예제 파일 Part24\선적리스트1.xlsx   **완성 파일** Part24\선적리스트1_완성.xlsx

1 예상 도착일을 날짜순으로 정렬하려고 합니다. 예상 도착일이 입력된 B열의 셀에서 마우스 오른쪽 버튼을 클릭한 뒤 단축 메뉴에서 [정렬]–[날짜/시간 오름차순 정렬]을 선택합니다.

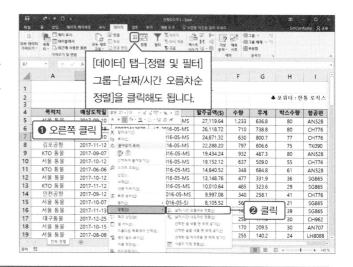

[데이터] 탭–[정렬 및 필터] 그룹–[날짜/시간 오름차순 정렬]을 클릭해도 됩니다.

❶ 오른쪽 클릭

❷ 클릭

TIP

데이터 형식에 따라 첫 행의 머리글까지 섞여서 정렬될 때가 있습니다. 이때는 표를 원래대로 되돌리고(Ctrl + Z) [데이터] 탭–[정렬 및 데이터] 그룹–[정렬]을 클릭합니다. [정렬] 대화상자가 나타나면 '내 데이터에 머리글 표시'에 체크 표시를 합니다. [정렬] 대화상자를 이용한 정렬 방법은 624쪽을 참고하세요.

---

2 예상 도착일이 오름차순으로 정렬되었습니다.

예상 도착일을 기준으로 같은 행에 입력된 데이터의 순서도 함께 이동되었습니다.

TIP

정렬 순서

· 텍스트 오름차순 : A,B,C…… ㄱ,ㄴ,ㄷ…… 순서
· 숫자 오름차순 : 1,2,3…… 순서

284 정렬 기준을 여러 개 추가하기

정렬 기준이 여러 개일 경우에는 [데이터] 탭에서 [정렬] 대화상자를 이용합니다. 우선 기준 1에 맞춰 정렬되고, 동일한 데이터는 다시 기준 2에 따라 정렬됩니다. 기준이 정해지지 않은 동일한 데이터는 본래 정렬됐던 순서를 기준으로 합니다.

예제 파일 Part24\선적리스트2.xlsx　　**완성 파일** Part24\선적리스트2_완성.xlsx

1 목적지〉예상 도착일〉박스 수량 순으로 3가지 정렬 기준을 한 번에 적용하려고 합니다. 표를 클릭한 후 [데이터] 탭-[정렬 및 필터] 그룹-[정렬]을 클릭합니다.

정렬 기준
1. 목적지를 텍스트 오름차순으로 정렬
2. 동일한 목적지는 가장 빠른 예상 도착일순으로 오름차순 정렬
3. 동일한 날짜는 박스 수량이 많은 순서로 내림차순 정렬

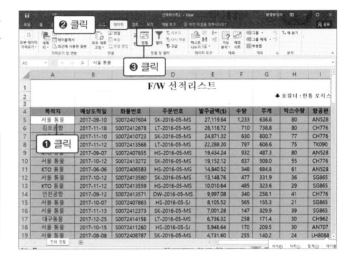

2 [정렬] 대화상자가 나타납니다.

❶ **기준 추가** : 정렬 기준을 추가합니다.

❷ **기준 삭제** : 정렬 기준을 삭제합니다.

❸ **기준 복사** : 정렬 기준을 복사하여 추가합니다.

❹ **위로 이동/아래로 이동** : 정렬 기준의 순서를 조정합니다.

❺ **옵션** : 대소문자, 행/열 정렬 방향 등을 선택합니다. 자세한 내용은 634쪽을 참조하세요.

❻ **내 데이터에 머리글 표시** : '머리글'은 표의 첫 행에 위치한 '필드명'을 의미합니다. 체크 표시를 하면 첫 행은 고정되고 나머지 행만 정렬됩니다. 체크 표시를 없애면 정렬 기준에 따라 같은 행의 데이터(필드)와 같이 순서대로 정렬됩니다.

❼ **열** : 열 방향으로 나열된 필드명을 기준으로 행이 정렬됩니다. ❺ 옵션에서 행 방향으로 바꿀 수 있습니다.

❽ **정렬 기준** : 정렬 기준을 데이터 값, 글꼴 색, 채우기 색, 셀 아이콘 등으로 선택합니다.

❾ **정렬** : 정렬 방법을 오름차순, 내림차순, 사용자 지정 목록 등에서 선택합니다.

TIP

정렬 범위에 병합된 셀이 포함된 경우 정렬을 실행하면 경고 메시지가 나타납니다. 이때는 셀 병합을 해제해야 정렬을 실행할 수 있습니다. 병합된 제목 행이나 합계 행은 정렬할 표 사이에 빈 행을 삽입해서 구분하거나 정렬할 범위만 먼저 선택합니다.

셀 병합을 일괄 해제해서 빈 데이터를 채우려면 628쪽을, 정렬할 데이터를 선택해서 정렬하려면 627쪽을 참고하세요.

3 '정렬 기준'에서 '목적지', '오름차순'을 선택한 후 [기준 추가]를 클릭합니다. 정렬 기준에 빈 칸이 추가되면 '예상도착일', '오름차순'을 선택한 후 [기준 추가]를 클릭합니다. 추가된 칸에 '박스 수량', '내림차순'을 선택한 후 [확인]을 클릭합니다.

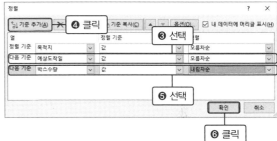

4 [정렬 경고] 대화상자가 나타나면 '일반 숫자와 텍스트로 저장된 숫자를 모두 숫자로 정렬'을 선택하고 [확인]을 클릭합니다.

[B5] 셀에 입력된 날짜 앞에 작은 따옴표(')가 입력되어 정렬 경고가 나타났습니다.

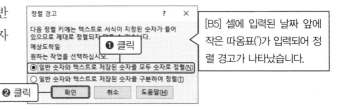

TIP

숫자 형식인 날짜에 텍스트나 기호 등이 포함되면 텍스트로 인식됩니다. 이처럼 정렬할 데이터에 숫자와 문자가 섞인 경우, 모두 숫자로 인식해서 정렬하거나 숫자와 문자를 구분해서 정렬할 수 있습니다.

5 3가지 정렬 기준에 따라 행의 순서가 조정되었습니다.

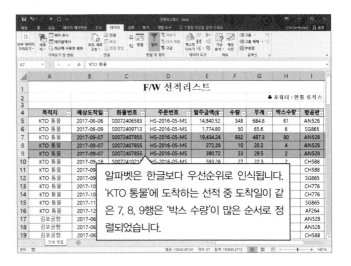

알파벳은 한글보다 우선순위로 인식됩니다. 'KTO 통물'에 도착하는 선적 중 도착일이 같은 7, 8, 9행은 '박스 수량'이 많은 순서로 정렬되었습니다.

285 정렬 기준 순서 바꾸기

정렬 기준이 여러 개일 경우에는 기준 순서에 따라 결과가 달라집니다. 기본으로 정렬 기준은 추가한 순서대로 적용되지만 순서를 이동시킬 수도 있습니다. 앞에서 추가한 기준 순서를 바꾸어 보겠습니다.

예제 파일 Part24\선적리스트3.xlsx　　**완성 파일** Part24\선적리스트3_완성.xlsx

1 표를 클릭한 후 [데이터] 탭-[정렬 및 필터] 그룹-[정렬]을 클릭합니다. [정렬] 대화상자가 나타나면 '예상도착일'을 선택한 후 '위로 이동' 버튼을 클릭해서 첫 번째로 이동시키고 [확인]을 클릭합니다.

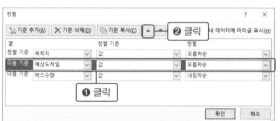

예상도착일〉목적지〉박스수량 순으로 조정했습니다.

TIP

선적리스트3.xlsx 예제에서는 날짜의 작은따옴표(')를 모두 삭제했습니다. 선적리스트2.xlsx 문서와 다르게 날짜가 모두 숫자 형태이기 때문에 정렬 경고가 나타나지 않습니다.

2 첫 번째 기준인 '예상도착일'(B열) 순서로 정렬하되 같은 날짜일 경우 '목적지'(A열)가 오름차순으로 정렬되었습니다.

❶ '예상도착일'을 최우선 순위로 정렬했습니다.

❷ 같은 날짜인 6월 6일은 '목적지'의 텍스트 오름차순에 따라 KTO 통물-서울 통물 순으로 정렬되었습니다.

❸ 6월 6일 '서울 통물'의 선적 데이터인 6, 7행은 '박스 수량'이 많은 순서로 정렬되었습니다.

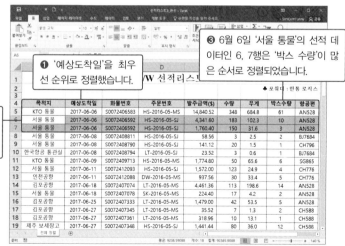

286 선택한 범위만 정렬하기

표 바로 위에 병합된 제목 행이 있거나 표 아래에 합계 행이 연속으로 입력됐을 경우, 표에서 셀 하나만 클릭하고 정렬하면 오류 메시지가 나오거나 제목과 합계가 뒤섞여 정렬될 수 있습니다. 이럴 때는 제목과 합계 행 사이에 빈 행을 추가하거나 정렬할 데이터 범위부터 선택하는 것이 좋습니다.

예제 파일 Part24\매입부가세.xlsx   **완성 파일** Part24\매입부가세_완성.xlsx

1 58행의 합계를 제외한 데이터를 날짜 순으로 정렬하려고 합니다. [A3:H57] 셀을 선택한 후 [데이터] 탭-[정렬 및 필터] 그룹-[정렬]을 클릭합니다. [정렬] 대화상자가 나타나면 '날짜', '오름차순'을 선택하고 [확인]을 클릭합니다.

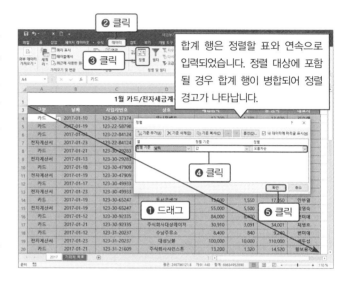

합계 행은 정렬할 표와 연속으로 입력되었습니다. 정렬 대상에 포함될 경우 합계 행이 병합되어 정렬 경고가 나타납니다.

page 단축키를 이용해서 셀을 선택하는 방법은 115쪽을 참고하세요.

2 선택한 데이터가 날짜순으로 정렬되었습니다.

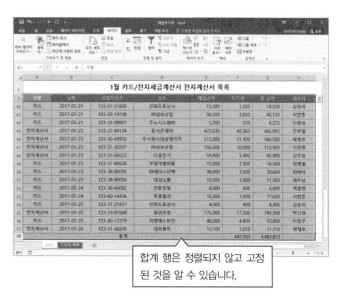

합계 행은 정렬되지 않고 고정된 것을 알 수 있습니다.

TIP

많은 양의 데이터를 쉽게 관리하려면 2행처럼 제목 행과 데이터 표 사이에 빈 행을 추가하고 행 높이를 조절하는 것도 좋은 방법입니다. 또는 엑셀 표로 전환해서 요약 행을 추가하면 합계를 따로 관리할 수 있어서 데이터만 간단하게 정렬할 수 있습니다.

287 셀 병합 해제하고 빈 셀은 자동으로 채우기

셀이 병합되어 있으면 데이터를 정렬할 수 없습니다. 병합을 해제하면 첫 행을 제외한 나머지는 빈 셀로 남게 됩니다. 정렬할 표의 병합을 일괄 해제하고, 빈 셀을 자동으로 채우는 법을 알아보겠습니다. 또한 단축키를 이용해 데이터 범위와 붙여넣기 옵션을 빠르게 선택해 보겠습니다.

예제 파일 Part24\항공노선.xlsx   **완성 파일** Part24\항공노선_완성.xlsx

| 셀 병합 해제하고 빈 셀 채우기

1 '항공편'을 기준으로 정렬하기 위해 셀 병합을 해제하려고 합니다. [A3:D240] 셀을 선택하고 [홈] 탭-[맞춤] 그룹-[병합하고 가운데 맞춤]을 클릭합니다.

> **TIP**
>
> **단축키로 데이터 범위 선택하기**
> 1. [A3] 셀 클릭
> 2. Ctrl + Shift + ↓ 을 눌러서 [A240] 셀까지 선택
> 3. Shift + Ctrl 을 누른 상태에서 →를 누르면 병합된 셀을 기준으로 [A3:D240] 셀까지 선택

page 단축키로 데이터 범위를 선택하는 방법은 115쪽을 참고하세요.

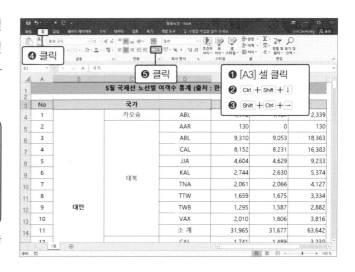

2 병합이 해제되면서 빈 셀들이 생겼습니다. 데이터 범위가 선택된 상태에서 F5를 눌러 [이동] 대화상자가 나타나면 [옵션]을 클릭합니다. [이동 옵션] 대화상자에서 '빈 셀'을 선택하고 [확인]을 누릅니다.

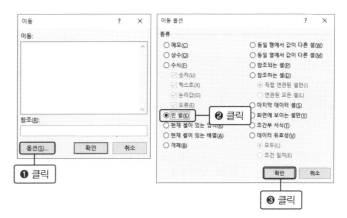

3 선택된 범위의 빈 셀만 선택되고 [C6] 셀에 커서가 나타납니다. =을 입력하고 바로 위의 [C5] 셀을 클릭한 후 Ctrl + Enter 를 누릅니다.

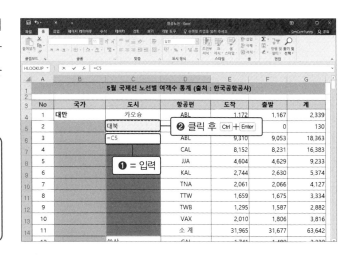

> **TIP**
>
> [C5:C14] 셀의 병합을 해제하니 [C5] 셀에만 '대북'이 입력되어 있고 나머지는 빈 셀로 바뀌었습니다. [C6] 셀 값은 [C5] 셀 값과 같고, 나머지 셀도 바로 위 셀에 입력된 값과 같으므로 수식을 입력하여 빈 셀을 채웁니다.

4 빈 셀에는 바로 위 셀에 입력된 셀 값이 자동 입력되었습니다. 수식을 문자 값으로 복사하기 위해 [B5:D240] 셀을 선택하고 Ctrl + C 를 누른 후 바로 Ctrl + V 를 누릅니다. Ctrl 을 눌러서 붙여넣기 옵션이 나타나면 [값]의 단축키 V 를 누릅니다.

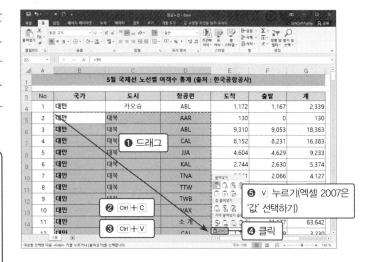

> **TIP**
>
> 빈 셀은 바로 위의 셀 값을 입력하라는 수식이 적용된 상태입니다. 만약 =B4 수식이 입력된 [B5] 셀이 정렬 기준에 따라 [B10] 셀로 이동하면 수식은 =B9로 바뀌고 셀 값도 변경됩니다. 즉, 수식은 정렬 순서에 따라 참조 셀 주소가 바뀌고, 셀 값도 계속 변경되므로 수식을 복사하되 '값'으로 붙여넣기합니다.

| 데이터 정렬하기

'항공편'이 입력된 D열에서 셀을 클릭한 후 [데이터] 탭-[정렬 및 데이터] 그룹-[텍스트 오름차순 정렬]을 선택합니다. 영어로 입력된 항공편이 먼저 정렬되고 '소계'는 따로 정렬됩니다.

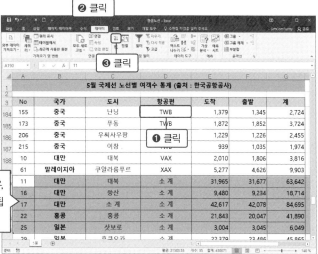

정렬된 '항공편(소계)' 데이터가 동일한 경우, 나머지 기준은 본래 정렬된 순서대로 정렬됩니다.

288 선택한 열 데이터만 정렬하기

표의 머리글을 기준으로 정렬하면 같은 행의 데이터도 같이 이동합니다. 그러나 같은 행에 입력된 데이터라도 서로 상관관계가 없을 경우, 특정 열 데이터만 부분적으로 정렬할 수 있습니다.

예제 파일 Part24\온라인판매.xlsx **완성 파일** Part24\온라인판매_완성.xlsx

1 '할인품목'이 입력된 B열만 텍스트 순으로 정렬하려고 합니다. B열을 선택하고 [데이터] 탭-[정렬 및 필터] 그룹-[정렬]을 클릭합니다. [정렬 경고] 대화상자가 나타나면 '현재 선택 영역으로 정렬'을 선택합니다.

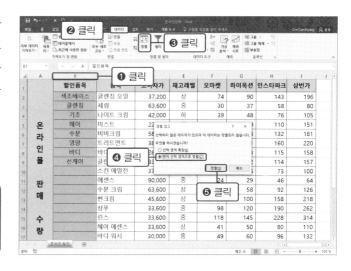

TIP

[정렬 경고] 대화상자에서 '선택 영역 확장'을 선택하면 정렬 범위가 표 전체로 확장되어 같은 행에 위치한 양옆의 데이터도 같이 정렬됩니다.

---

2 [정렬] 대화상자가 나타나면 정렬 기준에 '할인품목'만 선택되어 있습니다. [정렬]에서 '오름차순'을 선택한 후 [확인]을 클릭합니다. B열의 '할인품목'만 정렬되고 [C:I]열은 고정된 것을 볼 수 있습니다.

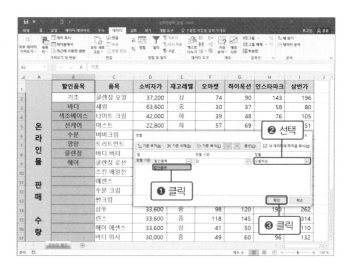

289 단어의 정렬 순서 설정하기

오름차순/내림차순 외에도 사용자가 원하는 순서로 문자의 정렬 기준을 설정할 수 있습니다. 사용자 지정 목록에서는 요일이나 날짜 등 다양한 문자의 정렬 순서를 제공합니다. 또한, 사용자의 필요에 따라 직급, 이름, 품목 등 새로운 정렬 기준을 추가할 수도 있습니다.

예제 파일 Part24\재고레벨.xlsx   **완성 파일** Part24\재고레벨_완성.xlsx

1 재고 레벨을 'SA-A-B' 순으로 정렬하려고 합니다. 1행은 병합되어 있으므로 [A2:H22] 셀만 선택한 후 [데이터] 탭-[정렬 및 필터] 그룹-[정렬]을 클릭합니다. [정렬] 대화상자의 정렬 기준에서 '재고레벨'을, [정렬]에서 '사용자 지정 목록'을 선택합니다.

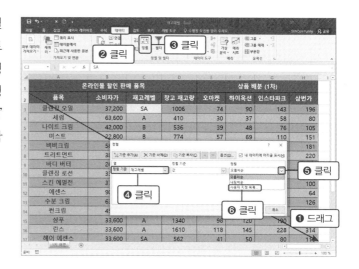

2 [사용자 지정 목록] 대화상자가 나타나면 [사용자 지정 목록]에서 '새 목록'을 선택합니다. [목록 항목]에 SA,A,B를 입력하고 [추가]를 클릭합니다.

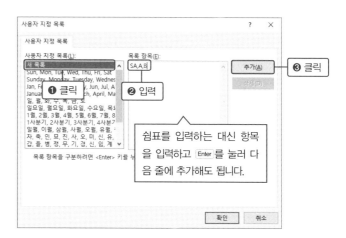

> **TIP**
>
> [사용자 지정 목록]에는 자주 사용하는 요일/날짜/기간 등이 있습니다. 새로 추가된 정렬 기준은 해당 문서에만 나타납니다.

쉼표를 입력하는 대신 항목을 입력하고 Enter 를 눌러 다음 줄에 추가해도 됩니다.

3 [사용자 지정 목록] 아래쪽에 'SA,A,B'가 추가되었습니다. [확인]을 클릭합니다.

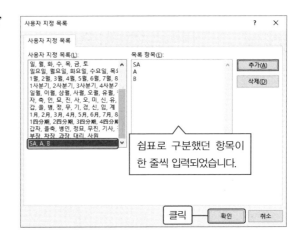

쉼표로 구분했던 항목이 한 줄씩 입력되었습니다.

4 다시 [정렬] 대화상자로 돌아오면 [정렬]에 'SA,A,B'와 'B,A,SA' 2개의 옵션이 생성되었습니다. 'SA,A,B'를 선택하고 [기준 추가]를 클릭합니다. '창고 재고량', '내림차순'을 선택한 후 [확인]을 클릭합니다.

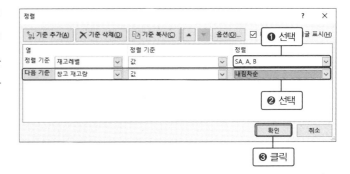

5 재고 레벨이 'SA-A-B' 순으로 정렬되고, 동일한 재고 레벨은 창고 재고량 순으로 정렬되었습니다.

> **TIP**
>
> 정렬로 행의 순서가 바뀌면서 기존에 홀수와 짝수 행에 적용됐던 셀 바탕색이 섞였습니다. 표를 '엑셀 표'로 변환하면 행의 순서가 바뀌더라도 셀 서식이 자동 조정됩니다. 표를 엑셀 표로 변환하는 방법은 201쪽을 참고하세요.

290 글꼴 색 또는 채우기 색 기준으로 정렬하기

특정 데이터를 글꼴 색이나 채우기 색으로 강조했다면 색상을 기준으로 정렬할 수 있습니다. 엑셀 2007 부터는 정렬 기준을 데이터 값 이외에도 셀 색, 글꼴 색, 셀 아이콘으로 확장했습니다. 채우기 색으로 강조된 셀을 우선순위로 정렬해 보겠습니다.

예제 파일 Part24\온라인매출 전년비.xlsx　　**완성 파일** Part24\온라인매출 전년비_완성.xlsx

1 노란색으로 강조된 상품군을 우선순위로 정렬하려고 합니다. 표를 클릭하고 [데이터] 탭-[정렬 및 필터] 그룹-[정렬]을 클릭합니다. [정렬] 대화상자의 [정렬 기준]에서 '상품군', '셀 색'을 선택하면 정렬 메뉴가 추가됩니다. 노란색을 선택하고 [기준 추가]를 클릭합니다. '전년비', '값', '내림차순'을 선택하고 [확인]을 클릭합니다.

page 조건부 서식에 대한 자세한 내용은 178쪽을 참고하세요.

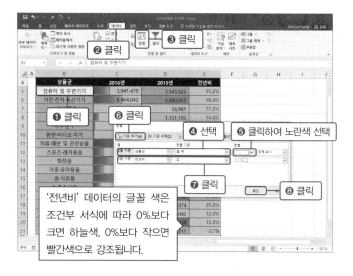

'전년비' 데이터의 글꼴 색은 조건부 서식에 따라 0%보다 크면 하늘색, 0%보다 작으면 빨간색으로 강조됩니다.

2 노란색으로 강조된 상품군이 위쪽에 정렬되고 전년비는 내림차순으로 정렬되었습니다.

노란색으로 강조된 상품군이 맨 위에 정렬되었습니다.

[E8] 셀 값은 [E9] 셀 값보다 작지만 정렬 기준을 우선순위로 해서 위쪽에 배치되었습니다.

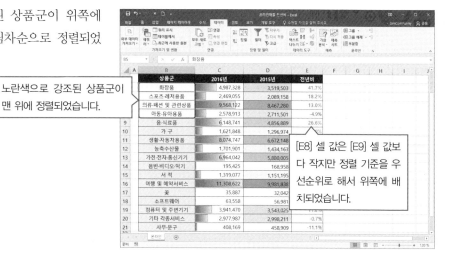

291 가로 방향으로 정렬해서 필드 순서 바꾸기

보통의 데이터 정렬은 열의 필드명(표의 머리글)이 정렬 기준이 되어 각 필드(아래 데이터)의 행 순서가 위아래로 변경됩니다. 반대로 필드명에 따라 왼쪽에서 오른쪽으로 열 순서를 바꾸고 싶다면, 정렬 기준을 행 번호로 설정하면 됩니다. 정렬 옵션에서 정렬 방향을 가로로 바꾸는 법을 알아보겠습니다.

예제 파일 Part24\수주회.xlsx   **완성 파일** Part24\수주회_완성.xlsx

1 4행의 거래처 이름에 따라 열 데이터의 순서를 바꾸어 보겠습니다. [D4:K14] 셀을 선택한 후 [데이터] 탭─[정렬 및 필터] 그룹─[정렬]을 클릭합니다. [정렬 옵션] 대화상자의 [옵션]에서 '왼쪽에서 오른쪽'을 선택하고 [확인]을 클릭합니다. [정렬] 대화상자의 정렬 기준을 '행4', '오름차순'으로 선택합니다.

> **TIP**
> 정렬 옵션을 '왼쪽에서 오른쪽'으로 변경하면 정렬 기준이 '열'에서 '행'으로 바뀝니다.

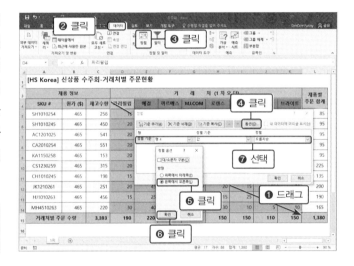

2 4행의 거래처명을 기준으로 필드명과 필드 값이 왼쪽에서 오른쪽으로 정렬되었습니다.

> **TIP**
> 한번 가로 방향으로 지정된 옵션은 기본 설정으로 남습니다. 다른 데이터를 세로 방향으로 정렬하려면 [정렬] 대화상자의 [옵션]에서 다시 수정해야 합니다.

정렬 범위에 선택되지 않았던 거래처별 주문수량도 같이 이동했습니다.

292 사용자가 입력한 순서대로 정렬하기

데이터 정렬 기준이 텍스트나 숫자의 오름차순/내림차순과 무관할 경우, 데이터의 열 방향 순서를 바꾸기 위해 잘라내기, 붙여넣기로 일일이 수정할 때가 있습니다. 그러나 필드명 위에 정렬 순서를 숫자로 입력하고, 이를 기준으로 가로 정렬을 하면 열 방향 순서를 간단히 변경할 수 있습니다.

예제 파일 Part24\수주회_최종.xlsx **완성 파일** Part24\수주회_최종_완성.xlsx

1 [E3:L3] 셀에 거래처의 정렬 순서를 입력합니다. [E3:L14] 셀을 선택한 후 [데이터] 탭-[정렬 및 필터] 그룹-[정렬]을 클릭합니다. [정렬] 대화상자에서 '행3', '오름차순'을 선택하고 [옵션]을 클릭합니다. [정렬 옵션] 대화상자의 [방향]에서 '왼쪽에서 오른쪽'을 선택하고 [확인]을 클릭합니다. [정렬] 대화상자에서 [확인]을 클릭합니다.

> **TIP**
>
> [E3:L14] 셀에서 하나의 셀만 클릭하고 정렬해도 [E3:L14] 셀이 선택됩니다. 정렬할 범위인 [E3:L14] 셀 주변에 다른 데이터가 연속으로 이어지지 않도록 2행, 15행, D열과 M열에 빈 셀을 추가했기 때문입니다.

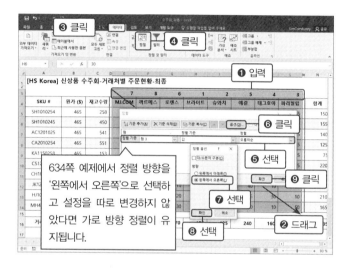

> 634쪽 예제에서 정렬 방향을 '왼쪽에서 오른쪽'으로 선택하고 설정을 따로 변경하지 않았다면 가로 방향 정렬이 유지됩니다.

2 3행에 입력된 숫자에 따라 필드명과 필드 값이 왼쪽에서 오른쪽으로 정렬되었습니다.

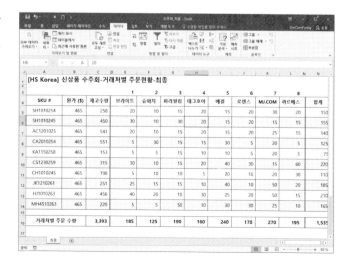

293 항목별로 합계 요약하기_부분합

부분합은 동일한 데이터 항목끼리 그룹화하고 각 그룹의 위쪽이나 아래쪽에 요약 결과를 표시합니다. 요약 결과는 각 그룹 항목별로 합계, 개수, 평균 등 11가지 계산이 가능합니다. 데이터양이 많더라도 윤곽 기호를 누르면 단계적으로 요약 결과만 간추려 볼 수 있습니다.

예제 파일 Part24\노선별 여객수.xlsx　　**완성 파일** Part24\노선별 여객수_완성.xlsx

| 정렬 및 부분합 구하기

1 국가별 도착 여객 수 합계를 구하려고 합니다. 부분합을 하려면 그룹화할 항목부터 정렬해야 합니다. '국가' 열에서 셀 하나를 클릭한 후 [데이터] 탭-[정렬 및 필터] 그룹-[텍스트 오름차순 정렬]을 클릭합니다.

TIP
제목이나 합계 행이 데이터 표와 연속으로 입력되었다면 정렬할 범위만 지정하고 정렬합니다.

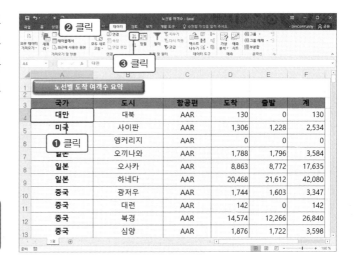

2 [데이터] 탭-[윤곽선] 그룹-[부분합]을 클릭합니다. [부분합] 대화상자의 [그룹화할 항목]은 '국가', [사용할 함수]는 '합계', [부분합 계산 항목]에서 '도착'만 체크 표시한 후 [확인]을 클릭합니다.

TIP
- 새로운 값으로 대체 : 기존에 부분합이 적용된 항목이 있었다면 해제하고 현재의 그룹 항목만 요약합니다.
- 그룹 사이에서 페이지 나누기 : 그룹별로 인쇄될 수 있게 페이지 영역을 나눕니다.
- 데이터 아래에 요약 표시 : 각 그룹의 아래쪽에 요약 행이 추가됩니다.

'국가'가 오름차순으로 정렬되었습니다.

3 국가별 합계가 그룹 아래쪽에 추가되고, 왼쪽에는 윤곽 기호와 윤곽선이 나타납니다.

TIP
+를 누르면 요약 정보가 펼쳐지고, -를 누르면 펼쳐진 원본 데이터가 숨겨집니다.

page 부분합은 SUBTOTAL 함수로 계산됩니다. SUBTOTAL 함수에 대한 자세한 설명은 669쪽을 참고하세요.

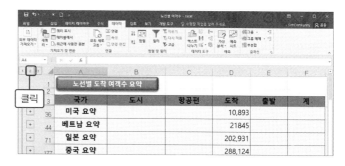

윤곽 기호 3이 선택된 상태에서는 원본 데이터와 국가별 도착 여객 수 합계, 전체 노선의 합계가 모두 나타납니다.

윤곽 기호에 따라 요약 결과 압축해서 보기

2 그룹별/전체 요약 결과만 표시

국가별 도착 여객 수 합계와 전체 노선의 도착 여객 수 합계 요약만 보여줍니다.

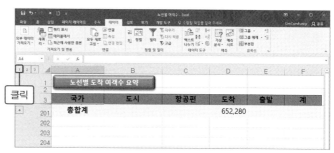

1 전체 요약 결과만 표시

전체 노선의 도착 여객 수 총 합계 요약만 보여줍니다.

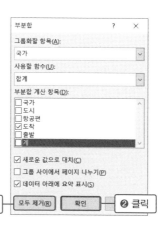

부분합 삭제하기

[데이터] 탭-[윤곽선] 그룹-[부분합]을 클릭합니다. [부분합] 대화상자에서 [모두 제거]를 클릭하면 모든 부분합이 사라집니다.

294 부분합의 그룹 항목과 계산 추가하기

이미 부분합이 설정되어 있는 문서라도 추가로 그룹 항목과 계산 항목을 중첩할 수 있습니다. 단, 그룹화 할 항목은 모두 정렬되어야 하고 정렬 순서에 따라 그룹별 요약 결과가 달라집니다. 부분합이 적용된 문 서에 부분합 요약 항목을 추가해 보겠습니다.

예제 파일 Part24\지역별 도착여객수.xlsx　　**완성 파일** Part24\지역별 도착여객수_완성.xlsx

1 '국가'별 부분합이 적용된 상태에서 각 국가의 운항 도시 개수를 추가하려고 합니 다. [데이터] 탭-[윤곽선] 그룹-[부분합]을 클릭합니다. [부분합] 대화상자가 나타나면 [그룹화할 항목]은 '도시', [사용할 함수]는 '개수', [부분합 계산 항목]에서 '도착'을 체 크 표시합니다. '새로운 값으로 대치'의 체 크 표시는 없앱니다.

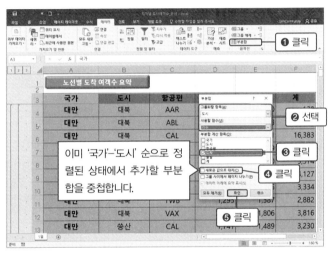

> 이미 '국가'-'도시' 순으로 정 렬된 상태에서 추가할 부분 합을 중첩합니다.

TIP

그룹화할 항목은 미리 정렬되어야 합니다. 부분합이 적용된 상태에서 정렬을 실행하면 삽입됐던 요약 행과 그룹화가 모두 해제 됩니다.

> Microsoft Excel
>
> ⚠ 부분합을 제거하고 전체를 다시 정렬합니다. 부분합 그룹 단위로 정렬하려면 [취소] 단추를 누른 뒤 윤곽을 해제하고 다시 시도하십시오
>
> [확인]　　[취소]

---

2 그룹 항목과 계산 항목이 중첩되고 윤 곽 기호 ④가 추가되었습니다.

> 현재 선택된 윤곽 기호는 ④입니다. 낮 은 숫자의 윤곽 기호를 누를수록 상위 그룹의 요약 결과만 보여주기 때문에 표는 더 간단하게 압축됩니다.

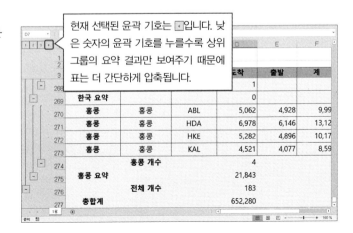

295 부분합의 윤곽 기호와 윤곽선 숨기기

부분합을 사용하면 데이터가 그룹화되어 화면 왼쪽에 윤곽 기호와 윤곽선이 늘어나서 셀 화면이 상대적으로 줄어듭니다. 그룹별 윤곽 기호를 조절할 필요가 없거나 셀 위주로 화면을 보고 싶다면 그룹의 윤곽선을 지우면 됩니다. 윤곽 기호가 없어져도 요약 데이터는 사라지지 않습니다.

예제 파일 Part24\윤곽선 지우기.xlsx   **완성 파일** Part24\윤곽선 지우기_완성.xlsx

1 [데이터] 탭-[윤곽선] 그룹-[그룹 해제]에서 [윤곽 지우기]를 클릭합니다.

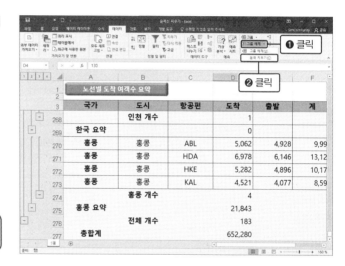

단축키

윤곽선 지우기/나타내기 Ctrl + 8

2 왼쪽의 윤곽 기호와 윤곽선이 사라졌습니다. 요약 행과 부분합에 적용된 SUBTOTAL 함수는 그대로 남아 있습니다. 윤곽 기호를 다시 나타내려면 단축키 Ctrl + 8 을 누릅니다.

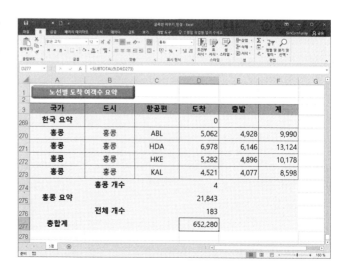

296 숨기고 싶은 행/열 그룹화하기

[숨기기] 기능은 [숨기기 취소]를 하면 숨길 행/열을 다시 설정해야 하지만 [그룹]으로 묶으면 윤곽 버튼을 클릭해서 쉽게 숨기고 펼칠 수 있습니다. [그룹]과 [숨기기]를 응용해서 개인 정보나 중요하지 않은 데이터를 단계별로 숨겨보겠습니다.

예제 파일 Part24\수강생명단.xlsx　　**완성 파일** Part24\수강생명단_완성.xlsx

1 개인 정보를 단계별로 숨기기 위해 [H:K] 열을 선택합니다. [데이터] 탭-[윤곽선] 그룹-[그룹]을 클릭하면 1단계로 그룹화할 윤곽 기호와 윤곽선이 나타납니다. D열을 선택하고 [데이터] 탭-[윤곽선] 그룹-[그룹]을 클릭합니다.

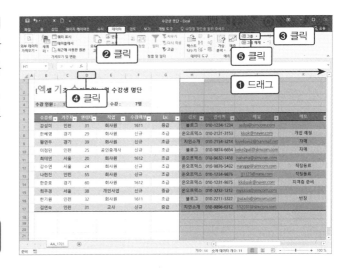

단축키

그룹화 : 순서대로 Alt – D – G – G 누르기

TIP

연속된 행/열은 한 번에 선택해서 그룹화할 수 있습니다. 그러나 떨어져 있는 행/열은 Ctrl 을 눌러 다중 선택해도 한 번에 그룹화가 되지 않으니 각각 선택해서 그룹화합니다.

2 이미 그룹화된 [I:J] 열을 다시 선택해서 [데이터] 탭-[윤곽선] 그룹-[그룹]을 클릭합니다. 2단계로 그룹화할 윤곽 기호와 윤곽선이 나타납니다.

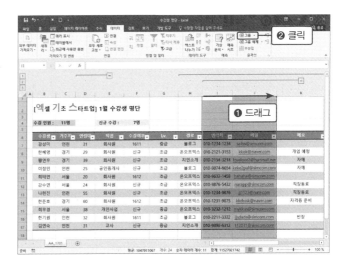

3 K열 위의 ⊟ 또는 ②를 클릭하면 [I:J]
열만 숨겨집니다.

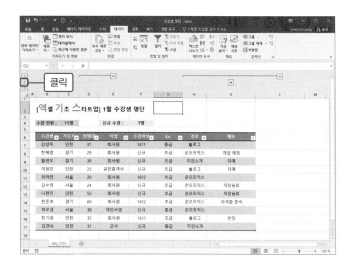

4 L열 위의 ⊟나 ①을 클릭하면 D열과
[H:K] 열이 모두 숨겨집니다.

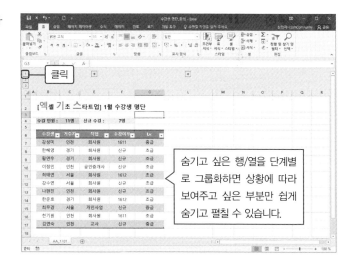

숨기고 싶은 행/열을 단계별
로 그룹화하면 상황에 따라
보여주고 싶은 부분만 쉽게
숨기고 펼칠 수 있습니다.

5 전체 그룹화를 해제하고 숨겨진 행을
펼치려면 ③을 클릭합니다. [C:L] 열을 선
택한 후 [데이터] 탭-[윤곽선] 그룹-[그룹
해제]를 2번 클릭합니다.

TIP
열이 숨겨진 상태에서 그룹 해제를 하면 윤곽 기
호는 사라지지만 열은 그대로 숨겨져 있습니다.

단축키
그룹화 해제 : 순서대로 Alt - D - G - U 누르기

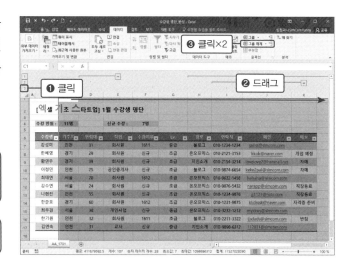

297 부분합으로 요약된 데이터만 복사하기

부분합으로 요약된 데이터는 복사해서 다른 워크시트에 붙여넣기를 할 수 있습니다. 그러나 단순하게 복사해서 붙여넣기를 하면 부분합이 해제되고 숨겨져 있던 데이터까지 모두 나타납니다. 숨겨진 데이터는 제외하고 화면에 나타난 요약 결과만 새 워크시트에 복사해 보겠습니다.

예제 파일 Part24\지점별 발주금액.xlsx   **완성 파일** Part24\지점별 발주금액_완성.xlsx

1 부분합으로 요약된 워크시트에서 ② 를 클릭하면 목적지별 발주금액의 합계만 나타납니다. 화면에 보이는 셀만 선택하기 위해 [A3:D98] 셀을 선택한 후 단축키 F5 를 누릅니다. [이동] 대화상자가 나타나면 [옵션]을 클릭합니다.

TIP
[홈] 탭-[찾기 및 선택]에서 [이동 옵션]을 클릭해도 됩니다.

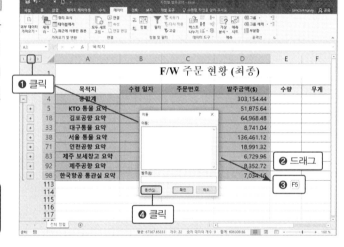

2 [이동 옵션] 대화상자에서 '화면에 보이는 셀만'을 선택하고 [확인]을 클릭합니다.

단축키
화면에 보이는 셀만 선택하기 Alt + ;

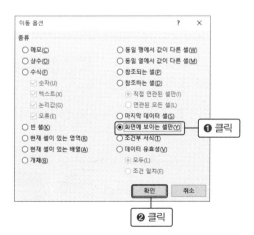

3 숨겨진 행을 제외하고 워크시트에 보이는 셀만 선택된 것을 알 수 있습니다. Ctrl + C 를 눌러 복사합니다.

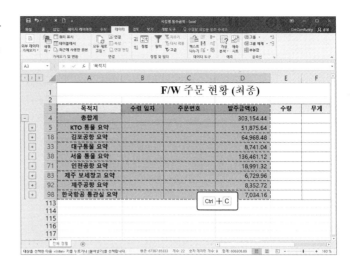

4 '요약' 워크시트에서 Ctrl + V 를 누르면 복사한 내용이 붙여넣기가 됩니다.

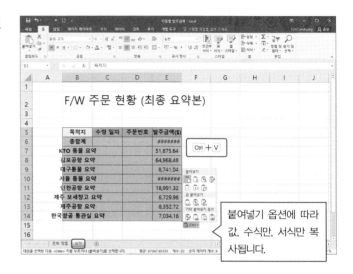

붙여넣기 옵션에 따라 값, 수식만, 서식만 복사됩니다.

5 빈 열을 삭제하고, 행열의 너비와 높이를 조정합니다. 셀 테두리 등 서식까지 정리하면 간단한 요약본이 완성됩니다.

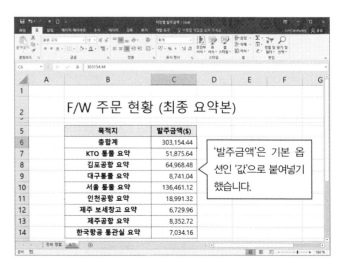

'발주금액'은 기본 옵션인 '값'으로 붙여넣기 했습니다.

Part 25

필터

기업의 인사 담당자들이 수많은 입사 지원서를 모두 보지 못하기 때문에 학점이나 영어 점수로 필터링한다는 말 들어보셨죠? 그 매정한 필터 기능이 대량 데이터를 관리할 때는 업무 시간을 단축해주는 역할을 톡톡히 해냅니다. 특정 문자부터 숫자 범위, 날짜 단위는 물론 평균과 상위 값까지 분류해줍니다. 원본 데이터를 남겨두고 필터 값만 따로 정리하려면 고급 필터를 꼭 배워두세요.

자동 필터로 합계 값이 평균 미만인 지역만 필터링하기

고급 필터로 미수금 내역과 정산 내역만 추출하여 다른 워크시트에 정리하기

298 자동 필터 적용하기

자동 필터는 정렬 기능은 물론 원하는 데이터를 추출할 수 있는 가장 쉬운 방법입니다. 데이터 표에서 필터 기준에 해당하는 행만 나타나고 나머지 행은 숨겨집니다. 필터가 적용된 상태에서 다른 기준으로 필터를 중첩할 수 있고, 필터를 제거하면 다시 모든 데이터가 나타납니다.

예제 파일 Part25\자동필터.xlsx   **완성 파일** Part25\자동필터_완성.xlsx

| 필터로 정렬하기

1 '고객명'을 오름차순으로 정렬해 보겠습니다. 표를 클릭한 후 [데이터] 탭-[정렬 및 필터] 그룹-[필터]를 클릭합니다. [C3] 셀에 나타난 목록 버튼▼을 클릭하면 해당 열에 입력된 데이터의 필드 목록이 나타납니다. [텍스트 오름차순 정렬]을 클릭합니다.

> **단축키**
>
> 필터 기준 지우기 : 순서대로 Alt - A - C
> 필터링 설정 및 해제 : 순서대로 Alt - A - T
> * 업데이트 버전에 따라 A 대신 A - 2 를 눌러야 할 수도 있습니다. 자세한 내용은 43쪽을 참조하세요.

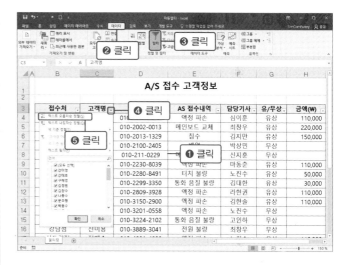

2 '고객명'이 오름차순으로 정렬되었습니다.

> **TIP**
>
> 목록 버튼▼의 MS Office 공식 명칭은 'Drop-down arrow'로 번역에 따라 '드롭다운 버튼', '아래 화살표 버튼', '아래 단추' 등으로 다양하게 불립니다. 이 책에서는 '목록 버튼'으로 지칭하고, 필터가 적용된 버튼▼은 '필터 버튼'으로 표기했습니다.

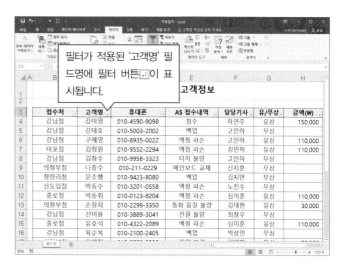

| 특정 단어만 필터링하기

1 '강남점'과 '신도림점'의 접수 현황만 추출해 보겠습니다. [B3] 셀의 목록 버튼을 클릭합니다. '(모두 선택)'의 체크 표시를 없애고 '강남점'과 '신도림점'만 체크 표시한 후 [확인]을 클릭합니다.

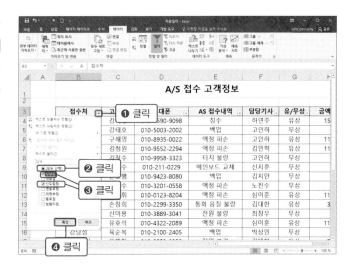

2 '강남점'과 '신도림점'의 접수 고객만 추출되었습니다. 여기에서 AS 접수 내역이 '액정 파손'인 고객만 추출해 보겠습니다. [D3] 셀의 목록 버튼을 클릭합니다. 검색 창에 **액정**을 입력하면 관련 필드만 체크 표시되어 나타납니다. [확인]을 클릭합니다.

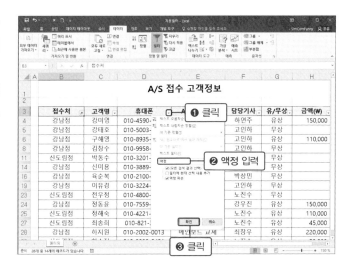

3 '강남점'과 '신도림점' 고객 중 액정 파손으로 접수한 고객만 추출되었습니다.

다른 지점의 고객 정보는 자동으로 숨겨졌습니다.

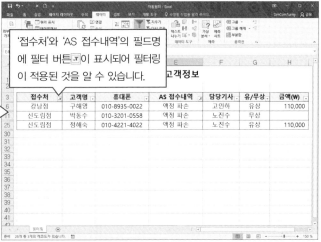

299 자동 필터 해제하기

자동 필터는 기준에 맞는 데이터만 보여주고 나머지 행은 숨깁니다. 그래서 필터링이 적용된 필드명의 필터 버튼을 눌러 확인하지 않으면 숨겨진 데이터를 구분하기 어렵습니다. 필터를 부분적으로 또는 전체적으로 해제해 보겠습니다.

예제 파일 Part25\필터해제.xlsx   **완성 파일** Part25\필터해제_완성.xlsx

| 일부 필터만 해제하기

1 '강남점'과 '신도림점'에서 '액정 파손'으로 접수한 고객만 필터링된 상태입니다. 필터 조건을 전 지점의 액정 파손 접수 건으로 확대해 보겠습니다. '접수처'의 필터 버튼을 클릭한 후 ["접수처"에서 필터 해제]를 클릭합니다.

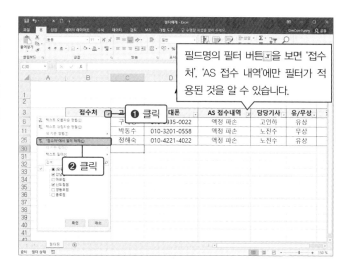

필드명의 필터 버튼을 보면 '접수처', 'AS 접수 내역'에만 필터가 적용된 것을 알 수 있습니다.

2 '접수처'의 필터가 해제되어 전체 매장이 나타납니다. 'AS 접수내역'에는 여전히 '액정 파손' 고객만 필터링된 상태입니다.

필터가 해제되어 필터 버튼이 목록 버튼으로 변경되었습니다.

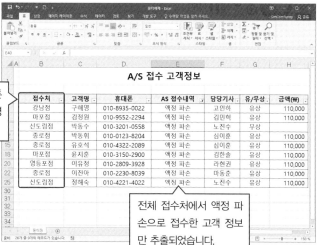

전체 접수처에서 액정 파손으로 접수한 고객 정보만 추출되었습니다.

| 필터 전체 해제하기

1 모든 필터 결과를 해제하고 필드명의 목록 버튼▾을 없애보겠습니다. [데이터] 탭-[정렬 및 필터] 그룹-[필터]를 클릭합니다.

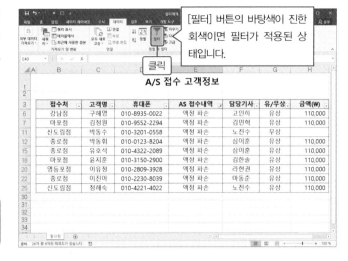

단축키

필터링 설정 및 해제 : 순서대로 Alt - A - T
또는 Alt - A - 2 - T

2 필드명의 목록 버튼▾이 모두 사라지고 원본 데이터가 모두 표시되었습니다.

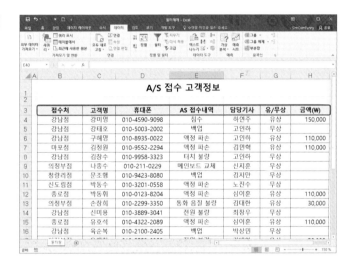

300 텍스트 일부를 검색하여 필터링하기

필드명의 목록 버튼을 클릭하면 각 열에 입력된 데이터(필드)가 나타납니다. 필터 목록에 데이터가 너무 많다면 찾으려는 문자를 검색 창에 입력하는 것이 좋습니다. SUMIF 함수에서 조건에 맞는 값의 합계만 계산했듯이 필터로 추출된 값의 합계나 평균을 쉽게 구하는 방법을 알아보겠습니다.

예제 파일 Part25\텍스트필터.xlsx   **완성 파일** Part25\텍스트필터_완성.xlsx

| 문자 일부를 검색해서 필터링하기

1 발송 주소에 '인천'이 포함된 주문 내역을 추출해 보겠습니다. 필드명이 입력된 3행을 클릭한 후 [데이터] 탭-[정렬 및 필터] 그룹-[필터]를 클릭합니다. 자동 필터가 적용되면 '발송 주소'의 목록 버튼▽을 클릭한 후 필터 박스의 검색 창에서 인천을 입력합니다. 검색 결과에 체크 표시가 되면 [확인]을 클릭합니다.

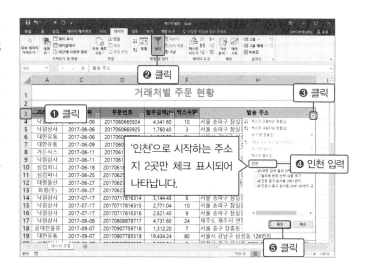

2 '발송 주소'에 인천이 포함된 주문 내역만 추출되었습니다.

필터 조건에 해당하지 않는 다른 지역의 주문 건은 숨겨졌습니다.

| 필터로 추출된 값의 합계/최대값/최소값 보기

1 인천으로 발송될 주문 내역의 박스 수량을 알아보겠습니다. 발송 주소가 '인천'으로 필터링된 상태에서 '박스 수량'이 입력된 F열을 클릭합니다. F열이 선택되고 상태 표시줄에 '합계:266'이 표시됩니다.

F열에서 필터링된 셀 숫자만 계산되었습니다.

2 상태 표시줄에 항목을 추가해 보겠습니다. 상태 표시줄에서 마우스 오른쪽 버튼을 클릭한 뒤 단축 메뉴에서 [최대값]과 [최소값]을 선택하여 체크 표시합니다.

TIP
데이터가 입력된 셀이 2개 이상 선택된 경우에만 상태 표시줄의 계산 값이 나타납니다.

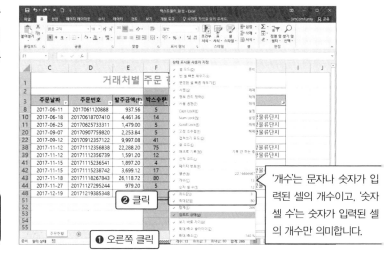

❶ 오른쪽 클릭

❷ 클릭

'개수'는 문자나 숫자가 입력된 셀의 개수이고, '숫자 셀 수'는 숫자가 입력된 셀의 개수만 의미합니다.

3 발주금액의 최대값과 최소값을 찾기 위해 E열을 선택합니다. 상태 표시줄에서 최대값과 최소값을 확인할 수 있습니다.

TIP
COUNTIF/SUMIF/AVERAGEIF 함수의 결과 값을 검산할 때 찾는 값만 필터링해서 쉽게 확인할 수 있습니다.

 필터링한 값만 계산하는 SUBTOTAL 함수에 대한 자세한 내용은 669쪽을 참고하세요.

클릭

301 숫자 범위로 필터링하기

문자를 필터링할 때는 입력된 데이터와 동일한 문자만 필터링에 적용됩니다. 반면 숫자를 필터링할 때는 셀에 입력되지 않은 숫자라도 기준 값이 될 수 있습니다. 숫자의 필터 조건은 기준 값 이상 또는 이하의 절대 범위부터 상위 10, 평균 이상 등 상대 범위까지 지정할 수 있습니다.

예제 파일 Part25\숫자필터.xlsx **완성 파일** Part25\숫자필터_완성.xlsx

| 특정 숫자보다 큰 값만 추출하기

1 근속연수 5년 이상인 직원을 추출해 보겠습니다. '5년이상' 워크시트에서 표를 클릭한 후 [데이터] 탭-[정렬 및 필터] 그룹-[필터]를 클릭합니다. [G5] 셀의 목록 버튼▼을 클릭한 후 [숫자 필터]-[크거나 같음]을 선택합니다.

TIP
필드명 바로 위쪽 행에 제목이나 단위 등 표 이외의 데이터가 연속으로 입력되었다면 필드명이 입력된 행만 선택하고 필터를 적용합니다.

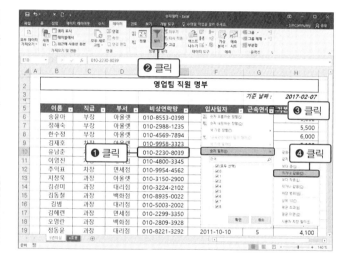

2 [사용자 지정 자동 필터] 대화상자가 나타납니다. 부등호는 >=로 선택되어 있습니다. 근속연수인 5를 입력합니다.

목록 버튼▼을 누르면 입력된 값들이 나타납니다.

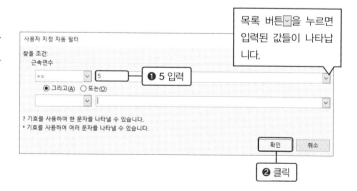

3 근속연수가 5년 이상인 직원만 추출되고 나머지 직원의 정보는 숨겨졌습니다.

| 특정 범위에 속하는 값만 추출하기

1 '4호봉' 워크시트를 클릭합니다. 대리급 직원 중에서 연봉이 3,500만 원 미만이거나 4,500만 원을 초과하는 직원만 추출해 보겠습니다. [H5] 셀의 목록 버튼▼을 클릭한 후 [숫자 필터]–[보다 작음]을 선택합니다.

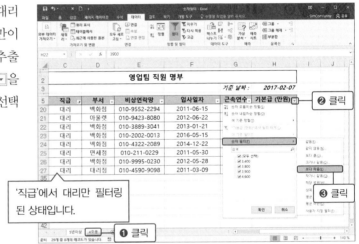

'직급'에서 대리만 필터링된 상태입니다.

❶ 클릭
❷ 클릭
❸ 클릭

2 [사용자 지정 자동 필터] 대화상자에서 첫 번째 조건으로 3500을 입력하고 '또는'을 선택합니다. 2번째 조건에서 〉 기호를 선택하고 4500을 입력한 후 [확인]을 클릭합니다.

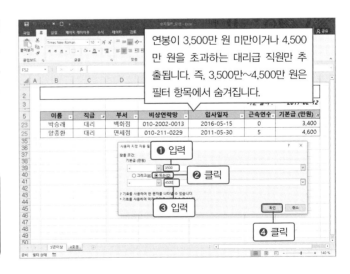

연봉이 3,500만 원 미만이거나 4,500만 원을 초과하는 대리급 직원만 추출됩니다. 즉, 3,500만~4,500만 원은 필터 항목에서 숨겨집니다.

❶ 입력
❷ 클릭
❸ 입력
❹ 클릭

TIP

IF 함수처럼 필터 조건 2가지가 동시에 충족되어야 할 경우, AND와 같은 의미인 '그리고'를 선택하고 둘 중 하나만 충족되는 필터 값을 구할 때는 '또는'을 선택합니다.

302 상위 값 기준으로 필터링하기

숫자 필터의 '상위 10' 필터 조건을 이용하면 해당 열에 입력된 숫자를 상대적으로 비교할 수 있습니다. RANK 함수를 대신해서 전체 대비 상위/하위 N개의 데이터를 추출하는 것입니다. 또는 상위/하위 N% 에 해당하는 값을 계산하여 필터링합니다.

예제 파일 Part25\상위10.xlsx   **완성 파일** Part25\상위10_완성.xlsx

| 상위 5개 항목 추출하기

1 4년간 지급된 노령연금 합계에서 상위 5개 도시를 추출해 보겠습니다. '상위5개도 시' 워크시트에서 표를 클릭한 후 [데이터] 탭-[정렬 및 필터] 그룹-[필터]를 클릭합 니다. [G4] 셀의 목록 버튼⬇을 클릭한 후 [숫자 필터]-[상위 10]을 선택합니다.

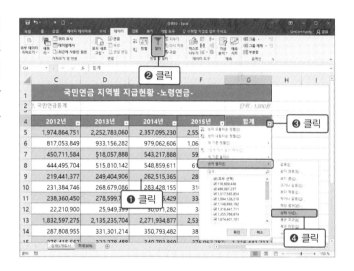

2 [상위 10 자동 필터] 대화상자가 나타 나면 '상위', '5', '항목'을 선택하고 [확인]을 클릭합니다.

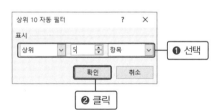

3 4년간 지급된 합계 금액을 기준으로 상위 5개 도시가 추출되었습니다.

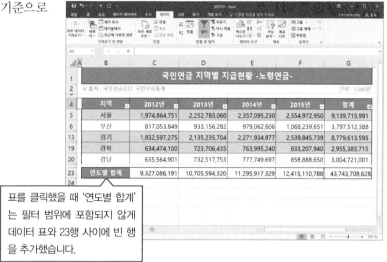국민연금 지역별 지급현황 -노령연금-

지역	2012년	2013년	2014년	2015년	합계
서울	1,974,864,751	2,252,783,060	2,357,095,230	2,554,972,950	9,139,715,991
부산	817,053,849	933,156,282	979,062,606	1,068,239,651	3,797,512,388
경기	1,832,597,275	2,135,235,704	2,271,934,877	2,539,845,739	8,779,613,595
경북	634,474,100	723,706,435	763,995,240	833,207,940	2,955,383,715
경남	635,564,901	732,517,753	777,749,697	858,888,650	3,004,721,001
연도별 합계	9,327,086,191	10,705,594,320	11,295,917,329	12,415,110,788	43,743,708,628

> 표를 클릭했을 때 '연도별 합계' 는 필터 범위에 포함되지 않게 데이터 표와 23행 사이에 빈 행 을 추가했습니다.

| 하위 30% 추출하기

1 4년간 지급된 노령연금 합계가 하위 30% 이하인 도시를 추출해 보겠습니다. '하위30%' 워크시트 표에서 [G4] 셀의 목록 버튼🔽을 클릭한 후 [숫자 필터]–[상위 10]을 선택합니다. 대화상자가 나타나면 '하위', '30', '%'를 선택하고 [확인]을 클릭합니다.

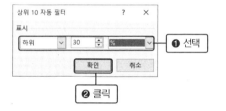

2 4년간 지급된 노령연금 합계 순위가 하위 30% 이하인 도시가 추출되었습니다.

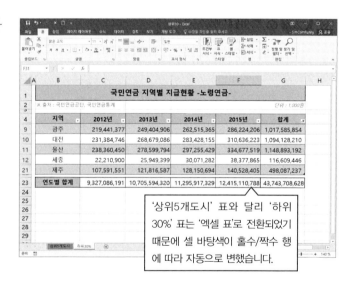국민연금 지역별 지급현황 -노령연금-

지역	2012년	2013년	2014년	2015년	합계
광주	219,441,377	249,404,906	262,515,365	286,224,206	1,017,585,854
대전	231,384,746	268,679,086	283,428,155	310,636,223	1,094,128,210
울산	238,360,450	278,599,794	297,255,429	334,677,519	1,148,893,192
세종	22,210,900	25,949,399	30,071,282	38,377,865	116,609,446
제주	107,591,551	121,816,587	128,150,694	140,528,405	498,087,237
연도별 합계	9,327,086,191	10,705,594,320	11,295,917,329	12,415,110,788	43,743,708,628

> '상위5개도시' 표와 달리 '하위 30%' 표는 '엑셀 표'로 전환되었기 때문에 셀 바탕색이 홀수/짝수 행 에 따라 자동으로 변했습니다.

page 엑셀 표에 대한 자세한 내용은 198쪽을 참고하세요.

303　평균값 기준으로 필터링하기

숫자 필터를 이용하면 함수를 대신하여 값의 상대적인 크기를 자동으로 구할 수 있습니다. 숫자 필터에서 '평균 초과' 또는 '평균 미만'의 조건을 선택하면 IF 함수와 AVERAGE 함수를 대신해 조건에 만족하는 값만 표시하고 나머지 행은 숨길 수 있습니다.

예제 파일 Part25\평균필터.xlsx　　**완성 파일** Part25\평균필터_완성.xlsx

| 평균 초과 항목 추출하기

1 17개 도시에 지급된 장애연금 합계의 평균을 구해보겠습니다. '평균초과' 워크시트의 G열을 선택하면 상태 표시줄에 '평균:76,988,338'이 산출됩니다.

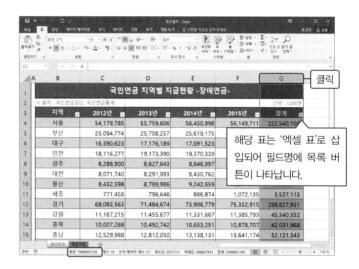

해당 표는 '엑셀 표'로 삽입되어 필드명에 목록 버튼이 나타납니다.

2 평균보다 큰 값만 추출하기 위해 [G3] 셀의 목록 버튼▼을 클릭하고 [숫자 필터]-[평균 초과]를 선택합니다.

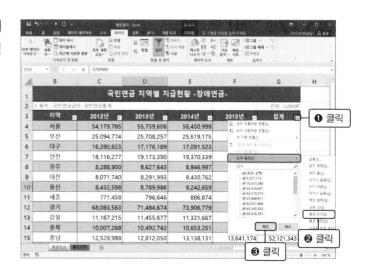

❶ 클릭
❷ 클릭
❸ 클릭

3 합계 금액 중 평균을 초과하는 지역이 추출되었습니다. G열에 추출된 '합계' 값은 모두 전체 평균 76,988,338원을 초과하는 것을 알 수 있습니다.

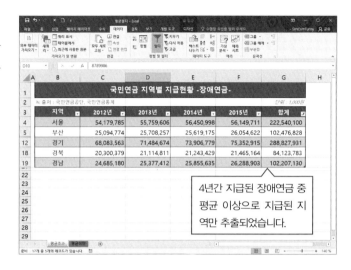

| 평균 미만 항목 추출하기

1 이번에는 평균보다 작은 값만 추출하기 위해 '평균미만' 워크시트에서 [G3] 셀의 목록 버튼□을 클릭한 후 [숫자 필터]-[평균 미만]을 선택합니다.

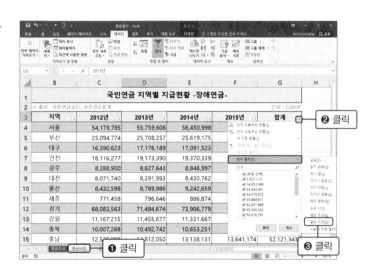

2 G열에 추출된 '합계' 값은 모두 전체 평균 76,988,338원 미만인 것을 알 수 있습니다.

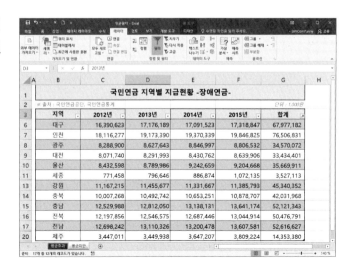

304 날짜 데이터 필터링하기

날짜 필터를 이용하려면 입력된 날짜가 숫자 형태로 입력되어야 합니다. 기호나 텍스트처럼 문자가 포함되었다면 필터 조건을 숫자와 문자로 따로 구분하기 때문입니다. 날짜 필터를 이용하면 연, 월, 일, 분기 등 기간 단위로 그룹화된 날짜를 쉽게 추출할 수 있습니다.

예제 파일 Part25\날짜필터.xlsx　　**완성 파일** Part25\날짜필터_완성.xlsx

| 문자 형식으로 입력된 날짜 수정하기

1 표를 클릭하고 [데이터] 탭-[정렬 및 필터] 그룹-[필터]를 선택합니다. [D4] 셀의 목록 버튼➊을 클릭하면 목록 맨 아래에 '2015년5월6일'이 나타납니다. [D12] 셀에 문자 형태로 날짜를 입력했기 때문입니다.

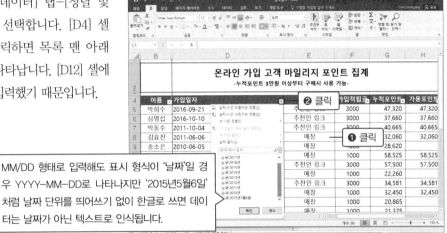

MM/DD 형태로 입력해도 표시 형식이 '날짜'일 경우 YYYY-MM-DD로 나타나지만 '2015년5월6일'처럼 날짜 단위를 띄어쓰기 없이 한글로 쓰면 데이터는 날짜가 아닌 텍스트로 인식됩니다.

2 문자로 입력된 날짜를 숫자 형식으로 바꾸기 위해 [D12] 셀에 5/6을 입력합니다. 당해 연도에 따라 YYYY-05-06 형태로 표시됩니다. 연도를 2015로 수정합니다. [D4] 셀의 목록 버튼➋을 클릭해보면 텍스트로 분리되었던 목록이 2015년 5월 하위 목록에 포함된 것을 알 수 있습니다.

TIP

'2015년 5월 6일'처럼 날짜 단위 사이에 띄어쓰기를 넣으면 날짜로 인식해서 표시 형식이 전환됩니다.

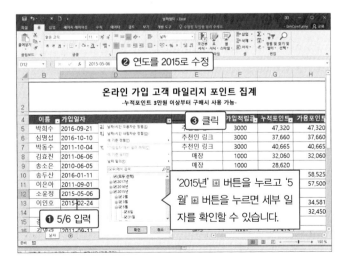

'2015년' ➕ 버튼을 누르고 '5월' ➕ 버튼을 누르면 세부 일자를 확인할 수 있습니다.

| 특정 날짜만 필터링하기

1 2016년 상반기에 가입한 고객을 추출해 보겠습니다. [D4] 셀의 목록 버튼⛛을 클릭한 후 '모두 선택'의 체크 표시를 없 앱니다. '2016년'의 ➕ 버튼을 클릭한 후 '1 월', '2월', '5월'을 체크 표시합니다.

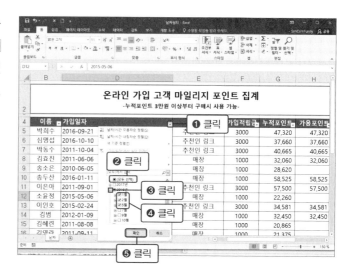

2 2016년 상반기에 가입한 고객 명단이 추출되었습니다. 이번에는 날짜를 체크 표 시하지 않고 자동으로 작년의 가입 고객 명 단을 추출해 보겠습니다. [D4] 셀의 목록 버튼⛛을 클릭한 후 [날짜 필터]-[작년]을 클릭합니다.

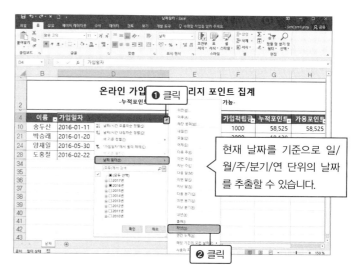

현재 날짜를 기준으로 일/ 월/주/분기/연 단위의 날짜 를 추출할 수 있습니다.

3 앞에서 직접 체크 표시했던 필터 조건 이 자동 해제되고, 작년에 가입한 고객만 추출되었습니다.

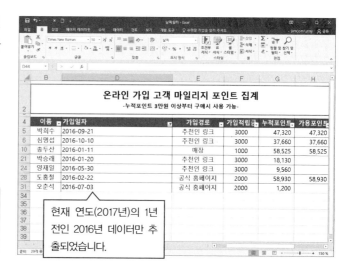

현재 연도(2017년)의 1년 전인 2016년 데이터만 추 출되었습니다.

TIP

해당 예제가 만들어진 시점은 2017년입니다. '작 년', '내년' 등의 추출 결과는 문서를 여는 날짜를 기준으로 합니다.

305 색 기준으로 필터링하기

셀 서식으로 적용된 채우기 색이나 글꼴 색도 필터의 기준이 될 수 있습니다. 예외 사항이나 추후 업데이트가 필요한 정보는 특정 색으로 표시하는 경우가 있는데, 이때 필터 목록의 [색 기준 필터]에서 채우기 색이나 글꼴 색을 기준으로 원하는 데이터만 필터링할 수 있습니다.

예제 파일 Part25\색필터.xlsx　　**완성 파일** Part25\색필터_완성.xlsx

| 채우기 색 기준으로 추출하기

1 문제가 되는 연락처만 추출하기 위해 [C4] 셀의 목록 버튼□을 클릭한 후 [색 기준 필터]–[셀 색 기준 필터]에서 노란색을 클릭합니다.

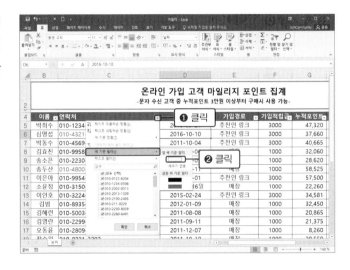

2 '연락처'가 노란색으로 표시된 고객 정보가 추출되었습니다.

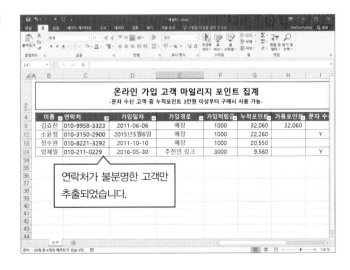

연락처가 불분명한 고객만 추출되었습니다.

| 글꼴 색 기준으로 추출하기

1 '누적 포인트'가 3만 점 이상이지만 '문자 수신'을 하지 않는 고객의 연락처만 추출해 보겠습니다. [C4] 셀의 목록 버튼을 클릭한 후 [색 기준 필터]-[글꼴 색 기준 필터]에서 빨간색을 선택합니다.

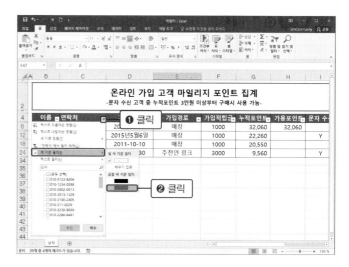

2 앞에서 적용한 필터는 해제되고 연락처가 빨간색으로 입력된 고객이 추출되었습니다.

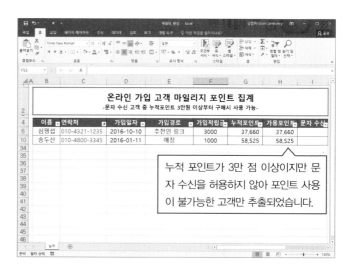

306 고급 필터로 검색 결과를 다른 위치에 복사하기

자동 필터를 적용하면 조건에 맞는 데이터만 남고 나머지 데이터는 숨겨집니다. 고급 필터는 원본 데이터는 그대로 둔 채 필터링된 데이터만 다른 위치에 나타낼 수 있습니다. 목록 버튼에서 필터 목록을 선택하는 것이 아니기 때문에 필터 조건은 따로 입력해야 합니다.

예제 파일 Part25\고급필터.xlsx   **완성 파일** Part25\고급필터_완성.xlsx

1 2,000만 원 이상 구매한 여성 고객 중 DM수신을 허용한 고객 정보만 다른 위치에 표시하려고 합니다. 우선 필터 기준이 되는 필드명과 조건을 다음과 같이 입력합니다.

[J2] 셀 : 성별   [K2] 셀 : 구매금액
[L2] 셀 : DM수신
[J3] 셀 : 여   [K3] 셀 : >=20,000,000
[L3] 셀 : Y

TIP
원본 데이터의 필드명에 입력된 문장부호나 띄어쓰기 등 눈에 잘 띄지 않는 문자를 똑같이 입력하려면 필드명이 입력된 셀을 복사해서 필터 조건에 붙여 넣는 것이 좋습니다.

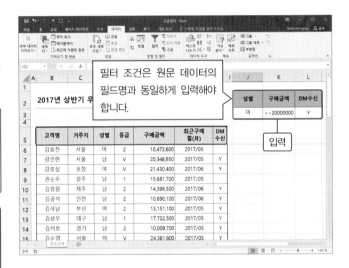

2 표를 클릭한 후 [데이터] 탭-[정렬 및 필터] 그룹-[고급]을 클릭합니다. [고급 필터] 대화상자가 나타나면 [결과]에서 '다른 장소에 복사'를 선택합니다. [복사 위치]의 빈 칸이 활성화됩니다.

TIP
표를 먼저 선택하고 [고급 필터]를 클릭했기 때문에 '목록 범위'에는 참조할 표 전체의 범위가 나타납니다. 단, 목록 범위의 첫 번째 행은 반드시 필드명이 입력된 셀 범위로 시작해야 합니다.

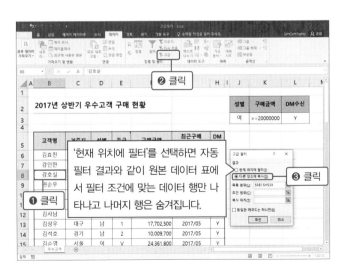

3 [복사 위치]의 빈 칸을 클릭하고 필터 결과를 표시할 첫 번째 셀인 [J5] 셀을 클릭합니다.

TIP
[복사 위치]는 필터링된 데이터가 표시되는 시작 위치로, 입력될 데이터의 셀 개수를 고려하여 오른쪽과 아래 셀이 비어 있어야 합니다.

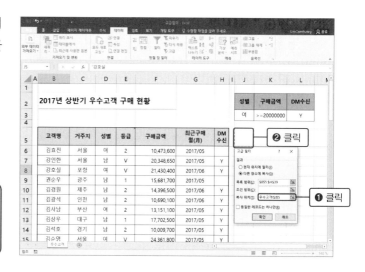

4 [조건 범위]의 빈 칸을 클릭하고 필터 조건이 입력된 [J2:L3] 셀을 선택한 후 [확인]을 클릭합니다.

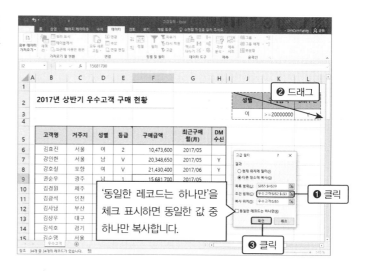

'동일한 레코드는 하나만'을 체크 표시하면 동일한 값 중 하나만 복사합니다.

5 [J5] 셀 아래에 조건에 맞는 고객 정보가 추출되었습니다.

TIP
고급 필터로 추출된 데이터는 값으로 복사되기 때문에 원본 데이터를 수정해도 변하지 않습니다.

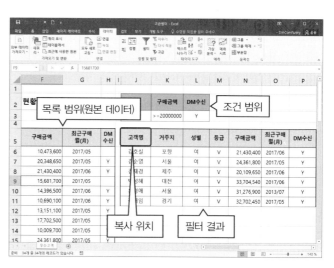

307 검색용 워크시트와 원본 데이터 따로 관리하기

고급 필터의 목록 범위가 되는 원본 데이터가 광범위하다면 필터 결과 값을 다른 워크시트에 복사할 수 있습니다. 필터링으로 복사할 값이 전체 열이 아닌 특정 필드라면 복사할 위치에 필드명을 미리 입력해 놓습니다. '복사 위치'와 '목록 범위'가 다른 시트에 있을 경우에는 오류가 나지 않게 설정할 위치를 주의해야 합니다.

예제 파일 Part25\고급필터_검색.xlsx　　**완성 파일** Part25\고급필터_검색_완성.xlsx

| 빈 셀 또는 특정 문자가 입력된 필터 값 추출하기

1 '원본' 워크시트에서 '이승진' 담당자의 미수금 내역만 '검색' 워크시트에 추출해 보겠습니다. '검색' 워크시트에 그림과 같이 필터 조건을 입력합니다. 빈 셀을 클릭하고 [데이터] 탭-[정렬 및 필터] 그룹-[고급]을 클릭하면 참조 범위가 입력되지 않은 [고급 필터] 대화상자가 나타납니다.

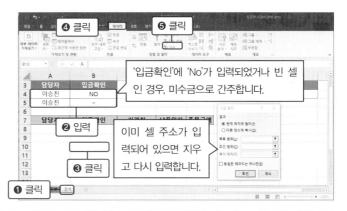

'입금확인'에 'No'가 입력되었거나 빈 셀인 경우, 미수금으로 간주합니다.

이미 셀 주소가 입력되어 있으면 지우고 다시 입력합니다.

TIP

참조할 [목록 범위]와 필터링 결과를 붙여넣기할 [복사 위치]가 다른 시트일 경우 주의할 점

1. [고급] 버튼은 필터 결과를 표시할 '검색' 워크시트에서 클릭합니다. '원본' 워크시트에서 [고급] 버튼을 클릭하면 [고급 필터] 대화상자의 [복사 위치]를 선택하기 위해 '검색' 워크시트를 클릭했을 때, 다음과 같은 오류 메시지가 나타납니다.

2. [목록 범위]는 필드명과 필드 값을 포함한 2행 이상이어야 합니다. 예를 들어 [A7] 셀만 선택하고 [고급]을 클릭할 경우, 셀 하나만 [목록 범위]로 인식하여 다음과 같은 오류 메시지가 나타납니다.

---

2 [목록 범위]의 빈 칸을 클릭하고 '원본' 워크시트 탭을 클릭합니다. 원본 표로 이동하면 [A3:G35] 셀을 선택합니다. [조건 범위]의 빈 칸을 클릭하고 '검색' 워크시트 탭을 클릭합니다.

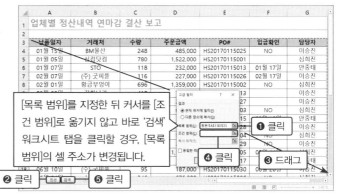

[목록 범위]를 지정한 뒤 커서를 [조건 범위]로 옮기지 않고 바로 '검색' 워크시트 탭을 클릭할 경우, [목록 범위]의 셀 주소가 변경됩니다.

3 '검색' 워크시트 화면에서 조건이 입력된 [A3:B5] 셀을 선택합니다. [결과]에서 '다른 장소에 복사'를 선택하고 [복사 위치]의 빈 칸을 클릭합니다. [A7:E7] 셀을 선택한 후 [확인]을 클릭합니다.

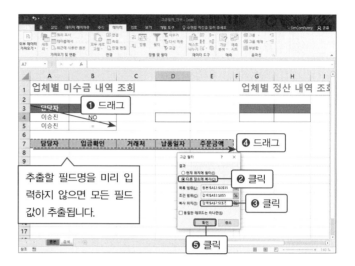

① 드래그

④ 드래그

추출할 필드명을 미리 입력하지 않으면 모든 필드 값이 추출됩니다.

② 클릭

③ 클릭

⑤ 클릭

4 '원본' 워크시트의 목록 범위에서 필터 조건에 해당하는 필터 값만 추출되었습니다.

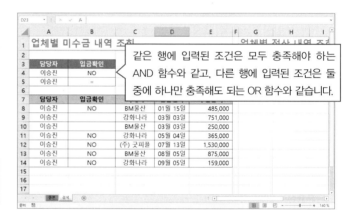

같은 행에 입력된 조건은 모두 충족해야 하는 AND 함수와 같고, 다른 행에 입력된 조건은 둘 중에 하나만 충족해도 되는 OR 함수와 같습니다.

TIP

[B5] 셀의 조건 범위를 〈 〉로 입력하면 빈 셀을 제외한 모든 문자를 추출합니다.

┃ 날짜가 입력된 필드값만 추출하기

[G3:H4] 셀에 다음과 같이 필터 조건을 입력하고 [데이터] 탭-[정렬 및 필터] 그룹-[고급]을 클릭합니다. [고급 필터]의 참조 범위를 다음과 같이 선택하고 [확인]을 클릭합니다. 목록 범위에서 '입금확인'에 날짜가 입력된 정산 내역만 나타납니다.

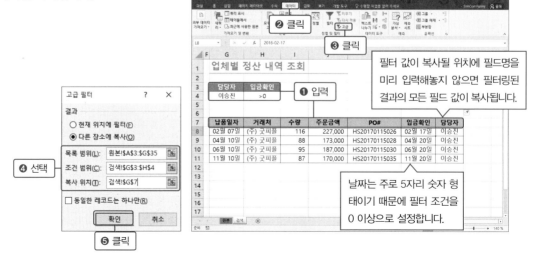

④ 선택

⑤ 클릭

② 클릭

③ 클릭

① 입력

필터 값이 복사될 위치에 필드명을 미리 입력해놓지 않으면 필터링된 결과의 모든 필드 값이 복사됩니다.

날짜는 주로 5자리 숫자 형태이기 때문에 필터 조건을 0 이상으로 설정합니다.

308   그림이 삽입된 표를 필터링하기

셀의 크기에 맞춰 그림이 삽입된 경우, 같은 행에 입력된 데이터를 필터링해서 그림을 숨길 수 있습니다. 그러나 데이터가 입력된 행만 숨겨지면서 남아 있던 그림이 겹쳐질 때가 있습니다. 이럴 때는 데이터와 같이 필터가 적용될 수 있게 그림 서식의 속성을 설정해야 합니다.

예제 파일 Part25\그림필터.xlsx   **완성 파일** Part25\그림필터_완성.xlsx

1 각 셀에 그림이 삽입된 표에서 '구두'만 표시하기 위해 필터를 적용해 보겠습니다. [C3] 셀의 목록 버튼⬚을 클릭한 후 '모두 선택'의 체크 표시를 없애고 '구두'만 체크 표시합니다.

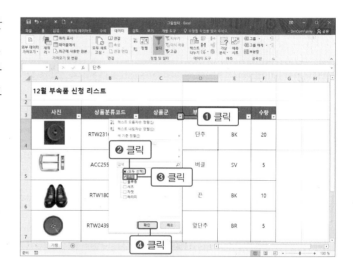

2 '상품군'에 '구두'가 입력된 셀만 필터링 되었습니다. 그런데 구두 이외의 그림은 숨겨지지 않고 데이터 행만 숨겨져서 그림이 겹쳐졌습니다. [C3] 셀의 목록 버튼⬚을 클릭하고 ["상품군"에서 필터 해제]를 클릭합니다.

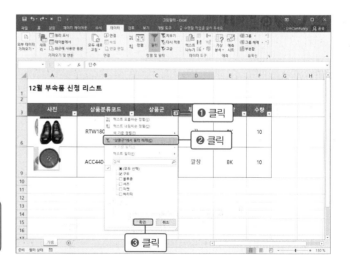

> **단축키**
>
> 필터 지우기 : 순서대로 Alt - A - C
> 또는 Alt - A - 2 - C

3 삽입된 그림 하나를 클릭하고 Ctrl + A 를 누르면 전체 그림이 선택됩니다. [서식] 탭-[크기] 그룹에서 ▣ 버튼을 클릭하면 [그림 서식] 작업 창이 나타납니다. [크기 및 속성]▣의 [속성]에서 '위치와 크기 변함'을 선택하고 닫기 버튼을 클릭합니다.

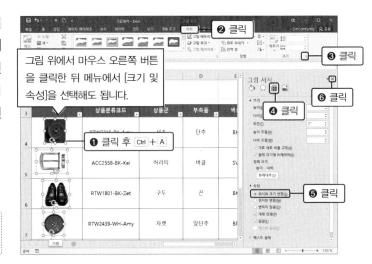

엑셀 2007/2010 | 작업 창 대신 나타나는 [그림 서식] 대화상자에서 위와 같이 설정합니다.

4 다시 [C3] 셀의 목록 버튼▾을 클릭한 후 '구두'만 체크 표시하고 [확인]을 클릭합니다. 필터링된 데이터의 그림만 나타나는 것을 볼 수 있습니다.

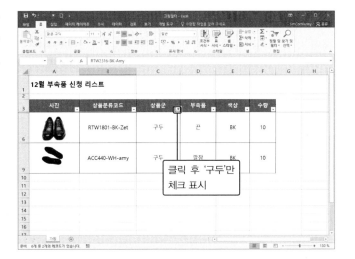

309 필터에서 빈 셀만 제외하거나 빈 행 삭제하기

자동 필터를 사용하면 빈 셀이 입력된 행을 한 번에 숨기거나 일괄 삭제할 수 있습니다. 필터링이 된 상태에서 화면에 보이는 행을 모두 삭제하더라도 그 사이에 숨겨진 행은 삭제되지 않습니다. 필터 목록에서 빈 셀만 제외하거나 빈 행을 삭제하는 방법을 알아보겠습니다.

예제 파일 Part25\빈셀제외.xlsx   **완성 파일** Part25\빈셀제외_완성.xlsx

| 빈 셀만 숨기기

1 2010년~2013년에서 데이터 값이 없는 행만 숨겨보겠습니다. 표를 클릭한 후 [데이터] 탭-[정렬 및 필터] 그룹-[필터]를 클릭합니다. [F3] 셀의 목록 버튼 을 클릭한 후 목록 맨 아래에 있는 '필드 값 없음'의 체크 표시를 없애고 [확인]을 클릭합니다.

> **TIP**
> '의복'이나 '신발'의 경우 2010년~2013년 매출이 모두 빈 셀이므로 [C3:F3] 셀에서 하나만 필터링해도 됩니다.

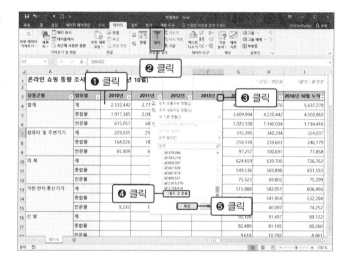

2 2010년~2013년의 빈 셀이 모두 숨겨졌습니다.

| 빈 셀이 포함된 행만 삭제하기

1 이번에는 2010년~2013년에서 데이터 값이 없는 행을 삭제해 보겠습니다. [F3] 셀의 목록 버튼▼을 클릭한 후 '모두 선택' 의 체크 표시를 없애고 '필드 값 없음'에만 체크 표시를 하고 [확인]을 클릭합니다.

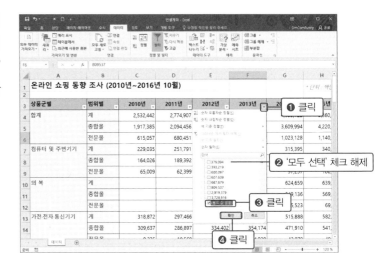

2 '2013년'에 데이터가 입력되지 않은 빈 셀만 필터링되었습니다. 10행부터 마지막 행까지 선택한 후 마우스 오른쪽 버튼을 클릭합니다. 단축 메뉴에서 [행 삭제]를 선택하면 선택된 행이 삭제됩니다.

> **TIP**
> 단축키를 이용해서 데이터가 입력된 마지막 행까지 선택하려면 10행을 클릭한 후 Ctrl + Shift + ↓ 를 누릅니다. 그러면 84행까지 선택됩니다.

> **단축키**
> 행 삭제 Ctrl + -

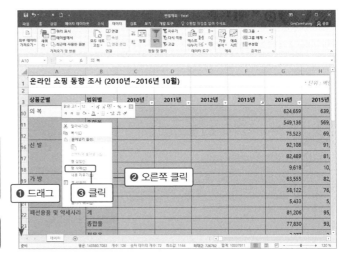

3 [데이터] 탭-[정렬 및 필터] 그룹-[필터]를 클릭하면 필터가 해제되고 숨겨져 있던 행이 다시 나타납니다.

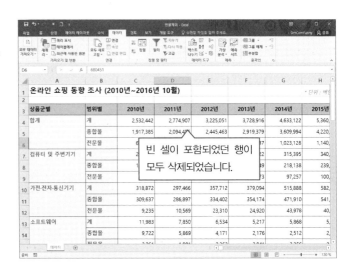

310 SUBTOTAL 함수로 필터 값 계산하기

SUM/AVERAGE 함수 등은 참조 범위의 모든 숫자를 계산에 반영합니다. 문제는 필터나 숨기기, 그룹을 적용해서 일부 행/열이 숨겨져도 참조 범위의 모든 값이 계산에 포함된다는 것입니다. 숨겨진 행을 제외하고 화면에 보이는 셀만 유동적으로 계산하려면 SUBTOTAL 함수를 사용합니다.

예제 파일 Part25\SUBTOTAL함수.xlsx   **완성 파일** Part25\SUBTOTAL함수_완성.xlsx

	숨겨진 셀을 제외하고 화면에 표시된 데이터 값만 계산합니다. 단, 자동 필터 적용 유무에 따라 옵션 번호는 달라져야 합니다. **=SUBTOTAL(계산 옵션,참조 범위)**

		옵션 번호	
계산	함수	자동 필터	숨기기/그룹
평균	AVERAGE	1	101
숫자 셀 개수	COUNT	2	102
입력된 셀 개수	COUNTA	3	103
최대값	MAX	4	104
최소값	MIN	5	105
곱셈	PRODUCT	6	106
표본의 표준 편차	STDEV	7	107
전체의 표준 편차	STDEVP	8	108
덧셈	SUM	9	109
표본의 분산	VAR	10	110
전체의 분산	VARP	11	111

(SUBTOTAL 함수)

| 자동 필터로 추출된 행만 합산하기_옵션 번호 9

1 '입금 확인'에 날짜가 입력된 업체의 주문금액 합계를 구해보겠습니다. '자동필터' 워크시트의 [G1] 셀에 다음의 수식을 입력하면 전체 합계가 산출됩니다. [F3] 셀의 목록 버튼□을 클릭한 후 '모두 선택'에 체크 표시가 된 상태에서 '(필드 값 없음)'만 체크 표시를 없애고 [확인]을 클릭합니다.

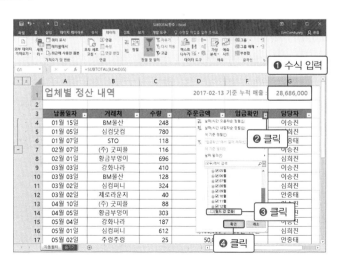

(수식)

=SUBTOTAL(9,D4:D35)

[D4:D35] 셀에서 필터로 추출된 셀 값만 더합니다.

2 입금 확인 날짜가 입력되지 않은 업체 정보는 숨겨지고 화면에 나타난 주문금액만 합산되었습니다. 그룹화된 6행을 숨기기 위해 ①을 클릭하면 화면에 나타난 주문금액만 다시 계산됩니다.

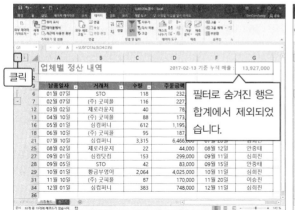

| 그룹/숨기기 된 행만 제외하고 합산하기_옵션 번호 109

1 '숨기기' 워크시트의 [G1] 셀에는 SUBTOTAL 함수가 입력되었으나 자동 필터는 적용되지 않았습니다. ①을 클릭해서 그룹화된 4~6행을 숨깁니다. 14행에서 마우스 오른쪽 버튼을 눌러서 [숨기기]를 클릭합니다. 그룹 요약과 숨기기로 화면에 나타난 주문금액이 축소되었지만 [G1] 셀의 합계 값은 변하지 않습니다.

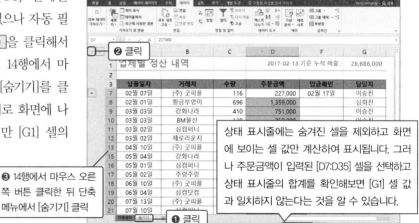

2 [G1] 셀의 함수식에서 첫 번째 인수를 109로 수정하고 Enter 를 누릅니다.

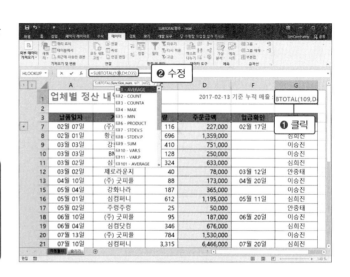

TIP

자동 필터 옵션 번호 '9'는 자동 필터가 적용된 상태에서 숨겨진 행을 제외하고 합계를 계산합니다. 그러나 그룹 또는 숨기기 기능으로 숨겨진 데이터는 옵션 번호 '109'로 입력해야 합계에서 제외됩니다.

3 [G1] 셀의 합계 값이 변경되었습니다.
[D7:D35] 셀을 선택해서 상태 표시줄의 합
계를 확인해보면 [G1] 셀 값과 일치하는 것
을 알 수 있습니다.

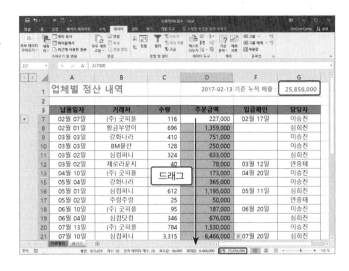

Part 26 통합/빠른 분석/ 파워 쿼리

여러 개의 시트에 나누어진 표를 하나로 합치려면 통합 기능을 활용합니다. 특히나 성격이 급한 분들은 빠른 분석을 이용해서 수식을 입력하지 않고도 간단한 계산을 대신할 수 있답니다. 파워 쿼리가 내장된 튼튼한 엑셀은 환율이나 주식 등 인터넷에 있는 표도 URL 주소로 연결해서 실시간으로 인터넷 정보를 업데이트합니다.

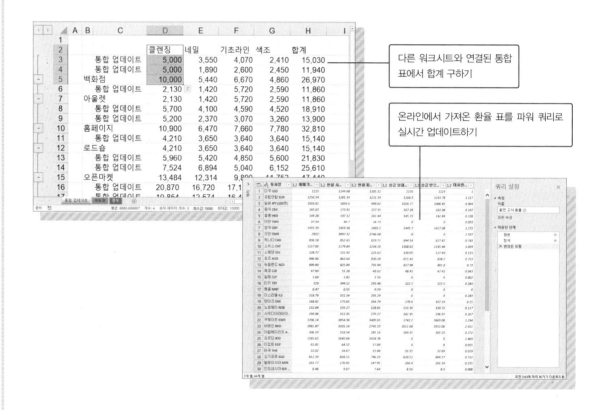

다른 워크시트와 연결된 통합 표에서 합계 구하기

온라인에서 가져온 환율 표를 파워 쿼리로 실시간 업데이트하기

311 여러 개의 표를 하나로 통합하기

[통합] 메뉴는 표의 첫 번째 행 또는 왼쪽 열의 분류 항목을 기준으로 속성이 같은 데이터 값을 합해서 하나의 표로 만듭니다. 예를 들어 2개 표의 머리글(분류 항목) 위치가 다르더라도 동일한 머리글은 합산 되고 나머지는 그대로 표시되어 통합된 하나의 표를 만들 수 있습니다.

예제 파일 Part26\통합.xlsx   **완성 파일** Part26\통합_완성.xlsx

1 서식이 같은 2개의 표가 '수도권'과 '중부' 워크시트로 나누어져 있습니다. 각 상품군의 판매량을 유통채 널별로 합산하여 '통합' 워크시트에 하나의 표로 나타내 보겠습니다.

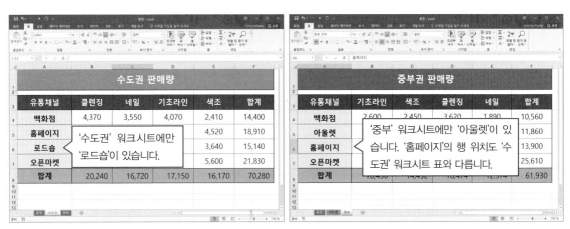

TIP

2개의 표는 첫 번째 행/열에 머리글이 입력된 비슷한 형태입니다. 머리글이나 행/열의 개수가 같지 않아도 됩니다. 머리글이 같은 데이터 값끼리 합산되고 다른 값은 그대로 표시됩니다.

2 '통합' 워크시트에서 [데이터] 탭-[데이 터 도구] 그룹-[통합]🖦을 클릭합니다. [통 합] 대화상자가 나타나면 [함수]에서 '합계' 를 선택하고, [참조]의 빈 칸을 클릭한 후 '수도권' 워크시트 탭을 클릭합니다.

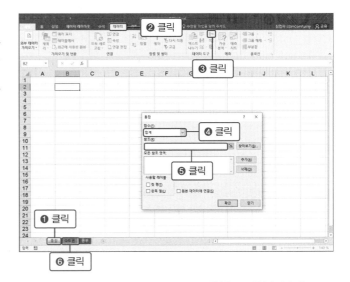

3 통합할 데이터로 참조할 영역을 선택합니다. [A3:F8] 셀을 선택하면 자동으로 셀 주소가 입력됩니다. [추가]를 클릭하면 선택한 범위가 참조 영역으로 추가됩니다. 다시 [참조]의 빈 칸을 클릭하고 '중부' 워크시트 탭을 클릭합니다.

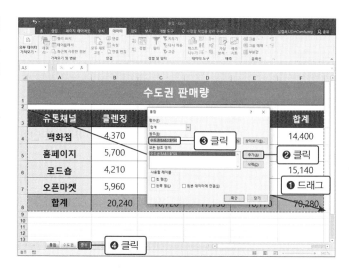

4 [A3:F8] 셀을 선택하고 [추가]를 클릭합니다. [통합] 대화상자가 나타나면 [사용할 레이블]에서 '첫 행', '왼쪽 열'을 체크 표시한 후 [확인]을 클릭합니다.

> **TIP**
>
> **[사용할 레이블] 옵션**
> - 첫 행 : 참조 표의 첫 번째 행에 입력된 항목의 값을 통합합니다.
> - 왼쪽 열 : 표의 첫 번째 열에 입력된 항목의 값을 통합합니다.
> - 원본 데이터에 연결 : 참조한 표가 수정되면 통합 값도 자동 업데이트되도록 수식을 이용합니다.

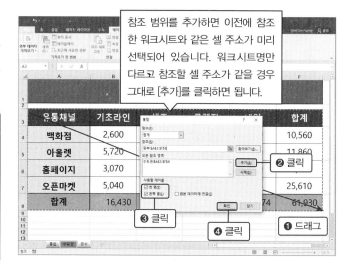

5 '통합' 워크시트에 '수도권'과 '중부' 워크시트의 통합된 데이터 값이 나타났습니다.

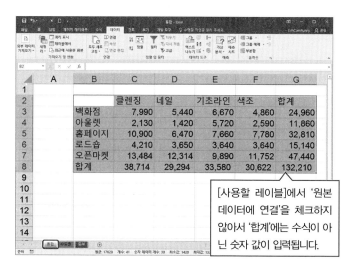

page 참조 표의 수정된 데이터 값을 '통합' 워크시트에 반영하는 방법은 675쪽을 참고하세요.

312 참조 표의 수정 사항을 통합 표에 업데이트하기

이전에는 2개 표의 합산 결과를 통합 표에 나타낼 때 숫자 값으로만 나타내서 수정 사항이 반영되지 않았습니다. 그러나 통합 표를 원본 데이터와 연결하면 참조 표의 셀 값이 변할 때마다 통합 결과도 수정됩니다.

예제 파일 Part26\통합 업데이트.xlsx   **완성 파일** Part26\통합 업데이트_완성.xlsx

1 '통합 업데이트' 워크시트에서 [데이터] 탭-[데이터 도구] 그룹-[통합]을 클릭합니다. [통합] 대화상자에서 [함수]는 '합계', [참조]는 '수도권'과 '중부' 워크시트의 [A3:F8] 셀 범위를 각각 선택합니다. [사용할 레이블]에서 '첫 행', '왼쪽 열', '원본 데이터에 연결'을 체크 표시하고 [확인]을 선택합니다.

page 참조 셀 주소를 선택하는 방법은 673쪽을 참고하세요.

> **TIP**
> [통합] 대화상자에는 이전에 선택한 항목, 참조 영역, 체크 표시가 그대로 나타날 수 있습니다.

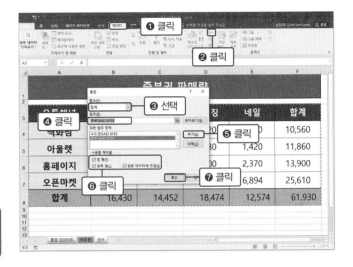

2 '통합 업데이트' 워크시트에 원본과 연결된 통합 결과가 나타납니다. 윤곽 기호 2□를 클릭하면 숨겨져 있던 행을 펼쳐 볼 수 있습니다. 셀을 클릭하면 참조한 워크시트의 셀 주소가 수식 형태로 입력되어 있습니다.

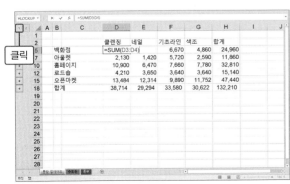

▲ □를 클릭한 요약 결과입니다.

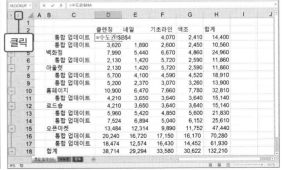

▲ □을 클릭한 전체 결과입니다.

> **TIP**
> 통합 표의 합계가 수식으로 입력되었습니다. 즉, 원본 워크시트의 셀 주소를 참조했기 때문에 원본 값이 수정되면 결과 값도 유동적으로 변합니다.

3 수정된 데이터가 통합 표에 연동되는지 확인하기 위해 '백화점'의 '클렌징' 매출을 수정해 보겠습니다. '통합 업데이트' 워크시트에서 윤곽기호 ②를 클릭하면 수도권과 중부 지역 '백화점'의 '클렌징' 매출의 합계가 7,990인 것을 알 수 있습니다.

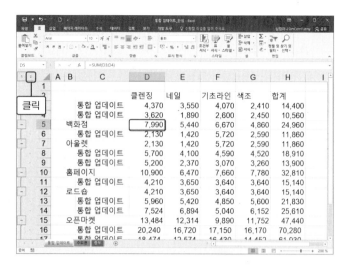

4 '백화점'의 '클렌징' 매출을 수정해 보겠습니다. '수도권' 워크시트의 [B4] 셀 값과 '중부' 워크시트의 [D4] 셀 값에 각각 5,000을 입력합니다. 총 합계는 10,000이 될 것입니다.

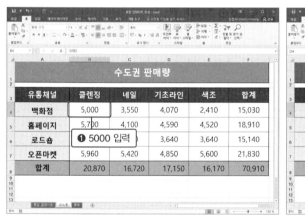

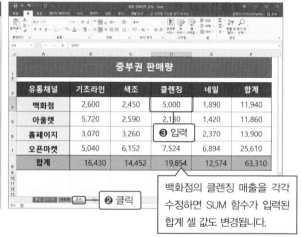

> 백화점의 클렌징 매출을 각각 수정하면 SUM 함수가 입력된 합계 셀 값도 변경됩니다.

5 '통합 업데이트' 워크시트의 백화점 클렌징 매출([D3:D5] 셀)과 백화점 합계([H3:H5] 셀) 값이 변경된 것을 알 수 있습니다.

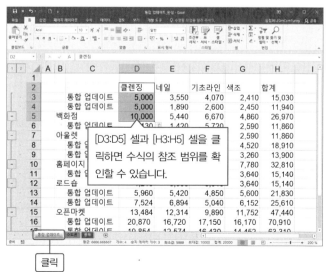

> [D3:D5] 셀과 [H3:H5] 셀을 클릭하면 수식의 참조 범위를 확인할 수 있습니다.

313 여러 개의 표를 통합하여 새로운 서식에 붙여넣기

앞에서는 빈 워크시트에 머리글과 통합 결과만 붙여 넣었기 때문에 표의 서식은 추후에 지정할 수 있었습니다. 그러나 참조할 표와 통합할 표의 머리글이 같다면 미리 만들어놓은 서식에도 통합 결과를 채울 수 있습니다. 단, 원본 데이터와 연결하거나 참조 범위를 잘못 설정할 경우 기존 서식이 어긋날 수 있으니 주의해야 합니다.

예제 파일 Part26\통합 서식.xlsx　　**완성 파일** Part26\통합 서식_완성.xlsx

1 '전국 판매량' 워크시트에 '수도권'과 '중부' 워크시트의 통합된 평균값을 채워보겠습니다. 통합 표가 입력될 '전국 판매량' 워크시트에는 이미 서식이 지정되어 있고, 이는 2개의 참조 표 서식과 차이가 있습니다.

▲ '전국 판매량' 워크시트(통합 표)　　▲ '수도권' 워크시트(참조 표)

> **TIP**
> 통합 결과를 붙여 넣을 표와 참조할 표의 행/열 머리글 문자가 일치되어야 결과를 통합할 수 있습니다.

2 먼저 통합할 표에서 행/열 머리글과 통합 값이 채워질 셀 범위를 선택해야 합니다. '전국 판매량' 워크시트에서 [C3:G9] 셀을 선택하고 [데이터] 탭-[데이터 도구] 그룹-[통합]을 클릭합니다. [통합] 대화상자의 [함수]에서 '평균'을 선택합니다. [사용할 레이블]의 '첫 행'과 '왼쪽 열'을 체크 표시합니다. [참조]의 빈 칸을 클릭하고 '수도권' 워크시트를 클릭합니다.

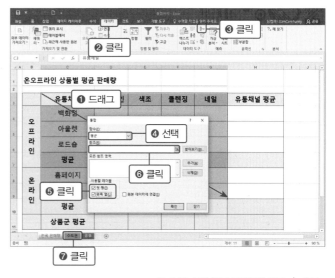

3 [A3:E7] 셀을 선택한 후 [추가]를 클릭합니다. 다시 [참조]의 빈 칸을 클릭하고 '중부' 워크시트를 클릭합니다.

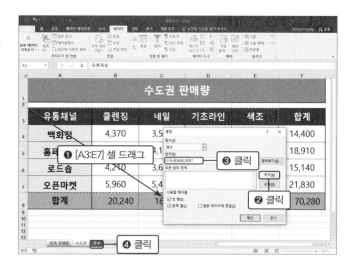

4 이전 워크시트에서 지정한 [A3:E7] 셀이 이미 선택되어 있습니다. 참조할 셀 주소는 동일하므로 [추가]를 클릭하고 [확인]을 클릭합니다.

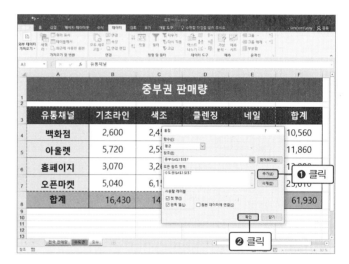

5 '전국 판매량' 워크시트에 두 데이터의 평균이 입력되었습니다.

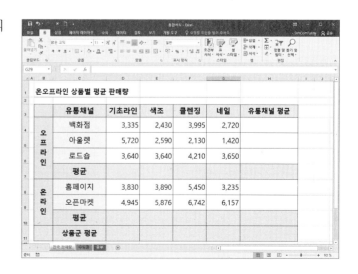

314 빠른 분석 기능으로 수식을 입력하지 않고 계산하기

[빠른 분석]은 데이터가 입력된 범위를 선택하면 계산 및 조건부 서식, 차트 등 자주 쓰는 메뉴를 삽입할 수 있게 해주는 기능입니다. 특히 숫자가 입력된 2개 이상의 셀을 선택하고 합계, 평균, 비중 등을 선택하면 선택 영역의 아래 행 또는 오른쪽 열에 선택한 수식이 자동으로 입력됩니다.

예제 파일 Part26\빠른분석.xlsx **완성 파일** Part26\평균비중_완성.xlsx

| 선택한 범위의 평균값 구하기

1 [D4:D6] 셀의 평균값을 구해보겠습니다. [D4:D6] 셀을 선택하면 오른쪽 아래에 빠른 분석 버튼이 나타납니다. [합계]-[평균]을 클릭합니다.

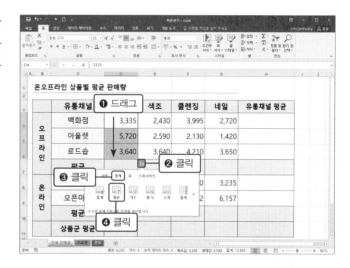

2 [D7] 셀에 AVERAGE 함수가 입력되고 평균이 나타납니다. 채우기 핸들을 드래그해서 [G7] 셀까지 평균을 구합니다. 이와 같은 방법으로 [D10:G10] 셀도 채울 수 있습니다.

TIP
빠른 분석은 선택한 범위 바로 아래 또는 오른쪽 셀에 자동 계산된 결과가 나타납니다.

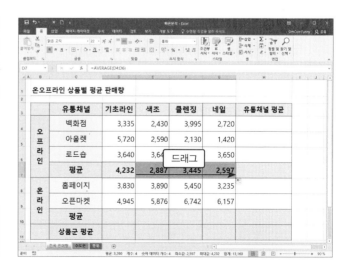

선택한 범위의 비중 구하기

1 유통채널별 평균 판매수량의 비중을 [H4:H6] 셀에 입력해 보겠습니다. [D4:G6] 셀을 선택하면 나타나는 빠른 분석 버튼을 클릭합니다. [합계]-[총 %]에 마우스 포인터를 올리면 [D7:G7] 셀 값이 바뀝니다. 아이콘은 선택한 영역의 아래 행에 값을 채우기 때문입니다. ▶ 버튼을 클릭합니다.

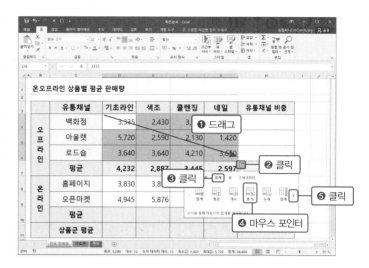

TIP

빠른 분석은 파란색으로 표시된 행 또는 노란색으로 표시된 열 아이콘 선택에 따라 결과 값이 채워질 셀이 달라집니다. 결과가 표시될 셀에 이미 데이터가 입력된 상태라면 다음과 같은 경고 메시지가 나타납니다. [확인]을 클릭하면 기존의 데이터가 빠른 분석의 결과 값으로 대체됩니다.

Microsoft Excel ×

해당 영역에 이미 데이터가 있습니다. 기존 데이터를 바꾸시겠습니까?

[확인] [취소]

2 [합계]에서 를 클릭하면 오른쪽 열에 비중이 표시됩니다. 해당 셀을 클릭하면 수식을 확인할 수 있습니다.

page 빠른 분석
· 조건부 서식 : 180쪽 참고   · 차트 : 511쪽 참고
· 표 : 202쪽 참고   · 스파크라인 : 592쪽 참고

TIP

나머지 셀의 수식은 완성 파일을 참조하세요.

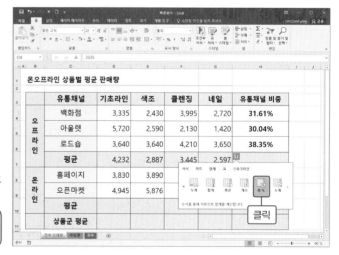

315 텍스트 나누기로 문자열 분리하기

'텍스트 나누기'는 [데이터] 탭에 있는 메뉴로 하나에 셀에 입력된 문자를 구분 기호나 일정한 너비에 따라 각 셀로 나누어줍니다. 대용량의 데이터 관리를 위해서는 하나의 셀에는 하나의 데이터 정보만 입력되는 것을 선호하므로 텍스트 나누기를 통해 각각의 셀로 나누어 관리할 수 있습니다.

예제 파일 Part26\텍스트 나누기.xlsx   **완성 파일** Part26\텍스트 나누기_완성.xlsx

1 '상품코드' 열에는 '품목−색상−소재'가 조합된 코드 번호가 입력되어 있습니다. 하이픈(−)을 기준으로 3개의 열로 나누어 보겠습니다. [A2:A28] 셀을 선택하고 Ctrl +C를 눌러 복사한 후 [B2] 셀에 붙여 넣습니다.

> **TIP**
>
> 텍스트 나누기를 이용하면 원본 셀의 값이 여러 개의 셀로 나누어지기 때문에 원본 행을 보존하려면 따로 복사해서 사용하는 것이 좋습니다.

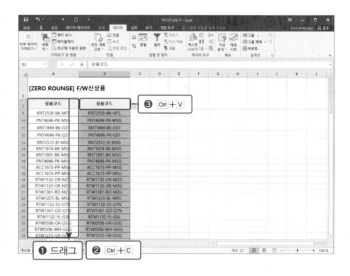

2 B열 전체를 선택하고 [데이터] 탭−[데이터 도구] 그룹−[텍스트 나누기]를 클릭합니다. [텍스트 마법사] 대화상자가 나타나면 '구분기호로 분리됨'을 선택하고 [다음]을 클릭합니다.

> **TIP**
>
> 열 전체를 선택할 때 같은 행에 병합된 셀이 있으면 선택하기 어려우므로 제목 행이라도 병합을 해제해두어야 합니다.

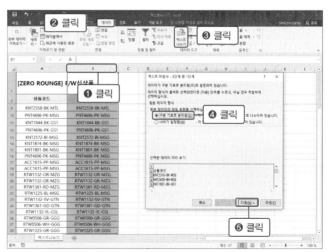

3 [구분 기호]에서 '기타'에 체크 표시를 하고 하이픈(−)을 입력합니다. [데이터 미리보기]에서 하이픈을 기준으로 구분선이 나누어진 데이터를 확인한 후 [다음]을 클릭합니다. 3단계의 [열 데이터 서식]에서 '일반'이 선택된 것을 확인한 후 [마침]을 클릭합니다.

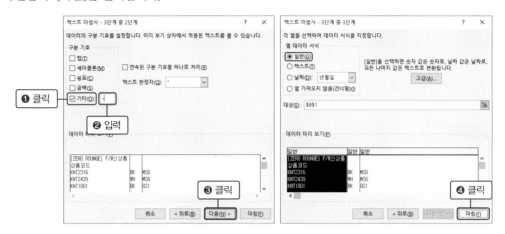

4 B, C, D열에 하이픈을 제외한 3개의 데이터 정보가 구분되었습니다. B열의 서식을 C열과 D열에 복사해 보겠습니다. [B2:B28] 셀을 드래그하고 [홈] 탭−[클립보드] 그룹−[서식 복사]를 클릭합니다.

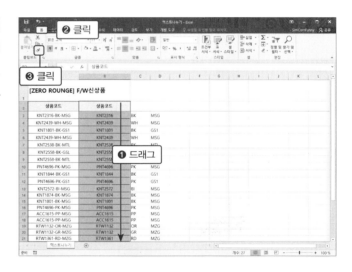

5 마우스 포인터가 모양으로 변경되면 붓으로 칠하듯 [C2:D28] 셀을 드래그합니다. 머리글 채우기 색과 테두리가 자동으로 지정되면 [B2:D2] 셀에 각각 **품목, 색상, 소재**를 입력하여 표를 완성합니다.

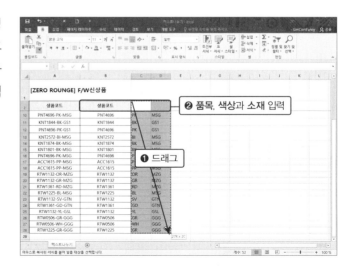

316 중복된 항목 제거하기

중복된 값을 모두 삭제하고 고유 값 하나만 남겨두고 싶다면 [중복된 항목 제거] 메뉴로 리스트를 간소화할 수 있습니다. 머리글(필드명)을 기준으로 중복 값을 분류합니다. 정렬 순서에 따라 가장 낮은 행 번호의 데이터를 고유 값으로 보고, 그 아래 입력된 나머지 값만 중복으로 인식하여 삭제합니다.

예제 파일 Part26\중복삭제.xlsx　　**완성 파일** Part26\중복삭제_완성.xlsx

1 '제품코드'를 기준으로 중복된 데이터를 삭제하려고 합니다. 표를 클릭하고 [데이터] 탭-[데이터 도구] 그룹-[중복된 항목 제거]를 클릭합니다. [중복된 항목 제거] 대화상자에서 [모두 선택 취소]를 클릭합니다. '제품코드'만 체크 표시한 후 [확인]을 클릭합니다.

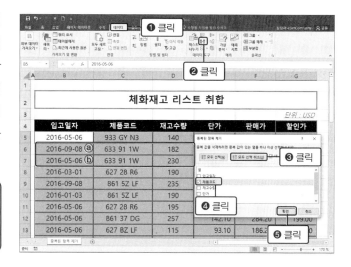

> **TIP**
>
> 입고일자나 재고수량이 다르더라도 제품 코드가 같다면 첫 행의 고유 값(ⓐ)만 남겨두고 그 이하의 중복 값(ⓑ)은 모두 삭제합니다.

2 다음과 같은 결과 메시지가 나타납니다. [확인]을 클릭하면 중복된 제품 코드 중 고유 값 하나씩만 남겨두고 나머지 행은 모두 삭제됩니다.

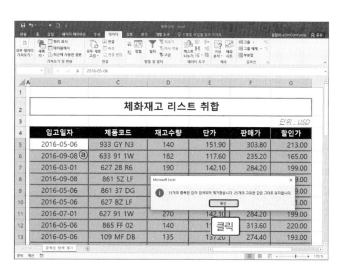

> **TIP**
>
> '제품코드'가 중복된 행만 자동으로 삭제됐기 때문에 고유 값 ⓐ가 남고 아래의 중복 값 ⓑ는 삭제되었습니다.

page 삭제할 중복 값을 배열 수식으로 표시하려면 429쪽을 참고하세요.

317 선택한 열의 중복된 항목만 제거하기

[중복된 항목 제거] 메뉴를 적용하면 중복된 항목이 포함되어 있는 행을 모두 삭제합니다. 행은 그대로 두고 중복된 항목만 삭제하고 싶다면 중복된 항목을 제거할 열을 먼저 선택한 후 [중복된 항목 제거] 메뉴를 적용하면 됩니다.

예제 파일 Part26\중복 부분삭제.xlsx   **완성 파일** Part26\중복 부분삭제_완성.xlsx

1 각 열 단위로 중복된 데이터를 삭제하려고 합니다. 우선 '품목'의 중복 셀을 삭제하기 위해 [B4:B21] 셀을 선택한 후 [데이터] 탭-[데이터 도구] 그룹-[중복된 항목 제거]를 클릭합니다. [중복된 항목 제거 경고] 대화상자가 나타나면 '현재 선택 영역으로 정렬'을 선택하고 [중복된 항목 제거]를 클릭합니다.

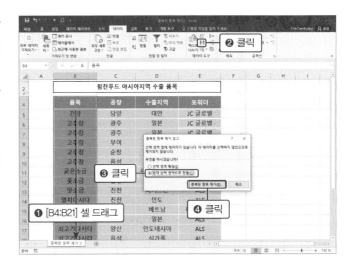

2 [중복된 항목 제거] 대화상자에 '품목' 열만 체크 표시되어 있습니다. [확인]을 클릭하면 B열에서만 중복 값이 삭제됩니다. '공장', '수출지역', '포워더'도 해당 영역만 선택한 후 [중복 항목 제거]를 적용합니다.

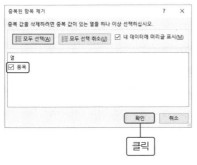

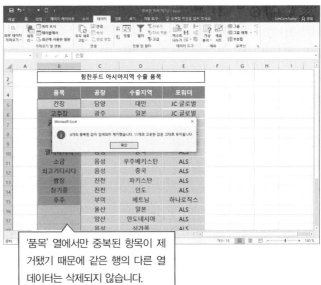

'품목' 열에서만 중복된 항목이 제거됐기 때문에 같은 행의 다른 열 데이터는 삭제되지 않습니다.

318 폴더에 저장된 문서 정보를 표로 만들기_새 쿼리

파워 쿼리(Power Query)는 웹이나 PC 등에 저장된 데이터를 가져와서 워크시트에서 다루기 쉽게 변환합니다. 액세스(Access)나 데이터베이스(SQL) 등 대량 데이터를 관리하는 프로그램보다 더 쉽게 데이터를 편집할 수 있습니다. 엑셀 2016부터는 [데이터] 탭에 내장되었고, 엑셀 2010~2013에서는 추가 설치를 하면 [파워 쿼리] 탭에서 사용할 수 있습니다.

1 PC에 저장된 폴더에서 올해 작성한 문서 정보만 가져오려고 합니다. [데이터] 탭-[데이터 가져오기 및 변환] 그룹-[데이터 가져오기]-[파일에서]-[폴더에서]를 클릭합니다.

TIP

엑셀의 업데이트 버전에 따라 [새 쿼리]의 하위 메뉴인 [온라인 서비스]가 [기타 원본에서]에 포함되었을 수 있습니다.

엑셀 2010/2013 | 파워 쿼리 기능이 기본으로 내장되어 있지 않기 때문에 추가 기능을 설치하면 [파워 쿼리] 탭이 따로 생성됩니다. MS 공식 홈페이지(https://www.microsoft.com/ko-kr/download/details.aspx?id=39379)에서 PC에 맞는 파일(32BIT/64BIT)을 선택하여 설치합니다.

◀ 엑셀 2010

엑셀 2013/2016 | [데이터] 탭-[가져오기 및 변환] 그룹-[새 쿼리]에서 [파일에서]-[폴더에서]를 클릭합니다.

2 [폴더] 대화상자가 나타나면 [찾아보기]를 클릭하여 폴더 경로를 선택한 후 [확인]을 클릭합니다.

3 해당 폴더의 모든 문서 정보가 나타납니다. 단, 폴더 안의 하위 폴더 문서까지는 표시되지 않습니다. 특정 파일명만 추출하기 위해 [데이터 변환]을 클릭합니다.

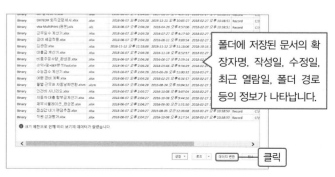

폴더에 저장된 문서의 확장자명, 작성일, 수정일, 최근 열람일, 폴더 경로 등의 정보가 나타납니다.

엑셀 2013/2016 | [편집]을 클릭합니다.

4 [쿼리 편집기] 창이 나타납니다. 올해 작성된 문서 정보만 가져오기 위해 'Date created'(작성일)의 목록 버튼⬜을 클릭합니다. 필터 목록에서 [날짜/시간 필터]-[년]-[올해]를 클릭합니다.

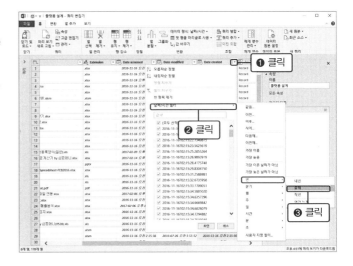

5 올해 작성된 문서 정보만 추출되었습니다. [홈] 탭-[닫기] 그룹-[닫기 및 로드]를 클릭하면 엑셀 표로 변환하여 워크시트로 내보냅니다.

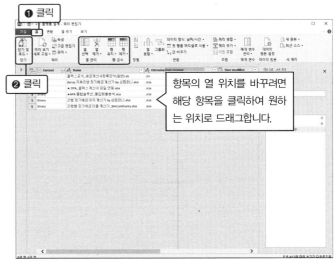

> **TIP**
> 필요한 행/열만 엑셀 표로 전환하려면 [홈] 탭-[열 관리] 또는 [행 감소] 그룹 등을 활용할 수 있습니다.

6 새 워크시트가 추가되고 필터링된 데이터만 엑셀 표 형태로 삽입되었습니다. 필터를 해제해도 쿼리 편집기에서 필터링한 데이터만 삽입된 것을 알 수 있습니다.

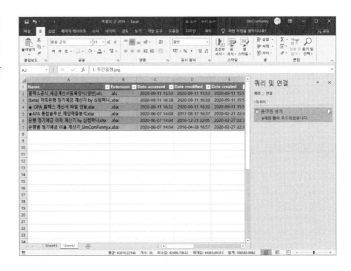

319 웹에서 가져온 표로 환율 정보 업데이트하기

파워 쿼리를 이용하면 웹 페이지의 표를 엑셀로 가져올 수 있습니다. 웹 페이지의 표 일부를 복사해서 붙여 넣는 것과 다르게 파워 쿼리는 해당 웹 페이지의 표 정보를 인식하기 때문에 쿼리 편집기나 엑셀 표로 각 필드를 편집하기 쉽습니다. 또한 해당 URL에 연결된 표가 삭제되지 않는다면 인터넷이 연결된 상태에서 새로운 정보를 실시간으로 업데이트할 수 있습니다.

1 '네이버 금융' 웹 페이지의 환율 정보를 엑셀 표로 변환해 보겠습니다. 환율 표에서 마우스 오른쪽 버튼을 클릭한 뒤 단축 메뉴에서 [속성]을 클릭합니다.

2 [속성] 대화상자에서 URL을 선택한 후 Ctrl + C 를 눌러 복사합니다.

3 엑셀에서 [데이터] 탭-[데이터 가져오기 및 변환] 그룹-[데이터 가져오기]에서 [기타 원본에서]-[웹]을 클릭합니다.

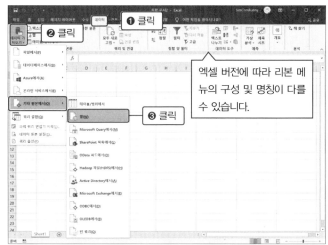

엑셀 2013/2016 | [데이터] 탭-[가져오기 및 변환] 그룹-[새쿼리]에서 [기타 원본에서]-[웹에서]를 클릭합니다.

4 [웹에서] 대화상자가 나타납니다. [URL]에 Ctrl + V 를 눌러 복사한 웹 페이지 주소를 붙여 넣은 후 [확인]을 클릭합니다.

5 [탐색 창]이 열리면 '환전 고시 환율'을 클릭합니다. [테이블 보기] 화면에서는 엑셀에 전환된 표 형식을 볼 수 있습니다. [로드]를 클릭합니다.

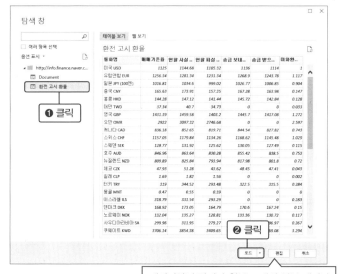

데이터양이 많거나 원본 표에서 일부 데이터만 필요하다면 [편집]을 클릭하여 [쿼리 편집기]를 활용할 수 있습니다. 쿼리 편집기에 대한 자세한 내용은 686쪽을 참고하세요.

6 새 워크시트에 엑셀 표가 삽입되었습니다. 추후에 업데이트된 환율을 적용하려면 [쿼리] 탭-[로드] 그룹-[새로 고침]을 클릭합니다.

> **TIP**
>
> 해당 URL의 표 서식이 변경되거나 삭제된 경우 새로 고침이 되지 않을 수 있습니다. 또한 웹 정보를 가져온 문서는 인터넷과 연결된 상태이기 때문에 [보안 경고]가 나타날 수 있으니 [콘텐츠 사용]을 클릭한 뒤 사용합니다.

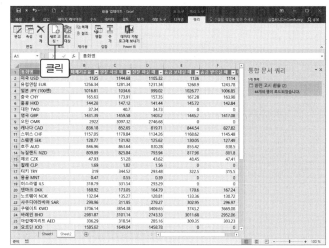

▲ 2017.6.11. 환율 정보

7 해당 웹페이지에 업데이트된 환율 변동에 따라 기존 표의 셀 값이 수정된 것을 볼 수 있습니다.

> **TIP**
>
> 이 책은 실무자를 위한 엑셀 기본 기능에 초점을 두어 파워 쿼리에 대해서는 최소한의 예제만 다루었습니다. 대량 데이터를 전문적으로 다루고 싶다면 액세스(Access)에 대해 공부해보는 것도 좋습니다.

▲ 2017.6.12. 환율 정보(업데이트)

Part 27 가상 분석 및 예측

단순히 데이터를 취합하던 병아리 사원이 중간관리자로 성장하면 고급 분석과 예측 업무를 맡게 됩니다. 경제학을 배우지 않았더라도 [해 찾기]로 목표 매출 및 고정비용을 조절하여 손익분기점을 맞출 수 있습니다. 통계학 전공자가 아니라도 [예측 시트] 사용법만 알면 숫자의 추세를 반영한 예측 값을 그래프로도 나타낼 수 있습니다. 실전 예제로 가상 분석과 예측 기능을 제대로 익혀서 비즈니스 엑셀의 고수로 거듭나보세요.

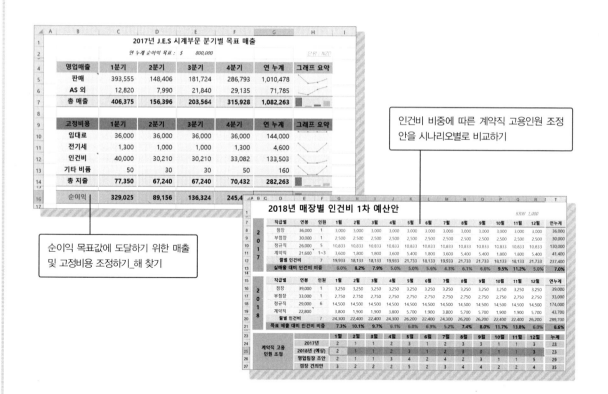

인건비 비중에 따른 계약직 고용인원 조정안을 시나리오별로 비교하기

순이익 목표값에 도달하기 위한 매출 및 고정비용 조정하기_해 찾기

320 목표값을 충족하는 수식의 X값 구하기_목표값 찾기

[목표값 찾기]는 수식 결과가 목표한 숫자에 도달할 수 있도록 역으로 수식의 참조 값을 구합니다. 이는 수학의 1차 방정식과 비슷합니다. 결과 값 Y를 구하는 수식에서 참조 값 X를 구하는 원리와 같습니다. 즉, 수식 결과에 영향을 주는 참조 셀 값을 역으로 계산하고 대신 입력해줍니다.

예제 파일 Part27\목표값.xlsx **완성 파일** Part27\목표값_완성.xlsx

1 평균 점수 6.0을 받으려면 아직 점수를 받지 못한 'Writing' 과목이 몇 점을 받아야 하는지를 알아보려고 합니다. 평균 값 수식이 입력된 [D16] 셀을 클릭한 후 [데이터] 탭-[예측] 그룹-[가상 분석]에서 [목표값 찾기]를 클릭합니다.

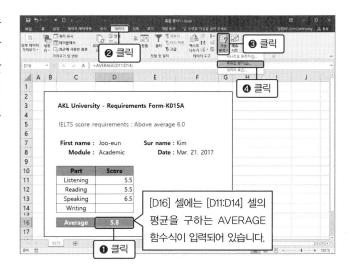

2 [목표값 찾기] 대화상자가 나타납니다. [수식 셀]에는 앞서 선택한 [D16] 셀이 입력되어 있습니다. [찾는 값]에는 목표값인 평균 점수 6을 입력합니다. [값을 바꿀 셀]에는 [D14] 셀을 클릭한 후 [확인]을 클릭합니다.

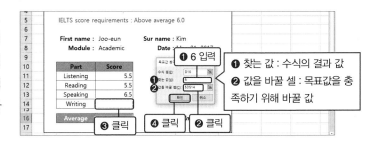

3 대화상자가 [목표값 찾기 상태]로 변하고 자동 계산이 끝나면 [D14] 셀에 6.5가 입력됩니다. [D11:D14] 셀의 평균을 구하는 [D16] 셀 값이 6으로 변했습니다. [확인]을 클릭하면 변경된 값이 유지됩니다.

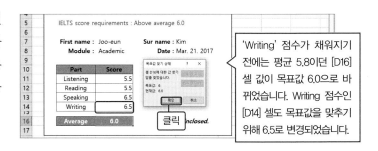

'Writing' 점수가 채워지기 전에는 평균 5.80이던 [D16] 셀 값이 목표값 6.0으로 바뀌었습니다. Writing 점수인 [D14] 셀도 목표값을 맞추기 위해 6.5로 변경되었습니다.

321 월 할부금/예금 이자 구하기_PMT/PPMT/IPMT 함수

PMT 함수는 'Payment'의 의미를 가진 재무 함수로써, 원금과 이자를 합한 월 상환금을 구할 때 유용합니다. 월 상환금 중 원금만 구할 때는 PPMT 함수를, 이자만 구할 때는 IPMT 함수를 사용합니다. 원리금 균등 상환 방식을 이해하고 원금이나 이자의 목표값을 설정하기 위해 재무 함수부터 알아보겠습니다.

예제 파일 Part27\재무함수.xlsx   **완성 파일** Part27\재무함수_완성.xlsx

PMT 함수	할부금에서 원금과 이자를 모두 합한 월 상환금을 계산합니다. **=PMT(Rate,Nper,PV,FV,Type)** 예를 들어, 연이율을 토대로 월말 납부할 상환금을 계산하려면 다음과 같이 수식을 입력합니다. **=PMT(연 이율/12개월, 납부기간, 납부할 원금)**
PPMT /IPMT 함수	원리금 균등 상환 방식에서 납입 회차에 따른 원금/월과 이자/월을 계산합니다. **=PPMT(Rate,Per,Nper,PV,FV,Type)** **=IPMT(Rate,Per,Nper,PV,FV,Type)** ❶ ❷ ❸ ❹ ❺ ❻ ❶ Rate : 이율(연이율은 12개월로 나누어서 월 단위로 변환) ❷ Per : 현재 납입 회차, 1부터 마지막 납입 회차(❸ Nper)까지의 숫자를 입력합니다. ❸ Nper : 총 납입 횟수(납입기간) ❹ PV(Present Value) : 현재 가치(원금) ❺ FV(Future Value) : 미래 가치(만기 상환 후 잔액. 없을 경우 0 또는 생략함) ❻ Type : 납입 시점(월초 납입은 1, 월말은 0 또는 생략함)

| 대출 원금과 이자를 포함한 월 납부금 구하기_PMT 함수

1 대출금에서 월 상환금을 구하려고 합니다. [D9] 셀에 다음의 수식을 입력합니다.

수식

=-PMT(D5/12,D6,D7)
    ❶   ❷ ❸

❶ 월별 이자를 구하기 위해 연이율을 12개월로 나눕니다.

❷ 총 납부 기간을 개월 수로 입력합니다.

❸ 갚아야 할 원금입니다. 미래 가치와 월말 납입 시점의 인수 0은 생략 가능합니다.

* PMT 함수는 총 납부금에서 일정한 금액을 차감하면서 0원을 만드는 계산식이므로 월 상환금은 음수로 나옵니다. PMT 함수 앞에 음수 기호 -를 입력하면 음수 값이 상쇄되어 납입금 결과가 양수로 나타납니다. 납입 시점(Type)을 생략하면 월 말에 상환할 금액으로 계산됩니다.

2 원금과 이자를 포함한 월 납부금이 계산되었습니다.

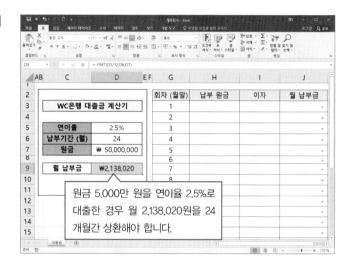

| 원금 5,000만 원을 연이율 2.5%로 대출한 경우 월 2,138,020원을 24 개월간 상환해야 합니다.

| 원리금 균등 상환 대출 시 월 원금/이자 상환금 구하기_PPMT/IPMT 함수

1 원금과 이자를 합한 월 납부금이 동일할 경우, 납입 회차별로 내게 될 원금과 이자를 비교해보려고 합니다. [H3] 셀과 [I3] 셀에 다음의 수식을 입력합니다.

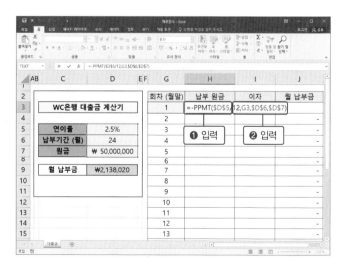

[H3] 셀 = -PPMT($D$5/12,G3,$D$6,$D$7)

[I3] 셀 = -IPMT($D$5/12,G3,$D$6,$D$7)
　　　　　　　❶　　　❷　　❸　　❹

❶ 연이율을 12개월로 나눕니다. 함수 앞에 -를 입력해서 결과를 양수로 표시합니다.

❷ 납부 회차

❸ 납부 기간

❹ 원금

* 만기 상환 후 잔금(Future Value)은 0원이라 생략합니다. 말일 납입(Type)의 옵션 번호 0도 생략합니다.

---

2 [H3:G3] 셀을 선택한 후 채우기 핸들로 24회차까지 채웁니다.

TIP

원금과 이자를 합한 월 납부금은 동일하지만, 납부 회차가 늘어날수록 납부 원금은 많아지고 이자는 줄어듭니다.

Skill Up 원리금 균등 상환 VS 원금 균등 상환

원리금 균등 상환은 원금과 이자를 합한 납부금을 균등하게 나누어서 납입하는 방식입니다. 상환할 잔액이 줄어들어도 원금과 이자의 비중을 조절하며 매월 동일한 납부금을 내게 됩니다. 반면, 원금 균등 상환은 전체 원금을 기간별로 동등하게 납입하는 방식입니다. 월 납부 원금은 동일하지만 이자는 잔액을 기준으로 계산되기 때문에 납입 회차가 늘수록 이자는 줄어듭니다. 즉, 원금과 이자를 합한 월 납부금은 상환 만기일에 가까울수록 줄어듭니다.

원금	50,000,000		연이율	2.5%		납부기간	24개월	
원리금 균등 상환			회차	원금 균등 상환				
납부 원금	이자	월 납부금	(월말)	월 납부금	납부 원금	이자	상환 후 잔금	
50,000,000	1,312,471	51,312,471	총액	51,302,083	50,000,000	1,302,083		
2,033,853	104,167	2,138,020	1	2,187,500	2,083,333	104,167	47,916,667	
2,038,090	99,929	2,138,020	2	2,183,160	2,083,333	99,826	45,833,333	
2,042,336	95,683	2,138,020	3	2,178,819	2,083,333	95,486	43,750,000	
2,046,591	91,429	2,138,020	4	2,174,479	2,083,333	91,146	41,666,667	
2,050,855	87,165	2,138,020	5	2,170,139	2,083,333	86,806	39,583,333	
2,072,307	65,713	2,138,020	10	2,148,438	2,083,333	65,104	29,166,667	
2,076,624	61,395	2,138,020	11	2,144,097	2,083,333	60,764	27,083,333	
2,080,951	57,069	2,138,020	12	2,139,757	2,083,333	56,424	25,000,000	
2,085,286	52,734	2,138,020	13	2,135,417	2,083,333	52,083	22,916,667	
2,129,139	8,881	2,138,020	23	2,092,014	2,083,333	8,681	2,083,333	
2,133,575	4,445	2,138,020	24	2,087,674	2,083,333	4,340	- 0	

납부 초기에는 원금 균등 상환의 월 납부금이 많지만, 납부금 총액을 비교해 보면 원리금 균등 상환 방식이 더 많은 이자를 내게 됩니다.

13회 차부터는 원금 균등 상환 방식의 월 납부금이 더 적어집니다.

322 목표 이자액을 받기 위한 정기 예금액 정하기
_목표값 찾기/IPMT 함수

목돈을 활용해 매월 안정적인 고정 이자를 받고 싶다면 정기 예금을 들 수 있습니다. 정기 예금에 들면 최초에 입금한 원금에 따라 매월 동일한 이자를 받을 수 있습니다. 이때 IPMT 함수를 활용해 월 이자의 목표값을 설정하면 통장 개설 시 입금할 원금을 역으로 계산할 수 있습니다.

예제 파일 Part27\목표값 응용.xlsx   **완성 파일** Part27\목표값 응용_완성.xlsx

1 정기 예금으로 매월 10만 원 이상의 이자를 받기 위해 예치금을 조정하려고 합니다. [D9] 셀을 클릭해보면 단리 정기 예금을 구하는 IPMT 함수가 입력되어 있습니다. [데이터] 탭-[예측] 그룹-[가상분석]에서 [목표값 찾기]를 클릭합니다.

수식

=-IPMT(D5/12,1,D6,D7)

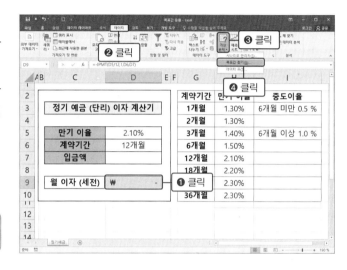

TIP

정기 예금의 단리를 구할 때, IPMT 함수의 2번째 인수인 현재 납입 회차(per)는 1로 고정됩니다.

정기 예금은 통장 개설 시 최초로 입금한 금액 외에 추가로 예치할 수 없으므로 원금이 변하지 않습니다. 즉, 처음 넣은 원금에 따라 매월 동일한 이자를 지급받습니다. 그래서 IPMT 함수의 납입 회차는 최초 원금을 기준으로 이자를 적용하는 1회차를 적용합니다.

2 [목표값 찾기] 대화상자가 나타나면 [찾는 값]에는 월 이자의 목표 금액인 100,000을 입력합니다. [값을 바꿀 셀]에서 입금액 [D7] 셀을 클릭하고 [확인]을 클릭합니다. [목표값 찾기 상태]로 대화상자가 바뀌고 목표 값에 따라 [D7] 셀 값이 입력되면 [확인]을 클릭합니다.

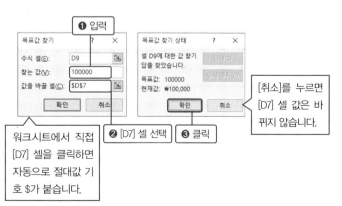

3 [D7] 셀의 입금액과 [D9] 셀의 월 이자금액이 자동으로 표시되었습니다. IPMT 함수의 목표 값에 따라 월 이자 10만 원을 받으려면 예치금은 최소 5,700만 원 이상이 되어야 합니다.

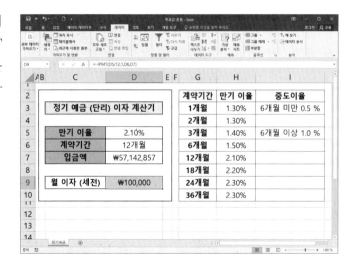

Skill Up 계약기간에 따라 변경되는 이율과 월 이자

[D5] 셀에는 [G:I] 열을 참조한 VLOOKUP 함수가 입력되어 있습니다. [D6] 셀에서 계약기간을 변경하면 [D5] 셀의 이율과 [D9] 셀의 월 이자도 자동으로 계산됩니다. [D6] 셀에는 유효성 검사가 설정되었습니다. 셀을 클릭하고 목록 버튼을 누르면 기간을 선택할 수 있습니다.

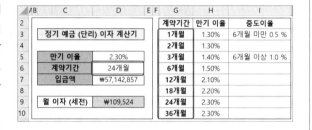

page VLOOKUP 함수에 대한 자세한 내용은 387쪽을, 유효성 검사는 455쪽을 참고하세요.

323　해 찾기 메뉴 추가하기

[해 찾기]는 [목표값 찾기]보다 향상된 기능으로써 수식의 결과 값을 목표치에 맞추기 위해 다수의 변수를 조정합니다. 가상 분석 기능인 [해 찾기]는 리본 메뉴에 기본적으로 내장되어 있지 않기 때문에 추가로 설치해야 합니다. 추가된 [해 찾기] 메뉴는 해당 PC의 [데이터] 탭-[분석] 그룹에 표시됩니다.

1 [해 찾기] 메뉴를 리본 메뉴에 추가하기 위해 [파일] 탭-[옵션]을 클릭합니다. [Excel 옵션] 대화상자가 나타나면 [추가 기능] 화면에서 '해 찾기 추가 기능'을 선택한 후 [이동]을 클릭합니다.

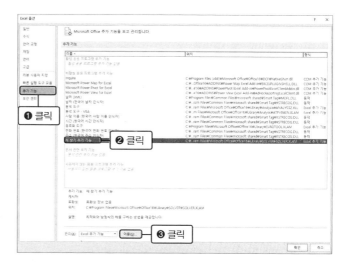

엑셀 2007 | 오피스 단추🔘를 클릭하고 [Excel 옵션]을 클릭합니다.

2 [추가 기능] 대화상자가 나타나면 '해 찾기 추가 기능'을 체크 표시한 후 [확인]을 클릭합니다.

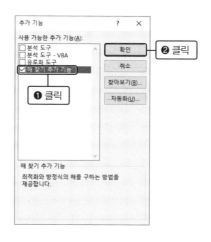

3 [데이터] 탭의 [분석] 그룹에 [해 찾기] 메뉴가 추가된 것을 볼 수 있습니다.

324 순이익 목표값 달성을 위해 매출 및 비용 조정하기_해 찾기

[목표값 찾기]가 1차 방정식이었다면, [해 찾기]는 다수의 참조 셀을 변경하는 3차 방정식이라 할 수 있습니다. 목표값의 증감에 따라 참조 값을 변경할 때, 기존에 입력된 데이터 값의 추이를 반영합니다. 변경할 값의 최대/최소값 등을 제한할 수 있기 때문에 고정비용이나 현실적인 목표 매출을 계획할 수 있다는 장점이 있습니다.

예제 파일 Part27\해찾기.xlsx   완성 파일 Part27\해찾기_완성.xlsx

| 순이익 목표액 달성을 위한 매출과 인건비 예산안 수립

분기별 예상 매출 및 비용을 조정해서 연 누계 순이익을 80만 달러로 상향 조정하려고 합니다. [G16] 셀에는 총 매출에서 총 지출을 뺀 수식이 입력되었습니다. 순이익 목표인 80만 달러에 맞추기 위해 판매 매출과 인건비를 조정해 보겠습니다. 단, 성수기인 1분기 인건비는 최소 인원을 감안하여 4만 달러 이상으로 제한합니다.

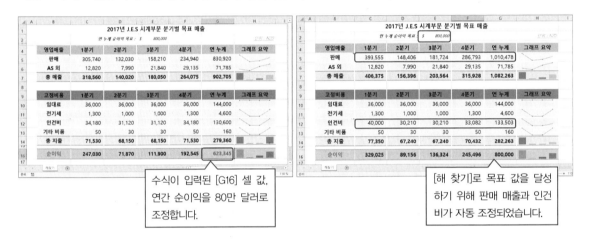

수식이 입력된 [G16] 셀 값, 연간 순이익을 80만 달러로 조정합니다.

[해 찾기]로 목표 값을 달성하기 위해 판매 매출과 인건비가 자동 조정되었습니다.

1 [데이터] 탭-[분석] 그룹-[해 찾기]를 클릭합니다.

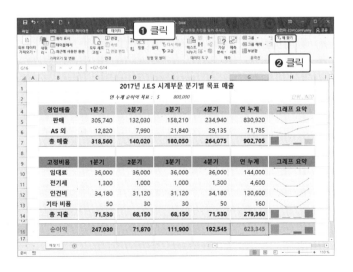

page 해 찾기 메뉴를 추가하려면 697쪽을 참고하세요.

2 [해 찾기 매개 변수] 대화상자가 나타납니다. [목표 설정]에는 '순이익 연누계' 수식이 입력된 [G16] 셀을, [대상]은 '지정값'을 선택하고 800,000을 입력합니다. [변수 셀 변경]에서는 분기별 판매 매출인 [C5:F5] 셀을 선택하고 인건비를 추가하기 위해 쉼표(,)를 입력한 후 [C12:F12] 셀을 선택합니다. 단, 1분기 인건비는 4만 달러 이상으로 제한 조건을 설정하기 위해 [추가]를 클릭합니다.

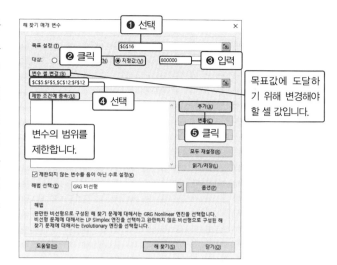

3 [제한 조건 추가] 대화상자가 나타나면 [셀 참조]에서 1분기 인건비가 입력된 [C12] 셀을 클릭합니다. 부호는 >=를 선택하고, [제한 조건]에 40,000을 입력한 후 [확인]을 클릭합니다.

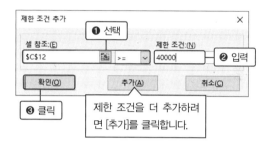

> **TIP**
>
> 제한 조건은 [변수 셀 변경]에서 지정한 셀 값에서만 설정합니다. 예를 들어, 임대료는 변수로 지정하지 않았기 때문에 제한 조건을 설정해도 값이 변하지 않습니다.

4 다시 [해 찾기 매개 변수] 대화상자로 돌아오면 [제한 조건에 종속] 목록에 제한 조건이 나타납니다. [해 찾기]를 클릭합니다.

> **TIP**
>
> [해법 선택]은 변수를 조정할 때 사용할 계산 방법으로 기본 'GRG 비선형'을 선택하거나 상황에 따라 변경할 수 있습니다.
> - GRG(Generalized Reduced Gradient) : 비선형 해법
> - LP Simplex : 선형
> - Evolutionary : 비곡선

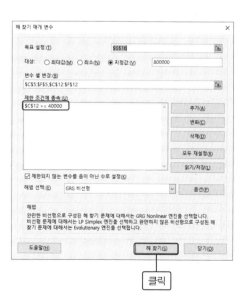

5 [해 찾기 결과] 대화상자가 나타나면 '해 찾기 해 보존'이 선택되어 있는 상태에서 [확인]을 클릭합니다.

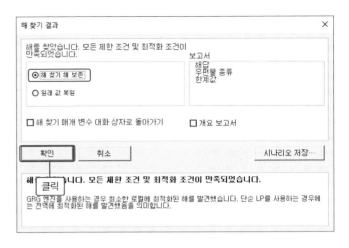

> **TIP**
>
> 해 찾기로 변경한 값을 해당 문서에 반영하지 않고 별도로 저장하지 않으려면 [확인] 대신 [시나리오 저장]을 클릭합니다.

page 시나리오에 대한 자세한 내용은 701쪽을 참고하세요.

6 상향된 목표 순이익을 맞추기 위해 [C5:G5] 셀의 판매 매출이 상향 조정되었습니다. [C12:G12] 셀에 입력된 인건비는 1분기만 4만 달러로 상향되고 나머지는 하향 조정되었습니다. 수식의 참조 값이 변경되자 [G16] 셀의 연 누계 순이익은 목표 값인 800,000으로 맞춰졌습니다.

데이터 값이 동일한 비중으로 변동되었기 때문에 그래프 패턴이 유지된 것을 알 수 있습니다.

325 다양한 변수를 예측하여 시나리오 저장하기

'시나리오(scenario)'는 다양한 변수에 따라 각각 다른 결과를 예측합니다. 앞서 배운 [목표값]과 [해 찾기] 기능은 목표한 결과 값을 충족하기 위해 역으로 변수를 찾아주는 역할을 합니다. 반면 [시나리오]는 다양한 변수를 입력하여 각각의 결과를 비교해서 볼 수 있습니다.

예제 파일 Part27\인건비 시나리오.xlsx　　**완성 파일** Part27\인건비 시나리오_완성.xlsx

| 월별 계약직 고용 인원에 따른 2가지 시나리오 비교하기

다음은 2017년 매출과 2018년 목표 매출을 반영한 인건비 예산안입니다. 2018년 계약직 고용 인원을 조정하기 위해 영업팀장의 초안(26행)과 점장의 건의안(27행)을 적용했을 경우, 각 시나리오별 예산을 비교해 보겠습니다.

❶ ⊡를 클릭하면 그룹으로 숨겨져 있는 2~5행이 펼쳐집니다.

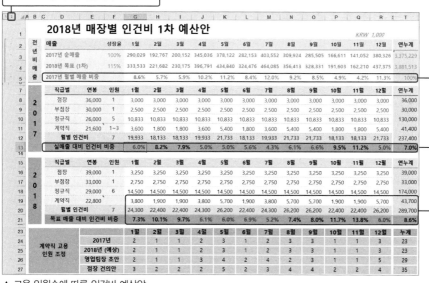

❷ 연 누계 대비 월별 매출 비중이 10% 이상일 경우 글꼴을 빨간색으로 강조하도록 조건부 서식을 적용했습니다.

❸ 인건비 비중이 7% 미만일 경우 글꼴 색을 강조하도록 조건부 서식을 적용했습니다.

❹ 계약직 고용 인원(25행)에 따라 [G19:T21] 셀에 입력된 전체 인건비가 변동됩니다.

▲ 고용 인원수에 따른 인건비 예산안

Skill Up 목표 매출 및 인건비 예산안 수립하기

❶ 목표 매출액 계산(3~4행) : 2017년 매출에 예상 성장률([F4] 셀)을 곱해 목표 매출을 구합니다.

❷ 월별 매출 비중(5행) : 전체 매출 대비 해당 월의 매출 비중을 파악함으로써 성수기/비수기를 구분합니다.

❸ 매출 대비 인건비 비중(13행, 21행) : 매출에 비해 인건비가 너무 높지 않도록 목표 매출이나 고용 인원을 조절합니다.

❹ 인원 조정에 따른 예상 인건비 비교(20행) : 담당자의 의견이나 시기 등을 고려하여 고용 인원(25행)을 조정합니다. [시나리오 관리자] 기능을 통해 각 예산안을 비교할 수 있습니다.

| 예산안 1_'영업 팀장 초안'에 따른 인건비 구하기

1 [데이터] 탭-[데이터 도구] 그룹-[가상 분석]에서 [시나리오 관리자]를 클릭합니다.

2 [시나리오 관리자] 대화상자가 나타나면 [추가]를 클릭합니다.

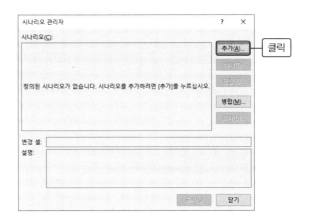

3 [시나리오 추가] 대화상자의 [시나리오 이름]에 영업팀장을 입력합니다. [변경 셀]에 예상 고용 인원을 입력하기 위해 [G25:R25] 셀을 선택한 후 [확인]을 클릭합니다.

TIP

떨어져 있는 셀을 동시에 선택하려면 Ctrl을 누르고 각 셀을 클릭합니다. 또는 각 셀을 클릭한 뒤 쉼표(,)로 구분해줍니다.

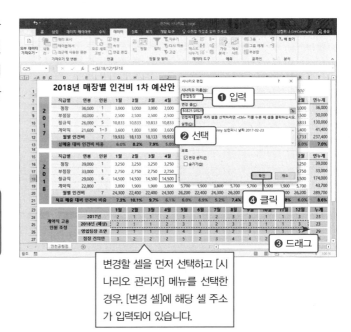

변경할 셀을 먼저 선택하고 [시나리오 관리자] 메뉴를 선택한 경우, [변경 셀]에 해당 셀 주소가 입력되어 있습니다.

4 [시나리오 값] 대화상자에는 다음의 표를 참고하여 '영업팀장 초안'에 입력된 인원수를 입력하고 [확인]을 클릭합니다.

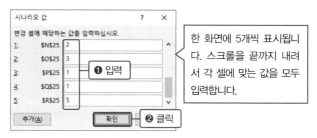

한 화면에 5개씩 표시됩니다. 스크롤을 끝까지 내려서 각 셀에 맞는 값을 모두 입력합니다.

단축키
다음 칸으로 커서 이동 Tab

	1월	2월	3월	4월	5월	6월	7월	8월	9월	10월	11월	12월
2017년	2	1	1	2	3	1	2	3	3	1	1	3
2018년 (예상)	2	1	1	2	3	1	2	3	3	1	1	3
영업팀장 초안	2	1	1	3	4	2	4	2	3	1	1	5
점장 건의안	3	2	2	2	5	2	3	4	4	2	2	4

5 [시나리오 관리자] 대화상자에 '영업팀장' 시나리오가 추가되었습니다. 다른 예상안을 추가하기 위해 [추가]를 클릭합니다.

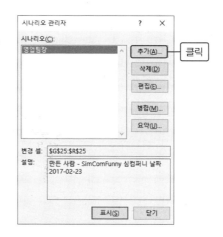

| 예산안 2_'점장 초안'에 따른 인건비 구하기

1 [시나리오 추가] 대화상자에서 [시나리오 이름]에 점장을 입력합니다. [변경 셀]에 이전에 설정했던 셀 주소([G25:R25])가 남아 있으므로 [확인]을 클릭합니다.

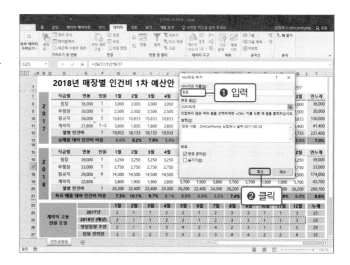

2 [시나리오 값] 대화상자에 '점장 건의 안'에 입력된 인원수를 입력하고 [확인]을 클릭합니다.

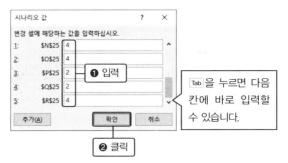

$\boxed{\text{Tab}}$을 누르면 다음 칸에 바로 입력할 수 있습니다.

	1월	2월	3월	4월	5월	6월	7월	8월	9월	10월	11월	12월
2017년	2	1	1	2	3	1	2	3	3	1	1	3
2018년 (예상)	2	1	1	2	3	1	2	3	3	1	1	3
영업팀장 초안	2	1	1	3	4	2	4	2	3	1	1	5
점장 건의안	3	2	2	2	5	2	3	4	4	2	2	4

3 [시나리오 관리자] 대화상자에 '점장' 시나리오가 추가되었습니다. 현재 워크시트 에서 각 시나리오 결과를 보고 싶다면 원 하는 시나리오를 선택하고 [표시]를 클릭합 니다.

TIP

시나리오 적용 전의 원본 상태로 저장하려면 $\boxed{\text{Ctrl}}$ + $\boxed{\text{Z}}$ 를 눌러 이전 상태로 돌아갑니다. 또는 변경된 값을 저장하지 않고 문서를 닫습니다.

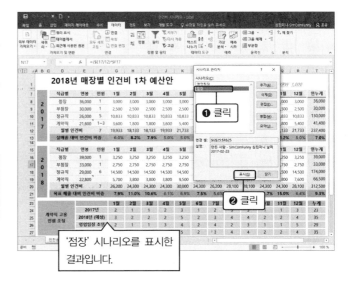

'점장' 시나리오를 표시한 결과입니다.

326 시나리오 요약 보고서 만들기

변수에 따른 여러 가지 시나리오 대안을 만들었다면 요약 보고서로 각각의 결과 값을 비교할 수 있습니다. 원본 워크시트에서 해당 시나리오를 [표시]하면 하나의 시나리오 결과만 볼 수 있지만, 새 워크시트에 요약 보고서를 만들면 변경한 셀과 각각의 결과 값만 간단히 비교할 수 있습니다.

예제 파일 Part27\인건비 시나리오 요약.xlsx **완성 파일** Part27\인건비 시나리오 요약_완성.xlsx

1 2017년 고용 인원을 기준으로 '영업팀장'과 '점장'의 계획안을 반영한 '월별 인건비'를 비교하려고 합니다. [데이터] 탭-[데이터 도구] 그룹-[가상 분석]에서 [시나리오 관리자]를 클릭합니다.

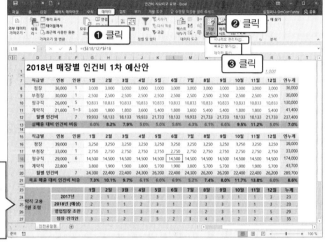

25행에는 2017년 실제 고용 인원수를 입력해서 영업팀장과 점장의 시나리오를 비교하려고 합니다.

2 [시나리오 관리자] 대화상자가 나타나면 [요약]을 클릭합니다.

page 요약할 시나리오를 설정하려면 702쪽을 참고하세요.

3 [시나리오 요약] 대화상자의 [보고서 종류]는 '시나리오 요약'이 선택되어 있습니다. [결과 셀]에서 [G20:S20] 셀을 선택한 후 [확인]을 클릭합니다.

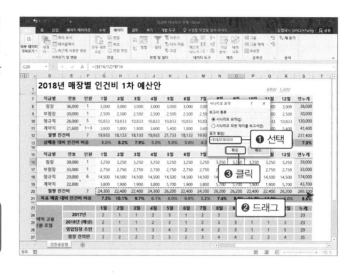

4 '시나리오 요약' 워크시트에 요약 보고서가 나타납니다. 셀 주소로 표시된 값을 각 항목에 맞춰 수정해 보겠습니다. 원본인 '인천공항점' 워크시트를 참조하여 '$G$25'가 입력된 [C6] 셀에 1월을 입력합니다.

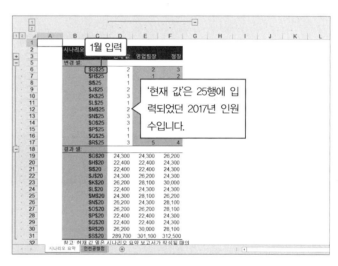

5 채우기 핸들로 [C17] 셀까지 드래그하고 자동 채우기 옵션에서 [서식 없이 채우기]를 선택합니다. [C19:C31] 셀도 마찬가지로 1월~12월과 연누계를 입력합니다. 3행도 알아보기 쉽게 수정해서 보고서를 완성합니다.

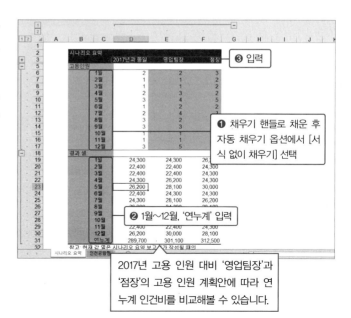

327 데이터 추이에 따른 예측 값 구하기_예측 시트

[예측 시트]는 시간의 흐름에 따른 데이터 추이를 반영하여 예측 값을 구하고 그래프에 표시합니다. 참조 범위의 왼쪽 데이터는 그래프의 X축이 되므로 정렬된 시간 또는 숫자여야 하고, 오른쪽은 그래프로 나타낼 Y값이 됩니다. 신뢰 구간 설정에 따라 오차 범위까지 구할 수 있습니다.

예제 파일 Part27\출생인구 추이.xlsx   **완성 파일** Part27\출생인구 추이_완성.xlsx

1 2000~2015년의 인구수 추이에 따라 차후 5년 동안의 인구수를 예측하려고 합니다. 예측 값의 참조 범위로 [B3:C19] 셀을 선택한 후 [데이터] 탭-[예측] 그룹-[예측 시트]를 클릭합니다.

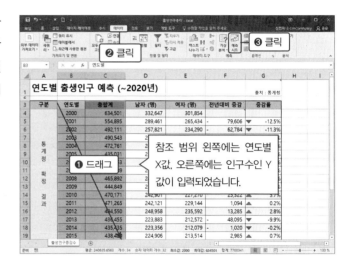

2 [예측 워크시트 만들기] 대화상자가 나타나면 [예측 종료] 지점을 2020으로 수정합니다. [옵션]을 클릭하면 [예측 시작]이 참조 범위의 마지막 시간인 2015년으로 지정되어 있습니다. '신뢰 구간'을 체크 표시하면 그래프에 오차 범위를 선택할 수 있습니다. [만들기]를 클릭합니다.

> **TIP**
> '신뢰 구간'을 높일수록 오차 범위가 넓어져서 주황색 막대 그래프(예측 값) 간격도 커집니다.

3 새 워크시트에 예측 값을 포함한 그래프와 데이터 표가 나타납니다. 예측 값을 '출생인구증감수' 워크시트의 표에 복사해 넣기 위해 [C18:C22] 셀을 선택하고 Ctrl + C를 누릅니다.

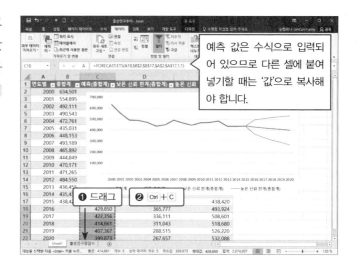

> 예측 값은 수식으로 입력되어 있으므로 다른 셀에 붙여넣기할 때는 '값'으로 복사해야 합니다.

4 '출생인구증감수' 워크시트의 [C20] 셀을 클릭하고 Ctrl + V를 눌러 복사한 예측 값을 붙여넣기합니다. 복사된 수식을 값으로 붙여넣기 위해 붙여넣기 옵션 📋 (Ctrl)▾을 클릭하고 [값 붙여넣기]–'값 📋'을 선택합니다.

엑셀 2007 | 붙여넣기 옵션에서 '값(V)' 또는 '값 및 숫자 서식(N)'을 선택합니다.

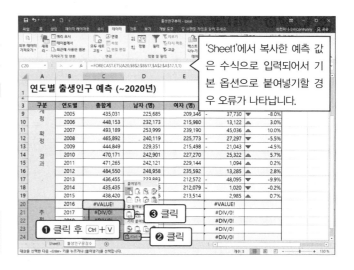

> 'Sheet1'에서 복사한 예측 값은 수식으로 입력되어서 기본 옵션으로 붙여넣기할 경우 오류가 나타납니다.

5 예측 값이 숫자 그대로 복사되었습니다. 예측 값은 실제 출생인구 추이를 반영하여 적절한 비율로 하락세를 띠는 것을 알 수 있습니다.

page G열 증감률의 아이콘 표시는 189쪽의 조건부 서식을 참고하세요.

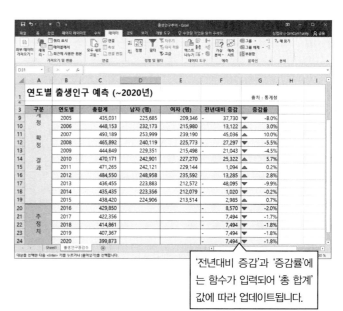

> '전년대비 증감'과 '증감률'에는 함수가 입력되어 '총 합계' 값에 따라 업데이트됩니다.

328 다양한 변수를 한 번에 계산하기_데이터 표

가상분석의 [데이터 표]는 비슷한 형태의 수식을 반복해서 입력하는 대신 마스터 수식을 표 전체에 적용합니다. 혼합 참조는 할인율별로 판매가를 구하기 위해 행 또는 열 주소를 수정한 뒤 채우기 핸들로 수식을 채웠습니다. 이번에는 가상분석을 이용해 다양한 변수의 결과 값을 구해보겠습니다.

예제 파일 Part27\데이터표.xlsx   **완성 파일** Part27\데이터표_완성.xlsx

| 가상분석의 데이터 표

❶ **마스터 수식** : 표 A 전체에 적용할 공식입니다. 표 B는 표 A에 적용할 수식을 대표합니다. 이 마스터 수식은 표 A에 입력된 원가와 할인율 각각에서 하나를 예시로 입력합니다.

❷ 첫 행과 첫 열의 교차점에 마스터 수식을 입력합니다. ❶의 셀 주소([I6] 셀)를 입력하거나 수식을 직접 입력합니다.

❸ **행 입력 셀** : 표 A의 첫 행인 할인율. ❶의 마스터 수식이 참조한 [I4] 셀과 같습니다.

❹ **열 입력 셀** : 표 A의 첫 열인 원가. ❶의 마스터 수식이 참조한 [I5] 셀과 같습니다.

1 각 품목별 할인율에 따른 납품가를 구하려고 합니다. [I6] 셀에는 원가에 할인율을 적용한 납품가 수식이 입력되어 있습니다. '납품가' 수식을 왼쪽 표에도 적용하기 위해 [C4] 셀에 =I6을 입력합니다.

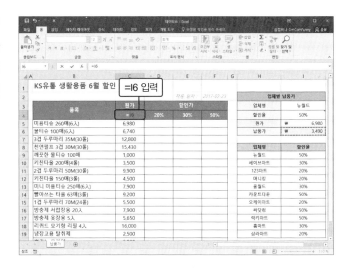

2 마스터 수식과 빈 셀 등을 포함한 [C4:F22] 셀을 선택합니다. [데이터] 탭-[예측] 그룹-[가상분석]에서 [데이터 표]를 클릭합니다.

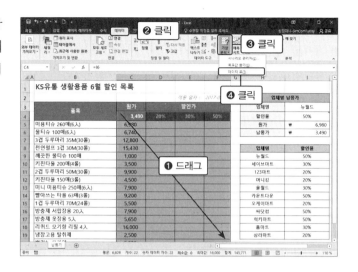

3 [데이터 표] 대화상자의 [행 입력 셀]에서 할인율이 입력된 [I4] 셀을 선택합니다. [열 입력 셀]에서 원가가 입력된 [I5] 셀을 선택하고 [확인]을 클릭합니다.

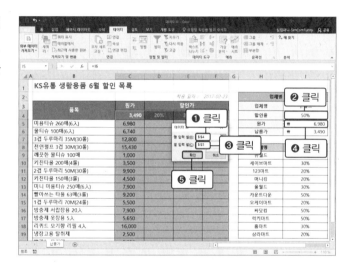

4 참조 범위에서 빈 셀이 모두 채워졌습니다. 임의의 셀을 클릭해보면 배열 수식 형태로 입력된 것을 볼 수 있습니다.

> **TIP**
> 가상분석의 [데이터 표]는 배열 수식으로 입력되어 임의로 셀을 변경 또는 삭제할 수 없습니다. 셀 일부만 수정할 경우 다음과 같은 오류가 발생합니다. [취소]를 클릭하면 본래의 셀 값으로 돌아갑니다.

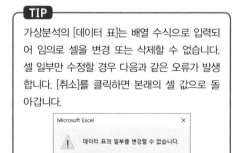

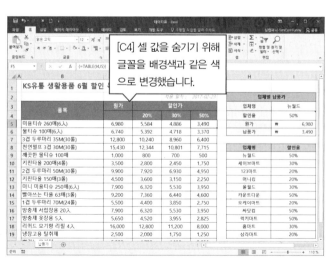

page 배열 수식에 대한 자세한 내용은 424쪽을 참고하세요.

Step 7

보고서 요약의 기술

– 피벗 테이블

#피벗 테이블 #피벗 차트
#슬라이서 #시간 표시 막대

Part 28 피벗 테이블

1년 치 데이터를 1분 안에 업데이트해서 비교 분석하려면? 피벗 테이블을 반드시 배워두세요. 차곡차곡 쌓아둔 원본 데이터를 기간별, 항목별로 분석하는 데 피벗 테이블만 한 도구가 없습니다. 피벗 테이블에 추가할 항목 위치만 옮겨주면 함수에 자신 없는 분이라도 수십 년 치 자료를 순식간에 요약할 수 있습니다. 피벗 차트와 슬라이서 기능을 추가하면 좀 더 깔끔하고 효율적인 보고서를 완성할 수 있습니다.

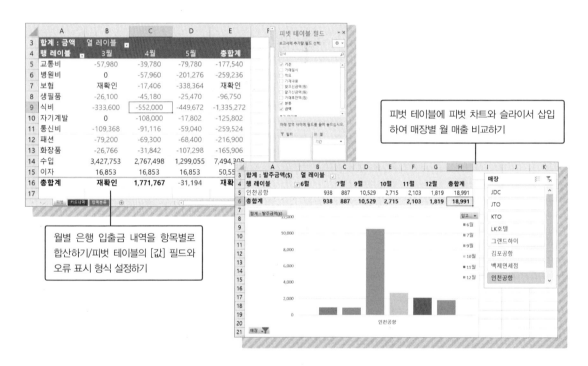

피벗 테이블에 피벗 차트와 슬라이서 삽입하여 매장별 월 매출 비교하기

월별 은행 입출금 내역을 항목별로 합산하기/피벗 테이블의 [값] 필드와 오류 표시 형식 설정하기

329 피벗 테이블 이해하기

피벗 테이블(Pivot table)은 대량의 데이터를 요약하고 분석하는 데 효율적인 도구입니다. 특정 항목만 추출하여 계산한다는 측면에서 필터와 부분합, SUMIF 함수 등의 기능과 유사합니다. 원본 데이터에서 분석할 항목만 분류하여 표를 재구성하기 때문에 별도의 요약 보고서로 활용하기에 좋습니다.

| 일반 표와 피벗 테이블의 차이점

피벗 테이블은 원본 데이터가 입력된 일반 표를 바탕으로 표를 재배열하거나 요약 결과를 표시합니다. 피벗 테이블을 클릭하면 오른쪽에 [피벗 테이블 필드] 작업 창이 나타납니다. 여기서 '필드'는 원본 데이터의 첫 행인 필드명으로 표시됩니다.

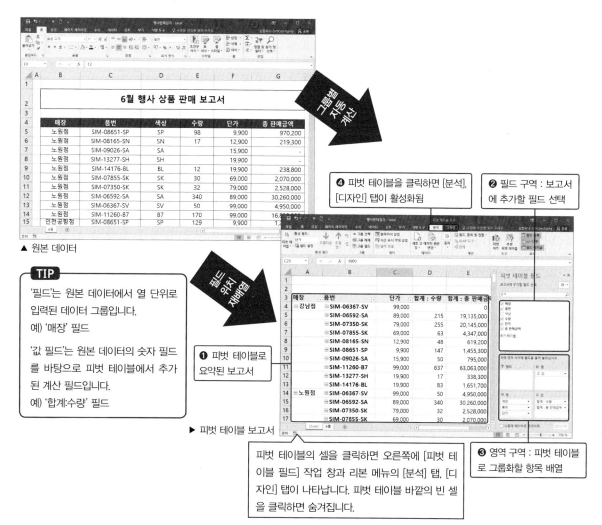

▲ 원본 데이터

TIP

'필드'는 원본 데이터에서 열 단위로 입력된 데이터 그룹입니다.
예) '매장' 필드

'값 필드'는 원본 데이터의 숫자 필드를 바탕으로 피벗 테이블에서 추가된 계산 필드입니다.
예) '합계:수량' 필드

❹ 피벗 테이블을 클릭하면 [분석], [디자인] 탭이 활성화됨

❷ 필드 구역 : 보고서에 추가할 필드 선택

❶ 피벗 테이블로 요약된 보고서

▶ 피벗 테이블 보고서

피벗 테이블의 셀을 클릭하면 오른쪽에 [피벗 테이블 필드] 작업 창과 리본 메뉴의 [분석] 탭, [디자인] 탭이 나타납니다. 피벗 테이블 바깥의 빈 셀을 클릭하면 숨겨집니다.

❸ 영역 구역 : 피벗 테이블로 그룹화할 항목 배열

Part 28 피벗 테이블 | **713**

Skill Up 엑셀 2007/2010과 엑셀 2013/2016/2019의 차이

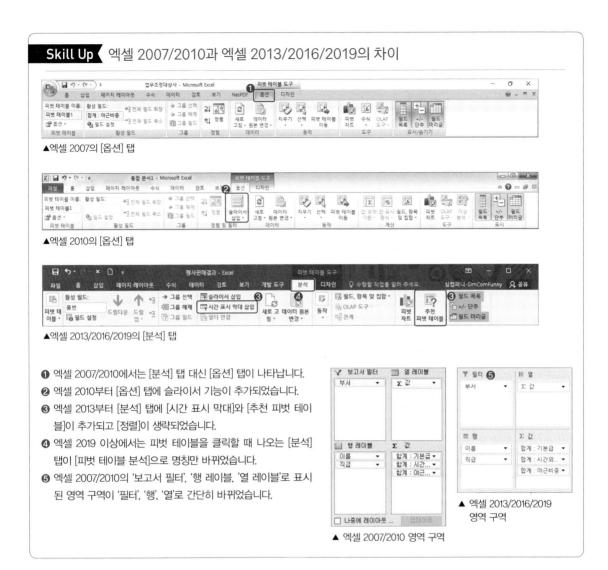

▲엑셀 2007의 [옵션] 탭

▲엑셀 2010의 [옵션] 탭

▲엑셀 2013/2016/2019의 [분석] 탭

❶ 엑셀 2007/2010에서는 [분석] 탭 대신 [옵션] 탭이 나타납니다.

❷ 엑셀 2010부터 [옵션] 탭에 슬라이서 기능이 추가되었습니다.

❸ 엑셀 2013부터 [분석] 탭에 [시간 표시 막대]와 [추천 피벗 테이블]이 추가되고 [정렬]이 생략되었습니다.

❹ 엑셀 2019 이상에서는 피벗 테이블을 클릭할 때 나오는 [분석] 탭이 [피벗 테이블 분석]으로 명칭만 바뀌었습니다.

❺ 엑셀 2007/2010의 '보고서 필터', '행 레이블', '열 레이블'로 표시된 영역 구역이 '필터', '행', '열'로 간단히 바뀌었습니다.

▲ 엑셀 2007/2010 영역 구역

▲ 엑셀 2013/2016/2019 영역 구역

| 피벗 테이블의 특징

– 필드 값 간편 계산

숫자가 입력된 필드를 [값] 영역에 추가하면 수식을 입력하지 않아도 합계, 개수, 평균, 최대값 등을 구할 수 있습니다. 계산 유형을 변경하려면 해당 필드 위에서 마우스 오른쪽 버튼을 클릭한 뒤 단축 메뉴의 [값 요약 기준]에서 계산 유형을 선택합니다.

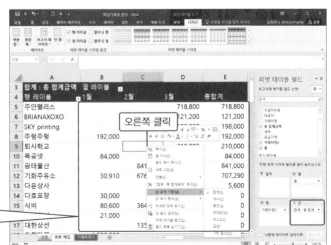

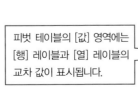

피벗 테이블의 [값] 영역에는 [행] 레이블과 [열] 레이블의 교차 값이 표시됩니다.

– 필드 위치 조정

[피벗 테이블 필드] 작업 창에서 필드명에 체크 표시를 하거나 [행] 영역과 [열] 영역으로 드래그하면 원본 데이터 표의 구성을 쉽게 바꿀 수 있습니다.

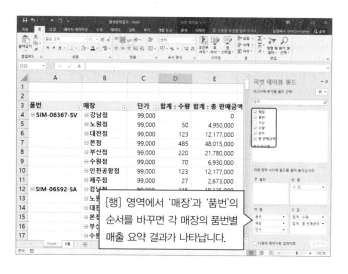

[행] 영역에서 '매장'과 '품번'의 순서를 바꾸면 각 매장의 품번별 매출 요약 결과가 나타납니다.

– 데이터의 그룹화

피벗 테이블에서는 필드를 추가한 순서에 따라 데이터가 그룹화됩니다. 날짜/시간 형식으로 입력한 데이터는 초/분/시/일/월/분기/연 단위로 그룹화해서 볼 수 있습니다.

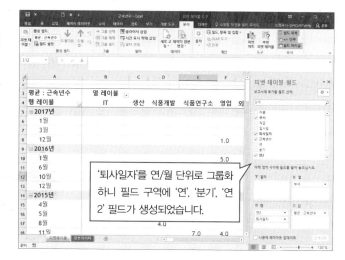

'퇴사일자'를 연/월 단위로 그룹화하니 필드 구역에 '연', '분기', '연 2' 필드가 생성되었습니다.

page 자세한 내용은 745쪽을 참고하세요.

– 정렬과 필터 기능

피벗 테이블은 [필터] 영역에 필드를 추가해서 필터 메뉴를 따로 만들 수 있습니다.

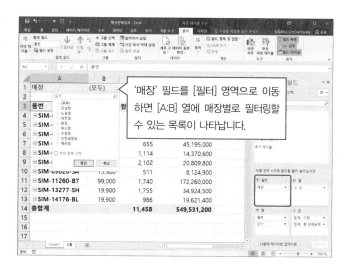

'매장' 필드를 [필터] 영역으로 이동하면 [A:B] 열에 매장별로 필터링할 수 있는 목록이 나타납니다.

page 자세한 내용은 752쪽을 참고하세요.

– 슬라이서와 시간 표시 막대를 이용한 필터링

엑셀 2010부터는 슬라이서를 이용해서 필터 목록 창을 삽입할 수 있습니다. 엑셀 2013부터는 시간 표시 막대 기능까지 더해져서 날짜/시간 데이터를 단위별로 세분화하기가 쉬워졌습니다.

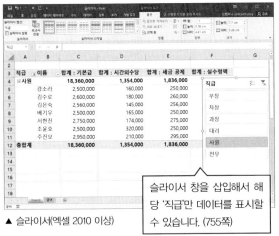

▲ 슬라이서(엑셀 2010 이상)

슬라이서 창을 삽입해서 해당 '직급'만 데이터를 표시할 수 있습니다. (755쪽)

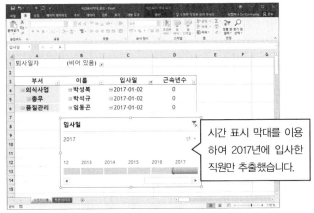

▲ 시간 표시 막대(엑셀 2013 이상)

시간 표시 막대를 이용하여 2017년에 입사한 직원만 추출했습니다.

page 시간 표시 막대에 대한 자세한 내용은 757쪽을 참고하세요.

| 피벗 테이블을 만들 때 주의할 점

1 피벗 테이블이 참조하는 원본 데이터의 첫 행에는 필드명이 입력되어야 합니다. 필드명이 입력되지 않으면 아래에 세부 데이터가 있더라도 피벗 테이블에서 필드를 추가할 수 없습니다.

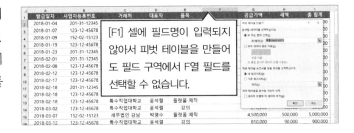

[F1] 셀에 필드명이 입력되지 않아서 피벗 테이블을 만들어도 필드 구역에서 F열 필드를 선택할 수 없습니다.

2 데이터 원본 범위에는 빈 행이 포함되지 않는 것이 좋습니다. 원본 데이터에 빈 행이 있으면 '(비어 있음)'이라는 불필요한 항목이 나타납니다.

page 원본 데이터 범위를 수정하는 방법은 733쪽을 참고하세요.

3 원본 데이터가 수정되었을 때는 [모두 새로 고침] 또는 [새로 고침]을 적용해야 피벗 테이블 값이 업데이트됩니다.

page 수정된 원본 데이터를 적용하는 방법은 728쪽을 참고하세요.

330 피벗 테이블로 요약 보고서 만들기

피벗 테이블은 데이터의 특정 행과 열을 재구성하는 데 용이하고 그룹화된 값을 빠르게 계산합니다. 대량의 데이터 표에서 특정 항목의 총 합계를 계산하려면 SUMIF 함수를 입력할 수도 있지만, 피벗 테이블을 이용하면 새 워크시트에 데이터의 요약 결과만 나타낼 수 있습니다.

예제 파일 Part28\행사판매결과.xlsx **완성 파일** Part28\행사판매결과_완성.xlsx

1 각 매장의 품번별 총 판매금액을 요약하려고 합니다. 엑셀 표를 클릭한 후 [삽입] 탭-[표] 그룹-[피벗 테이블]을 클릭합니다.

TIP

원본 데이터는 엑셀 표로 전환한 후 피벗 테이블로 만드는 것이 좋습니다. 엑셀 표는 데이터가 입력된 셀을 기준으로 표의 범위를 자동 확장/축소하기 때문에 원본 데이터가 추가/삭제되더라도 피벗 테이블의 참조 범위를 재설정하지 않아도 됩니다.

page 원본 데이터를 엑셀 표로 변경하는 방법은 201쪽을 참고하세요.

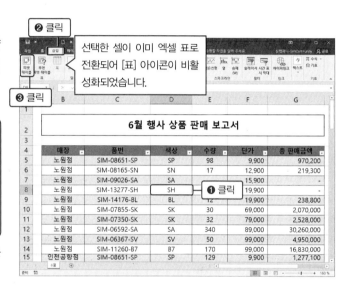

2 [피벗 테이블 만들기] 대화상자의 '표 또는 범위 선택'에 표 이름이 자동으로 선택되었습니다. 피벗 테이블 보고서를 넣을 위치를 '새 워크시트'로 하고 [확인]을 클릭합니다.

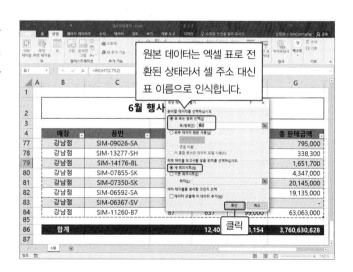

3 화면이 새 워크시트로 이동합니다. 워크시트 왼쪽에는 빈 피벗 테이블 보고서가, 오른쪽에는 [피벗 테이블 필드] 창이 나타납니다. 필드 구역에서 '매장', '품번', '단가', '총 판매금액'을 체크 표시합니다.

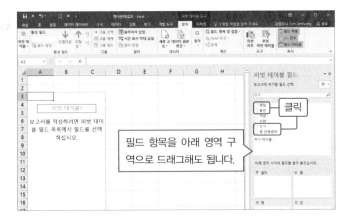

4 체크 표시된 필드는 데이터 유형에 따라 영역 구역에 자동 추가됩니다. '단가' 필드는 합계 값이 아닌 원본 데이터에 입력된 가격만 그대로 표시하면 되므로 [값]의 '합계:단가'를 [행]의 '품번' 아래로 드래그합니다. '매장'은 [필터]로 드래그합니다.

> **TIP**
>
> 필드 구역에서 필드 이름에 체크 표시를 하면 데이터의 형식에 따라 영역 구역의 [행]이나 [값]에 자동 추가됩니다. 기본적으로 계산이 가능한 숫자는 [값]에, 텍스트, 날짜, 시간 등은 [행]에 추가됩니다.

5 전체 매장의 '품번'과 '단가'가 A열의 행 레이블에 배열되고 '총 판매금액'의 합계가 B열에 나타납니다.

> **TIP**
>
> **❶ [보고서 레이아웃] 선택** : 행 레이블의 '품번'과 '단가'가 한 줄로 그룹화되어 B열의 [총 판매금액] 필드 값이 중복되었습니다. 행 레이블의 배열과 부분합을 수정하려면 719쪽을 참고하세요.
> **❷ [값] 표시 형식 변경** : '총 판매금액'에 천 단위 구분기호를 표시하려면 726쪽을 참고하세요.
> **❸ [피벗 테이블 필드] 작업 창 닫기** : 피벗 테이블을 클릭하면 나타나고, 그 외의 셀을 클릭하면 숨겨집니다. [닫기] 버튼을 누르거나 [분석] 탭-[표시] 그룹-[필드 목록]을 클릭하면 목록을 숨기거나 다시 펼칠 수 있습니다.

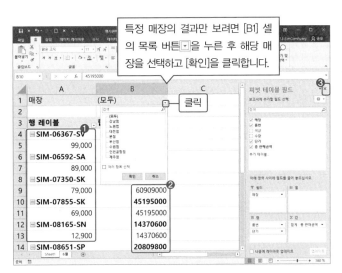

331 보고서 레이아웃 및 디자인 변경하기

피벗 테이블의 기본 레이아웃은 압축 형식으로 표시됩니다. 그룹화된 행 레이블의 위치나 빈 행을 처리하는 방식을 설정하려면 레이아웃을 변경합니다. 피벗 테이블은 표의 속성을 가지므로 자동으로 계산된 부분합을 추가하거나 삭제할 수 있고, 디자인을 일괄 적용할 수 있습니다.

예제 파일 Part28\보고서 레이아웃.xlsx　　**완성 파일** Part28\보고서 레이아웃_완성.xlsx

| 보고서 레이아웃 종류 살펴보기

피벗 테이블을 클릭하고 [디자인] 탭-[레이아웃] 그룹-[보고서 레이아웃]을 클릭하면 레이아웃 형식과 반복되는 데이터의 표시 여부를 설정할 수 있습니다.

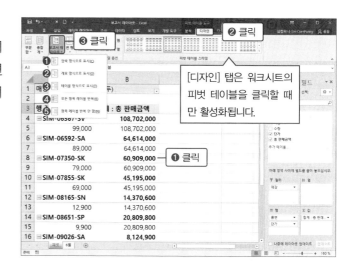

[디자인] 탭은 워크시트의 피벗 테이블을 클릭할 때만 활성화됩니다.

❶ **압축 형식으로 표시** : 피벗 테이블의 기본 형식. [행]에 추가된 필드는 A열에 일렬로 그룹화해서 나타납니다.

❷ **개요 형식으로 표시** : [행]에 추가된 필드는 각각의 열에 따로 표시됩니다.

❸ **테이블 형식으로 표시** : [행]에 추가된 필드는 같은 행, 다른 열에 표시되어 한 줄로 압축됩니다. 각 [행]의 필드별로 요약 행이 생성됩니다. 요약 행을 생략하려면 [부분합]-[부분합 표시 안함]을 선택합니다.

❹❺ **모든 항목 레이블 반복/항목 레이블 반복 안 함** : 그룹화된 레이블에 빈 행이 나타나면 바로 위에 입력된 데이터를 반복해서 표시하거나 생략합니다.

❶ 압축 형식으로 표시　　❷ 개요 형식으로 표시　　❸ 테이블 형식으로 표시　　❹ 모든 항목 레이블 반복

| 보고서 레이아웃 및 디자인 변경하기

1 압축 형식으로 표시된 보고서의 행 레이블과 총 판매금액을 한 줄로 요약하려고 합니다. 피벗 테이블을 클릭하고 [디자인] 탭-[레이아웃] 그룹-[보고서 레이아웃]에서 [테이블 형식으로 표시]를 클릭합니다.

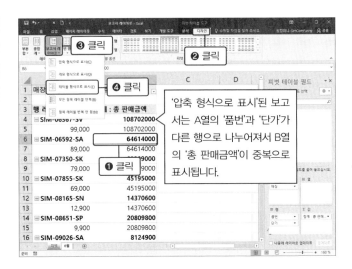

'압축 형식으로 표시'된 보고서는 A열의 '품번'과 '단가'가 다른 행으로 나누어져서 B열의 '총 판매금액'이 중복으로 표시됩니다.

2 품번마다 표시된 요약 행을 없애기 위해 [디자인] 탭-[레이아웃] 그룹-[부분합]에서 [부분합 표시 안 함]을 클릭합니다.

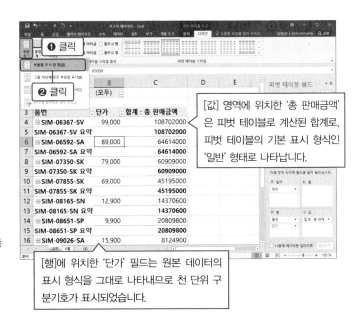

[값] 영역에 위치한 '총 판매금액'은 피벗 테이블로 계산된 합계로, 피벗 테이블의 기본 표시 형식인 '일반' 형태로 나타납니다.

page [값] 필드에 천 단위 구분기호를 표시하려면 726쪽을 참고하세요.

[행]에 위치한 '단가' 필드는 원본 데이터의 표시 형식을 그대로 나타내므로 천 단위 구분기호가 표시되었습니다.

3 요약 행이 사라지고 보고서가 간단해졌습니다. 피벗 테이블 디자인을 바꾸고 싶다면 [디자인] 탭-[피벗 테이블 스타일]의 확장 버튼을 클릭하여 스타일을 선택합니다.

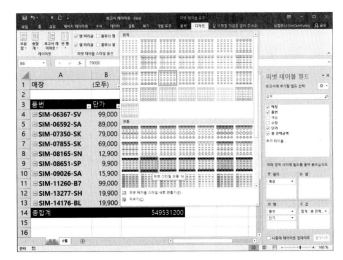

[피벗 테이블 필드] 작업 창의 필드 항목이 많아서 영역 구역이 좁아지면 [행]이나 [값]에서 필드 순서를 조정하기 어려울 수 있습니다. 이때 필드 구역과 영역 구역의 구분선을 드래그하거나 작업 창의 레이아웃을 변경하는 방법이 있습니다.

| [피벗 테이블 필드] 작업 창의 영역 너비 조정하기

필드 구역과 영역 구역 사이의 구분선을 위아래로 드래그하면 각 영역의 너비를 조정할 수 있습니다.

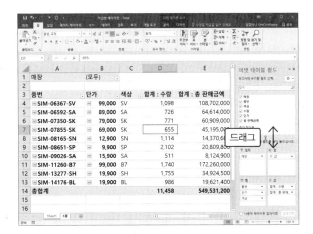

| [피벗 테이블 필드] 작업 창 레이아웃 설정하기

[피벗 테이블 필드] 작업 창의 도구 버튼 ⚙▾을 클릭하면 레이아웃을 변경할 수 있습니다.

❶ 필드 구역과 영역 구역을 양 옆으로 표시

❷ 필드 구역만 표시

❸ 영역 구역만 표시(2×2)

❹ 영역 구역만 표시(1×4)

332 추천 피벗 테이블로 데이터 쉽게 요약하기

추천 피벗 테이블은 원본 데이터에 따라 피벗 테이블의 적합한 구성을 추천합니다. 기본적으로 피벗 테이블을 삽입하면 각 필드의 영역을 지정해서 빈 요약 보고서를 채웁니다. 반면, 추천 피벗 테이블은 추가할 필드의 레이아웃 구성만 선택하면 완성된 요약 보고서가 금세 삽입됩니다.

예제 파일 Part28\행사판매결과.xlsx　　**완성 파일** Part28\행사판매결과_추천피벗.xlsx

1 추천 피벗으로 색상별 판매수량 합계를 요약해 보겠습니다. 엑셀 표를 클릭한 후 [삽입] 탭-[표] 그룹-[추천 피벗 테이블]을 클릭합니다. [권장 피벗 테이블] 대화상자가 나타나면 '합계 : 수량(색상(+)기준)'을 선택한 후 [확인]을 클릭합니다.

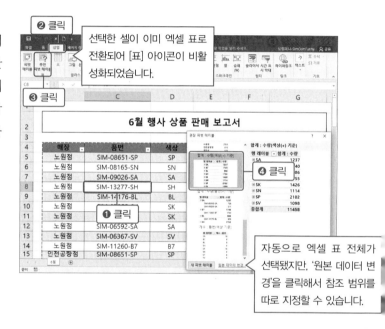

선택한 셀이 이미 엑셀 표로 전환되어 [표] 아이콘이 비활성화되었습니다.

자동으로 엑셀 표 전체가 선택됐지만, '원본 데이터 변경'을 클릭해서 참조 범위를 따로 지정할 수 있습니다.

2 필드까지 자동으로 추가된 피벗 테이블이 만들어졌습니다. [B4:B12] 셀을 선택한 후 [홈] 탭-[표시 형식] 그룹-[쉼표 스타일]을 클릭해서 천 단위 구분기호를 표시합니다.

> **TIP**
>
> B열 전체를 선택해서 [값] 필드의 표시 형식을 변경하면 새로 고침을 할 때마다 표시 형식이 '일반'으로 돌아갑니다. [값] 필드의 표시 형식을 변경하는 방법은 726쪽을 참고하세요.

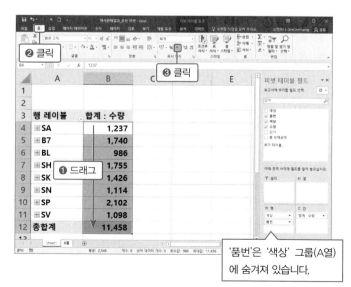

'품번'은 '색상' 그룹(A열)에 숨겨져 있습니다.

333 피벗 테이블 보고서의 필드 위치 정하기 _클래식 피벗 테이블

엑셀 2003 이하에서는 피벗 테이블에 추가할 필드를 직접 워크시트의 보고서 영역으로 드래그했습니다. 엑셀 2007 이후에서는 영역 구역에 필드를 추가하는 간접적인 방식으로 변경되었습니다. 피벗 테이블에 들어갈 필드의 위치를 직접 보고서에 추가하고 싶다면 클래식 피벗 테이블로 전환합니다.

예제 파일 Part28\클래식 피벗.xlsx   **완성 파일** Part28\클래식 피벗_완성.xlsx

1 '클래식 피벗' 워크시트의 빈 피벗 테이블을 클릭하고 [분석] 탭-[피벗 테이블]-[옵션]을 클릭합니다.

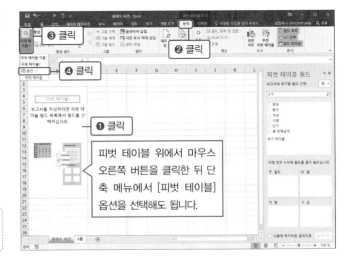

피벗 테이블 위에서 마우스 오른쪽 버튼을 클릭한 뒤 단축 메뉴에서 [피벗 테이블] 옵션을 선택해도 됩니다.

엑셀 2007/2010 | [분석] 탭 대신 [옵션] 탭이 나타납니다.

2 [피벗 테이블 옵션] 대화상자의 [표시] 탭에서 '클래식 피벗 테이블 레이아웃 표시'를 체크 표시하고 [확인]을 클릭합니다.

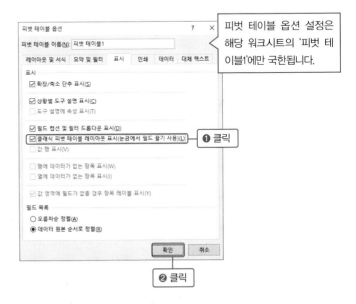

피벗 테이블 옵션 설정은 해당 워크시트의 '피벗 테이블1'에만 국한됩니다.

3 워크시트의 피벗 테이블 보고서 형태가 변경되었습니다. 각 매장의 품번별 총 판매금액을 요약한 보고서를 만들어 보겠습니다. 필드 구역의 '매장'을 [행] 필드 영역인 A열 테두리 안으로 드래그합니다.

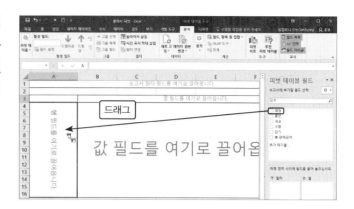

4 각 행에 '매장' 이름이 나타납니다. 필드 구역의 '품번'을 [열] 필드 영역으로 드래그합니다.

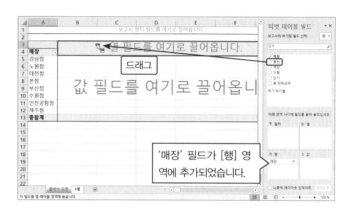

5 각 열에 '품번'이 나타납니다. 필드 영역의 '총 판매금액'을 [값] 필드 영역으로 드래그합니다.

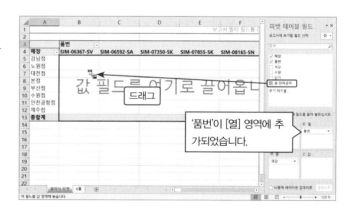

6 각 매장의 품번별 판매금액 합계가 계산되었습니다. 숫자가 입력된 [값] 필드 영역만 선택하고 천 단위 구분기호를 추가하여 피벗 테이블을 완성합니다.

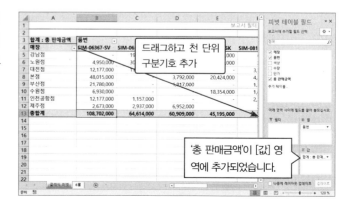

334　[값] 필드의 계산 유형 및 필드명 변경하기

피벗 테이블 필드 영역에서 숫자가 입력된 필드를 체크 표시하면 자동으로 [값] 영역 구역에 추가됩니다.
'합계' 또는 '개수'로 자동 계산된 필드가 추가되고 필드명에 계산 방식이 표시됩니다. 자동 설정된 계산
유형을 바꾸거나 필드명을 변경하는 방법을 알아보겠습니다.

예제 파일 Part28\매장별 평균매출.xlsx　　**완성 파일** Part28\매장별 평균매출_완성.xlsx

| 계산 유형 변경하기

피벗 테이블의 [값] 필드가 입력된
[C3:C14] 셀에서 마우스 오른쪽 버튼을 클
릭한 뒤 단축 메뉴에서 [값 요약 기준]-[평
균]을 클릭하면 계산 값이 변경됩니다.

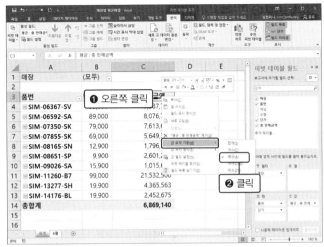

엑셀 2007 | 필드명 [C3] 셀을 제외한 [C4:C14] 셀을
클릭할 때 해당 단축 메뉴가 활성화됩니다.

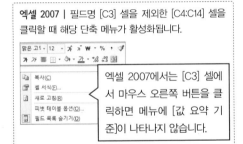

> 엑셀 2007에서는 [C3] 셀에
> 서 마우스 오른쪽 버튼을 클
> 릭하면 메뉴에 [값 요약 기
> 준]이 나타나지 않습니다.

| 계산 유형 및 [값] 필드명 변경하기

피벗 테이블을 클릭하고 [분석] 탭-[활성
필드] 그룹-[필드 설정]을 클릭합니다. [값
필드 설정] 대화상자의 [값 요약 기준] 탭
에서 '합계'를 선택합니다. [사용자 지정 이
름]에서 필드명을 수정하고 [확인]을 클릭
합니다.

TIP

> [값] 필드명만 수정하려면 [C3] 셀을 클릭하고 수
> 식 입력줄에서 변경한 뒤 Enter를 누릅니다. 단,
> 기존의 필드명과 중복되는 이름은 입력할 수 없
> 습니다.

엑셀 2007/2010 | [분석] 탭 대신 [옵션] 탭을 클릭합니다.

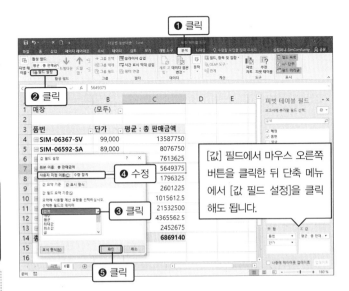

> [값] 필드에서 마우스 오른쪽
> 버튼을 클릭한 뒤 단축 메뉴
> 에서 [값 필드 설정]을 클릭
> 해도 됩니다.

335 [값] 필드의 숫자 표시 형식 변경하기

[행], [열], [필터] 필드는 원본 데이터의 표시 형식대로 나타납니다. 그러나 [값] 필드는 피벗 테이블에 새로 추가된 값이라 '일반' 표시 형식이 기본입니다. 열 전체의 표시 형식을 바꿔도 필드 위치가 바뀌거나 '새로고침'을 하면 '일반'으로 되돌아가기 때문에 필드 속성 자체를 바꾸는 것이 좋습니다.

예제 파일 Part28\피벗 표시 형식.xlsx   **완성 파일** Part28\피벗 표시 형식_완성.xlsx

1 '판매금액 합계' 필드 값에 천 단위 구분기호를 입력하려고 합니다. 간단하게 바꾸려면 C열을 클릭하고 [홈] 탭-[표시 형식] 그룹-[쉼표 스타일]을 클릭합니다.

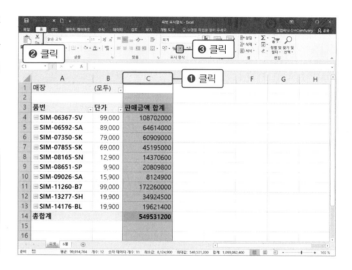

TIP

전체 열을 선택하면 필드 값과 빈 셀을 포함합니다. 반면, '판매금액 합계' 필드인 [C3:C14] 셀만 선택하면 필드의 속성 자체를 바꿀 수 있기 때문에 셀 위치가 바뀌더라도 해당 필드의 표시 형식을 유지할 수 있습니다.

2 C열 숫자에 천 단위 구분기호가 적용되었습니다. 피벗 테이블 레이아웃을 바꾸기 위해 [필터] 영역의 '매장' 필드를 [행] 영역의 맨 위로 드래그합니다.

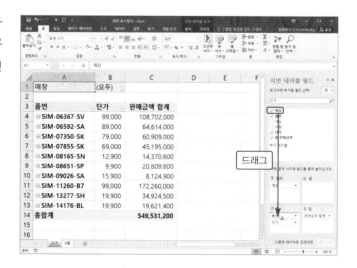

3 '판매금액 합계' 필드가 D열로 이동하자 천 단위 구분기호가 사라졌습니다. 표시 형식을 유지하기 위해 [값] 필드 속성을 변경해 보겠습니다. [D3:D84] 셀에서 마우스 오른쪽 버튼을 클릭한 뒤 단축 메뉴에서 [필드 표시 형식]을 선택합니다.

> **TIP**
>
> [D3:D84] 셀을 선택하고 마우스 오른쪽 버튼을 클릭한 뒤 미니 도구 모음에서 쉼표 스타일(,)을 클릭해도 됩니다.

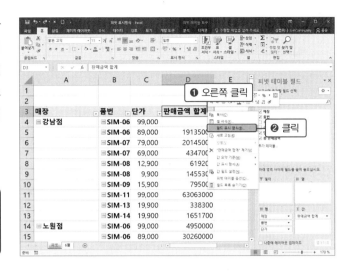

4 [셀 서식] 대화상자가 나타나면 [범주]에서 '숫자'를 선택합니다. '1000 단위 구분기호 사용'에 체크 표시하고 [확인]을 클릭합니다.

5 레이아웃이 변경되어도 표시 형식이 유지되는지 확인해보기 위해 필드 영역의 '색상'에 체크 표시를 합니다. '판매금액 합계' 필드가 E열로 이동해도 천 단위 구분기호가 유지되는 것을 알 수 있습니다.

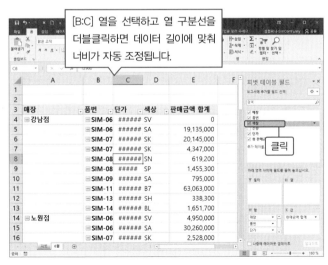

336 수정된 원본 데이터를 피벗 테이블에 업데이트하기

함수와 달리 피벗 테이블은 참조 셀 값이 변경되어도 필드 값에 자동으로 적용되지 않습니다. 특히 [값] 필드는 원본 데이터를 참조하여 계산된 값이기 때문에 피벗 테이블에서 직접 수정하거나 특정 셀만 삭제할 수 없습니다. 원본 데이터를 변경했다면 [새로 고침]을 눌러서 피벗 테이블을 업데이트해야 합니다.

예제 파일 Part28\인사명부.xlsx   **완성 파일** Part28\인사명부_완성.xlsx

1 영업부 직원의 인사이동에 따라 피벗 테이블에 요약된 각 부서의 직원 수를 다시 계산하려고 합니다. '원본' 워크시트에서 [C7] 셀을 **인사**로 수정합니다.

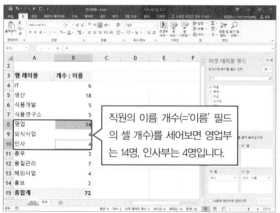

▲ 변경 전 '피벗' 워크시트

> 직원의 이름 개수(='이름' 필드의 셀 개수)를 세어보면 영업부는 14명, 인사부는 4명입니다.

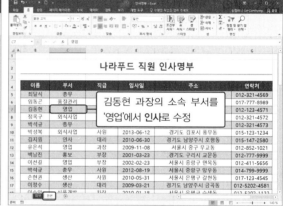

▲ 변경 전 '원본' 워크시트

> 김동현 과장의 소속 부서를 '영업'에서 **인사**로 수정

2 [데이터] 탭-[연결] 그룹-[모두 새로고침]을 클릭한 후 '피벗' 워크시트를 확인하면 '영업'과 '인사'의 직원 수가 변경된 것을 알 수 있습니다.

> 피벗 테이블을 클릭하고 [분석] 탭-[데이터] 그룹-[새로고침]을 클릭해도 됩니다.

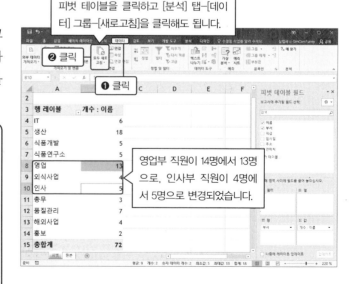

> 영업부 직원이 14명에서 13명으로, 인사부 직원이 4명에서 5명으로 변경되었습니다.

TIP

[모두 새로고침]과 [새로고침]의 차이점

- 모두 새로고침(단축키 Ctrl + Alt + F5) : 피벗 테이블이 삽입되지 않은 워크시트나 빈 셀을 클릭한 상태에서도 [모두 새로고침] 버튼을 선택할 수 있습니다.
- 새로고침(단축키 Alt + F5) : 피벗 테이블의 셀을 클릭한 상태에서만 [새로고침] 버튼이 활성화됩니다.

337 엑셀 표에서 원본 데이터 추가하기

일반 표에 데이터를 추가하거나 삭제하면 참조 범위를 변경해줘야 피벗 테이블에 적용됩니다. 반면 엑셀 표는 연속으로 입력된 범위를 전체 표로 인식하기 때문에 데이터를 추가하거나 삭제한 뒤 새로고침을 누르면 원본 데이터 범위가 자동으로 변경됩니다.

예제 파일 Part28\인사명부 추가표.xlsx **완성 파일** Part28\인사명부 추가표_완성.xlsx

1 '피벗' 워크시트에서 [분석] 탭-[데이터] 그룹-[데이터 원본 변경]을 클릭하면 '원본' 워크시트의 참조 범위가 표시됩니다. [피벗 테이블 데이터 원본 변경] 대화상자에서 [취소]를 누릅니다.

TIP

엑셀 표를 참조해서 '표/범위'에 셀 주소 대신 '표 2'가 나타납니다. 표의 마지막 셀인 [G77] 셀의 표시를 보면 '엑셀 표'가 설정된 것을 알 수 있습니다.

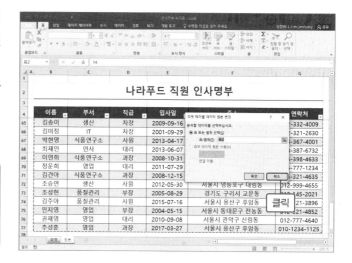

2 '원본' 워크시트의 78행에 다음과 같이 영업부 직원 정보를 추가합니다.

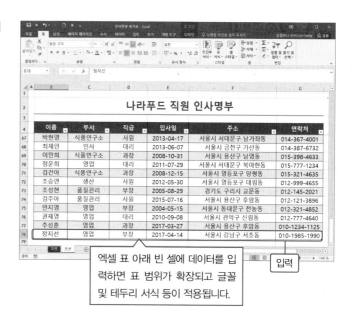

엑셀 표 아래 빈 셀에 데이터를 입력하면 표 범위가 확장되고 글꼴 및 테두리 서식 등이 적용됩니다.

3 '피벗' 워크시트를 클릭하고 [새로고침] 단축키 Ctrl + F5 를 누르면 영업부 직원 수가 15명으로 변경됩니다. 원본 데이터를 확인하기 위해 [분석] 탭-[데이터] 그룹-[데이터 원본 변경]을 클릭합니다.

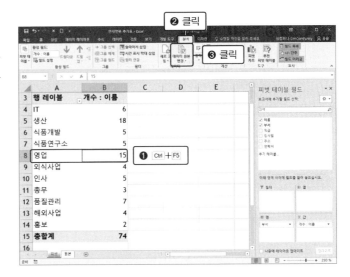

4 [피벗 테이블 데이터 원본 변경] 대화상자의 참조 범위가 78행까지 확장된 것을 알 수 있습니다. [취소]를 클릭하면 다시 '피벗' 워크시트로 이동합니다.

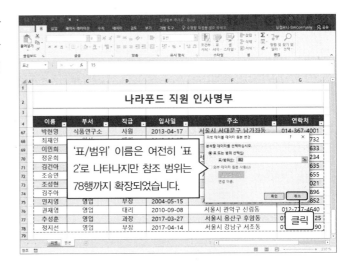

338 원본 데이터 추가하고 참조 범위 확장하기

피벗 테이블에서 [새로고침]은 참조된 원본 데이터 범위에서만 업데이트됩니다. 엑셀 표에 데이터가 추가되면 자동으로 표의 범위가 확장되지만, 일반 표는 참조 범위의 셀 주소가 고정되어 있습니다. 그래서 행이나 열에 데이터를 추가/삭제했을 때는 원본 데이터 범위를 변경해야 합니다.

예제 파일 Part28\인사명부 추가.xlsx   **완성 파일** Part28\인사명부 추가_완성.xlsx

1 '원본' 워크시트 표의 77행에 '영업' 부서의 직원 정보를 추가합니다. 원본 데이터가 추가되었으니 참조 범위도 확장해야 합니다. '피벗' 워크시트 탭을 클릭해서 피벗 테이블로 이동합니다.

> **TIP**
> 예제 표는 셀에 데이터를 입력하고 테두리만 그은 일반 표로, 729쪽 예제인 엑셀 표와 다릅니다. 표 아래에 데이터를 추가해도 셀 서식이 적용되지 않고 피벗 테이블의 참조 범위도 자동으로 확장되지 않습니다.

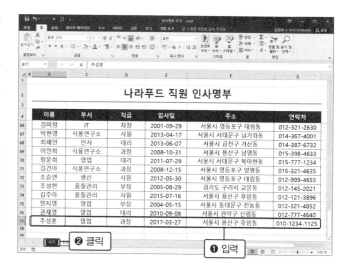

2 피벗 테이블을 클릭하고 [새로고침] 단축키 Ctrl + F5 를 누릅니다. '영업' 부서의 직원 수는 변경되지 않습니다. 원본 데이터 범위를 재설정하기 위해 [분석] 탭-[데이터] 그룹-[데이터 원본 변경]을 클릭합니다.

> 엑셀 2007/2010 | [분석] 탭 대신 [옵션] 탭에서 선택합니다.

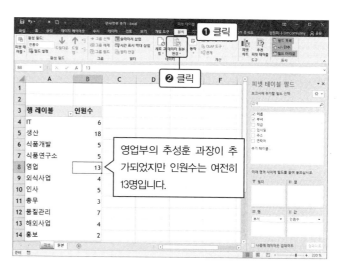

page [모두 새로 고침]과 [새로 고침]의 차이점은 728쪽을 참고하세요.

3 [피벗 테이블 데이터 원본 변경] 대화 상자가 나타나고 '원본' 워크시트에 참조 범위가 표시됩니다. 추가한 77행이 포함되도록 참조 범위를 선택한 후 [확인]을 클릭합니다.

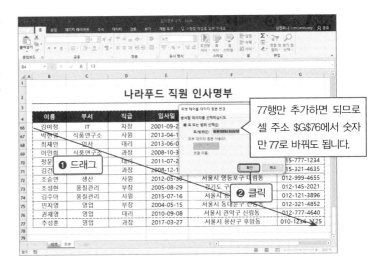

77행만 추가하면 되므로 셀 주소 $G$76에서 숫자만 77로 바꿔도 됩니다.

4 다시 '피벗' 워크시트가 나타납니다. 영업부 인원수가 13명에서 14명으로 변경되었습니다.

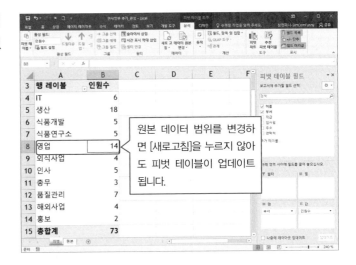

원본 데이터 범위를 변경하면 [새로고침]을 누르지 않아도 피벗 테이블이 업데이트 됩니다.

339 (비어 있음)으로 표시된 빈 행 제외하기

엑셀 표에서는 행이 삭제되면 표의 범위가 자동으로 축소됩니다. 반면 일반 표는 참조 범위가 고정되어 행 데이터가 삭제되거나 빈 행이 포함되면 (비어 있음)이라는 필드가 추가됩니다. 피벗 테이블 보고서에는 행을 직접 입력/수정/삭제할 수 없기 때문에 원본 데이터 범위를 수동으로 조정해야 합니다.

예제 파일 Part28\월별 급여.xlsx   **완성 파일** Part28\월별 급여_완성.xlsx

1 빈 행이 추가된 원본 데이터 범위를 축소하기 위해 피벗 테이블을 클릭하고 [분석] 탭-[데이터] 그룹-[데이터 원본 변경]을 클릭합니다.

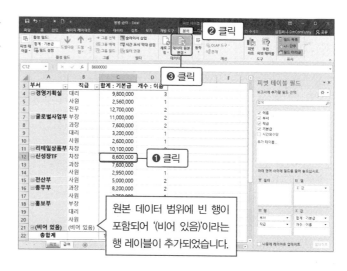

원본 데이터 범위에 빈 행이 포함되어 '(비어 있음)'이라는 행 레이블이 추가되었습니다.

2 '급여' 워크시트에 표시된 참조 범위에 빈 행(33행)이 포함된 것을 볼 수 있습니다. [피벗 테이블 데이터 원본 변경] 대화상자의 '표/범위'에서 $F$33의 숫자만 32로 수정하고 [확인]을 클릭합니다.

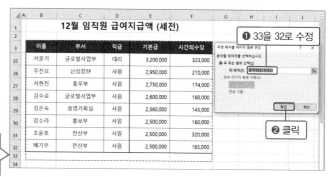

원본 데이터에서 빈 행인 33행을 제외합니다.

3 피벗 테이블에서 '(비어 있음)' 행이 사라졌습니다.

TIP

피벗 테이블이 참조할 원본 데이터는 미리 '엑셀 표'로 전환하는 것이 좋습니다. 엑셀 표에서 데이터가 추가나 삭제가 되면 참조 범위가 자동으로 확장 또는 축소되기 때문입니다.

340 [값] 필드의 계산 항목에 다양한 수식 추가하기

[값] 필드는 원본 데이터를 참조하여 합계/평균 등 기본적인 계산 결과를 보여줍니다. 기본 계산 유형 이외에도 피벗 테이블의 필드 값을 참조해서 다양한 수식을 적용하려면 계산 필드를 추가하면 됩니다.

예제 파일 Part28\급여지급대장.xlsx   **완성 파일** Part28\급여지급대장_완성.xlsx

1 직원별 시간외수당 비중을 구하기 위해 [값] 필드에 수식을 추가해 보겠습니다. 피벗 테이블을 클릭한 후 [분석] 탭-[계산] 그룹-[필드, 항목 및 집합]에서 [계산 필드]를 클릭합니다.

TIP

피벗 테이블 값을 참조하여 빈 셀에 수식을 입력하면 GETPIVOTDATA 함수가 나타납니다. 이 함수는 절대 참조 형식으로 입력되므로 채우기 핸들로 나머지 셀 값을 구하면 첫 번째 셀 값이 복사됩니다.

2 [계산 필드 삽입] 대화상자가 나타나면 [이름]에 야근비중을 입력합니다. [수식]에 =시간외수당/(기본급+시간외수당)을 입력하고 [확인]을 클릭합니다.

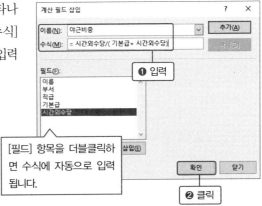

[필드] 항목을 더블클릭하면 수식에 자동으로 입력됩니다.

3 '합계:야근비중' 필드에 계산 결과가 추가되었습니다. 백분율로 표시하기 위해 [E4:E33] 셀을 드래그하고 [홈] 탭-[표시형식] 그룹-[백분율]을 클릭합니다.

page [값] 필드명을 수정하려면 725쪽을 참고하세요.

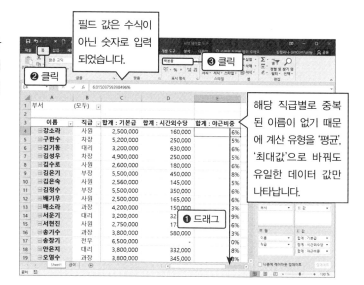

| 계산 필드 삭제하기

1 '야근비중' 필드를 삭제하려면 피벗 테이블을 클릭하고 [분석] 탭-[계산] 그룹-[필드, 항목 및 집합]에서 [계산 필드]를 클릭합니다.

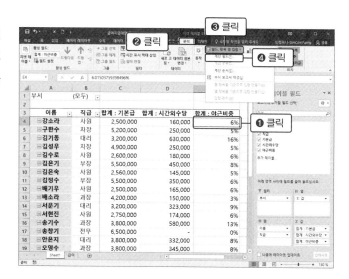

2 [계산 필드 삽입] 대화상자에서 [이름]의 목록 버튼을 클릭하고 '야근비중' 필드를 선택합니다. [삭제]를 클릭한 후 [확인]을 클릭하면 피벗 테이블에서 해당 필드가 삭제됩니다.

> **TIP**
> 계산 필드가 삭제된 후 Ctrl + Z로 실행 취소를 해도 삭제된 필드는 다시 나타나지 않습니다.

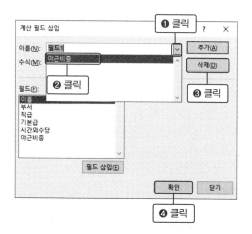

341 조건식 활용하여 필드 값을 문자로 표시하기

표시 형식의 사용자 지정에서는 숫자 기호나 천 단위 구분기호 외에도 다양한 표시 형식을 나타낼 수 있습니다. IF 함수처럼 사용자 지정에 조건식과 대체할 값을 입력하면 숫자 값을 문자로 표시할 수 있습니다.

예제 파일 Part28\야근조정.xlsx   **완성 파일** Part28\야근조정_완성.xlsx

1 '야근비중'에 따라 조정과 면담 여부를 표시하려고 합니다. '야근비중 2' 필드에서 마우스 오른쪽 버튼을 클릭한 뒤 단축 메뉴에서 [필드 표시 형식]을 선택합니다.

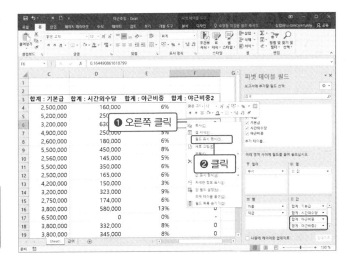

> **TIP**
> [값] 영역의 '야근비중'과 '야근비중2'는 같은 필드입니다. 필드 구역에서 영역 구역으로 드래그한 필드를 중복해서 추가할 수 있습니다.

2 [셀 서식] 대화상자의 [범주]에서 '사용자 지정'을 선택합니다. [형식]에 다음의 조건식을 입력하고 [확인]을 클릭합니다.

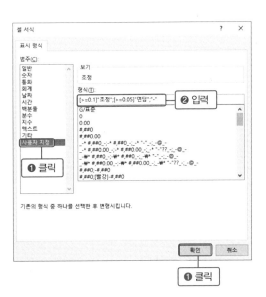

조건식

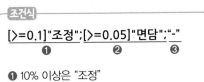

[>=0.1]"조정";[>=0.05]"면담";"-"
   ❶   ❷   ❸

❶ 10% 이상은 "조정"
❷ 5% 이상은 "면담"
❸ 그 외에는 하이픈(–)을 표시합니다.

3 야근 비중에 따라 결과 값이 문자로 표시되었습니다. 계산 값이 표시된 [F4:F33] 셀을 클릭하여 수식 입력줄을 보면 원래의 숫자가 입력된 것을 알 수 있습니다.

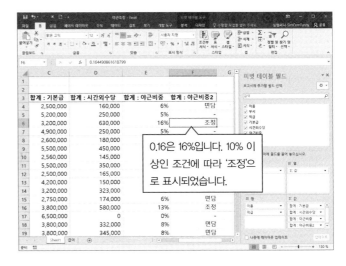

342 오류 값과 빈 셀 채우기

[행]과 [열] 레이블은 직접 수정이 가능하지만, [값] 필드는 피벗 테이블에서 계산된 결과이므로 수정과 삭제가 불가능합니다. 원본 데이터 값에 따라 피벗 테이블에 오류 값이나 빈 셀이 나타날 수 있는데, 이 때 표시할 값을 설정해 보겠습니다.

예제 파일 Part28\카드입출금내역1.xlsx **완성 파일** Part28\카드입출금내역1_완성.xlsx

1 '피벗' 워크시트의 '합계:금액' 필드에 표시된 #NAME 오류와 빈 셀을 대체하려고 합니다. 피벗 테이블에서 마우스 오른쪽 버튼을 클릭한 뒤 단축 메뉴에서 [피벗 테이블 옵션]을 선택합니다.

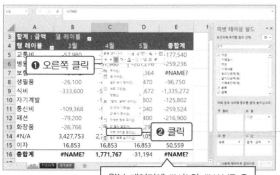

▲ '피벗' 워크시트

원본 데이터에 #N/A와 #NAME 오류가 포함되어 있어 피벗 테이블에도 오류가 표시되었습니다.

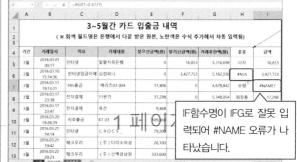

▲ '카드내역' 워크시트

IF함수명이 IFG로 잘못 입력되어 #NAME 오류가 나타났습니다.

2 [피벗 테이블 옵션] 대화상자-[레이아웃 및 서식] 탭에서 [오류 값 표시]를 체크 표시하고 재확인을 입력합니다. [빈 셀 표시]의 체크 표시는 없앱니다.

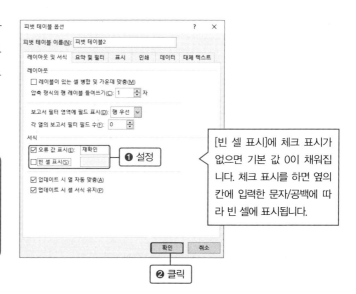

[빈 셀 표시]에 체크 표시가 없으면 기본 값 0이 채워집니다. 체크 표시를 하면 옆의 칸에 입력한 문자/공백에 따라 빈 셀에 표시됩니다.

> **TIP**
>
> [피벗 테이블 옵션] 대화상자의 [업데이트 시 열 자동 맞춤]의 체크 표시를 없앨 경우, 새로고침을 할 때마다 데이터 길이에 따라 자동 조정되는 열 너비가 변하지 않고 사용자가 지정한 대로 유지됩니다.

3 열 레이블의 #NAME 오류는 '재확인'으로 대체되고 빈 셀에는 0이 채워졌습니다.

page 행 레이블인 [A14] 셀의 #N/A 오류를 수정하는 방법은 740쪽을 참고하세요.

TIP

[피벗 테이블 옵션] 대화상자의 오류 값 설정은 [값] 필드에만 적용됩니다. 반면 [행]과 [열]에 추가된 필드 값은 직접 셀을 수정하거나 원본 데이터를 수정하고 [새로고침]을 눌러줍니다.

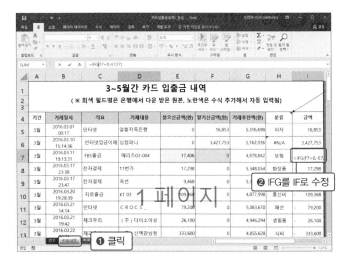

4 원본 데이터에서 #NAME 오류를 수정하면 피벗 테이블에서 '재확인' 표시를 없앨 수 있습니다. '카드내역' 워크시트에서 3월 보험료가 입력된 [I7] 셀을 클릭합니다. IFG로 잘못 입력된 함수명을 IF로 수정합니다.

5 '피벗' 워크시트에서 [데이터] 탭-[연결] 그룹-[모두 새로고침]을 누르면 해당 셀이 숫자로 표시됩니다.

343 행 레이블의 오류 값 찾아서 수정하기

행 레이블의 오류 값은 피벗 테이블에서 직접 수정할 수 있습니다. 그러나 원본 데이터의 오류를 남겨두고 피벗 테이블만 수정하는 것보다 오류의 원인을 찾아서 통합적으로 관리하는 것이 중요합니다. 오류가 수식에서 발생했다면, 인수나 참조 범위를 살펴보는 것이 데이터를 장기적으로 관리할 때 좋습니다.

예제 파일 Part28\카드입출금내역2.xlsx   완성 파일 Part28\카드입출금내역2_완성.xlsx

1 '피벗' 워크시트의 행 레이블에 나타난 #N/A 오류를 원본 데이터에서 찾아보겠습니다. '카드내역' 워크시트에서 오류가 표시된 [H34] 셀을 클릭하면 VLOOKUP 함수가 입력된 것을 알 수 있습니다. 오류를 찾기 위해 수식의 참조 범위가 위치한 '항목분류' 워크시트로 이동합니다.

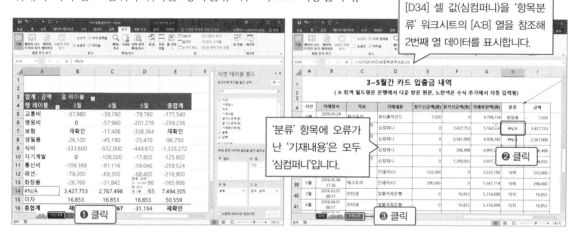

> [D34] 셀 값(심컴퍼니)을 '항목분류' 워크시트의 [A:B] 열을 참조해 2번째 열 데이터를 표시합니다.

> '분류' 항목에 오류가 난 '기재내용'은 모두 '심컴퍼니'입니다.

TIP

#N/A 오류는 찾는 값이 없다는 의미입니다. 즉, 찾는 값이 참조 범위에 없거나 문자가 다르게 입력되면 나타납니다.

2 '카드내역' 워크시트에 '심컴퍼니'로 입력된 '기재내용'이 '항목분류' 워크시트의 참조 표에서는 영문(SimComFunny)으로 입력되어 있습니다. 찾는 값과 똑같이 만들기 위해 [A32] 셀에 심컴퍼니를 입력합니다.

> 심컴퍼니 입력

3 '카드내역' 워크시트의 '분류'에서 #N/A 오류가 사라지고 '수입'이 표시됩니다.

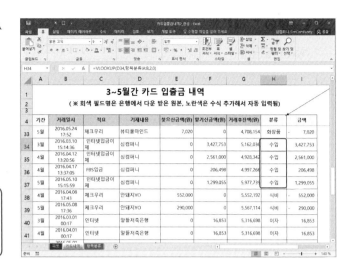

TIP

오류 값에 직접 분류 값을 입력해도 되지만 수식은 데이터가 수정될 때 실시간으로 자동 변환되는 장점이 있습니다.

4 '피벗' 워크시트로 이동하면 아직 #N/A 오류가 남아 있는 것을 볼 수 있습니다. 변경된 원본 데이터를 적용하기 위해 [데이터] 탭-[연결] 그룹-[모두 새로고침]을 클릭합니다.

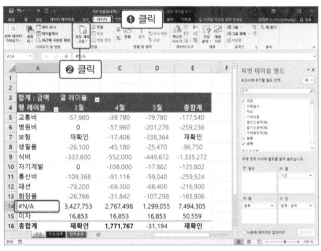

단축키

모두 새로고침 Ctrl + Alt + F5

5 피벗 테이블이 업데이트되어 #N/A 오류 대신 '수입'이 표시됩니다.

344 여러 개의 표를 하나의 피벗 테이블로 통합하기

2개 이상의 워크시트로 나누어진 표를 하나로 통합하려면 피벗 테이블 마법사를 이용합니다. 엑셀 2003 이하에서는 피벗 테이블 마법사가 리본 메뉴에 있었습니다. 그러나 엑셀 2007부터는 리본 메뉴에 없는 명령으로 숨겨져서 빠른 실행 도구 모음으로 추가하거나 단축키로 실행합니다.

예제 파일 Part28\매입부가세.xlsx　　**완성 파일** Part28\매입부가세_완성.xlsx

1 '카드'와 '현금' 워크시트의 표를 통합하여 하나의 피벗 테이블로 만들어 보겠습니다. 단축키 Alt - D - P 를 순서대로 누릅니다. [피벗 테이블/피벗 차트 마법사] 대화상자의 1단계에서 '다중 통합 범위', '피벗 테이블'을 선택하고 [다음]을 클릭합니다.

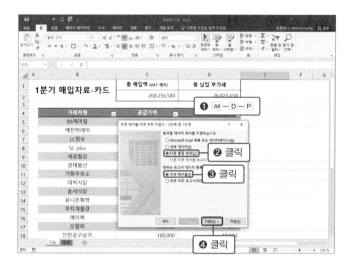

TIP

피벗 테이블/피벗 차트 마법사 실행하기

방법 1. 단축키 Alt - D - P

방법 2. 리본 메뉴 또는 빠른 실행 도구 모음에 추가하기

[파일] 탭-[옵션]을 클릭한 후 [Excel 옵션] 대화상자-[빠른 실행 도구 모음] 화면의 [명령 선택]에서 '리본 메뉴에 없는 명령'을 선택한 후 '피벗 테이블/피벗 차트 마법사'를 추가합니다.

빠른 실행 도구 모음을 추가하는 방법은 49쪽을 참고하세요.

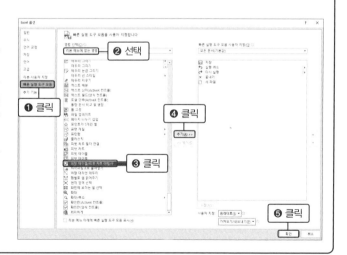

2 [피벗 테이블/피벗 차트 마법사] 대화 상자의 2A단계에서 '하나의 페이지 필드 만들기'를 선택하고 [다음]을 클릭합니다.

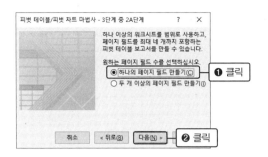

3 2B단계의 [범위]에서는 통합할 원본 데이터 표의 범위를 선택합니다. '카드' 워크시트에서 [B4:D26] 셀을 선택하고 [추가]를 클릭합니다.

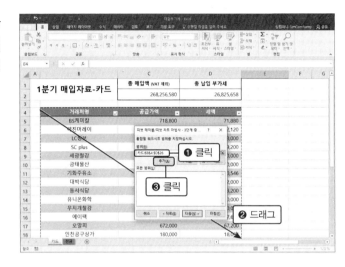

4 '현금' 워크시트에서 [B4:D18] 셀을 선택하고 [추가]를 클릭합니다. 모든 범위를 선택했으면 [다음]을 클릭합니다.

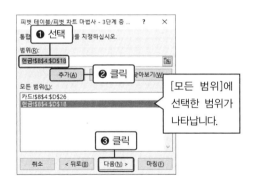

5 3단계에서는 피벗 테이블 보고서 작성 위치로 '새 워크시트'를 선택하고 [마침]을 클릭합니다.

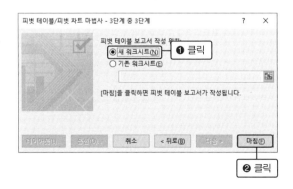

6 새 워크시트에 통합된 피벗 테이블이 나타납니다. 그런데 [B1] 셀에서 필터 목록 ☑️을 펼치면 '항목 1', '항목 2'로 표시되어 원본 데이터를 구분하기 쉽지 않습니다. 워크시트명을 구분하기 위해 [필터] 영역의 '페이지1'을 [행] 영역의 맨 윗줄로 드래그합니다.

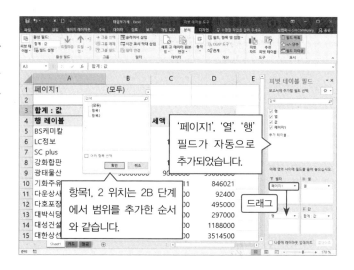

7 행 레이블에 '항목1'과 '항목2'가 표시되었습니다. [A5] 셀을 클릭하여 '항목1'을 카드로, [A28] 셀의 '항목2'는 현금으로 수정합니다.

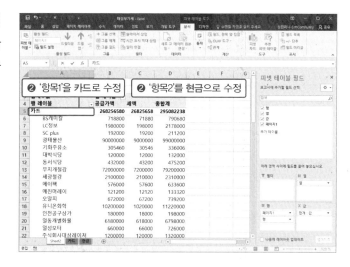

8 [행] 영역의 '페이지1' 필드를 다시 [필터] 영역으로 드래그합니다. [B1] 셀의 목록 버튼☑️을 클릭하면 수정한 필드명이 나타나는 것을 볼 수 있습니다.

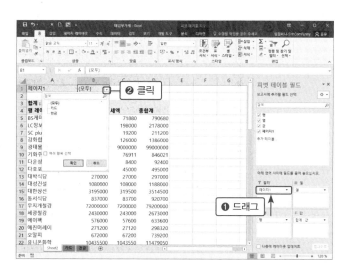

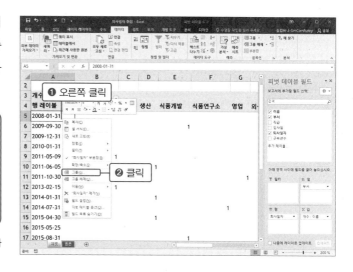

345 날짜 단위별로 그룹화하기

원본 데이터에 입력된 날짜와 시간은 피벗 테이블에서 연도/월/분기/시/분/초 단위로 그룹화할 수 있습니다. 단, 날짜 단위로 그룹화할 행 레이블의 원본 데이터는 날짜 형식에 맞춰 제대로 입력되어야 합니다. 날짜에 작은따옴표나 문자가 하나라도 포함되면 텍스트로 구분되어 시간 단위를 그룹화할 수 없습니다.

예제 파일 Part28\퇴사일자 취합.xlsx   **완성 파일** Part28\퇴사일자 취합_완성.xlsx

| 기간별 그룹화하기

1 퇴사일자를 연도와 월별로 분류하려고 합니다. 행 레이블에서 마우스 오른쪽 버튼을 클릭한 뒤 단축 메뉴에서 [그룹]을 선택합니다.

> **TIP**
>
> 행 레이블 영역에 날짜 형식이 아닌 문자가 포함된 상태에서 그룹화를 선택하면 오류 메시지가 나타납니다.

page 문자 데이터를 그룹화하는 방법은 748쪽을 참고하세요.

2 [그룹화] 대화상자가 나타나면 [단위]에서 '연'과 '월'을 선택한 후 [확인]을 클릭합니다.

> **TIP**
>
> 그룹화할 행 레이블에 문자 형식으로 표기된 날짜가 포함되었을 경우, 목록 버튼 을 클릭하면 '텍스트 오름차순 정렬'이 나타납니다. 필터 목록에는 숫자 형식의 날짜가 먼저 정렬되고 맨 아래쪽에 문자가 포함된 날짜(2008년1월31일)가 따로 정렬됩니다.

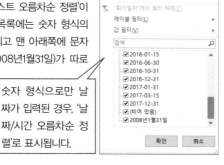

숫자 형식으로만 날짜가 입력된 경우, '날짜/시간 오름차순 정렬'로 표시됩니다.

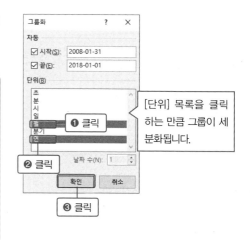

[단위] 목록을 클릭하는 만큼 그룹이 세분화됩니다.

3 퇴사일자가 연도/월별로 그룹화되었습니다.

(비어 있음)은 입사일자만 입력되고 퇴사일자는 아직 입력되지 않은 재직자를 의미합니다.

| 그룹화 해제하기

1 기간별 그룹화를 해제하려면 A열의 행 레이블에서 마우스 오른쪽 버튼을 클릭한 뒤 단축 메뉴에서 [그룹 해제]를 클릭합니다.

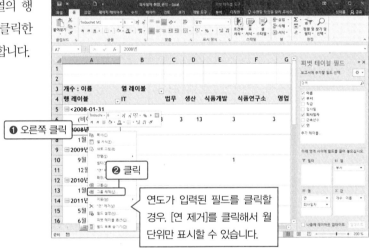

❶ 오른쪽 클릭

❷ 클릭

연도가 입력된 필드를 클릭할 경우, [연 제거]를 클릭해서 월 단위만 표시할 수 있습니다.

2 원래대로 퇴사일자만 나타납니다.

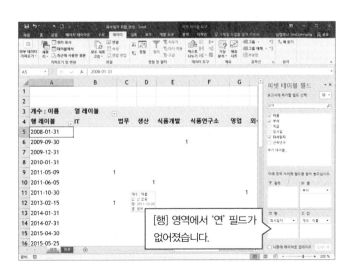

[행] 영역에서 '연' 필드가 없어졌습니다.

346 특정 기간 단위로 날짜 그룹화하기

피벗 테이블의 날짜를 그룹화할 때는 연도, 월 단위 외에도 특정 단위를 기준으로 정할 수 있습니다. 일주일이나 15일, 30일 등 기간을 정할 때는 단위가 '일'로 선택되어야 합니다. [값] 필드는 그룹화된 행 레이블에 맞춰 다시 계산됩니다.

예제 파일 Part28\위클리세일즈.xlsx **완성 파일** Part28\위클리세일즈_완성.xlsx

1 판매일자를 일주일 단위로 그룹화하려고 합니다. 행 레이블에서 마우스 오른쪽 버튼을 클릭한 뒤 단축 메뉴에서 [그룹]을 클릭합니다. [그룹화] 대화상자에서 기존에 선택된 단위 목록을 해제하고 '일'만 선택합니다. [날짜 수]에 7을 입력하고 [확인]을 클릭합니다.

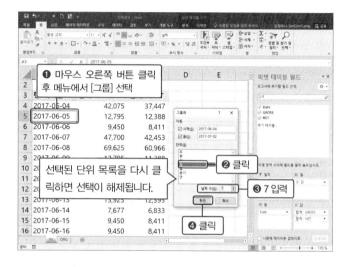

2 행 레이블이 일주일 간격으로 변경되고 합계도 다시 계산되었습니다.

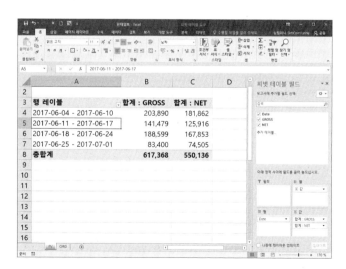

347 행 레이블 위치 이동 및 문자 데이터 그룹화하기

행 레이블이 문자로 입력된 경우 그룹화할 범위를 선택해야 합니다. 그래서 필드를 먼저 정렬하거나 그룹화할 필드끼리 위치를 이동해줘야 합니다. 행 레이블에 추가된 그룹명은 피벗 테이블의 셀이나 수식 입력줄에서 직접 입력할 수 있습니다.

예제 파일 Part28\매입기록장.xlsx **완성 파일** Part28\매입기록장_완성.xlsx

| 행 레이블의 위치 조정하기

1 A열에서 식비에 해당하는 거래처명만 그룹화하려고 합니다. [A14] 셀의 '대박식당' 아래 [A17] 셀의 '동서식당' 데이터를 나란히 정렬해 보겠습니다. 우선 [A17] 셀을 클릭한 후 셀 테두리에 마우스 포인터를 놓아 ⊹ 모양으로 바뀌면 [A14] 셀 아래로 드래그합니다.

2 14행과 15행 사이에 구분선이 나타나면 마우스 버튼에서 손을 뗍니다. '동서식당' 데이터가 15행에 위치하게 됩니다.

| 문자가 입력된 행 레이블 그룹화하기

1 [A14:A15] 셀을 선택하고 마우스 오른쪽 버튼을 클릭한 뒤 단축 메뉴에서 [그룹]을 선택합니다.

2 24행에 '그룹1'이 나타나고 '대박식당'과 '동서식당'이 하위 그룹으로 묶였습니다. [A24] 셀을 클릭하여 식비로 수정합니다.

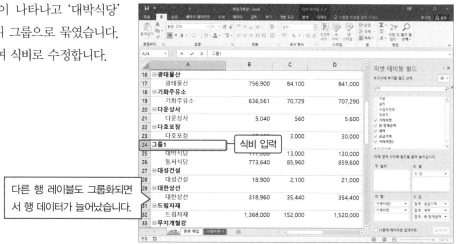

3 '식비'가 입력된 셀에서 ⊟을 클릭하면 그룹화된 항목이 숨겨지고 그룹의 합계만 나타납니다. ⊞을 클릭하면 하위 항목이 모두 나타납니다.

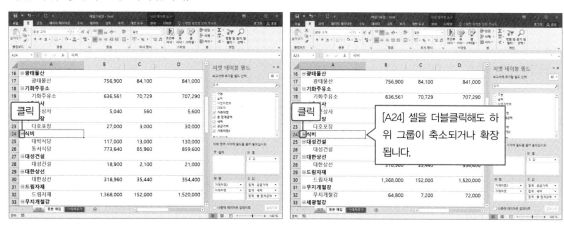

348 그룹화된 필드 값 일괄 숨기기/펼치기

피벗 테이블에서 상위 그룹의 셀을 더블클릭해서 하위 그룹을 축소하거나 확장할 수 있습니다. 그룹화된 필드가 많을 경우에는 리본 메뉴나 단축 메뉴에서 그룹 필드를 일괄적으로 숨기거나 펼칠 수 있습니다.

예제 파일 Part28\거래처별 매입장.xlsx

1 각 거래처 아래에는 하위 그룹이 있습니다. 거래처별로 합계 금액만 표시하기 위해 하위 그룹으로 묶인 '사업자번호'와 '날짜' 필드는 모두 숨기려고 합니다. 거래처명이 입력된 [A4] 셀을 클릭하고 [분석] 탭-[활성 필드] 그룹-[필드 축소]를 클릭합니다.

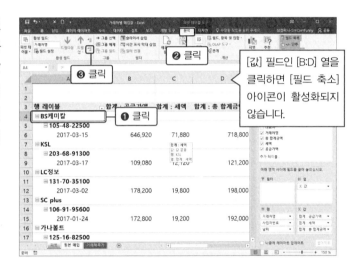

2 A열의 행 레이블에는 거래처명만 남고 [B:D] 열에는 합계 금액만 나타납니다. 이번에는 숨겨진 필드를 모두 펼쳐보겠습니다. 행 레이블을 클릭하고 [분석] 탭-[활성 필드] 그룹-[필드 확장]을 클릭하면 다시 모든 필드가 확장되어 나타납니다.

TIP

'거래처명'과 '사업자번호' 필드만 표시하고 '날짜' 필드만 숨기려면 피벗 테이블에서 '사업자번호' 하나를 클릭한 후 [분석] 탭-[활성 필드] 그룹-[필드 축소]를 클릭합니다.

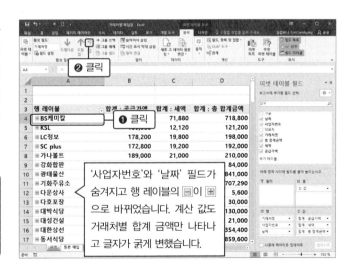

349 행/열 레이블 정렬하기

피벗 테이블의 행 레이블과 열 레이블의 목록 버튼을 클릭하면 원본 데이터의 입력 방식에 따라 텍스트, 숫자, 날짜/시간 형식으로 정렬 방식이 나타납니다. 데이터는 (비어 있음)>숫자>문자 순으로 정렬됩니다. 예를 들어 날짜를 내림차순으로 정렬하면 공백, 최신 날짜순으로 정렬되고, 문자 형식으로 입력된 날짜는 맨 아래에 위치하게 됩니다.

예제 파일 Part28\퇴사일자 분석.xlsx　　**완성 파일** Part28\퇴사일자 분석_완성.xlsx

1 A열에 표시된 퇴사일자를 최신순으로 정렬해 보겠습니다. [A4] 셀의 목록 버튼 🔽을 클릭하고 [날짜/시간 내림차순 정렬]을 클릭합니다.

> 행 레이블에 날짜 형식 이외의 문자(비어 있음)가 포함되었을 경우 '텍스트 오름차순/내림차순 정렬'로 표시됩니다.

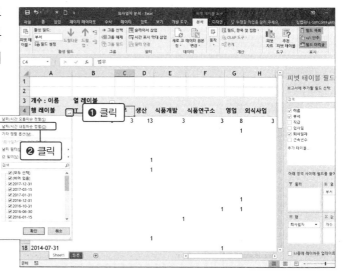

2 퇴사일자가 (비어 있음), 최신 날짜순으로 내림차순 정렬되었습니다.

> '(비어 있음)'은 퇴사일자가 입력되지 않은 재직자를 의미합니다.

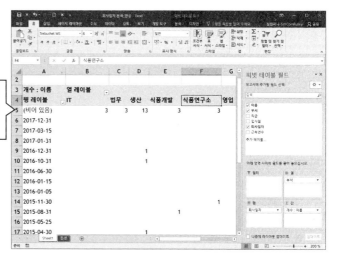

350 피벗 테이블에서 필터 적용하기

피벗 테이블에서 취합된 결과를 필터링해서 보려면 2가지 방법이 있습니다. 일반 데이터 표처럼 피벗 테이블의 첫 행에서 목록 버튼을 사용하는 방법과 [필터] 영역을 따로 만드는 방법입니다. 2가지 방법을 모두 살펴보고, 차이점을 알아보겠습니다.

예제 파일 Part28\피벗 필터.xlsx　　**완성 파일** Part28\피벗 필터_완성.xlsx

| 방법 1_피벗 테이블의 머리글 행에서 필터링하기

1 피벗 테이블에서 '강남점'의 판매 결과만 보려고 합니다. [A3] 셀에서 필터 버튼을 클릭한 후 '모두 선택'을 클릭하여 모든 항목의 체크 표시를 없앱니다. '강남점'만 체크 표시하고 [확인]을 클릭합니다.

> 현재 '테이블 형식으로 표시' 레이아웃이 적용되었습니다. 레이아웃이 '압축 형식으로 표시'로 설정된 경우, [A3] 셀은 '행 레이블'로 표시됩니다.

> 검색란에서 강남을 검색해도 됩니다.

TIP

목록 버튼으로 정렬/필터를 구분하는 방법
- 텍스트 오름차순 정렬
- 텍스트 내림차순 정렬
- 필터가 적용됨

2 피벗 테이블에 '강남점' 필드만 표시됩니다. 필터를 제거하려면 필터 버튼을 클릭하고 "매장"에서 필터 해제를 클릭합니다.

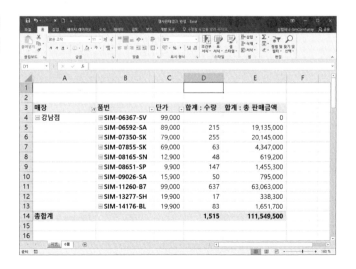

| 방법 2_[필터] 영역에 필드 값 추가하기

1 A열의 '매장' 필드를 필터 메뉴로 따로 만들어 보겠습니다. [피벗 테이블 필드] 작업 창의 [행] 영역에서 '매장'을 [필터] 영역으로 드래그합니다.

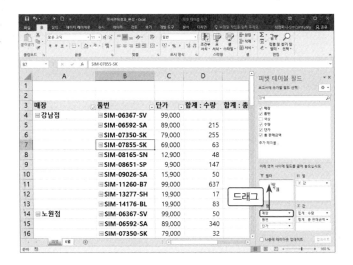

2 [필터] 영역에 '매장' 필드가 삽입되고, [A1:B1] 셀에 필터 메뉴가 따로 표시되었습니다. [B1] 셀의 목록 버튼 을 클릭해서 '강남점'을 선택하고 [확인]을 클릭합니다.

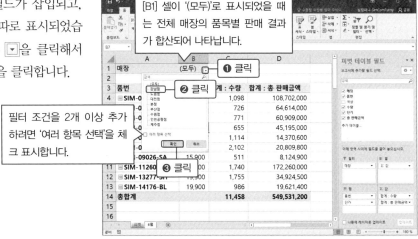

3 피벗 테이블에 '강남점'의 판매 결과만 나타납니다.

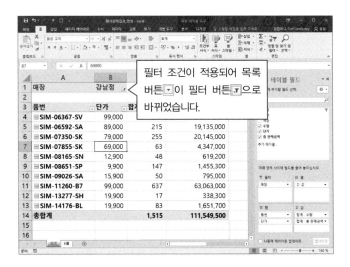

351 필터 메뉴를 가로로 배열하기

[필터] 영역에 추가된 필드는 피벗 테이블의 위쪽에 나타납니다. 필터 메뉴가 2개 이상일 경우 각 필터 조건은 행 단위로 배열됩니다. 필터 메뉴를 한 줄로 압축하려면 필드 표시 옵션을 열 방향으로 설정해서 필터 조건을 하나의 행에 나열하면 됩니다.

예제 파일 Part28\피벗 가로필터.xlsx   **완성 파일** Part28\피벗 가로필터_완성.xlsx

1 3개의 필터 메뉴를 한 행에 표시하려고 합니다. [A1:B3] 셀에서 마우스 오른쪽 버튼을 클릭한 뒤 단축 메뉴에서 [피벗 테이블 옵션]을 클릭합니다.

2 [피벗 테이블 옵션] 대화상자-[레이아웃 및 서식] 탭의 [보고서 필터 영역에 필드 표시]에서 '열 우선'을 선택합니다. [각 행의 보고서 필터 필드 수]에 3을 입력하고 [확인]을 클릭합니다.

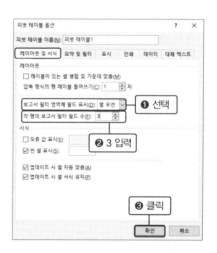

3 필터 메뉴가 3행 한 줄에 표시되었습니다.

1행과 2행은 빈 행이므로 삭제해도 됩니다.

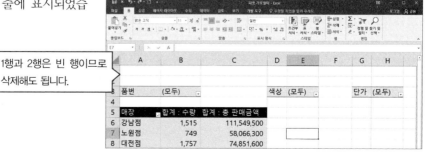

352 슬라이서 추가하여 필터링하기

슬라이서(Slicer)는 필터 메뉴를 별도의 창으로 표시합니다. 앞서 배운 필터 기능은 피벗 테이블의 첫 행이나 [필터] 영역의 목록 버튼을 클릭해서 사용했습니다. 반면, 슬라이서는 도형처럼 개체의 속성을 띠기 때문에 셀 주소와 상관없이 원하는 위치에 검색 창처럼 놓을 수 있습니다.

예제 파일 Part28\피벗 슬라이서.xlsx   **완성 파일** Part28\피벗 슬라이서_완성.xlsx

1 피벗 테이블을 클릭한 후 [삽입] 탭-[필터] 그룹-[슬라이서]를 클릭합니다.

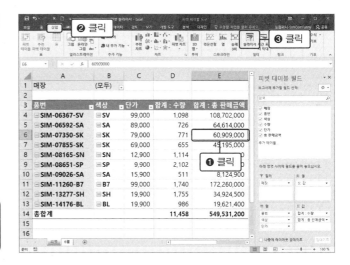

TIP

슬라이서를 삽입하려면 [분석] 탭-[필터] 그룹-[슬라이서 삽입]을 클릭해도 됩니다.

2 [슬라이서 삽입] 대화상자가 나타나면 슬라이서를 삽입할 필드로 '색상'과 '단가'를 체크 표시하고 [확인]을 클릭합니다.

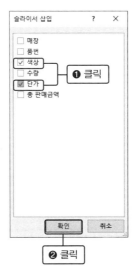

3 선택한 필드의 슬라이서가 나타납니
다. '색상' 슬라이서에서 'SA'를 클릭하니 피
벗 테이블이 자동으로 필터링됩니다. '단가'
슬라이서에도 'SA' 색상에 해당하는 금액
만 활성화됩니다.

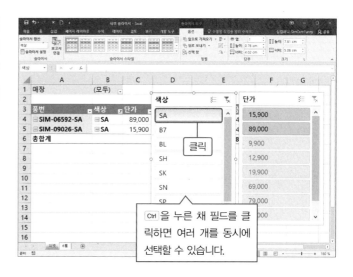

| 필터링 취소 및 슬라이서 창 삭제하기

1 '색상' 슬라이서의 필터 결과를 취소하
려면 해당 슬라이서에서 [필터 지우기] 버
튼을 클릭합니다.

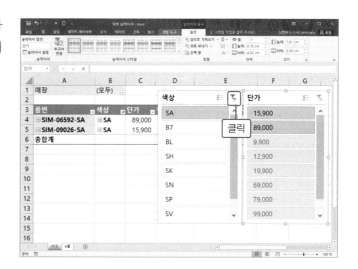

2 필터 조건이 모두 해제되었습니다. 이
번에는 슬라이서 메뉴를 모두 없애보겠습
니다. '색상' 슬라이서를 클릭하고 Ctrl 을 누
른 상태에서 '단가' 슬라이서도 클릭합니다.
Delete 를 누르면 슬라이서가 삭제됩니다.

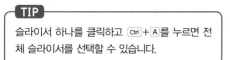

TIP
슬라이서 하나를 클릭하고 Ctrl + A 를 누르면 전
체 슬라이서를 선택할 수 있습니다.

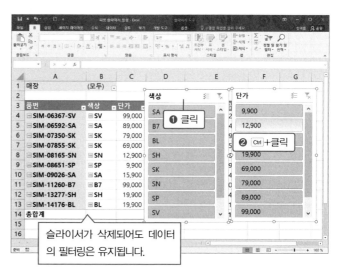

353 시간 표시 막대로 기간 필터링하기

시간 표시 막대는 날짜나 시간 형식으로 입력된 데이터를 년/분기/월/일 단위로 쉽게 필터링할 수 있습니다. 앞에서 배운 [그룹화]에서는 선택한 필드를 포괄하는 상위 그룹 행이 피벗 테이블에 추가되었습니다. 반면 시간 표시 막대는 필터 메뉴가 별도의 창으로 나타나서 선택한 기간만 추출해서 볼 수 있습니다.

예제 파일 Part28\시간표시막대.xlsx **완성 파일** Part28\시간표시막대_완성.xlsx

1 세금계산서의 '발급일자'를 분기별로 필터링하려고 합니다. 피벗 테이블을 클릭하고 [삽입] 탭 또는 [분석] 탭에서 [필터] 그룹-[시간 표시 막대 삽입]을 클릭합니다.

TIP

원본 데이터는 홈택스에서 다운로드한 '세금계산서'입니다. 열 방향으로 데이터가 길게 입력된 경우 필드 영역에서 필요한 항목만 체크해서 피벗 테이블을 간략하게 정리합니다.

2 [시간 표시 막대 삽입] 대화상자에서 '발급일자'를 체크 표시하고 [확인]을 클릭합니다.

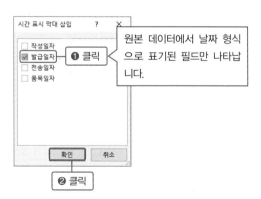

원본 데이터에서 날짜 형식으로 표기된 필드만 나타납니다.

3 '발급일자' 시간 표시 막대가 나타납니다. [월]의 목록 버튼을 클릭하고 '분기'를 클릭합니다.

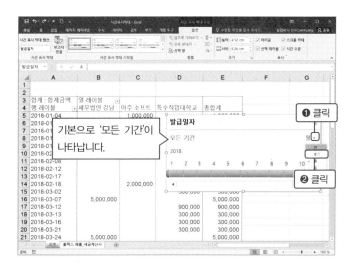

4 시간 표시 막대의 날짜 단위가 '분기'로 바뀌었습니다. 각 분기를 클릭하면 피벗 테이블에는 해당 기간의 데이터만 나타나고 마지막 행에 해당 분기의 합계가 요약됩니다.

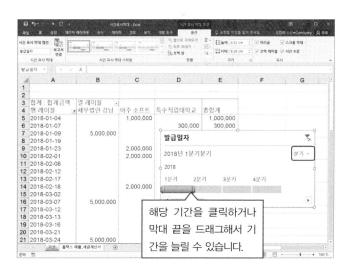

5 시간 표시 막대 창을 클릭하면 [옵션] 탭이 활성화됩니다. [시간 표시 막대 스타일]에서 원하는 색상을 선택합니다.

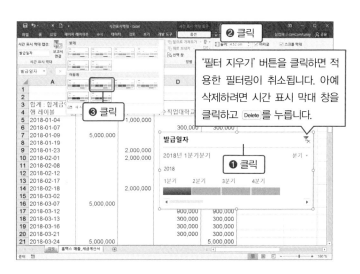

354 필터 항목별로 워크시트 따로 만들기

피벗 테이블에서 필터링을 적용하면 해당 데이터만 나타납니다. 이번에는 전체 피벗 테이블을 유지하되 필터 결과가 적용된 피벗 테이블을 각각의 워크시트로 나누어 보겠습니다. [보고서 필터 페이지 표시]를 이용하면 워크시트 이름도 필터 항목명으로 입력되어 데이터를 필드별로 분류할 수 있습니다.

예제 파일 Part28\계산서발급목록.xlsx   **완성 파일** Part28\계산서발급목록_완성.xlsx

| 필터 항목별로 워크시트 새로 만들기

1 [필터] 영역에 추가된 '품목' 필드별로 워크시트를 나누려고 합니다. 피벗 테이블을 클릭한 후 [분석] 탭-[피벗 테이블] 그룹-[옵션]의 목록 버튼▼을 클릭합니다. [보고서 필터 페이지 표시]를 선택합니다.

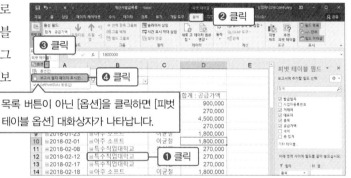

목록 버튼이 아닌 [옵션]을 클릭하면 [피벗 테이블 옵션] 대화상자가 나타납니다.

2 [보고서 필터 페이지 표시] 대화상자가 나타나면 '품목'을 선택한 후 [확인]을 클릭합니다.

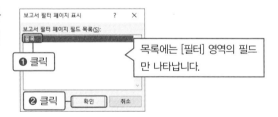

목록에는 [필터] 영역의 필드만 나타납니다.

3 '품목'별로 새 워크시트가 만들어졌습니다. 열 너비를 한 번에 넓히기 위해 3개의 워크시트를 선택해서 그룹화한 뒤 열 머리글의 구분선을 조정합니다.

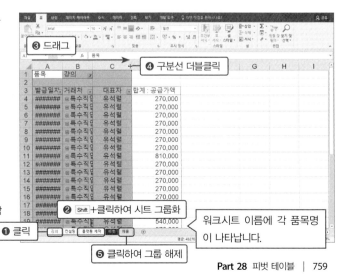

워크시트 이름에 각 품목명이 나타납니다.

page 워크시트 그룹화에 대한 자세한 내용은 142쪽을 참고하세요.

| 수정된 원본 데이터를 모든 피벗 테이블에 업데이트하기

1 '매출' 워크시트의 75행에 데이터를 추가 입력합니다.

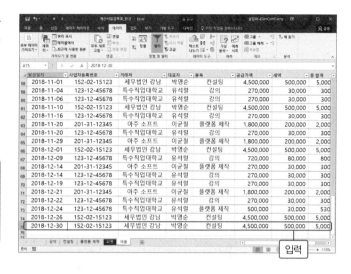

TIP

원본 데이터가 엑셀 표로 입력되어 스크롤을 내리면 열 번호 대신 표의 머리글이 표시됩니다. 엑셀 표에 대한 자세한 내용은 198쪽을 참고하세요.

2 '피벗' 워크시트는 물론 필터 항목별로 나누어진 모든 피벗 테이블에 추가된 데이터를 반영하려고 합니다. [데이터] 탭-[연결] 그룹-[모두 새로고침]을 클릭합니다.

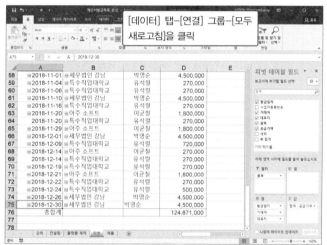

[데이터] 탭-[연결] 그룹-[모두 새로고침]을 클릭

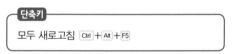

단축키

모두 새로고침 Ctrl + Alt + F5

3 '컨설팅' 워크시트를 보면 '매출' 워크시트의 75행에 입력했던 데이터가 추가된 것을 알 수 있습니다.

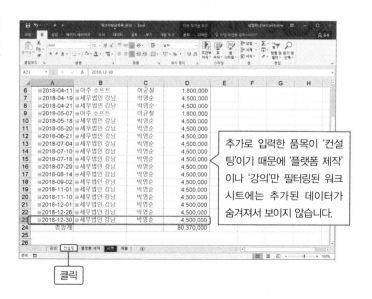

추가로 입력한 품목이 '컨설팅'이기 때문에 '플랫폼 제작'이나 '강의'만 필터링된 워크시트에는 추가된 데이터가 숨겨져서 보이지 않습니다.

클릭

355

피벗 테이블에 요약된 데이터를 새 워크시트에서 보기

피벗 테이블의 [값] 영역에는 요약된 계산 결과가 나타납니다. 요약된 값을 더블클릭하면 압축된 원본 데이터가 새 워크시트에 나타납니다. 필드를 더블클릭하면 원하는 값만 새 워크시트로 분리하여 관리할 수 있지만 잘못 클릭하면 불필요하게 새 워크시트가 늘어나는 단점이 있습니다.

예제 파일 Part28\발주내역.xlsx **완성 파일** Part28\발주내역_완성.xlsx

1 피벗 테이블로 요약된 값의 원본 데이터를 새 워크시트로 추출해 보겠습니다. 'KTO'의 발주금액이 입력된 [C6] 셀을 더블클릭합니다.

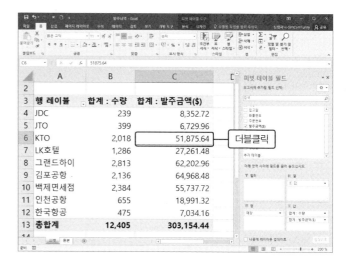

2 새 워크시트에 KTO의 발주내역이 나타납니다. 시트명을 수정해서 해당 매장의 원본 데이터만 따로 관리할 수 있습니다.

TIP

피벗 테이블을 더블클릭해서 생성된 워크시트는 엑셀 표 형태로 나타납니다. 단, 데이터는 원본 데이터와 연동되지 않아 피벗 테이블이 업데이트 되더라도 반영되지 않습니다.

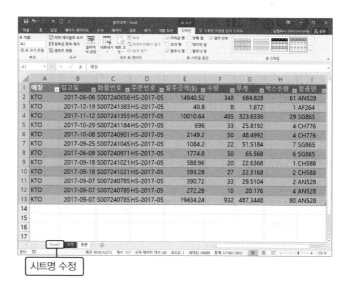

시트명 수정

356 피벗 차트 만들기

Part 21에서 살펴본 일반 차트와 달리 피벗 차트는 필터 메뉴를 포함합니다. 필터 목록에서 선택한 값만 그래프로 나타내 쉽고 다양한 분석이 가능합니다. 피벗 차트는 피벗 테이블 값을 참고하여 만들지만 피벗 테이블이 없어도 만들 수 있습니다.

예제 파일 Part28\피벗차트.xlsx　　**완성 파일** Part28\피벗차트_완성.xlsx

1 피벗 테이블을 클릭한 후 [삽입] 탭-[차트] 그룹-[피벗 차트]를 클릭합니다. [차트 삽입] 대화상자에서 원하는 차트 형태를 선택하고 [확인]을 클릭합니다.

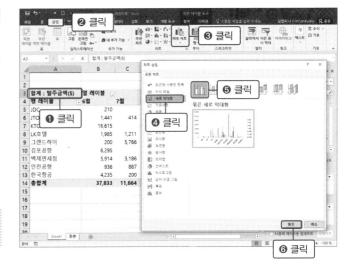

엑셀 2007/2010 | [옵션] 탭-[도구] 그룹에서 [피벗 차트]를 선택합니다.

2 피벗 차트가 삽입되었습니다. 특정 매장만 필터링하기 위해 차트에서 [매장]의 목록 버튼을 클릭합니다. 필터 목록에서 '백제면세점'만 체크 표시하고 [확인]을 클릭합니다.

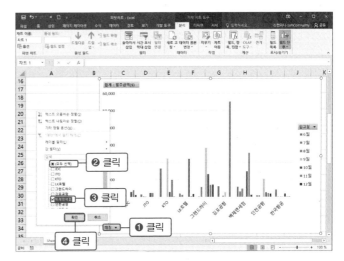

3 피벗 테이블과 피벗 차트에 '백제면세점' 데이터만 표시됩니다.

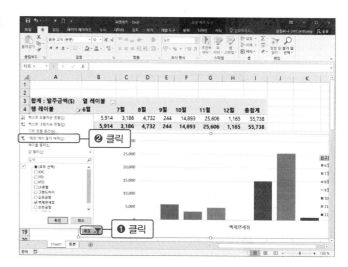

TIP

피벗 차트는 일반 차트와 달리 차트 영역에 필터 메뉴가 추가됩니다. 차트에서 필터 목록을 선택하면 피벗 테이블에도 적용됩니다.

4 필터링을 해제하기 위해 피벗 차트에서 [매장]의 목록 버튼을 클릭합니다. ["매장"에서 필터 해제]를 클릭합니다.

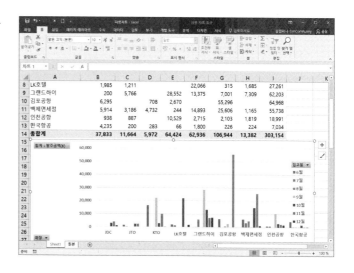

5 다시 피벗 테이블과 피벗 차트에 모든 데이터가 표시되었습니다.

A	B	C	D	E	F	G	H	I	J	K
LK호텔	1,985	1,211			22,066	315	1,685	27,261		
그랜드하이	200	5,766		28,552	13,375	7,001	7,309	62,203		
김포공항	6,295		708	2,670		55,296		64,968		
백제면세점	5,914	3,186	4,732	244	14,893	25,606	1,165	55,738		
인천공항	938	887		10,529	2,715	2,103	1,819	18,991		
한국항공	4,235	200	283	66	1,800	226	224	7,034		
총합계	37,833	11,664	5,972	64,424	62,936	106,944	13,382	303,154		

357 피벗 테이블과 피벗 차트 동시에 만들기

일반적으로 피벗 차트는 피벗 테이블을 참조해서 만들지만, 원본 데이터에서 피벗 테이블과 피벗 차트를 동시에 삽입할 수도 있습니다. 처음에 차트를 삽입할 때는 차트의 종류를 선택할 수 없지만, 빈 차트에 필드를 추가한 뒤 일반 차트처럼 차트 종류를 변경할 수 있습니다.

예제 파일 Part28\피벗차트2.xlsx   **완성 파일** Part28\피벗차트2_완성.xlsx

1 표를 클릭하고 [삽입] 탭-[차트] 그룹-[피벗 차트]를 클릭합니다. [피벗 차트 만들기] 대화상자에서 자동으로 선택된 범위를 확인하고 [확인]을 클릭합니다.

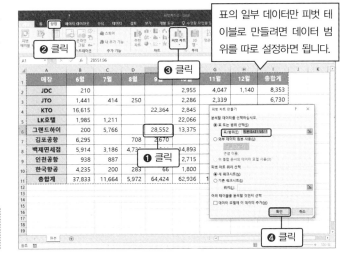

> 표의 일부 데이터만 피벗 테이블로 만들려면 데이터 범위를 따로 설정하면 됩니다.

엑셀 2007/2010 | [삽입] 탭-[표] 그룹-[피벗 테이블]의 목록버튼 ▼을 클릭해서 [피벗 차트]를 선택합니다.

2 새 워크시트에 피벗 테이블과 피벗 차트 영역이 추가되었습니다. '매장' 필드를 [축(범주)] 영역으로, '총합계' 필드는 [값] 영역으로 드래그합니다.

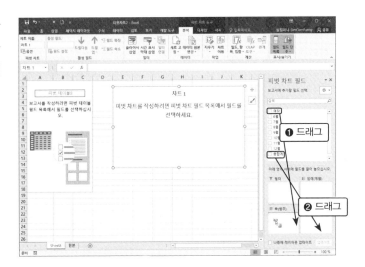

3 피벗 테이블과 차트 영역에 해당 필드
가 동시에 추가되었습니다. 차트 종류를 바
꾸려면 피벗 차트 위에서 마우스 오른쪽 버
튼을 클릭한 뒤 단축 메뉴에서 [차트 종류
변경]을 선택합니다.

TIP

피벗 차트의 축 서식은 일반 차트와 달리 [홈] 탭
에서 변경할 수 없습니다. 축 서식을 더블클릭해
서 오른쪽 작업 창(엑셀 2013 이상) 또는 [축 서
식] 대화상자(엑셀 2010 이하)에서 설정할 수 있
습니다.

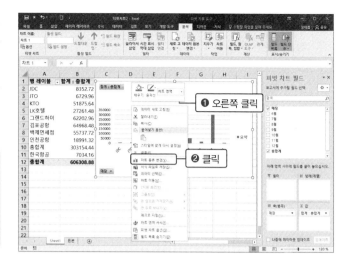

358　슬라이서로 선택한 항목만 그래프 나타내기

피벗 테이블의 간편한 필터 작업을 위해 추가한 슬라이서는 피벗 차트에도 적용이 가능합니다. 피벗 차
트에 슬라이서를 삽입하면 선택한 항목만 그래프로 나타납니다. 보고 싶은 항목들을 슬라이서에서 클릭
하면 그래프를 빠르게 전환해서 비교해볼 수 있습니다.

예제 파일 Part28\차트슬라이서.xlsx　　**완성 파일** Part28\차트슬라이서_완성.xlsx

1 피벗 차트를 클릭한 후 [분석] 탭-[필
터] 그룹-[슬라이서 삽입]을 클릭합니다.
[슬라이서 삽입] 대화상자가 나타나면 '매
장'에 체크 표시를 합니다.

> 엑셀 2010 | [옵션] 탭-[정렬 및 필터] 그룹-[슬라이서 삽입]
> 을 클릭합니다.

2 '매장' 슬라이서에서 원하는 항목을 클
릭하면 피벗 테이블과 피벗 차트에 해당 데
이터만 나타납니다.

TIP

슬라이서 창을 삭제하려면 슬라이서 창을 클릭
하고 Delete 를 누릅니다. 자세한 내용은 756쪽을
참고하세요.

> 슬라이서에서 '필터 지우
> 기' 버튼을 클릭하면 필터
> 링이 취소되어 모든 데이
> 터가 다시 나타납니다.

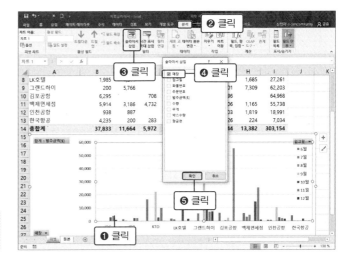

Step 8

칼퇴근의 비결

- 매크로

#매크로 기록기 #VBA

Part 29 매크로 기록기

반복 업무로 아까운 시간을 허비하고 있다면 매크로와 친해져보세요. 매크로(Macro)는 매크로 기록기를 이용하거나 VBA로 직접 명령을 입력합니다. 매크로 기록기에 실행할 작업을 시범으로 보여주면 프로그램 언어(VBA)로 변환되어 실행 버튼만으로 업무를 대신 처리할 수 있습니다. 매크로 문서의 저장 및 기초 원리부터 익히고 실행 버튼을 만드는 방법을 알아보겠습니다.

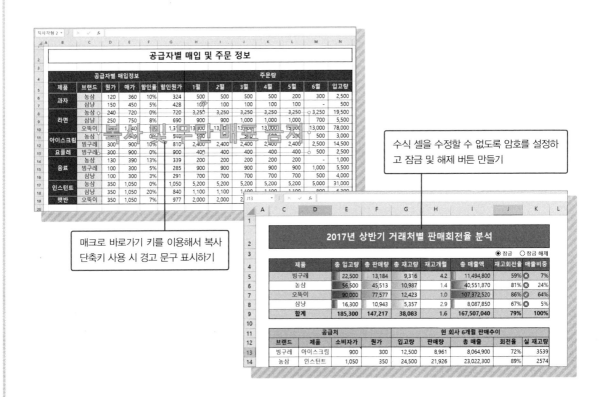

수식 셀을 수정할 수 없도록 암호를 설정하고 잠금 및 해제 버튼 만들기

매크로 바로가기 키를 이용해서 복사 단축키 사용 시 경고 문구 표시하기

359 리본 메뉴에 매크로 메뉴 추가하기

매크로 기록기와 비주얼 베이직(Visual Basic)은 [개발 도구] 탭에 속해 있는 메뉴입니다. [개발 도구]는
기본 탭이 아니기 때문에 추가 설정이 필요합니다. [개발 도구] 탭은 한번 추가하면 해당 PC에서 여는 모
든 엑셀 문서에 항상 표시됩니다.

1 [파일] 탭-[옵션]을 클릭합니다.

> **엑셀 2007** | 화면 왼쪽 상단의 오피스 단추 █를 클릭
> 하고 [Excel 옵션]을 클릭합니다.

2 [Excel 옵션] 대화상자가 나타나면 [리
본 사용자 지정]을 선택합니다. [리본 메뉴
사용자 지정]의 '기본 탭'에서 '개발 도구'에
체크 표시를 하고 [확인]을 클릭합니다.

3 리본 메뉴의 맨 오른쪽에 [개발 도구]
탭이 추가되었습니다.

360 매크로 기록하고 실행하기

매크로 기록기는 반복 작업을 쉽게 설계하고 실행할 수 있게 해줍니다. [매크로 기록]을 누른 상태에서 기록한 명령은 프로그램 언어(VBA)로 변환되어 저장됩니다. [기록 중지]를 누르고 해당 매크로를 실행하면 기록했던 작업이 자동으로 실행됩니다.

예제 파일 Part29\근무표.xlsx

| 매크로 기록하기

1 매크로에 영업담당자의 이름과 연락처를 변경하는 작업을 기록해서 모든 워크시트에 실행하려고 합니다. '7월' 워크시트에서 [개발 도구] 탭-[코드] 그룹-[매크로 기록]을 클릭합니다.

2 [매크로 기록] 대화상자가 나타납니다. [매크로 이름]을 change로 입력하고, [매크로 저장 위치]는 '현재 통합 문서'로 선택한 뒤 [확인]을 클릭합니다.

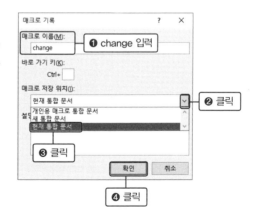

매크로 이름으로 사용할 수 없는 것은 다음과 같습니다.

- 띄어쓰기 및 일부 특수기호. 언더 바는 사용 가능
- 엑셀 영어 메뉴와 같은 이름(Print, Delete, lock 등)

매크로 저장 위치

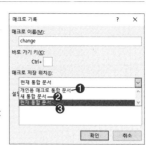

❶ 개인용 매크로 통합 문서 : 엑셀 문서를 별도로 만들지 않고 실행할 매크로 명령만 PC
의 특정 폴더에 PERSONAL.xlsb로 저장합니다. 자세한 내용은 775쪽을 참고하세요.

❷ 새 통합 문서 : 새로 열린 빈 문서에 매크로를 저장합니다.

❸ 현재 통합 문서 : 현재 열려 있는 문서에 매크로 기록을 저장합니다.

---

3 담당자의 연락처를 변경하기 위해 [C16] 셀을 클릭해서 전화번호를 010-1004-1234로 수정합니다.

> **TIP**
> 매크로가 기록 중일 때는 마우스의 움직임부터 메뉴 선택, 오타까지 모두 기록됩니다. 명령이 많 아질수록 저장 용량이 늘어나서 매크로 실행 시 속도가 느려질 수 있습니다.

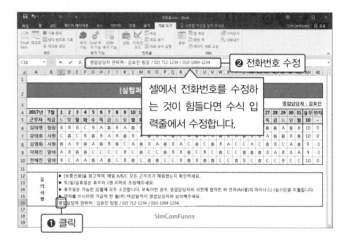

---

4 Ctrl+H를 눌러 [찾기 및 바꾸기] 대화상자가 나타나면 [찾을 내용]에 **김효진**, [바꿀 내용]에 **박희수**를 입력한 후 [모두 바꾸기]를 클릭합니다. 담당자 이름이 변경되었다면 [닫기]를 클릭합니다.

---

5 매크로 기록이 모두 끝나면 [개발 도구] 탭-[코드] 그룹-[기록 중지]를 클릭합니다.

> **TIP**
> 리본 메뉴에서 [기록 중지]를 클릭하면 명령 아이콘이 다시 [매크로 기록]으로 바뀝니다.

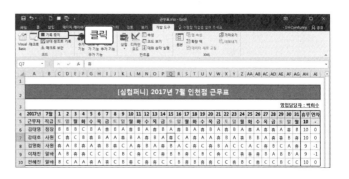

| 전체 워크시트에 매크로 일괄 적용하기

1 '7월' 워크시트에서 기록한 매크로를 다른 워크시트에 적용해 보겠습니다. '8월' 워크시트를 선택한 후 [개발 도구] 탭-[코드] 그룹-[매크로]를 클릭합니다.

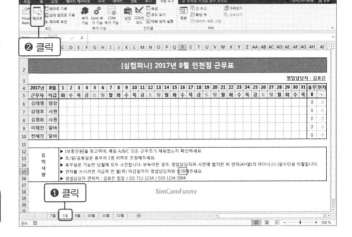

단축키

매크로 실행 창 열기 Alt + F8

2 [매크로] 대화상자가 나타나면 [매크로 이름]에서 'change'를 선택한 후 [실행]을 클릭합니다.

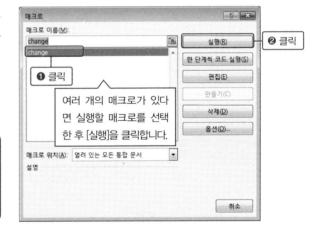

> 여러 개의 매크로가 있다면 실행할 매크로를 선택한 후 [실행]을 클릭합니다.

TIP

매크로 위치

'열려 있는 모든 통합 문서'에 저장된 매크로가 표시됩니다. 목록 버튼 ▾ 을 눌러 다른 워크시트에 저장된 매크로도 실행할 수 있습니다.

3 담당자 이름과 연락처가 변경됩니다. 9월~10월 워크시트에서도 위와 같은 방법으로 각각 매크로를 실행합니다.

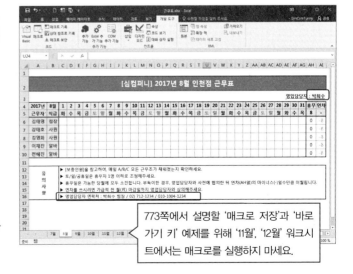

> 773쪽에서 설명할 '매크로 저장'과 '바로 가기 키' 예제를 위해 '11월', '12월' 워크시트에서는 매크로를 실행하지 마세요.

page 매크로 문서를 저장하는 방법은 773쪽을 참고하세요.

361 매크로 저장하기

매크로를 저장하려면 파일 형식을 'Excel 매크로 사용 통합 문서'로 선택해야 합니다. 앞에서 사용한 근무표.xlsx 예제를 바탕으로 매크로 문서의 저장 방법에 대해 알아보고, 일반 엑셀 문서(.xlsx)와 매크로 저장 문서(.xlsm)의 차이점을 살펴보겠습니다.

예제 파일 Part29\근무표.xlsx   **완성 파일** Part29\근무표_완성.xlsm

1 770쪽에서 매크로를 기록한 근무표.xlsx 문서를 저장하기 위해 Ctrl + S 를 누릅니다. 매크로를 포함해서 저장하려면 [아니오]를 클릭합니다.

TIP

예제 파일은 일반 엑셀 문서인 기본 확장자(.xlsx)로 저장되었습니다. 매크로 기록을 저장하려면 확장자명을 .xlsm으로 저장해야 합니다. 더 이상 매크로를 실행할 필요가 없다면 대화상자에서 [예]를 클릭하고 일반 문서로 저장합니다. 단, 매크로 기록은 저장되지 않기 때문에 다시 문서를 열면 기록했던 매크로를 실행할 수 없습니다.

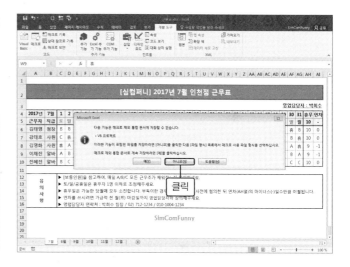

2 [다른 이름으로 저장] 대화상자가 나타나면 [파일 형식]을 'Excel 매크로 사용 통합 문서(*.xlsm)'로 선택하고 [저장]을 클릭합니다.

TIP

확장자명이 다를 경우, 파일 이름은 같아도 중복 문서로 인식하지 않습니다.

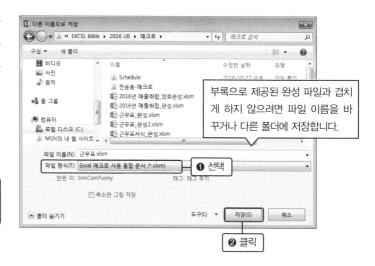

부록으로 제공된 완성 파일과 겹치게 하지 않으려면 파일 이름을 바꾸거나 다른 폴더에 저장합니다.

3 저장한 문서를 닫은 후 매크로가 실행되는지 확인해 보겠습니다. 매크로가 저장된 **근무표.xlsm** 문서를 실행합니다. 보안 경고가 나타나면 [콘텐츠 사용]을 클릭합니다. 매크로를 실행하지 않은 '11월' 워크시트를 선택합니다.

page 문서를 열 때 나타나는 보안 경고를 해제하려면 780쪽을 참고하세요.

4 [개발 도구] 탭-[코드] 그룹-[매크로]를 클릭합니다. [매크로] 대화상자의 [매크로 이름]에서 'change'를 선택하고 [실행]을 클릭합니다.

불필요한 매크로가 있거나 기록을 다시 하려면 해당 매크로 이름을 선택하고 [삭제]를 클릭합니다.

Skill Up 열려 있는 다른 일반 문서(.xlsx)에도 매크로 적용하기

❶ 일반 문서 근무표.xlsx와 매크로 저장 문서 근무표_완성.xlsm을 모두 엽니다. 근무표.xlsx 파일에서 [개발 도구] 탭-[코드] 그룹-[매크로]를 클릭합니다.

❷ [매크로] 대화상자의 [매크로 위치]에서 '열려 있는 모든 통합 문서'를 선택합니다. [매크로 이름]에서 근무표_완성.xlsm!change를 선택하고 [실행]을 클릭하면 근무표.xlsx에 매크로가 적용됩니다.

❸ 근무표.xlsx 문서에는 매크로가 기록되지 않았기 때문에 Ctrl + S 를 눌러서 저장하면 일반 문서로 저장됩니다.

Excel 매크로 사용 통합 문서

Excel 통합 문서

다른 워크시트에 기록된 매크로 이름은 워크시트명(근무표_완성.xlsm)과 느낌표(!), 매크로 이름(change)이 같이 표시됩니다.

362 개인용 매크로 통합 문서에 저장한 매크로 실행하기

매크로 저장 위치를 '개인용 매크로 통합 문서'로 선택하면 매크로 명령만 XLSTART 폴더의 PERSONAL.xlsb 문서에 저장됩니다. '현재 통합 문서'에 저장된 매크로는 매크로를 적용할 일반 문서와 같이 열려 있을 때만 실행할 수 있습니다. 반면 '개인용 매크로 통합 문서'는 따로 열지 않아도 엑셀 문서를 열 때마다 실행되는 장단점이 있습니다.

예제 파일 Part29\근무표.xlsx Part29\소공점 근무표.xlsx

1 근무표.xlsx 문서에서 [개발 도구] 탭 –[코드] 그룹–[매크로 기록]을 클릭합니다. [매크로 기록] 대화상자가 나타나면 [매크로 이름]을 Day_off로 입력하고 [매크로 저장 위치]를 '개인용 매크로 통합 문서'로 선택합니다.

TIP
매크로 이름에는 공백을 사용할 수 없어서 언더바(_)를 사용했습니다.

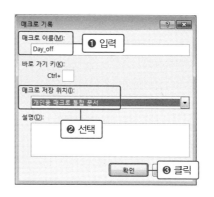

2 근무표에서 '휴'가 입력된 셀만 채우기 색으로 강조해 보겠습니다. [C6:AG10] 셀을 선택한 후 [홈] 탭–[스타일] 그룹–[조건부 서식]에서 [셀 강조 규칙]–[같음]을 클릭합니다.

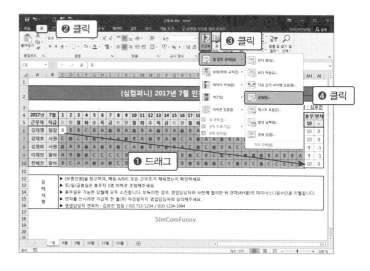

3 [같음] 대화상자가 나타나면 휴를 입력하고 [적용할 서식]에서 '진한 노랑 텍스트가 있는 노랑 채우기'를 선택합니다.

4 [개발 도구] 탭-[코드] 그룹-[기록 중지]를 클릭합니다. '닫기' 버튼을 누르면 저장 여부를 묻는 대화상자가 나타납니다. [저장 안 함]을 클릭합니다.

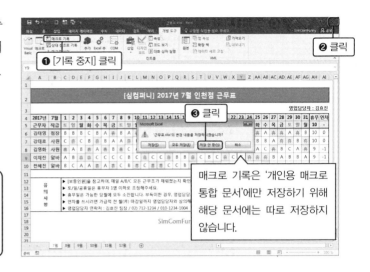

TIP

• 저장 : 조건부 서식이 적용된 일반 문서로 저장 됩니다.

• 저장 안 함 : 조건부 서식을 적용하지 않고 처음 문서를 열었을 때로 돌아갑니다.

5 개인용 매크로 통합 문서로 변경 내용을 저장할지를 묻는 대화상자가 나타납니다. [저장]을 클릭하면 문서가 닫힙니다.

6 매크로를 확인하기 위해 **소공점 근무표.xlsx** 문서를 열어 [개발 도구] 탭-[코드] 그룹-[매크로]를 클릭합니다. [매크로] 대화상자의 매크로 이름에서 'PERSONAL.XLSB!Day_off'를 선택한 후 [실행]을 클릭합니다.

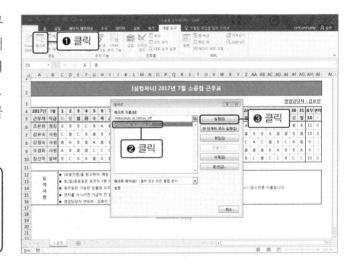

TIP

[매크로 위치]에 '열려 있는 모든 통합 문서' 또는 'PERSONAL.XLSB'가 선택되어야 '개인용 매크로 통합 문서'로 저장된 매크로를 실행할 수 있습니다.

7 '개인용 매크로 통합 문서'에 저장된 조건부 서식 매크로 명령이 실행되었습니다. Ctrl+S를 눌러 저장하면 조건부 서식이 적용된 일반 문서로 저장됩니다.

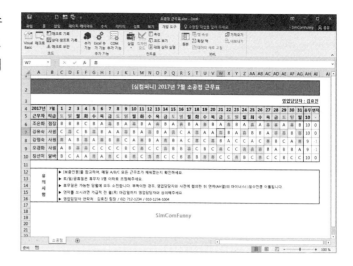

Skill Up 월(月)을 변경하면 자동으로 날짜와 요일 글자색이 변경돼요!

[B4] 셀에서 선택한 월(月)에 따라 4행에 1일부터 말일 날짜가 표시되고 토요일은 하늘색, 일요일은 빨간색으로 변합니다. 적용된 서식을 확인하려면 [홈] 탭-[조건부 서식]-[규칙 관리]를 클릭합니다. [조건부 서식 규칙 관리자] 대화상자의 [서식 규칙 표시]에서 '현재 워크시트'를 선택하면 다음과 같이 설정된 모든 규칙을 볼 수 있습니다.

363 개인용 매크로 통합 문서의 매크로 삭제하기

개인용 매크로 통합 문서(PERSONAL.xlsb)는 모든 엑셀 문서에서 실행할 수 있다는 장점이 있지만 자주 사용하지 않는다면 삭제하는 것이 좋습니다. 개인용 매크로 통합 문서는 [매크로] 대화상자에서 삭제할 수 없습니다. [숨기기]를 해제해서 숨겨진 PERSONAL 문서를 불러오거나 저장된 경로에서 문서를 직접 삭제해야 합니다.

1 엑셀 문서를 열어 [보기] 탭-[창] 그룹-[숨기기 취소]를 클릭합니다.

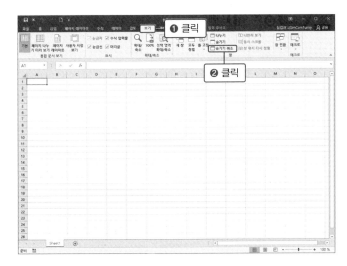

2 [숨기기 취소] 대화상자가 나타나면 'PERSONAL.XLSB'가 선택된 상태에서 [확인]을 클릭합니다.

3 숨겨져 있던 PERSONAL 문서가 새로 열립니다. [파일] 탭-[정보]를 선택하면 저장 경로를 볼 수 있습니다. 폴더 주소를 클릭하고 [파일 위치 열기]를 선택합니다.

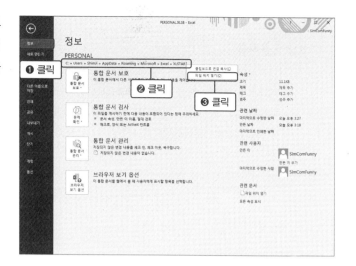

4 해당 폴더가 열리면 PERSONAL 문서의 '닫기' 버튼을 누르고 [저장 안 함]을 클릭합니다.

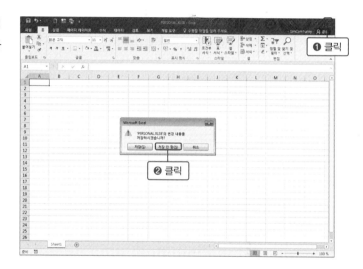

5 윈도우 탐색기의 'XLSTART' 폴더에서 PERSONAL.XLSB 파일을 삭제합니다.

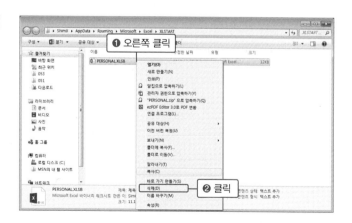

364 매크로 문서의 보안 경고 해제 및 재설정하기

매크로를 포함한 엑셀 문서나 인터넷에서 다운로드한 문서를 열면 수식 입력줄 아래쪽에 보안 경고가 나타납니다. 매번 경고 메시지를 차단하기 번거롭다면 신뢰할 수 있는 위치에 특정 폴더를 추가해 보안 경고를 일괄적으로 해제합니다.

예제 파일 Part29\2016년 매출취합_완성.xlsm

| 보안 경고 메시지 없애기

매크로 문서(.xlsm)를 열고 보안 경고가 나타나면 [콘텐츠 사용]을 클릭합니다. 해당 문서를 닫고 다시 열더라도 이미 신뢰된 문서로 인식되어 보안 경고 메시지가 나타나지 않습니다.

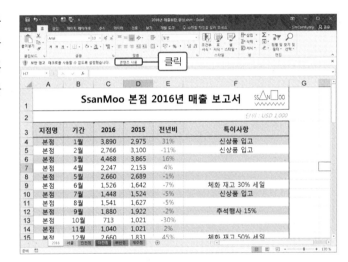

| 보안 경고 메시지 다시 나타내기

1 다시 보안 경고 메시지를 나타내려면 [개발 도구] 탭-[코드] 그룹-[매크로 보안]을 클릭합니다.

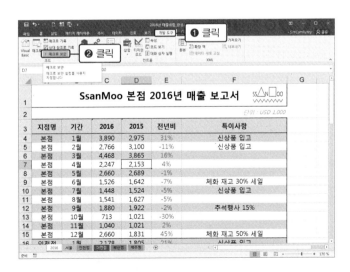

2 [보안 센터] 대화상자가 나타나면 [신뢰할 수 있는 문서]를 선택합니다. '신뢰할 수 있는 문서를 모두 지워 더 이상 신뢰하지 않도록 합니다.' 옆의 [지우기]를 클릭하고 [확인]을 클릭합니다.

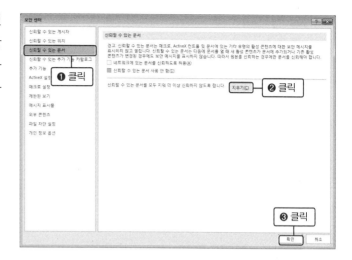

3 '신뢰할 수 있는 문서 목록을 지워 더 이상 신뢰하지 않도록 하시겠습니까?'라는 질문이 나타나면 [예]를 클릭합니다. [보안 센터] 대화상자의 [확인]을 클릭합니다. 문서를 닫고 다시 열면 보안 경고가 나타납니다.

365 모든 문서의 보안 경고 일괄 해제하기

매크로 문서가 많다면 일일이 문서를 열어서 보안 경고를 해제하는 대신 매크로 문서가 저장된 폴더를 신뢰할 수 있는 위치로 설정하는 것이 좋습니다. 매크로 문서가 저장된 Part 29 폴더에서 모든 문서의 보안 경고를 일괄 해제해 보겠습니다.

1 엑셀 문서를 열어서 [개발 도구] 탭–[코드] 그룹–[매크로 보안]을 클릭합니다. [보안 센터] 대화상자가 나타나면 [신뢰할 수 있는 위치]를 선택한 후 [새 위치 추가]를 클릭합니다.

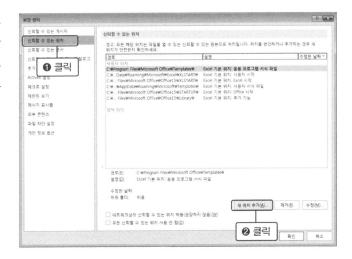

2 [신뢰할 수 있는 Microsoft Office 위치] 대화상자가 나타납니다. [찾아보기]를 클릭하고 매크로 문서가 저장된 폴더를 선택합니다. '이 위치의 하위 폴더도 신뢰할 수 있음'에 체크 표시를 하고 [확인]을 클릭합니다.

TIP

엑셀 문서들이 저장된 최상위 폴더를 선택하면 신뢰할 수 있는 문서의 범위가 확대됩니다.

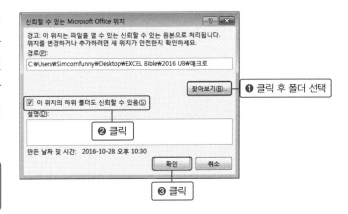

3 [신뢰할 수 있는 위치]에 방금 선택한 폴더가 추가되었으면 [확인]을 클릭합니다. 신뢰할 수 있는 폴더에 저장된 매크로 문서를 열면 보안 경고가 나타나지 않는 것을 알 수 있습니다.

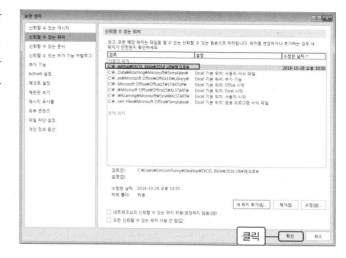

| 신뢰할 수 있는 위치를 제거하여 보안 경고 메시지 다시 나타내기

[보안 센터] 대화상자-[신뢰할 수 있는 위치] 화면에서 보안 경고 메시지를 나타낼 폴더 경로를 선택합니다. [제거]를 클릭하고 [확인]을 클릭하여 창을 닫습니다. 해당 폴더의 매크로 문서를 열면 다시 보안 경고가 나타납니다.

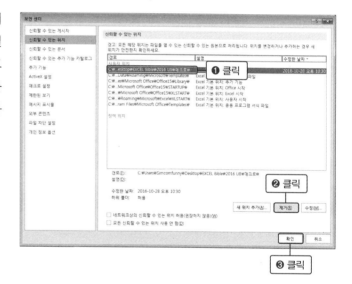

366 매크로 바로가기 키 설정 및 설명 추가하기

매크로 '바로가기 키'를 설정하면 매크로를 쉽게 실행할 수 있습니다. 매크로를 기록할 때 바로가기 키를 설정할 수 있고, [매크로 옵션] 대화상자에서도 언제든지 바로가기 키를 추가하거나 수정할 수 있습니다.

예제 파일 Part29\근무표_완성.xlsm　　**완성 파일** Part29\근무표_완성2.xlsm

1 773쪽에서 완성한 매크로 저장 문서에 단축키와 설명을 추가해 보겠습니다. [개발 도구] 탭-[코드] 그룹-[매크로]를 클릭합니다. [매크로] 대화상자가 나타나면 앞에서 기록한 'change'를 선택한 후 [옵션]을 클릭합니다.

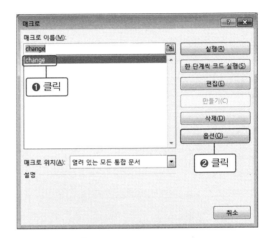

2 [매크로 옵션] 대화상자가 나타나면 [바로가기 키]에 g를 입력한 후 [확인]을 클릭합니다.

TIP

바로가기 키를 대문자로 입력하면 Shift + Ctrl 과 같이 사용해야 합니다. 소문자로 입력하면 Ctrl 만 사용해도 됩니다. 단, 바로가기 키를 설정할 때는 Ctrl 과 같이 사용하는 단축키와 중복되는 것을 피해야 하므로 Ctrl + A (전체 선택), Ctrl + C (복사하기), Ctrl + V (붙여넣기) 등은 제외하는 것이 좋습니다. 예를 들어, 매크로 바로가기 키로 c를 입력했다면 매크로 실행 바로가기 키는 Ctrl + C 가 되어 기존의 복사하기 단축키를 대체하게 됩니다. 이 경우 매크로 파일에서는 복사하기 단축키를 사용할 수 없게 됩니다.

3 다시 [매크로] 대화상자가 나타나면 [취소]를 클릭합니다.

4 '12월' 워크시트를 선택한 후 **2**에서 설정한 매크로 바로가기 키 Ctrl + G를 누릅니다. 리본 메뉴에서 [매크로]를 실행한 것과 똑같이 매크로가 실행되어 담당자 이름과 연락처가 변경됩니다.

367 도형 버튼에 매크로 연결하기

매크로 명령을 도형이나 그림에 연결하면 매크로 실행 방법이나 지정된 바로가기 키를 몰라도 쉽게 문서를 다룰 수 있습니다. 매크로가 연결된 도형에 텍스트를 추가하면 사무 자동화 프로그램의 실행 버튼처럼 클릭만으로 기본 작업을 처리할 수 있습니다.

예제 파일 Part29\시간표서식.xlsx   **완성 파일** Part29\시간표서식_완성.xlsm

1 예제 파일에서 근무조가 기록된 셀만 삭제해서 새 서식으로 활용하려고 합니다. [개발 도구] 탭-[코드] 그룹-[매크로 기록]을 클릭합니다. [매크로 기록] 대화상자의 [매크로 이름]에 New_form을 입력합니다.

매크로 저장 위치가 '현재 통합 문서'인지 확인하세요.

> **TIP**
>
> 기본적으로 [개발 도구] 탭-[코드] 그룹-[매크로 기록]을 클릭하면 절대 참조 방식으로 기록됩니다. 절대 참조 방식은 실행할 워크시트가 다르더라도 동일한 셀 주소에 매크로가 적용됩니다. 그래서 커서 위치와 상관없이 매크로를 기록할 때 참조했던 셀 주소에서만 작업을 수행합니다.

page 커서의 위치에 따라 매크로 작업의 시작점이 달라지는 상대 참조 방식은 800쪽을 참고하세요.

2 [C6:AG10] 셀을 선택한 후 Delete를 눌러 입력된 내용을 삭제합니다.

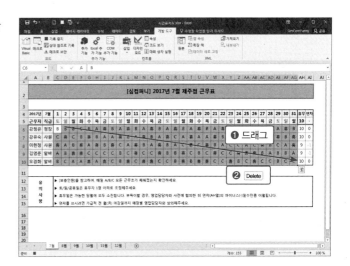

3 [개발 도구] 탭-[코드] 그룹-[기록 중지]를 클릭하여 매크로 기록을 멈춥니다.

4 매크로를 실행할 도형을 삽입하겠습니다. [삽입] 탭-[일러스트레이션] 그룹-[도형]을 클릭한 후 [블록 화살표]의 '오각형'을 클릭합니다.

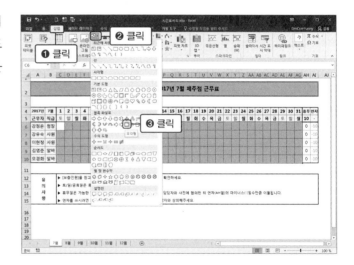

5 마우스 포인터가 ✛ 모양으로 변하면 [A3] 셀에서 [B3] 셀의 위치 정도까지 드래그합니다. 도형이 삽입되면 크기를 조정합니다. 도형 위에서 마우스 오른쪽 버튼을 클릭한 뒤 단축 메뉴에서 [텍스트 편집]을 선택합니다.

6 도형 안에서 커서가 깜박거리면 **다시 입력**이라고 입력합니다. 도형이 선택된 상태에서 [서식] 탭-[도형 스타일] 그룹에서 원하는 스타일을 선택합니다.

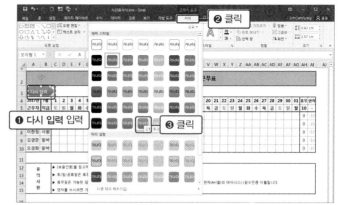

page 도형 삽입 및 디자인에 대한 자세한 내용은 607쪽을 참고하세요.

7 도형 위에서 마우스 오른쪽 버튼을 클릭한 뒤 단축 메뉴에서 [매크로 지정]을 선택합니다.

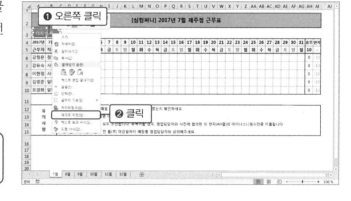

TIP
도형 대신 그림을 삽입해도 매크로를 연결할 수 있습니다.

8 [매크로 지정] 대화상자가 나타나면 앞에서 기록했던 'New_form'을 선택한 후 [확인]을 클릭합니다.

9 단축키 F12를 눌러 [다른 이름으로 저장] 대화상자가 나오면 파일 형식에서 'Excel 매크로 사용 통합 문서(*.xlsm)'를 선택하고 [저장]을 클릭합니다.

page 도형에 연결된 매크로는 789쪽에서 실행해 보겠습니다.

368 여러 개의 워크시트에 매크로 일괄 적용하기

매크로를 저장한 문서를 토대로 다른 워크시트에도 매크로를 적용하려고 합니다. 매크로가 연결된 도형을 다른 워크시트에 붙여 넣고, 워크시트를 그룹화하여 매크로를 일괄 적용하는 방법을 알아보겠습니다.

예제 파일 Part29\시간표서식_완성.xlsm　　**완성 파일** Part29\시간표서식2_완성.xlsm

| 매크로가 연결된 도형을 다른 워크시트에 붙여넣기

1 Ctrl 을 누른 상태에서 '다시 입력' 도형을 클릭합니다. Ctrl + C 를 눌러 도형을 복사합니다.

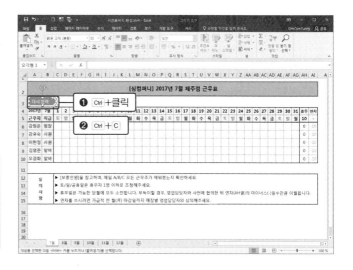

> **TIP**
>
> 매크로가 연결된 도형을 클릭하면 매크로가 실행됩니다. 매크로가 연결된 도형을 삭제하거나 위치나 크기 등을 조정하려면 Ctrl 을 누른 상태에서 마우스 포인터가 ⊕ 모양으로 바뀌었을 때 도형을 선택해야 합니다.

2 '8월' 워크시트로 이동하여 Ctrl + V 를 누릅니다. 도형이 삽입되면 원하는 위치로 드래그합니다.

3 매크로 도형 버튼을 클릭합니다. '7월' 워크시트에서와 마찬가지로 'New_form'으로 기록했던 매크로가 실행되어 해당 워크시트의 [C6:AG10] 셀에 입력된 내용이 삭제됩니다.

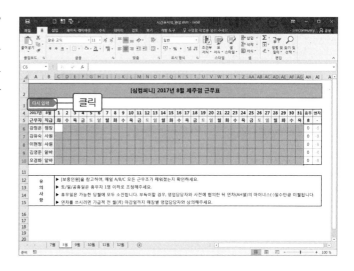

| 여러 개의 워크시트에 매크로 일괄 적용하기

1 '8월' 워크시트 탭을 클릭한 후 Shift 를 누른 채 '12월' 워크시트 탭을 클릭합니다. 8월~12월 워크시트가 그룹화된 상태에서 '8월' 워크시트의 매크로 도형 버튼을 클릭합니다.

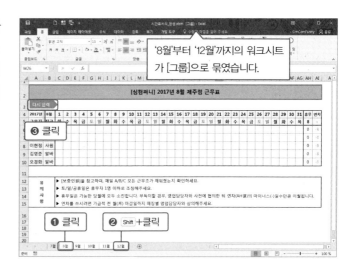

2 그룹화된 워크시트를 해제하기 위해 '7월' 워크시트를 클릭합니다. '9월'부터 '12월'까지의 워크시트를 확인해보면 [C6:AG10] 셀에 입력된 내용이 삭제된 것을 확인할 수 있습니다.

> **TIP**
>
> 개체에 관한 매크로 명령은 개별 워크시트에서만 실행할 수 있습니다. 그룹화된 워크시트에서 개체에 대한 매크로를 실행할 경우 런타임 오류가 나타납니다.

369 수식이 입력된 셀만 잠금 및 해제 설정하기

수식이 입력된 셀을 잠금 설정할 때 셀 범위가 연속되어 있지 않다면, 일일이 수식 셀을 선택하고 잠금을 설정해야 합니다. 이런 번거로운 작업을 좀 더 쉽게 할 수 있도록 수식이 입력된 셀만 자동으로 선택하여 잠금과 해제를 실행하는 매크로를 설정해 보겠습니다.

예제 파일 Part29\판매회전율.xlsx   **완성 파일** Part29\판매회전율_완성.xlsm

| 수식이 입력된 셀만 선택하여 잠금 설정하기

1 [개발 도구] 탭-[코드] 그룹-[매크로 기록]을 클릭합니다. [매크로 기록] 대화상자가 나타나면 [매크로 저장 위치]를 '현재 통합 문서', [매크로 이름]을 lock_cell로 입력하고 [확인]을 클릭합니다.

TIP

'Lock'은 엑셀의 영어 잠금 메뉴명과 같아서 매크로 이름으로 사용할 수 없습니다.

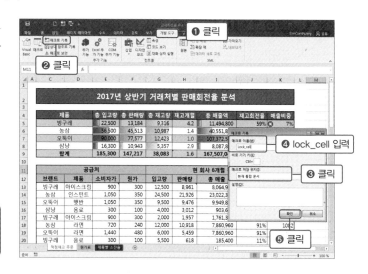

2 수식이 입력된 셀만 잠그기 위해 우선 전체 셀의 잠금을 해제합니다. 전체 선택 버튼을 클릭하여 워크시트 전체 범위를 선택합니다.

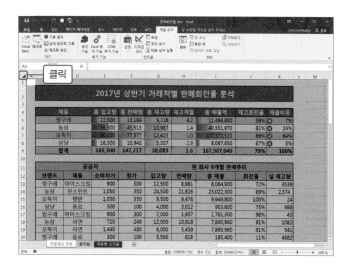

3 Ctrl+1을 눌러 [셀 서식] 대화상자가 나타나면 [보호] 탭에서 [잠금]과 [숨김]의 체크 표시를 모두 없애고 [확인]을 클릭합니다.

4 수식이 들어간 셀들만 선택하기 위해 단축키 F5를 눌러 [이동] 대화상자를 불러옵니다. [옵션]에서 '수식'을 선택하고 [확인]을 클릭합니다.

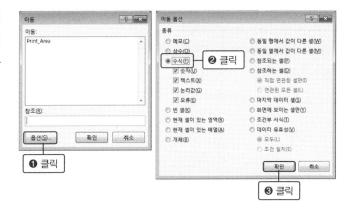

5 수식이 입력된 셀만 선택되었습니다. Ctrl+1을 눌러 [셀 서식] 대화상자-[보호] 탭에서 [잠금]과 [숨김]에 체크 표시를 합니다.

> **TIP**
> • 잠금 : 셀을 더블클릭해도 수정할 수 없어서 경고 메시지가 나타납니다.
> • 숨김 : 셀을 클릭해도 수식 입력줄에서 수식을 볼 수 없습니다.

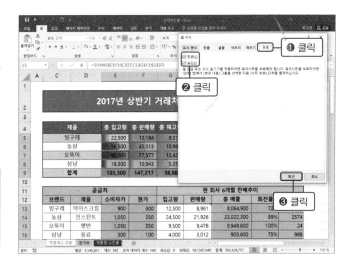

6 [홈] 탭-[셀] 그룹-[서식]을 클릭하면
[보호]의 셀 잠금이 선택되어 있습니다. 잠
긴 셀에 비밀번호를 설정하기 위해서 [시트
보호]를 선택합니다.

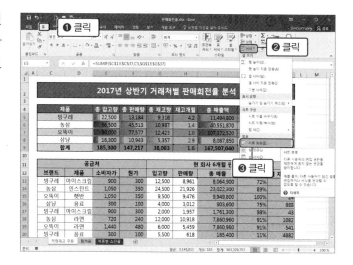

7 [시트 보호] 대화상자가 나타나면 '잠
긴 셀의 내용과 워크시트 보호'의 체크 표
시를 확인하고 비밀번호 1234를 입력합니
다. '잠긴 셀 선택'과 '잠기지 않은 셀 선택'
을 체크 표시한 후 [확인]을 클릭합니다.
[암호 확인] 대화상자에서 열기 암호를 입
력하고 [확인]을 클릭합니다.

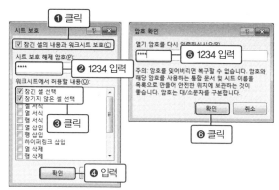

> **TIP**
>
> '잠긴 셀 선택'의 체크 표시를 없애면 수식이 들어간 셀은 클릭조차 허용되지 않습니다. 셀이 보호된 상태인지 모르는 사용자와 문
> 서를 공유할 경우, 오류 메시지도 나타나지 않는다면 사용자는 계속해서 셀을 클릭할 수 있습니다. 계속해서 잠긴 셀을 클릭하면
> 문서가 멈추거나 강제로 닫힐 수 있으니 가급적이면 잠긴 셀의 클릭 정도는 허용하는 것이 좋습니다.

> **TIP**
>
> [시트 보호] 대화상자에서 '개체 편집'을 체크 표시하지 않으면 잠금 상태에서 도형이나 그림, 컨트롤 양식 등 삽입된 개체를 클릭할
> 수 없습니다.

8 매크로를 중지하기 위해 [개발 도구]
탭-[코드] 그룹-[기록 중지]를 클릭합니다.

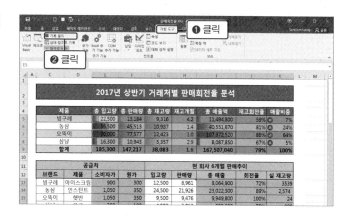

9 수식이 입력된 셀을 클릭해도 수식 입력줄에 수식이 보이지 않습니다. 셀을 더블클릭하면 셀이 보호되어 있다는 경고 메시지가 나타납니다.

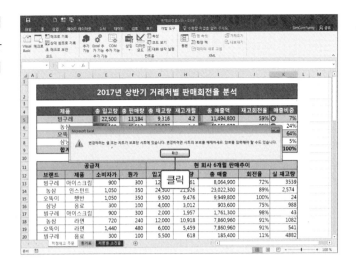

TIP

이미 잠금 상태인 워크시트에 다시 매크로를 실행해서 잠금 명령을 실행할 경우, 런타임 오류가 발생합니다. [종료]를 누르면 경고 메시지 창이 닫힙니다.

| 잠금을 해제하는 매크로 설정하기

1 [개발 도구] 탭-[코드] 그룹-[매크로 기록]을 클릭합니다. [매크로 기록] 대화상자가 나타나면 [매크로 저장 위치]를 '현재 통합 문서', [매크로 이름]을 unlock_cell로 입력하고 [확인]을 클릭합니다.

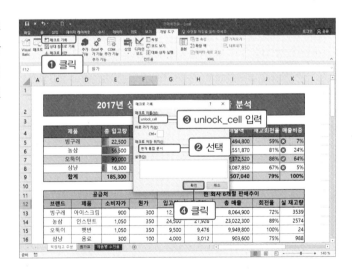

2 [홈] 탭-[셀] 그룹-[서식]에서 [시트 보호 해제]를 클릭합니다.

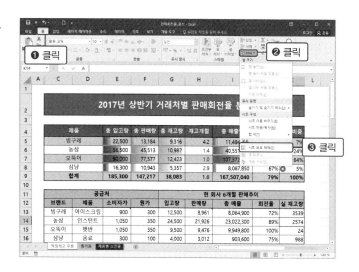

3 [시트 보호 해제] 대화상자가 나타나면 암호 1234를 입력하고 [확인]을 클릭합니다.

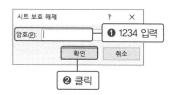

4 매크로를 중지하기 위해 [개발 도구] 탭-[코드] 그룹-[기록 중지]를 클릭합니다. 수식이 입력된 셀을 클릭해보면 수식 입력 줄에 수식이 나타나 시트 보호가 해제된 것을 알 수 있습니다.

TIP

매크로에 기록된 수식 셀 잠금과 해제를 자주 실행한다면 796쪽을 참고해서 양식 컨트롤로 실행 버튼을 삽입해 보세요.

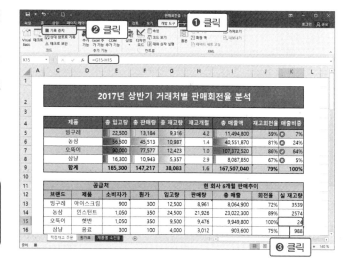

370 매크로 선택 버튼 만들기_양식 컨트롤

매크로를 자주 실행할 경우, 바로가기 키를 설정하거나 도형이나 그림 같은 개체에 매크로를 연결하면 좋습니다. 그중 [양식 컨트롤]은 실행 버튼의 역할에 최적화되어 있습니다. 앞서 기록한 수식 셀의 잠금과 해제 명령 매크로에 옵션 단추를 연결해 보겠습니다.

예제 파일 Part29\판매회전율 옵션.xlsm　　**완성 파일** Part29\판매회전율 옵션_완성.xlsm

| 양식 컨트롤에 매크로 연결하기

1 [개발 도구] 탭-[컨트롤] 그룹-[삽입]에서 [양식 컨트롤]-[옵션 단추⦿]를 클릭합니다.

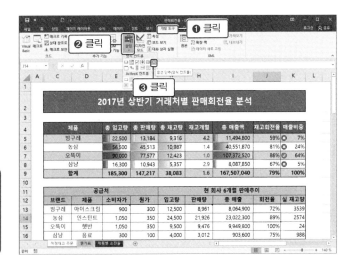

> **TIP**
> 시트 보호 상태에서는 [삽입] 명령 아이콘이 비활성화되어서 클릭할 수 없습니다. 잠금 설정이 되어 있는 경우, 794쪽에서 만든 매크로 사용 통합 문서에서 'unlock_cell' 매크로를 실행합니다.

2 Alt를 누른 상태에서 [J3] 셀을 클릭하면 셀 크기에 맞게 옵션 단추가 삽입됩니다. 개체가 선택된 상태에서 '옵션 단추' 글자를 잠금으로 수정합니다.

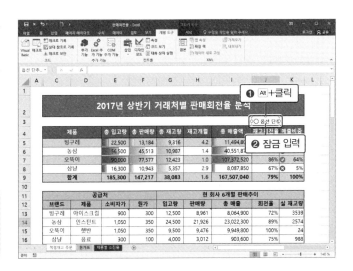

> **TIP**
> 컨트롤 양식은 도형처럼 개체의 속성을 가집니다. 셀 구분선과 관계없이 원하는 위치로 드래그해서 크기를 조절할 수 있습니다.

3 이번에는 잠금 해제 버튼을 삽입하기 위해 다시 [개발 도구] 탭-[컨트롤] 그룹-[삽입]에서 [양식 컨트롤]-[옵션 단추]를 클릭합니다. Alt를 누른 상태에서 [K3] 셀을 클릭합니다. 삽입된 '옵션 단추'를 잠금 해제로 수정합니다.

> **TIP**
>
> 이름을 변경한 뒤 다른 셀을 눌렀다가 다시 옵션 단추를 누르면 옵션 마크 ⦿만 채워집니다. 개체를 선택하려면 Ctrl을 누른 상태에서 클릭합니다. 다시 이름을 변경하려면 옵션 단추 위에서 마우스 오른쪽 버튼을 클릭한 뒤 단축 메뉴에서 [텍스트 편집]을 선택합니다.

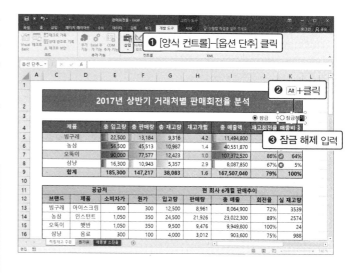

4 옵션 단추에 매크로 명령을 연결해 보겠습니다. '잠금' 옵션 단추 위에서 마우스 오른쪽 버튼을 클릭한 뒤 단축 메뉴에서 [매크로 지정]을 선택합니다.

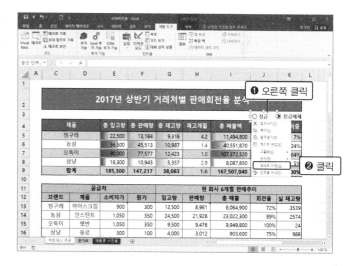

5 [매크로 지정] 대화상자에서 'lock_cell'을 선택하고 [확인]을 클릭합니다. 옵션 단추가 선택된 상태이므로 빈 셀을 클릭해서 편집 상태에서 빠져나옵니다.

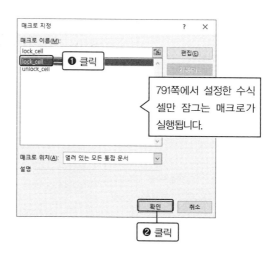

791쪽에서 설정한 수식 셀만 잠그는 매크로가 실행됩니다.

6 **5**와 같이 '잠금 해제' 옵션 단추에도 'unlock_cell' 매크로를 연결합니다.

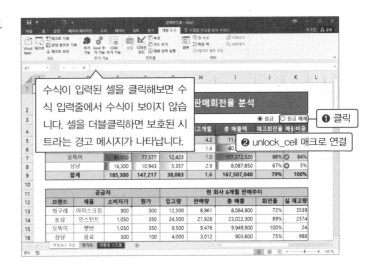

수식이 입력된 셀을 클릭해보면 수식 입력줄에서 수식이 보이지 않습니다. 셀을 더블클릭하면 보호된 시트라는 경고 메시지가 나타납니다.

❶ 클릭

❷ unlock_cell 매크로 연결

7 '잠금 해제' 옵션 단추를 클릭합니다. 비밀번호로 보호되었던 수식 셀의 잠금이 해제되어 수식 입력줄에도 수식이 나타납니다.

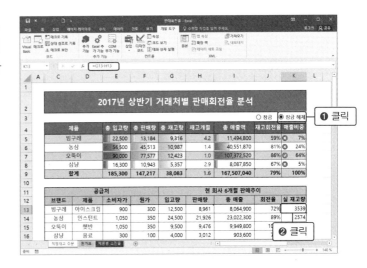

❶ 클릭

❷ 클릭

Skill Up 다른 시트에 매크로가 연결된 옵션 단추 붙여넣기

1. Ctrl 을 누른 상태에서 '잠금'과 '잠금 해제' 옵션 단추를 일괄 선택합니다.

2. Ctrl + C 를 눌러서 매크로 옵션 단추를 복사합니다.

3. '원가표', '제품별 소진율' 워크시트에서 적당한 위치를 클릭하고 Ctrl + V 를 눌러서 붙여넣기합니다.

4. '잠금' 또는 '잠금 해제' 옵션 단추를 클릭하면 해당 워크시트의 수식 셀을 자동으로 잠금 또는 해제할 수 있습니다.

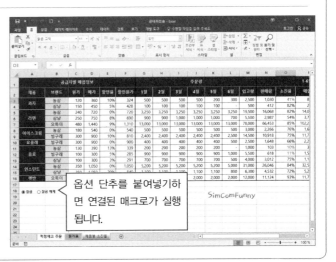

옵션 단추를 붙여넣기하면 연결된 매크로가 실행됩니다.

| 옵션 단추 삭제하기

매크로가 연결된 옵션 단추를 삭제하려면 우선 '잠금 해제' 옵션 단추를 선택해서 시트 보호를 해제합니다. 옵션 단추 위에서 마우스 오른쪽 버튼을 클릭한 뒤 단축 메뉴에서 [잘라내기]를 선택합니다.

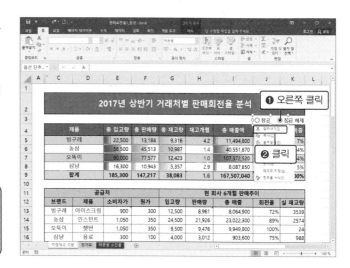

TIP

793쪽에서 설정한 시트 보호에서 '개체 선택'은 허용하지 않았기 때문에 잠금 상태에서는 양식 컨트롤을 선택할 수 없습니다.

371 상대 참조 방식의 매크로 적용하기

매크로의 상대 참조 방식은 커서가 놓인 지점부터 매크로가 실행됩니다. 앞서 배운 예제에서처럼 [매크로 기록]부터 클릭하는 것은 절대 참조 방식으로, 매크로를 기록할 때 참조했던 셀 주소에만 매크로가 실행됩니다. 반대로 상대 참조 방식은 매크로를 실행해야 할 범위가 유동적일 때 유용합니다.

예제 파일 Part29\거래처현황.xlsx   **완성 파일** Part29\거래처현황_완성.xlsm

1 엑셀 표의 아래쪽에 새로운 거래처를 추가하되 기존의 표시 형식과 수식을 유지하려고 합니다. 데이터를 추가할 [B14] 셀을 클릭하고 [개발 도구] 탭-[코드] 그룹-[상대 참조로 기록]을 클릭한 후 [매크로 기록]을 클릭합니다.

TIP

상대 참조는 매크로의 첫 명령이 기록될 시작점을 지정한 뒤 매크로 기록을 시작합니다.

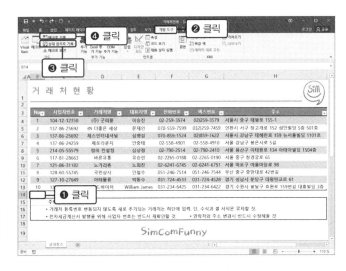

2 [매크로 기록] 대화상자에서 [매크로 이름]은 add, [바로가기 키]는 d로 입력하고 [확인]을 클릭합니다.

page 매크로 바로가기 키로 권장하지 않은 것들은 784쪽을 참고하세요.

3 [B14] 셀이 선택된 상태에서 마우스 오른쪽 버튼을 누른 뒤 [삽입]을 클릭합니다. [삽입] 대화상자가 나타나면 '행 전체'를 선택한 후 [확인]을 클릭합니다.

4 기존의 셀 수식과 표시 형식을 복사하기 위해 [B13:H13] 셀을 선택한 후 Ctrl +C를 눌러 복사합니다. [B14] 셀을 클릭한 후 Ctrl +V로 붙여넣기를 합니다. [C14:H14] 셀을 선택하고 Delete를 눌러 순번을 제외한 나머지 데이터를 지웁니다.

TIP

엑셀 표의 특성상 연속으로 데이터를 입력하면 빈 행에도 표 서식과 수식이 적용됩니다. 그러나 C열에 적용한 사업자번호의 표시 형식(###-##-#####)은 적용되지 않기 때문에 매크로로 서식만 복사해서 붙여 넣습니다.

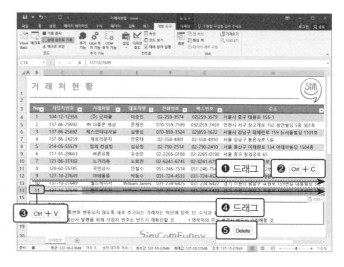

5 기록을 중지하기 위해 [개발 도구] 탭-[코드] 그룹-[기록 중지]를 클릭하고 [상대 참조로 기록]도 클릭해서 해제합니다. 매크로를 확인하기 위해 [B15] 셀을 클릭한 후 **2**에서 설정한 바로가기 키 Ctrl +D를 누릅니다.

TIP

상대 참조를 적용한 매크로를 실행할 때는 명령을 시작할 셀부터 클릭합니다.

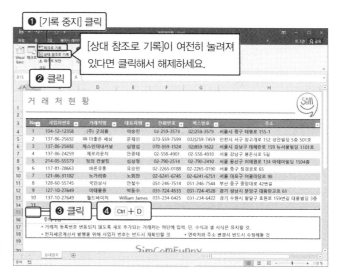

6 매크로에 기록한 서식에 맞춰 행이 추가됩니다. [C14] 셀에 사업자번호 10자리를 임의로 입력해도 표시 형식으로 설정된 하이픈(-)이 자동으로 나타납니다.

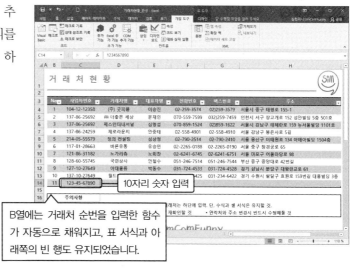

7 매크로 문서로 저장하기 위해 단축키 F12를 누릅니다. [다른 이름으로 저장] 대화상자가 나타나면 저장 위치를 선택하고 파일명을 수정한 후 파일 형식을 'Excel 매크로 사용 통합 문서(*.xlsm)'로 저장합니다.

TIP
파일 이름을 변경하지 않더라도 원래 열었던 문서(.xlsx)와 확장자명이 다르기 때문에 2개의 문서는 따로 분류됩니다.

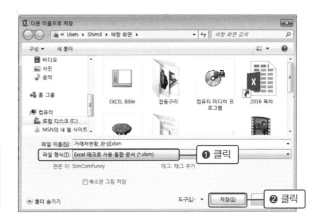

8 확인을 위해 문서를 닫았다가 다시 'Excel 매크로 사용 통합 문서'로 저장된 문서를 엽니다. B열에서 행 서식을 추가할 셀을 클릭한 후 **2**에서 설정한 바로가기 키 Ctrl + D를 누르면 매크로가 실행됩니다.

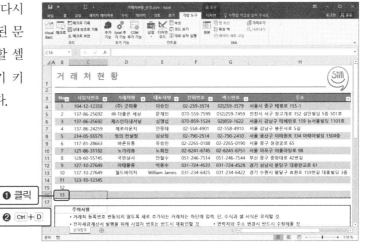

372 매크로 바로가기 키로 단축키 사용 금지시키기

매크로 바로가기 키를 엑셀 단축키와 똑같이 설정하면 매크로 기능이 우선합니다. 이를 역으로 응용하면 엑셀 단축키의 사용을 막을 수 있습니다. 예를 들어, 복사 단축키 Ctrl + C 를 매크로 바로가기 키로 사용하면 복사 기능 대신 매크로 명령을 실행하게 됩니다.

예제 파일 Part29\주문정보.xlsx   **완성 파일** Part29\주문정보_완성.xlsm

| 복사 단축키 Ctrl + C 를 사용하면 경고 문구 보여주기

매크로 바로가기 키를 Ctrl + C 로 설정하여 기존의 복사 기능 대신 무단 배포 금지 경고 문구를 넣어보겠습니다.

1 [개발 도구] 탭-[코드] 그룹-[매크로 기록]을 클릭합니다. [매크로 기록] 대화상자에서 매크로 이름을 입력하고 [바로가기 키]에 소문자 c를 입력한 후 [확인]을 클릭합니다.

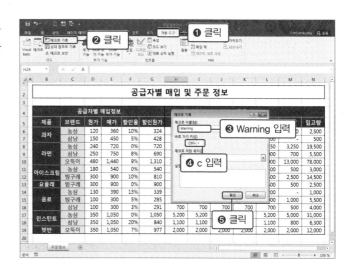

2 복사 단축키인 Ctrl + C 를 누를 경우 경고 문구가 나타나도록 [삽입] 탭-[텍스트] 그룹-[WordArt] 삽입에서 스타일을 선택합니다.

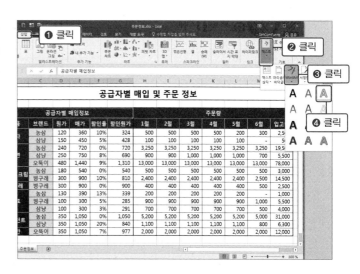

3 워드아트가 삽입되면 다음과 같이 복사 금지 문구로 수정한 후 [개발 도구] 탭-[코드] 그룹-[기록 중지]를 클릭합니다. WordArt를 클릭하고 Delete 를 눌러 경고 문구를 삭제합니다.

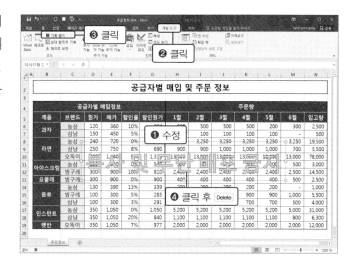

4 복사 단축키가 제한되었는지 확인해 보기 위해 표를 전체 선택한 후 Ctrl + C 를 누릅니다.

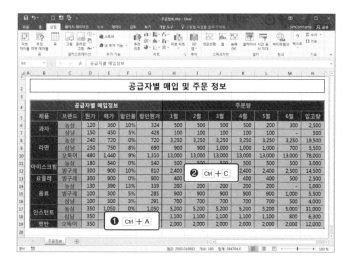

5 복사 기능 대신 경고 문구가 나타나는 것을 확인할 수 있습니다. WordArt를 삭제하고 F12 를 눌러 파일 형식을 'Excel 매크로 사용 통합 문서(*.xlsm)'로 다시 저장합니다.

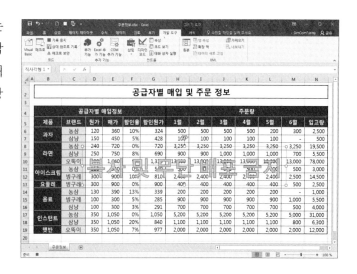

373 빠른 실행 도구 모음에 매크로 등록하기

매크로를 자주 사용하거나 바로가기 키가 생각나지 않는다면 해당 매크로를 빠른 실행 도구 모음에 등록하세요. 빠른 실행 도구 모음을 매크로를 실행할 문서에만 적용하면 필요할 때만 간단하게 매크로를 실행할 수 있습니다.

예제 파일 Part29\빠른실행.xlsm **완성 파일** Part29\빠른실행_완성.xlsm

| 빠른 실행 도구 모음에 매크로 아이콘 추가하기

1 [빠른 실행 도구 모음 사용자 지정] 버튼을 클릭한 후 [기타 명령]을 클릭합니다.

> [파일] 탭-[옵션]을 클릭해도 됩니다.

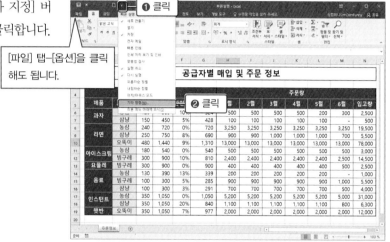

2 [Excel 옵션] 대화상자-[빠른 실행 도구 모음] 화면이 나타납니다. [명령 선택]에서 '매크로'를 선택하고 목록에서 앞서 만든 매크로 명령 'Warning'을 선택한 후 [추가]를 클릭합니다. [빠른 실행 도구 모음 사용자 지정]에서 '빠른실행.xlsm'을 선택하고 [확인]을 클릭합니다.

> 기본 값인 '모든 문서(기본값)'을 선택하면 모든 엑셀 문서의 빠른 실행 도구 모음에 해당 매크로가 표시됩니다.

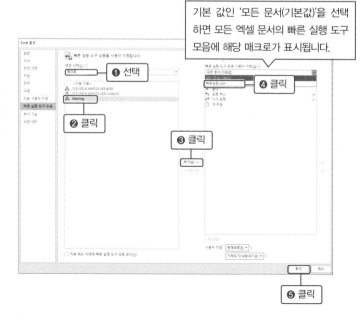

3 'Warning' 매크로 아이콘이 빠른 실행 도구 모음의 맨 오른쪽에 추가되었습니다. 클릭하면 매크로 명령이 실행됩니다.

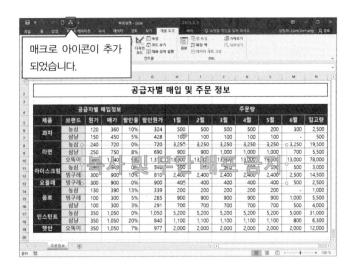

｜빠른 실행 도구 모음에서 매크로 아이콘 삭제하기

빠른 실행 도구 모음에서 삭제할 아이콘 위에서 마우스 오른쪽 버튼을 클릭한 뒤 단축 메뉴에서 [빠른 실행 도구 모음에서 제거]를 선택합니다.

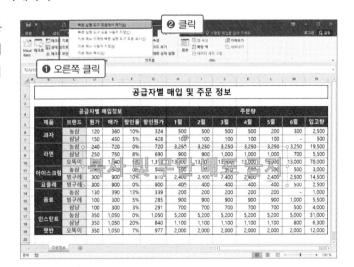

374 리본 메뉴에 매크로 추가하기

매크로 명령을 리본 메뉴에 탭으로 등록하면 모든 엑셀 문서의 리본 메뉴에 해당 매크로 명령이 나타납니다. 매크로가 저장된 문서가 아니라 해도 리본 메뉴에 추가된 매크로를 실행하면 해당 매크로 문서가 자동으로 열립니다.

예제 파일 Part29\거래처현황_완성.xlsm

| 리본 메뉴에 자주 쓰는 매크로 명령 탭 추가하기

1 매크로 문서에서 [파일] 탭-[옵션]을 클릭합니다. [Excel 옵션] 대화상자에서 [리본 사용자 지정]을 선택한 후 [리본 사용자 지정] 목록에서 '개발 도구'를 선택하고 [새 탭]을 클릭합니다.

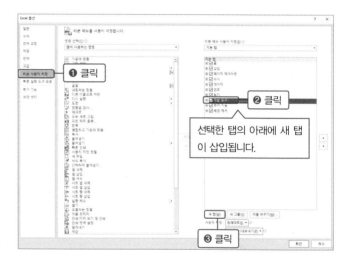

엑셀 2007 | 화면 왼쪽 상단의 오피스 단추 ─[Excel 옵션]을 클릭합니다.

2 '새 탭'과 '새 그룹'이 나타납니다. '새 탭'을 선택하고 [이름 바꾸기]를 클릭한 후 사용자 메뉴를 입력하고 [확인]을 클릭합니다.

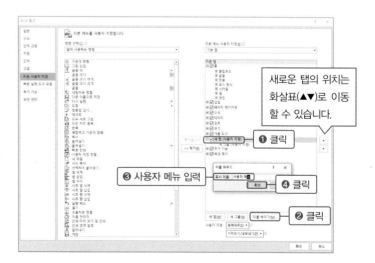

3 '새 그룹'을 선택하고 [이름 바꾸기]를 클릭합니다. [이름 바꾸기] 대화상자에서 원하는 기호를 선택하고 이름을 **거래처 추가**로 입력한 후 [확인]을 클릭합니다.

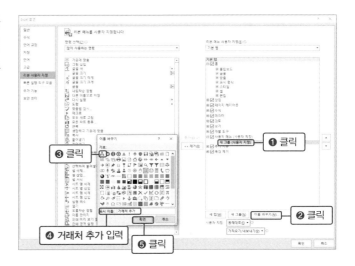

4 '거래처 추가'로 바뀐 그룹명을 선택한 후 [명령 선택]에서 '매크로'를 선택합니다. 목록에서 추가할 매크로 이름 'add'를 선택한 후 [추가]를 클릭합니다. 오른쪽 박스의 '거래처 추가' 그룹 아래에 'add' 메뉴가 추가됩니다. [확인]을 클릭합니다.

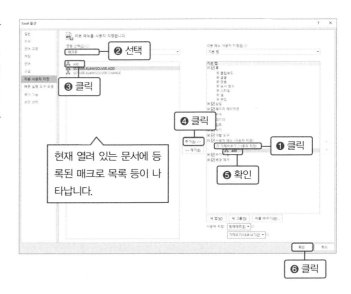

5 리본 메뉴에 [사용자 메뉴] 탭이 나타납니다. [사용자 메뉴] 탭을 클릭하면 매크로 명령 'add'가 등록되어 있습니다. 다른 문서에서도 매크로 명령이 제대로 동작하는지 확인하기 위해 해당 파일을 닫습니다.

6 일반 문서인 **거래처현황_완성.xlsx** 문서를 엽니다. 상대 참조로 매크로를 실행하기 위해 행 서식을 추가할 [B15] 셀을 먼저 클릭한 후 [사용자 메뉴] 탭-[거래처 추가] 그룹-[add]를 클릭합니다. 매크로가 기록된 **거래처현황_완성.xlsm** 문서가 열리고 매크로가 실행됩니다.

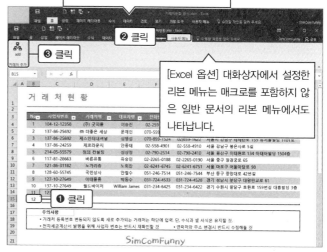

리본 메뉴에서 매크로 명령을 클릭하니 매크로 저장 문서가 열립니다.

[Excel 옵션] 대화상자에서 설정한 리본 메뉴는 매크로를 포함하지 않은 일반 문서의 리본 메뉴에서도 나타납니다.

리본 메뉴에서 매크로 명령 삭제하기

[파일] 탭-[옵션]을 클릭한 후 [Excel 옵션] 대화상자-[리본 사용자 지정] 화면에서 삭제하려는 탭이나 명령을 선택하고 [제거]를 클릭한 후 [확인]을 누릅니다.

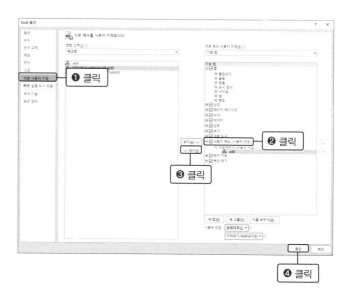

Part 30

VBA

나만의 자동화 서식을 만들고 싶다면 VBA(Visual Basic for Application)라는 마이크로소프트 오피스의 개발 언어를 배워보세요. 개발자들은 C+, Java 등 컴퓨터 언어를 직접 입력해서 프로그램을 설계하지만 초보자라면 복잡한 영어 구문이 어렵게 느껴질 것입니다. VBA를 좀 더 친숙하게 배울 수 있도록 실무에서 필요한 핵심 예제만 뽑아 인터넷에 공개된 오픈 소스를 응용해 보겠습니다.

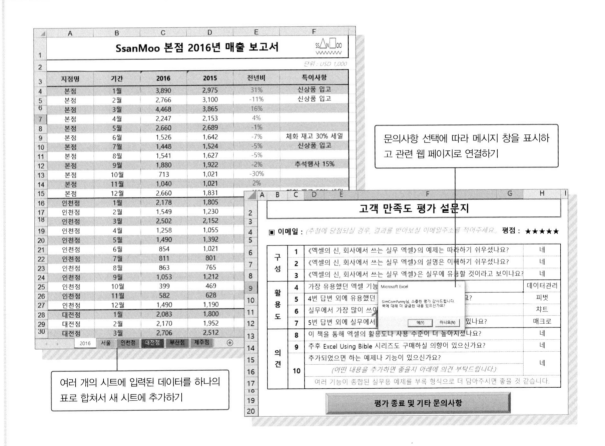

문의사항 선택에 따라 메시지 창을 표시하고 관련 웹 페이지로 연결하기

여러 개의 시트에 입력된 데이터를 하나의 표로 합쳐서 새 시트에 추가하기

375 VB 편집기로 매크로 기록하기

VB 편집기(Visual Basic Editor)는 매크로로 실행할 명령 코드를 입력하는 창입니다. 매크로 기록기로 저장한 명령도 컴퓨터가 인식하기 위해 VBA로 자체 변환되어 각각의 모듈(Module)에 저장됩니다. 매크로 기록기에서는 반복할 작업을 직접 실행해서 기록하지만, VB 편집기에는 엑셀이 이해할 수 있는 영어 단어와 함수, 셀 주소 등 컴퓨터 언어로 명령어를 입력합니다.

예제 파일 Part30\근무표_완성.xlsm

| VB 편집기 열기

매크로 기록기로 저장한 근무표_완성.xlsm 파일을 실행합니다. [개발 도구] 탭-[코드] 그룹-[매크로]를 클릭합니다. [매크로] 대화상자에서 [편집]을 클릭하면 VB 편집기가 열립니다.

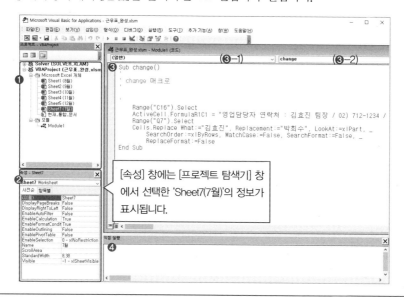

❶ **프로젝트 탐색기 창** : 현재 문서〉워크시트〉모듈〉유저 폼이 단계별로 나타납니다.

❷ **속성 창** : 프로젝트 탐색기에서 선택한 개체(Object)의 속성 정보를 표시합니다.

❸ **코드 창** : VBA 코드를 입력하거나 인터넷에서 공유되는 오픈 소스를 붙여 넣어 편집할 수 있습니다. 화면 위쪽의 왼쪽은 개체 목록(❸-1), 오른쪽은 프로시저 목록(❸-2)이 위치합니다. 코드의 글꼴과 크기 등은 [도구] 메뉴에서 [옵션]을 클릭한 후 [옵션] 대화상자-[편집기 형식] 탭에서 설정할 수 있습니다.

❹ **직접 실행 창** : 코드 입력 창에 입력될 전체 명령 중 일부만 입력하여 각각의 결과를 확인할 수 있습니다. VBA 코드 명령을 단계별로 실행해서 오류를 확인하는 디버깅(Debugging) 작업에 유용합니다.

TIP

개체(Object)
오피스용으로 고안된 VBA는 개발사인 마이크로소프트 사가 'Object'를 '개체'로 번역하여 다수의 엑셀 책에서도 동일하게 사용하고 있습니다. 그러나 Visual Basic, C++, Java 등 전문 프로그래밍 언어에서 'Object'는 '객체'로, 'Entity'는 '개체'로 분리하여 정의합니다.

| VBA 기본 용어와 코드 이해하기

- **코드(Code)와 프로시저(Procedure)** : '코드'는 매크로로 작업할 명령을 엑셀에 인식시키는 프로그램 언어입니다. VBA 코드가 엑셀에게 명령을 내리는 영어 문장이라면, 프로시저는 문장들을 순서에 따라 기록한 명령 선언문(매크로 이름)입니다. 프로시저는 엑셀의 함수 기능처럼 정해진 알고리즘에 의해 명령을 실행합니다. 이는 '모듈(Module)'이라는 공간에 각각 저장되는데, 크게 3가지 방식이 있습니다.

  - 섭(Sub) 프로시저 : 가장 많이 쓰이는 일반적인 명령문으로, 동작만 수행하고 반환 값을 필요로 하지 않습니다.
  - 함수(Functions) 프로시저 : 사용자 정의 함수로써 기존에 없는 함수식을 설계하여 동작 후 반환할 값을 나타냅니다.
  - 속성(Property) 프로시저 : 사용자 정의 속성으로써 Let, Set, Get문으로 접근합니다.

- **개체(Object), 메서드(Method), 속성(Property)** : 개체는 VBA 코드에 포함되는 각각의 통합 문서, 워크시트, 차트, 글자색 하나까지도 포함하는 코드의 구성원이라고 볼 수 있습니다. 개체를 영어 단어에 비유한다면 메서드는 실행할 동작, 즉 영어의 지시 동사와 같습니다. 속성은 크기나 색상 같은 개체의 특성과 객관적인 정보입니다.

다음은 매크로 기록기로 작업한 근무표_완성.xlsm 문서의 코드 입력 창입니다. Sub부터 End Sub까지를 하나의 프로시저로 봅니다. 'change' 프로시저에 입력된 코드는 [C16] 셀에서 전화번호를 바꾸고, 영업담당자 이름을 [찾아 바꾸기]로 일괄 변경하라는 명령을 포함합니다. 초보자를 위해 VBA 코드 구성을 전문 용어 대신 단순한 영어 문장처럼 해석하면 다음과 같습니다.

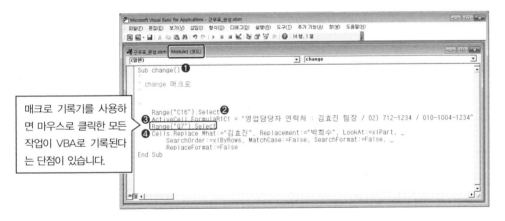

> 매크로 기록기를 사용하면 마우스로 클릭한 모든 작업이 VBA로 기록된다는 단점이 있습니다.

---

❶ change라는 매크로 이름(프로시저)은 Sub 프로시저 방식으로 **Module1**에 저장되었습니다.

❷ **Range**에 담긴 범위를 Select라는 지시 동사(메서드)에 따라 실행합니다. 즉, 해당 영어 문장(코드)은 [C16] 셀을 선택하라는 명령입니다.

❸ **ActiveCell.**은 현재 커서가 위치한 셀을 의미합니다. FormulaR1C1은 상대 참조 형식으로 1행(Row)과 1열(Column) 위치를 가리킵니다. 문장을 직역하면 '현재 활성화된 셀/한 칸은/다음과 같다(=)/"영업담당자……1234" '로 풀이할 수 있습니다.

❹ **Cells./Replace what:="김효진"/, Replacement:="박희수"**를 직역하면 '셀들 / "김효진"이라는 문자를 교체한다. / 교체할 값은 "박희수"다'. 즉 '김효진'이라는 문자를 '박희수'라는 문자로 수정해서 입력하라는 명령입니다.

---

page 매크로 기록기로 명령을 기록하고 실행하는 방법은 770쪽을 참고하세요.

376 기본 VBA 코드 익히기

VB 편집기에 코드를 다 입력하기는 어렵지만 인터넷에서 공유되는 코드를 활용하면 실무에 유용한 작업이나 반복 작업을 엑셀이 대신 처리하여 작업 시간을 단축할 수 있습니다. 공개된 VBA 코드를 문서에 맞게 응용하기에 앞서 자주 사용되는 VBA 코드부터 알아보겠습니다.

Sub/Private Sub (이름)
　… (실행문) …
End Sub

- **Sub** : Sub은 프로시저의 시작 부분에 위치하고, End Sub는 맨 마지막에 입력합니다. 코드를 전체 매크로 목록에서 숨기고 해당 모듈에만 매크로를 적용하고 싶다면 Sub대신 Private Sub을 사용합니다. 매크로 이름은 프로시저 목록에 표시됩니다.

Dim
Private
Public
Global
(숫자) As Integer
(문자) As String
(셀 주소) As Range
(날짜) As Date

- **변수 선언** : 변수(Variable)는 '가변적'이라는 의미처럼 고정된 명령의 결과를 변화시킵니다. 매크로를 실행할 접근 범위에 따라 Dim/Private 등으로 나누어지고 변수의 종류에 따라 String(문자)/Integer(숫자) 등을 입력합니다. 데이터 종류에 따라 실행 절차가 달라지므로 형식에 맞는 임시 저장 공간을 정해주는 것입니다. 변수를 생략하면 다목적 형식(Variant)을 사용하여 메모리를 많이 차지하게 됩니다.

Do Until / Do While
　… (실행문) …
　Loop

- **반복된 작업의 조건 구문** : 'Until'과 'While'의 해석이 다르듯이 'Do Until'과 'Do While'의 쓰임도 다릅니다. Do Until로 시작하는 구문은 지정한 조건이 충족되면 매크로가 끝나는 반면, Do While 구문은 조건이 충족되는 동안 계속 매크로를 실행하고 충족되지 않으면 매크로가 중지됩니다. 실행할 코드 뒤에는 Loop를 입력하여 명령을 끝맺습니다.

For(변수)=(시작 값) To (종료 값)
　… (실행문) …
　Next

- **For-Next 구문** : 'Do Until/Do While' 구문이 조건의 충족 여부에 따라 매크로를 반복했다면 'For-Next' 구문은 반복 범위와 반복 횟수를 지정해줍니다. 실행할 코드 뒤에는 Next를 입력하여 명령을 끝맺습니다.

If (조건 1) Then
　조건 1이 충족되면 실행할 명령
Else
　조건 1이 아니면 실행할 명령
End If

- **If-Then 구문** : 대표적인 조건문 If는 함수와 마찬가지로 특정 조건을 충족할 경우(True) Then 이하의 지시를 내립니다. 충족하지 못할 경우(False)에도 Else 이하의 지시사항을 적용하거나 Else If로 중첩 조건을 추가할 수 있습니다. 실행할 코드 뒤에는 End If로 명령을 끝맺습니다.

377 시트 복사할 때 나타나는 이름 충돌 오류 해결하기

워크시트를 복사해서 사용할 때 '해당 이름이 이미 있습니다.'라는 오류 메시지가 계속 나올 때가 있습니다. 오래된 파일을 계속 복사해서 사용할 경우, 이전의 참조 범위 같은 기록이 쌓여서 오류 메시지가 나타납니다. 이번에는 VBA로 매크로 명령을 설계해서 문서에 남아 있는 모든 이름 상자를 삭제해 보겠습니다.

예제 파일 Part30\복사오류.xlsx, VBA코드.docx   **완성 파일** Part30\복사오류_완성.xlsx

| 워크시트를 복사하면 나타나는 이름 충돌 오류

1 워크시트를 복사하기 위해 Ctrl를 누르고 'Sell-out' 워크시트 탭을 오른쪽으로 드래그합니다. 해당 이름이 이미 있다는 오류 메시지가 나타납니다. [예]를 클릭해도 비슷한 대화상자가 계속 나와서 Enter를 여러 번 눌러야 합니다.

> **TIP**
> [아니오]를 클릭하면 [이름 충돌] 대화상자가 나타납니다. [취소]를 누르면 다시 이전의 대화상자로 돌아갑니다.

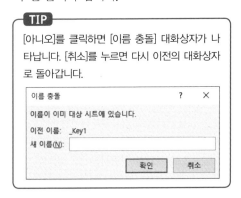

2 [수식] 탭-[정의된 이름] 그룹-[이름 관리자]를 클릭합니다. [이름 관리자] 대화상자에서 이름 목록을 모두 삭제합니다. 그러나 다시 워크시트를 복사해도 여전히 이름 충돌 오류가 나타납니다.

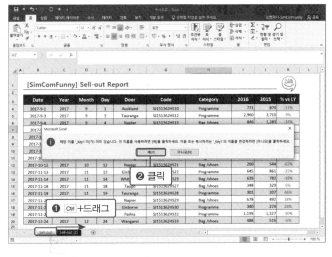

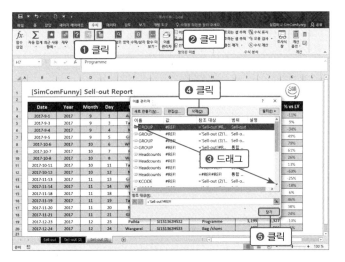

| VBA로 이름 충돌 오류 해결하기

1 [이름 관리자]에서 수동으로 삭제한 이름을 VBA로 일괄 삭제해 보겠습니다. VBA 코드가 입력된 VBA코드.docx 문서를 열고 다음 코드를 복사합니다.

```
Sub 이름충돌()

Dim n As Name
On Error Resume Next
For Each n In ThisWorkbook.Names
n.Visible = True
n.Delete

Next n

End Sub
```

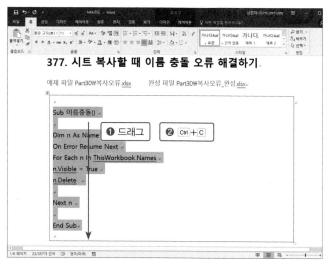

2 엑셀 문서에서 단축키 Alt + F11를 눌러 VB 편집기를 엽니다. [삽입] 메뉴에서 [모듈]을 클릭합니다. 코드 입력 창에 복사한 코드를 붙여 넣은 후 실행 버튼 ▶을 클릭합니다.

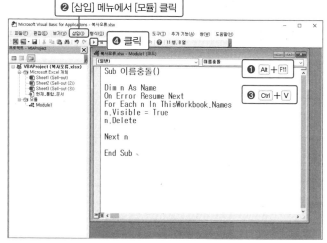

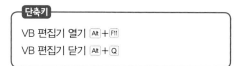
단축키
VB 편집기 열기 Alt + F11
VB 편집기 닫기 Alt + Q

3 VB 편집기 창을 닫습니다. 다시 워크시트를 복사하면 오류 메시지가 나타나지 않습니다. 저장하거나 문서를 닫으면 다음과 같은 메시지가 나타납니다. 매크로는 저장할 필요가 없으니 [예]를 클릭합니다.

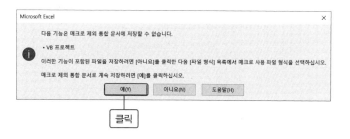

378 폴더 안의 모든 엑셀 시트를 하나의 문서에 취합하기

여러 개의 엑셀 문서에 나누어진 워크시트를 하나의 엑셀 문서로 이동시키려면 각 문서의 워크시트를 이동, 복사해서 옮길 위치까지 일일이 선택해줘야 합니다. VBA를 사용해서 폴더 안에 있는 모든 엑셀 문서의 워크시트를 한 번에 이동시켜 보겠습니다.

예제 파일 Part30\근무표취합.xlsx   **완성 파일** Part30\근무표취합_완성.xlsm

예제 미리보기

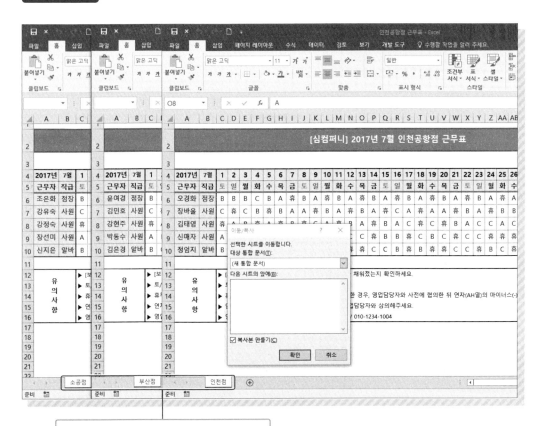

모든 시트를 이동하려면 각 워크시트를 선택해서 이동 또는 복사해야 합니다. VBA를 이용해서 폴더에 저장된 모든 문서의 시트를 하나의 통합 문서로 복사해 보겠습니다.

1 VBA를 이용해 근무표 문서를 취합하려면 통합할 엑셀 문서만 같은 폴더에 있어야 합니다.

TIP

하나로 취합할 파일들은 동일한 확장자명으로 저장되어야 합니다. 가령 엑셀 97–2003 호환 문서(.xls)와 엑셀 2007부터 사용 가능한 엑셀 통합 문서(.xlsx)를 취합하고 싶다면, 둘 중 하나의 확장자명으로 변환해야 합니다.

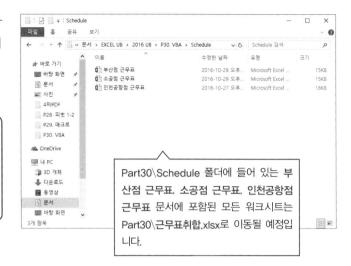

Part30\Schedule 폴더에 들어 있는 부산점 근무표, 소공점 근무표, 인천공항점 근무표 문서에 포함된 모든 워크시트는 Part30\근무표취합.xlsx로 이동될 예정입니다.

2 근무표취합.xlsx 문서를 열고 단축키 Alt + F11 를 눌러 VB 편집기를 실행합니다. [삽입] 메뉴–[모듈]을 클릭해서 새 코드 입력 창을 불러옵니다.

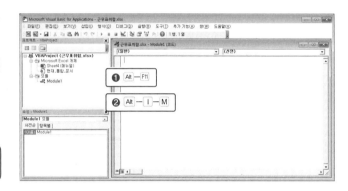

단축키

모듈 삽입 : 순서대로 Alt – I – M

3 VBA코드.docx 문서에서 다음의 코드를 복사합니다. 다른 색으로 표시된 부분은 사용자의 컴퓨터 환경과 작업 상황에 맞춰 수정해야 합니다.

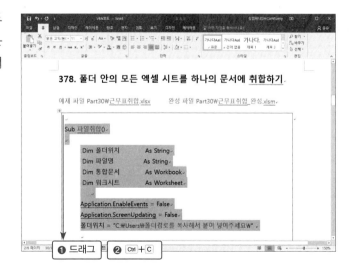

378. 폴더 안의 모든 엑셀 시트를 하나의 문서에 취합하기

예제 파일 Part30\근무표취합.xlsx   완성 파일 Part30\근무표취합_완성.xlsm

```
Sub 파일취합()

    Dim 폴더위치        As String
    Dim 파일명          As String
    Dim 통합문서        As Workbook
    Dim 워크시트        As Worksheet

    Application.EnableEvents = False
    Application.ScreenUpdating = False
    폴더위치 = "C:\Users\폴더경로를 복사해서 붙여 넣어주세요\"
```

❶ 드래그   ❷ Ctrl + C

```
Sub 파일취합()                                                              ❶

    Dim 폴더 위치    As String
    Dim 파일명      As String
    Dim 통합 문서    As Workbook
    Dim 워크시트     As Worksheet

    Application.EnableEvents=False
    Application.ScreenUpdating=False
    폴더 위치="C:\Users\SimComfunny\Desktop\EXCEL Bible\Macro\schedule\"      ❷
    파일명=Dir(폴더위치 & "\*.xlsx", vbNormal)                                ❸
    Do Until 파일명=""
        Set 통합문서=Workbooks.Open(FileName:=폴더위치 & "\" & 파일명)
        For Each 워크시트 In 통합문서.Worksheets
            워크시트.Copy After:=ThisWorkbook.Sheets(ThisWorkbook.Sheets.Count)
        Next 워크시트
        통합문서.Close False
        파일명=Dir()
    Loop
    Application.EnableEvents=True
    Application.ScreenUpdating=True

End Sub
```

❶ 매크로 이름으로, 공백이나 특수기호의 사용이 제한됩니다.

❷ 사용자 컴퓨터마다 폴더 위치가 다르므로 반드시 수정합니다. 폴더 위치는 사용자의 컴퓨터와 저장 위치에 따라 다르지만 형식은 같습니다. 폴더의 저장 위치를 확인하려면 Part30\Schedule 폴더에 들어가서 주소 입력란을 클릭하면 C:\Users\사용자명\계정\저장 위치\해당 폴더명 형태의 경로가 나타납니다. 폴더 경로를 복사하고 코드 입력창의 밑줄 친 부분만(마지막 \는 유지) 붙여넣기해서 수정합니다.

❸ 취합하려는 문서의 파일 형식이 엑셀 97–2003 호환 문서라면 .xls로 수정합니다.

4 VB 편집기의 코드 창에 코드를 붙여 넣습니다. 코드에서 폴더 위치를 수정한 후 Alt + Q 를 눌러서 VB 편집기를 닫습니다.

5 [J2] 셀 도형 위에서 마우스 오른쪽 버튼을 클릭한 뒤 단축 메뉴에서 [매크로 지정]을 선택합니다. [매크로 지정] 대화상자가 나타나면 [매크로 이름]에서 '파일취합'을 선택한 후 [확인]을 클릭합니다.

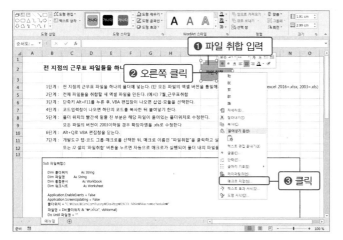

6 매크로를 실행해서 폴더 문서를 취합해 보겠습니다. 방금 만든 '파일 취합' 도형을 클릭합니다.

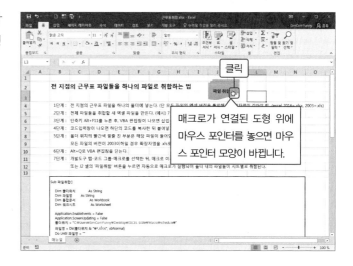

> 매크로가 연결된 도형 위에 마우스 포인터를 놓으면 마우스 포인터 모양이 바뀝니다.

7 폴더에 저장된 모든 문서의 시트가 근무표취합.xlsm 문서에 모두 삽입되었습니다. 매크로의 '파일 취합' 명령을 저장하려면 단축키 F12 를 눌러 [다른 이름으로 저장] 대화상자에서 파일 형식을 'Excel 매크로 사용 통합 문서'로 선택하고 [저장]을 누릅니다. 매크로를 제외한 일반 문서로 저장하려면 Ctrl + S 를 누르고 저장 메시지 창이 나오면 [예]를 클릭합니다.

> Part30\Schedule 폴더에 저장되어 있던 3개 문서의 모든 워크시트가 '매뉴얼' 워크시트 뒤에 자동으로 복사되었습니다.

379 워크시트 이름에 따라 오름차순으로 정렬하기

하나의 문서에 여러 개의 워크시트가 있을 경우, 원하는 워크시트를 찾기 어려울 때가 있습니다. 워크시트를 일일이 이동시켜 순서를 배열하는 것 또한 번거로운 작업입니다. 간단한 VBA 코드를 입력해서 워크시트 이름에 따라 오름차순으로 정렬해 보겠습니다.

예제 파일 Part30\시트정렬.xlsx　　**완성 파일** Part30\시트정렬_완성.xlsm

예제 미리보기

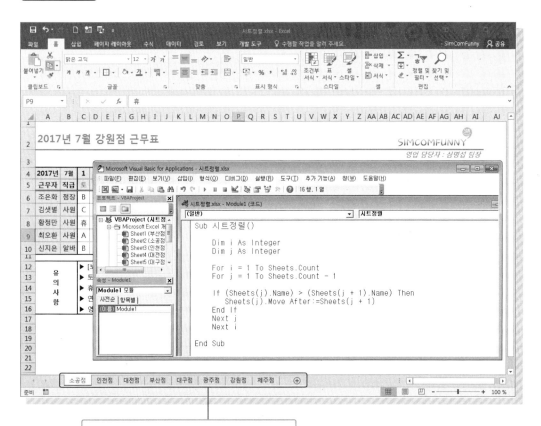

워크시트 이름을 기준으로 시트를 오름차순으로 정렬해 보겠습니다.

1 예제 파일에서 Alt+F11를 눌러 VB 편집기를 실행합니다. Alt-I-M을 순서대로 눌러 코드 입력 창을 엽니다. VBA코드.docx 문서에서 다음 코드를 복사하여 VB 편집기 코드 창에 붙여 넣습니다. 매크로 이름을 수정하고 싶다면 Sub의 '시트정렬' 대신 다른 이름을 입력합니다.

```
Sub 시트정렬()

    Dim i As Integer
    Dim j As Integer

    For i=1 To Sheets.Count
    For j=1 To Sheets.Count - 1

    If (Sheets(j).Name)>(Sheets(j + 1).Name) Then
        Sheets(j).Move After:=Sheets(j + 1)
    End If
    Next j
    Next i

End Sub
```

2 VB 편집기에서 ▶를 클릭해서 매크로를 실행합니다. Alt+Q를 눌러서 편집기를 닫습니다.

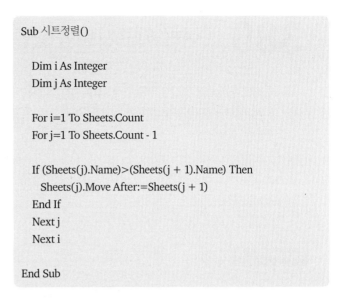

┌─ 단축키 ─┐
매크로 실행 F5
└──────────┘

3 워크시트 화면으로 돌아오면 워크시트 이름이 오름차순으로 정렬된 것을 볼 수 있습니다.

4 저장하거나 문서를 닫으면 다음과 같은 메시지가 나타납니다. 매크로는 저장할 필요가 없으니 [예]를 클릭합니다.

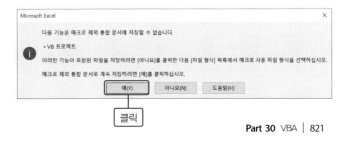

380 여러 워크시트의 표를 하나로 합치기

동일한 서식의 표가 각각 다른 워크시트에 입력된 경우, 각 워크시트의 표를 이어 붙여서 하나의 워크시트에 취합하려고 합니다. 제목은 한 번만 넣고, 나머지 데이터만 순서대로 붙여 넣어 하나의 표로 합쳐보겠습니다.

예제 파일 Part30\2016년 매출취합.xlsx   **완성 파일** Part30\2016년 매출취합_완성.xlsm

예제 미리보기

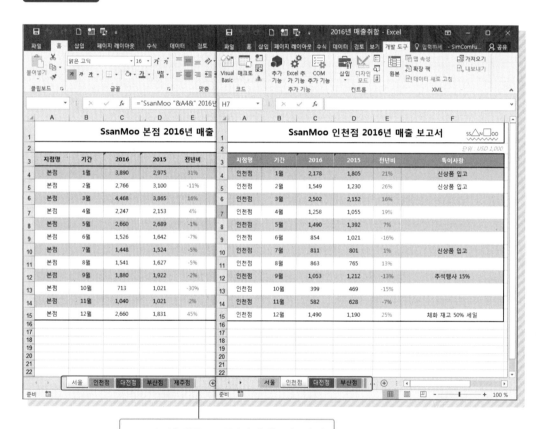

2016년 매출 취합.xlsx 문서의 각 워크시트에 지역별 매출이 입력되었습니다. 모든 매장의 월별 매출 표를 하나로 합치기 위해 새 워크시트에 모든 데이터를 순서대로 붙여 넣어보겠습니다.

1 예제 파일에서 Alt+F11를 눌러 VB 편집기를 실행합니다. Alt–I–M을 순서대로 눌러 코드 입력 창을 엽니다. VBA코드.docx 문서에서 다음 코드를 복사하여 VB 편집기 코드 창에 붙여 넣습니다. 다른 문서에도 매크로를 응용하려면 다음의 순서에 따라 다른 색으로 표시된 부분만 수정합니다.

```vba
Sub 시트통합()

    Dim i As Integer
    On Error Resume Next

    Sheets(1).Select
    Worksheets.Add
    Sheets(1).Name = "2016"                                              ❶

    Sheets(2).Activate
    Range("A1:A3").EntireRow.Select                                      ❷
    Selection.Copy Destination:=Sheets(1).Range("A1")                   ❸

    For i = 2 To Sheets.Count                                            ❹
    Sheets(i).Activate
    Range("A4:A15").EntireRow.Select                                     ❺
    Selection.Copy Destination:=Sheets(1).Range("A1048576").End(xlUp)(2) ❻
    Next

End Sub
```

❶ 첫 번째 시트에 새로 추가할 시트명으로 2016을 입력합니다.
❷ 두 번째 시트(서울)에서 제목과 필드명이 입력된 1~3행([A1] 셀부터 [A3] 셀의 전체 행)을 선택합니다.
❸ 첫 번째 시트(2016)에 붙여넣기를 시작할 첫 번째 위치는 [A1] 셀입니다.
❹ 두 번째 시트(서울)에서 마지막 시트까지 다음의 명령을 반복합니다.
❺ 활성화된 시트의 4~15행을 선택합니다.
❻ ❺에서 선택된 값을 붙여넣기 할 위치는 첫 번째 시트(2016)입니다. 시트의 마지막 [A1048576] 셀 위에 데이터가 연속으로 입력된 위치(데이터가 입력된 마지막 행)를 찾아 다음 표를 이어서 붙여 넣습니다.

2 [개발 도구] 탭-[코드] 그룹-[매크로]를 클릭하여 '시트통합' 매크로를 실행합니다. 첫 번째 워크시트(2016)가 추가되고, 나머지 시트의 데이터가 순서대로 입력되었습니다. 열 너비와 그림의 위치는 적절히 수정합니다.

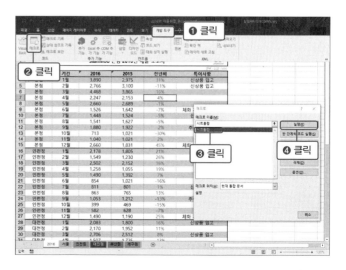

381 VB 편집기에 관리자 암호 설정하기

애써 만든 매크로가 수정되거나 공개되는 것이 꺼려진다면 VB 편집기에 암호를 설정할 수 있습니다. 모든 매크로 파일을 포괄하는 VBAProject에 보기 권한을 제한함으로써 매크로 문서를 보호해 보겠습니다.

예제 파일 Part30\2016년 매출취합_완성.xlsm **완성 파일** Part30\매출취합_암호완성.xlsm

1 예제 파일을 열고 단축키 Alt + F11 를 눌러 VB 편집기를 실행합니다. [도구] 메뉴-[VBAProject 속성]을 클릭합니다.

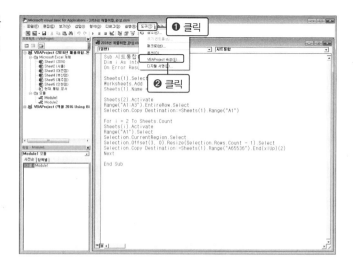

2 [VBAProject 프로젝트 속성] 대화상자가 나타나면 [보호] 탭을 클릭합니다. [프로젝트 잠금]의 '읽기 전용으로 프로젝트 잠금'에 체크 표시합니다. [프로젝트 속성 보기 암호]에서 암호로 123456을 2번 입력하고 [확인]을 클릭합니다.

> **TIP**
> 비밀번호의 글자 수는 제한이 없지만 암호를 잊어버리면 추후 매크로 파일을 수정할 수 없습니다.

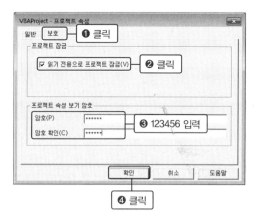

3 Alt+Q를 눌러 VB 편집기를 닫습니다. F12를 눌러 파일 이름을 수정하고 문서를 닫습니다.

4 비교를 위해 2016년 매출취합_완성.xlsm 문서와 방금 다른 이름으로 저장한 문서(매출취합_암호완성.xlsm)를 같이 엽니다. 둘 중 하나의 문서를 클릭하고 Alt +F11를 눌러 VB 편집기를 실행합니다. 왼쪽 프로젝트 창에 열려 있는 2개의 매크로 문서가 나옵니다. 2016년 매출취합_완성.xlsm 문서를 더블클릭하면 VBA 코드 창이 나타나지만 관리자 암호를 설정한 매출취합_암호완성.xlsm 문서를 더블클릭하면 암호 입력 창이 나타납니다.

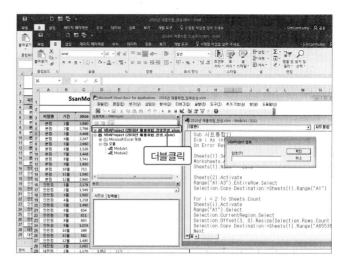

382 기간이 지나면 삭제되는 문서에 잔여일 표시하기

VBA로 파일의 속성도 변경할 수 있습니다. 예를 들어, 저작권이 있는 문서는 사용 기간을 제한하고 문서를 열 때마다 남은 기간을 알림 창으로 보여줄 수 있습니다. 유효기간에 따라 특정 시점 이후에는 문서가 삭제되는 제한적 문서를 만들어 보겠습니다.

예제 파일 Part30\세금계산서 체험판.xlsm   **완성 파일** Part30\세금계산서 체험판_완성.xlsm

예제 미리보기

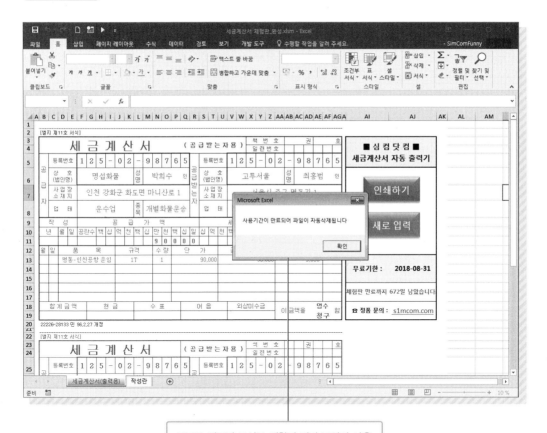

무료로 배포된 문서를 제한된 기간 동안만 사용할 수 있게 하려고 합니다. 문서가 열릴 때마다 사용 기간을 알림 창으로 보여주고, 만료일 이후에는 문서가 삭제되도록 설정해 보겠습니다.

1 예제 파일에서 단축키 Alt + F11 를 눌러 VB 편집기를 실행합니다. Alt - I - M 을 순서대로 눌러 코드 입력 창을 엽니다. VBA코드.docx 문서에서 다음 코드를 복사하여 VB 편집기 코드 창에 붙여 넣습니다. 다른 문서에도 매크로를 적용하려면 다음의 순서에 따라 다른 색으로 표시된 부분만 수정합니다.

```
Private Sub Auto_Open()

    Dim exdate As Date
    exdate = "08/31/2018"                                              ❶

    If Date > exdate Then

    MsgBox "사용기간이 만료되어 파일이 자동 삭제됩니다."                    ❷

    With ThisWorkbook
    .ChangeFileAccess xlReadOnly, 0
    Kill .FullName
    .Close
    End With
    End If

    MsgBox("세금계산서 자동 출력기 무료 사용기한이 "& exdate - Date &"일 남았습니다.")   ❸

End Sub
```

❶ 파일이 삭제될 만료일을 MM/DD/YYYY 형식으로 입력합니다. 확인을 위해 오늘 이후 날짜를 입력합니다.

❷ 만료일 이후에 파일을 열게 될 경우 나타낼 메시지를 입력합니다.

❸ 만료일 이전에 파일을 열 때마다 나타낼 메시지입니다. "exdate−Date"는 만료일에서 오늘 날짜를 뺀 남은 기간이므로 수정하지 않습니다.

> **TIP**
>
> Private sub은 매크로 기록기에는 숨겨져서 다른 사용자에 의해 삭제되지 않도록 합니다. Auto_Open()는 문서가 열릴 때마다 메시지 창이 나타나도록 한 것이니 수정하지 않는 것이 좋습니다.

2 Alt + Q 를 눌러 VBA 편집기를 닫습니다. F12 를 눌러 다른 이름의 매크로 사용 통합 문서로 저장합니다. 저장한 문서를 다시 열면 무료 사용기한에 관한 메시지가 나타납니다.

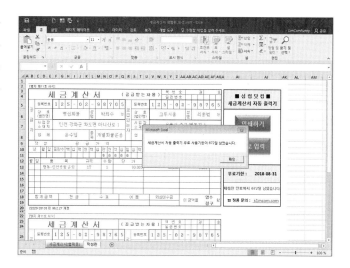

3 기간이 지나면 문서가 삭제되는지를 확인하기 위해 **2**에서 다른 이름으로 저장한 매크로로 문서를 엽니다. [Alt]+[F11]를 눌러 편집기 창이 나타나면 VBA 코드에서 ❶의 만료일자를 어제 이전 날짜로 수정합니다.

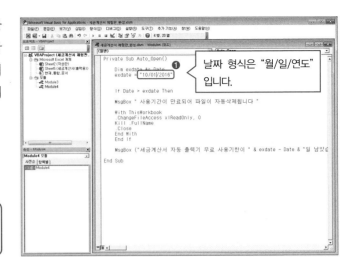

❶ 날짜 형식은 "월/일/연도"입니다.

> **TIP**
> 만료일자가 지난 문서를 열면 자동으로 삭제되므로 복사본을 사용하세요.

4 만료일자를 수정한 문서를 저장하고 문서를 닫습니다. 다시 문서를 열면 '사용기간이 만료되어 파일이 자동 삭제됩니다'라는 메시지가 나타납니다. [확인]을 클릭하면 파일 상태 저장 유무에 대한 메시지가 나타납니다. [예]와 [아니오] 어느 쪽을 선택해도 문서가 닫히고 폴더에서 문서가 사라집니다.

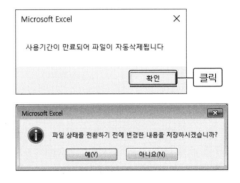

클릭

383 선택사항에 따른 답변 설정 및 링크 연결하기

VBA로 만든 메시지 창은 클릭한 버튼에 따라 다른 명령을 실행할 수 있습니다. IF 함수처럼 조건에 따른 실행 명령을 설정해서 선택 여부에 따라 또 다른 메시지 창을 나타내거나 웹 페이지를 연결할 수 있습니다.

예제 파일 Part30\고객평가설문.xlsx　　**완성 파일** Part30\고객평가설문_완성.xlsm

예제 미리보기

> 추가 문의에 대한 선택에 따라 저자의 홈페이지로 연결하거나 감사 메시지 창이 나타납니다.

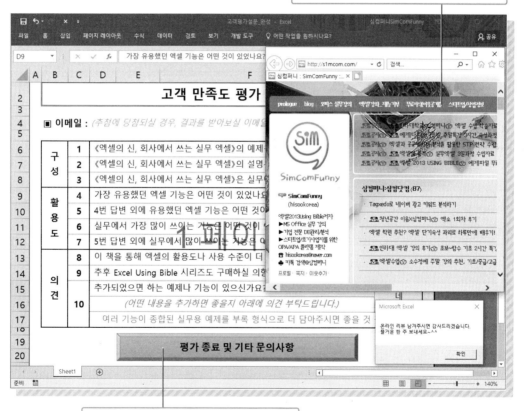

> 설문지에서 평가를 끝내는 도형 버튼을 클릭하면 감사 메시지 창이 나타납니다.

1 예제 파일에서 Alt+F11를 눌러 VB 편집기를 실행합니다. Alt - I - M 을 순서대로 눌러 코드 입력 창을 엽니다. VBA코드.docx 문서에서 다음 코드를 복사하여 VB 편집기 코드 창에 붙여 넣습니다. 다른 문서에도 매크로를 응용하려면 다음의 순서에 따라 다른 색으로 표시된 부분만 수정합니다.

```
Sub 고객평가()                                                                        ❶

    Msg=Application.UserName & "님, 소중한 평가 감사드립니다." & vbNewLine & "책에 대해 더 궁금한 내용 있으신가요?"  ❷

    Ans=MsgBox(msg, vbYesNo)

    If ans=vbNo Then

    MsgBox "온라인 리뷰 남겨주시면 감사드리겠습니다." & vbNewLine & "즐거운 한 주 보내세요~ ^ ^"                    ❸

    Else

    MsgBox "온라인 문의를 위해 저자의 홈페이지로 이동하겠습니다."                                                ❹
    ThisWorkbook.FollowHyperlink Address:="https://blog.naver.com/hisookorea", NewWindow:=True              ❺

    End If

End Sub
```

❶ 매크로 이름을 기억하기 쉽게 수정할 수 있습니다.

❷ vbNewLine은 텍스트의 줄을 바꾸는 명령어입니다. 표시된 부분은 매크로 실행 버튼인 '평가 종료 및 기타 문의사항'을 클릭하면 나오는 첫 번째 메시지로, 필요에 따라 질문을 수정할 수 있습니다. Application.UserName은 사용자의 컴퓨터 이름이 메시지 창에 표시됩니다. 메시지에서 사용자 이름을 언급할 필요가 없다면 &까지 삭제해도 됩니다.

❸ ❷의 질문에서 No를 선택하면 해당 메시지가 표시됩니다.

❹ ❷의 질문에서 No가 아닌 답변(Yes)을 선택하면 해당 메시지가 표시됩니다.

❺ ❹의 메시지 이후 링크 페이지가 열립니다. 만약 링크가 필요 없다면 ThisWorkbook.FollowHyperlink(하이퍼링크를 연결하는 명령어)부터 NewWindow:=True(새 창을 열어 링크 주소를 연결하는 명령어)까지 삭제합니다.

2 매크로를 도형 버튼에 연결하기 위해 '평가 종료 및 기타 문의사항' 위에서 마우스 오른쪽 버튼을 클릭한 뒤 단축 메뉴에서 [매크로 지정]을 클릭합니다.

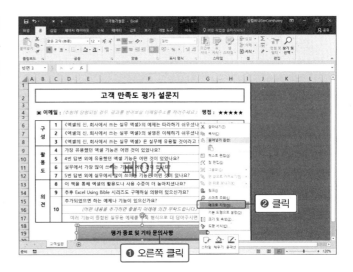

3 [매크로 지정] 대화상자의 [매크로 이름]에서 '고객평가'를 선택하고 [확인]을 클릭합니다.

4 '평가 종료 및 기타 문의사항' 버튼을 클릭하면 다음의 메시지가 나타납니다. [예]를 클릭합니다.

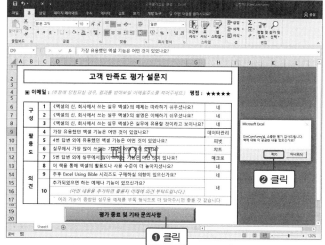

5 문의사항이 있다고 답한 경우, ❹에서 입력한 메시지와 ❺에서 링크로 입력한 저자의 홈페이지가 새 창으로 연결됩니다.

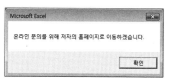

▲ [예]를 선택한 경우

6 단축키 F12를 눌러 [다른 이름으로 저장] 대화상자가 나타나면 파일 형식을 'Excel 매크로 사용 통합 문서'로 선택하고 [저장]을 누릅니다.

찾아보기

찾아보기

찾아보기

찾아보기

찾아보기

엑셀 111개
단축키 모음

▶ 단축키 사이의 + 표시는 동시에 누르고, - 표시는 순서대로 한 번씩만 누릅니다.
▶ Shift가 합쳐진 단축키에서 오른쪽의 숫자 키패드에서 <*>, <+>, <->를 누를 때는 Shift를 생략합니다.
▶ Shift가 합쳐진 단축키에서 왼쪽 숫자 키 위의 기호(!, @, # 등)를 누를 때 Shift는 중복해서 누르지 않아도 됩니다.

데이터 편집

명령	단축키	실행할 작업
새 문서 열기	Ctrl+N	새 통합 문서의 빈 워크시트가 새로 나타납니다.
★ 새 시트 삽입	Shift+F11	새 워크시트를 삽입합니다.
★ 줄 바꿔서 입력	Alt+Enter	셀 안에서 줄을 바꿔 입력하기 위해 커서를 다음 줄로 이동합니다.
★ 셀 병합	Alt-H-M-C	선택한 셀을 병합하고 가운데로 맞춥니다.
내용 찾기	Ctrl+F	[찾기 및 바꾸기] 대화상자의 [찾기] 탭을 표시합니다.
★ 찾아 바꾸기	Ctrl+H	[찾기 및 바꾸기] 대화상자의 [바꾸기] 탭을 표시합니다.
★ 현재 문서 저장	Ctrl+S	현재 문서를 저장합니다.
★ 다른 이름으로 저장	F12	[다른 이름으로 저장] 대화상자를 표시합니다.
★ 복사	Ctrl+C	선택한 셀 값/수식 등을 복사합니다.
★ 위의 셀 복사	Ctrl+D	아래쪽으로 채우기 명령을 실행합니다. 선택한 범위의 위쪽에 있는 셀 값, 수식, 서식을 아래쪽 셀에 복사합니다.
위의 셀 복사 (값/셀 주소)	Ctrl+ '	위쪽 셀의 문자와 수식을 복사해서 붙여넣습니다. 수식을 복사할 때는 상대 참조로 변경되지 않고 동일한 셀 주소로 붙여 넣어집니다.
위의 셀 복사 (값 복사)	Ctrl+Shift+"	위쪽 셀 값을 복사해서 붙여넣습니다. 위쪽 셀의 수식이 수정되어도 붙여넣기한 셀 값은 변경되지 않습니다.
왼쪽 셀 복사	Ctrl+R	오른쪽으로 채우기 명령을 실행합니다. 선택한 범위의 왼쪽에 있는 셀 값, 수식, 서식을 오른쪽 셀에 복사합니다.
빠른 채우기 (엑셀 2013 이상)	Ctrl+E	일정한 규칙에 의해 입력된 셀과 빈 셀을 선택하면 빠른 채우기를 실행합니다. (엑셀 2013 이상)
★ 잘라내기	Ctrl+X	선택한 셀 값/수식 등을 복사하고 잘라냅니다.
★ 붙여넣기	Ctrl+V	복사한 내용을 붙여넣기합니다.
선택하여 붙여넣기	Ctrl+Alt+V	[선택하여 붙여넣기] 대화상자를 표시합니다.
★ 셀 값/개체 삭제	Delete	셀 내용이나 개체를 삭제합니다.
★ 입력 취소/메뉴 닫기	Esc	메뉴 선택 및 입력을 취소하고 열려 있는 대화상자를 닫습니다.
★ 실행 취소	Ctrl+Z	마지막 작업 실행을 취소합니다.
★ 다시 실행	Ctrl+Y	실행을 취소했던 명령을 다시 실행합니다.

셀 서식

명령	단축키	실행할 작업
★ 셀 서식 대화상자	Ctrl+1	[셀 서식] 대화상자를 표시합니다.
★ 굵은 글꼴	Ctrl+2 (Ctrl+B)	굵은 글꼴 서식을 적용하거나 제거합니다.
기울임꼴	Ctrl+3 (Ctrl+I)	기울임꼴 서식을 적용하거나 제거합니다.
밑줄	Ctrl+4 (Ctrl+U)	밑줄을 적용하거나 제거합니다.
취소선	Ctrl+5	취소선 서식을 적용하거나 제거합니다.
바깥쪽 테두리 표시	Ctrl+Shift+&	선택한 셀의 바깥쪽 윤곽선에 테두리를 적용합니다.
바깥쪽 테두리 제거	Ctrl+Shift+&	선택한 셀의 바깥쪽 윤곽선에 테두리를 지웁니다.
현재 날짜 표시	Ctrl+;	현재 날짜를 입력합니다.
날짜 표시 전환 (YYYY-MM-DD)	Ctrl+Shift+ #	날짜를 YYYY - MM - DD 형식으로 표시합니다.
현재 시간 표시	Ctrl+Shift+:	현재 시간을 입력합니다.
시간 표시 전환 (시 : 분 AM/PM)	Ctrl+Shift+@	다른 표시 형식으로 입력된 시간을 시 : 분 AM/PM으로 표시합니다.
통화 형식으로 표시 (음수 -기호)	Ctrl+Shift +!	통화 형식으로 전환하여 소수점 첫째 자리에서 반올림하고 천 단위 구분기호를, 음수에는 - 를 표시합니다.
통화 형식으로 표시 (음수 빨간색)	Ctrl+Shift+$	통화 형식으로 전환하여 소수점 첫째 자리에서 반올림하고 음수는 빨간색으로 표시합니다.
일반 숫자 서식 표시	Ctrl+Shift+~	일반 숫자 서식을 적용하여 천 단위 구분기호와 음수 표시 등을 해제합니다.
백분율 표시	Ctrl+Shift+%	소수 자릿수 없이 백분율 서식을 적용합니다.
지수 형식으로 표시	Ctrl+Shift+^	숫자를 지수 형식으로 표시합니다.

주요 메뉴 실행

명령	단축키	실행할 작업
이름 정의 대화상자	F3	통합 문서에 이름 정의가 설정된 경우, [이름 붙여넣기] 대화상자를 표시합니다.
함수 마법사 대화상자	Shift+F3	함수를 입력하기 위해 [함수 마법사] 대화상자를 표시합니다.
★ 상대/절대/혼합 참조 전환	F4	수식으로 입력된 셀 주소를 절대참조/행고정/열고정 혼합참조/상대참조 순으로 전환합니다.
수식 표시/셀 값 전환	Ctrl+`	수식이 입력된 셀을 수식/셀 값 표시로 전환합니다.
함수의 인수 설명 표시	Ctrl+Shift+A	등호와 함수명을 입력하고 단축키를 누르면 괄호와 각 인수 이름이 표시됩니다.
★ 수식 입력줄 확장/축소	Ctrl+Shift+U	수식 입력줄을 확장하거나 축소합니다.
★ 수동 계산 실행	F9	수동 계산으로 설정된 경우, 열려 있는 모든 통합 문서의 수식을 계산합니다.
★ 수동 계산 (현재 워크시트)	Shift+F9	현재 워크시트에 입력된 수식만 계산합니다.
수동 계산 (모든 통합 문서)	Ctrl+Alt+F9	내용의 변경 여부에 관계없이 열려 있는 모든 통합 문서의 수식을 계산합니다.
빠른 분석 표시 (엑셀 2013 이상)	Ctrl+Q	2개 이상의 셀을 선택했을 때 빠른 분석 옵션을 표시합니다.
★ 엑셀 표 만들기	Ctrl+T	[표 만들기] 대화상자를 표시합니다.
★ 인쇄 미리보기	Ctrl+P (Ctrl+F2)	인쇄 화면에서 인쇄 미리보기 및 페이지 설정을 합니다.
피벗 테이블 새로 고침	Alt+F5	피벗 테이블을 선택한 상태에서 단축키를 누르면 원본 데이터의 수정 내용이 피벗 테이블에 반영됩니다.
★ 피벗 테이블 모두 새로 고침	Ctrl+Alt+F5	커서 위치와 상관없이 수정된 원본 데이터를 피벗 테이블에 반영합니다.
★ 필터 삽입/제거	Alt-A-T (또는 Alt-A-2-T)	필터 메뉴를 삽입/제거합니다.
★ 필터 지우기	Alt-A-C (또는 Alt-A-2-C)	필터링 된 항목을 해제합니다.
기본 차트 삽입	Alt+F1	선택 범위에 대한 기본 차트를 삽입합니다.
매크로 대화상자	Alt+F8	[매크로] 대화상자를 표시합니다.
★ VB 편집기 열기	Alt+F11	VB 편집기를 엽니다.
모든 개체 선택	Ctrl+Shift+ 스페이스바	개체를 하나 선택하고 단축키를 누르면 워크시트의 모든 개체가 선택됩니다.
개체 숨기기/표시	Ctrl+6	개체 숨기기, 개체 표시, 개체 틀 표시를 전환합니다.
링크 삽입/편집	Ctrl+K	[하이퍼링크 삽입 / 편집] 대화상자를 표시합니다.
★ 메모 추가/편집	Shift+F2	셀 메모를 추가하거나 기존 셀 메모를 편집합니다.
★ 메모 일괄 선택	Ctrl+Shift+O	메모가 포함된 모든 셀이 선택됩니다.
★ 행/열 그룹화	Alt-D-G-G	선택한 행/열을 그룹화합니다. 윤곽기호를 누르면 그룹화된 행/열만 숨겨지고 요약 결과만 볼 수 있습니다.
★ 그룹화 해제	Alt-D-G-U	선택한 행/열의 그룹을 해제합니다.
윤곽기호 표시/숨기기	Ctrl+8	그룹화된 윤곽 기호를 표시하거나 숨깁니다.

워크시트 관리

명령	단축키	실행할 작업
★ 행 숨기기	Ctrl+9	선택한 행을 숨깁니다.
★ 열 숨기기	Ctrl+0	선택한 열을 숨깁니다.
★ 행 숨기기 취소	Ctrl+Shift+(	선택 영역 안에 숨겨진 행의 숨김을 모두 취소합니다.
★ 열 숨기기 취소 (2010 이하만 가능)	Ctrl+Shift+)	선택 영역 안에 숨겨진 열의 숨김을 모두 취소합니다.
★ 행열 삽입	Ctrl+Shift+<+>	빈 셀/행/열을 삽입합니다. 단, 키보드 오른쪽의 숫자 키패드에서 <+>를 누른 경우, Shift는 생략합니다.
★ 행열 삭제	Ctrl+Shift+<->	셀/행/열을 삭제합니다. 행/열 머리글을 선택하고 단축키를 누른 경우, 옵션 대화상자는 생략됩니다.
위의 화면으로 이동	Page Up	워크시트에서 한 화면 위로 이동합니다.
아래 화면으로 이동	Page Down	워크시트에서 한 화면 아래로 이동합니다.
왼쪽 화면으로 이동	Alt+Page Up	워크시트에서 한 화면 왼쪽으로 이동합니다.
오른쪽 화면으로 이동	Alt+Page Down	워크시트에서 한 화면 오른쪽으로 이동합니다.
★ 이전 시트로 이동	Ctrl+Page Up	이전(왼쪽) 워크시트로 이동합니다.
★ 다음 시트로 이동	Ctrl+Page Down	다음(오른쪽) 워크시트로 이동합니다.
이전 시트까지 그룹화	Ctrl+Shift+Page Up	선택한 시트부터 이전 시트까지 모두 선택해서 그룹화합니다.
다음 시트까지 그룹화	Ctrl+Shift+Page Down	선택한 시트부터 다음 시트까지 모두 선택해서 그룹화합니다.

화면 전환

명령	단축키	실행할 작업
다음 문서로 화면 전환	Ctrl+F6	통합 문서 창이 2개 이상 열려 있는 경우 다음 통합 문서 창으로 전환됩니다.
★ 열려 있는 창 목록 표시	Alt+Tab	이전에 활성화했던 문서/인터넷 창으로 이동합니다. Alt를 누른 상태에서 Tab을 한 번씩 누르면 표시할 창을 선택할 수 있습니다.
문서창 크기 복원	Ctrl+F5	선택한 통합 문서 창의 크기를 복원합니다.
창 크기 조절	Ctrl+F8	통합 문서가 최대화되어 있지 않을 때 방향키로 크기를 조절합니다.
문서 창 최소화	Ctrl+F9	통합 문서 창을 최소화합니다.
문서 창 최대화/복원	Ctrl+F10	선택한 통합 문서 창을 최대화하거나 지정했던 크기로 복원합니다.

범위 선택 및 커서 이동

명령	단축키	실행할 작업
★ 이동 대화상자 열기	F5 (Ctrl+G)	[이동] 대화상자를 표시합니다.
★ 전체 선택	Ctrl+A	클릭한 셀과 연속으로 입력된 데이터를 선택합니다. 한 번 더 누르면 전체 워크시트가 선택됩니다.
현재 셀부터 마지막 셀 값까지 선택	Ctrl+Shift+End	셀 또는 수식 입력줄의 커서 위치로부터 마지막 문자까지만 선택합니다.
선택한 셀부터 A1 셀까지 선택	Ctrl+Shift+Home	선택한 셀부터 워크시트의 시작 위치까지 범위로 선택합니다.
★ 전체 열 선택	Ctrl+스페이스바	선택한 셀의 전체 열을 선택합니다.
★ 전체 행 선택	Shift+스페이스바	선택한 셀의 전체 행을 선택합니다.
★ 연속 데이터 모두 선택	Ctrl+Shift+방향키	선택한 셀로부터 연속으로 입력된 데이터의 마지막 셀까지 모두 선택합니다.
연속된 셀 선택 범위 확장/축소	F8	확장 모드를 설정/해제합니다. 기준 셀에서 F8을 누르고 방향키를 누르면 셀 선택 범위가 확장/축소됩니다.
떨어져 있는 셀 선택 범위 확장/축소	Shift+F8	Ctrl을 누른 상태에서 일괄 선택할 범위를 지정하는 것과 같습니다. 단축키를 한 번 누른 뒤 셀 또는 범위를 선택하면 선택 범위에 추가되고, ESC를 눌러서 해제할 수 있습니다.
A1 셀로 이동	Ctrl+Home	워크시트의 시작 부분으로 이동합니다.
마지막 행열 교차점으로 이동	Ctrl+End	가장 오른쪽에 입력된 열, 가장 아래쪽에 입력된 행의 교차점으로 이동합니다.
셀 입력 후 해당 셀에 커서 고정	Ctrl+Enter	셀 입력을 완료하고 커서가 해당 셀에 머뭅니다.
셀 입력 후 위의 셀로 커서 이동	Shift+Enter	셀 입력을 완료하고 위쪽 셀을 선택합니다.
★ 가장자리 셀로 이동	Ctrl+방향키	선택한 셀을 기준으로 데이터가 입력된 범위의 가장자리 셀로 이동합니다.
★ 셀의 마지막 글자로 커서 이동	F2	커서를 선택한 셀의 마지막 글자 뒤에 놓습니다.
화면 왼쪽 위의 셀로 커서 이동	Home+ Scroll Lock	Scroll Lock이 켜져 있는 경우 창의 왼쪽 위 모서리에 있는 셀로 이동합니다.
★ 입력 가능한 오른쪽 셀로 커서 이동	Tab	워크시트에서 한 셀 오른쪽으로 이동합니다. 일부 셀이 보호된 경우에는 잠기지 않은 셀 단위로 이동합니다. 함수명을 입력하고 TAB을 누르면 첫 번째 함수 목록과 열린 괄호가 입력됩니다.
입력 가능한 왼쪽 셀로 커서 이동	Shift+Tab	워크시트에서 왼쪽 셀로 이동하거나 대화상자에서 이전 옵션으로 이동합니다.

명령	단축키	실행할 작업
저장된 문서 열기	Ctrl+O	[열기] 화면을 표시합니다.
★ 통합 문서 닫기	Ctrl+W (Alt+F4)	활성화된 통합 문서를 닫습니다.
★ 리본 메뉴 단축키 이니셜 표시	Alt (F10)	리본 메뉴 탭과 빠른 실행 모음의 단축키 이니셜을 표시합니다.
리본 메뉴 확장/축소	Ctrl+F1	리본 메뉴를 확장하거나 축소합니다.
도움말 표시	F1	Excel 도움말 작업창을 표시합니다.
맞춤법 대화상자	F7	[맞춤법 검사] 대화상자를 표시합니다.
오류 검사 메시지 표시	Alt+Shift+F10	오류 검사 단추에 대한 메뉴나 메시지를 표시합니다.
★ 마우스 오른쪽 단축 메뉴 표시	Shift+F10	마우스 오른쪽 버튼의 단축 메뉴를 표시합니다.
행에 입력된 내용 목록 표시	Alt+↓	선택한 셀의 목록 메뉴가 열리고 해당 행에 입력된 내용이 모두 표시됩니다.

엑셀의신 회사에서 쓰는 실무엑셀
★최신개정판★

2018년 3월 7일 초판 1쇄 발행
2020년 2월 19일 초판 6쇄 발행
2020년 9월 23일 개정판 1쇄 발행
2023년 8월 23일 개정판 4쇄 발행

지은이 | 심지은
펴낸이 | 이종춘
펴낸곳 | (주)첨단

주소 | 서울시 마포구 양화로 127 (서교동) 첨단빌딩 3층
전화 | 02-338-9151
팩스 | 02-338-9155
인터넷 홈페이지 | www.goldenowl.co.kr
출판등록 | 2000년 2월 15일 제 2000-000035호

본부장 | 홍종훈
편집 | 강현주
본문 디자인 | 조서봉
전략마케팅 | 구본철, 차정욱, 오영일, 나진호, 강호묵
제작 | 김유석
경영지원 | 이금선, 최미숙

ISBN 978-89-6030-565-6 13000

BM 황금부엉이는 (주)첨단의 단행본 출판 브랜드입니다.

황금부엉이에서 출간하고 싶은 원고가 있으신가요? 생각해보신 책의 제목(가제), 내용에 대한 소개,
간단한 자기소개, 연락처를 book@goldenowl.co.kr 메일로 보내주세요. 집필하신 원고가 있다면
원고의 일부 또는 전체를 함께 보내주시면 더욱 좋습니다. 책의 집필이 아닌 기획안을 제안해 주셔
도 좋습니다. 보내주신 분이 저 자신이라는 마음으로 정성을 다해 검토하겠습니다.

100만 독자님,
고맙습니다.

'Using bible' 시리즈를 믿어 주신 독자님 모두에게 감사의 인사를 드립니다.
'Using bible' 시리즈는 종이책, 전자책, 앱 등 다양한 책의 형태로 독자님을 만나왔습니다.
2010년 첫 책이 나온 후 꾸준히 분야를 확대하고 형태를 다양화하다보니
어느덧 100만이 넘는 독자님께서 'Using bible' 시리즈를 선택해 주셨습니다.
책을 보면 실력이 반드시 향상되는 'Using bible' 시리즈가 되겠습니다.
마음을 오롯이 담아 책을 만들겠습니다.

황금부엉이 드림